Günter Christian Schwarz

Europäisches Gesellschaftsrecht

Textsammlung

Nomos Verlagsgesellschaft
Baden-Baden

Die Deutsche Bibliothek – CIP-Einheitsaufnahme

Ein Titeldatensatz für diese Publikation ist bei der
Deutschen Bibliothek erhältlich.

ISBN 3-7890-6317-7

1. Auflage 2000
© Nomos Verlagsgesellschaft, Baden-Baden 2000. Printed in Germany. Alle Rechte,
auch die des Nachdrucks von Auszügen, der photomechanischen Wiedergabe und der
Übersetzung, vorbehalten. Gedruckt auf alterungsbeständigem Papier.

32 = Q4G 4882 -3

- QOT - QOT -   Ha

Vorwort

Vorwort

von Prof. Dr. Günter Christian Schwarz

I. Zum Stand des EG-Gesellschaftsrechts

Das europäische Recht beeinflußt in immer stärkerem Maß die nationalen Rechtsordnungen. Fast die Hälfte aller deutschen Gesetze sind durch das Gemeinschaftsrecht veranlaßt. Das gilt erst recht im Gesellschaftsrecht. In keinem anderen Bereich des Privatrechts ist die Europäische Gemeinschaft als Gesetzgeber derart umfassend tätig geworden wie im Gesellschaftsrecht. Die Harmonisierung der mitgliedstaatlichen Privatrechte ist im Gesellschaftsrecht am weitesten fortgeschritten. Der Gemeinschaftsgesetzgeber hat durch Verordnungen neue europäische Gesellschaftsformen geschaffen, wie z.B. die Europäische Wirtschaftliche Interessenvereinigung, bzw. plant die Einführung weiterer Gesellschaftsformen europäischen Rechts, wie z.B. die Europäische Aktiengesellschaft. Außerdem wurden die nationalen Gesellschaftsrechte nach und nach durch Richtlinien in den zurückliegenden drei Jahrzehnten angeglichen. Die organisationsrechtlichen Rahmenbedingungen der Unternehmen im europäischen Binnenmarkt sind in vielen Teilbereichen harmonisiert. Das nationale Gesellschaftsrecht ist »europäisiert«. Deswegen läßt sich das nationale Gesellschaftsrecht ohne die Kenntnis des maßgeblichen europäischen Sekundärrechts sowie der einschlägigen Entscheidungen des EuGH nicht mehr zutreffend auslegen und anwenden. Der wachsenden Bedeutung des Europäischen Gesellschaftsrechts trägt die Textausgabe Rechnung. Sie gibt nicht nur den derzeitigen Stand des geltenden Gemeinschaftsrechts zum Gesellschaftsrecht wieder. Es sind auch die Gesetzgebungsvorhaben der EG aufgenommen worden. Denn auch die Vorschläge und Entwürfe von Verordnungen und Richtlinien zeigen bereits im Vorfeld ihre Wirkungen: Neue nationale Gesetze werden bereits auf künftiges EG-Recht abgestimmt; die Unternehmen richten sich auf die neuen gemeinschaftsrechtlichen Strukturierungsmöglichkeiten ein.

II. Europäisierung des nationalen Gesellschaftsrechts durch EG-Richtlinien

Das europäische Gesellschaftsrecht kann beim derzeitige Stand der europäischen Integration nur fragmentarisch sein; ein in sich geschlossenen Rechtssystem wird aber auch nicht angestrebt. Der europäische Richtliniengeber will kein einheitliches gemeinschaftsweites Gesellschaftsrecht schaffen, das an die Stelle des nationalen Gesellschftsrechts der Mitgliedstaaten tritt. Soweit es um die Angleichung der nationalen Rechte geht, enthält das europäische Recht punktuelle Regelungen, z.B. für Gründung und Kapital bei einer Aktiengesellschaft und ihren entsprechenden Rechtsformen in den anderen EG-Staaten durch die Zweite Richtlinie. Das Gesellschaftsrecht der Mitgliedstaaten bleibt daher auch im Rahmen der EG weiterhin grundsätzlich einzelstaatliches nationales Recht. Ein

1

wesentliches und gemeinsames Merkmal der fortbestehenden mitgliedstaatlichen Gesellschaftsrechte ist aber ihre zunehmende Europäisierung: Das nationale Gesellschaftsrecht ist kein rein einzelstaatliches Recht mehr, sondern es hat die Vorgaben von Richtlinien des Gemeinschaftsgesetzgebers zu beachten; es ist »europäisiertes« nationales Recht. Die Europäisierung des nationalen Rechts beruht auf folgenden gesellschaftsrechtlichen Richtlinien:

1. Publizitätsrichtlinie

Die Erste gesellschaftsrechtliche Richtlinie des Rates der Europäischen Gemeinschaften vom 9. März 1968, die sog. Publizitätsrichtlinie [Signatur 1], ist die erste Harmonisierungsrichtlinie auf dem Gebiet des Gesellschaftsrechts zum Schutz Dritter bei Kapitalgesellschaften. Regelungsziel der Ersten Richtlinie ist die EG-weite Vereinheitlichung des Drittschutzes im Rechtsverkehr mit Kapitalgesellschaften. Dazu werden die mitgliedstaatlichen Vorschriften über die Offenlegung, die Vertretungsbefugnis und die Nichtigkeit von Kapitalgesellschaften koordiniert. Der Schutz Dritter verlangt, daß sich Geschäftspartner über die Gesellschaft informieren können. Der Erwägungsgrund 4 der Ersten Richtlinie gibt dazu an: »Die Offenlegung muß es Dritten erlauben, sich über die wesentlichen Urkunden der Gesellschaft sowie einige sie betreffende Angaben, insbesondere die Personalien derjenigen, welche die Gesellschaft vertreten können, zu unterrichten.« Die Richtlinie legt deshalb zum Schutz Dritter den Grundsatz der Offenlegungspflicht verbindlich fest, die durch eine Publizitätswirkung ergänzt wird. Nicht offengelegte Angaben können gutgläubigen Dritten grundsätzlich nicht entgegengesetzt werden. Der Drittschutz gebietet ferner, daß ein Geschäftspartner grundsätzlich auf die Gültigkeit der vom Vertretungsorgan im Namen der Gesellschaft abgeschlossenen Rechtsgeschäfte vertrauen darf. Als drittschützende Regelungen enthält die Erste Richtlinie Bestimmungen über das Handeln im Namen der Vorgesellschaft, über Bestellungsmängel beim Vertretungsorgan sowie über die Vertretungsmacht. Die Gesellschaft haftet Dritten gegenüber grundsätzlich für die Handlungen ihrer Organe, auch wenn die Handlung nicht zum Gegenstand des Unternehmens gehört.

2. Kapitalrichtlinie

Der Rat hat am 13. Dezember 1976 die Zweite Richtlinie zur Koordinierung des Gesellschaftsrechts (Kapitalrichtlinie [Signatur 2]) verabschiedet. Die Kapitalrichtlinie zielt darauf ab, die Bestimmungen über den Gründungsvorgang und die Kapitalgrundlagen der Aktiengesellschaft zu harmonisieren, um beim Schutz der Aktionäre und der Gläubiger der Gesellschaft ein Mindestmaß an Gleichwertigkeit sicherzustellen. Bedeutung erlangte dieses Regelungsziel vor allem hinsichtlich des Instituts des festen Grundkapitals. Dieses war zwar in den Rechten der sechs Gründungsländer enthalten, nicht aber in Großbritannien und Irland. Die Harmonisierung der Gründung sowie der Kapitalgrundlagen der

Aktiengesellschaft geschieht im wesentlichen in den folgenden Bereichen: Publizität der Satzung und des Gründungsvorganges, Aufbringung des Grundkapitals (insbesondere bei Sacheinlagen). Die Regelungen zur Kapitalerhaltung sehen ein Ausschüttungsverbot vor, verbieten die Zeichnung eigener Aktien und beschränken im Grundsatz – abgesehen von Ausnahmen – deren Erwerb. Im Recht der eigenen Aktien hat die Kapitalrichtlinie mit ihren sehr detaillierten Regelungen den weitestgehenden Eingriff in das deutsche Aktienrecht (§§ 71 ff. AktG) bewirkt. Weiterhin regelt die Kapitalrichtlinie die Kapitalerhöhung (auch gegen Sacheinlagen) und die Kapitalherabsetzung.

3. Fusionsrichtlinie

Am 9. Oktober 1978 hat der Rat der Europäischen Gemeinschaften die Dritte gesellschaftsrechtliche Richtlinie (Fusions- oder Verschmelzungsrichtlinie [Signatur 3]) verabschiedet. Die Richtlinie hat im wesentlichen zwei Aufgaben: Zum einen wird die Verschmelzung in die nationalen Rechte derjenigen Mitgliedstaaten eingeführt, in denen dieses Rechtsinstitut bislang gesetzlich nicht geregelt war. Zum zweiten werden die Rechtsvorschriften der Mitgliedstaaten über die Verschmelzung zum Schutz der Interessen der Gesellschafter und Dritter gleichwertig gestaltet. Die Fusionsrichtlinie hat erstmals einen geschlossenen und in sich zusammenhängenden Bereich harmonisiert. Die Dritte gesellschaftsrechtliche Richtlinie regelt nur Fusionen innerhalb eines Mitgliedstaates und betrifft ausschließlich Aktiengesellschaften. Sie unterscheidet zwischen einer Verschmelzung durch Aufnahme und einer Verschmelzung durch Neugründung und enthält Sonderbestimmungen für Verschmelzungen innerhalb von Konzernen. Detailliert geregelt werden die Verschmelzungsprüfung, die Wirksamkeit und Wirkung der Verschmelzung, Haftungsfragen sowie die Gläubiger- und Arbeitnehmerschutzvorschriften.

4. Bilanzrichtlinie

Drei Richtlinien regeln das europäische Rechnungslegungsrecht, nämlich die Bilanz-, Konzernbilanz- und Prüferbefähigungsrichtlinie. Der Rat hat am 25. Juli 1978 die Vierte Richtlinie zur Koordinierung der einzelstaatlichen Vorschriften über Form und Inhalt des Jahresabschlusses und des Lageberichts von Aktiengesellschaften, Kommanditgesellschaften auf Aktien und Gesellschaften mit beschränkter Haftung sowie über die Offenlegung und Prüfung dieser Unterlagen (Bilanzrichtlinie, Jahresabschlußrichtlinie [Signatur 4]) verabschiedet. Die Vorarbeiten begannen bereits 1965; sie zogen sich mehrere Jahre hin, weil nach dem Beitritt Großbritanniens, Irlands und Dänemarks zum 1. Januar 1973 die Richtlinie erneut beraten werden mußte. Die Vierte Richtlinie stand unter schwierigen Vorzeichen, weil die Mitgliedstaaten von gegensätzlichen Bilanzauffassungen ausgingen: Das deutsche Rechnungslegungsrecht von der statischen Bilanzauffassung mit der Betonung des Gläubigerschutzes, der angelsächsische Rechtskreis von der dynamischen Bilanzauffassung, das mit dem true and fair view-Prinzip den Anlegerschutz in den Vordergrund stellt. Das Prinzip des true and fair view, der dem Prinzip der Bilanzwahrheit den absoluten Vorrang einräumt, hat sich durchgesetzt. Danach hat der Jahresabschluß »ein den tatsächlichen Verhältnissen entsprechendes Bild der Vermögens-, Finanz- und Ertragslage der Gesellschaft zu vermitteln« (vgl. Art. 2 Abs. 3 Vierte RiL). Regelungsziel der Vierten Richtlinie und ihrer Änderungsrichtlinien, insbesondere der GmbH & Co. KG-Richtlinie und der Mittelstandsrichtlinie ist die Koordinierung der einzelstaatlichen Vorschriften über die Gliederung und den Inhalt des Jahresabschlusses und den Lagebericht, die Bewertungsmethoden sowie die Offenlegung dieser Unterlagen für alle Kapitalgesellschaften. Die Vierte Richtlinie zeichnet sich durch eine größenspezifische Rechnungslegung aus. Anders als das frühere deutsche Rechnungslegungsrecht knüpft die Bilanzrichtlinie nicht an die Rechtsform des bilanzierenden Unternehmens an; Inhalt und Umfang der Rechnungslegungs- und Publizitätspflichten richten sich nach der Unternehmensgröße. Die Richtlinie unterscheidet zwischen der kleinen, mittleren und großen Gesellschaft. Während die große Gesellschaft den Rechnungslegungs- und Publizitätspflichten uneingeschränkt unterliegt, genießen mittlere und kleine Gesellschaften Erleichterungen. Ein weiteres Kennzeichen der Bilanzrichtlinie ist deren Kompromißcharakter, der in den mehr als vierzig Wahlrechten zum Ausdruck kommt. Die Mitgliedstaaten sollen die Richtlinie ohne Verwerfungen in das nationale Rechnungslegungsrecht transformieren und ggf. erst später schrittweise angleichen dürfen. Die Vierte Richtlinie gilt für alle Kapitalgesellschaften sowie für Personengesellschaften, »sofern alle ihre unbeschränkt haftenden Gesellschafter« Kapitalgesellschaften sind, also in erster Linie für die GmbH & Co. KG. Die Bilanzrichtlinie ist insbesondere durch die GmbH & Co. KG-Richtlinie und die Mittelstandsrichtlinie geändert worden.

5. Strukturrichtlinie

Der geänderte Vorschlag einer Fünften gesellschaftsrechtlichen Richtlinie über die Struktur der Akiengesellschaft sowie die Befugnisse und Verpflichtungen ihrer Organe vom 19. August 1983 (Strukturrichtlinie [Signatur 5]) dient dazu, die Gesetze der Mitgliedstaaten hinsichtlich der Struktur der Aktiengesellschaft sowie der Rechte und Pflichten ihrer Organe zu koordinieren. Außerdem sollen für konkurrierende Aktiengesellschaften gleichwertige rechtliche Bedingungen geschaffen werden. Die Kommission hatte bereits 1972 einen Vorschlag einer Fünften gesellschaftsrechtlichen Richtlinie unterbreitet und 1983 einen grundlegend überarbeiteten Vorschlag vorgelegt, der durch zwei weitere Änderungsvorschläge von 1990 und 1991 nur noch geringfügig modifiziert wurde. Der Richtlinienvorschlag ist geprägt von flexiblen Vorschriften über die Verwaltungsstruktur und die Beteiligung der Arbeitnehmer sowie öffentlicher Interessen. Bei den in der Richtlinie vorgeschlagenen unternehmensverfassungsrechtlichen Systemen handelt es sich größtenteils um solche, die bereits in den Mitgliedstaaten bestehen. Regelungsschwerpunkte der Strukturrichtlinie bilden die Organisation der Verwaltung der Gesellschaft und die Beteiligung der Arbeitnehmer. Die Mitgliedstaaten können zwischen dem dualistischen System – Leitungsorgan und Aufsichtsorgan wie bei der deutschen Aktiengesellschaft – und dem monistischen System – Vereinigung der Leitungs- und Aufsichtsfunktion in dem Verwaltungsorgan – wählen; dabei stehen jeweils vier bzw. drei verschiedene Möglichkeiten hinsichtlich der Beteiligung der Arbeitnehmer zur Verfügung. Als Schwelle für die Einführung der Mitbestimmung ist eine Anzahl von 1.000 Arbeitnehmern einschließlich der Arbeitnehmer von Tochterunternehmen vorgesehen. Bisher konnte der Strukturrichtlinienvorschlag nicht verabschiedet werden. Er liegt derzeit beim Rat zur Festlegung eines gemeinsamen Standpunktes vor. Widerstände richten sich vor allem gegen die Regelungen über die Mitbestimmung.

6. Spaltungsrichtlinie

Die Sechste gesellschaftsrechtliche Richtlinie zur Teilung von Aktiengesellschaften (Spaltungsrichtlinie [Signatur 6]) wurde am 17. Dezember 1982 verabschiedet. Die Richtlinie verpflichtet die Mitgliedstaaten nicht, die Spaltung als ein neues Rechtsinstitut in ihr nationales Recht einzuführen. Sie richtet sich nur an die Mitgliedstaaten, welche die Spaltung gesetzlich geregelt haben oder eine Regelung beabsichtigen. Da Spaltung und Fusion verwandte Vorgänge sind, will die Spaltungsrichtlinie gewährleisten, daß die Vorschriften der Fusionsrichtlinie nicht im Wege der Spaltung oder ähnlicher Vorgänge umgangen werden können. Die Spaltungsrichtlinie dient dem Schutz der Interessen der Aktionäre und Dritter. Die Aktionäre der an der Spaltung beteiligten Gesellschaften sollen angemessen und so objektiv wie möglich unterrichtet und ihre Rechte in geeigneter Weise geschützt werden. Die Gläubiger der an der Spaltung beteiligten Gesellschaften sollen durch die Spaltung keinen Schaden erleiden. Die Regelungen der Richtlinie gelten nur für Spaltungen innerhalb eines Mitgliedstaates, bei denen sowohl der übertragende als auch der übernehmende Rechtsträger eine Aktiengesellschaft oder eine entsprechende Rechtsform eines anderen Mitgliedstaates ist.

7. Konzernbilanzrichtlinie

Die Siebente Richtlinie zur Koordinierung der einzelstaatlichen Vorschriften über die Konzernrechnungslegung von Aktiengesellschaften, Kommanditgesellschaften auf Aktien und Gesellschaften mit beschränkter Haftung (Richtlinie über den konsolidierten Abschluß bzw. Konzernbilanzrichtlinie [Signatur 7]) wurde am 13. Juni 1983 beschlossen. Die Entstehungsgeschichte der Siebenten Richtlinie war ähnlich wechselhaft wie die der Vierten Richtlinie. Einige EG-Staaten kannten keine gesetzliche Regelung des konsolidierten Abschlusses; die Vorschriften über die Konzernrechnungslegung in Deutschland und in Großbritannien wichen stark voneinander ab, weil sie – wie beim Einzelabschluß – auf unterschiedlichen Rechnungslegungtraditionen beruhten. Wie bei der Vierten Richtlinie hat sich nicht das deutsche Konzernrechnungslegungsrecht durchgesetzt, sondern die Konsolidierungsgrundsätze des englischen Rechts. Entsprechend dem true and fair view-Prinzip muß auch der konsolidierte Abschluß ein den tatsächlichen Verhältnissen entsprechendes Bild der Vermögens-, Finanz- und Ertragslage der insgesamt in die Konsolidierung einbezogenen Unternehmen geben. Der Anwendungsbereich knüpft – ebenso wie die Vierte Richtlinie – nicht an die Rechtsform der Unternehmen an. Zur Aufstellung eines konsolidierten Abschlusses sind alle Unternehmen (sog. Mutterunternehmen) gleich welcher Rechtsform verpflichtet, sofern die sonstigen Konsolidierungsvoraussetzungen erfüllt sind.

8. Abschlußprüferrichtlinie

Die Achte Richtlinie zur Koordinierung der einzelstaatlichen Vorschriften über die Zulassung der mit der Pflichtprüfung der Rechnungsunterlagen beauftragten Personen (Abschlußprüferrichtlinie oder Prüferbefähigungsrichtlinie [Signatur 8]) wurde am 10. April 1984 beschlossen. Diese Richtlinie ergänzt die Bilanz- und Konzernbilanzrichtlinie, indem sie die Anforderungen für die berufliche Eignungsprüfung und damit die Zulassungsvoraussetzungn der Abschlußprüfer festlegt. Ferner will sie die Unabhängigkeit der Abschlußprüfer sicherstellen. Die Prüferbefähigungsrichtlinie erkennt damit den Abschlußprüfern eine Garantiefunktion für das harmonisierte Bilanzrecht zu.

9. Konzernrechtsrichtlinie

Die Europäische Kommission hat 1984 einen Vorentwurf einer Neunten gesellschaftsrechtlichen Richtlinie zur Harmonisierung des Konzernrechts (Konzernrechtsrichtlinie [Signatur 9]) vorgelegt. Damit sollen die innerstaatlichen Vorschriften über die Konzernverfassung harmonisiert werden. Die Kommission hält es angesichts der wirtschaftlichen Bedeutung von Aktiengesellschaften, die untereinander und mit anderen Unternehmen durch Kapitalbeteiligungen verflochten sind, im Interesse der Aktionäre, Gläubiger, Arbeitnehmer und der Allgemeinheit für notwendig, die Besitz- und Machtverhältnisse durch eine möglichst weitgehende Offenlegung transparent zu halten. Die Aktionäre, Gläubiger und Arbeitnehmer einer Tochtergesellschaft in einem Konzern müßten angemessen geschützt werden. Nachdem der – von der sog. organischen Konzernverfassung oder dem sog. Faktizitätsprinzip ausgehende – Vorentwurf 1974/75 gescheitert war, unterschied der Vorentwurf 1984 – in enger Anlehnung an das deutsche Aktienkonzernrecht – zwischen Vertragskonzern und faktischem Konzern. Wegen des Widerstandes aus den Mitgliedstaaten, die u.a. die Rezeption des deutschen Konzernrechts in den anderen EG-Staaten kritisierten, wird der Vorentwurf derzeit nicht weiterverfolgt. Der Vorentwurf 1984 wird hier abgedruckt, weil der die wissenschaftliche Diskussion um die zutreffende Konzernverfassung nach wie vor maßgeblich beeinflußt und weil die Konzernrechtsharmonisierung nach wie vor auf der Agenda der Kommission steht.

10. Internationale Fusionsrichtlinie

Die Kommission hat am 14. Januar 1985 einen Vorschlag für eine Zehnte gesellschaftsrechtliche Richtlinie (Internationale Fusions- bzw. Verschmelzungsrichtlinie [Signatur 10]) vorgelegt. Damit ist beabsichtigt, im Interesse des Binnenmarktes Regelungen für solche Verschmelzungen zu schaffen, an denen Gesellschaften beteiligt sind, die dem Recht verschiedener Mitgliedstaaten unterliegen. Obgleich für grenzüberschreitende Verschmelzungen – ebenso wie für Sitzverlegungen über die Grenze – ein praktisches Bedürfnis besteht, sind solche Fusionen in den Mitgliedstaaten der EG bis heute wegen fehlender oder entgegenstehender sachrechtlicher Regelungen nicht möglich. Die Gesellschaften können von der Niederlassungsfreiheit nicht in Form von grenzüberschreitenden Sitzverlegungen oder Verschmelzungen Gebrauch machen. Sie müssen sich damit behelfen, Agenturen, Zweigniederlassungen und Tochtergesellschaften zu gründen. Dem soll die Internationale Fusionsrichtlinie abhelfen, die bislang – insbesondere wegen divergierender Auffassungen zur Arbeitnehmermitbestimmung – noch nicht verabschiedet worden ist. Der Richtlinienvorschlag liegt dem Europäischen Parlament zur Stellungnahme vor, ohne die der Rat nicht entscheiden kann.

11. Zweigniederlassungsrichtlinie

Die Elfte gesellschaftsrechtliche Richtlinie des Rates vom 21. Dezember 1989 (sog. Zweigniederlassungsrichtlinie [Signatur 11]) enthält Offenlegungsbestimmungen für Zweigniederlassungen und erweitert den Anwendungsbereich der Publizitätsrichtlinie und der Bilanzrichtlinie auf Zweigniederlassungen. Da eine Harmonisierung der Offenlegungsvorschriften für Zweigniederlassungen bislang gefehlt hatte, wurden im Hinblick auf den Schutz von Gesellschaftern und Dritten Gesellschaften, die in einem anderen Mitgliedstaat Zweigniederlassungen errichtet hatten, und Gesellschaften, die dort über Tochtergesellschaften sich betätigten, unterschiedlich behandelt. Regelungsziel der Zweigniederlassungsrichtlinie ist daher die publizitätsrechtliche Gleichstellung von rechtlich selbständigen Tochtergesellschaften und rechtlich unselbständigen Zweigniederlassungen. Die Richtlinie differenziert dabei zwischen Zweigniederlassungen von Gesellschaften eines anderen Mitgliedstaates und Zweigniederlassungen von Gesellschaften aus Drittländern.

12. Einpersonen-GmbH-Richtlinie

Der Rat der Europäischen Gemeinschaften hat am 22. Dezember 1989 die Zwölfte gesellschaftsrechtliche Richtlinie (Einpersonen-GmbH-Richtlinie, Einpersonen-Gesellschafts-Richtlinie [Signatur 12]) verabschiedet. Wesentliches Ziel der Richtlinie ist, die Zulässigkeit der Einpersonen-GmbH in allen Mitgliedstaaten der EG sicherzustellen. Zur Förderung von kleinen und mittleren Unternehmen soll Einzelunternehmern in der gesamten EG das rechtliche Instrument einer Gesellschaft mit Haftungsbeschränkung geboten werden. Eine Rechtsangleichung war deshalb erforderlich, weil die Rechte der Mitgliedstaaten im Bereich der Einpersonen-Gesellschaften zum Teil erhebliche Unterschiede aufwiesen. Die Richtlinie läßt nunmehr die Einpersonen-GmbH in allen mitgliedstaatlichen Rechten zu; dies gilt sowohl für deren Errichtung als auch für die nachträgliche Einpersonen-Gesellschaft infolge Anteilsvereinigung in einer Hand. Soweit die Mitgliedstaaten auch die Einpersonen-Aktiengesellschaft zulassen, sind sie verpflichtet, die Richtlinie auch auf diese anzuwenden. Die Zwölfte RiL regelt insbesondere Offenlegungspflichten, die Ausübung der Befugnisse der Gesellschafterversammlung durch den einzigen Gesellschafter und formelle Erfordernisse bei Verträgen zwischen dem einzigen Gesellschafter und der von ihm vertretenen Gesellschaft.

13. Übernahmeangebotsrichtlinie

Die Kommission hat am 10. November 1997 einen geänderten Vorschlag für eine Dreizehnte Richtlinie auf dem Gebiet des Gesellschaftsrechts über Übernahmeangebote (Übernahmeangebotsrichtlinie [Signatur 13]) vorgelegt. Diesem Vorschlag waren ein Vorentwurf 1987 sowie Richtlinienvorschläge 1990 und 1996 vorausgegangen. Das Regelungsziel des Gemeinschaftsgesetzgebers besteht darin, daß die Aktionäre börsennotierter Gesellschaften im Falle eines Kontrollwechsels bei einer Gesellschaft gleichwertige Schutzbestimmungen vorfinden und daß ein gewisses Maß an Transparenz während des Angebotsvorganges gewährleistet ist. Die Richtlinie gilt für die Rechts- und Verwaltungsvorschriften der Mitgliedstaaten – einschließlich der von den amtlich befugten Stellen für die Regulierung der Märkte eingeführten Verfahren oder Regelungen – für öffentliche Übernahmeangebote von Wertpapieren einer dem Recht eines Mitgliedstaates unterliegenden Gesellschaft, sofern diese Wertpapiere auf einem geregelten Markt in mindestens einem Mitgliedstaat gehandelt werden. Die Minderheitsaktionäre sollen durch ein obligatorisches Angebot oder durch andere geeignete und mindestens gleichwertige Vorkehrungen – damit sind die deutschen Vorschriften über den faktischen Aktienkonzern nach §§ 311 ff. AktG gemeint – geschützt werden. Die Mitgliedstaaten müssen Stellen benennen, die den gesamten Angebotsvorgang überwachen. Es kann sich dabei auch um private Einrichtungen handeln.

14. Sitzverlegungsrichtlinie

Die Kommission hat am 20. April 1997 einen Vorentwurf für eine Vierzehnte Richtlinie über die Verlegung des Sitzes einer Gesellschaft in einen anderen Mitgliedstaat mit Wechsel des für die Gesellschaft maßgebenden Rechts (Sitzverlegungsrichtlinie [Signatur 14]) vorgestellt. Dieser Richtlinienentwurf will die grenzüberschreitende, rechtsfähigkeits- und identitätswahrende Sitzverlegung einer Gesellschaft innerhalb der EG ohne Auflösung und Neugründung, aber mit einem Wechsel des für die Gesellschaft maßgebenden

Rechts ermöglichen, und zwar ohne den kollisionsrechtlichen Streit zwischen Sitz- und Gründungstheorie zu entscheiden. Die Sitzverlegung in einen anderen Mitgliedstaat hat weder die Auflösung zur Folge noch die Gründung einer neuen juristischen Person; sie bewirkt allerdings mit der Eintragung des neuen Sitzes im Gesellschaftsregister einen Wechsel des auf die Gesellschaft anwendbaren Rechts. Die Regelung der innereuropäischen Sitzverlegung soll den Unternehmen zu einer größeren Mobilität im Binnenmarkt verhelfen. Der wesentliche Regelungsgegenstand des Richtlinienvorentwurfs ist ein gesondertes Sitzverlegungsverfahren, das die Verlegung des satzungsmäßigen Sitzes allein oder gemeinsam mit dem tatsächlichen Sitz einer Gesellschaft in einen anderen Mitgliedstaat ermöglicht. Der Sache nach wird eine Sitzverlegung im Wege einer grenzüberschreitenden formwechselnden Umwandlung zugelassen.

III. Gesellschaftsformen europäischen Rechts

Neben der Harmonisierung der nationalen Gesellschaftsrechte durch Richtlinien arbeitete die EG-Kommission an der Schaffung supranationaler Gesellschaftsformen, um eine grenzüberschreitende Zusammenarbeit von Gesellschaften auf Gemeinschaftsebene zu ermöglichen. Denn der europäische Binnenmarkt bleibt unvollständig, solange keine – dem Bedürfnis der Unternehmen nach grenzüberschreitender Tätigkeit entsprechende – Rechtsform geboten werden kann, deren Struktur und Funktionsweise in allen Mitgliedstaaten einheitlich geregelt ist. Die Unternehmens- und Wirtschaftspraxis verlangen daher nach einheitlichen europäischen Gesellschaftsformen. Dies heben die Erwägungsgründe des Vorschlags für eine Verordnung über eine Europäische Aktiengesellschaft (SE) von 1991 ausdrücklich hervor. Dort heißt es, daß der rechtliche Rahmen, in dem sich die europäischen Unternehmen immer noch bewegen müssen und der gänzlich von innerstaatlichem Recht bestimmt wird, nicht mehr dem wirtschaftlichen Rahmen entspricht, in dem sie sich entfalten sollen. Die juristische Einheitlichkeit der europäischen Unternehmen müsse ihrer wirtschaftlichen weitestgehend entsprechen.

1. EWIV-VO

Am 25. Juli 1985 hat der Rat der Europäischen Gemeinschaften die »Verordnung über die Schaffung einer Europäischen wirtschaftlichen Interessenvereinigung (EWIV)« – EWIV-VO [Signatur 15] beschlossen. Damit ist die EWIV die erste und derzeit die einzige von der Europäischen Gemeinschaft geschaffene supranationale Gesellschaftsform. Mit dieser Gesellschaftsform soll Unternehmen und Einzelpersonen ein geeignetes Rechtsinstrument für eine grenzüberschreitende Zusammenarbeit zur Verfügung gestellt werden. Die EWIV wird zu dem Zweck gegründet, die wirtschaftliche Tätigkeit ihrer Mitglieder zu erleichtern oder zu entwickeln sowie die Ergebnisse dieser Tätigkeit zu verbessern oder zu steigern. Die EWIV darf dagegen nicht das Ziel verfolgen, eigene Gewinne zu erwirtschaften. Die EWIV hat also nur Hilfscharakter und trägt insoweit genossenschaftliche Züge. Regelungsschwerpunkte der EWIV-VO sind die Gründung einer EWIV, ihre rechtliche Existenz sowie ihre innere Verfassung. Durch die Verordnung wird das Recht der EWIV nicht vollständig und abschließend geregelt, sondern lediglich die gesellschaftsrechtliche Grundlage für die Einführung der neuen Gesellschaftsform geschaffen. Nur die Bereiche, die einer gemeinschaftsrechtlichen und damit einheitlichen Regelung bedürfen, werden in der Verordnung behandelt; angrenzende Rechtsgebiete sind ausgelassen, wie z.b. das Arbeitsrecht und Wettbewerbsrecht. Die EWIV-VO stellt damit nur einen »Rechtsrahmen« zur Verfügung, der durch mitgliedstaatliches Recht aufgefüllt wird. Die EWIV-VO verpflichtet die Mitgliedstaaten zum Erlaß von Ausführungsvorschriften. Deutschland ist dem mit dem »Gesetz zur Ausführung der EWG-Verordnung über die Europäische wirtschaftliche Interessenvereinigung (EWIV-Ausführungsgesetz)« vom 14. April 1988 [Signatur 15a] nachgekommen.

2. Verordnung über das Statut der Europäischen Aktiengesellschaft

Hinsichtlich einer Europäischen Aktiengesellschaft (Societas Europaea, abgekürzt SE) liegt – nach Verordnungsvorschlägen der Kommission aus den Jahren 1970, 1975 und 1989 – mittlerweile ein geänderter Vorschlag für eine Verordnung (EWG) des Rates über das Statut der Europäischen Aktiengesellschaft vom 16. Mai 1991 [Signatur 16] vor. Dieser Vorschlag wird flankiert durch einen geänderten Vorschlag für eine Richtlinie des Rates zur Ergänzung des SE-Statuts hinsichtlich der Stellung der Arbeitnehmer vom 6. April 1991 [Signatur 16a]. Die vorgeschlagene Regelung für die Europäische Aktiengesellschaft besteht demnach aus zwei Teilen: Die gesellschaftsrechtlichen Fragen werden in einer Verordnung zusammengefaßt. Die Regeln über die Stellung der Arbeitnehmer werden wegen der unterschiedlichen Bestimmungen und Praktiken der Mitgliedstaaten in Bereich der Arbeitnehmermitbestimmung in einer ergänzenden Richtlinie festgehalten. Die SE besitzt eigene Rechtspersönlichkeit. Da die Gründung einer SE nach den in allen Mitgliedstaaten verbindlichen Verordnungsvorschriften zu erfolgen hat, ist die Anerkennung der Rechtspersönlichkeit von Europäischen Aktiengesellschaften im Bereich des europäischen Binnenmarktes durch alle Mitgliedstaaten stets gegeben. Der SE steht damit die grenzüberschreitende Sitzverlegung offen. Das Grundkapital der Gesellschaft ist in Aktien zerlegt und muß mindestens 100.000 ECU betragen. Für die Verbindlichkeiten der Gesellschaft haftet den Gläubigern nur das Gesellschaftsvermögen. Die Verpflichtung der Aktionäre beschränkt sich auf die Erbringung ihrer Einlage. Hinsichtlich ihrer Organstruktur kann die Europäische Aktiengesellschaft zwischen dem zweigliedrigen, dualistischen System – wie bei der deutschen Aktiengesellschaft mit Vorstand und Aufsichtsrat – und dem eingliedrigen, monistischen System – wie im angelsächsischen board-System mit der Vereinigung der Leitung- und Aufsichtsfunktion in einem Gesellschaftsorgan – wählen. Der Verordnungsvorschlag für ein Statut der Europäischen Aktiengesellschaft und der ergänzende Richtlinienvorschlag über die Arbeitnehmerbeteiligung liegen derzeit beim Rat zur Festlegung eines gemeinsamen

Standpunktes vor. Eine Einigung ist bisher vor allem an der Mitbestimmungsproblematik gescheitert. Über den Inhalt des (gesellschaftsrechtlichen) Statuts einer Europäischen Aktiengesellschaft herrscht hingegen weitgehend Einigkeit.

3. Verordnung über das Statut des Europäischen Vereins

Die Kommission hat 1993 drei Vorschläge für Verordnungen über Statuten des Europäischen Vereins (EUV), der Europäischen Genossenschaft (EUGEN) und der Europäischen Gegenseitigkeitsgesellschaft (EUGGES) vorgelegt. Wie bei der Europäischen Aktiengesellschaft werden die Verordnungsvorschläge jeweils von Vorschlägen über Richtlinien »hinsichtlich der Rolle der Arbeitnehmer« in der jeweiligen Rechtsform begleitet. Die geänderten Verordnungs- und Richtlinienvorschläge liegen derzeit beim Rat zur Festlegung eines gemeinsamen Standpunktes. Die drei vorgeschlagenen Statute und Arbeitnehmer-Ergänzungsrichtlinien weisen eine sehr weitgehende inhaltliche Übereinstimmung auf. Abweichungen bestehen im wesentlichen nur dort, wo der Strukturunterschied zwischen den Gesellschaftsformen sie notwendig macht. Die drei Gesellschaftsformen werden unter dem Oberbegriff Economie Sociale zusammengefaßt. Damit sind Unternehmen gemeint, die ihre Wirtschaftstätigkeit in einer spezifischen Organisationsform ausüben, welche Ausdruck eines umfassend verstandenen sozialen Selbstverständnisses ist. Das soziale Selbstverständnis beruht auf den Grundsätzen der Solidarität und Beteiligung aller Mitglieder, der Selbstbestimmung und Selbstverantwortung; es bestimmt die Zielsetzung der Unternehmenspolitik. Die drei Verordnungsvorschläge lehnen sich an den Vorschlag für ein Statut der Europäischen Aktiengesellschaft an. In einem Anhang zu den Verordnungen werden für jeden Mitgliedstaat enumerativ diejenigen Organisationen aufgeführt, die neben natürlichen Personen einen EUV, eine EUGEN oder eine EUGGES gründen dürfen. Anderen als den genannten Organisationen ist die Gründung nicht möglich.

Der geänderte Vorschlag für eine Verordnung (EWG) des Rates über das Statut des Europäischen Vereins vom 6. Juli 1993 [Signatur 17] sowie der geänderte Vorschlag für eine Richtlinie des Rates zur Ergänzung des Statuts des Europäischen Vereins hinsichtlich der Rolle der Arbeitnehmer gleichen Datums [Signatur 17a] will mit dem Europäischen Verein ein neue gemeinschaftsrechtliche Gesellschaftsform einführen. Der Verordnungsvorschlag versteht unter einem EUV einen dauerhaften Zusammenschluß natürlicher oder juristischer Personen, deren Mitglieder ihre Kenntnisse oder Tätigkeiten zu gemeinnützigen Zwecken oder zur Förderung der sektoralen oder beruflichen Interessen ihrer Mitglieder in den unterschiedlichsten Bereichen zusammenlegen. Hinsichtlich der Verfassung des EUV sieht der Verordnungsvorschlag zwingend zwei Organe vor: die Generalversammlung und das Verwaltungsorgan. Andere Organe, insbesondere ein Aufsichtsorgan, sind nicht zulässig. Der EUV hat somit zwingend in allen Mitgliedstaaten eine zweigliedrige, monistische Grundstruktur.

4. Verordnung über das Statut der Europäischen Genossenschaft

Für die Gesellschaftsform einer Europäischen Genossenschaft (EUGEN) liegen ein geänderter Vorschlag für eine Verordnung (EWG) des Rates über das Statut der Europäischen Genossenschaft [Signatur 18] sowie ein geänderter Vorschlag für eine Richtlinie des Rates zur Ergänzung des Statuts der Europäischen Genossenschaft hinsichtlich der Rolle der Arbeitnehmer [Signatur 18a] jeweils vom 6. Juli 1993 vor. Die EUGEN ist eine Gesellschaft, deren Zweck darauf gerichtet ist, die Bedürfnisse ihrer Mitglieder zu befriedigen und deren wirtschaftliche oder soziale Tätigkeiten zu fördern. Die Organe der EUGEN sind die Generalversammlung sowie das Verwaltungsorgan bzw. ein Leitungs- und Aufsichtsorgan. Die EUGEN kann also – wie die Europäische Aktiengesellschaft – zwischen einem dualistischen System (Leitungs- und Aufsichtsorgan) oder einem monistischen System (Verwaltungsorgan) wählen.

5. Verordnung über das Statut der Europäischen Gegenseitigkeitsgesellschaft

Ebenfalls am 6. Juli 1993 hat die Kommission einen geänderten Vorschlag für eine Verordnung (EWG) des Rates über das Statut der Europäischen Gegenseitigkeitsgesellschaft (EUGGES) [Signatur 19] sowie einen geänderten Vorschlag für eine Richtlinie des Rates zur Ergänzung des Statuts der Europäischen Gegenseitigkeitsgesellschaft hinsichtlich der Rolle der Arbeitnehmer [Signatur 19a] vorgestellt. Der Gesellschaftszweck der EUGGES ist darauf gerichtet, ihren Mitgliedern gegen Entrichtung eines Beitrags die vollständige Begleichung der im Rahmen der nach der Satzung zulässigen Tätigkeiten eingegangenen vertraglichen Verbindlichkeiten zu garantieren. Die Organstruktur der EUGGES entspricht dem der EUGEN. Die EUGGES hat eine Generalversammlung und kann zwischen dem monistischen und dualistischen System wählen.

Die vorliegende Textausgabe enthält die gesellschaftsrechtlichen Gesetzestexte der EG nach dem Stand vom 1. Oktober 1999.

Das Europäische Rechtszentrum der Universität Würzburg hat die Publikation – ebenso wie das im Nomos Verlag erschienene Handbuch »Europäisches Gesellschaftsrecht« – mit einem großzügigen Förderbetrag unterstützt. Dafür sei dem Rechtszentrum und seinem Vorstand auch an dieser Stelle gedankt.

Würzburg, im Oktober 1999

Inhaltsverzeichnis

1

Signatur

2

ERSTE RICHTLINIE DES RATES

vom 9. März 1968

zur Koordinierung der Schutzbestimmungen, die in den Mitgliedstaaten den Gesellschaften im Sinne des Artikels 58 Absatz 2 des Vertrages im Interesse der Gesellschafter sowie Dritter vorgeschrieben sind, um diese Bestimmungen gleichwertig zu gestalten

(68/151/EWG)

(Amtsblatt der Europäischen Gemeinschaften Nr. L 65 vom 14.3.1968 S. 8)

Änderungen

Artikel	Art der Änderung	geändert durch	Datum	Fundstelle ABl. Nr.
1, 2	geändert	Beitrittsakte 1972	22.1.1972	L 73 S. 89
1	geändert	Beschluß des Rates 373 D 0101(01)	1.1.1973	L 2 S. 1
1	geändert	Beitrittsakte 1979	24.5.1979	L 291 S. 89
1	geändert	Beitrittsakte 1985	12.6.1985	L 302 S. 157
1	geändert	Beitrittsakte 1994[1])	24.6.1994	C 241 S. 194

---

1) In der Fassung des Beschlusses 95/1/EG, Euratom, EGKS des Rates vom 1. Januar 1995 (ABl. Nr. L 1 vom 1. 1. 1995 S. 1).

DER RAT DER EUROPÄISCHEN GEMEINSCHAFTEN –

gestützt auf den Vertrag zur Gründung der Europäischen Wirtschaftsgemeinschaft, insbesondere auf Artikel 54 Absatz 3 Buchstabe g),

gestützt auf das Allgemeine Programm zur Aufhebung der Beschränkungen der Niederlassungsfreiheit[1]), insbesondere auf Titel VI,

auf Vorschlag der Kommission,

nach Stellungnahme des Europäischen Parlaments[2]),

nach Stellungnahme des Wirtschafts- und Sozialausschusses[3]),

in Erwägung nachstehender Gründe:

Die in Artikel 54 Absatz 3 Buchstabe g) und im Allgemeinen Programm zur Aufhebung der Beschränkungen der Niederlassungsfreiheit vorgesehene Koordinierung ist insbesondere bei den Aktiengesellschaften, den Kommanditgesellschaften auf Aktien und den Gesellschaften mit beschränkter Haftung dringlich, da die Tätigkeit dieser Gesellschaften häufig über die Grenzen des nationalen Hoheitsgebiets hinausreicht.

Der Koordinierung der einzelstaatlichen Vorschriften über die Offenlegung, die Wirksamkeit eingegangener Verpflichtungen und die Nichtigkeit dieser Gesellschaften kommt insbesondere zum Schutz der Interessen Dritter eine besondere Bedeutung zu.

Auf diesen Gebieten müssen Vorschriften der Gemeinschaft für diese Gesellschaften gleichzeitig erlassen werden, da diese Gesellschaften zum Schutze Dritter lediglich das Gesellschaftsvermögen zur Verfügung stellen.

Die Offenlegung muß es Dritten erlauben, sich über die wesentlichen Urkunden der Gesellschaft sowie einige sie betreffende Angaben, insbesondere die Personalien derjenigen, welche die Gesellschaft verpflichten können, zu unterrichten.

Der Schutz Dritter muß durch Bestimmungen gewährleistet werden, welche die Gründe, aus denen im Namen der Gesellschaft eingegangene Verpflichtungen unwirksam sein können, so weit wie möglich beschränken.

Um die Rechtssicherheit in den Beziehungen zwischen der Gesellschaft und Dritten sowie im Verhältnis der Gesellschaft untereinander zu gewährleisten, ist es erforderlich, die Fälle der Nichtigkeit sowie die Rückwirkung der Nichtigerklärung zu beschränken und für den Einspruch Dritter gegen diese Erklärung eine kurze Frist vorzuschreiben –

---

1) ABl. Nr. 2 vom 15. 1. 1962, S. 36.
2) ABl. Nr. 96 vom 28. 5. 1966, S. 1519.
3) ABl. Nr. 194 vom 27. 11. 1964, S. 3248.

HAT FOLGENDE RICHTLINIE ERLASSEN:

Artikel 1

Die durch diese Richtlinie vorgeschriebenen Koordinierungsmaßnahmen gelten für die
Rechts- und Verwaltungsvorschriften der Mitgliedstaaten für Gesellschaften folgender
Rechtsformen:

– *in Deutschland*:
  die Aktiengesellschaft, die Kommanditgesellschaft auf Aktien, die Gesellschaft mit
  beschränkter Haftung;

– *in Belgien*;
  de naamloze vennootschap,   la société anonyme,

  de commanditaire vennootschap op   la société en commandite par
  aandelen,   actions,
  de personenvennootschap met   la société de personnes à
  beperkte aansprakelijkheid;   responsabilité limitée;

– *in Frankreich*:
  la société anonyme, la société en commandite par actions, la société à responsabilité
  limitée;

– *in Italien*;
  società per azioni, società in accomandita per azioni, società a responsabilità limitata;

– *in Luxemburg*:
  la société anonyme, la société en commandite par actions, la société à resposabilité
  limitée;

– *in den Niederlanden*:
  de naamloze vennootschap, de commanditaire vennootschap op aandelen;

– *im Vereinigten Königreich:*
  Companies incorporated with limited liability;

– *in Irland:*
  Companies incorporated with limited liability;

– *in Dänemark:*
  Aktieselskab; Komandit-Aktieselskab;

– *in Griechenland:*
  ἀνώνυμη ἑταιρία, ἑταιρία περιωρισμένης εὐθύνης, ἑτερόρρυθμη κατά με–
  τοχές ἑταιρία.

– *in Spanien:*
la sociedad anónima, la sociedad comanditaria por acciones, la sociedad de responsabilidad limitada;

– *in Portugal:*
a sociedade anónima de responsabilidade limitada, a sociedade em comandita por acções, a sociedade por quotas de responsabilidade limitada;

– *in Österreich:*
die Aktiengesellschaft, die Gesellschaft mit beschränkter Haftung;

– *in Finnland:*
osakeyhtiö/aktiebolag;

– *in Schweden:*
aktiebolag.

ABSCHNITT I

Offenlegung

Artikel 2

(1)   Die Mitgliedstaaten treffen die erforderlichen Maßnahmen, damit sich die Pflicht zur Offenlegung hinsichtlich der Gesellschaften mindestens auf folgende Urkunden und Angaben erstreckt:

a) den Errichtungsakt und, falls sie Gegenstand eines gesonderten Aktes ist, die Satzung;

b) Änderungen der unter Buchstabe a) genannten Akte, einschließlich der Verlängerung der Dauer der Gesellschaft;

c) nach jeder Änderung des Errichtungsaktes oder der Satzung, den vollständigen Wortlaut des geänderten Aktes in der geltenden Fassung;

d) die Bestellung, das Ausscheiden sowie die Personalien derjenigen, die als gesetzlich vorgesehenes Gesellschaftsorgan oder als Mitglieder eines solchen Organs

   i) befugt sind, die Gesellschaft gerichtlich und außergerichtlich zu vertreten,

   ii) an der Verwaltung, Beaufsichtigung oder Kontrolle der Gesellschaft teilnehmen.

   Bei der Offenlegung muß angegeben werden, ob die zur Vertretung der Gesellschaft befugten Personen die Gesellschaft allein oder nur gemeinschaftlich vertreten können;

e) zumindest jährlich den Betrag des gezeichneten Kapitals, falls der Errichtungsakt oder die Satzung ein genehmigtes Kapital erwähnt und falls die Erhöhung des gezeichneten Kapitals keiner Satzungsänderung bedarf;

f) die Bilanz und die Gewinn- und Verlustrechnung für jedes Geschäftsjahr. In das Dokument, das die Bilanz enthält, sind die Personalien derjenigen aufzunehmen, die auf Grund gesetzlicher Vorschriften einen Bestätigungsvermerk zu der Bilanz zu erteilen haben. Für die in Artikel 1 genannten Gesellschaften mit beschränkter Haftung des deutschen, des belgischen, des französischen, des griechischen, des italienischen, des luxemburgischen oder des portugiesischen Rechts sowie für geschlossene Aktiengesellschaften des niederländischen Rechts und »private companies« des irischen Rechts und »private companies« des nordirischen Rechts wird die Pflicht zur Anwendung dieser Bestimmung jedoch bis zum Zeitpunkt der Anwendung einer Richtlinie aufgeschoben, die sowohl Vorschriften über die Koordinierung des Inhalts der Bilanzen und der Gewinn- und Verlustrechnungen enthält als auch diejenigen dieser Gesellschaften, deren Bilanzsumme einen in der Richtlinie festzusetzenden Betrag nicht erreicht, von der Pflicht zur Offenlegung aller oder eines Teils dieser Schriftstücke befreit. Der Rat erläßt die genannte Richtlinie innerhalb von zwei Jahren nach der Annahme der vorliegenden Richtlinie;

g) jede Verlegung des Sitzes der Gesellschaft;

h) die Auflösung der Gesellschaft;

i) die gerichtliche Entscheidung, in der die Nichtigkeit der Gesellschaft ausgesprochen wird;

j) die Bestellung und die Personalien der Liquidatoren sowie ihre Befugnisse, sofern diese nicht ausdrücklich und ausschließlich aus dem Gesetz oder der Satzung hervorgehen;

k) den Abschluß der Liquidation sowie in solchen Mitgliedstaaten, in denen die Löschung Rechtswirkungen auslöst, die Löschung der Gesellschaft im Register.

(2) Für die Anwendung des Absatzes 1 Buchstabe f) gelten als geschlossene Aktiengesellschaften diejenigen, die folgende Bedingungen erfüllen:

a) sie können keine Inhaberaktien ausgeben;

b) von niemendem können »Inhaberzertifikate über Namensaktien« im Sinne von Artikel 42 c des niederländischen Handelsgesetzbuchs ausgegeben werden;

c) die Aktien können an der Börse nicht notiert werden;

d) die Satzung enthält eine Bestimmung, wonach mit Ausnahme des Übergangs von Todes wegen und, sofern die Satzung dies vorsieht, mit Ausnahme der Übertragung an den Ehegatten oder an Verwandte in gerader aufsteigender oder absteigender Linie jede Übertragung von Aktien an einen Dritten der Zustimmung der Gesellschaft bedarf; die Übertragung muß unter Ausschluß jeder Blankoerklärung entweder in einer vom Veräußerer und Erwerber unterzeichneten privatschriftlichen oder in einer öffentlichen Urkunde erfolgen;

e) die Satzung enthält die Angabe, daß es sich um eine geschlossene Aktiengesellschaft handelt; die Firma der Gesellschaft enthält die Worte »Besloten Naamloze Vennootschap« oder die Abkürzung »B. N. V.«.

Artikel 3

(1) In jedem Mitgliedstaat wird entweder bei einem zentralen Register oder bei einem Handels- oder Gesellschaftsregister für jede der dort eingetragenen Gesellschaften eine Akte angelegt.

(2) Alle Urkunden und Angaben, die nach Artikel 2 der Offenlegung unterliegen, sind in dieser Akte zu hinterlegen oder in das Register einzutragen; der Gegenstand der Eintragungen in das Register muß in jedem Fall aus der Akte ersichtlich sein.

(3) Vollständige oder auszugsweise Abschriften der in Artikel 2 bezeichneten Urkunden oder Angaben sind auf schriftliches Verlangen zuzusenden. Die Gebühren für die Erteilung dieser Abschriften dürfen die Verwaltungskosten nicht übersteigen.

Die Richtigkeit der übersandten Abschriften ist zu beglaubigen, sofern der Antragsteller auf diese Beglaubigung nicht verzichtet.

(4) Die in Absatz 2 bezeichneten Urkunden und Angaben sind in einem von dem Mitgliedstaat zu bestimmenden Amtsblatt entweder in Form einer vollständigen oder auszugsweisen Wiedergabe oder in Form eines Hinweises auf die Hinterlegung des Dokuments in der Akte oder auf seine Eintragung in das Register bekanntzumachen.

(5) Die Urkunden und Angaben können Dritten von der Gesellschaft erst nach der Bekanntmachung gemäß Absatz 4 entgegengesetzt werden, es sei denn, daß die Gesellschaft beweist, daß die Dritten die Urkunden oder Angaben kannten. Bei Vorgängen, die sich vor dem sechzehnten Tag nach dem Tag dieser Bekanntmachung ereignen, können die Urkunden und Angaben jedoch den Dritten nicht entgegengesetzt werden, die beweisen, daß es für sie nicht möglich war, die Urkunden oder Angaben zu kennen.

(6) Die Mitgliedstaaten treffen die erforderlichen Maßnahmen, um zu verhindern, daß der Inhalt der Bekanntmachung in der Presse und der Inhalt des Registers oder der Akte voneinander abweichen.

Im Falle einer Abweichung kann jedoch der in der Presse bekanntgemachte Text Dritten nicht entgegengesetzt werden. Diese können sich jedoch auf den bekanntgemachten Text berufen, es sei denn, daß die Gesellschaft beweist, daß die Dritten den in der Akte hinterlegten oder im Register eingetragenen Text kannten.

(7) Dritte können sich im übrigen stets auf Urkunden und Angaben berufen, für welche die Formalitäten der Offenlegung noch nicht erfüllt worden sind, es sei denn, daß die Urkunden oder Angaben mangels Offenlegung nicht wirksam sind.

Artikel 4

Die Mitgliedstaaten schreiben vor, daß auf Briefen und Bestellscheinen folgendes anzugeben ist:

– ein Register, bei dem die in Artikel 3 bezeichnete Akte angelegt worden ist, und die Nummer der Eintragung der Gesellschaft in dieses Register;

– die Rechtsform und der Sitz der Gesellschaft sowie gegebenenfalls, das sich die Gesellschaft in Liquidation befindet.

Ist auf diesen Schriftstücken das Gesellschaftskapital angeführt, so ist das gezeichnete und eingezahlte Kapital anzugeben.

Artikel 5

Jeder Mitgliedstaat bestimmt, welche Personen verpflichtet sind, die Formalitäten der Offenlegung zu erfüllen.

Artikel 6

Die Mitgliedstaaten drohen geeignete Maßregeln für den Fall an,

– daß die in Artikel 2 Absatz 1 Buchstabe f) vorgeschriebene Offenlegung der Bilanz und der Gewinn- und Verlustrechnung unterbleibt;

– daß die in Artikel 4 vorgesehenen obligatorischen Angaben auf den Geschäftspapieren fehlen.

ABSCHNITT II

Gültigkeit der von der Gesellschaft eingegangenen Verpflichtungen

Artikel 7

Ist im Namen einer in Gründung befindlichen Gesellschaft gehandelt worden, ehe diese die Rechtsfähigkeit erlangt hat, und übernimmt die Gesellschaft die sich aus diesen Handlungen ergebenden Verpflichtungen nicht, so haften die Personen, die gehandelt haben, aus diesen Handlungen unbeschränkt als Gesamtschuldner, sofern nichts anderes vereinbart worden ist.

Artikel 8

Sind die Formalitäten der Offenlegung hinsichtlich der Personen, die als Organ zur Vertretung der Gesellschaft befugt sind, erfüllt worden, so kann ein Mangel ihrer Bestellung Dritten nur entgegengesetzt werden, wenn die Gesellschaft beweist, daß die Dritten den Mangel kannten.

Artikel 9

(1)   Die Gesellschaft wird Dritten gegenüber durch Handlungen ihrer Organe verpflichtet, selbst wenn die Handlungen nicht zum Gegenstand des Unternehmens gehören, es sei denn, daß diese Handlungen die Befugnisse überschreiten, die nach dem Gesetz diesen Organen zugewiesen sind oder zugewiesen werden können.

Für Handlungen, die den Rahmen des Gegenstandes des Unternehmens überschreiten, können die Mitgliedstaaten jedoch vorsehen, daß die Gesellschaft nicht verpflichtet wird, wenn sie beweist, daß dem Dritten bekannt war, daß die Handlung den Unternehmensgegenstand überschritt, oder daß er darüber nach den Umständen nicht in Unkenntnis sein konnte; allein die Bekanntmachung der Satzung reicht zu diesem Beweis nicht aus.

(2)   Satzungsmäßige oder auf einem Beschluß der zuständigen Organe beruhende Beschränkungen der Befugnisse der Organe der Gesellschaft können Dritten nie entgegengesetzt werden, auch dann nicht, wenn sie bekanntgemacht worden sind.

(3)   Kann nach einzelstaatlichen Rechtsvorschriften die Befugnis zur Vertretung der Gesellschaft abweichend von der gesetzlichen Regel auf diesem Gebiet durch die Satzung einer Person allein oder mehreren Personen gemeinschaftlich übertragen werden, so können diese Rechtsvorschriften vorsehen, daß die Satzungsbestimmung, sofern sie die Vertretungsbefugnis generell betrifft, Dritten entgegengesetzt werden kann; nach Arti-

kel 3 bestimmt sich, ob eine solche Satzungsbestimmung Dritten entgegengesetzt werden kann.

ABSCHNITT III

Nichtigkeit der Gesellschaft

Artikel 10

In allen Mitgliedstaaten, nach deren Rechtsvorschriften die Gesellschaftsgründung keiner vorbeugenden Verwaltungs- oder gerichtlichen Kontrolle unterworfen ist, müssen der Errichtungsakt und die Satzung der Gesellschaft sowie Änderungen dieser Akte öffentlich beurkundet werden.

Artikel 11

Die Rechtsvorschriften der Mitgliedstaaten können die Nichtigkeit der Gesellschaften nur nach Maßgabe folgender Bedingungen regeln:

1. Die Nichtigkeit muß durch gerichtliche Entscheidung ausgesprochen werden.

2. Die Nichtigkeit kann nur in folgenden Fällen ausgesprochen werden:

   a) wenn der Errichtungsakt fehlt oder wenn entweder die Formalitäten der vorbeugenden Kontrolle oder die Form der öffentlichen Beurkundung nicht beachtet wurden;

   b) wenn der tatsächliche Gegenstand des Unternehmens rechtswidrig ist oder gegen die öffentliche Ordnung verstößt;

   c) wenn der Errichtungsakt oder die Satzung die Firma der Gesellschaft, die Einlagen, den Betrag des gezeichneten Kapitals oder den Gegenstand des Unternehmens nicht aufführt;

   d) wenn die einzelstaatlichen Rechtsvorschriften über die Mindesteinzahlung auf das Gesellschaftskapital nicht beachtet wurden;

   e) wenn alle an der Gründung beteiligten Gesellschafter geschäftsunfähig waren;

   f) wenn entgegen den für die Gesellschaft geltenden einzelstaatlichen Rechtsvorschriften die Zahl der an der Gründung beteiligten Gesellschafter weniger als zwei betrug.

Abgesehen von diesen Nichtigkeitsfällen können die Gesellschaften aus keinem Grund inexistent, absolut oder relativ nichtig sein oder für nichtig erklärt werden.

Artikel 12

(1) Nach Artikel 3 bestimmt sich, ob eine gerichtliche Entscheidung, in der die Nichtigkeit ausgesprochen wird, Dritten entgegengesetzt werden kann. Sehen die einzelstaatlichen Rechtsvorschriften einen Einspruch Dritter vor, so ist dieser nur innerhalb einer Frist von sechs Monaten nach der Bekanntmachung der gerichtlichen Entscheidung zulässig.

(2) Die Nichtigkeit bewirkt, daß die Gesellschaft in Liquidation tritt, wie dies bei der Auflösung der Fall sein kann.

(3) Unbeschadet der Wirkungen, die sich daraus ergeben, daß sich die Gesellschaft in Liquidation befindet, beeinträchtigt die Nichtigkeit als solche die Gültigkeit von Verpflichtungen nicht, die die Gesellschaft eingegangen ist oder die ihr gegenüber eingegangen wurden.

(4) Die Regelung der Wirkungen der Nichtigkeit im Verhältnis der Gesellschafter untereinander bleibt den Rechtsvorschriften jedes Mitgliedstaats überlassen.

(5) Die Inhaber von Anteilen oder Aktien bleiben zur Einzahlung des gezeichneten, aber noch nicht eingezahlten Kapitals insoweit verpflichtet, als die den Gläubigern gegenüber eingegangenen Verpflichtungen dies erfordern.

ABSCHNITT IV

Allgemeine Bestimmungen

Artikel 13

Die Mitgliedstaaten ändern innerhalb einer Frist von achtzehn Monaten nach der Bekanntgabe der Richtlinie ihres Rechts- und Verwaltungsvorschriften insoweit, als dies zur Anpassung an die Bestimmungen dieser Richtlinie erforderlich ist, und setzen die Kommission hiervon unverzüglich in Kenntnis.

Die in Artikel 2 Absatz 1 Buchstabe f) vorgesehene Pflicht zur Offenlegung tritt für andere als die im derzeitigen Artikel 42 c des niederländischen Handelsgesetzbuches bezeichneten Aktiengesellschaften des niederländischen Rechts erst dreißig Monate nach der Bekanntgabe dieser Richtlinie in Kraft.

Die Mitgliedstaaten können vorsehen, daß die erstmalige Offenlegung des vollständigen Wortlauts der Satzung in der Fassung, die sich aus den nach der Gründung der Gesellschaft vorgenommenen Änderungen ergibt, erst bei der nächsten Satzungsänderung oder, falls eine solche Änderung nicht erfolgt, spätestens am 31. Dezember 1970 erforderlich wird.

Die Mitgliedstaaten teilen der Kommission den Wortlaut der wichtigsten Bestimmungen des innerstaatlichen Rechts mit, die sie auf dem von dieser Richtlinie erfaßten Gebiet erlassen.

Artikel 14

Diese Richtlinie ist an die Mitgliedstaaten gerichtet.

Geschehen zu Brüssel am 9. März 1968.

Im Namen des Rates

Der Präsident

M. COUVE DE MURVILLE

ZWEITE RICHTLINIE DES RATES

vom 13. Dezember 1976

zur Koordinierung der Schutzbestimmungen, die in den Mitgliedstaaten den Gesellschaften im Sinne des Artikels 58 Absatz 2 des Vertrages im Interesse der Gesellschafter sowie Dritter für die Gründung der Aktiengesellschaft sowie für die Erhaltung und Änderung ihres Kapitals vorgeschrieben sind, um diese Bestimmungen gleichwertig zu gestalten

(77/91/EWG)

(Amtsblatt der Europäischen Gemeinschaften Nr. L 26 vom 31.1.1977 S. 1)

Änderungen

Artikel	Art der Änderung	geändert durch	Datum	Fundstelle ABl. Nr.
1	geändert	Beitrittsakte 1979	24.5.1979	L 291　S. 89
1	geändert	Beitrittsakte 1985	12.6.1985	L 302　S. 157
24 a	eingefügt	Richtlinie 92/101/EWG des Rates	23.11.1992	L 347 S. 64
1, 6	geändert	Beitrittsakte 1994[1])	24.6.1994	C 241 S. 194

---

1) In der Fassung des Beschlusses 95/1/EG, Euratom, EGKS des Rates vom 1. Januar 1995 (ABl. Nr. L 1 vom 1. 1. 1995 S. 1).

DER RAT DER EUROPÄISCHEN GEMEINSCHAFTEN –

gestützt auf den Vertrag zur Gründung der Europäischen Wirtschaftsgemeinschaft, insbesondere auf Artikel 54 Absatz 3 Buchstabe g),

auf Vorschlag der Kommission,

nach Stellungnahme des Europäischen Parlaments,[1])

nach Stellungnahme des Wirtschafts- und Sozialausschusses,[2])

in Erwägung nachstehender Gründe:

Die Fortführung der Koordinierung, die Artikel 54 Absatz 3 Buchstabe g) sowie das Allgemeine Programm zur Aufhebung der Beschränkungen der Niederlassungsfreiheit vorsehen und die mit der Richtlinie 68/151/EWG[3]) begonnen wurde, ist bei den Aktiengesellschaften besonders wichtig, weil in der Wirtschaft der Mitgliedstaaten die Tätigkeit dieser Gesellschaften vorherrscht und häufig die Grenzen des nationalen Hoheitsgebiets überschreitet.

Die Koordinierung der einzelstaatlichen Vorschriften über die Gründung der Aktiengesellschaft sowie die Aufrechterhaltung, die Erhöhung und die Herabsetzung ihres Kapitals ist vor allem bedeutsam, um beim Schutz der Aktionäre einerseits und der Gläubiger der Gesellschaft andererseits ein Mindestmaß an Gleichwertigkeit sicherzustellen.

Die Satzung oder der Errichtungsakt einer Aktiengesellschaft muß im Gebiet der Gemeinschaft jedem Interessierten die Möglichkeit bieten, die wesentlichen Merkmale der Gesellschaft und insbesondere die genaue Zusammensetzung des Gesellschaftskapitals zu kennen.

Die Gemeinschaft muß deshalb Vorschriften erlassen, um das Kapital als Sicherheit für die Gläubiger zu erhalten, indem insbesondere untersagt wird, daß das Kapital durch nicht geschuldete Ausschüttungen an die Aktionäre verringert wird, und indem die Möglichkeit einer Gesellschaft, eigene Aktien zu erwerben, begrenzt wird.

Im Hinblick auf die in Artikel 54 Absatz 3 Buchstabe g) verfolgten Ziele ist es erforderlich, daß die Rechtsvorschriften der Mitgliedstaaten bei Kapitalerhöhungen und Kapitalherabsetzungen die Beachtung der Grundsätze über die Gleichbehandlung der Aktionäre, die sich in denselben Verhältnissen befinden, und den Schutz der Gläubiger von Forderungen, die bereits vor der Entscheidung über die Herabsetzung bestanden, sicherstellen und für die harmonisierte Durchführung dieser Grundsätze Sorge tragen –

HAT FOLGENDE RICHTLINIE ERLASSEN:

---

1) ABl. Nr. C 114 vom 11. 11. 1971, S. 18.
2) ABl. Nr. C 88 vom 6. 9. 1971, S. 1.
3) ABl. Nr. L 65 vom 14. 3. 1968, S. 8.

Artikel 1

(1)   Die durch diese Richtlinie vorgeschriebenen Maßnahmen der Koordinierung gelten für die Rechts- und Verwaltungsvorschriften der Mitgliedstaaten für Gesellschaften folgender Rechtsformen:

– *in Deutschland:*
  die Aktiengesellschaft

– *in Belgien:*
  de naamloze vennootschap/la société anonyme

– *in Dänemark:*
  aktieselskabet

– *in Frankreich:*
  la société anonyme

– *in Irland:*
  the public company limited by shares und
  the public company limited by guarantee and having a share capital

– *in Italien:*
  la società per azioni

– *in Luxemburg:*
  la société anonyme

– *in den Niederlanden:*
  de naamloze vennootschap

– *im Vereinigten Königreich:*
  the public company limited by shares und
  the public company limited by guarantee and having a share capital

– *in Griechenland:*
  ή ἀνώυμη ἑταιρία

– *in Spanien:*
  la sociedad anónima

– *in Portugal:*
  a sociedade anónima de responsabilidade limitada

– *in Österreich:*
  die Aktiengesellschaft

– *in Finnland:*
  osakeyhtiö/aktiebolag

– *in Schweden:*
  aktiebolag.

Die Firma jeder Gesellschaft der vorgenannten Rechtsformen muß die Bezeichnung enthalten, die sich von den für andere Gesellschaftsformen vorgeschriebenen Bezeichnungen unterscheidet, oder muß mit einer solchen Bezeichnung verbunden sein.

(2) Die Mitgliedstaaten brauchen diese Richtlinie auf Investmentgesellschaften mit veränderlichem Kapital und auf Genossenschaften, die in einer der in Absatz 1 genannten Rechtsformen gegründet worden sind, nicht anzuwenden. Soweit die Rechtsvorschriften der Mitgliedstaaten von dieser Möglichkeit Gebrauch machen, verpflichten sie diese Gesellschaften, die Bezeichnung »Investmentgesellschaft mit veränderlichem Kapital« oder »Genossenschaft« auf allen in Artikel 4 der Richtlinie 68/151/EWG genannten Schriftstücken anzugeben.

Unter Investmentgesellschaften mit veränderlichem Kapital im Sinne dieser Richtlinie sind nur Gesellschaften zu verstehen,

– deren Gegenstand es ausschließlich ist, ihre Mittel in verschiedenen Wertpapieren, in verschiedenen Grundstücken oder in anderen Werten anzulegen mit dem einzigen Ziel, das Risiko der Investitionen zu verteilen und ihre Aktionäre an dem Gewinn aus der Verwaltung ihres Vermögens zu beteiligen,

– die sich an die Öffentlichkeit wenden, um ihre eigenen Aktien unterzubringen, und

– deren Satzung bestimmt, daß ihre Aktien in den Grenzen eines Mindest- und eines Höchstkapitals jederzeit von der Gesellschaft ausgegeben, zurückgekauft oder weiterveräußert werden können.

Artikel 2

Die Satzung oder der Errichtungsakt der Gesellschaft enthält mindestens folgende Angaben:

a) die Rechtsform der Gesellschaft und ihre Firma;

b) den Gegenstand des Unternehmens;

c) – sofern die Gesellschaft kein genehmigtes Kapital hat, die Höhe des gezeichneten Kapitals;

   – sofern die Gesellschaft ein genehmigtes Kapital hat, die Höhe des genehmigten Kapitals und die Höhe des gekennzeichneten Kapitals im Zeitpunkt der Gründung der Gesellschaft oder der Erteilung der Genehmigung zur Aufnahme ihrer Geschäftstätigkeit sowie bei jeder Änderung des genehmigten Kapitals; Artikel 2 Absatz 1 Buchstabe e) der Richtlinie 68/151/EWG bleibt unberührt;

d) die Bestimmungen, welche die Zahl und die Art und Weise der Bestellung der Mitglieder derjenigen Organe, die mit der Vertretung gegenüber Dritten, mit der

Verwaltung, der Leitung, der Aufsicht oder der Kontrolle der Gesellschaft betraut sind, sowie die Verteilung der Zuständigkeiten zwischen diesen Organen festlegen, soweit sich dies nicht aus dem Gesetz ergibt;

e) die Dauer der Gesellschaft, sofern sie nicht unbestimmt ist.

Artikel 3

Die Satzung, der Errichtungsakt oder ein gesondertes Schriftstück, das nach den in den Rechtsvorschriften der einzelnen Mitgliedstaaten gemäß Artikel 3 der Richtlinie 68/151/EWG vorgesehenen Verfahren offenzulegen ist, müssen mindestens folgende Angaben enthalten:

a) den Sitz der Gesellschaft;

b) den Nennbetrag der gezeichneten Aktien und zumindest jährlich deren Zahl;

c) die Zahl der gezeichneten Aktien ohne Angabe des Nennbetrags, soweit die einzelstaatlichen Rechtsvorschriften die Ausgabe solcher Aktien erlauben;

d) gegebenenfalls die besonderen Bedingungen, welche die Übertragung der Aktien beschränken;

e) sofern es mehrere Gattungen von Aktien gibt, die Angaben unter den Buchstaben b), c) und d) für jede von ihnen und die Angabe der Rechte, die mit den Aktien jeder der Gattungen verbunden sind;

f) die Form der Aktien, Namens- oder Inhaberaktien, sofern die einzelstaatlichen Rechtsvorschriften diese beiden Formen vorsehen, sowie alle Vorschriften über deren Umwandlung, es sei denn, daß das Gesetz die Einzelheiten festlegt;

g) den eingezahlten Betrag des gezeichneten Kapitals im Zeitpunkt der Gründung der Gesellschaft oder der Erteilung der Genehmigung zur Aufnahme ihrer Geschäftstätigkeit;

h) den Nennbetrag der Aktien oder, wenn ein Nennbetrag nicht vorhanden ist, die Zahl der Aktien, die als Gegenleistung für eine Einlage ausgegeben werden, die nicht in bar bewirkt wird, sowie den Gegenstand dieser Einlage und den Namen des Einlegers;

i) die Personalien der natürlichen Personen oder die Bezeichnung der juristischen Personen oder Gesellschaften, durch die oder in deren Namen die Satzung oder der Errichtungsakt oder, sofern die Gründung der Gesellschaft nicht in einem Vorgang einheitlich erfolgt, die Entwürfe der Satzung oder des Errichtungsaktes unterzeichnet worden sind;

j) mindestens annähernd den Gesamtbetrag aller Kosten, die aus Anlaß der Gründung der Gesellschaft von dieser zu tragen sind oder ihr in Rechnung gestellt werden,

und zwar gegebenenfalls auch, wenn sie vor dem Zeitpunkt entstehen, in dem die
Gesellschaft die Genehmigung zur Aufnahme ihrer Geschäftstätigkeit erhält;

k) jeder besondere Vorteil, der bei der Gründung der Gesellschaft oder bis zu dem
Zeitpunkt, zu dem diese die Genehmigung zur Aufnahme ihrer Geschäftstätigkeit
erhält, jemandem gewährt wird, der an der Gründung der Gesellschaft oder an
Vorgängen beteiligt ist, welche die Genehmigung herbeiführen.

Artikel 4

(1) Schreiben die Rechtsvorschriften eines Mitgliedstaats vor, daß eine Gesellschaft
ihre Geschäftstätigkeit nicht ohne eine entsprechende Genehmigung aufnehmen darf, so
müssen sie auch Vorschriften über die Haftung für die Verbindlichkeiten enthalten, die
von der Gesellschaft oder für ihre Rechnung vor der Erteilung oder der Ablehnung einer
solchen Genehmigung eingegangen werden.

(2) Absatz 1 gilt nicht für Verbindlichkeiten aus Verträgen, welche die Gesellschaft
unter der Bedingung geschlossen hat, daß ihr die Genehmigung zur Aufnahme der
Geschäftstätigkeit erteilt wird.

Artikel 5

(1) Verlangen die Rechtsvorschriften eines Mitgliedstaats für die Gründung einer
Gesellschaft das Zusammenwirken mehrerer Gesellschafter, so hat die Vereinigung aller
Aktien in einer Hand oder das Absinken der Zahl der Gesellschafter unter die gesetzliche
Mindestzahl nach der Gründung der Gesellschaft nicht ohne weiteres deren Auflösung
zur Folge.

(2) Kann in den Fällen des Absatzes 1 die gerichtliche Auflösung der Gesellschaft
nach den Rechtsvorschriften eines Mitgliedstaats ausgesprochen werden, so muß das
zuständige Gericht dieser Gesellschaft eine ausreichende Frist einräumen können, um
den Mangel zu beheben.

(3) Wenn die Auflösung der Gesellschaft durch das Gericht ausgesprochen worden ist,
tritt die Gesellschaft in Liquidation.

Artikel 6

(1) Die Rechtsvorschriften der Mitgliedstaaten fordern für die Gründung der Gesellschaft oder für die Erteilung der Genehmigung zur Aufnahme ihrer Geschäftstätigkeit
die Zeichnung eines Mindestkapitals, dessen Betrag nicht auf weniger als 25 000 ECU
festgesetzt werden darf.

Als Europäische Rechnungseinheit gilt die Rechnungseinheit, die durch die Entscheidung Nr. 3289/75/EGKS der Kommission[1]) festgelegt worden ist. Der Gegenwert in nationaler Währung ist bei der ersten Festsetzung derjenige, welcher am Tag der Annahme dieser Richtlinie gilt.

(2) Verändert sich der Gegenwert der Europäischen Rechnungseinheit in einer nationalen Währung derart, daß der Betrag des in nationaler Währung ausgedrückten Mindestkapitals während eines Jahres unter dem Wert von 22 500 Europäischen Rechnungseinheiten bleibt, so teilt die Kommission dem betreffenden Mitgliedstaat mit, daß er seine Rechtsvorschriften innerhalb von zwölf Monaten nach Ablauf des genannten Zeitraums den Vorschriften des Absatzes 1 anpassen muß. Der Mitgliedstaat kann jedoch vorsehen, daß die Anpassung seiner Rechtsvorschriften auf bereits bestehende Gesellschaften erst achtzehn Monate nach Inkrafttreten dieser Anpassung anzuwenden ist.

(3) Auf Vorschlag der Kommission prüft der Rat alle fünf Jahre die in Europäischer Rechnungseinheit ausgedrückten Beträge dieses Artikels unter Berücksichtigung der wirtschaftlichen und monetären Entwicklung in der Gemeinschaft sowie der Tendenzen, die Wahl der in Artikel 1 Absatz 1 bezeichneten Gesellschaftsformen großen und mittleren Unternehmen vorzubehalten, und ändert diese Beträge gegebenenfalls.

Artikel 7

Das gezeichnete Kapital darf nur aus Vermögensgegenständen bestehen, deren wirtschaftlicher Wert feststellbar ist. Jedoch können diese Vermögensgegenstände nicht aus Verpflichtungen zu Arbeits- oder Dienstleistungen bestehen.

Artikel 8

(1) Die Aktien dürfen nicht unter dem Nennbetrag oder, wenn ein Nennbetrag nicht vorhanden ist, nicht unter dem rechnerischen Wert ausgegeben werden.

(2) Die Mitgliedstaaten können jedoch zulassen, daß diejenigen, die sich berufsmäßig mit der Unterbringung von Aktien befassen, weniger als den Gesamtbetrag der Aktien zahlen, die sie bei diesem Vorgang zeichnen.

Artikel 9

(1) Die Einlagen auf ausgegebene Aktien müssen im Zeitpunkt der Gründung der Gesellschaft oder der Erteilung der Genehmigung zur Aufnahme ihrer Geschäftstätigkeit

---

1) ABl. Nr. L 327 vom 19. 12. 1975, S. 4.

in Höhe von mindestens 25 v.H. des Nennbetrags der Aktien oder, wenn ein Nennbetrag nicht vorhanden ist, ihres rechnerischen Wertes geleistet werden.

(2) Jedoch müssen Einlagen, die nicht Bareinlagen sind, für Aktien, die im Zeitpunkt der Gründung der Gesellschaft oder im Zeitpunkt der Erteilung der Genehmigung zur Aufnahme ihrer Geschäftstätigkeit ausgegeben werden, innerhalb von fünf Jahren nach diesem Zeitpunkt vollständig geleistet werden.

Artikel 10

(1) Die Einlagen, die nicht Bareinlagen sind, sind Gegenstand eines besonderen Berichts, der vor der Gründung der Gesellschaft oder vor dem Zeitpunkt, zu dem sie die Genehmigung zur Aufnahme ihrer Geschäftstätigkeit erhält, durch einen oder mehrere von ihr unabhängige Sachverständige, die durch eine Verwaltungsbehörde oder ein Gericht bestellt oder zugelassen sind, erstellt wird. Sachverständige können nach den Rechtsvorschriften jedes Mitgliedstaats natürliche Personen, juristische Personen oder Gesellschaften sein.

(2) Der Sachverständigenbericht muß mindestens jede Einlage beschreiben, die angewandten Bewertungsverfahren nennen und angeben, ob die Werte, zu denen diese Verfahren führen, wenigstens der Zahl und dem Nennbetrag oder, wenn ein Nennbetrag nicht vorhanden ist, dem rechnerischen Wert und gegebenenfalls dem Mehrbetrag der dafür auszugebenden Aktien entsprechen.

(3) Der Sachverständigenbericht ist nach den in den Rechtsvorschriften der einzelnen Mitgliedstaaten gemäß Artikel 3 der Richtlinie 68/151/EWG vorgesehenen Verfahren offenzulegen.

(4) Die Mitgliedstaaten brauchen diesen Artikel nicht anzuwenden, wenn 90 v.H. des Nennbetrags oder, wenn ein Nennbetrag nicht vorhanden ist, des rechnerischen Wertes aller Aktien an eine oder mehrere Gesellschaften gegen Sacheinlagen, die nicht Bareinlagen sind, ausgegeben werden und wenn folgende Voraussetzungen erfüllt sind:

a) bei der Gesellschaft, an welche die Einlagen geleistet werden, haben die in Artikel 3 Buchstabe i) genannten Personen oder Gesellschaften auf die Erstellung des Sachverständigenberichts verzichtet;

b) dieser Verzicht ist nach Absatz 3 offengelegt worden;

c) die Gesellschaften, welche die Einlagen leisten, verfügen über Rücklagen, die nach Gesetz oder Satzung nicht ausgeschüttet werden dürfen und deren Höhe mindestens dem Nennbetrag oder, wenn ein Nennbetrag nicht vorhanden ist, dem rechnerischen Wert der gegen solche Einlagen ausgegebenen Aktien entspricht, die nicht Bareinlagen sind;

d) die Gesellschaften, welche die Einlagen leisten, verpflichten sich bis zu dem unter Buchstabe c) genannten Betrag, für diejenigen Schulden der empfangenden Gesellschaft einzustehen, die zwischen dem Zeitpunkt der Ausgabe der Aktien gegen Einlagen, die nicht Bareinlagen sind, und einem Jahr nach der Bekanntmachung des Jahresabschlusses dieser Gesellschaft entstehen, der sich auf das Geschäftsjahr bezieht, in dem die Einlagen geleistet worden sind. Jede Übertragung dieser Aktien innerhalb dieser Frist ist unzulässig;

e) die unter Buchstabe d) genannte Verpflichtung ist nach Absatz 3 offengelegt worden;

f) die Gesellschaften, welche die Einlagen leisten, stellen einen Betrag in Höhe des unter Buchstabe c) genannten Betrags in eine Rücklage ein, die erst ausgeschüttet werden darf nach Ablauf einer Frist von drei Jahren nach Bekanntmachung des Jahresabschlusses der empfangenden Gesellschaft, der sich auf das Geschäftsjahr bezieht, in dem die Einlagen geleistet worden sind, oder gegebenenfalls nach einem späteren Zeitpunkt, zu dem alle innerhalb der Frist geltend gemachten Ansprüche aus der unter Buchstabe d) genannten Verpflichtung erfüllt sind.

Artikel 11

(1) Der Erwerb jedes Vermögensgegenstands, der einer unter Artikel 3 Buchstabe i) fallenden Person oder Gesellschaft gehört, durch die Gesellschaft für einen Gegenwert von mindestens 1/10 des gezeichneten Kapitals muß Gegenstand einer Prüfung und Offenlegung entsprechend der in Artikel 10 vorgesehenen sein; er unterliegt der Zustimmung der Hauptversammlung, falls er vor Ablauf einer Frist erfolgt, die in den einzelstaatlichen Rechtsvorschriften auf mindestens zwei Jahre nach der Gründung der Gesellschaft oder nach dem Zeitpunkt festzusetzen ist, in dem die Gesellschaft die Genehmigung zur Aufnahme ihrer Geschäftstätigkeit erhält.

Die Mitgliedstaaten können die Anwendung dieser Vorschriften auch vorsehen, wenn der Vermögensgegenstand einem Aktionär oder einer anderen Person gehört.

(2) Absatz 1 ist weder auf den Erwerb im Rahmen der laufenden Geschäfte der Gesellschaft noch auf den Erwerb, der auf Anordnung oder unter Aufsicht einer Verwaltungsbehörde oder eines Gerichts erfolgt, noch auf den Erwerb an der Börse anzuwenden.

Artikel 12

Unbeschadet der Vorschriften über die Herabsetzung des gezeichneten Kapitals dürfen die Aktionäre nicht von der Verpflichtung befreit werden, ihre Einlage zu leisten.

Artikel 13

Bis zur späteren Koordinierung der einzelstaatlichen Rechtsvorschriften treffen die Mitgliedstaaten die notwendigen Maßnahmen, damit zumindest gleiche Garantien, wie sie in den Artikeln 2 bis 12 vorgesehen sind, bei der Umwandlung einer Gesellschaft einer anderen Rechtsform in eine Aktiengesellschaft gegeben sind.

Artikel 14

Die Artikel 2 bis 13 lassen die Vorschriften der Mitgliedstaaten über die Zuständigkeit und das Verfahren bei Änderungen der Satzung oder des Errichtungsaktes unberührt.

Artikel 15

(1) a) Ausgenommen in den Fällen einer Kapitalherabsetzung darf keine Ausschüttung an die Aktionäre erfolgen, wenn bei Abschluß des letzten Geschäftsjahres das Nettoaktivvermögen, wie es der Jahresabschluß ausweist, den Betrag des gezeichneten Kapitals zuzüglich der Rücklagen, deren Ausschüttung das Gesetz oder die Satzung nicht gestattet, durch eine solche Ausschüttung unterschreitet oder unterschreiten würde.

b) Der Betrag des unter Buchstabe a) genannten gezeichneten Kapitals wird um den Betrag des gezeichneten Kapitals, der noch nicht eingefordert ist, vermindert, sofern der letztere nicht auf der Aktivseite der Bilanz ausgewiesen wird.

c) Der Betrag einer Ausschüttung an die Aktionäre darf den Betrag des Ergebnisses des letzten abgeschlossenen Geschäftsjahres, zuzüglich des Gewinnvortrags und der Entnahmen aus hierfür verfügbaren Rücklagen, jedoch vermindert um die Verluste aus früheren Geschäftsjahren sowie um die Beträge, die nach Gesetz oder Satzung in Rücklagen eingestellt worden sind, nicht überschreiten.

d) Der Begriff »Ausschüttung« unter den Buchstaben a) und c) umfaßt insbesondere die Zahlung von Dividenden und von Zinsen für Aktien.

(2) Gestatten die Rechtsvorschriften eines Mitgliedstaats Abschlagszahlungen auf Dividenden, so unterwerfen sie diese mindestens folgenden Bedingungen:

a) Eine Zwischenbilanz wird erstellt, aus der hervorgeht, daß für die Ausschüttungen genügend Mittel zur Verfügung stehen;

b) der auszuschüttende Betrag darf den Betrag des Ergebnisses, das seit dem Ende des letzten Geschäftsjahres, für das der Jahresabschluß aufgestellt worden ist, erzielt worden ist, zuzüglich des Gewinnvortrags und der Entnahmen aus hierfür verfügbaren Rücklagen, jedoch vermindert um die Verluste aus früheren Geschäftsjahren sowie um die nach Gesetz oder Satzung in eine Rücklage einzustellenden Beträge, nicht überschreiten.

(3)   Die Absätze 1 und 2 berühren nicht die Vorschriften der Mitgliedstaaten über die Erhöhung des gezeichneten Kapitals aus Gesellschaftsmitteln.

(4)   Die Rechtsvorschriften eines Mitgliedstaats können von Absatz 1 Buchstabe a) für Investmentgesellschaften mit festem Kapital abweichen.

Unter Investmentgesellschaften mit festem Kapital im Sinne dieses Absatzes sind nur Gesellschaften zu verstehen,

– deren Gegenstand es ausschließlich ist, ihre Mittel in verschiedenen Wertpapieren, in verschiedenen Grundstücken oder in anderen Werten anzulegen mit dem einzigen Ziel, das Risiko der Investitionen zu verteilen und ihre Aktionäre an dem Gewinn aus der Verwaltung ihres Vermögens zu beteiligen, und

– die sich an die Öffentlichkeit wenden, um ihre eigenen Aktien unterzubringen.

Soweit die Rechtsvorschriften der Mitgliedstaaten von dieser Möglichkeit Gebrauch machen,

a) verpflichten sie diese Gesellschaften, die Bezeichnung »Investmentgesellschaft« auf allen in Artikel 4 der Richtlinie 68/151/EWG genannten Schriftstücken anzugeben;

b) gestatten sie es einer solchen Gesellschaft, deren Nettoaktivvermögen den in Absatz 1 Buchstabe a) beschriebenen Betrag unterschreitet, nicht, eine Ausschüttung an die Aktionäre vorzunehmen, wenn bei Abschluß des letzten Geschäftsjahres das genannte Aktivermögen, wie es der Jahresabschluß ausweist, den eineinhalbfachen Betrag der gesamten Verbindlichkeiten der Gesellschaft, wie sie der Jahresabschluß ausweist, durch eine solche Ausschüttung unterschreitet oder unterschreiten würde;

c) verpflichten sie diese Gesellschaften, die eine Ausschüttung vornehmen, wenn ihr Nettoaktivvermögen den in Absatz 1 Buchstabe a) beschriebenen Betrag unterschreitet, einen entsprechenden Vermerk in den Jahresabschluß aufzunehmen.

Artikel 16

Jede Ausschüttung, die entgegen Artikel 15 erfolgt, ist von den Aktionären, die sie empfangen haben, zurückzugewähren, wenn die Gesellschaft beweist, daß diesen Aktionären die Unzulässigkeit der an sie erfolgten Ausschüttung bekannt war oder sie darüber nach den Umständen nicht in Unkenntnis sein konnten.

Artikel 17

(1) Bei schweren Verlusten des gezeichneten Kapitals muß die Hauptversammlung innerhalb einer durch die Rechtsvorschriften der Mitgliedstaaten zu bestimmenden Frist einberufen werden, um zu prüfen, ob die Gesellschaft aufzulösen ist oder andere Maßnahmen zu ergreifen sind.

(2) Die Rechtsvorschriften eines Mitgliedstaats können die Höhe des als schwer zu erachtenden Verlustes im Sinne des Absatzes 1 nicht auf mehr als die Hälfte des gezeichneten Kapitals festsetzen.

Artikel 18

(1) Die Gesellschaft darf keine eigenen Aktien zeichnen.

(2) Sind die Aktien der Gesellschaft durch eine Person gezeichnet worden, die im eigenen Namen, aber für Rechnung der Gesellschaft handelt, so gilt die Zeichnung als für eigene Rechnung des Zeichners vorgenommen.

(3) Die in Artikel 3 Buchstabe i) genannten Personen oder Gesellschaften oder, im Falle der Erhöhung des gezeichneten Kapitals, die Mitglieder des Verwaltungs- oder Leitungsorgans sind verpflichtet, die Einlagen auf Aktien zu leisten, die unter Verstoß gegen den vorliegenden Artikel gezeichnet worden sind.

Die Rechtsvorschriften der Mitgliedstaaten können jedoch vorsehen, daß jeder Betroffene sich von dieser Verpflichtung befreien kann, indem er beweist, daß ihn persönlich kein Verschulden trifft.

Artikel 19

(1) Gestatten die Rechtsvorschriften eines Mitgliedstaats einer Gesellschaft den Erwerb eigener Aktien, sei es selbst, sei es durch eine im eigenen Namen, aber für Rechnung der Gesellschaft handelnde Person, so unterwerfen sie diesen Erwerb mindestens folgenden Bedingungen:

a) Die Genehmigung für den Erwerb wird von der Hauptversammlung erteilt, welche die Einzelheiten des vorgesehenen Erwerbs und insbesondere die Höchstzahl der zu erwerbenden Aktien, die Geltungsdauer der Genehmigung, die achtzehn Monate nicht überschreiten darf, und bei entgeltlichem Erwerb den niedrigsten und höchsten Gegenwert festlegt. Die Mitglieder des Verwaltungs- oder Leistungsorgans sind verpflichtet, darauf zu achten, daß im Zeitpunkt jedes genehmigten Erwerbs die unter den Buchstaben b), c) und d) genannten Bedingungen beachtet werden;

b) der Nennbetrag oder, wenn ein Nennbetrag nicht vorhanden ist, der rechnerische Wert der erworbenen Aktien einschließlich der Aktien, welche die Gesellschaft früher erworben hat und noch hält, sowie der Aktien, die eine Person im eigenen Namen, jedoch für Rechnung der Gesellschaft erworben hat, darf nicht höher als 10 v.H. des gezeichneten Kapitals sein;

c) der Erwerb darf nicht dazu führen, daß das Nettoaktivvermögen den in Artikel 15 Absatz 1 Buchstabe a) genannten Betrag unterschreitet;

d) der Vorgang darf nur voll eingezahlte Aktien betreffen.

(2) Die Rechtsvorschriften eines Mitgliedstaats können von Absatz 1 Buchstabe a) Satz 1 abweichen, sofern der Erwerb eigener Aktien notwendig ist, um einen schweren unmittelbar bevorstehenden Schaden von der Gesellschaft abzuwenden. In diesem Fall muß die nächste Hauptversammlung durch das Verwaltungs- oder Leitungsorgan über die Gründe und den Zweck der getätigten Ankäufe, über die Zahl und den Nennbetrag oder, wenn ein Nennbetrag nicht vorhanden ist, den rechnerischen Wert der erworbenen Aktien, über deren Anteil am gezeichneten Kapital sowie über den Gegenwert der Aktien unterrichtet werden.

(3) Die Mitgliedstaaten brauchen Absatz 1 Buchstabe a) Satz 1 nicht auf Aktien anzuwenden, die von der Gesellschaft selbst oder von einer Person, die im eigenen Namen, aber für Rechnung der Gesellschaft handelt, im Hinblick auf eine Ausgabe an die Arbeitnehmer der Gesellschaft oder an die Arbeitnehmer einer mit dieser verbundenen Gesellschaft erworben werden. Die Ausgabe derartiger Aktien muß innerhalb von zwölf Monaten, vom Erwerb dieser Aktien an gerechnet, erfolgen.

Artikel 20

(1) Die Mitgliedstaaten brauchen Artikel 19 nicht anzuwenden

a) auf Aktien, die in Durchführung einer Entscheidung über eine Kapitalherabsetzung oder im Falle des Artikels 39 erworben werden;

b) auf Aktien, die durch eine Vermögensübertragung im Wege der Gesamtrechtsnachfolge erworben werden;

c) auf voll eingezahlte Aktien, die unentgeltlich oder die von Banken und anderen Finanzinstituten auf Grund einer Einkaufskommission erworben werden;

d) auf Aktien, die auf Grund einer gesetzlichen Verpflichtung oder einer gerichtlichen Entscheidung zum Schutz der Minderheitsaktionäre, insbesondere im Falle der Verschmelzung, der Änderung des Gegenstands oder der Rechtsform der Gesellschaft, der Verlegung des Sitzes der Gesellschaft ins Ausland oder der Einführung von Beschränkungen der Übertragbarkeit von Aktien erworben werden;

e) auf Aktien, die aus der Hand eines Aktionärs erworben werden, weil er seine Einlage nicht leistet;

f) auf Aktien, die erworben werden, um Minderheitsaktionäre verbundener Gesellschaften zu entschädigen;

g) auf voll eingezahlte Aktien, die bei einer gerichtlichen Versteigerung zum Zwecke der Erfüllung einer Forderung der Gesellschaft gegen den Eigentümer dieser Aktien erworben werden;

h) auf voll eingezahlte Aktien, die von einer Investmentgesellschaft mit festem Kapital im Sinne von Artikel 15 Absatz 4 Unterabsatz 2 ausgegeben worden sind und von dieser oder einer mit ihr verbundenen Gesellschaft auf Wunsch der Anleger erworben werden. Artikel 15 Absatz 4 Unterabsatz 3 Buchstabe a) ist anzuwenden. Dieser Erwerb darf nicht dazu führen, daß das Nettoaktivvermögen den Betrag des gezeichneten Kapitals zuzüglich der Rücklagen, deren Ausschüttung das Gesetz nicht gestattet, unterschreitet.

(2) Die in den Fällen des Absatzes 1 Buchstaben b) bis g) erworbenen Aktien müssen jedoch innerhalb einer Frist von höchstens drei Jahren nach ihrem Erwerb veräußert werden, es sei denn, daß der Nennbetrag oder, wenn ein Nennbetrag nicht vorhanden ist, der rechnerische Wert der erworbenen Aktien einschließlich der Aktien, die von einer Person im eigenen Namen, aber für Rechnung der Gesellschaft erworben worden sind, 10 v.H. des gezeichneten Kapitals nicht übersteigt.

(3) Werden die Aktien innerhalb der in Absatz 2 festgesetzten Frist nicht veräußert, so müssen sie für nichtig erklärt werden. Die Rechtsvorschriften eines Mitgliedstaats können diese Nichtigerklärung von einer Herabsetzung des gezeichneten Kapitals um einen entsprechenden Betrag abhängig machen. Eine derartige Herabsetzung muß vorgeschrieben werden, soweit der Erwerb von für nichtig zu erklärenden Aktien dazu geführt hat, daß das Nettoaktivvermögen den in Artikel 15 Absatz 1 Buchstabe a) genannten Betrag unterschreitet.

Artikel 21

Die unter Verletzung der Artikel 19 und 20 erworbenen Aktien müssen innerhalb einer Frist von einem Jahr, vom Zeitpunkt ihres Erwerbs an gerechnet, veräußert werden. Geschieht dies nicht, ist Artikel 20 Absatz 3 anzuwenden.

Artikel 22

(1) Gestatten die Rechtsvorschriften eines Mitgliedstaats einer Gesellschaft den Erwerb eigener Aktien, sei es selbst, sei es durch eine im eigenen Namen, aber für Rechnung

der Gesellschaft handelnde Person, so unterwerfen sie das Halten dieser Aktien jederzeit mindestens folgenden Bedingungen:

a) Von den mit Aktien verbundenen Rechten ist in jedem Fall das an eigene Aktien gebundene Stimmrecht aufgehoben;

b) werden diese Aktien auf der Aktivseite der Bilanz ausgewiesen, so muß auf der Passivseite ein gleich hoher Betrag in eine nicht verfügbare Rücklage eingestellt werden.

(2) Gestatten die Rechtsvorschriften eines Mitgliedstaats einer Gesellschaft den Erwerb eigener Aktien, sei es selbst, sei es durch eine im eigenen Namen, aber für Rechnung der Gesellschaft handelnde Person, so verlangen sie, daß der Lagebericht der Gesellschaft mindestens folgende Angaben enthält:

a) die Gründe für die während des Geschäftsjahres getätigten Ankäufe;

b) die Zahl und den Nennbetrag oder, wenn ein Nennbetrag nicht vorhanden ist, den rechnerischen Wert der während des Geschäftsjahres erworbenen und veräußerten Aktien sowie deren Anteil am gezeichneten Kapital;

c) bei entgeltlichem Erwerb oder entgeltlicher Veräußerung den Gegenwert der Aktien;

d) die Zahl und den Nennbetrag oder, wenn ein Nennbetrag nicht vorhanden ist, den rechnerischen Wert aller erworbenen und gehaltenen Aktien sowie deren Anteil am gezeichneten Kapital.

Artikel 23

(1) Eine Gesellschaft darf im Hinblick auf den Erwerb ihrer Aktien durch einen Dritten weder Vorschüsse geben noch Darlehen gewähren noch Sicherheiten leisten.

(2) Absatz 1 gilt nicht für Rechtsgeschäfte, die im Rahmen der laufenden Geschäfte der Banken und anderer Finanzinstitute getätigt werden, und auch nicht für Geschäfte, die im Hinblick auf den Erwerb von Aktien durch oder für Arbeitnehmer der Gesellschaft oder einer mit ihr verbundenen Gesellschaft getätigt werden. Diese Geschäften dürfen jedoch nicht dazu führen, daß das Nettoaktivvermögen der Gesellschaft den in Artikel 15 Absatz 1 Buchstabe a) genannten Betrag unterschreitet.

(3) Absatz 1 gilt nicht für Geschäfte, die im Hinblick auf den Erwerb von Aktien nach Artikel 20 Absatz 1 Buchstabe h) getätigt werden.

Artikel 24

(1)   Die Inpfandnahme eigener Aktien durch die Gesellschaft selbst oder durch eine im eigenen Namen, aber für Rechnung der Gesellschaft handelnde Person ist den in Artikel 19, Artikel 20 Absatz 1 und den Artikeln 22 und 23 genannten Arten des Erwerbs gleichgestellt.

(2)   Die Mitgliedstaaten brauchen Absatz 1 nicht auf die laufenden Geschäfte von Banken und anderen Finanzinstituten anzuwenden.

Artikel 24 a[1])

(1) a)   Zeichnet, erwirbt oder besitzt eine andere Gesellschaft im Sinne von Artikel 1 der Richtlinie 68/151/EWG Aktien einer Aktiengesellschaft und verfügt die Aktiengesellschaft unmittelbar oder mittelbar über die Mehrheit der Stimmrechte der erstgenannten Gesellschaft oder kann sie auf diese unmittelbar oder mittelbar einen beherrschenden Einfluß ausüben, so wird dieser Sachverhalt so behandelt, als wenn die Aktiengesellschaft selbst die betreffenden Aktien zeichnet, erwirbt oder besitzt.

   b)   Buchstabe a) findet auch Anwendung, wenn die andere Gesellschaft dem Recht eines Drittlands unterliegt und eine rechtsform besitzt, die den in Artikel 1 der Richtlinie 68/151/EWG genannten Rechtsformen vergleichbar ist.

(2)   Verfügt die Aktiengesellschaft mittelbar über die Mehrheit der Stimmrechte oder kann sie den beherrschenden Einfluß mittelbar ausüben, so können die Mitgliedstaaten von der Anwendung des Absatzes 1 jedoch absehen, sofern sie vorsehen, daß die mit den Aktien der Aktiengesellschaft, über die die andere Gesellschaft verfügt, verbundenen Stimmrechte ausgesetzt werden.

(3)   In Ermangelung einer Koordinierung der einzelstaatlichen Vorschriften über das Konzernrecht können die Mitgliedstaaten

---

1) Siehe auch Artikel 2 der Richtlinie 92/101/EWG des Rates vom 23. November 1992:
Artikel 2
(1)   Die Mitgliedstaaten können bei dem Erwerb von Aktien, der vor dem Zeitpunkt nach Artikel 3 Absatz 2 erfolgt ist, von der Anwendung des Artikels 24 a der Richtlinie 77/91/EWG absehen.
Die mit den betreffenden Aktien verbundenen Stimmrechte werden jedoch ausgesetzt und die Aktien werden bei der Entscheidung, ob die Bedingung nach Artikel 19 Absatz 1 Buchstabe b) der genannten Richtlinie erfüllt ist, in Betracht gezogen.
(2)   Zur Vermeidung von Störungen auf dem Kapitalmarkt kann das Königreich Belgien vorsehen, daß diese Stimmrechte erst ab 1. Januar 1998 ausgesetzt werden, sofern sie
– mit Aktien verbunden sind, die vor Bekanntgabe dieser Richtlinie erworben wurden, und
– bei allen Gesellschaften, deren Verhältnis zur Aktiengesellschaft den Kriterien des Artikels 24 a Absatz 1 der Richtlinie 77/91/EWG entspricht, 10 % der Stimmrechte der Aktiengesellschaft nicht überschreiten.

a) die Fälle definieren, in denen davon ausgegangen wird, daß eine Aktiengesellschaft einen beherrschenden Einfluß auf eine andere Gesellschaft ausüben kann; macht ein Mitgliedstaat von dieser Möglichkeit Gebrauch, so muß sein Recht auf jeden Fall vorsehen, daß die Möglichkeit, beherrschenden Einfluß auszuüben, dann besteht, wenn die Aktiengesellschaft

– das Recht hat, die Mehrheit der Mitglieder des Verwaltungs-, Leitungs- oder Aufsichtsorgans zu bestellen oder abzuberufen und wenn sie gleichzeitig Aktionär oder Gesellschafter der anderen Gesellschaft ist oder

– Aktionär oder Gesellschafter der anderen Gesellschaft ist und aufgrund einer mit anderen Aktionären oder Gesellschaftern dieser Gesellschaft getroffenen Vereinbarung allein die Mehrheit der Stimmrechte der Aktionäre oder Gesellschafter dieser Gesellschaft kontrolliert.

Die Mitgliedstaaten sind nicht dazu verpflichtet, andere als die in den vorstehenden Gedankenstrichen genannten Fälle vorzusehen;

b) die Fälle definieren, in denen davon ausgegangen wird, daß eine Aktiengesellschaft mittelbar über die Stimmrechte verfügt oder einen beherrschenden Einfluß mittelbar ausüben kann;

c) die Umstände präzisieren, bei denen davon ausgegangen wird, daß eine Aktiengesellschaft über die Stimmrechte verfügt.

(4) a) Die Mitgliedstaaten können von der Anwendung des Absatzes 1 absehen, wenn die Zeichnung, der Erwerb oder der Besitz auf Rechnung einer anderen Person als des Zeichners, Erwerbers oder Besitzers gehen und die betreffende Person weder die Aktiengesellschaft gemäß Absatz 1 noch eine andere Gesellschaft ist, an der die Aktiengesellschaft unmittelbar oder mittelbar über die Mehrheit der Stimmrechte verfügt oder auf die sie unmittelbar oder mittelbar einen beherrschenden Einfluß ausüben kann.

b) Ferner können die Mitgliedstaaten von der Anwendung des Absatzes 1 absehen, wenn die andere Gesellschaft in ihrer Eigenschaft oder im Rahmen ihrer Tätigkeit als berufsmäßiger Wertpapierhändler Aktien zeichnet, erwirbt oder besitzt, sofern sie Mitglied einer in einem Mitgliedstaat ansässigen oder tätigen Wertpapierbörse ist oder von einer für die Beaufsichtigung von berufsmäßigen Wertpapierhändlern – zu denen im Sinne dieser Richtlinie auch Kreditinstitute gehören können – zuständigen Stelle eines Mitgliedstaats zugelassen ist oder beaufsichtigt wird.

(5) Die Mitgliedstaaten sind zur Anwendung des Absatzes 1 nicht verpflichtet, wenn die andere Gesellschaft Aktien der Aktiengesellschaft aufgrund eines Erwerbs besitzt, der erfolgte, bevor das Verhältnis zwischen den beiden Gesellschaften den Kriterien des Abatzes 1 entsprach.

Die mit den betreffenden Aktien verbundenen Stimmrechte werden jedoch ausgesetzt und die Aktien werden bei der Entscheidung, ob die Bedingung gemäß Artikel 19 Absatz 1 Buchstabe b) erfüllt ist, in Betracht gezogen.

(6) Erwirbt die andere Gesellschaft Aktien einer Aktiengesellschaft, so können die Mitgliedstaaten von der Anwendung des Artikels 20 Absätze 2 und 3 sowie des Artikels 21 absehen, sofern sie folgendes vorsehen:

a) die Aussetzung der Stimmrechte, die mit den im Besitz der anderen Gesellschaft befindlichen Aktien der Aktiengesellschaft verbunden sind, sowie

b) die Verpflichtung für die Mitglieder des Verwaltungsrats der Aktiengesellschaft, von der anderen Gesellschaft die in Artikel 20 Absätze 2 und 3 sowie Arikel 21 genannten Aktien zu dem Preis zurückzuerwerben, zu dem diese andere Gesellschaft sie erworben hatte; diese Sanktion ist lediglich in dem Falle nicht anwendbar, in dem die Verwaltungsratsmitglieder nachweisen, daß die Aktiengesellschaft an der Zeichnung oder dem Erwerb der betreffenden Aktien gänzlich unbeteiligt ist.

Artikel 25

(1) Jede Kapitalerhöhung muß von der Hauptversammlung beschlossen werden. Dieser Beschluß sowie die Durchführung der Erhöhung des gezeichneten Kapitals sind nach den in den Rechtsvorschriften der Mitgliedstaaten gemäß Artikel 3 der Richtlinie 68/151/EWG vorgesehenen Verfahren offenzulegen.

(2) Die Satzung, der Errichtungsakt oder die Hauptversammlung, deren Entscheidung gemäß Absatz 1 offenzulegen ist, kann jedoch zu einer Erhöhung des gezeichneten Kapitals bis zu einem Höchstbetrag ermächtigen, den sie unter Beachtung des gegebenenfalls gesetzlich vorgeschriebenen Höchstbetrags festlegt. In den Grenzen des festgelegten Betrags beschließt das hierzu berufene Organ der Gesellschaft gegebenenfalls eine Erhöhung des gezeichneten Kapitals. Diese Ermächtigung des Organs gilt für eine Höchstdauer von fünf Jahren; sie kann von der Hauptversammlung ein- oder mehrmals für einen Zeitraum, der jeweils fünf Jahre nicht überschreiten darf, verlängert werden.

(3) Sind mehrere Gattungen von Aktien vorhanden, so ist der Beschluß der Hauptversammlung über die Kapitalerhöhung nach Absatz 1 oder die Ermächtigung zu einer Kapitalerhöhung nach Absatz 2 von einer gesonderten Abstimmung zumindest jeder Gattung derjenigen Aktionäre abhängig, deren Rechte durch die Maßnahme berührt werden.

(4) Dieser Artikel gilt für die Ausgabe aller Wertpapiere, die in Aktien umgewandelt werden können oder mit einem Bezugsrecht auf Aktien verbunden sind, nicht aber für die Umwandlung dieser Wertpapiere und die Ausübung des Bezugsrechts.

Artikel 26

Die Einlagen auf Aktien, die bei einer Erhöhung des gezeichneten Kapitals ausgegeben werden, müssen in Höhe von mindestens 25 v.H. des Nennbetrags der Aktien, oder, wenn ein Nennbetrag nicht vorhanden ist, ihres rechnerischen Wertes geleistet werden. Ist ein Mehrbetrag vorgesehen, muß dieser in voller Höhe gezahlt werden.

Artikel 27

(1) Einlagen, die nicht Bareinlagen sind, auf Aktien, die bei einer Erhöhung des gezeichneten Kapitals ausgegeben werden, müssen innerhalb einer Frist von fünf Jahren nach dem Beschluß über die Erhöhung des gezeichneten Kapitals vollständig geleistet werden.

(2) Die Einlagen nach Absatz 1 sind Gegenstand eines besonderen Berichts, der durch einen oder mehrere von der Gesellschaft unabhängige Sachverständige, die durch eine Verwaltungsbehörde oder ein Gericht bestellt oder zugelassen sind, vor der Durchführung der Erhöhung des gezeichneten Kapitals erstellt wird. Sachverständige können nach den Vorschriften jedes Mitgliedstaats natürliche Personen, juristische Personen oder Gesellschaften sein.

Artikel 10 Absätze 2 und 3 ist anzuwenden.

(3) Die Mitgliedstaaten brauchen Absatz 2 nicht im Falle der Erhöhung des gezeichneten Kapitals anzuwenden, die zur Durchführung einer Verschmelzung oder eines öffentlichen Übernahme- oder Umtauschangebots zu dem Zweck erfolgt, das Entgelt an die Aktionäre einer übertragenden Gesellschaft oder einer Gesellschaft zu leisten, die Gegenstand des öffentlichen Übernahme- oder Umtauschangebots ist.

(4) Die Mitgliedstaaten brauchen Absatz 2 nicht anzuwenden, wenn bei einer Erhöhung des gezeichneten Kapitals alle Aktien gegen Sacheinlage durch eine oder mehrere Gesellschaften ausgegeben werden, sofern alle Aktionäre der empfangenden Gesellschaft auf die Erstellung des Sachverständigenberichts verzichtet haben und die Bedingungen in Artikel 10 Absatz 4 Buchstaben b) bis f) erfüllt sind.

Artikel 28

Wird eine Kapitalerhöhung nicht voll gezeichnet, so wird das Kapital nur dann um den Betrag der eingegangenen Zeichnungen erhöht, wenn die Ausgabebedingungen diese Möglichkeit ausdrücklich vorgesehen haben.

Artikel 29

(1)   Bei jeder Erhöhung des gezeichneten Kapitals durch Bareinlagen müssen die Aktien vorzugsweise den Aktionären im Verhältnis zu dem durch ihre Aktien vertretenen Teil des Kapitals angeboten werden.

(2)   Die Rechtsvorschriften eines Mitgliedstaats

a) brauchen Absatz 1 nicht auf Aktien anzuwenden, bei denen das Recht eingeschränkt ist, an den Ausschüttungen im Sinne des Artikels 15 und/oder an der Verteilung des Gesellschaftsvermögens im Falle der Liquidation teilzunehmen; oder

b) können gestatten, daß, wenn das gezeichnete Kapital einer Gesellschaft, die mehrere Aktiengattungen hat, bei denen das Stimmrecht oder die Rechte hinsichtlich der Ausschüttung im Sinne des Artikels 15 oder der Verteilung des Gesellschaftsvermögens im Falle der Liquidation unterschiedlich sind, durch Ausgabe neuer Aktien nur in einer dieser Gattungen erhöht wird, die Ausübung des Bezugsrechts durch die Aktionäre der anderen Gattungen erst nach Ausübung dieses Rechts durch die Aktionäre der Gattung erfolgt, in der die neuen Aktien ausgegeben werden.

(3)   Das Angebot zur vorzugsweisen Zeichnung sowie die Frist, innerhalb deren dieses Recht ausgeübt werden muß, sind Gegenstand einer Bekanntmachung in dem gemäß der Richtlinie 68/151/EWG bestimmten einzelstaatlichen Amtsblatt. Die Rechtsvorschriften eines Mitgliedstaats brauchen jedoch diese Bekanntmachung nicht vorzuschreiben, wenn sämtliche Aktien der Gesellschaft Namensaktien sind. In diesem Fall sind alle Aktionäre schriftlich zu unterrichten. Das Bezugsrecht muß innerhalb einer Frist ausgeübt werden, die nicht kürzer sein darf als vierzehn Tage nach Bekanntmachung des Angebots oder nach Absendung der Schreiben an die Aktionäre.

(4)   Dieses Bezugsrecht darf durch die Satzung oder den Errichtungsakt weder beschränkt noch ausgeschlossen werden. Dies kann jedoch durch Beschluß der Hauptversammlung geschehen. Das Verwaltungs- oder Leitungsorgan hat der Hauptversammlung einen schriftlichen Bericht über die Gründe für eine Beschränkung oder einen Ausschluß des Bezugsrechts zu erstatten und den vorgeschlagenen Ausgabekurs zu begründen. Die Hauptversammlung entscheidet nach den Vorschriften, die in Artikel 40 über Beschlußfähigkeit und Mehrheitserfordernisse festgelegt sind. Der Beschluß ist nach den in den Rechtsvorschriften der einzelnen Mitgliedstaaten gemäß Artikel 3 der Richtlinie 68/151/EWG vorgesehenen Verfahren offenzulegen.

(5)   Die Rechtsvorschriften eines Mitgliedstaats können vorsehen, daß die Satzung, der Errichtungsakt oder die Hauptversammlung, die nach den in Absatz 4 genannten, die Beschlußfähigkeit, Mehrheitserfordernisse und Offenlegung betreffenden Vorschriften entscheidet, dem Organ der Gesellschaft, das zur Entscheidung über die Erhöhung des gezeichneten Kapitals innerhalb der Grenzen des genehmigten Kapitals berufen ist, die Befugnis einräumen kann, das Bezugsrecht zu beschränken oder auszuschließen. Diese

Befugnis darf für keinen längeren Zeitraum gelten als die Befugnis nach Artikel 25 Absatz 2.

(6) Die Absätze 1 bis 5 gelten für die Ausgabe aller Wertpapiere, die in Aktien umgewandelt werden können oder mit einem Bezugsrecht auf Aktien verbunden sind, nicht aber für die Umwandlung dieser Wertpapiere und die Ausübung des Bezugsrechts.

(7) Ein Ausschluß des Bezugsrechts im Sinne der Absätze 4 und 5 liegt nicht vor, wenn die Aktien nach dem Beschluß über die Erhöhung des gezeichneten Kapitals an Banken oder andere Finanzinstitute ausgegeben werden, damit diese sie den Aktionären der Gesellschaft nach Maßgabe der Absätze 1 und 3 anbieten.

Artikel 30

Jede Herabsetzung des gezeichneten Kapitals mit Ausnahme der durch eine gerichtliche Entscheidung angeordneten muß zumindest von der Hauptversammlung beschlossen werden, die vorbehaltlich der Artikel 36 und 37 nach den Vorschriften entscheidet, die in Artikel 40 über die Beschlußfähigkeit und die Mehrheitserfordernisse festgelegt sind. Dieser Beschluß ist nach den in den Rechtsvorschriften der einzelnen Mitgliedstaaten gemäß Artikel 3 der Richtlinie 68/151/EWG vorgesehenen Verfahren offenzulegen.

In der Mitteilung über die Einberufung der Hauptversammlung müssen zumindest der Zweck der Herabsetzung und das Verfahren für ihre Durchführung angegeben werden.

Artikel 31

Sind mehrere Gattungen von Aktien vorhanden, so ist der Beschluß der Hauptversammlung über die Herabsetzung des gezeichneten Kapitals von einer gesonderten Abstimmung zumindest jeder Gattung derjenigen Aktionäre abhängig, deren Rechte durch die Maßnahme berührt werden.

Artikel 32

(1) Im Falle einer Herabsetzung des gezeichneten Kapitals haben zumindest die Gläubiger, deren Forderungen vor der Bekanntmachung der Entscheidung über die Herabsetzung entstanden sind, mindestens das Recht, eine Sicherheit für die im Zeitpunkt dieser Bekanntmachung noch nicht fälligen Forderungen zu erhalten. Die Rechtsvorschriften der Mitgliedstaaten bestimmen die Bedingungen für die Ausübung dieses Rechts. Sie können dieses Recht nur dann ausschließen, wenn der Gläubiger bereits angemessene Sicherheiten hat oder wenn diese in Anbetracht des Gesellschaftsvermögens nicht notwendig sind.

(2)   Die Rechtsvorschriften der Mitgliedstaaten schreiben mindestens weiter vor, daß die Herabsetzung unwirksam ist oder daß keine Zahlungen zugunsten der Aktionäre geleistet werden dürfen, solange den Gläubigern nicht Genüge getan worden ist oder solange ein Gericht nicht entschieden hat, daß ihrem Antrag nicht entsprochen zu werden braucht.

(3)   Dieser Artikel gilt auch, wenn die Herabsetzung des gezeichneten Kapitals durch einen vollständigen oder teilweisen Verzicht auf die Leistung von Einlagen der Aktionäre vorgenommen wird.

Artikel 33

(1)   Die Mitgliedstaaten brauchen Artikel 32 nicht bei einer Herabsetzung des gezeichneten Kapitals anzuwenden, die zum Zweck hat, Verluste auszugleichen oder Beträge einer Rücklage zuzuführen, unter der Voraussetzung, daß infolge dieses Vorgangs der Betrag dieser Rücklage nicht 10 v.H. des herabgesetzten gezeichneten Kapitals übersteigt. Diese Rücklage darf außer im Falle der Herabsetzung des gezeichneten Kapitals nicht an die Aktionäre ausgeschüttet werden; sie darf ferner nur dazu verwendet werden, Verluste auszugleichen oder durch Umwandlung von Rücklagen das gezeichnete Kapital zu erhöhen, soweit die Mitgliedstaaten einen solchen Vorgang zulassen.

(2)   Die Rechtsvorschriften der Mitgliedstaaten müssen in den Fällen des Absatzes 1 mindestens geeignete Maßnahmen vorschreiben, damit die aus der Herabsetzung des gezeichneten Kapitals gewonnenen Beträge nicht zu Zahlungen oder Ausschüttungen an die Aktionäre oder zur Befreiung der Aktionäre von der Verpflichtung zur Leistung ihrer Einlagen verwendet werden.

Artikel 34

Das gezeichnete Kapital darf nicht unter das nach Artikel 6 festgelegte Mindestkapital herabgesetzt werden. Jedoch können die Mitgliedstaaten eine derartige Herabsetzung zulassen, wenn sie zugleich vorschreiben, daß der Beschluß über die Herabsetzung nur dann wirksam wird, wenn das gezeichnete Kapital auf einen Betrag erhöht wird, der zumindest dem vorgeschriebenen Mindestbetrag entspricht.

Artikel 35

Lassen die Rechtsvorschriften eines Mitgliedstaats die vollständige oder teilweise Tilgung des gezeichneten Kapitals ohne dessen Herabsetzung zu, so verlangen sie mindestens die Beachtung folgender Voraussetzungen:

a) Sofern die Satzung oder der Errichtungsakt die Tilgung vorsieht, wird diese durch die Hauptversammlung beschlossen, die mindestens die allgemeinen Voraussetzungen über Anwesenheit und Mehrheit zu beachten hat. Sofern die Satzung oder der Errichtungsakt die Tilgung nicht vorsieht, wird diese durch die Hauptversammlung beschlossen, die mindestens die in Artikel 40 festgelegten Voraussetzungen über Anwesenheit und Mehrheit zu beachten hat. Der Beschluß ist nach den in den Rechtsvorschriften der einzelnen Mitgliedstaaten gemäß Artikel 3 der Richtlinie 68/151/EWG vorgesehenen Verfahren offenzulegen;

b) die Tilgung kann nur mit Mitteln erfolgen, die nach Artikel 15 Absatz 1 ausgeschüttet werden dürfen;

c) die Aktionäre, deren Aktien getilgt wurden, behalten ihre Rechte gegenüber der Gesellschaft mit Ausnahme der Rechte auf Rückgewähr der Einlagen und auf Teilnahme an der Ausschüttung einer ersten Dividende für nicht getilgte Aktien.

Artikel 36

(1) Gestatten die Rechtsvorschriften eines Mitgliedstaats, daß Gesellschaften ihr gezeichnetes Kapital durch Zwangseinziehung von Aktien herabsetzen, so verlangen sie mindestens die Beachtung folgender Voraussetzungen:

a) Die Zwangseinziehung ist vor der Zeichnung der einzuziehenden Aktien durch die Satzung oder den Errichtungsakt vorgeschrieben oder zugelassen;

b) sofern die Zwangseinziehung durch die Satzung oder den Errichtungsakt lediglich zugelassen ist, wird sie von der Hauptversammlung beschlossen, es sei denn, daß die betroffenen Aktionäre sie einstimmig genehmigt haben;

c) das Gesellschaftsorgan, das über die Zwangseinziehung beschließt, legt Bedingungen und Durchführung dieser Maßnahme fest, soweit dies nicht bereits in der Satzung oder im Errichtungsakt geschehen ist;

d) Artikel 32 ist anzuwenden, es sei denn, es handelt sich um voll eingezahlte Aktien, die der Gesellschaft unentgeltlich zur Verfügung gestellt oder die mit Hilfe von Mitteln, die nach Artikel 15 Absatz 1 ausgeschüttet werden dürfen, eingezogen werden; in diesen Fällen ist ein Betrag in Höhe des Nennbetrags oder, wenn ein Nennbetrag nicht vorhanden ist, des rechnerischen Wertes aller eingezogenen Aktien in eine Rücklage einzustellen. Diese Rücklage darf, außer im Falle der Herabsetzung des gezeichneten Kapitals, nicht an die Aktionäre ausgeschüttet werden; sie darf nur dazu verwendet werden, Verluste auszugleichen oder durch Umwandlung von Rücklagen das gezeichnete Kapital zu erhöhen, soweit die Mitgliedstaaten einen solchen Vorgang zulassen;

e) der Beschluß über die Zwangseinziehung wird nach den in den Rechtsvorschriften der einzelnen Mitgliedstaaten gemäß Artikel 3 der Richtlinie 68/151/EWG vorgesehenen Verfahren offengelegt.

(2)   Artikel 30 Absatz 1 sowie die Artikel 31, 33 und 40 sind in den Fällen des Absatzes 1 nicht anzuwenden.

Artikel 37

(1)   Im Fall der Herabsetzung des gezeichneten Kapitals durch Einziehung von Aktien, die von einer Gesellschaft oder einer im eigenen Namen, aber für Rechnung der Gesellschaft handelnden Person erworben worden sind, muß die Einbeziehung stets durch die Hauptversammlung beschlossen werden.

(2)   Artikel 32 ist anzuwenden, es sei denn, es handelt sich um voll eingezahlte Aktien, die unentgeltlich oder mit Mitteln erworben werden, die nach Artikel 15 Absatz 1 ausgeschüttet werden dürfen; in diesen Fällen ist ein Betrag in Höhe des Nennbetrags oder, wenn ein Nennbetrag nicht vorhanden ist, des rechnerischen Wertes aller eingezogenen Aktien in eine Rücklage einzustellen. Diese Rücklage darf, außer im Falle der Herabsetzung des gezeichneten Kapitals, nicht an die Aktionäre ausgeschüttet werden; sie darf nur dazu verwendet werden, Verluste auszugleichen oder durch Umwandlung von Rücklagen das gezeichnete Kapital zu erhöhen, soweit die Rechtsvorschriften der Mitgliedstaaten einen solchen Vorgang zulassen.

(3)   Die Artikel 31, 33 und 40 sind in den Fällen des Absatzes 1 nicht anzuwenden.

Artikel 38

In den Fällen des Artikels 35, des Artikels 36 Absatz 1 Buchstabe b) und des Artikels 37 Absatz 1 ist, sofern mehrere Gattungen von Aktien vorhanden sind, der Beschluß der Hauptversammlung über die Tilgung des gezeichneten Kapitals oder über dessen Herabsetzung durch Einziehung von Aktien von einer gesonderten Abstimmung zumindest jeder Gattung derjenigen Aktionäre abhängig, deren Rechte durch die Maßnahmen berührt werden.

Artikel 39

Gestatten die Rechtsvorschriften eines Mitgliedstaats, daß Gesellschaften rückerwerbbare Aktien ausgeben, so verlangen sie für den Rückerwerb dieser Aktien mindestens die Beachtung folgender Voraussetzungen:

a) Der Rückerwerb muß vor der Zeichnung der rückerwerbbaren Aktien in der Satzung oder dem Errichtungsakt zugelassen sein;

b) diese Aktien müssen vollständig eingezahlt worden sein;

c) die Bedingungen und die Durchführung des Rückerwerbs sind in der Satzung oder dem Errichtungsakt festgelegt;

d) der Rückerwerb darf nur mit Hilfe von Mitteln erfolgen, die nach Artikel 15 Absatz 1 ausgeschüttet werden dürfen, oder mit Erträgen aus einer Ausgabe neuer Aktien, die zum Zwecke dieses Rückerwerbs ausgegeben werden;

e) ein Betrag in Höhe des Nennbetrags oder, wenn ein Nennbetrag nicht vorhanden ist, des rechnerischen Wertes aller zurückerworbenen Aktien ist in eine Rücklage einzustellen, die, außer im Falle der Herabsetzung des gezeichneten Kapitals, nicht an die Aktionäre ausgeschüttet werden darf; sie darf nur dazu verwendet werden, durch Umwandlung von Rücklagen das gezeichnete Kapital zu erhöhen;

f) Buchstabe e) ist nicht anzuwenden, sofern die Aktien mit Hilfe von Erträgen aus einer Ausgabe neuer Aktien zurückerworben werden, die zum Zweck dieses Rückerwerbs ausgegeben werden;

g) sofern als Folge des Rückerwerbs die Zahlung eines Mehrbetrags zugunsten der Aktionäre vorgesehen ist, darf dieser nur aus Mitteln entnommen werden, die entweder nach Artikel 15 Absatz 1 ausgeschüttet werden dürfen oder einer anderen als der unter Buchstabe e) genannten Rücklage entnommen werden, die, außer im Falle der Herabsetzung des gezeichneten Kapitals, nicht an die Aktionäre ausgeschüttet werden darf; diese Rücklage darf nur zum Zwecke einer Erhöhung des gezeichneten Kapitals durch Umwandlung von Rücklagen oder zur Deckung der in Artikel 3 Buchstabe j) genannten Kosten oder der Kosten für die Ausgabe von Aktien oder von Schuldverschreibungen oder für die Zahlung eines Mehrbetrags zugunsten der Inhaber von zurückzuerwerbenden Aktien oder Schuldverschreibungen verwendet werden;

h) der Rückerwerb ist nach den in den Rechtsvorschriften der einzelnen Mitgliedstaaten gemäß Artikel 3 der Richtlinie 68/151/EWG vorgesehenen Verfahren offenzulegen.

Artikel 40

(1) Die Rechtsvorschriften der Mitgliedstaaten schreiben vor, daß die in Artikel 29 Absätze 4 und 5 sowie den Artikeln 30, 31, 35 und 38 vorgesehenen Beschlüsse zumindest eine Mehrheit von nicht weniger als zwei Dritteln der Stimmen der vertretenen Wertpapiere oder des vertretenen gezeichneten Kapitals erfordern.

(2) Die Rechtsvorschriften der Mitgliedstaaten können jedoch vorschreiben, daß die einfache Mehrheit der in Absatz 1 bezeichneten Stimmen ausreicht, sofern mindestens die Hälfte des gezeichneten Kapitals vertreten ist.

Artikel 41

(1) Die Mitgliedstaaten können von Artikel 9 Absatz 1, Artikel 19 Absatz 1 Buchstabe a) Satz 1 und Buchstabe b) sowie von den Artikeln 25, 26 und 29 abweichen, soweit dies für den Erlaß oder die Anwendung von Vorschriften erforderlich ist, welche die Beteiligung der Arbeitnehmer oder anderer durch einzelstaatliches Recht festgelegter Gruppen von Personen am Kapital der Unternehmen fördern sollen.

(2) Die Mitgliedstaaten brauchen Artikel 19 Absatz 1 Buchstabe a) Satz 1 sowie die Artikel 30, 31, 36, 37, 38 und 39 nicht auf Gesellschaften anzuwenden, die auf Grund einer besonderen Regelung neben Kapitalaktien Arbeitsaktien ausgeben, und zwar die letzteren zugunsten der Gesamtheit der Arbeitnehmer, die auf der Hauptversammlung der Aktionäre durch Bevollmächtigte mit Stimmrecht vertreten wird.

Artikel 42

Für die Anwendung dieser Richtlinie müssen die Rechtsvorschriften der Mitgliedstaaten die Gleichbehandlung der Aktionäre sicherstellen, die sich in denselben Verhältnissen befinden.

Artikel 43

(1) Die Mitgliedstaaten erlassen die erforderlichen Rechts- und Verwaltungsvorschriften, um dieser Richtlinie innerhalb von zwei Jahren nach ihrer Bekanntgabe nachzukommen. Sie setzen die Kommission hiervon unverzüglich in Kenntnis.

(2) Die Mitgliedstaaten brauchen Artikel 3 Buchstaben g), i), j) und k) nicht auf Gesellschaften anzuwenden, die bei Inkrafttreten der in Absatz 1 genannten Vorschriften bereits bestehen.

Sie können vorsehen, daß die anderen Vorschriften dieser Richtlinie erst 18 Monate nach diesem Zeitpunkt auf diese Gesellschaften anzuwenden sind.

Diese Frist kann jedoch, was die Artikel 6 und 9 betrifft, drei Jahre und in bezug auf die »unregistered companies« im Vereinigten Königreich und Irland fünf Jahre betragen.

(3) Die Mitgliedstaaten teilen der Kommission den Wortlaut der wichtigsten Vorschriften des innerstaatlichen Rechts mit, die sie auf dem von dieser Richtlinie erfaßten Gebiet erlassen.

Artikel 44

Diese Richtlinie ist an die Mitgliedstaaten gerichtet.

Gesehen zu Brüssel am 13. Dezember 1976.

Im Namen des Rates

Der Präsident

M. VAN DER STOEL

DRITTE RICHTLINIE DES RATES

vom 9. Oktober 1978

gemäß Artikel 54 Absatz 3 Buchstabe g) des Vertrages betreffend die Verschmelzung von Aktiengesellschaften

(78/855/EWG)

(Amtsblatt der Europäischen Gemeinschaften Nr. L 295 vom 20.10.1978 S. 36)

Änderungen

Artikel	Änderung	geändert durch	Datum	Fundstelle ABL. Nr.
1	geändert	Beitrittsakte 1979	24.5.1979	L 291 S.89
1	geändert	Beitrittsakte 1985	12.6.1985	L 302 S.157
1	geändert	Beitrittsakte 1994[1])	24.6.1994	C 241 S.194

---

1) In der Fassung des Beschlusses 95/1/EG, Euratom, EGKS des Rates vom 1. Januar 1995 (ABl. Nr. L 1 vom 1. 1. 1995 S. 1).

DER RAT DER EUROPÄISCHEN GEMEINSCHAFTEN –

gestützt auf den Vertrag zur Gründung der Europäischen Wirtschaftsgemeinschaft, insbesondere auf Artikel 54 Absatz 3 Buchstabe g),

auf Vorschlag der Kommission[1]),

nach Stellungnahme des Europäischen Parlaments[2]),

nach Stellungnahme des Wirtschafts- und Sozialausschusses[3]),

in Erwägung nachstehender Gründe:

Die Koordinierung, die Artikel 54 Absatz 3 Buchstabe g) und das Allgemeine Programm zur Aufhebung der Beschränkungen der Niederlassungsfreiheit[4]) vorsehen, wurde mit der Richtlinie 68/151/EWG[5]) begonnen.

Diese Koordinierung wurde für die Gründung der Aktiengesellschaft sowie der Erhaltung und Änderung ihrer Kapitals durch die Richtlinie 77/91/EWG[6]) und für die Jahresabschlüsse von Gesellschaften bestimmter Rechtsformen durch die Richtlinie 78/660/EWG[7]) fortgesetzt.

Der Schutz der Interessen von Gesellschaftern und Dritten erfordert es, die Rechtsvorschriften der Mitgliedstaaten über die Verschmelzung von Aktiengesellschaften zu koordinieren; gleichzeitig erscheint es zweckmäßig, in die nationalen Rechte der Mitgliedstaaten die Institution der Verschmelzung einzuführen.

Im Rahmen der Koordinierung ist es besonders wichtig, die Aktionäre der sich verschmelzenden Gesellschaften angemessen und so objektiv wie möglich zu unterrichten und ihre Rechte in geeigneter Weise zu schützen.

Die Wahrung von Ansprüchen der Arbeitnehmer beim Übergang von Unternehmen, Betrieben oder Betriebsteilen ist zur Zeit durch die Richtlinie 77/187/EWG[8]) geregelt.

Die Gläubiger einschließlich der Inhaber von Schuldverschreibungen sowie die Inhaber anderer Rechte der sich verschmelzenden Gesellschaften müssen dagegen geschützt werden, daß sie durch die Verschmelzung Schaden erleiden.

1) ABl. Nr. C 89 vom 14. 7. 1970, S. 20.
2) ABl. Nr. C 129 vom 11. 12. 1972, S. 50; ABl. Nr. C 95 vom 28. 4. 1975, S. 12.
3) ABl. Nr. C 88 vom 6. 9. 1971, S. 18.
4) ABl. Nr. 2 vom 15. 1. 1962, S. 36/62.
5) ABl. Nr. L 65 vom 14. 3. 1968, S. 8.
6) ABl. Nr. L 26 vom 31. 1. 1977, S. 1.
7) ABl. Nr. L 222 vom 14. 8. 1978, S. 11.
8) ABl. Nr. L 61 vom 5. 3. 1977, S. 26.

Die Offenlegung, wie sie die Richtlinie 68/151/EWG sicherstellt, muß auf die Maßnahmen zur Durchführung der Verschmelzung ausgedehnt werden, damit hierüber auch Dritte ausreichend unterrichtet werden.

Ferner ist es notwendig, daß die Garantien, die Gesellschaftern und Dritten bei der Durchführung der Verschmelzung gewährt werden, auch für bestimmte andere rechtliche Vorgänge gelten, die in wesentlichen Punkten ähnliche Merkmale wie die Verschmelzung aufweisen, um Umgehungen des Schutzes zu vermeiden.

Schließlich müssen, um die Rechtssicherheit in den Beziehungen zwischen den beteiligten Gesellschaften, zwischen diesen und Dritten sowie unter den Aktionären zu gewährleisten, die Fälle der Nichtigkeit der Verschmelzung beschränkt werden; außerdem muß einerseits der Grundsatz, daß dem Mangel der Verschmelzung soweit wie möglich abgeholfen werden soll, und andererseits eine kurze Frist zu Geltendmachung der Nichtigkeit festgelegt werden –

HAT FOLGENDE RICHTLINIE ERLASSEN:

Artikel 1
Anwendungsbereich

(1)   Die durch diese Richtlinie vorgeschriebenen Maßnahmen der Koordinierung gelten für die Rechts- und Verwaltungsvorschriften der Mitgliedstaaten für Gesellschaften folgender Rechtsformen:

–   in Deutschland:
   die Aktiengesellschaft,

–   in Belgien:
   de naamloze vennootschap/la société anonyme,

–   in Dänemark:
   aktieselskaber,

–   in Frankreich:
   la société anonyme,

–   in Irland:
   public companies limited by shares und
   public companies limited by guarantee having a share capital,

–   in Italien:
   la società per azioni,

- in Luxemburg:
  la société anonyme,

- in den Niederlanden:
  de naamloze vennootschap,

- im Vereinigten Königreich:
  public companies limited by shares und
  public companies limited by guarantee having a share capital,

- für Griechenland:
  ἡ ἀνώνυμη ἑταιρία,

- in Spanien:
  la sociedad anónima,

- in Portugal:
  a sociedade anónima de responsabilidade limitada,

- in Österreich:
  die Aktiengesellschaft,

- in Finnland:
  osakeyhtiö/aktiebolag,

- in Schweden:
  aktiebolag.

(2)   Die Mitgliedstaaten brauchten diese Richtlinie auf Genossenschaften, die in einer der in Absatz 1 genannten Rechtsformen gegründet worden sind, nicht anzuwenden. Soweit die Rechtsvorschriften der Mitgliedstaaten von dieser Möglichkeit Gebrauch machen, verpflichten sie diese Gesellschaften, die Bezeichnung »Genossenschaft« auf allen in Artikel 4 der Richtlinie 68/151/EWG genannten Schriftstücken anzugeben.

(3)   Die Mitgliedstaaten brauchen diese Richtlinie nicht anzuwenden, wenn eine oder mehrere der übertragenden oder untergehenden Gesellschaften Gegenstand eines Konkurs-, Vergleichs- oder ähnlichen Verfahrens ist bzw. sind.

KAPITEL I

Regelung der Verschmelzung durch Aufnahme einer oder mehrerer Gesellschaften durch eine andere und der Verschmelzung durch Gründung einer neuen Gesellschaft

Artikel 2

Die Mitgliedstaaten regeln für die Gesellschaften, die ihrem Recht unterliegen, die Verschmelzung durch Aufnahme einer oder mehrerer Gesellschaften durch eine andere und die Verschmelzung durch Gründung einer neuen Gesellschaft.

Artikel 3

(1) Im Sinne dieser Richtlinie ist die Verschmelzung durch Aufnahme der Vorgang, durch den eine oder mehrere Gesellschaften ihr gesamtes Aktiv- und Passivvermögen im Wege der Auflösung ohne Abwicklung auf eine andere Gesellschaft übertragen, und zwar gegen Gewährung von Aktien der übernehmenden Gesellschaft an die Aktionäre der übertragenden Gesellschaft oder Gesellschaften und gegebenenfalls einer baren Zuzahlung, die den zehnten Teil des Nennbetrags oder, wenn ein Nennbetrag nicht vorhanden ist, des rechnerischen Wertes der gewährten Aktien nicht übersteigt.

(2) Die Rechtsvorschriften eines Mitgliedstaats können vorsehen, daß die Verschmelzung durch Aufnahme auch dann erfolgen kann, wenn sich eine oder mehrere der übertragenden Gesellschaften in Abwicklung befinden, sofern diese Möglichkeit auf Gesellschaften beschränkt wird, die noch nicht mit der Verteilung ihres Vermögens an ihre Aktionäre begonnen haben.

Artikel 4

(1) Im Sinne dieser Richtlinie ist die Verschmelzung durch Gründung einer neuen Gesellschaft der Vorgang, durch den mehrere Gesellschaften ihr gesamtes Aktiv- und Passivvermögen im Wege der Auflösung ohne Abwicklung auf eine Gesellschaft, die sie gründen, übertragen, und zwar gegen Gewährung von Aktien der neuen Gesellschaft an ihre Aktionäre und gegebenenfalls einer baren Zuzahlung, die den zehnten Teil des Nennbetrags oder, wenn der Nennbetrag nicht vorhanden ist, des rechnerischen Wertes der gewährten Aktien nicht übersteigt.

(2) Die Rechtsvorschriften eines Mitgliedstaats können vorsehen, daß die Verschmelzung durch Gründung einer neuen Gesellschaft auch dann erfolgen kann, wenn sich eine oder mehrere der untergehenden Gesellschaften in Abwicklung befinden, sofern diese Möglichkeit auf Gesellschaften beschränkt wird, die noch nicht mit der Verteilung ihres Vermögens an ihre Aktionäre begonnen haben.

KAPITEL II

Verschmelzung durch Aufnahme

Artikel 5

(1) Die Verwaltungs- oder Leitungsorgane der sich verschmelzenden Gesellschaften erstellen einen schriftlichen Verschmelzungsplan.

(2) Der Verschmelzungsplan muß mindestens folgende Angaben enthalten:

a) die Rechtsform, die Firma und den Sitz der sich verschmelzenden Gesellschaften;

b) das Umtauschverhältnis der Aktien und gegebenenfalls die Höhe der baren Zuzahlung;

c) die Einzelheiten hinsichtlich der Übertragung der Aktien der übernehmenden Gesellschaft;

d) den Zeitpunkt, von dem an diese Aktien das Recht auf Teilnahme am Gewinn gewähren, sowie alle Besonderheiten in bezug auf dieses Recht;

e) den Zeitpunkt, von dem an die Handlungen der übertragenden Gesellschaft unter dem Gesichtspunkt der Rechnungslegung als für Rechnung der übernehmenden Gesellschaft vorgenommen gelten;

f) die Rechte, welche die übernehmende Gesellschaft den Aktionären mit Sonderrechten und den Inhabern anderer Wertpapiere als Aktien gewährt, oder die für diese Personen vorgeschlagenen Maßnahmen;

g) jeden besonderen Vorteil, der den Sachverständigen im Sinne des Artikels 10 Absatz 1 sowie den Mitgliedern der Verwaltungs-, Leitungs-, Aufsichts- oder Kontrollorgane der sich verschmelzenden Gesellschaften gewährt wird.

Artikel 6

Der Verschmelzungsplan ist mindestens einen Monat vor dem Tage der Hauptversammlung, die über den Verschmelzungsplan zu beschließen hat, für jede der sich verschmelzenden Gesellschaften nach den in den Rechtsvorschriften der einzelnen Mitgliedstaaten gemäß Artikel 3 der Richtlinie 68/151/EWG vorgesehenen Verfahren offenzulegen.

Artikel 7

(1) Die Verschmelzung bedarf zumindest der Zustimmung der Hauptversammlung jeder der sich verschmelzenden Gesellschaften. Die Rechtsvorschriften der Mitgliedstaaten

schreiben vor, daß dieser Beschluß mindestens eine Mehrheit von nicht weniger als zwei Dritteln der Stimmen der vertretenen Wertpapiere oder des vertretenen gezeichneten Kapitals erfordert.

Die Rechtsvorschriften der Mitgliedstaaten können jedoch vorschreiben, daß die einfache Mehrheit der in Unterabsatz 1 bezeichneten Stimmen ausreicht, sofern mindestens die Hälfte des gezeichneten Kapitals vertreten ist. Ferner sind gegebenenfalls die Vorschriften über die Satzungsänderung anzuwenden.

(2)   Sind mehrere Gattungen von Aktien vorhanden, so ist der Beschluß über die Verschmelzung von einer gesonderten Abstimmung zumindest jeder Gattung derjenigen Aktionäre abhängig, deren Rechte durch die Maßnahme beeinträchtigt werden.

(3)   Der zu fassende Beschluß erstreckt sich auf die Genehmigung des Verschmelzungsplans und gegebenenfalls auf die zu seiner Durchführung erforderlichen Satzungsänderungen.

Artikel 8

Die Rechtsvorschriften eines Mitgliedstaats brauchen die Zustimmung der Hauptversammlung der übernehmenden Gesellschaft nicht vorzuschreiben, wenn folgende Bedingungen erfüllt sind:

a) Die in Artikel 6 vorgeschriebene Offenlegung ist für die übernehmende Gesellschaft mindestens einen Monat vor dem Tage derjenigen Hauptversammlung der übertragenden Gesellschaft oder Gesellschaften, die über den Verschmelzungsplan zu beschließen hat, zu bewirken;

b) jeder Aktionär der übernehmenden Gesellschaft hat mindestens einen Monat vor dem unter Buchstabe a) genannten Zeitpunkt das Recht, am Sitz der übernehmenden Gesellschaft von den in Artikel 11 Absatz 1 genannten Unterlagen Kenntnis zu nehmen;

c) ein oder mehrere Aktionär der übernehmenden Gesellschaft, die über Aktien in einem Mindestprozentsatz des gezeichneten Kapitals verfügen, müssen das Recht haben, die Einberufung einer Hauptversammlung der übernehmenden Gesellschaft, in der über die Zustimmung zu der Verschmelzung beschlossen wird, zu verlangen. Dieser Mindestprozentsatz darf nicht auf mehr als 5 % festgesetzt werden. Die Mitgliedstaaten können jedoch vorsehen, daß die Aktien ohne Stimmrecht von der Berechnung dieses Prozentsatzes ausgenommen sind.

Artikel 9

Die Verwaltungs- oder Leitungsorgane jeder sich sich verschmelzenden Gesellschaften erstellen einen ausführlichen schriftlichen Bericht, in dem der Verschmelzungsplan und insbesondere das Umtauschverhältnis der Aktien rechtlich und wirtschaftlich erläutert und begründet werden.

In dem Bericht ist außerdem auf besondere Schwierigkeiten bei der Bewertung, soweit solche aufgetreten sind, hinzuweisen.

Artikel 10

(1) Für jede der sich verschmelzenden Gesellschaften prüfen ein oder mehrere von diesen unabhängige Sachverständige, welche durch ein Gericht oder eine Verwaltungsbehörde bestellt oder zugelassen sind, den Verschmelzungsplan und erstellen einen schriftlichen Bericht für die Aktionäre. Die Rechtsvorschriften eines Mitgliedstaats können jedoch die Bestellung eines oder mehrerer unabhängiger Sachverständiger für alle sich verschmelzenden Gesellschaften vorsehen, wenn die Bestellung auf gemeinsamen Antrag dieser Gesellschaften durch ein Gericht oder eine Verwaltungsbehörde erfolgt. Diese Sachverständigen können entsprechend den Rechtsvorschriften jedes Mitgliedstaats sowohl natürliche oder juristische Personen als auch Gesellschaften sein.

(2) In dem Bericht nach Absatz 1 müssen die Sachverständigen in jedem Fall erklären, ob das Umtauschverhältnis ihrer Ansicht nach angemessen ist. In dieser Erklärung ist zumindest anzugeben,

a) nach welcher oder welchen Methoden das vorgeschlagene Umtauschverhältnis bestimmt worden ist;

b) ob diese Methode oder Methoden im vorliegenden Fall angemessen sind und welche Werte sich bei jeder dieser Methoden ergeben; zugleich ist dazu Stellung zu nehmen, welche relative Bedeutung diesen Methoden bei der Bestimmung des zugrunde gelegten Wertes beigemessen wurde.

In dem Bericht ist außerdem auf besondere Schwierigkeiten bei der Bewertung, soweit solche aufgetreten sind, hinzuweisen.

(3) Jeder Sachverständige hat das Recht, bei den sich verschmelzenden Gesellschaften alle zweckdienlichen Auskünfte und Unterlagen zu erhalten und alle erforderlichen Nachprüfungen vorzunehmen.

Artikel 11

(1) Mindestens einen Monat vor dem Tag der Hauptversammlung, die über den Verschmelzungsplan zu beschließen hat, hat jeder Aktionär das Recht, am Sitz der Gesellschaft zumindest von folgenden Unterlagen Kenntnis zu nehmen:

a) dem Verschmelzungsplan;

b) den Jahresabschlüssen und den Geschäftsberichten der sich verschmelzenden Gesellschaften für die letzten drei Geschäftsjahre;

c) einer Zwischenbilanz, die für einen Zeitpunkt erstellt, der nicht vor dem ersten Tag des dritten der Aufstellung des Verschmelzungsplans vorausgehenden Monats liegen darf, sofern der letzte Jahresabschluß sich auf ein mehr als sechs Monate vor der Aufstellung des Verschmelzungsplans abgelaufenes Geschäftsjahr bezieht;

d) den in Artikel 9 genannten Berichten der Verwaltungs- oder Leitungsorgane der sich verschmelzenden Gesellschaften;

e) den in Artikel 10 genannten Berichten.

(2) Die Zwischenbilanz nach Absatz 1 Buchstabe c) ist nach denselben Methoden und in derselben Gliederung zu erstellen wie die letzte Jahresbilanz.

Die Rechtsvorschriften eines Mitgliedstaats können jedoch vorsehen, daß

a) es nicht erforderlich ist, eine neue körperliche Bestandsaufnahme durchzuführen;

b) die Bewertungen der letzten Bilanz nur nach Maßgabe der Bewegungen in den Büchern verändert zu werden brauchen, wobei jedoch zu berücksichtigen sind:

  – Abschreibungen, Wertberichtigungen und Rückstellungen für die Zwischenzeit,

  – wesentliche, aus den Büchern nicht ersichtliche Veränderungen der wirklichen Werte.

(3) Vollständige oder, falls gewünscht, auszugsweise Abschriften der in Absatz 1 genannten Unterlagen sind jedem Aktionär auf formlosen Antrag kostenlos zu erteilen.

Artikel 12

Die Wahrung von Ansprüchen der Arbeitnehmer der sich verschmelzenden Gesellschaften wird gemäß der Richtlinie 77/187/EWG geregelt.

Artikel 13

(1) Die Rechtsvorschriften der Mitgliedstaaten müssen ein angemessenes Schutzsystem für die Interessen der Gläubiger der sich verschmelzenden Gesellschaften vorsehen, deren Forderungen vor der Bekanntmachung des Verschmelzungsplans entstanden und zum Zeitpunkt dieser Bekanntmachung noch nicht erloschen sind.

(2) Zu diesem Zweck sehen die Rechtsvorschriften der Mitgliedstaaten zumindest vor, daß diese Gläubiger Anspruch auf angemessene Garantien haben, wenn die finanzielle Lage der sich verschmelzenden Gesellschaften einen solchen Schutz erforderlich macht und die Gläubiger nicht schon derartige Garantien haben.

(3) Der Schutz kann für die Gläubiger der übernehmenden Gesellschaft und für die Gläubiger der übertragenden Gesellschaft unterschiedlich sein.

Artikel 14

Unbeschadet der Vorschriften über die gemeinsame Ausübung der Rechte der Anleihegläubiger der sich verschmelzenden Gesellschaften ist Artikel 13 auf diese Gläubiger anzuwenden, es sei denn, eine Versammlung der Anleihegläubiger – sofern die einzelstaatlichen Rechtsvorschriften eine solche Versammlung vorsehen – oder jeder einzelne Anleihegläubiger hat der Verschmelzung zugestimmt.

Artikel 15

Die Inhaber anderer Wertpapiere, die mit Sonderrechten verbunden, jedoch keine Aktien sind, müssen in der übernehmenden Gesellschaft Rechte erhalten, die mindestens denen gleichwertig sind, die sie in der übertragenden Gesellschaften hatten, es sei denn, daß eine Versammlung der Inhaber – sofern die einzelstaatlichen Rechtsvorschriften eine solche Versammlung vorsehen – der Änderung dieser Rechte oder daß jeder einzelne Inhaber der Änderung seines Rechts zugestimmt hat oder daß diese Inhaber einen Anspruch auf Rückkauf ihrer Wertpapiere durch die übernehmende Gesellschaft haben.

Artikel 16

(1) Falls die Rechtsvorschriften eines Mitgliedstaats für Verschmelzungen eine vorbeugende gerichtliche oder Verwaltungskontrolle der Rechtmäßigkeit nicht vorsehen oder sich diese Kontrolle nicht auf alle für die Verschmelzung erforderlichen Rechtshandlungen erstreckt, sind die Niederschriften der Hauptversammlungen, die über die Verschmelzung beschließen, und gegebenenfalls der nach diesen Hauptversammlungen geschlossene Verschmelzungsvertrag öffentlich zu beurkunden. Falls die Verschmelzung

nicht von den Hauptversammlungen aller sich verschmelzenden Gesellschaften gebilligt werden muß, ist der Verschmelzungsplan öffentlich zu beurkunden.

(2) Der Notar oder die für die öffentliche Beurkundung zuständige Stelle hat das Vorliegen und die Rechtmäßigkeit der Rechtshandlungen und Förmlichkeiten, die der Gesellschaft obliegen, bei der er tätig wird, sowie das Vorliegen und die Rechtmäßigkeit des Verschmelzungsplans zu prüfen und zu bestätigen.

Artikel 17

Die Rechtsvorschriften der Mitgliedstaaten bestimmen den Zeitpunkt, zu dem die Verschmelzung wirksam wird.

Artikel 18

(1) Für jede der sich verschmelzenden Gesellschaften muß die Verschmelzung nach den in den Rechtsvorschriften eines jeden Mitgliedstaats vorgesehenen Verfahren in Übereinstimmung mit Artikel 3 der Richtlinie 68/151/EWG offengelegt werden.

(2) Die übernehmende Gesellschaft kann die für die übertragende Gesellschaft oder die übertragenden Gesellschaften vorzunehmenden Förmlichkeiten der Offenlegung selbst veranlassen.

Artikel 19

(1) Die Verschmelzung bewirkt ipso jure gleichzeitig folgendes:

a) Sowohl zwischen der übertragenden Gesellschaft und der übernehmenden Gesellschaft als auch gegenüber Dritten geht das gesamte Aktiv- und Passivvermögen der übertragenden Gesellschaft auf die übernehmende Gesellschaft über;

b) die Aktionäre der übertragenden Gesellschaft werden Aktionäre der übernehmenden Gesellschaft;

c) die übertragende Gesellschaft erlischt.

(2) Es werden keine Aktien der übernehmenden Gesellschaft im Austausch für Aktien der übertragenden Gesellschaft begeben, die sich

a) im Besitz der übernehmenden Gesellschaft selbst oder einer Person befinden, die im eigenen Namen, aber für Rechnung der Gesellschaft handelt;

b) im Besitz der übertragenden Gesellschaft selbst oder einer Person befinden, die im eigenen Namen, aber für Rechnung der Gesellschaft handelt.

(3) Unberührt bleiben die Rechtsvorschriften der Mitgliedstaaten, die für die Wirksamkeit der Übertragung bestimmter, von der übertragenden Gesellschaft eingebrachter Vermögensgegenstände, Rechte und Pflichten gegenüber Dritten besondere Förmlichkeiten erfordern. Die übernehmende Gesellschaft kann diese Förmlichkeiten selbst veranlassen; die Rechtsvorschriften der Mitgliedstaaten können jedoch der übertragenden Gesellschaft gestatten, während eines begrenzten Zeitraums diese Förmlichkeiten weiter zu vollziehen; dieser Zeitraum kann nur in Ausnahmefällen auf mehr als sechs Monate nach dem Zeitpunkt, in dem die Verschmelzung wirksam wird, festgesetzt werden.

Artikel 20

Die Rechtsvorschriften der Mitgliedstaaten regeln zumindest die zivilrechtliche Haftung der Mitglieder des Verwaltungs- oder Leitungsorgans der übertragenden Gesellschaft gegenüber den Aktionären dieser Gesellschaft für schuldhaftes Verhalten von Mitgliedern dieses Organs bei der Vorbereitung und dem Vollzug der Verschmelzung.

Artikel 21

Die Rechtsvorschriften der Mitgliedstaaten regeln zumindest die zivilrechtliche Haftung der Sachverständigen, die den in Artikel 10 Absatz 1 vorgesehenen Bericht für die übertragende Gesellschaft erstellen, gegenüber den Aktionären dieser Gesellschaft für schuldhaftes Verhalten dieser Sachverständigen bei der Erfüllung ihrer Aufgaben.

Artikel 22

(1) Die Rechtsvorschriften der Mitgliedstaaten können die Nichtigkeit der Verschmelzung von Gesellschaften nur nach Maßgabe folgender Bestimmungen regeln:

a) Die Nichtigkeit muß durch gerichtliche Entscheidung ausgesprochen werden;

b) für nichtig erklärt werden kann eine im Sinne von Artikel 17 wirksam gewordene Verschmelzung nur wegen Fehlens einer vorbeugenden gerichtlichen oder verwaltungsmäßigen Kontrolle der Rechtmäßigkeit oder einer öffentlichen Beurkundung oder wenn festgestellt wird, daß der Beschluß der Hauptversammlung nach innerstaatlichem Recht nichtig oder anfechtbar ist;

c) die Nichtigkeitsklage kann nicht mehr erhoben werden, wenn eine Frist von sechs Monaten verstrichen ist, nachdem die Verschmelzung demjenigen gegenüber wirksam geworden ist, der sich auf die Nichtigkeit beruft, oder wenn der Mangel behoben worden ist;

d) kann der Mangel, dessentwegen die Verschmelzung für nichtig erklärt werden kann, behoben werden, so räumt das zuständige Gericht den beteiligten Gesellschaften dazu eine Frist;

e) die gerichtliche Entscheidung, durch welche die Nichtigkeit der Verschmelzung ausgesprochen wird, wird in Übereinstimmung mit Artikel 3 der Richtlinie 68/151/EWG nach den in den Rechtsvorschriften jedes Mitgliedstaats vorgesehenen Verfahren offengelegt;

f) falls die Rechtsvorschriften der Mitgliedstaaten gegen die gerichtliche Entscheidung einen Einspruch Dritter vorsehen, so kann dieser nach Ablauf einer Frist von sechs Monaten seit Offenlegung der gerichtlichen Entscheidung gemäß der Richtlinie 68/151/EWG nicht mehr erhoben werden;

g) die gerichtliche Entscheidung, durch welche die Nichtigkeit der Verschmelzung ausgesprochen wird, berührt für sich allein nicht die Wirksamkeit der Verpflichtungen, die vor der Offenlegung der gerichtlichen Entscheidung, jedoch nach dem in Artikel 17 bezeichneten Zeitpunkt, zu Lasten oder zugunsten der übernehmenden Gesellschaft entstanden sind;

h) die an der Verschmelzung beteiligten Gesellschaften haften als Gesamtschuldner für die in Buchstabe g) genannten Verpflichtungen der übernehmenden Gesellschaft.

(2) Abweichend von Absatz 1 Buchstabe a) können die Rechtsvorschriften eines Mitgliedstaats auch gestatten, daß die Nichtigkeit der Verschmelzung durch eine Verwaltungsbehörde ausgesprochen wird, wenn gegen eine solche Entscheidung ein Rechtsbehelf bei einem Gericht eingelegt werden kann. Die Buchstaben b), d), e), f), g) und h) gelten entsprechend für die Verwaltungsbehörde. Dieses Nichtigkeitsverfahren kann nach Ablauf einer Frist von 6 Monaten nach dem in Artikel 17 genannten Zeitpunkt nicht mehr eingeleitet werden.

(3) Unberührt bleiben die Rechtsvorschriften der Mitgliedstaaten über die Nichtigkeit einer Verschmelzung, die im Wege einer anderen Kontrolle der Verschmelzung als der vorbeugenden gerichtlichen oder verwaltungsmäßigen Kontrolle der Rechtmäßigkeit ausgesprochen wird.

KAPITEL III

Verschmelzung durch Gründung einer neuen Gesellschaft

Artikel 23

(1) Die Artikel 5, 6 und 7 sowie die Artikel 9 bis 22 sind unbeschadet der Artikel 11 und 12 der Richtlinie 68/151/EWG auf die Verschmelzung durch Gründung einer neuen Gesellschaft anwendbar. Hierbei sind unter »sich verschmelzenden Gesellschaften« oder »übertragender Gesellschaft« die untergehenden Gesellschaften und unter »übernehmender Gesellschaft« die neue Gesellschaft zu verstehen.

(2) Artikel 5 Absatz 2 Buchstabe a) ist auch auf die neue Gesellschaft anzuwenden.

(3) Der Verschmelzungsplan und, falls sie Gegenstand eines getrenntes Aktes sind, der Errichtungsakt oder der Entwurf des Errichtungsaktes und die Satzung oder der Entwurf der Satzung der neuen Gesellschaft bedürfen der Zustimmung der Hauptversammlung jeder der untergehenden Gesellschaften.

(4) Die Mitgliedstaaten brauchen bei der Gründung der neuen Gesellschaft die in Artikel 10 der Richtlinie 77/91/EWG vorgesehenen Vorschriften für die Prüfung von Einlagen, die nicht Bareinlagen sind, nicht anzuwenden.

KAPITEL IV

Verschmelzung einer Gesellschaft mit einer anderen, der mindestens 90 % der Aktien der ersteren gehören

Artikel 24

Die Mitgliedstaaten regeln für die Gesellschaften, die ihrem Recht unterliegen, den Vorgang, durch den eine oder mehrere Gesellschaften ihr gesamtes Aktiv- und Passivvermögen im Wege der Auflösung ohne Abwicklung auf eine andere Gesellschaft übertragen, der alle Aktien sowie alle sonstigen Anteile der übertragenden Gesellschaft oder Gesellschaften gehören, die in der Hauptversammlung ein Stimmrecht gewähren. Auf diesen Vorgang sind die Bestimmungen des Kapitels II anzuwenden mit Ausnahme von Artikel 5 Absatz 2 Buchstaben b), c) und d), der Artikel 9 und 10, des Artikels 11 Absatz 1 Buchstaben d) und e), des Artikels 19 Absatz 1 Buchstabe b) sowie der Artikel 20 und 21.

Artikel 25

Die Mitgliedstaaten brauchen Artikel 7 auf den in Artikel 24 bezeichneten Vorgang nicht anzuwenden, wenn mindestens folgende Bedingungen erfüllt sind:

a) Die in Artikel 6 vorgeschriebene Offenlegung ist für die an dem Vorgang beteiligten Gesellschaften mindestens einen Monat vor dem Zeitpunkt, zu dem der Vorgang wirksam wird, zu bewirken;

b) alle Aktionäre der übernehmenden Gesellschaft haben das Recht, mindestens einen Monat vor dem Zeitpunkt, zu dem der Vorgang wirksam wird, am Sitz dieser Gesellschaft von den in Artikel 11 Absatz 1 Buchstaben a), b) und c) bezeichneten Unterlagen Kenntnis zu nehmen. Artikel 11 Absätze 2 und 3 ist anzuwenden;

c) Artikel 8 Buchstabe c) ist anzuwenden.

Artikel 26

Die Mitgliedstaaten können die Artikel 24 und 25 auf Vorgänge anwenden, durch die eine oder mehrere Gesellschaften ihr gesamtes Aktiv- und Passivvermögen im Wege der Auflösung ohne Abwicklung auf eine andere Gesellschaft übertragen, wenn alle in Artikel 24 genannten Aktien und sonstigen Anteile der übertragenden Gesellschaft oder Gesellschaften der übernehmenden Gesellschaft und/oder Personen gehören, welche diese Aktien und Anteile im eigenen Namen, aber für Rechnung der übernehmenden Gesellschaft besitzen.

Artikel 27

Im Falle der Verschmelzung durch Aufnahme einer oder mehrerer Gesellschaften durch eine andere Gesellschaft, der 90 % oder mehr, jedoch nicht alle Aktien sowie alle sonstigen Anteile der übertragenden Gesellschaft oder Gesellschaften gehören, die in der Hauptversammlung ein Stimmrecht gewähren, brauchen die Mitgliedstaaten die Genehmigung der Verschmelzung durch die Hauptversammlung der übernehmenden Gesellschaft nicht vorzuschreiben, wenn mindestens folgende Bedingungen erfüllt sind:

a) Die in Artikel 6 vorgeschriebene Offenlegung ist für die übernehmende Gesellschaft mindestens einen Monat vor dem Tage derjenigen Hauptversammlung der übertragenden Gesellschaft oder Gesellschaften, die über den Verschmelzungsplan zu beschließen hat bzw. haben, zu bewirken;

b) alle Aktionäre der übernehmenden Gesellschaft haben das Recht, mindestens einen Monat vor dem unter Buchstabe a) angegebenen Zeitpunkt am Sitz dieser Gesellschaft von den in Artikel 11 Absatz 1 Buchstaben a), b) und c) bezeichneten Unterlagen Kenntnis zu nehmen. Artikel 11 Absätze 2 und 3 ist anzuwenden;

c) Artikel 8 Buchstabe c) ist anzuwenden.

Artikel 28

Die Mitgliedstaaten brauchen die Artikel 9, 10 und 11 auf eine Verschmelzung im Sinne des Artikels 27 nicht anzuwenden, wenn mindestens folgende Bedingungen erfüllt sind:

a) Die Minderheitsaktionäre der übertragenden Gesellschaft können ihre Aktien von der übernehmenden Gesellschaft aufkaufen lassen;

b) in diesem Fall haben sie Anspruch auf ein dem Wert ihrer Aktien entsprechendes Entgelt;

c) sofern hierüber keine Einigung erzielt wird, muß das Entgelt durch das Gericht festgesetzt werden können.

Artikel 29

Die Mitgliedstaaten können die Artikel 27 und 28 auf Vorgänge anwenden, durch die eine oder mehrere Gesellschaften ihr gesamtes Aktiv- und Passivvermögen im Wege der Auflösung ohne Abwicklung auf eine andere Gesellschaft übertragen, wenn 90 % oder mehr, jedoch nicht alle der in Artikel 27 genannten Aktien und sonstigen Anteile der übertragenden Gesellschaft oder Gesellschaften der übernehmenden Gesellschaft und/oder Personen gehören, welche diese Aktien und Anteile im eigenen Namen, aber für Rechnung der übernehmenden Gesellschaft besitzen.

KAPITEL V

Andere der Verschmelzung gleichgestellte Vorgänge

Artikel 30

Gestatten die Rechtsvorschriften eines Mitgliedstaats für einen der in Artikel 2 vorge-sehenen Vorgänge, daß die bare Zuzahlung den Satz von 10 % übersteigt so sind die Kapitel II und III sowie die Artikel 27, 28 und 29 anzuwenden.

Artikel 31

Gestatten die Rechtsvorschriften eines Mitgliedstaats einen der in den Artikeln 2, 24 oder 30 vorgesehenen Vorgänge, ohne daß alle übertragenden Gesellschaften aufhören zu bestehen, so sind das Kapitel II mit Ausnahme des Artikels 19 Absatz 1 Buchstabe c) und die Kapitel III und IV anzuwenden.

KAPITEL VI

Schlußbestimmungen

Artikel 32

(1)   Die Mitgliedstaaten erlassen die erforderlichen Rechts- und Verwaltungsvorschriften, um dieser Richtlinie innerhalb von drei Jahren nach ihrer Bekanntgabe nachzukommen. Sie setzen die Kommission unverzüglich davon in Kenntnis.

(2)   Für die Anwendung der in Absatz 1 genannten Vorschriften auf die »unregistered companies« im Vereinigten Königreich und in Irland kann jedoch eine Frist von fünf Jahren vorgesehen werden, die mit Inkrafttreten dieser Vorschriften beginnt.

(3)   Die Mitgliedstaaten brauchen die Artikel 13, 14 und 15 auf Inhaber von Wandelschuldverschreibungen und anderen Wertpapieren, die in Aktien umgewandt werden können, nicht anzuwenden, wenn bei Inkrafttreten der Vorschriften nach Absatz 1 in den Ausgabebedingungen die Stellung dieser Inhaber bei einer Verschmelzung vorab festgelegt worden ist.

(4)   Die Mitgliedstaaten brauchen diese Richtlinie nicht auf Verschmelzungen oder diesen gleichgestellte Vorgänge anzuwenden, für deren Vorbereitung oder Durchführung eine durch die einzelstaatlichen Rechtsvorschriften vorgesehene Handlung oder Formalität bereits zum Zeitpunkt des Inkrafttretens der in Absatz 1 genannten Vorschriften vorgenommen worden ist.

Artikel 33

Diese Richtlinie ist an die Mitgliedstaaten gerichtet.

Geschehen zu Luxemburg am 9. Oktober 1978.

Im Namen des Rates

Der Präsident

H.-J. VOGEL

VIERTE RICHTLINIE DES RATES

vom 25. Juli 1978

aufgrund von Artikel 54 Absatz 3 Buchstabe g) des Vertrages über den Jahresabschluß von Gesellschaften bestimmter Rechtsformen

(78/660/EWG)

(Amtsblatt der Europäischen Gemeinschaften Nr. L 222 vom 14.8.1978 S. 11)

Änderungen

Artikel	Art der Änderung	geändert durch	Datum	Fundstelle ABl. Nr.
1	geändert	Beitrittsakte 1979	19.11.1979	L 291 S. 90
47, 56, 57 58, 59, 61	geändert	Richtlinie 83/349/EWG des Rates	13. 6.1983	L 193 S. 1
11, 27, 53	geändert	Richtlinie 84/569/EWG des Rates	27.11.1984	L 314 S. 28
1	geändert	Beitrittsakte 1985	12.6.1985	L 302 S. 157
46 54	geändert aufgehoben	Richtlinie 89/666/EWG des Rates	21.12.1989	L 395 S. 36
11, 27, 43, 44, 46, 47, 53 50a	geändert eingefügt	Richtlinie 90/604/EWG des Rates	8.11.1990	L 317 S. 57
1, 43, 47 57a	geändert eingefügt	Richtlinie 90/605/EWG des Rates	8.11.1990	L 317 S. 60
11, 27	geändert	Richtlinie 94/8/EG des Rates	21.3.1994	L 82 S. 33

1

Artikel	Art der Änderung	geändert durch	Datum	Fundstelle ABl. Nr.
1	geändert	Beitrittsakte 1994[1])	24.6.1994	C 241 S. 195
11, 27	geändert	Richtlinie 1999/60EG des Rates	17.6.1999	L 162 S. 65

1) In der Fassung des Beschlusses 95/1/EG, Euratom, EGKS des Rates vom 1. Januar 1995 (ABl. Nr. L 1 vom 1. 1. 1995 S. 1).

2

DER RAT DER EUROPÄISCHEN GEMEINSCHAFTEN –

gestützt auf den Vertrag zur Gründung der Europäischen Wirtschaftsgemeinschaft, insbesondere auf Artikel 54 Absatz 3 Buchstabe g),

auf Vorschlag der Kommission,

nach Stellungnahme des Europäischen Parlaments[1]),

nach Stellungnahme des Wirtschafts- und Sozialausschusses[2]),

in Erwägung nachstehender Gründe:

Der Koordinierung der einzelstaatlichen Vorschriften über die Gliederung und den Inhalt des Jahresabschlusses und des Lageberichts sowie über die Bewertungsmethoden und die Offenlegung dieser Unterlagen, insbesondere bei der Aktiengesellschaft und der Gesellschaft mit beschränkter Haftung, kommt im Hinblick auf den Schutz der Gesellschafter sowie Dritter besondere Bedeutung zu.

Eine gleichzeitige Koordinierung auf diesen Gebieten ist bei den vorgenannten Gesellschaftsformen deswegen erforderlich, weil die Tätigkeit der betreffenden Gesellschaften einerseits häufig über das nationale Hoheitsgebiet hinausreicht und die Gesellschaften andererseits Dritten eine Sicherheit nur durch ihr Gesellschaftsvermögen bieten. Die Notwendigkeit und die Dringlichkeit einer solchen Koordinierung wurden im übrigen durch Artikel 2 Absatz 1 Buchstabe f) der Richtlinie 68/151/EWG[3]) anerkannt und bestätigt.

Außerdem ist es erforderlich, daß hinsichtlich des Umfangs der zu veröffentlichenden finanziellen Angaben in der Gemeinschaft gleichwertige rechtliche Mindestbedingungen für miteinander im Wettbewerb stehende Gesellschaften hergestellt werden.

Der Jahresabschluß muß ein den tatsächlichen Verhältnissen entsprechendes Bild der Vermögens-, Finanz- und Ertragslage der Gesellschaft vermitteln. Zu diesem Zweck müssen für die Aufstellung der Bilanz sowie der Gewinn- und Verlustrechnung zwingend vorgeschriebene Gliederungsschemata vorgesehen und muß der Mindestinhalt des Anhangs sowie des Lageberichts festgelegt werden. Jedoch können für bestimmte Gesellschaften wegen ihrer geringeren wirtschaftlichen und sozialen Bedeutung Ausnahmen zugelassen werden.

Die verschiedenen Bewertungsmethoden müssen, soweit erforderlich, vereinheitlicht werden, um die Vergleichbarkeit und die Gleichwertigkeit der in den Jahresabschlüssen gemachten Angaben zu gewährleisten.

---

1) ABl. Nr. C 129 vom 11. 12. 1972, S. 38.
2) ABl. Nr. C 39 vom 7. 6. 1973, S. 31.
3) ABl. Nr. L 65 vom 14. 3. 1968.

Der Jahresabschluß aller Gesellschaften, für die diese Richtlinie gilt, muß gemäß der Richtlinie 68/151/EWG offengelegt werden. Jedoch können auch in dieser Hinsicht Ausnahmen zugunsten kleiner und mittlerer Gesellschaften gemacht werden.

Der Jahresabschluß muß von dazu befugten Personen geprüft werden; hinsichtlich dieser Personen werden die für ihre Befähigung zu verlangenden Mindestanforderungen zu einem späteren Zeitpunkt koordiniert werden; lediglich bei kleinen Gesellschaften soll eine Befreiung von dieser Prüfungspflicht möglich sein.

Gehört eine Gesellschaft zu einem Konzern, so ist es wünschenswert, daß der Konzernabschluß, der ein den tatsächlichen Verhältnissen entsprechendes Bild von der Tätigkeit des Konzerns insgesamt vermittelt, offengelegt wird. Jedoch sind bis zum Inkrafttreten der Richtlinie des Rates über die Konzernabschlüsse Ausnahmen von einzelnen Bestimmungen der vorliegenden Richtlinien notwendig.

Um den Schwierigkeiten zu begegnen, die sich aus den gegenwärtigen Rechtsvorschriften einiger Mitgliedstaaten ergeben, muß die Frist, die für die Anwendung einzelner Bestimmungen dieser Richtlinie eingeräumt wird, länger sein als die in solchen Fällen sonst vorgesehene Frist –

Erwägungsgründe der GmbH & Co. KG-Richtlinie:[*])

in Erwägung nachstehender Gründe:

Die Richtlinie 78/660/EWG, zuletzt geändert durch die Richtlinie 90/604/EWG, findet auf den Jahresabschluß der Aktiengesellschaft und den der Gesellschaft mit beschränkter Haftung vor allem deshalb Anwendung, weil Unternehmen dieser Rechtsform Dritten eine Sicherheit nur durch ihr Gesellschaftsvermögen bieten.

Nach der Richtlinie 83/349/EWG, zuletzt geändert durch die Richtlinie 90/604/EWG, können die Mitgliedstaaten die Verpflichtung, einen konsolidierten Abschluß aufzustellen auf Gesellschaften beschränken, die der Richtlinie 78/660/EWG unterworfen sind.

In der Gemeinschaft gibt es eine beträchtliche und weiter steigende Zahl von offenen Handelsgesellschaften und Kommanditgesellschaften, von denen alle unbeschränkt haftenden Gesellschafter die Rechtsform einer Aktiengesellschaft oder einer Gesellschaft mit beschränkter Haftung haben.

Diese unbeschränkt haftenden Gesellschafter können auch Gesellschafter sein, die nicht unter das Recht eines Mitgliedstaates fallen, deren Rechtsform jedoch den Rechtsformen im Sinne der Richtlinie 68/151/EWG vergleichbar ist.

---

*) Die Erwägungsgründe der GmbH & Co. KG-Richtlinie (Richtlinie 90/605/EWG des Rates vom 8.11.1990) werden hier abgedruckt, weil diese Richtlinie die Bilanzrichtlinie nicht unerheblich geändert hat.

Es stünde mit Sinn und Zweck der genannten Richtlinien in Widerspruch, wenn die Gemeinschaftsvorschriften auf solche offenen Handelsgesellschaften oder solche Kommanditgesellschaften nicht anwendbar wären.

Es ist deshalb notwendig, die Vorschriften über den Anwendungsbereich der beiden Richtlinien ausdrücklich zu ergänzen.

Es ist wichtig, daß der Name, der Sitz und die Rechtsform eines Unternehmens, dessen unbeschränkt haftender Gesellschafter eine Aktiengesellschaft oder eine Gesellschaft mit beschränkter Haftung ist, im Anhang zum Jahresabschluß dieses Gesellschafters angegeben werden.

Die Verpflichtung, die Abschlüsse der unter diese Richtlinie fallenden offenen Handelsgesellschaften und Kommanditgesellschaften aufzustellen, offenzulegen und prüfen zu lassen, kann auch dem unbeschränkt haftenden Gesellschafter auferlegt werden. Es muß ferner möglich sein, diese Gesellschafter in die für diesen Gesellschafter oder eine höhere Ebene erstellten konsolidierten Abschlüsse einzubeziehen.

Bestimmte offene Handelsgesellschaften oder Kommanditgesellschaften im Sinne dieser Richtlinie werden in dem Mitgliedstaat, in dem sie ihren Sitz haben, nicht in ein Register eingetragen; die Anwendung der Rechnungslegungspflichten auf diese Gesellschaften wird dadurch erschwert. Besonders in diesen Fällen sind spezielle Vorschriften erforderlich, je nachdem, ob die unbeschränkt haftenden Gesellschafter Unternehmen sind, die unter das Recht desselben Mitgliedstaates, eines anderen Mitgliedstaates oder eines Drittlands fallen –

Erwägungsgründe der Mittelstandsrichtlinie:[*]*)*

in Erwägung nachstehender Gründe:

Die Koordinierung der einzelstaatlichen Vorschriften über die Gliederung und den Inhalt des Jahresabschlusses und des Lageberichtes sowie über die Bewertungsmethoden und die Offenlegung dieser Unterlagen, insbesondere bei der Aktiengesellschaft und der Gesellschaft mit beschränkter Haftung, ist das Ziel der Richtlinie 78/660/EWG zuletzt geändert durch die Akte über den Beitritt Spaniens und Portugals.

Nach der Entschließung des Rates vom 3. November 1986 zum Aktionsprogramm für die kleinen und mittleren Unternehmen und der Entschließung des Rates vom 30. Juni 1988 über die Verbesserung der Rahmenbedingungen für Unternehmen und die Förderung der Entwicklung von Unternehmen, insbesondere von kleinen und mittleren Unternehmen, in

---

*) Die Erwägungsgründe der Mittelstandsrichtlinie (Richtlinie 90/604/EWG des Rates vom 8.11.1990) werden hier abgedruckt, weil diese Richtlinie die Bilanzrichtlinie nicht unerheblich geändert hat.

der Gemeinschaft sind die administrativen Anforderungen, die an die kleinen und mittleren Unternehmen gestellt werden, soweit wie möglich zu vereinfachen, insbesondere ist die Richtlinie 78/660/EWG im Sinne einer weiteren substantiellen Erleichterung zu prüfen.

Aufgrund des Artikels 53 Absatz 2 der Richtlinie 78/660/EWG sollte eine zweite Überprüfung der bei der Definition der kleinen und mittleren Unternehmen zugrunde gelegten Größenmerkmale vorgenommen werden.

Die Anzahl der Ausnahmeregelungen im Bereich der Aufstellung, Prüfung und Offenlegung von Abschlüssen, die die Mitgliedstaaten nach der Richtlinie 78/660/EWG zugunsten der kleinen Gesellschaften vorsehen können, sollte erweitert werden.

Den Mitgliedstaaten sollte die Möglichkeit eingeräumt werden, den Gesellschaften zu gestatten, im Anhang des Jahresabschlusses bestimmte Angaben über Bezüge, die den Mitgliedern des Verwaltungs-, Geschäftsführungs- oder Aufsichtsorgans der Gesellschaft gewährt werden, nicht zu machen, wenn sich anhand dieser Angaben der Status eines bestimmten Mitglieds dieser Organe feststellen läßt.

Ferner sollte es den Mitgliedstaaten gestattet sein, die Verpflichtungen der kleinen Gesellschaften hinsichtlich der Aufstellung und Offenlegung des Anhangs zu erleichtern. Es sollte den Mitgliedstaaten möglich sein, diese Gesellschaften von der Verpflichtung zu befreien, im Anhang bestimmte Angaben zu machen, die bei kleineren Gesellschaften als weniger wichtig angesehen werden können. Aus der gleichen Erwägung sollten die Mitgliedstaaten derartige Gesellschaften von der Verpflichtung zur Aufstellung eines Lageberichts befreien können, sofern die Angaben über den Erwerb eigener Aktien nach Artikel 22 Absatz 2 der Richtlinie 77/91/EWG in den Anhang aufgenommen werden.

Es ist wichtig, die europäische Währungsintegration auch dadurch zu fördern, daß den Gesellschaften zumindest gestattet wird, ihre Abschlüsse in Ecu offenzulegen; hierbei handelt es sich lediglich um eine zusätzliche Kannbestimmung, die nichts an der Situation der Gesellschaften ändert, die ihre Abschlüsse bereits jetzt in Ecu aufstellen und offenlegen können; in dieser Hinsicht gilt es, die Richtlinie 78/660/EWG sowie die Richtlinie 83/349/EWG, geändert durch die Akte über den Beitritt Spaniens und Portugals, dadurch zu ergänzen, daß die Gesellschaften, die von dieser Möglichkeit Gebrauch machen, verpflichtet werden, den Umrechnungskurs im Anhang anzugeben –

HAT FOLGENDE RICHTLINIE ERLASSEN:

Artikel 1

(1)   Die durch diese Richtlinie vorgeschriebenen Maßnahmen der Koordinierung gelten für die Rechts- und Verwaltungsvorschriften der Mitgliedstaaten für Gesellschaften folgender Rechtsformen:

– *in der Bundesrepublik Deutschland:*
die Aktiengesellschaft, die Kommanditgesellschaft auf Aktien, die Gesellschaft mit beschränkter Haftung;

– *in Belgien:*
la société anonyme / de naamloze vennootschap,
la société en commandite par actions / de commanditaire vennootschap op aandelen,
la société de personnes à responsabilité limitée / de personenvennootschap met beperkte aansprakelijkheid;

– *in Dänemark:*
aktieselskaber, kommanditaktieselskaber, anpartsselskaber;

– *in Frankreich:*
la société anonyme, la société en commandite par actions, la société à responsabilité limitée;

– *in Irland:*
public companies limited by shares or by guarantee, private companies limited by shares or by guarantee;

– *in Italien:*
la società per azioni, la società in accomandita per azioni, la società a responsabilità limitata;

– *in Luxemburg:*
la société anonyme, la société en commandite par actions, la société à responsabilité limitée;

– *in den Niederlanden:*
de naamloze vennootschap, de besloten vennootschap met beperkte aansprakelijkheid;

– *im Vereinigten Königreich:*
public companies limited by shares or by guarantee, private companies limited by shares or by guarantee;

– *in Griechenland:*
ή ἀνώνυμη ἑταιρία, ή ἑταιρία περιωρισμένης εὐθύνης, ή ἑτερόρρυθμη κατά μετοχές ἑταιρία;

– *in Spanien:*
la sociedad anónima, la sociedad comanditaria por acciones, la sociedad de responsabilidad limitada;

– *in Portugal:*
a sociedade anónima de responsabilidade limitada, a sociedade em comandita por acções, a sociedade por quotas de responsabilidade limitada;

– *in Österreich:*
die Aktiengesellschaft, die Gesellschaft mit beschränkter Haftung;

– *in Finnland:*
osakeyhtiö, aktiebolag;

– *in Schweden:*
aktiebolag.

Die durch diese Richtlinie vorgeschriebenen Maßnahmen der Koordinierung gelten auch für die Rechts- und Verwaltungsvorschriften der Mitgliedstaaten für Gesellschaften folgender Rechtsnormen:

a) *in Deutschland:*
die offene Handelsgesellschaft, die Kommanditgesellschaft;

b) *in Belgien:*
la société en nom collectif/de vennootschap onder firma,
la société en commandite simple/de gewone commanditaire vennootschap;

c) *in Dänemark:*
interessentskaber, kommanditselskaber;

d) *in Frankreich:*
la société en nom collectif, la société en commandite simple;

e) *in Griechenland:*
η ομόρρυθμος εταιρία, η ετερόρρυθμος εταιρία;

f) *in Spanien:*
sociedad colectiva, sociedad en comandita simple;

g) *in Irland:*
the partnership, the limited partnership, the unlimited company;

h) *in Italien:*
la società in nome collettivo, la società in accomandita semplice;

i) *in Luxemburg:*
la société en nom collectif, la société en commandite simple;

j) *in den Niederlanden:*
de vennootschap onder firma, de commanditaire vennootschap;

k) *in Portugal:*
sociedade em nome colectivo, sociedade em comandita simples;

l) *im Vereinigten Königreich:*
the partnership, the limited partnership, the unlimited company;

m) *in Österreich:*
   die offene Handelsgesellschaft, die Kommanditgesellschaft;

n) *in Finnland:*
   avoin yhtiö/öppet bolag, kommandiittiyhtiö/kommanditbolag;

o) *in Schweden:*
   handelsbolag, kommanditbolag;

sofern alle ihre unbeschränkt haftenden Gesellschafter Gesellschaften im Sinne von Unterabsatz 1 oder Gesellschaften sind, welche nicht dem Recht eines Mitgliedstaates unterliegen, deren Rechtsform jedoch den Rechtsformen im Sinne der Richtlinie 68/151/EWG vergleichbar ist.

Die Richtlinie findet auch auf die Gesellschaftsformen im Sinne von Unterabsatz 2 Anwendung, sofern alle deren unbeschränkt haftenden Gesellschafter eine Rechtsform im Sinne von Unterabsatz 2 oder 1 haben.

(2) Bis zu einer späteren Koordinierung können die Mitgliedstaaten von einer Anwendung dieser Richtlinie auf Banken und andere Finanzinstitute sowie auf Versicherungsgesellschaften absehen.

ABSCHNITT 1

Allgemeine Vorschriften

Artikel 2

(1) Der Jahresabschluß besteht aus der Bilanz, der Gewinn- und Verlustrechnung und dem Anhang zum Jahresabschluß. Diese Unterlagen bilden eine Einheit.

(2) Der Jahresabschluß ist klar und übersichtlich aufzustellen; er muß dieser Richtlinie entsprechen.

(3) Der Jahresabschluß hat ein den tatsächlichen Verhältnissen entsprechendes Bild der Vermögens-, Finanz- und Ertragslage der Gesellschaft zu vermitteln.

(4) Reicht die Anwendung dieser Richtlinie nicht aus, um ein den tatsächlichen Verhältnissen entsprechendes Bild im Sinne des Absatzes 3 zu vermitteln, so sind zusätzliche Angaben zu machen.

(5) Ist in Ausnahmefällen die Anwendung einer Vorschrift dieser Richtlinie mit der in Absatz 3 vorgesehenen Verpflichtung unvereinbar, so muß von der betreffenden Vorschrift abgewichen werden, um sicherzustellen, daß ein den tatsächlichen Verhältnissen entsprechendes Bild im Sinne des Absatzes 3 vermittelt wird. Die Abweichung ist im Anhang

anzugeben und hinreichend zu begründen; ihr Einfluß auf die Vermögens-, Finanz- und Ertragslage ist darzulegen. Die Mitgliedstaaten können die Ausnahmefälle bezeichnen und die entsprechende Ausnahmeregelung festlegen.

(6) Die Mitgliedstaaten können gestatten oder vorschreiben, daß in dem Jahresabschluß neben den Angaben, die aufgrund dieser Richtlinie erforderlich sind, weitere Angaben gemacht werden.

ABSCHNITT 2

Allgemeine Vorschriften über die Bilanz und die Gewinn- und Verlustrechnung

Artikel 3

Hinsichtlich der Gliederung der aufeinanderfolgenden Bilanzen und Gewinn- und Verlustrechnungen, insbesondere in der Wahl der Darstellungsform, muß Stetigkeit gewahrt werden. Abweichungen von diesem Grundsatz sind in Ausnahmefällen zulässig. Finden derartige Abweichungen statt, so sind sie im Anhang anzugeben und hinreichend zu begründen.

Artikel 4

(1) In der Bilanz sowie in der Gewinn- und Verlustrechnung sind die Posten, die in den Artikeln 9, 10 und 23 bis 26 vorgesehen sind, gesondert und in der angegebenen Reihenfolge auszuweisen. Eine weitere Untergliederung der Posten ist gestattet, dabei ist jedoch die Gliederung der Schemata zu beachten. Neue Posten dürfen hinzugefügt werden, soweit ihr Inhalt nicht von einem der in den Schemata vorgesehenen Posten gedeckt wird. Die Mitgliedstaaten können eine solche weitere Untergliederung oder die Hinzufügung eines neuen Postens vorschreiben.

(2) Eine Anpassung der Gliederung, Nomenklatur und Terminologie bei mit arabischen Zahlen versehenen Posten der Bilanz und der Gewinn- und Verlustrechnung muß erfolgen, wenn dies aufgrund der Besonderheit des Unternehmens erforderlich ist. Eine solche Anpassung kann von den Mitgliedstaaten für die Unternehmen eines bestimmten Wirtschaftszweigs vorgeschrieben werden.

(3) Die mit arabischen Zahlen versehenen Posten der Bilanz und der Gewinn- und Verlustrechnung können zusammengefaßt ausgewiesen werden,

a) wenn sie in bezug auf die Zielsetzung des Artikels 2 Absatz 3 einen nicht nennenswerten Betrag darstellen oder

b) wenn dadurch die Klarheit vergrößert wird; die zusammengefaßten Posten müssen jedoch gesondert im Anhang ausgewiesen werden. Eine solche Zusammenfassung kann durch die Mitgliedstaaten vorgeschrieben werden.

(4) In der Bilanz sowie in der Gewinn- und Verlustrechnung ist zu jedem Posten die entsprechende Zahl des vorhergehenden Geschäftsjahres anzugeben. Die Mitgliedstaaten können vorsehen, daß die Zahl des vorhergehenden Geschäftsjahres angepaßt werden muß, wenn diese Zahlen nicht vergleichbar sind. Besteht diese Vergleichbarkeit nicht und werden die Zahlen gegebenenfalls angepaßt, so ist dies im Anhang anzugeben und hinreichend zu erläutern.

(5) Ein Posten der Bilanz oder der Gewinn- und Verlustrechnung, der keine Zahl aufweist, wird nicht aufgeführt, es sei denn, daß im vorhergehenden Geschäftsjahr eine entsprechende Zahl gemäß Absatz 4 ausgewiesen wurde.

Artikel 5

(1) Die Mitgliedstaaten können abweichend von Artikel 4 Absätze 1 und 2 Sondergliederungen für den Jahresabschluß von Investmentgesellschaften sowie von Beteiligungsgesellschaften vorsehen, sofern diese Sondergliederungen ein dem Artikel 2 Absatz 3 entsprechendes Bild von diesen Gesellschaften vermitteln.

(2) Als Investmentgesellschaften im Sinne dieser Richtlinie gelten ausschließlich

a) Gesellschaften, deren einziger Zweck darin besteht, ihre Mittel in Wertpapieren oder Immobilien verschiedener Art oder in anderen Werten anzulegen mit dem einzigen Ziel, das Risiko der Investitionen zu verteilen und ihre Aktionäre oder Gesellschafter an dem Gewinn aus der Verwaltung ihres Vermögens zu beteiligen,

b) Gesellschaften, die mit Investmentgesellschaften verbunden sind, die ein festes Kapital haben, sofern der einzige Zweck dieser verbundenen Gesellschaften darin besteht, voll eingezahlte Aktien, die von diesen Investmentgesellschaften ausgegeben worden sind, zu erwerben, unbeschadet des Artikels 20 Absatz 1 Buchstabe h) der Richtlinie 77/91/EWG[1]).

---

1) ABl. Nr. L 26 vom 31. 1. 1977, S. 1.

(3)   Als Beteiligungsgesellschaften im Sinne dieser Richtlinie gelten ausschließlich Gesellschaften, deren einziger Zweck darin besteht, Beteiligungen an anderen Unternehmen zu erwerben sowie die Verwaltung und Verwertung dieser Beteiligungen wahrzunehmen, ohne daß diese Gesellschaften unmittelbar oder mittelbar in die Verwaltung dieser Unternehmen eingreifen, unbeschadet der Rechte, die den Beteiligungsgesellschaften in ihrer Eigenschaft als Aktionärin oder Gesellschafterin zustehen. Die Einhaltung der für die Tätigkeit dieser Gesellschaften bestehenden Beschränkungen muß durch ein Gericht oder eine Verwaltungsbehörde überwacht werden können.

Artikel 6

Die Mitgliedstaaten können gestatten oder vorschreiben, daß die Gliederung der Bilanz und der Gewinn- und Verlustrechnung für den Ausweis der Verwendung der Ergebnisse angepaßt werden kann.

Artikel 7

Eine Verrechnung zwischen Aktiv- und Passivposten sowie zwischen Aufwands- und Ertragsposten ist unzulässig.

ABSCHNITT 3

Gliederung der Bilanz

Artikel 8

Für die Aufstellung der Bilanz sehen die Mitgliedstaaten eine oder beide der in den Artikeln 9 und 10 vorgesehenen Gliederungen vor. Sieht ein Mitgliedstaat beide Gliederungen vor, so kann er den Gesellschaften die Wahl zwischen diesen Gliederungen überlassen.

Artikel 9

Aktiva

A.   Ausstehende Einlagen auf das gezeichnete Kapital

davon eingefordert

(sofern nicht die einzelstaatlichen Rechtsvorschriften den Ausweis des eingeforderten Kapitals auf der Passivseite vorsehen. In diesem Fall muß derjenige Teil des Kapitals, der eingefordert aber noch nicht eingezahlt ist, entweder unter dem Posten A oder unter dem Posten D.II.5 auf der Aktivseite ausgewiesen werden).

B. Aufwendungen für die Errichtung und Erweiterung des Unternehmens

wie in den entsprechenden einzelstaatlichen Rechtsvorschriften festgelegt und soweit diese eine Aktivierung gestatten. Die einzelstaatlichen Rechtsvorschriften können ebenfalls vorsehen, daß die Aufwendungen für die Errichtung und Erweiterung des Unternehmens als erster Posten unter »Immaterielle Anlagewerte« ausgewiesen werden.

C. Anlagevermögen

I. *Immaterielle Anlagewerte*

1. Forschungs- und Entwicklungskosten, soweit die einzelstaatlichen Rechtsvorschriften eine Aktivierung gestatten;

2. Konzessionen, Patente, Lizenzen, Warenzeichen und ähnliche Rechte und Werte, soweit sie
    a) entgeltlich erworben wurden und nicht unter dem Posten C.I.3 auszuweisen sind oder
    b) von dem Unternehmen selbst erstellt wurden, soweit die einzelstaatlichen Rechtsvorschriften eine Aktivierung gestatten;

3. Geschäfts- oder Firmenwert, sofern er entgeltlich erworben wurde;

4. Geleistete Anzahlungen.

II. *Sachanlagen*

1. Grundstücke und Bauten.

2. Technische Anlagen und Maschinen.

3. Andere Anlagen, Betriebs- und Geschäftsausstattung.

4. Geleistete Anzahlungen und Anlagen im Bau.

III. *Finanzanlagen*

1. Anteile an verbundenen Unternehmen.

2. Forderungen gegen verbundene Unternehmen.

3. Beteiligungen.

4. Forderungen gegen Unternehmen, mit denen ein Beteiligungsverhältnis besteht.

5. Wertpapiere des Anlagevermögens.

6. Sonstige Ausleihungen.

7. Eigene Aktien oder Anteile (unter Angabe ihres Nennbetrages oder, wenn ein Nennbetrag nicht vorhanden ist, ihres rechnerischen Wertes), soweit die einzelstaatlichen Rechtsvorschriften eine Bilanzierung gestatten.

D. Umlaufvermögen

I. *Vorräte*

1. Roh-, Hilfs- und Betriebsstoffe.

2. Unfertige Erzeugnisse.

3. Fertige Erzeugnisse und Waren.

4. Geleistete Anzahlungen.

II. *Forderungen*

(Bei den folgenden Posten ist jeweils gesondert anzugeben, in welcher Höhe Forderungen mit einer Restlaufzeit von mehr als einem Jahr enthalten sind)

1. Forderungen aus Lieferungen und Leistungen.

2. Forderungen gegen verbundene Unternehmen.

3. Forderungen gegen Unternehmen, mit denen ein Beteiligungsverhältnis besteht.

4. Sonstige Forderungen.

5. Gezeichnetes Kapital, das eingefordert, aber noch nicht eingezahlt ist (sofern nicht die einzelstaatlichen Rechtsvorschriften den Ausweis des eingeforderten Kapitals unter dem Posten A. auf der Aktivseite vorsehen).

6. Rechnungsabgrenzungsposten (sofern nicht die einzelstaatlichen Rechtsvorschriften den Ausweis der Rechnungsabgrenzungsposten unter dem Posten E. auf der Aktivseite vorsehen).

III. *Wertpapiere*

1. Anteile an verbundenen Unternehmen.

2. Eigene Aktien oder Anteile (unter Angabe ihres Nennbetrages oder, wenn ein Nennbetrag nicht vorhanden ist, ihres rechnerischen Wertes), soweit die einzelstaatlichen Rechtsvorschriften eine Bilanzierung gestatten.

3. Sonstige Wertpapiere.

IV. *Guthaben bei Kreditinstituten, Postscheckguthaben, Schecks und Kassenbestand.*

E. **Rechnungsabgrenzungsposten**

(sofern nicht die einzelstaatlichen Rechtsvorschriften den Ausweis der Rechnungsabgrenzungsposten unter den Posten D.II.6 auf der Aktivseite vorsehen).

F. **Verlust des Geschäftsjahres**

(sofern nicht die einzelstaatlichen Rechtsvorschriften den Ausweis unter dem Posten A. VI auf der Passivseite vorsehen).

Passiva

A. **Eigenkapital**

I. *Gezeichnetes Kapital*

(sofern nicht die einzelstaatlichen Rechtsvorschriften den Ausweis des eingeforderten Kapitals unter diesem Posten vorsehen. In diesem Fall müssen das gezeichnete und das eingezahlte Kapital gesondert ausgewiesen werden).

II. *Agio*

III. *Neubewertungsrücklage*

IV. *Rücklagen*

1. Gesetzliche Rücklage, soweit einzelstaatliche Rechtsvorschriften die Bildung einer derartigen Rücklage vorschreiben.

2. Rücklage für eigene Aktien oder Anteile, soweit einzelstaatliche Rechtsvorschriften die Bildung einer derartigen Rücklage vorschreiben, unbeschadet des Artikels 22 Absatz 1 Buchstabe b) der Richtlinie 77/91/EWG.

3. Satzungsmäßige Rücklagen.

4. Sonstige Rücklagen.

V. *Ergebnisvortrag*

VI. *Ergebnis des Geschäftsjahres*

(sofern nicht die einzelstaatlichen Rechtsvorschriften den Ausweis dieses Postens unter dem Posten F auf der Aktivseite oder unter dem Posten E auf der Passivseite vorschreiben).

B. Rückstellungen

1. Rückstellungen für Pensionen und ähnliche Verpflichtungen.

2. Steuerrückstellungen.

3. Sonstige Rückstellungen.

C. Verbindlichkeiten

(Bei den folgenden Posten ist jeweils gesondert und für diese Posten insgesamt anzugeben, in welcher Höhe Verbindlichkeiten mit einer Restlaufzeit von bis zu einem Jahr und Verbindlichkeiten mit einer Restlaufzeit von mehr als einem Jahr enthalten sind):

1. Anleihen, davon konvertibel.

2. Verbindlichkeiten gegenüber Kreditinstituten.

3. Erhaltene Anzahlungen auf Bestellungen, soweit diese nicht von dem Posten Vorräte offen abgesetzt werden.

4. Verbindlichkeiten aus Lieferungen und Leistungen.

5. Verbindlichkeiten aus Wechseln.

6. Verbindlichkeiten gegenüber verbundenen Unternehmen.

7. Verbindlichkeiten gegenüber Unternehmen, mit denen ein Beteiligungsverhältnis besteht.

8. Sonstige Verbindlichkeiten, davon Verbindlichkeiten aus Steuern und Verbindlichkeiten im Rahmen der sozialen Sicherheit.

9. Rechnungsabgrenzungsposten (sofern nicht die einzelstaatlichen Rechtsvorschriften den Ausweis der Rechnungsabgrenzungsposten unter dem Posten D. auf der Passivseite vorsehen).

D. Rechnungsabgrenzungsposten

(sofern nicht die einzelstaatlichen Rechtsvorschriften den Ausweis der Rechnungsabgrenzungsposten unter dem Posten C.9 auf der Passivseite vorsehen).

E. Gewinn des Geschäftsjahres

(sofern nicht die einzelstaatlichen Rechtsvorschriften den Ausweis unter dem Posten A. VI auf der Passivseite vorsehen).

Artikel 10

A. Ausstehende Einlagen auf das gezeichnete Kapital

davon eingefordert

(sofern nicht die einzelstaatlichen Rechtsvorschriften den Ausweis des eingeforderten Kapitals unter dem Posten L vorsehen. In diesem Fall muß derjenige Teil des Kapitals, der eingefordert, aber noch nicht eingezahlt ist, entweder unter dem Posten A. oder unter dem Posten D.II.5 ausgewiesen werden).

B. Aufwendungen für die Errichtung und Erweiterung des Unternehmens

wie in den entsprechenden einzelstaatlichen Rechtsvorschriften festgelegt und soweit diese eine Aktivierung gestatten. Die einzelstaatlichen Rechtsvorschriften können ebenfalls vorsehen, daß die Aufwendungen für die Errichtung und Erweiterung des Unternehmens als erster Posten unter »Immaterielle Anlagewerte« ausgewiesen werden.

C. Anlagevermögen

I. *Immaterielle Anlagewerte*

1. Forschungs- und Entwicklungskosten, soweit die einzelstaatlichen Rechtsvorschriften eine Aktivierung gestatten.

2. Konzessionen, Patente, Lizenzen, Warenzeichen und ähnliche Rechte und Werte, soweit sie
   a) entgeltlich erworben wurden und nicht unter dem Posten C.I.3 auszuweisen sind oder
   b) von dem Unternehmen selbst erstellt wurden, soweit die einzelstaatlichen Rechtsvorschriften eine Aktivierung gestatten.

3. Geschäfts- oder Firmenwert, sofern er entgeltlich erworben wurde.

4. Geleistete Anzahlungen.

II. *Sachanlagen*

1. Grundstücke und Bauten.

2. Technische Anlagen und Maschinen.

3. Andere Anlagen, Betriebs- und Geschäftsausstattung.

4. Geleistete Anzahlungen und Anlagen im Bau.

III. *Finanzanlagen*

1. Anteile an verbundenen Unternehmen.

2. Forderungen gegen verbundene Unternehmen.

3. Beteiligungen.

4. Forderungen gegen Unternehmen, mit denen ein Beteiligungsverhältnis besteht.

5. Wertpapiere des Anlagevermögens.

6. Sonstige Ausleihungen.

7. Eigene Aktien oder Anteile (unter Angabe ihres Nennbetrages oder, wenn ein Nennbetrag nicht vorhanden ist, ihres rechnerischen Wertes), soweit die einzelstaatlichen Rechtsvorschriften eine Bilanzierung gestatten.

D. Umlaufvermögen

I. *Vorräte*

1. Roh-, Hilfs- und Betriebsstoffe.

2. Unfertige Erzeugnisse.

3. Fertige Erzeugnisse und Waren.

4. Geleistete Anzahlungen.

II. *Forderungen*

(Bei den folgenden Posten ist jeweils gesondert anzugeben, in welcher Höhe Forderungen mit einer Restlaufzeit von mehr als einem Jahr enthalten sind)

1. Forderungen aus Lieferungen und Leistungen.

2. Forderungen gegen verbundene Unternehmen.

3. Forderungen gegen Unternehmen, mit denen ein Beteiligungsverhältnis besteht.

4. Sonstige Forderungen.

5. Gezeichnetes Kapital, das eingefordert, aber noch nicht eingezahlt ist (sofern nicht die einzelstaatlichen Rechtsvorschriften den Ausweis des eingeforderten Kapitals unter dem Posten A. vorsehen).

6. Rechnungsabgrenzungsposten (sofern nicht die einzelstaatlichen Rechtsvorschriften den Ausweis der Rechnungsabgrenzungsposten unter dem Posten E. vorsehen).

III. *Wertpapiere*

1. Anteile an verbundenen Unternehmen.

2. Eigene Aktien oder Anteile (unter Angabe ihres Nennbetrages oder, wenn ein Nennbetrag nicht vorhanden ist, ihres rechnerischen Wertes), soweit die einzelstaatlichen Rechtsvorschriften eine Bilanzierung gestatten.

3. Sonstige Wertpapiere.

IV. *Guthaben bei Kreditinstituten, Postscheckguthaben, Schecks und Kassenbestand.*

E. Rechnungsabgrenzungsposten

(sofern nicht die einzelstaatlichen Rechtsvorschriften den Ausweis der Rechnungsabgrenzungsposten unter dem Posten D.II.6 vorsehen)

F. Verbindlichkeiten mit einer Restlaufzeit bis zu einem Jahr

1. Anleihen, davon konvertibel.

2. Verbindlichkeiten gegenüber Kreditinstituten.

3. Erhaltene Anzahlungen auf Bestellungen, soweit diese nicht von dem Posten Vorräte offen abgesetzt werden.

4. Verbindlichkeiten aus Lieferungen und Leistungen.

5. Verbindlichkeiten aus Wechseln.

6. Verbindlichkeiten gegenüber verbundenen Unternehmen.

7. Verbindlichkeiten gegenüber Unternehmen, mit denen ein Beteiligungsverhältnis besteht.

8. Sonstige Verbindlichkeiten, davon Verbindlichkeiten aus Steuern und Verbindlichkeiten im Rahmen der sozialen Sicherheit.

9. Rechnungsabgrenzungsposten (sofern nicht die einzelstaatlichen Rechtsvorschriften den Ausweis der Rechnungsabgrenzungsposten unter dem Posten K. vorsehen).

G. Umlaufvermögen (einschließlich der Rechnungsabgrenzungsposten, sofern unter Posten E angegeben), **das die Verbindlichkeiten mit einer Restlaufzeit von bis zu einem Jahr** (einschließlich der Rechnungsabgrenzungsposten, sofern unter Posten K angegeben) **übersteigt.**

H. Gesamtbetrag des Vermögens nach Abzug der Verbindlichkeiten mit einer Restlaufzeit von bis zu einem Jahr.

I. Verbindlichkeiten mit einer Restlaufzeit von über einem Jahr.

1. Anleihen, davon konvertibel.

2. Verbindlichkeiten gegenüber Kreditinstituten.

3. Erhaltene Anzahlungen auf Bestellungen, soweit sie nicht von den Vorräten gesondert abgezogen werden.

4. Verbindlichkeiten aus Lieferungen und Leistungen.

5. Verbindlichkeiten aus Wechseln.

6. Verbindlichkeiten gegenüber verbundenen Unternehmen.

7. Verbindlichkeiten gegenüber Unternehmen, mit denen ein Beteiligungsverhältnis besteht.

8. Sonstige Verbindlichkeiten, davon Verbindlichkeiten aus Steuern und Verbindlichkeiten im Rahmen der sozialen Sicherheit.

9. Rechnungsabgrenzungsposten (sofern nicht die einzelstaatlichen Rechtsvorschriften den Ausweis der Rechnungsabgrenzungsposten unter dem Posten K. vorsehen).

J. Rückstellungen

1. Rückstellungen für Pensionen und ähnliche Verpflichtungen.

2. Steuerrückstellungen.

3. Sonstige Rückstellungen.

K. Rechnungsabgrenzungsposten

(sofern nicht die einzelstaatlichen Rechtsvorschriften den Ausweis der Rechnungsabgrenzungsposten unter dem Posten F.9 oder I.9 vorsehen)

L. Eigenkapital

I. *Gezeichnetes Kapital*

(sofern nicht die einzelstaatlichen Rechtsvorschriften den Ausweis des eingeforderten Kapitals unter diesem Posten vorsehen. In diesem Fall müssen das gezeichnete und das eingezahlte Kapital gesondert ausgewiesen werden).

II. *Agio*

III. *Neubewertungsrücklage*

IV. *Rücklagen*

1. Gesetzliche Rücklage, soweit einzelstaatliche Rechtsvorschriften die Bildung einer derartigen Rücklage vorschreiben.

2. Rücklage für eigene Aktien oder Anteile, soweit einzelstaatliche Rechtsvorschriften die Bildung einer derartigen Rücklage vorschreiben, unbeschadet des Artikels 22 Absatz 1 Buchstabe b) der Richtlinie 77/91/EWG.

3. Satzungsmäßige Rücklagen.

4. Sonstige Rücklagen.

V. *Ergebnisvortrag*

VI. *Ergebnis des Geschäftsjahres*

Artikel 11

Die Mitgliedstaaten können zulassen, daß Gesellschaften, bei denen am Bilanzstichtag die Grenzen von zwei der drei folgenden Größenmerkmale, nämlich

– Bilanzsumme: 3 125 000 EUR

– Nettoumsatzerlöse: 6 250 000 EUR

– durchschnittliche Anzahl der während des Geschäftsjahres Beschäftigten: 50,

nicht überschritten werden, eine verkürzte Bilanz aufstellen, in die nur die in den Artikeln 9 und 10 vorgesehenen mit Buchstaben und römischen Zahlen bezeichneten Posten aufgenommen werden, wobei die bei dem Posten D.II der Aktiva und dem Posten C. der Passiva des Artikels 9 sowie bei dem Posten D.II des Artikels 10 in Klammern verlangten Angaben gesondert, jedoch zusammengefaßt für jeden betroffenen Posten, zu machen sind.

Die Mitgliedstaaten können zulassen, daß Artikel 15 Absatz 3 Buchstabe a) und Absatz 4 nicht für die verkürzte Bilanz gilt.

Artikel 12

(1) Überschreitet eine Gesellschaft zum Bilanzstichtag die Grenzen von zwei der drei in Artikel 11 genannten Größenmerkmale oder überschreitet sie diese nicht mehr, so wirken sich diese Umstände auf die Anwendung der in dem genannten Artikel vorgesehenen Ausnahmen nur dann aus, wenn sie während zwei aufeinanderfolgenden Geschäftsjahren fortbestanden haben.

(2) Bei der Umrechnung in nationale Währungen darf von den in Artikel 11 genannten und in Europäischen Beträgen nur um höchstens 10 % nach oben abgewichen werden.

(3) Die in Artikel 11 bezeichnete Bilanzsumme setzt sich bei der Gliederung nach Artikel 9 aus den Posten A. bis E. der Aktiva und bei der Gliederung nach Artikel 10 aus den Posten A. bis E. zusammen.

Artikel 13

(1) Fällt ein Vermögensgegenstand auf der Aktiv- oder Passivseite unter mehrere Posten des Gliederungsschemas, so ist die Mitzugehörigkeit zu den anderen Posten bei dem Posten, unter dem er ausgewiesen wird, oder im Anhang zu vermerken, wenn eine solche Angabe zur Aufstellung eines klaren und übersichtlichen Jahresabschlusses nötig ist.

(2) Eigene Aktien und Anteile sowie Anteile an verbundenen Unternehmen dürfen nur unter den dafür vorgesehenen Posten ausgewiesen werden.

Artikel 14

Unter der Bilanz oder im Anhang sind, sofern sie nicht auf der Passivseite auszuweisen sind, alle Garantieverpflichtungen, gegliedert nach den Garantiearten, die die einzelstaatlichen Rechtsvorschriften vorsehen, und unter Angabe der gewährten dinglichen Sicherheiten anzugeben. Bestehen die Garantieverpflichtungen gegenüber verbundenen Unternehmen, so ist dies gesondert anzugeben.

ABSCHNITT 4

Vorschriften zu einzelnen Posten der Bilanz

Artikel 15

(1) Für die Zuordnung der Vermögenswerte zum Anlage- oder Umlaufvermögen ist ihre Zweckbestimmung maßgebend.

(2) Das Anlagevermögen umfaßt die Vermögensgegenstände, die dazu bestimmt sind, dauernd dem Geschäftsbetrieb zu dienen.

(3) a) Die Entwicklung der einzelnen Posten des Anlagevermögens ist in der Bilanz oder im Anhang darzustellen. Dabei müssen, ausgehend von den Anschaffungs- oder Herstellungskosten, die Zu- und Abgänge sowie die Umbuchungen in dem Geschäftsjahr, die bis zum Bilanzstichtag vorgenommenen Wertberichtigungen sowie die Zuschreibungen von Wertberichtigungen früherer Geschäftsjahre für jeden Posten des Anlagevermögens gesondert aufgeführt werden. Die Wertberichtigungen sind entweder in der Bilanz von dem betreffenden Posten offen abgesetzt oder im Anhang auszuweisen.

b) Wenn zum Zeitpunkt der erstmals nach dieser Richtlinie vorgenommenen Aufstellung des Jahresabschlusses die Anschaffungs- oder Herstellungskosten eines Gegenstandes des Anlagevermögens nicht ohne ungerechtfertigte Kosten oder Verzögerungen festgestellt werden können, kann der Restbuchwert am Anfang des Geschäftsjahres als Anschaffungs- oder Herstellungskosten betrachtet werden. Die Anwendung dieses Buchstabens b) ist im Anhang zu erwähnen.

c) Bei Anwendung von Artikel 33 ist der durch Buchstabe a) dieses Absatzes vorgeschriebene Ausweis der Entwicklung der einzelnen Posten des Anlagevermögens aufgrund der neu bewerteten Anschaffungs- oder Herstellungskosten vorzunehmen.

(4) Die Vorschriften des Absatzes 3 Buchstaben a) und b) gelten entsprechend für die Darstellung des Postens »Aufwendungen für die Errichtung und Erweiterung des Unternehmens«.

Artikel 16

Unter dem Posten »Grundstücke und Bauten« sind Rechte an Grundstücken sowie grundstücksgleiche Rechte auszuweisen, wie sie das nationale Recht festlegt.

Artikel 17

Beteiligungen im Sinne dieser Richtlinie sind Anteile an anderen Unternehmen, die dazu bestimmt sind, dem eigenen Geschäftsbetrieb durch Herstellung einer dauernden Verbindung zu jenen Unternehmen zu dienen; dabei ist es gleichgültig, ob die Anteile in Wertpapieren verbrieft sind oder nicht. Es wird eine Beteiligung an einer anderen Gesellschaft vermutet, wenn der Anteil an ihrem Kapital über einem Vomhundertsatz liegt, der von den Mitgliedstaaten auf höchstens 20 % festgesetzt werden darf.

Artikel 18

Als Rechnungsabgrenzungsposten auf der Aktivseite sind Ausgaben vor dem Abschlußstichtag auszuweisen, soweit sie Aufwendungen für eine bestimmte Zeit nach diesem Tag darstellen, sowie Erträge, die erst nach dem Abschlußstichtag fällig werden. Die Mitgliedstaaten können jedoch vorsehen, daß diese Erträge unter den Forderungen ausgewiesen werden; erreichen sie einen größeren Umfang, so müssen sie im Anhang näher erläutert werden.

Artikel 19

Wertberichtigungen beinhalten alle Wertänderungen von Vermögensgegenständen; sie dienen der Berücksichtigung endgültiger oder nicht endgültiger Wertminderungen, welche am Bilanzstichtag festgestellt werden.

Artikel 20

(1)   Als Rückstellungen sind ihrer Eigenart nach genau umschriebene Verluste oder Verbindlichkeiten auszuweisen, die am Bilanzstichtag wahrscheinlich oder sicher, aber hinsichtlich ihrer Höhe oder dem Zeitpunkt ihres Eintritts unbestimmt sind.

(2)   Die Mitgliedstaaten können außerdem die Bildung von Rückstellungen für ihrer Eigenart nach genau umschriebene, dem Geschäftsjahr oder einem früheren Geschäftsjahr zuzuordnende Aufwendungen zulassen, die am Bilanzstichtag als wahrscheinlich oder sicher, aber hinsichtlich ihrer Höhe oder dem Zeitpunkt ihres Eintritts unbestimmt sind.

(3)   Rückstellungen dürfen keine Wertberichtigungen zu Aktivposten darstellen.

Artikel 21

Als Rechnungsabgrenzungsposten auf der Passivseite sind Einnahmen vor dem Abschluß-stichtag auszuweisen, soweit sie Erträge für eine bestimmte Zeit nach diesem Tag darstellen, sowie Aufwendungen vor dem Abschlußstichtag, welche erst nach diesem Tag zu Ausgaben führen. Die Mitgliedstaaten können jedoch vorsehen, daß diese Aufwendungen unter den Verbindlichkeiten ausgewiesen werden; erreichen sie einen größeren Umfang, so müssen sie im Anhang näher erläutert werden.

ABSCHNITT 5

Gliederung der Gewinn- und Verlustrechnung

Artikel 22

Für die Aufstellung der Gewinn- und Verlustrechnung sehen die Mitgliedstaaten eine oder mehrere der in den Artikeln 23 bis 26 aufgeführten Gliederungen vor. Sieht ein Mitgliedstaat mehrere Gliederungen vor, so kann er den Gesellschaften die Wahl zwischen den Gliederungen überlassen.

Artikel 23

1. Nettoumsatzerlöse.

2. Veränderung des Bestandes an fertigen und unfertigen Erzeugnissen.

3. Andere aktivierte Eigenleistungen.

4. Sonstige betriebliche Erträge.

5. a) Materialaufwand.

   b) Sonstige Aufwendungen.

6. Personalaufwand:

   a) Löhne und Gehälter.

   b) Soziale Aufwendungen, davon für Altersversorgung.

7. a) Wertberichtigungen zu Aufwendungen für die Errichtung und Erweiterung des Unternehmens und zu Sachanlagen und immateriellen Anlagewerten.

   b) Wertberichtigungen zu Gegenständen des Umlaufvermögens, soweit diese die in dem Unternehmen üblichen Wertberichtigungen überschreiten.

8. Sonstige betriebliche Aufwendungen.

9. Erträge aus Beteiligungen, davon aus verbundenen Unternehmen.

10. Erträge aus sonstigen Wertpapieren und Forderungen des Anlagevermögens, davon aus verbundenen Unternehmen.

11. Sonstige Zinsen und ähnliche Erträge, davon aus verbundenen Unternehmen.

12. Wertberichtigungen zu Finanzanlagen und zu Wertpapieren des Umlaufvermögens.

13. Zinsen und ähnliche Aufwendungen, davon betreffend verbundene Unternehmen.

14. Steuern auf das Ergebnis der normalen Geschäftstätigkeit.

15. Ergebnis der normalen Geschäftstätigkeit nach Abzug der Steuern.

16. Außerordentliche Erträge.

17. Außerordentliche Aufwendungen.

18. Außerordentliches Ergebnis.

19. Steuern auf das außerordentliche Ergebnis.

20. Sonstige Steuern, soweit nicht unter obigen Posten enthalten.

21. Ergebnis des Geschäftsjahres.

Artikel 24

A. Aufwendungen

1. Verringerung des Bestandes an fertigen und unfertigen Erzeugnissen.

2. a) Materialaufwand.

b) Sonstige externe Aufwendungen.

3. Personalaufwand:

   a) Löhne und Gehälter.

   b) Soziale Aufwendungen, davon für Altersversorgung.

4. a) Wertberichtigungen zu Aufwendungen für die Errichtung und Erweiterung des Unternehmens und zu Sachanlagen und immateriellen Anlagewerten.

   b) Wertberichtigungen zu Gegenständen des Umlaufvermögens, soweit diese die in den Unternehmen üblichen Wertberichtigungen überschreiten.

5. Sonstige betriebliche Aufwendungen.

6. Wertberichtigungen zu Finanzanlagen und zu Wertpapieren des Umlaufvermögens.

7. Zinsen und ähnliche Aufwendungen, davon an verbundene Unternehmen.

8. Steuern auf das Ergebnis der normalen Geschäftstätigkeit.

9. Ergebnis der normalen Geschäftstätigkeit nach Abzug der Steuern.

10. Außerordentliche Aufwendungen.

11. Steuern auf das außerordentliche Ergebnis.

12. Sonstige Steuern, soweit nicht unter obigen Posten enthalten.

13. Ergebnis des Geschäftsjahres.

B. Erträge

1. Nettoumsatzerlöse.

2. Erhöhung des Bestandes an fertigen und unfertigen Erzeugnissen.

3. Andere aktivierte Eigenleistungen.

4. Sonstige betriebliche Erträge.

5. Erträge aus Beteiligungen, davon aus verbundenen Unternehmen.

6. Erträge aus sonstigen Wertpapieren und Forderungen des Anlagevermögens, davon aus verbundenen Unternehmen.

7. Sonstige Zinsen und ähnliche Erträge, davon aus verbundenen Unternehmen.

8. Ergebnis der normalen Geschäftstätigkeit nach Abzug der Steuern.

9. Außerordentliche Erträge.

10. Ergebnis des Geschäftsjahres.

Artikel 25

1. Nettoumsatzerlöse.

2. Herstellungskosten der zur Erzielung der Umsatzerlöse erbrachten Leistungen (einschließlich der Wertberichtigungen).

3. Bruttoergebnis vom Umsatz.

4. Vertriebskosten (einschließlich der Wertberichtigungen).

5. Allgemeine Verwaltungskosten (einschließlich der Wertberichtigungen).

6. Sonstige betriebliche Erträge.

7. Erträge aus Beteiligungen, davon aus verbundenen Unternehmen.

8. Erträge aus sonstigen Wertpapieren und Forderungen des Anlagevermögens, davon aus verbundenen Unternehmen.

9. Sonstige Zinsen und ähnliche Erträge, davon aus verbundenen Unternehmen.

10. Wertberichtigungen zu Finanzanlagen und zu Wertpapieren des Umlaufvermögens.

11. Zinsen und ähnliche Aufwendungen, davon an verbundene Unternehmen.

12. Steuern auf das Ergebnis der normalen Geschäftstätigkeit.

13. Ergebnis der normalen Geschäftstätigkeit nach Abzug der Steuern.

14. Außerordentliche Erträge.

15. Außerordentliche Aufwendungen.

16. Außerordentliches Ergebnis.

17. Steuern auf das außerordentliche Ergebnis.

18. Sonstige Steuern, soweit nicht unter obigen Posten enthalten.

19. Ergebnis des Geschäftsjahres.

Artikel 26

A. Aufwendungen

1. Herstellungskosten der zur Erzielung der Umsatzerlöse erbrachten Leistungen (einschließlich der Wertberichtigungen).

2. Vertriebskosten (einschließlich der Wertberichtigungen).

3. Allgemeine Verwaltungskosten (einschließlich der Wertberichtigungen).

4. Wertberichtigungen zu Finanzanlagen und zu Wertpapieren des Umlaufvermögens.

5. Zinsen und ähnliche Aufwendungen, davon an verbundene Unternehmen.

6. Steuern auf das Ergebnis der normalen Geschäftstätigkeit.

7. Ergebnis der normalen Geschäftstätigkeit nach Abzug der Steuern.

8. Außerordentliche Aufwendungen.

9. Steuern auf das außerordentliche Ergebnis.

10. Sonstige Steuern, soweit nicht unter obigen Posten enthalten.

11. Ergebnis des Geschäftsjahres.

B. Erträge

1. Nettoumsatzerlöse.

2. Sonstige betriebliche Erträge.

3. Erträge aus Beteiligungen, davon aus verbundenen Unternehmen.

4. Erträge aus sonstigen Wertpapieren und Forderungen des Anlagevermögens, davon aus verbundenen Unternehmen.

5. Sonstige Zinsen auf ähnliche Erträge, davon aus verbundenen Unternehmen.

6. Ergebnis der normalen Geschäftstätigkeit nach Abzug der Steuern.

7. Außerordentliche Erträge.

8. Ergebnis des Geschäftsjahres.

Artikel 27

Die Mitgliedstaaten können für Gesellschaften, bei denen am Bilanzstichtag die Grenzen von zwei der drei folgenden Größenmerkmale, nämlich

–   Bilanzsumme: 12 500 000 EUR,

–   Nettoumsatzerlöse: 25 000 000 EUR,

–   durchschnittliche Anzahl der während des Geschäftsjahres Beschäftigten: 250.

nicht überschritten werden, folgende Abweichungen von den in den Artikeln 23 bis 26 aufgeführten Gliederungen gestatten:

a) in Artikel 23: Zusammenfassung der Posten 1 bis 5 zu einem Posten unter der Bezeichnung »Rohergebnis«;

b) in Artikel 24: Zusammenfassung der Posten A.1, A.2 und B.1 bis B.4 zu einem Posten unter der Bezeichnung »Rohertrag« oder gegebenenfalls »Rohaufwand«;

c) in Artikel 25: Zusammenfassung der Posten 1, 2, 3 und 6 zu einem Posten unter der Bezeichnung »Rohergebnis«;

d) in Artikel 26: Zusammenfassung der Posten A.1, B.1 und B.2 zu einem Posten unter der Bezeichnung »Rohertrag« oder gegebenenfalls »Rohaufwand«.

Artikel 12 findet Anwendung.

ABSCHNITT 6

Vorschriften zu einzelnen Posten der Gewinn- und Verlustrechnung

Artikel 28

Zu den Nettoumsatzerlösen zählen die Erlöse aus dem Verkauf von für die normale Geschäftstätigkeit der Gesellschaft typischen Erzeugnissen und der Erbringung von für die Tätigkeit der Gesellschaft typischen Dienstleistungen nach Abzug von Erlösschmälerungen, der Mehrwertsteuer und anderer unmittelbar auf den Umsatz bezogener Steuern.

Artikel 29

(1) Unter den Posten »Außerordentliche Erträge« und »Außerordentliche Aufwendungen« sind Erträge und Aufwendungen zu erfassen, die außerhalb der normalen Geschäftstätigkeit der Gesellschaft anfallen.

(2) Sind die in Absatz 1 genannten Erträge und Aufwendungen für die Beurteilung der Ertragslage nicht von untergeordneter Bedeutung, so sind sie hinsichtlich ihres Betrags und ihrer Art im Anhang zu erläutern. Dies gilt auch für die Erträge und Aufwendungen, die einem anderen Geschäftsjahr zuzurechnen sind.

Artikel 30

Die Mitgliedstaaten können zulassen, daß die Steuern auf das Ergebnis der normalen Geschäftstätigkeit und die Steuern auf das außerordentliche Ergebnis zusammengefaßt und in der Gewinn- und Verlustrechnung unter einem Posten ausgewiesen werden, der vor dem Posten »Sonstige Steuern, soweit nicht unter obigem Posten enthalten« steht. In diesem Fall wird der Posten »Ergebnis der normalen Geschäftstätigkeit nach Abzug der Steuern« in den Gliederungen der Artikel 23 bis 26 gestrichen.

Wird diese Ausnahmeregelung angewandt, so müssen die Gesellschaften im Anhang angeben, in welchem Umfang die Steuern auf das Ergebnis das Ergebnis der normalen Geschäftstätigkeit und das außerordentliche Ergebnis belasten.

ABSCHNITT 7

Bewertungsregeln

Artikel 31

(1) Die Mitgliedstaaten stellen sicher, daß für die Bewertung der Posten im Jahresabschluß folgende allgemeine Grundsätze gelten:

a) Eine Fortsetzung der Unternehmenstätigkeit wird unterstellt.

b) In der Anwendung der Bewertungsmethoden soll Stetigkeit bestehen.

c) Der Grundsatz der Vorsicht muß in jedem Fall beachtet werden. Das bedeutet insbesondere:

aa) Nur die am Bilanzstichtag realisierten Gewinne werden ausgewiesen.

bb) Es müssen alle voraussehbaren Risiken und zu vermutenden Verluste berücksichtigt werden, die in dem Geschäftsjahr oder einem früheren Geschäftsjahr entstanden sind, selbst wenn diese Risiken oder Verluste erst zwischen dem Bilanzstichtag und dem Tag der Aufstellung der Bilanz bekanntgeworden sind.

cc) Wertminderungen sind unabhängig davon zu berücksichtigen, ob das Geschäftsjahr mit einem Gewinn oder einem Verlust abschließt.

d) Aufwendungen und Erträge für das Geschäftsjahr, auf das sich der Jahresabschluß bezieht, müssen berücksichtigt werden, ohne Rücksicht auf den Zeitpunkt der Ausgabe oder Einnahme dieser Aufwendung oder Erträge.

e) Die in den Aktiv- und Passivposten enthaltenen Vermögensgegenstände sind einzeln zu bewerten.

f) Die Eröffnungsbilanz eines Geschäftsjahres muß mit der Schlußbilanz des vorhergehenden Geschäftsjahres übereinstimmen.

(2) Abweichungen von diesen allgemeinen Grundsätzen sind in Ausnahmefällen zulässig. Die Abweichungen sind im Anhang anzugeben und hinreichend zu begründen; ihr Einfluß auf die Vermögens-, Finanz- und Ertragslage ist gesondert anzugeben.

Artikel 32

Für die Bewertung der Posten im Jahresabschluß gelten die Artikel 34 bis 42, die die Anschaffungs- und Herstellungskosten zur Grundlage haben.

Artikel 33

(1)   Die Mitgliedstaaten können gegenüber der Kommission erklären, daß sie sich bis zu einer späteren Koordinierung die Möglichkeit vorbehalten, in Abweichung von Artikel 32 allen Gesellschaften oder einzelnen Gruppen von Gesellschaften zu gestatten oder vorzuschreiben:

a) die Bewertung auf der Grundlage des Wiederbeschaffungswertes für Sachanlagen, deren Nutzung zeitlich begrenzt ist, und für Vorräte;

b) die Bewertung der Posten im Jahresabschluß, einschließlich des Eigenkapitals, auf der Grundlage anderer Methoden als der unter Buchstabe a) bezeichneten Methode, die der Inflation Rechnung tragen sollen;

c) die Neubewertung der Sachanlagen sowie der Finanzanlagen.

Sehen die einzelstaatlichen Rechtsvorschriften Bewertungsmethoden nach Buchstabe a), b) oder c) vor, so sind der Inhalt, der Anwendungsbereich und das Verfahren dieser Methoden festzulegen.

Wird eine solche Methode angewandt, so ist dies unter Angabe der betreffenden Posten der Bilanz und der Gewinn- und Verlustrechnung sowie der für die Berechnung der ausgewiesenen Werte angewandten Methode im Anhang zu erwähnen.

(2) a) Bei Anwendung des Absatzes 1 ist der Unterschiedsbetrag, welcher sich aus der Bewertung auf der Grundlage der angewandten Methode und der Bewertung nach dem Grundsatz des Artikels 32 ergibt, auf der Passivseite unter dem Posten »Neubewertungsrücklage« auszuweisen. Die steuerliche Behandlung dieses Posten ist in der Bilanz oder im Anhang zu erläutern.

Zur Anwendung des letzten Unterabsatzes von Absatz 1 veröffentlichen die Gesellschaften im Anhang insbesondere eine Übersicht, aus der bei jeder Änderung der Rücklage während des Geschäftsjahres folgendes ersichtlich ist:

– der Betrag der Neubewertungsrücklage zu Beginn des Geschäftsjahres;

– die Unterschiedsbeträge aus der Neubewertung, die während des Geschäftsjahres auf die Neubewertungsrücklage übertragen worden sind;

– die Beträge, die während des Geschäftsjahres in Kapital umgewandelt oder auf andere Weise von der Neubewertungsrücklage übertragen worden sind, sowie die Angabe der Art einer solchen Übertragung;

– der Betrag der Neubewertungsrücklage am Ende des Geschäftsjahres.

b) Die Neubewertungsrücklage kann jederzeit ganz oder teilweise in Kapital umgewandelt werden.

c) Die Neubewertungsrücklage ist aufzulösen, soweit die darin enthaltenen Beträge nicht mehr für die Anwendung der benutzten Bewertungsmethode und die Erfüllung ihres Zwecks erforderlich sind.

Die Mitgliedstaaten können Vorschriften über die Verwendung der Neubewertungsrücklage vorsehen, sofern Übertragungen aus der Neubewertungsrücklage auf die Gewinn- und Verlustrechnung nur insoweit vorgenommen werden dürfen, als die übertragenen Beträge zu Lasten der Gewinn- und Verlustrechnung verbucht worden sind oder einen tatsächlich realisierten Gewinn darstellen. Diese Beträge sind gesondert in der Gewinn- und Verlustrechnung auszuweisen. Die Neubewertungsrücklage darf, außer wenn sie einen realisierten Gewinn darstellt, weder unmittelbar noch mittelbar auch nicht zum Teil ausgeschüttet werden.

d) Außer in den unter den Buchstaben b) und c) erwähnten Fällen darf die Neubewertungsrücklage nicht aufgelöst werden.

(3) Die Wertberichtigungen sind jährlich anhand des für das betreffende Geschäftsjahr zugrunde gelegten Wertes zu berechnen. Die Mitgliedstaaten können jedoch in Abweichung von den Artikeln 4 und 22 gestatten oder vorschreiben, daß nur der sich aus der Anwendung des Grundsatzes des Artikels 32 ergebende Betrag der Wertberichtigungen unter den betreffenden Posten in den Gliederungen der Artikel 23 bis 26 ausgewiesen wird und daß die Differenz, die sich aus der nach diesem Artikel vorgenommenen Bewertungsmethode ergibt, in den Gliederungen gesondert ausgewiesen wird. Im übrigen sind die Artikel 34 bis 42 entsprechend anzuwenden.

(4) Bei Anwendung von Absatz 1 ist in der Bilanz oder im Anhang für jeden Posten der Bilanz, mit Ausnahme der Vorräte, nach den in den Artikeln 9 und 10 aufgeführten Gliederungen folgendes getrennt auszuweisen:

a) entweder der Betrag der Bewertungen nach dem Grundsatz des Artikels 32 und der Betrag der bis zum Bilanzstichtag vorgenommenen Wertberichtigungen

b) oder der sich am Bilanzstichtag ergebende Betrag aus der Differenz zwischen der Bewertung nach diesem Artikel und der Bewertung, die sich bei Anwendung des Artikels 32 ergeben würde, sowie gegebenenfalls der Betrag aus zusätzlichen Wertberichtigungen.

(5) Unbeschadet von Artikel 52 nimmt der Rat auf Vorschlag der Kommission innerhalb von 7 Jahren nach der Bekanntgabe dieser Richtlinie eine Prüfung und gegebenenfalls eine Änderung dieses Artikels unter Berücksichtigung der Wirtschafts- und Währungsentwicklung in der Gemeinschaft vor.

Artikel 34

(1) a) Soweit die einzelstaatlichen Rechtsvorschriften eine Aktivierung der Aufwendungen für die Errichtung und Erweiterung des Unternehmens gestatten, müssen sie spätestens nach fünf Jahren abgeschrieben sein.

b) Solange diese Aufwendungen nicht vollständig abgeschrieben worden sind, ist die Ausschüttung von Gewinnen verboten, es sei denn, daß die dafür verfügbaren Rücklagen und der Gewinnvortrag wenigstens so hoch wie der nicht abgeschriebene Teil dieser Aufwendungen sind.

(2) Der Inhalt des Postens »Aufwendungen für die Errichtung und Erweiterung des Unternehmens« ist im Anhang zu erläutern.

Artikel 35

(1) a) Die Gegenstände des Anlagevermögens sind unbeschadet der Buchstaben b) und c) zu den Anschaffungs- oder Herstellungskosten zu bewerten.

b) Bei den Gegenständen des Anlagevermögens, deren wirtschaftliche Nutzung zeitlich begrenzt ist, sind die Anschaffungs- und Herstellungskosten um Wertberichtigungen zu vermindern, die so berechnet sind, daß der Wert des Vermögensgegenstandes während dieser Nutzungszeit planmäßig zur Abschreibung gelangt.

c) aa) Bei Finanzanlagen können Wertberichtigungen vorgenommen werden, um sie mit dem niedrigeren Wert anzusetzen, der ihnen am Bilanzstichtag beizulegen ist.

bb) Bei einem Gegenstand des Anlagevermögens sind ohne Rücksicht darauf, ob seine Nutzung zeitlich begrenzt ist, Wertberichtigungen vorzunehmen, um ihn mit dem niedrigeren Wert anzusetzen, der ihm am Bilanzstichtag beizulegen ist, wenn es sich voraussichtlich um eine dauernde Wertminderung handelt.

cc) Die unter den Unterabsätzen aa) und bb) genannten Wertberichtigungen sind in der Gewinn- und Verlustrechnung aufzuführen und gesondert im Anhang anzugeben, wenn sie nicht gesondert in der Gewinn- und Verlustrechnung ausgewiesen sind.

dd) Der niedrigere Wertansatz nach den Unterabsätzen aa) und bb) darf nicht beibehalten werden, wenn die Gründe der Wertberichtigungen nicht mehr bestehen.

d) Wenn bei einem Gegenstand des Anlagevermögens allein für die Anwendung von Steuervorschriften außerordentliche Wertberichtigungen vorgenommen werden, ist der Betrag dieser Wertberichtigungen im Anhang zu erwähnen und hinreichend zu begründen.

(2) Zu den Anschaffungskosten gehören neben dem Einkaufspreis auch die Nebenkosten.

(3) a) Zu den Herstellungskosten gehören neben den Anschaffungskosten der Roh-, Hilfs- und Betriebsstoffe die dem einzelnen Erzeugnis unmittelbar zurechenbaren Kosten.

b) Den Herstellungskosten dürfen angemessene Teile der dem einzelnen Erzeugnis nur mittelbar zurechenbaren Kosten, welche auf den Zeitraum der Herstellung entfallen, hinzugerechnet werden.

(4) Zinsen für Fremdkapital, das zur Finanzierung der Herstellung von Gegenständen des Anlagevermögens gebraucht wird, dürfen in die Herstellungskosten einbezogen werden, sofern sie auf den Zeitraum der Herstellung entfallen. Ihre Aktivierung ist im Anhang zu erwähnen.

Artikel 36

Die Mitgliedstaaten können abweichend von Artikel 35 Absatz 1 Buchstabe c) Unterabsatz cc) den Investmentgesellschaften im Sinne des Artikels 5 Absatz 2 gestatten, Wertberichtigungen bei Wertpapieren unmittelbar aus dem Eigenkapital vorzunehmen. Die betreffenden Beträge müssen auf der Passivseite der Bilanz gesondert ausgewiesen werden.

Artikel 37

(1) Artikel 34 gilt entsprechend für den Posten »Forschungs- und Entwicklungskosten«. Die Mitgliedstaaten können jedoch für Ausnahmefälle Abweichungen von Artikel 34 Absatz 1 Buchstabe a) gestatten. In diesem Fall können sie auch Abweichungen von Artikel 34 Absatz 1 Buchstabe e) zulassen. Diese Abweichungen sind im Anhang zu erwähnen und hinreichend zu begründen.

(2) Artikel 34 Absatz 1 Buchstabe a) gilt entsprechend für den Posten »Geschäfts- oder Firmenwert«. Die Mitgliedstaaten können jedoch Gesellschaften gestatten, ihren Geschäfts- oder Firmenwert im Verlauf eines befristeten Zeitraums von mehr als fünf Jahren planmäßig abzuschreiben, sofern dieser Zeitraum die Nutzungsdauer dieses Gegenstands des Anlagevermögens nicht überschreitet und im Anhang erwähnt und begründet wird.

Artikel 38

Gegenstände des Sachanlagevermögens sowie Roh-, Hilfs- und Betriebsstoffe, die ständig ersetzt werden und deren Gesamtwert für das Unternehmen von nachrangiger Bedeutung ist, können mit einer gleichbleibenden Menge und einem gleichbleibenden Wert angesetzt werden, wenn ihr Bestand in seiner Größe, seinem Wert und seiner Zusammensetzung nur geringfügigen Veränderungen unterliegt.

Artikel 39

(1) a) Gegenstände des Umlaufvermögens sind unbeschadet der Buchstaben b) und c) zu den Anschaffungs- oder Herstellungskosten zu bewerten.

b) Bei Gegenständen des Umlaufvermögens sind Wertberichtigungen vorzunehmen, um diese Gegenstände mit dem niedrigeren Marktpreis oder in Sonderfällen mit einem anderen niedrigeren Weg anzusetzen, der ihnen am Bilanzstichtag beizulegen ist.

c) Die Mitgliedstaaten können außerordentliche Wertberichtigungen gestatten, soweit diese bei vernünftiger kaufmännischer Beurteilung notwendig sind, um zu verhindern, daß in der nächsten Zukunft der Wertansatz dieser Gegenstände infolge von Wertschwankungen geändert werden muß. Der Betrag dieser Wertberichtigungen ist gesondert in der Gewinn- und Verlustrechnung oder im Anhang auszuweisen.

d) Der niedrigere Wertansatz nach den Buchstaben b) und c) darf nicht beibehalten werden, wenn die Gründe der Wertberichtigungen nicht mehr bestehen.

e) Werden bei einem Gegenstand des Umlaufvermögens außerordentliche Wertberichtigungen allein für die Anwendung von Steuervorschriften vorgenommen, so ist ihre Höhe im Anhang zu erwähnen und hinreichend zu begründen.

(2) Für die Feststellung der Anschaffungs- oder Herstellungskosten gilt Artikel 35 Absätze 2 und 3. Die Mitgliedstaaten können auch Artikel 35 Absatz 4 anwenden. Die Vertriebskosten dürfen nicht in die Herstellungskosten einbezogen werden.

Artikel 40

(1) Die Mitgliedstaaten können zulassen, daß die Anschaffungs- oder Herstellungskosten gleichartiger Gegenstände des Vorratsvermögens sowie alle beweglichen Vermögensgegenstände einschließlich der Wertpapiere nach den gewogenen Durchschnittswerten oder aufgrund des »First in – First out (Fifo)« – oder »Last in – First out (Lifo)«-Verfahrens oder eines vergleichbaren Verfahrens berechnet werden.

(2)   Weist am Bilanzstichtag die Bewertung in der Bilanz wegen der Anwendung der Berechnungsmethoden nach Absatz 1 im Vergleich zu einer Bewertung auf der Grundlage des letzten vor dem Bilanzstichtag bekannten Marktpreises einen beträchtlichen Unterschied auf, so ist dieser Unterschiedsbetrag im Anhang pauschal für die jeweilige Gruppe auszuweisen.

Artikel 41

(1)   Ist der Rückzahlungsbetrag von Verbindlichkeiten höher als der erhaltene Betrag, so kann der Unterschiedsbetrag aktiviert werden. Er ist gesondert in der Bilanz oder im Anhang auszuweisen.

(2)   Dieser Betrag ist jährlich mit einem angemessenen Betrag und spätestens bis zum Zeitpunkt der Rückzahlung der Verbindlichkeiten abzuschreiben.

Artikel 42

Rückstellungen sind nur in Höhe des notwendigen Betrages anzusetzen.

Rückstellungen, die in der Bilanz unter dem Posten »Sonstige Rückstellungen« ausgewiesen werden, sind im Anhang zu erläutern, sofern sie einen gewissen Umfang haben.

ABSCHNITT 8

Inhalt des Anhangs

Artikel 43

(1)   Im Anhang sind außer den in anderen Bestimmungen dieser Richtlinie vorgeschriebenen Angaben zumindest Angaben zu machen über:

1. die auf die verschiedenen Posten des Jahresabschlusses angewandten Bewertungsmethoden sowie die Methoden zur Berechnung der Wertberichtigungen. Für die in dem Jahresabschluß enthaltenen Werte, welche in fremder Währung lauten oder ursprünglich in fremder Währung lauten, ist anzugeben, auf welcher Grundlage sie in Landeswährung umgerechnet worden sind;

2. Name und Sitz der Unternehmen, bei denen die Gesellschaft entweder selbst oder durch eine im eigenen Namen, aber für Rechnung der Gesellschaft handelnde Person mit mindestens einem Prozentsatz am Kapital beteiligt ist, den die Mitgliedstaaten auf höchstens 20 % festsetzen dürfen, unter Angabe des Anteils am Kapital sowie

der Höhe des Eigenkapitals und des Ergebnisses des letzten Geschäftsjahres, für das das betreffende Unternehmen einen Jahresabschluß festgestellt hat. Diese Angaben können unterbleiben, wenn sie in bezug auf die Zielsetzungen des Artikels 2 Absatz 3 von untergeordneter Bedeutung sind. Die Angabe des Eigenkapitals und des Ergebnisses kann ebenfalls unterbleiben, wenn das betreffende Unternehmen seine Bilanz nicht veröffentlicht und es sich mittelbar oder unmittelbar zu weniger als 50 % im Besitz der Gesellschaft befindet;

Name, Sitz und Rechtsform der Unternehmen, deren unbeschränkt haftender Gesellschafter die Gesellschaft ist. Diese Angabe kann unterbleiben, wenn sie in bezug auf die Zielsetzung des Artikels 2 Absatz 3 von untergeordneter Bedeutung ist.

3. die Zahl und den Nennbetrag oder, wenn ein Nennbetrag nicht vorhanden ist, den rechnerischen Wert der während des Geschäftsjahres im Rahmen eines genehmigten Kapitals gezeichneten Aktien, unbeschadet der Bestimmungen des Artikels 2 Absatz 1 Buchstabe e) der Richtlinie 68/151/EWG und des Artikels 2 Buchstabe e) der Richtlinie 77/91/EWG über den Betrag dieses Kapitals;

4. sofern es mehrere Gattungen von Aktien gibt, die Zahl und den Nennbetrag oder, falls ein Nennbetrag nicht vorhanden ist, den rechnerischen Wert für jede von ihnen;

5. das Bestehen von Genußscheinen, Wandelschuldverschreibungen und vergleichbaren Wertpapieren oder Rechten, unter Angabe der Zahl und der Rechte, die sie verbriefen;

6. die Höhe der Verbindlichkeiten der Gesellschaft mit einer Restlaufzeit von mehr als fünf Jahren sowie die Höhe aller Verbindlichkeiten der Gesellschaft, die dinglich gesichert sind, unter Angabe ihrer Art und Form. Diese Angaben sind jeweils gesondert für jeden Posten der Verbindlichkeiten gemäß den in den Artikeln 9 und 10 aufgeführten Gliederungen zu machen;

7. den Gesamtbetrag der finanziellen Verpflichtungen, die nicht in der Bilanz erscheinen, sofern diese Angabe für die Beurteilung der Finanzlage von Bedeutung ist. Davon sind Pensionsverpflichtungen und Verpflichtungen gegenüber verbundenen Unternehmen gesondert zu vermerken;

8. die Aufgliederung der Nettoumsatzerlöse im Sinne des Artikels 28 nach Tätigkeitsbereichen sowie nach geographisch bestimmten Märkten soweit sich, unter Berücksichtigung der Organisation des Verkaufs von für die normale Geschäftstätigkeit der Gesellschaft typischen Erzeugnissen und der Erbringung von für die normale Geschäftstätigkeit der Gesellschaft typischen Dienstleistungen, die Tätigkeitsbereiche und geographisch bestimmten Märkten untereinander erheblich unterscheiden;

9. den durchschnittlichen Personalbestand während des Geschäftsjahres getrennt nach Gruppen, sowie, falls sie nicht gesondert in der Gewinn- und Verlustrechnung erscheinen, die gesamten in dem Geschäftsjahr verursachten Personalaufwendungen gemäß Artikel 23 Nummer 6;

10. das Ausmaß, in dem die Berechnung des Jahresergebnisses von einer Bewertung der Posten beeinflußt wurde, die in Abweichung von den Grundsätzen der Artikel 31 und 34 bis 42 während des Geschäftsjahres oder eines früheren Geschäftsjahres im Hinblick auf Steuererleichterungen durchgeführt wurde. Wenn eine solche Bewertung die künftige steuerliche Belastung erheblich beeinflußt, muß dies angegeben werden;

11. den Unterschied zwischen dem Steueraufwand, der dem Geschäftsjahr und den früheren Geschäftsjahren zugerechnet wird, und den für diese Geschäftsjahre gezahlten oder zu zahlenden Steuern, sofern dieser Unterschied für den künftigen Steueraufwand von Bedeutung ist. Dieser Betrag kann auch als Gesamtbetrag in der Bilanz unter einem gesonderten Posten mit entsprechender Bezeichnung ausgewiesen werden;

12. die für ihre Tätigkeit im Geschäftsjahr gewährten Bezüge der Mitglieder der Verwaltungs-, Geschäftsführungs- oder Aufsichtsorgane sowie die entstandenen oder eingegangenen Pensionsverpflichtungen gegenüber früheren Mitgliedern der genannten Organe. Diese Angaben sind zusammengefaßt für jede dieser Personengruppen zu machen;

13. die Beträge der den Mitgliedern der Verwaltungs-, und Geschäftsführungs- oder Aufsichtsorgane gewährten Vorschüsse und Kredite unter Angabe der Zinsen, der wesentlichen Bedingungen und der gegebenenfalls zurückgezahlten Beträge sowie die Garantieverpflichtungen zugunsten dieser Personen. Diese Angaben sind zusammengefaßt für jede dieser Personengruppen zu machen.

(2)   Bis zu einer späteren Koordinierung brauchen die Mitgliedstaaten Absatz 1 Nummer 2 auf Beteiligungsgesellschaften im Sinne von Artikel 5 Absatz 3 nicht anzuwenden.

(3)   Die Mitgliedstaaten können zulassen, daß die in Absatz 1 Nummer 12 vorgesehenen Angaben nicht gemacht werden, wenn sich anhand dieser Angaben der Status eines bestimmten Mitglieds dieser Organe feststellen läßt.

Artikel 44

(1)   Die Mitgliedstaaten können gestatten, daß die in Artikel 11 bezeichneten Gesellschaften einen verkürzten Anhang aufstellen, der die in Artikel 43 Absatz 1 Nummern 5 bis 12 verlangten Angaben nicht enthält. Jedoch sind im Anhang zusammengefaßt für alle betreffenden Posten die in Artikel 43 Absatz 1 Nummer 6 verlangten Angaben zu machen.

(2)   Die Mitgliedstaaten können die in Absatz 1 bezeichneten Gesellschaften darüber hinaus von der Verpflichtung befreien, die in Artikel 15 Absatz 3 Buchstabe a) und Absatz 4, den Artikeln 18 und 21 und Artikel 29 Absatz 2, Artikel 30 Absatz 2, Artikel 34 Absatz 2, Artikel 40 Absatz 2 und Artikel 42 Absatz 2 verlangten Angaben zu machen.

(3)   Artikel 12 ist anzuwenden.

Artikel 45

(1)   Die Mitgliedstaaten können gestatten, daß die in Artikel 43 Absatz 1 Nummer 2 geforderten Angaben

a) in einer Aufstellung gemacht werden, die gemäß Artikel 3 Absätze 1 und 2 der Richtlinie 68/151/EWG hinterlegt wird; im Anhang ist auf diese Aufstellung zu verweisen;

b) nicht gemacht zu werden brauchen, soweit sie geeignet sind, einem in Artikel 43 Absatz 1 Nummer 2 bezeichneten Unternehmen einen erheblichen Nachteil zuzufügen. Die Mitgliedstaaten können dazu die vorherige Zustimmung einer Verwaltungsbehörde oder eines Gerichts verlangen. Das Unterlassen dieser Angaben ist im Anhang zu erwähnen.

(2)   Absatz 1 Buchstabe b) findet ebenfalls Anwendung auf die in Artikel 43 Absatz 1 Nummer 8 geforderten Angaben.

Die Mitgliedstaaten können den in Artikel 27 bezeichneten Gesellschaften gestatten, die in Artikel 43 Absatz 1 Nummer 8 geforderten Angaben nicht zu machen, Artikel 12 ist anzuwenden.

ABSCHNITT 9

Inhalt des Lageberichts

Artikel 46

(1)   Der Lagebericht hat zumindest den Geschäftsverlauf und die Lage der Gesellschaft so darzustellen, daß ein den tatsächlichen Verhältnissen entsprechendes Bild entsteht.

(2)   Der Lagebericht soll auch eingehen auf

a) Vorgänge von besonderer Bedeutung, die nach Schluß des Geschäftsjahres eingetreten sind;

b) die voraussichtliche Entwicklung der Gesellschaft;

c) den Bereich Forschung und Entwicklung;

d) die in Artikel 22 Absatz 2 der Richtlinie 77/91/EWG bezeichneten Angaben über den Erwerb eigener Aktien;

e) bestehende Zweigniederlassungen der Gesellschaft.

(3) Die Mitgliedstaaten können gestatten, daß die in Artikel 11 bezeichneten Gesellschaften nicht zur Aufstellung eines Lageberichtes verpflichtet sind, sofern die die in Artikel 22 Absatz 2 der Richtlinie 77/91/EWG verlangten Angaben betreffend den Erwerb eigener Aktien im Anhang machen.

ABSCHNITT 10

Offenlegung

Artikel 47

(1) Der ordnungsgemäß gebilligte Jahresabschluß und der Lagebericht sowie der Bericht der mit der Abschlußprüfung beauftragten Person sind nach den in den Rechtsvorschriften der einzelnen Mitgliedstaaten gemäß Artikel 3 der Richtlinie 68/151/EWG vorgesehenen Verfahren offenzulegen.

Die Rechtsvorschriften eines Mitgliedstaats können jedoch den Lagebericht von der genannten Offenlegung freistellen. In diesem Fall ist der Lagebericht am Sitz der Gesellschaft in dem betreffenden Mitgliedstaat zur Einsichtnahme für jedermann bereitzuhalten. Eine vollständige oder teilweise Ausfertigung dieses Berichts muß auf bloßen Antrag erhältlich sein. Das dafür berechnete Entgelt darf die Verwaltungskosten nicht übersteigen.

(1a) Der Mitgliedstaat der in Artikel 1 Absatz 1 Unterabsätze 2 und 3 bezeichneten Gesellschaft (betroffene Gesellschaft) kann diese Gesellschaft von der Pflicht, ihren Abschluß gemäß Artikel 3 der Richtlinie 68/151/EWG zu veröffentlichen, mit der Maßgabe befreien, daß ihr Abschluß am Sitz der Gesellschaft zur Einsicht für jedermann bereitgehalten wird, sofern:

a) alle ihre unbeschränkt haftenden Gesellschafter Gesellschaften nach Artikel 1 Absatz 1 Unterabsatz 1 sind, die dem Recht eines anderen Mitgliedstaates als dem Mitgliedstaat der betroffenen Gesellschaft unterliegen, und keine dieser Gesellschaften den Abschluß der betroffenen Gesellschaft mit ihrem eigenen Abschluß veröffentlicht oder

b) alle unbeschränkt haftenden Gesellschafter Gesellschaften sind, welche nicht dem Recht eines Mitgliedstaats unterliegen, deren Rechtsform jedoch den Rechtsformen im Sinne der Richtlinie 68/151/EWG vergleichbar ist.

Ausfertigungen des Abschlusses müssen auf Antrag erhältlich sind. Das dafür berechnete Entgelt darf die Verwaltungskosten nicht übersteigen. Geeignete Sanktionen sind für den Fall vorzusehen, daß die in diesem Absatz vorgesehene Offenlegung nicht erfolgt.

(2) Abweichend von Absatz 1 können die Mitgliedstaaten zulassen, daß die in Artikel 11 bezeichneten Gesellschaften folgendes offenlegen:

a) eine verkürzte Bilanz, in die nur die in den Artikeln 9 und 10 vorgesehenen mit Buchstaben und römischen Zahlen bezeichneten Posten aufgenommen werden, wobei die bei dem Posten D.II der Aktiva und dem Posten C. der Passiva des Artikels 9 sowie bei dem Posten D.II des Artikels 10 in Klammern verlangten Angaben gesondert, jedoch zusammengefaßt für alle betreffenden Posten, zu machen sind;

b) einen gemäß Artikel 44 gekürzten Anhang.

Artikel 12 ist anzuwenden.

Die Mitgliedstaaten können diesen Gesellschaften ferner gestatten, die Gewinn- und Verlustrechnung, den Lagebericht sowie den Bericht der mit der Abschlußprüfung beauftragten Person nicht offenzulegen.

(3) Die Mitgliedstaaten können zulassen, daß die in Artikel 27 bezeichneten Gesellschaften folgendes offenlegen:

a) eine verkürzte Bilanz, welche nur die in den Artikeln 9 und 10 vorgesehenen mit Buchstaben und römischen Zahlen bezeichneten Posten enthält, wobei entweder in der Bilanz oder im Anhang gesondert anzugeben sind:

 – die Posten C.I.3, C.II.1, 2, 3 und 4, C.III.1, 2, 3, 4, und 7, D.II.22, 3 und 6 und D.III.1 und 2 der Aktiva sowie C.1, 2, 6, 7 und 9 der Passiva des Artikels 9;

 – die Posten C.I.3, C.II.1, 2, 3 und 4, C.III.1, 2, 3, 4 und 7, D.II.2, 3 und 6, D.III.1 und 2, F.1, 2, 6, 7 und 9 sowie I.1, 2, 6, 7 und 9 des Artikels 10;

 – die bei den Posten D.II der Aktiva und C. der Passiva des Artikels 9 in Klammern verlangten Angaben, jedoch zusammengefaßt für alle betreffenden Posten und gesondert für die Posten D.II.2 und 3 der Aktiva sowie C.1, 2, 6, 7 und 9 der Passiva;

 – die bei dem Posten D.II des Artikels 10 in Klammern verlangten Angaben, jedoch zusammengefaßt für die betreffenden Posten, und gesondert für die Posten D.II.2 und 3;

b) einen verkürzten Anhang, der die in Artikel 43 Absatz 1 Nummern 5, 6, 8, 10 und 11 verlangten Angaben nicht enthält. Jedoch sind im Anhang die in Artikel 43 Absatz 1 Nummer 6 vorgesehenen Angaben zusammengefaßt für alle betreffenden Posten zu machen.

Dieser Absatz berührt nicht die Bestimmungen des Absatzes 1 hinsichtlich der Gewinn- und Verlustrechnung, des Lageberichts sowie des Berichts der mit der Abschlußprüfung beauftragten Person.

Artikel 12 ist anzuwenden.

Artikel 48

Jede vollständige Veröffentlichung des Jahresabschlusses und des Lageberichts ist in der Form und mit dem Wortlaut wiederzugeben, auf deren Grundlage die mit der Abschlußprüfung beauftragte Person ihren Bericht erstellt hat. Der Bestätigungsvermerk muß im vollen Wortlaut beigefügt sein. Hat die mit der Abschlußprüfung beauftragte Person die Bestätigung eingeschränkt oder verweigert, so ist dies unter Angabe der Gründe gleichfalls bekanntzugeben.

Artikel 49

Bei einer unvollständigen Veröffentlichung des Jahresabschlusses ist zu erwähnen, daß es sich um eine gekürzte Wiedergabe handelt; es ist auf das Register hinzuweisen, bei welchem der Jahresabschluß nach Artikel 47 Absatz 1 hinterlegt worden ist. Ist diese Hinterlegung noch nicht erfolgt, so ist dies zu erwähnen. Der Bestätigungsvermerk der mit der Abschlußprüfung beauftragten Person darf nicht beigefügt werden; es ist jedoch anzugeben, ob der Bestätigungsvermerk uneingeschränkt oder eingeschränkt erteilt oder ob er verweigert wurde.

Artikel 50

Gleichzeitig mit dem Jahresabschluß und in derselben Weise sind offenzulegen

– der Vorschlag zur Verwendung des Ergebnisses,

– die Verwendung des Ergebnisses,

falls diese Angaben nicht im Jahresabschluß enthalten sind.

Artikel 50a

Die Jahresabschlüsse können neben der Währung, in der sie aufgestellt wurden, auch in ECU offengelegt werden. Dabei ist der am Bilanzstichtag gültige Umrechnungskurs zugrunde zu legen. Dieser Kurs ist im Anhang anzugeben.

ABSCHNITT 11

Prüfung

Artikel 51

(1) a) Die Gesellschaften sind verpflichtet, ihren Jahresabschluß durch eine oder mehrere Personen prüfen zu lassen, die nach einzelstaatlichem Recht zur Prüfung des Jahresabschlusses zugelassen sind.

b) Die mit der Abschlußprüfung beauftragte Person hat auch zu prüfen, ob der Lagebericht mit dem Jahresabschluß des betreffenden Geschäftsjahres in Einklang steht.

(2) Die Mitgliedstaaten können die in Artikel 11 bezeichneten Gesellschaften von der in Absatz 1 genannten Verpflichtung befreien.

Artikel 12 ist anzuwenden.

(3) Im Falle des Absatzes 2 nehmen die Mitgliedstaaten in ihre Rechtsvorschriften geeignete Sanktionen für den Fall auf, daß der Jahresabschluß oder der Lagebericht dieser Gesellschaften nicht nach dieser Richtlinie erstellt sind.

ABSCHNITT 12

Schlußbestimmungen

Artikel 52

(1) Bei der Kommission wird ein Kontaktausschuß eingesetzt, der zur Aufgabe hat,

a) unbeschadet der Bestimmungen der Artikel 169 und 170 des Vertrags eine gleichmäßige Anwendung dieser Richtlinie durch eine regelmäßige Abstimmung, insbesondere in konkreten Anwendungsfragen, zu erleichtern;

b) die Kommission, falls dies erforderlich sein sollte, bezüglich Ergänzungen oder Änderungen dieser Richtlinie zu beraten.

(2) Der Kontaktausschuß setzt sich aus Vertretern der Mitgliedstaaten sowie Vertretern der Kommission zusammen. Der Vorsitz ist von einem Vertreter der Kommission wahrzunehmen. Die Sekretariatsgeschäfte werden von den Dienststellen der Kommission wahrgenommen.

(3)   Der Vorsitzende beruft den Ausschuß von sich aus oder auf Antrag eines der Mitglieder des Ausschusses ein.

Artikel 53

(1)   Als ECU im Sinne dieser Richtlinie gilt die Rechnungseinheit, die durch die Verordnung (EWG) Nr. 3180/78[1]), in der Fassung der Verordnungen (EWG) Nr. 2626/84[2]) und (EWG) Nr. 1971/89[3]), festgelegt worden ist.

Der Gegenwert in Landeswährung ist derjenige, welcher am 8. November gilt.

(2)   Der Rat prüft auf Vorschlag der Kommission alle fünf Jahre die in Europäischen Rechnungseinheiten ausgedrückten Beträge dieser Richtlinie unter Berücksichtigung der wirtschaftlichen und monetären Entwicklung in der Gemeinschaft und ändert diese Beträge gegebenenfalls.

Artikel 54

(aufgehoben)

Artikel 55

(1)   Die Mitgliedstaaten erlassen die erforderlichen Rechts- und Verwaltungsvorschriften, um dieser Richtlinie innerhalb von zwei Jahren nach ihrer Bekanntgabe nachzukommen. Sie setzen die Kommission davon unverzüglich in Kenntnis.

(2)   Die Mitgliedstaaten können vorsehen, daß die in Absatz 1 bezeichneten Vorschriften erst 18 Monate nach dem in Absatz 1 bezeichneten Zeitpunkt anzuwenden sind.

Diese 18 Monate können jedoch auf fünf Jahre verlängert werden:

a)   bei den »unregistered companies« im Vereinigten Königreich und in Irland;

b)   für die Anwendung der Artikel 9 und 10 sowie der Artikel 23 bis 26 hinsichtlich der Gliederungen der Bilanz und der Gewinn- und Verlustrechnung, soweit ein Mitgliedstaat in den letzten drei Jahren vor der Bekanntgabe dieser Richtlinie andere Gliederungen für die bezeichneten Unterlagen in Kraft gesetzt hat;

---

1) ABl. Nr. L 379 vom 30. 12. 1978, S. 1.
2) ABl. Nr. L 247 vom 16. 9. 1984, S. 1.
3) ABl. Nr. L 189 vom 4. 7. 1989, S. 1.

c) für die Anwendung der Bestimmungen dieser Richtlinie über die Berechnung und die Bilanzierung von Abschreibungen für Vermögensgegenstände, die unter Artikel 9, Posten C.II.2 und 3 der Aktiva und unter Artikel 10, Posten C.II.2 und 3 fallen;

d) für die Anwendung von Artikel 47 Absatz 1, außer bei Gesellschaften, die aufgrund von Artikel 2 Absatz 1 Buchstabe f) der Richtlinie 68/151/EWG bereits zur Offenlegung verpflichtet sind; in diesem Fall findet Artikel 47 Absatz 1 Unterabsatz 2 dieser Richtlinie auf den Jahresabschluß und auf den Bericht der mit der Abschluß prüfung beauftragten Person Anwendung;

e) für die Anwendung von Artikel 51 Absatz 1.

Im übrigen kann diese Frist für die Gesellschaften, deren Hauptzweck die Schiffahrt ist und die im Zeitpunkt des Inkrafttretens der in Absatz 1 bezeichneten Vorschriften bereits gegründet sind, von 18 Monaten auf acht Jahre verlängert werden.

(3)   Die Mitgliedstaaten teilen der Kommission den Wortlaut der wichtigsten innerstaatlichen Rechtsvorschriften mit, die sie auf dem von dieser Richtlinie erfaßten Gebiet erlassen.

Artikel 56

(1) · Die Verpflichtung zur Angabe der in den Artikeln 9, 10 und 23 bis 26 vorgesehenen Posten bezüglich verbundener Unternehmen im Sinne des Artikels 41 der Richtlinie 83/349/EWG im Jahresabschluß sowie die Verpflichtung, die in Artikel 13 Absatz 1, Artikel 14 und Artikel 43 Absatz 1 Nr. 7 hinsichtlich verbundener Unternehmen vorgesehenen Angaben zu machen, treten zu dem in Artikel 49 Absatz 2 der bezeichneten Richtlinie genannten Zeitpunkt in Kraft.

(2)   Im Anhang sind auch Angaben zu machen über:

a) Name und Sitz des Unternehmens, das den konsolidierten Abschluß für den größten Kreis von Unternehmen aufstellt, dem die Gesellschaft als Tochterunternehmen angehört.

b) Name und Sitz des Unternehmens, das den konsolidierten Abschluß für den kleinsten Kreis von Unternehmen aufstellt, der in den unter Buchstabe a) bezeichneten Kreis von Unternehmen einbezogen ist und dem die Gesellschaft als Tochterunternehmen angehört.

c) den Ort, wo der konsolidierte Abschluß erhältlich ist, es sei denn, daß ein solcher nicht zur Verfügung steht.

Artikel 57

Unbeschadet der Richtlinien 68/151/EWG und 77/91/EWG brauchen die Mitgliedstaaten die Bestimmungen der vorliegenden Richtlinie über den Inhalt, die Prüfung und die Offenlegung des Jahresabschlusses nicht auf Gesellschaften anzuwenden, die ihrem Recht unterliegen und Tochterunternehmen im Sinne der Richtlinie 83/349/EWG sind, sofern folgende Voraussetzungen erfüllt sind:

a) das Mutterunternehmen unterliegt dem Recht eines Mitgliedstaats;

b) alle Aktionäre oder Gesellschafter des Tochterunternehmens haben sich mit der bezeichneten Befreiung einverstanden erklärt; diese Erklärung muß für jedes Geschäftsjahr abgegeben werden;

c) das Mutterunternehmen hat sich bereit erklärt, für die von dem Tochterunternehmen eingegangenen Verpflichtungen einzustehen;

d) die Erklärungen nach Buchstaben b) und c) sind nach den in den Rechtsvorschriften der einzelnen Mitgliedstaaten vorgesehenen Verfahren gemäß Artikel 3 der Richtlinie 68/151/EWG offenzulegen;

e) das Tochterunternehmen ist in dem Mutterunternehmen nach der Richtlinie 83/349/ EWG aufgestellten konsolidierten Jahresabschluß einbezogen;

f) die bezeichnete Befreiung wird im Anhang des von dem Mutterunternehmen aufgestellten konsolidierten Abschlusses angegeben;

g) der unter Buchstabe e) bezeichnete konsolidierte Abschluß, der konsolidierte Lagebericht sowie der Bericht der mit der Prüfung beauftragten Person werden für das Tochterunternehmen nach den in den Rechtsvorschriften der einzelnen Mitgliedstaaten vorgesehenen Verfahren gemäß Artikel 3 der Richtlinie 68/151/EWG offengelegt.

Artikel 57 a

(1) Die Mitgliedstaten können von den ihrem Recht unterliegenden Gesellschaften nach Artikel 1 Absatz 1 Unterabsatz 1, die unbeschränkt haftende Gesellschafter einer der in Artikel 1 Absatz 1 Unterabsätze 2 und 3 genannten Gesellschaften (betroffene Gesellschaften) sind, verlangen, daß der Abschluß der betroffenen Gesellschaft gemeinsam mit ihrem eigenen Abschluß gemäß dieser Richtlinie aufgestellt, geprüft und offengelegt wird.

In diesem Fall gelten die Anforderungen dieser Richtlinie nicht für die betroffene Gesellschaft.

(2) Die Mitgliedstaaten brauchen die Bestimmungen dieser Richtlinie nicht auf die betroffene Gesellschaft anzuwenden, sofern

a) der Abschluß dieser Gesellschaft im Einklang mit dieser Richtlinie von einer Gesellschaft nach Artikel 1 Absatz 1 Unterabsatz 1, die unbeschränkt haftender Gesellschafter der betroffenen Gesellschaft ist und dem Recht eines anderen Mitgliedstaates unterliegt, aufgestellt, geprüft und offengelegt wird;

b) die betroffene Gesellschaft in einen konsolidierten Abschluß einbezogen ist, der im Einklang mit der Richtlinie 83/349/EWG von einem unbeschränkt haftenden Gesellschafter aufgestellt, geprüft und offengelegt wird oder, sofern die betroffene Gesellschaft in den konsolidierten Abschluß einer größeren Gesamtheit von Unternehmen einbezogen ist, der im Einklang mit der Richtlinie 83/349/EWG von einem Mutterunternehmen, das dem Recht eines Mitgliedstaats unterliegt, aufgestellt, geprüft und offengelegt wird. Diese Befreiung ist im Anhang zum konsolidierten Abschluß anzugeben.

(3) In diesen Fällen ist die betroffene Gesellschaft gehalten, jedermann auf Anfrage den Namen der Gesellschaft zu nennen, die den Abschluß offenlegt.

Artikel 58

Die Mitgliedstaaten brauchen die Bestimmungen der vorliegenden Richtlinie über die Prüfung und Offenlegung der Gewinn- und Verlustrechnung nicht auf Gesellschaften anzuwenden, die ihrem unterliegen und Mutterunternehmen im Sinne der Richtlinie 83/349/EWG sind, sofern folgende Voraussetzungen erfüllt sind:

a) Das Mutterunternehmen stellt einen konsolidierten Abschluß nach der Richtlinie 83/349/EWG auf und ist in diesen Abschluß einbezogen;

b) die bezeichnete Befreiung wird im Anhang des Jahresabschlusses des Mutterunternehmens angegeben;

c) die bezeichnete Befreiung wird im Anhang des vom Mutterunternehmen aufgestellten konsolidierten Abschlusses angegeben;

d) das nach der vorliegenden Richtlinie errechnete Ergebnis des Geschäftsjahres des Mutterunternehmens wird in die Bilanz des Mutterunternehmens ausgewiesen.

Artikel 59

(1) Die Mitgliedstaaten können gestatten oder vorschreiben, daß eine Beteiligung im Sinne des Artikels 17 am Kapital eines Unternehmens, auf dessen Geschäfts- und Finanzpolitik ein maßgeblicher Einfluß ausgeübt wird, in der Bilanz nach den folgenden Absätzen 2 bis 9 je nach Lage des Falles entweder als Unterposten des Postens »Anteile an verbundenen Unternehmen« oder als Unterposten des Postens »Beteiligungen« ausgewiesen wird. Es wird vermutet, daß ein Unternehmen einen

maßgeblichen Einfluß auf ein anderes Unternehmen ausübt, sofern jenes Unternehmen 20 % oder mehr der Stimmen der Aktionäre oder Gesellschafter dieses Unternehmens besitzt. Artikel 2 der Richtlinie 83/349/EWG findet Anwendung.

(2) Bei der erstmaligen Anwendung des vorliegenden Artikels auf eine Beteiligung im Sinne von Absatz 1 wird diese in der Bilanz wie folgt ausgewiesen:

a) entweder mit dem Buchwert nach den Artikeln 31 bis 42; dabei wird der Unterschiedsbetrag zwischen diesem Wert und dem Betrag, der dem auf die Beteiligung entfallenden Teil des Eigenkapitals entspricht, in der Bilanz oder im Anhang gesondert ausgewiesen. Bei der Berechnung dieses Unterschiedsbetrags wird der Zeitpunkt der erstmaligen Anwendung dieser Methode zugrunde gelegt;

b) oder mit dem Betrag, der dem auf die Beteiligung entfallenden Teil des Eigenkapitals entspricht; dabei wird der Unterschiedsbetrag zwischen diesem Wert und dem nach den Bewertungsvorschriften der Artikel 31 bis 42 ermittelten Buchwert in der Bilanz oder im Anhang gesondert ausgewiesen. Bei der Berechnung dieses Unterschiedsbetrages wird der Zeitpunkt der erstmaligen Anwendung dieser Methode zugrunde gelegt.

c) Die Mitgliedstaaten können die Anwendung nur eines der Buchstaben a) und b) vorschreiben. In der Bilanz oder im Anhang ist anzugeben, ob von Buchstabe a) oder b) Gebrauch gemacht worden ist.

d) Die Mitgliedstaaten können ferner im Hinblick auf die Anwendung der Buchstaben a) und b) gestatten oder vorschreiben, daß die Berechnung des Unterschiedsbetrags zum Zeitpunkt des Erwerbs der Beteiligungen im Sinne von Absatz 1 erfolgt oder beim Erwerb zu verschiedenen Zeitpunkten zu dem Zeitpunkt, zu dem die Anteile oder Aktien Beteiligungen im Sinne des Absatzes 1 geworden sind.

(3) Sind Gegenstände des Aktiv- oder Passivvermögens des Unternehmens, an dem eine Beteiligung nach Absatz 1 besteht, nach anderen Methoden bewertet worden, als sie die Gesellschaft anwendet, die den Jahresabschluß aufstellt, so können diese Vermögenswerte für die Berechnung des Unterschiedsbetrags nach Absatz 2 Buchstabe a) oder Absatz 2 Buchstabe b) nach den Methoden neu bewertet werden, welche die Gesellschaft anwendet, die den Jahresabschluß aufstellt. Wird eine solche Neubewertung nicht vorgenommen, so ist dies im Anhang zu erwähnen. Die Mitgliedstaaten können eine solche Neubewertung vorschreiben.

(4) Der Buchwert nach Absatz 2 Buchstabe a) oder der Betrag, der dem auf die Beteiligung entfallenden Teil des Eigenkapitals nach Absatz 2 Buchstabe b) entspricht, wird um die während des Geschäftsjahres eingetretenen Änderungen des auf die Beteiligung entfallenden Eigenkapitals erhöht oder vermindert; er vermindert sich außerdem um den Betrag der auf die Beteiligung entfallenden Dividenden.

(5) Sofern ein positiver Unterschiedsbetrag nach Absatz 2 Buchstabe a) oder Absatz 2 Buchstabe b) nicht einer bestimmten Kategorie von Gegenständen des Aktiv- oder Passivvermögens zugerechnet werden kann, wird dieser nach den Vorschriften für den Posten »Firmen- oder Geschäftswert« behandelt.

(6) a) Der auf die Beteiligung im Sinne von Absatz 1 entfallende Teil des Ergebnisses wird unter einen gesonderten Posten mit entsprechender Bezeichnung in der Gewinn- und Verlustrechnung ausgewiesen.

b) Sofern dieser Betrag denjenigen übersteigt, der als Dividende bereits eingegangen ist oder auf deren Zahlung ein Anspruch besteht, ist der Unterschiedsbetrag in eine Rücklage einzustellen, die nicht an die Aktionäre ausgeschüttet werden darf.

c) Die Mitgliedstaaten können gestatten oder vorschreiben, daß der auf die Beteiligung im Sinne von Absatz 1 entfallende Teil des Ergebnisses in der Gewinn- und Verlustrechnung nur ausgewiesen wird, soweit er Dividenden entspricht, die bereits eingegangen sind oder auf deren Zahlung ein Anspruch besteht.

(7) Die Weglassungen nach Artikel 26 Absatz 1 Buchstabe c) der Richtlinie 83/349/ EWG werden nur insoweit vorgenommen, als die betreffenden Tatbestände bekannt oder zugänglich sind. Artikel 26 Absätze 2 und 3 der genannten Richtlinie sind anwendbar.

(8) Sofern das Unternehmen, an dem eine Beteiligung im Sinne von Absatz 1 besteht, einen konsolidierten Abschluß aufstellt, sind die vorstehenden Absätze auf das in diesem konsolidierten Abschluß ausgewiesene Eigenkapital anzuwenden.

(9) Auf die Anwendung des vorliegenden Artikels kann verzichtet werden, wenn die Beteiligung im Sinne von Absatz 1 im Hinblick auf die Zielsetzung des Artikels 2 Absatz 3 nur von untergeordneter Bedeutung ist.

Artikel 60

Bis zu einer späteren Koordinierung können die Mitgliedstaaten vorsehen, daß die Werte, in denen die Investmentgesellschaften im Sinne des Artikels 5 Absatz 2 ihre Mittel angelegt haben, auf der Grundlage des Marktpreises bewertet werden.

In diesem Falle können die Mitgliedstaaten auch die Investmentgesellschaften mit veränderlichem Kapital davon freistellen, die in Artikel 36 erwähnten Beträge der Wertberichtigung gesondert auszuweisen.

Artikel 61

Die Mitgliedstaaten brauchen die Vorschriften des Artikels 43 Absatz 1 Nummer 2 hinsichtlich der Höhe des Eigenkapitals sowie des Ergebnisses der betroffenen Unternehmen nicht anzuwenden auf Unternehmen, die ihrem Recht unterliegen und Mutterunternehmen im Sinne der Richtlinie 83/349/EWG sind, sofern

a) diese Unternehmen in den von dem Mutterunternehmen erstellten konsolidierten Abschluß oder in den konsolidierten Abschluß eines größeren Kreises von Unternehmen nach Artikel 7 Absatz 2 der Richtlinie 83/349/EWG einbezogen worden sind,

oder

b) die Beteiligungen am Kapital der betroffenen Unternehmen entweder im Jahresabschluß des Mutterunternehmens gemäß Artikel 59 oder in dem konsolidierten Abschluß des Mutterunternehmens nach Artikel 33 der Richtlinie 83/349/EWG behandelt werden.

Artikel 62

Diese Richtlinie ist an die Mitgliedstaaten gerichtet.

Geschehen zu Brüssel am 25. Juli 1978.

Im Namen des Rates

Der Präsident

K. VON DOHNANYI

Dritte Änderung des Vorschlags für eine fünfte Richtlinie des Rates nach Artikel 54 EWG-Vertrag über die Struktur der Aktiengesellschaft sowie die Befugnisse und Verpflichtungen ihrer Organe

(91/C 321/09)

KOM(91) 372 endg. – SYN 3

(Gemäß Artikel 149 Absatz 3 des EWG-Vertrags von der Kommission vorgelegt am 20. November 1991)

(Amtsblatt der Europäischen Gemeinschaften Nr. C 321 vom 12.12.1991 S. 9)

DER RAT DER EUROPÄISCHEN GEMEINSCHAFTEN –

gestützt auf den Vertrag zur Gründung der Europäischen Wirtschaftsgemeinschaft, insbesondere auf Artikel 54,

auf geänderten Vorschlag der Kommission[1]),

in Zusammenarbeit mit dem Europäischen Parlament[2]),

nach Stellungnahme des Wirtschafts- und Sozialausschusses[3]),

in Erwägung nachstehender Gründe:

Die Koordinierung, die Artikel 54 Absatz 3 Buchstabe g) vorsieht, wurde mit der Richtlinie 68/151/EWG[4]) begonnen, welche die Offenlegung, die Gültigkeit der von den Organen eingegangenen Verpflichtungen sowie die Nichtigkeit für die Aktiengesellschaft, die Kommanditgesellschaft auf Aktien und die Gesellschaft mit beschränkter Haftung regelt.

Die Koordinierung des einzelstaatlichen Rechts dieser Kapitalgesellschaften wurde durch die Richtlinie 78/660/EWG[5]) über den Jahresabschluß dieser Gesellschaften sowie durch die Richtlinie 83/349/EWG[6]) über den konsolidierten Abschluß fortgesetzt.

Im übrigen wurde der Koordinierung des Rechts der Aktiengesellschaften Vorrang eingeräumt, da die grenzüberschreitenden Tätigkeiten dieser Gesellschaften eine erhebliche Bedeutung erlangt haben.

1) ABl. Nr. C 7 vom 11. 1. 1991, S. 4.
2) Stellungnahme vom 10. Juli 1991.
3) Stellungnahme vom 3. Juli 1991.
4) ABl. Nr. L 65 vom 14. 3. 1968, S. 8.
5) ABl. Nr. L 222 vom 14. 8. 1978, S. 11.
6) ABl. Nr. L 193 vom 18. 7. 1983, S. 1.

Durch die Richtlinie 77/91/EWG[7]) des Rates wurden die Gesetze der Mitgliedstaaten über die Gründung und das Kapital der Aktiengesellschaft sowie durch die Richtlinien des Rates 78/855/EWG[1]) und 82/891/EWG[2]) diejenigen über Verschmelzungen und Spaltungen dieser Gesellschaften angeglichen.

Um einen gleichwertigen Schutz der Interessen von Gesellschaftern und Dritten zu gewährleisten, ist es erforderlich, die Gesetze der Mitgliedstaaten auch hinsichtlich der Struktur der Aktiengesellschaft sowie der Rechte und Pflichten ihrer Organe zu koordinieren.

Außerdem müssen auf den bezeichneten Gebieten in der Gemeinschaft für konkurrierende Aktiengesellschaften gleichwertige rechtliche Bedingungen geschaffen werden.

Für die Organisation der Verwaltung dieser Gesellschaft gibt es derzeit in der Gemeinschaft zwei verschiedene Systeme. Das eine sieht nur ein einziges Verwaltungsorgan vor, während das andere zwei Organe vorschreibt: ein Leitungsorgan für die Geschäftsführung der Gesellschaft und ein Aufsichtsorgan für die Überwachung des Leitungsorgans. Praktisch wird oft sogar schon in dem System, das nur ein einziges Verwaltungsorgan vorsieht, unterschieden zwischen den geschäftsführenden Mitgliedern, welche die Geschäfte der Gesellschaft führen, und den nichtgeschäftsführenden Mitgliedern, die sich auf die Beaufsichtigung beschränken. Für beide Systeme ist es wünschenswert, die Verantwortlichkeiten der Personen, die mit der einen oder anderen Aufgabe betraut sind, eindeutig von einander abzugrenzen. Die allgemeine Einführung einer solchen Abgrenzung ist geeignet, die Gründung von Aktiengesellschaften oder Gruppen von Gesellschaften aus verschiedenen Mitgliedstaaten und damit die gegenseitige Durchdringung von Unternehmen in der Gemeinschaft zu erleichtern. Zwar ist die allgemeine verbindliche Einführung des dualistischen Systems derzeit nicht zu verwirklichen; indessen soll dieses System den Aktiengesellschaften überall zumindest zur Wahl offenstehen. Das monistische System kann beibehalten werden, sofern es mit Merkmalen ausgestattet wird, die dazu führen, seine Funktionsweise der des dualistischen Systems anzugleichen.

Die Gesetze einiger Mitgliedstaaten sehen eine Beteiligung der Arbeitnehmer an der Bildung des Aufsichts- oder Verwaltungsorgans vor, während in anderen Mitgliedstaaten solche Vorschriften nicht bestehen. Regelungen für eine solche Beteiligung sollten jedoch in allen Mitgliedstaaten getroffen werden; in einigen Mitgliedstaaten wird allerdings der notwendige erste Schritt für eine Beteiligung der Arbeitnehmer nur durch Bildung einer Arbeitnehmervertretung oder durch tarifvertraglich vereinbarte Systeme getan werden können. Die Unterschiede hinsichtlich der Arbeitnehmerbeteiligung müssen um so mehr beseitigt werden, als sie ein Hindernis darstellen für das Inkrafttreten von Gemeinschaftsregelungen über grenzüberschreitende Maßnahmen zur Reorganisation und wechselseitigen Durchdringung von Unternehmen, insbesondere der in Artikel 220 des Vertrages

---

7) ABl. Nr. L 26 vom 31. 1. 1977, S. 1.
1) ABl. Nr. L 295 vom 20. 10. 1978, S. 36.
2) ABl. Nr. L 378 vom 31. 12. 1982, S. 47.

vorgesehenen Maßnahmen über die internationale Fusion und die Sitzverlegung. Allerdings schreibt die Richtlinie den Mitgliedstaaten für die Beteiligung der Arbeitnehmer keine einheitliche Regelung vor; sie läßt ihnen vielmehr die Wahl zwischen einander gleichwertigen Systemen. Bestimmte gemeinsame Grundsätze sind jedoch insbesondere für die Bestellung und Abberufung von Arbeitnehmervertretern notwendig.

Die Durchführung der Vorschriften dieser Richtlinie über die Organisation der Verwaltung der Gesellschaft und die Beteiligung der Arbeitnehmer ist fünf Jahre, nachdem die Vorschriften dieser Richtlinie anzuwenden sind, zu überprüfen. Die Überprüfung erstreckt sich darauf, ob und in welchem Maße allgemein eine weitere Angleichung und insbesondere die Einführung einer paritätischen Vertretung von Aktionären und Arbeitnehmern im Aufsichts- oder Verwaltungsorgan wünschenswert ist.

Die Vorschriften dieser Richtlinie greifen den Vorschriften der Richtlinie ... [1]) über die Unterrichtung und Anhörung der Arbeitnehmer von Unternehmen mit komplexer, insbesondere transnationaler Struktur nicht vor.

Die Mitglieder des Leitungs- und des Aufsichtsorgans sind besonderen Haftungsregeln zu unterwerfen, welche den Grundsatz der gesamtschuldnerischen Haftung sowie die Umkehr der Beweislast für das Verschulden festlegen, und die ferner sicherstellen, daß die gerichtliche Geltendmachung solcher Ansprüche nicht ungebührlich behindert wird.

Was die Vorbereitung und Durchführung der Hauptversammlung angeht, so bedürfen die Aktionäre einheitlicher Garantien im Hinblick auf Form, Frist und Inhalt der Einberufung, Zutritt zur und Vertretung auf der Versammlung, schriftliche Information und Erteilung mündlicher Auskünfte, Ausübung des Stimmrechts, die für die Beschlußfassung erforderliche Mehrheit sowie Rechtsbehelfe gegen nichtige oder vernichtbare Beschlüsse.

Es erweist sich als notwendig, die Stellung der Aktionäre in bezug auf die Ausübung ihres Stimmrechts zu stärken, um zu gewährleisten, daß sie am Gesellschaftsgeschehen in hohem Maße beteiligt sind. Das Stimmrecht muß daher dem Anteil am Kapital entsprechen; Vorzugsaktien ohne Stimmrecht dürfen nicht unbeschränkt ausgegeben werden. Die Freiheit der Hauptversammlung, die Mitglieder der Gesellschaftsorgane zu bestellen, darf nicht dadurch eingeschränkt werden, daß Aktionären bestimmter Aktiengattungen das ausschließliche Vorschlagsrecht für diese Bestellungen eingeräumt wird. Die für diese Beschlüsse der Hauptversammlung erforderliche Mehrheit darf nicht höher sein als die absolute Mehrheit.

Bestimmte Befugnisse der Aktionäre müssen stets auch von einer Aktionärsminderheit ausgeübt werden können.

Im Interesse von Aktionären und Dritten sind auch Vorschriften über die Feststellung des Jahresabschlusses, sowie die Unabhängigkeit und Verantwortlichkeit der Rechnungsprüfer erforderlich.

---

1) ABl. Nr. C 297 vom 15. 11. 1980, S. 3.

Bestimmte Vorschriften dieser Richtlinie brauchen bis zu einer späteren Koordinierung nicht in vollem Umfang auf Aktiengesellschaften, die einem Konzern angehören, angewendet zu werden –

HAT FOLGENDE RICHTLINIE ERLASSEN:

KAPITEL I

Anwendungsbereich

Artikel 1

(1) Die Maßnahmen der Koordinierung, welche diese Richtlinie vorschreibt, gelten für die Rechts- und Verwaltungsvorschriften der Mitgliedstaaten für Gesellschaften folgender Rechtsformen:

– in Deutschland:	die Aktiengesellschaft
– in Belgien:	la société anonyme de naamloze vennootschap
– in Dänemark:	aktieselskabet
– in Frankreich:	la société anonyme
– in Griechenland:	ανώνυμη εταιρεία
– in Irland:	the public company limited by shares und the public company limited by guarantee and having a share capital
– in Italien:	la società per azioni
– in Luxemburg:	la société anonyme
– in den Niederlanden:	de naamloze vennootschap
– im Vereingten Königreich:	the public company limited by shares und the public company limited by guarantee and having a share capital.

(2) Die Mitgliedstaaten brauchen diese Richtlinie auf Genossenschaften, die in einer der in Absatz 1 genannten Rechtsform gegründet worden sind, nicht anzuwenden.

Soweit die Rechtsvorschriften der Mitgliedstaaten von dieser Möglichkeit Gebrauch machen, verpflichten sie diese Gesellschaften, die Bezeichnung »Genossenschaft« auf allen in Artikel 4 der Richtlinie 68/151/EWG genannten Schriftstücken anzugeben.

KAPITEL II

Struktur der Gesellschaft

Artikel 2

(1)   Die Mitgliedstaaten schreiben vor, daß die Struktur der Gesellschaft entsprechend dem dualistischen System (Leitungsorgan und Aufsichtsorgan) nach Kapitel III geregelt wird.

Sie können jedoch zulassen, daß die Gesellschaft zwischen einem dualistischen System nach Kapitel III und einem monistischen System (Verwaltungsorgan) nach den Bestimmen des Kapitels IV wählen kann.

(2)   Ferner regeln die Mitgliedstaaten die Hauptversammlung der Aktionäre gemäß Kapitel V sowie die Feststellung und Prüfung des Jahresabschlusses gemäß Kapitel VI.

KAPITEL III

DAS DUALISTISCHE SYSTEM

Abschnitt 1

Leitungsorgan und Aufsichtsorgan

Artikel 3

(1) a) Das Leitungsorgan führt die Geschäfte der Gesellschaft unter Aufsicht des Aufsichtsorgans.

   b) Die Mitglieder des Leitungsorgans werden vom Aufsichtsorgan bestellt. Jedoch können die Mitglieder des ersten Leitungsorgans durch die Satzung bestellt werden.

(2)   Besteht das Leitungsorgan aus mehreren Mitgliedern, bezeichnet das Aufsichtsorgan das Mitglied des Leitungsorgans, dem insbesondere die Behandlung der Personalfragen und der Fragen der Arbeitsbeziehungen obliegt.

(3)   Unberührt bleiben die Gesetze der Mitgliedstaaten, nach denen die Bestellung oder Abberufung eines der Mitglieder des Leitungsorgans nicht gegen den Willen der Mehrheit des Aufsichtsorgans, die von den Arbeitnehmern bestellt worden sind, erfolgen kann.

Artikel 4

(1)   In Gesellschaften, die in der Gemeinschaft im Durchschnitt weniger als eine bestimmte Anzahl von Arbeitnehmern beschäftigen, welche die Gesetze der Mitgliedstaaten nicht höher als auf 1 000 festsetzen dürfen, werden die Mitglieder des Aufsichtsorgans von der Hauptversammlung bestellt. Für diese Berechnung gelten die Arbeitnehmer von Tochterunternehmen einer Gesellschaft nach dem hierauf anwendbaren Recht und in Übereinstimmung mit Artikel 1 der Richtlinie 83/349/EWG als Arbeitnehmer dieser Gesellschaft.

(2)   Für Gesellschaften, die im Durchschnitt eine größere als nach Absatz 1 festgesetzte Zahl von Arbeitnehmern beschäftigen, regeln die Mitgliedstaaten die Beteiligung der Arbeitnehmer an der Bestellung von Mitgliedern des Aufsichtsorgans nach Artikel 4 b oder 4 c.

Anstelle einer Regelung nach diesen Artikeln können die Mitgliedstaaten die Beteiligung der Arbeitnehmer in Form einer Arbeitnehmervertretung nach Artikel 4 d oder durch Tarifvertrag nach Artikel 4 e vorschreiben. In allen Fällen können die Mitgliedstaaten bestimmen, daß die Beteiligung der Arbeitnehmer in einer Gesellschaft nicht verwirklicht wird, wenn eine Mehrheit der Arbeitnehmer dieser Gesellschaft sich gegen eine solche Beteiligung ausgesprochen hat.

(3)   Liegt die Zahl der Arbeitnehmer einer Gesellschaft im Durchschnitt über oder unter der nach Absatz 1 festgesetzten Zahl, so steht dem die Anwendung von Absatz 1 oder 2 solange nicht entgegen, bis die durchschnittliche Zahl der Arbeitnehmer die genannte Zahl zwei aufeinanderfolgende Jahre lang über- oder unterschritten hat.

(4)   Die Mitglieder des ersten Aufsichtsorgans können durch die Satzung bestellt werden.

(5)   Die Satzung oder der Errichtungsakt darf den Inhabern einer Gattung von Aktien kein ausschließliches Vorschlagsrecht für die Bestellung der Mehrheit der Mitglieder des Aufsichtsorgans, für dessen Bestellung die Hauptversammlung zuständig ist, einräumen.

Artikel 4 a

Abweichend von den Artikeln 4 Absatz 1, 4 b Absatz 1 und 4 c Absatz 1 können die Gesetze der Mitgliedstaaten bestimmen, daß nicht mehr als ein Drittel der Mitglieder des Aufsichtsorgans auf eine andere als in diesen Artikeln vorgesehene Weise bestellt werden kann. Wo jedoch Artikel 4 b Absatz 1 Anwendung findet, ist die darin festgelegte Mindestzahl der Arbeitnehmervertreter stets einzuhalten, sofern nicht die Voraussetzungen des Artikels 4 Absatz 2 letzter Satz erfüllt sind.

Abschnitt 2

**Beteiligung der Arbeitnehmer an der Bestellung von Mitgliedern
des Aufsichtsorgans**

Artikel 4 b

(1) Die Mitglieder des Aufsichtsorgans werden höchstens zu zwei Dritteln von der Hauptversammlung und mindestens zu einem Drittel, jedoch höchstens zur Hälfte von den Arbeitnehmern der Gesellschaft bestellt.

(2) Bestellen die Arbeitnehmer die Hälfte der Mitglieder des Aufsichtsorgans, so ist für Abstimmungen innerhalb dieses Organs sicherzustellen, daß dessen Entscheidungen letztlich von den von der Hauptversammlung bestellten Mitgliedern getroffen werden.

Artikel 4 c

(1) Die Mitglieder des Aufsichtsorgans werden durch Kooptation bestellt. Jedoch können Hauptversammlung oder ein von ihr beauftragter Ausschuß von Aktionären und die Vertreter der Arbeitnehmer Widerspruch gegen die Bestellung eines vorgeschlagenen Kandidaten einlegen mit der Begründung, daß dieser für die Erfüllung seiner Aufgaben nicht geeignet ist oder durch seine Bestellung das Aufsichtsorgan im Hinblick auf die Interessen der Gesellschaft, der Aktionäre und der Arbeitnehmer nicht angemessen zusammengesetzt wäre. In diesen Fällen darf die Bestellung nur vorgenommen werden, nachdem der Widerspruch durch eine unabhängige öffentlich-rechtliche Spruchstelle für unbegründet erklärt worden ist.

Abschnitt 3

Beteiligung der Arbeitnehmer durch eine Arbeitnehmervertretung

Artikel 4 d

(1) Die Arbeitnehmervertretung hat gegenüber dem Leitungsorgan der Gesellschaft das Recht, regelmäßig über die Verwaltung, die Lage, die Entwicklung und die Zukunftserwartungen der Gesellschaft, die Wettbewerbsstellung, die Kreditlage und die Investitionspläne unterrichtet und dazu gehört zu werden. Außerdem hat es dieselben Rechte auf Unterrichtung, die Artikel 11 den Mitgliedern des Aufsichtsorgans einräumt.

(2) Ferner ist die Arbeitnehmervertretung in den Fällen des Artikels 12 Absatz 1 vor der Beschlußfassung des Aufsichtsorgans über die Erteilung der Genehmigung zu hören.

Wenn sich das Aufsichtsorgan einer abgegebenen Stellungnahme nicht anschließt, muß es die Gründe dafür der Arbeitnehmervertretung mitteilen. Das Gesetz oder die Satzung kann die Vornahme weiterer Rechtsgeschäfte dieser Anhörungspflicht unterwerfen.

(3) Artikel 10 a Absatz 2 Sätze 2 und 3 ist auf die Mitglieder der Arbeitnehmervertretung anwendbar.

(4) Die Arbeitnehmervertretung tagt in regelmäßigen Abständen, zumindest jedoch unmittelbar vor jeder Sitzung des Aufsichtsorgans. Sie erhält für ihre Beratungen die dazu erforderlichen schriftlichen Unterlagen und Informationen zu den Gegenständen der Tagesordnung der Sitzung des Aufsichtsorgans. Auf Wunsch der Arbeitnehmervertretung hat an ihren Sitzungen der Vorsitzende des Aufsichtsorgans, sein Stellvertreter oder ein Mitglied des Leitungsorgans teilzunehmen.

Abschnitt 4

Beteiligung der Arbeitnehmer durch Tarifvertrag

Artikel 4 e

(1) Die Beteiligung der Arbeitnehmer wird durch einen Tarifvertrag geregelt, der zwischen der Gesellschaft oder einer sie vertretenden Organisation und den die Arbeitnehmer der Gesellschaft vertretenden Organisationen geschlossen wird.

(2) Ein nach Absatz 1 geschlossener Tarifvertrag muß die Vorschriften dieses Abschnitts sowie Artikel 4 i beachten; er muß ferner zumindest Bestimmungen über die Beteiligung der Arbeitnehmer im Aufsichtsorgan nach Artikel 4 f oder über die Arbeitnehmervertretung nach Artikel 4 g enthalten.

Artikel 4 f

(1) Die Mitglieder des Aufsichtsorgans werden nach Artikel 4 b oder 4 c bestellt.

(2) Die Artikel 5 bis 21 sind anwendbar.

Artikel 4 g

(1) Die Arbeitnehmervertreter haben gegenüber dem Leitungsorgan der Gesellschaft das Recht, regelmäßig über die Verwaltung, die Lage, die Entwicklung und die Zukunftserwartungen der Gesellschaft, die Wettbewerbsstellung, die Kreditlage und die Investitionspläne unterrichtet und dazu gehört zu werden. Außerdem haben sie dieselben Rechte auf Unterrichtung, die Artikel 11 den Mitgliedern des Aufsichtsorgans einräumt.

(2) Ferner ist in den Fällen des Artikels 12 Absatz 1 durch Gesetz oder durch den nach Artikel 4 e geschlossenen Tarifvertrag wenigstens vorzusehen, daß die Arbeitnehmervertreter vor der Beschlußfassung des Aufsichtsorgans über die Erteilung der Genehmigung zu hören sind. Wenn sich das Aufsichtsorgan einer abgegebenen Stellungnahme nicht anschließt, muß es die Gründe dafür den Arbeitnehmervertretern mitteilen. Das Gesetz, der Tarifvertrag oder die Satzung können die Vornahme weiterer Rechtsgeschäfte dieser Anhörungspflicht unterwerfen.

(3) Artikel 10 a Absatz 2 Sätze 2 und 3 ist auf Arbeitnehmervertreter anwendbar, die vertrauliche Auskünfte nach den Absätzen 1 und 2 erhalten.

(4) Artikel 4 d Absatz 4 ist auf die Arbeitnehmervertreter anwendbar.

Artikel 4 h

(1) Für den Fall, daß ein Tarifvertrag im Sinne von Artikel 4 e nicht innerhalb eines Jahres nach Ablauf der in Artikel 64 Absatz 2 genannten Frist geschlossen wird, sehen die Mitgliedstaaten vor, daß die Beteiligung der Arbeitnehmer nach Artikel 4 b, 4 c oder 4 d geregelt wird.

(2) Für den Fall, daß ein Tarifvertrag im Sinne von Artikel 4 e abläuft und ein neuer Tarifvertrag nicht innerhalb eines Jahres geschlossen wird, sehen die Mitgliedstaaten vor, daß die Beteiligung der Arbeitnehmer nach Artikel 4 b, 4 c oder 4 d geregelt wird.

A b s c h n i t t 5

Grundsätze für die Bestellung der Arbeitnehmervertreter

Artikel 4 i

Soweit die Arbeitnehmer an der Bestellung von Mitgliedern des Aufsichtsorgans nach Artikel 4 c oder 4 c oder in Form einer Arbeitnehmervertretung nach Artikel 4 d oder eines durch Tarifvertrag vereinbarten Systems nach Artikel 4 e zu beteiligen sind, stellen die Mitgliedstaaten die Beachtung folgender Grundsätze sicher:

a) die Wahl der betreffenden Mitglieder des Aufsichtsorgans und der Arbeitnehmervertreter sind nach dem System der Verhältniswahl durchzuführen, wobei Minderheiten zu schützen sind;

b) alle Arbeitnehmer müssen an den Wahlen teilnehmen können;

c) die Wahlen sind geheim;

d) die Freiheit der Meinungsäußerung wird gewährleistet.

Abschnitt 6

Mitglieder des Leitungs- und des Aufsichtsorgans

Artikel 5

(1) Mitglied des Leitungsorgans können nur natürliche Personen sein.

(2) Sofern die Gesetze der Mitgliedstaaten vorsehen, daß Mitglieder des Aufsichts-organs auch juristische Personen sein können; müssen diese einen ständigen Vertreter bestellen, für den dieselben Bedingungen und Verpflichtungen gelten, wie wenn er persönlich Mitglied des Aufsichtsorgans wäre, unbeschadet der Haftung der juristischen Person, die er vertritt.

Artikel 6

Niemand darf Mitglied des Leitungsorgans und zugleich Mitglied des Aufsichtsorgans sein.

Artikel 7

(1) Die Mitglieder des Aufsichtsorgans dürfen nur für eine bestimmte Zeit bestellt werden, die sechs Jahre nicht überschreiten darf. Eine wiederholte Bestellung ist zulässig.

(2) In Gesellschaften, die im Durchschnitt eine größere als die nach Artikel 4 Absatz 1 festgesetzte Zahl von Arbeitnehmern beschäftigen, dürfen die Mitglieder des Leitungsorgans nur für eine bestimmte Zeit bestellt werden, die sechs Jahre nicht überschreiten darf. Eine wiederholte Bestellung ist zulässig.

Artikel 8

Das Leitungs- und Aufsichtsorgan dürfen nicht die Vergütung für ihre eigenen Mitglieder festlegen. Das Leitungsorgan darf ferner nicht die Vergütung für die Mitglieder des Aufsichtsorgans festlegen.

Artikel 9

(1) Mitglieder des Leitungsorgans dürfen ohne Genehmigung des Aufsichtsorgans keine selbständige oder unselbständige Tätigkeit für eigene oder fremde Rechnung in einem anderen Unternehmen ausüben.

10

(2) Über die erteilten Genehmigungen ist die Hauptversammlung zu unterrichten.

(3) Bevor eine natürliche Person als Mitglied des Aufsichtsorgans bestellt werden kann, ist den Organen oder Personen, die das Bestellungsrecht ausüben oder die gegen die vorgenommene Bestellung Widerspruch einlegen können, mitzuteilen, welche selbständige oder unselbständige Tätigkeit für eigene oder fremde Rechnung diese Person in einem anderen Unternehmen ausübt.

Artikel 10

(1) Jeder Vertrag, an dem die Gesellschaft beteiligt ist und der auch nur mittelbar die Interessen eines Mitglieds des Leitungs- oder Aufsichtsorgans berührt, bedarf zumindest der Genehmigung des Aufsichtsorgans.

(2) Wenn ein Mitglied des Leitungs- oder Aufsichtsorgans erfährt, daß die Voraussetzungen des Absatzes 1 vorliegen, muß es davon beide Organe unterrichten. Es hat das Recht gehört zu werden; es darf jedoch an der Beratung und Beschlußfassung des Leitungsorgans über den Vertrag sowie der Beratung und Beschlußfassung des Aufsichtsorgans über die Erteilung der Genehmigung nach Absatz 1 nicht teilnehmen.

(3) Über die nach Absatz 1 erteilten Genehmigungen ist die Hauptversammlung zu unterrichten.

(4) Das Fehlen der Genehmigung des Aufsichtsorgans oder die Unrechtmäßigkeit des Beschlusses über die Erteilung dieser Genehmigung kann Dritten nur entgegengehalten werden, wenn die Gesellschaft beweist, daß dem Dritten das Fehlen der Genehmigung oder die Unrechtmäßigkeit des Beschlusses bekannt war, oder daß er darüber nach den Umständen nicht in Unkenntnis sein konnte.

Artikel 10 a

(1) Alle Mitglieder des Leitungs- und des Aufsichtsorgans haben dieselben Rechte und Pflichten wie die übrigen Mitglieder desselben Organs, unbeschadet der Vorschriften, welche die Aufteilung der Aufgaben dieser Organe unter ihren Mitgliedern gestatten.

(2) Alle Mitglieder des Leitungs- und des Aufsichtsorgans haben ihr Amt im Interesse des Unternehmens unter Berücksichtigung der Interessen der Aktionäre und der Arbeitnehmer auszuüben. Sie sind verpflichtet, Informationen vertraulich zu behandeln, welche das Unternehmen betreffen und vertraulichen Charakter haben. Die Verpflichtung gilt auch dann, wenn sie ihr Amt nicht mehr ausüben.

Abschnitt 7

Unterrichtung und Genehmigung des Aufsichtsorgans

Artikel 11

(1) Das Leitungsorgan hat mindestens alle drei Monate für das Aufsichtsorgan einen schriftlichen Bericht über den Gang der Geschäfte der Gesellschaft zu erstellen.

(2) Das Leitungsorgan hat innerhalb von fünf Monaten nach Abschluß eines jeden Geschäftsjahres dem Aufsichtsorgan die Entwürfe des Jahresabschlusses sowie des Lageberichts im Sinne der Artikel 2 und 46 der Richtlinie 78/660/EWG vorzulegen.

(3) Auf Verlangen des Aufsichtsorgans hat das Leitungsorgan diesem einen gesonderten Bericht über alle oder bestimmte Angelegenheiten der Gesellschaft vorzulegen.

(4) Das Aufsichtsorgan ist berechtigt, die erforderlichen Überprüfungen durchzuführen oder durchführen zu lassen. Wenn mindestens ein Drittel seiner Mitglieder dies beantragt, kann das Aufsichtsorgan verlangen, daß ihm das Leitungsorgan alle für die Ausübung der Aufsicht erforderlichen Auskünfte und Unterlagen erteilt bzw. vorlegt.

(5) Jedes Mitglied des Aufsichtsorgans kann von den Berichten, Unterlagen und Auskünften Kenntnis nehmen, die das Leitungsorgan dem Aufsichtsorgan übermittelt hat.

Artikel 12

(1) Der Genehmigung des Aufsichtsorgans bedürfen Beschlüsse des Leitungsorgans über:

a) die Schließung oder Verlegung des Unternehmens oder erheblicher Unternehmensteile;

b) wichtige Beschränkungen oder Erweiterungen der Unternehmenstätigkeit;

c) wichtige Änderungen in der Unternehmensorganisation;

d) den Beginn oder die Beendigung dauernder Zusammenarbeit mit anderen Unternehmen.

(2) Das Gesetz oder die Satzung kann die Vornahme weiterer Rechtsgeschäfte der Genehmigung des Aufsichtsorgans unterwerfen.

(3) Gegenüber Dritten findet die Vorschrift des Artikels 10 Absatz 4 Anwendung.

Abschnitt 8

Abberufung der Mitglieder des Leitungs- und des Aufsichtsorgans

Artikel 13

(1) Die Mitglieder des Leitungsorgans können vom Aufsichtsorgan abberufen werden.

(2) Die Mitglieder des Aufsichtsorgans können jederzeit von denselben Organen oder Personen, welche sie bestellt haben, und nach demselben Verfahren abberufen werden. Die Mitglieder des Aufsichtsorgans jedoch, welche nach Artikel 4 c durch das Aufsichtsorgan bestellt worden sind, können nur aus wichtigem Grund auf Antrag des Aufsichtsorgans, der Hauptversammlung oder der Vertreter der Arbeitnehmer durch eine gerichtliche Entscheidung abberufen werden.

Abschnitt 9

Zivilrechtliche Haftung

Artikel 14

(1) Die Gesetze der Mitgliedstaaten regeln die zivilrechtliche Haftung der Mitglieder des Leitungs- und Aufsichtsorgans mindestens für den Ersatz von Schäden, welche die Gesellschaft durch schuldhafte Verletzung des Gesetzes oder der Satzung sowie durch anderes schuldhaftes Verhalten der Mitglieder dieser Organe bei der Erfüllung ihrer Aufgaben erleidet.

(2) Die Haftung besteht gesamtschuldnerisch und unbeschränkt gegenüber jedem Mitglied der betreffenden Organe. Dieses kann sich jedoch davon befreien, wenn es nachweist, daß es kein Verschulden trifft.

(3) Die Bestimmungen der vorstehenden Absätze sind auch dann anwendbar, wenn die Mitglieder des Organs die Zuständigkeit unter sich verteilt haben.

(4) Die Genehmigung des Aufsichtsorgans schließt die zivilrechtliche Haftung der Mitglieder des Leitungsorgans nicht aus.

(5) Ferner schließt die Entlastung, Weisung oder Genehmigung der Hauptversammlung die zivilrechtliche Haftung der Mitglieder des Leitungs- und des Aufsichtsorgans nicht aus.

Artikel 15

(1) Die Ersatzansprüche der Gesellschaft nach den Bestimmungen des Artikels 14 müssen auf Beschluß der Hauptversammlung gerichtlich geltend gemacht werden.

(2) Für diesen Beschluß dürfen Gesetz oder Satzung keine größere als die absolute Mehrheit der von den erschienenen oder vertretenen Aktionären abgegebenen Stimmen vorsehen.

Artikel 16

(1) Die gerichtliche Geltendmachung der Ersatzansprüche der Gesellschaft nach den Bestimmungen des Artikels 14 muß zugunsten und im Namen der Gesellschaft von einem oder mehreren Aktionären beantragt werden können:

a) deren Aktien insgesamt einen Nennbetrag oder Rechnungswert erreichen, den die Mitgliedstaaten nicht höher als auf 5 v. H. des gezeichneten Kapitals festlegen dürfen, oder

b) deren Aktien insgesamt einen Nennbetrag oder Rechnungswert, den die Mitglied-staaten nicht höher als auf 100 000 ECU festlegen dürfen. Bei der Umrechnung in nationale Währungen kann von diesem Betrag nur bis zu 10 v. H. abgewichen werden.

(2) Weist das Gericht den entsprechend Absatz 1 geltendgemachten Ersatzantrag ab, so kann es die betreffenden Aktionäre verurteilen, die Prozeßkosten vollständig oder teilweise zu tragen, wenn es die Geltendmachung der Ansprüche für unbegründet hält.

Artikel 17

(1) Die gerichtliche Geltendmachung der Ersatzansprüche der Gesellschaft nach den Bestimmungen des Artikels 14 darf nicht durch Gesetz, Satzung oder Vertrag unterworfen werden

a) der vorherigen Entscheidung der Hauptversammlung oder eines anderen Organs der Gesellschaft oder

b) der vorherigen Entscheidung eines Gerichts über die Feststellung schuldhaften Verhaltens von Mitgliedern des Leitungs- oder des Aufsichtsorgans sowie über deren Abberufung und Ersetzung.

(2) Die Bestimmungen des vorangehenden Absatzes gelten unbeschadet des Rechts der Mitgliedstaaten, in ihren Gesetzen vorzuschreiben, daß die Klage nach Artikel 16 erst nach vorheriger richtlicher Genehmigung erhoben werden kann. Das Gericht kann diese Genehmigung verweigern, wenn ihm die Klage offensichtlich unbegründet erscheint.

Artikel 18

(1) Ein Verzicht auf die gerichtliche Geltendmachung von Ersatzansprüchen der Gesellschaft nach den Bestimmungen des Artikels 14 folgt nicht allein daraus, daß die Hauptversammlung

a) den Jahresabschluß des Geschäftsjahres, in welchem die schädigende Handlung begangen worden ist, gebilligt oder

b) für dieses Geschäftsjahr dem betreffenden Mitglied des Leitungs- oder des Aufsichtsorgans Entlastung erteilt hat.

(2) Ein solcher Verzicht setzt voraus, daß

a) die schädigende Handlung bereits begangen worden ist und

b) die Hauptversammlung darüber ausdrücklich einen Beschluß faßt; dieser Beschluß läßt das Recht unberührt, das Artikel 16 einem oder mehreren Aktionären einräumt, auf welche die Voraussetzungen dieses Artikels zutreffen, sofern diese Aktionäre gegen den Beschluß gestimmt oder dagegen Widerspruch zur Niederschrift eingelegt haben.

(3) Die Bestimmungen dieses Artikels sind auf Vergleiche anwendbar, die zwischen der Gesellschaft und dem in Anspruch genommenen Mitglied geschlossen werden.

Artikel 19

Die Vorschriften der Artikel 14 bis 18 bedeuten keine Einschränkung der persönlichen Haftung von Mitgliedern der Gesellschaftsorgane gegenüber Aktionären und Dritten nach den Grundsätzen des bürgerlichen Rechts der Mitgliedstaaten.

Artikel 20

(entfällt)

Artikel 21

Die Frist für die gerichtliche Geltendmachung des in Artikel 14 vorgesehenen Ersatzanspruchs darf drei Jahre – gerechnet von der schädigenden Handlung und, wenn diese verheimlicht worden ist, von deren Entdeckung an – nicht unterschreiten.

KAPITEL IV

Das monistische System

Abschnitt 1

Verwaltungsorgan

Artikel 21 a

(1) a) Die geschäftsführenden Mitglieder eines Verwaltungsorgans verwalten die Gesellschaft unter der Aufsicht der nichtgeschäftsführenden Mitglieder dieses Organs. Die Zahl der nichtgeschäftsführenden Mitglieder muß durch drei teilbar sein und die Zahl der geschäftsführenden Mitglieder übersteigen.

b) Die geschäftsführenden Mitglieder des Verwaltungsorgans werden von den nichtgeschäftsführenden Mitgliedern bestellt, die gegebenenfalls darüber mit der Mehrheit beschließen. Jedoch können die geschäftsführenden Mitglieder des ersten Verwaltungsorgans durch die Satzung bestellt werden.

(2) Besteht das Verwaltungsorgan aus mehreren geschäftsführenden Mitgliedern, bezeichnen die nichtgeschäftsführenden Mitglieder, die darüber gegebenenfalls mit Mehrheit beschließen, das geschäftsführende Mitglied, dem insbesondere die Behandlung der Personalfragen und der Fragen der Arbeitsbeziehungen obliegt.

(3) Unberührt bleiben die Gesetze der Mitgliedstaaten, nach denen die Bestellung oder Abberufung eines der Mitglieder des Verwaltungsorgans nicht gegen den Willen der Mehrheit der Mitglieder des Verwaltungsorgans, die von den Arbeitnehmern bestellt worden sind, erfolgen kann.

Artikel 21 b

(1) In Gesellschaften, die in der Gemeinschaft im Durchschnitt weniger als eine bestimmte Anzahl von Arbeitnehmern beschäftigen, welche die Gesetze der Mitgliedstaaten nicht höher als auf 1 000 festsetzen dürfen, werden die nichtgeschäftsführenden Mitglieder von der Hauptversammlung bestellt. Für diese Berechnung gelten die Arbeitnehmer von Tochterunternehmen einer Gesellschaft nach dem hierauf anwendbaren Recht und in Übereinstimmung mit Artikel 1 der Richtlinie 83/349/EWG als Arbeitnehmer dieser Gesellschaft.

(2) Für Gesellschaften, die im Durchschnitt eine größere als nach Absatz 1 festgesetzte Zahl von Arbeitnehmern beschäftigen, regeln die Mitgliedstaaten die Beteiligung der

Arbeitnehmer an der Bestellung der nichtgeschäftsführenden Mitglieder des Verwaltungsorgans nach Artikel 21 d. Anstelle einer Regelung nach diesem Artikel können die Mitgliedstaaten die Beteiligung der Arbeitnehmer in Form einer Arbeitnehmervertretung nach Artikel 21 e oder durch Tarifvertrag nach Artikel 21 f vorschreiben. In allen Fällen können die Mitgliedstaaten bestimmen, daß die Beteiligung der Arbeitnehmer in einer Gesellschaft nicht verwirklicht wird, wenn eine Mehrheit der Arbeitnehmer dieser Gesellschaft sich gegen eine solche Beteiligung ausgesprochen hat.

(3)   Liegt die durchschnittliche Zahl der Arbeitnehmer einer Gesellschaft über oder unter der gemäß Absatz 1 festgesetzten Zahl, so steht dem die Anwendung von Absatz 1 oder 2 solange nichts entgegen, bis die durchschnittliche Zahl der Arbeitnehmer die genannte Zahl zwei aufeinanderfolgende Jahre lang über- oder unterschritten hat.

(4)   Die nichtgeschäftsführenden Mitglieder des ersten Verwaltungsorgans können durch die Satzung bestellt werden.

(5)   Die Satzung oder der Errichtungsakt darf den Inhabern einer Gattung von Aktien kein ausschließliches Vorschlagsrecht für die Bestellung der Mehrheit der Mitglieder des Verwaltungsorgans, für dessen Bestellung die Hauptversammlung zuständig ist, einräumen.

Artikel 21 c

Abweichend von den Artikeln 21 b Absatz 1 und 21 d können die Gesetze der Mitgliedstaaten bestimmen, daß nicht mehr als ein Drittel der Mitglieder des Verwaltungsorgans auf eine andere als in diesen Artikeln vorgesehene Weise bestellt werden kann. Wo jedoch Artikel 21 d Anwendung findet, ist die darin festgelegte Mindestzahl der Arbeitnehmervertreter stets einzuhalten, sofern nicht die Voraussetzungen des Artikels 21 b Absatz 2 letzter Satz erfüllt sind.

Abschnitt 2

Beteiligung der Arbeitnehmer an der Bestellung von nichtgeschäftsführenden Mitgliedern des Verwaltungsorgans

Artikel 21 d

(1)   Die nichtgeschäftsführenden Mitglieder des Verwaltungsorgans werden höchstens zu zwei Dritteln von der Hauptversammlung und mindestens zu einem Drittel, jedoch höchstens zur Hälfte von den Arbeitnehmern der Gesellschaft bestellt.

(2)   Bestellen die Arbeitnehmer die Hälfte der nichtgeschäftsführenden Mitglieder des

Verwaltungsorgans, so ist für Abstimmungen dieses Organs sicherzustellen, daß dessen Entscheidungen letztlich von den von der Hauptversammlung bestellten Mitgliedern getroffen werden.

A b s c h n i t t 3

Beteiligung der Arbeitnehmer durch eine Arbeitnehmervertretung

Artikel 21 e

(1) Die Arbeitnehmervertretung hat gegenüber dem Verwaltungsorgan des Unternehmens das Recht, regelmäßig über die Verwaltung, die Lage, die Entwicklung und die Zukunftserwartungen der Gesellschaft, die Wettbewerbsstellung, die Kreditlage und die Investitionspläne unterrichtet und dazu gehört zu werden. Außerdem hat es dieselben Rechte auf Unterrichtung, die Artikel 21 r den nichtgeschäftsführenden Mitgliedern des Verwaltungsorgans einräumt.

(2) Ferner ist die Arbeitnehmervertretung in den Fällen des Artikels 21 s Absatz 1 vor der Beschlußfassung des Verwaltungsorgans über die Erteilung der Genehmigung zu hören. Wenn sich das Verwaltungsorgan einer abgegebenen Stellungnahme nicht anschließt, muß es die Gründe dafür der Arbeitnehmervertretung mitteilen. Das Gesetz oder die Satzung kann die Vornahme weiterer Rechtsgeschäfte dieser Anhörungspflicht unterwerfen.

(3) Artikel 21 q Absatz 2 Sätze 2 und 3 ist auf die Mitglieder der Arbeitnehmervertretung anwendbar.

(4) Die Arbeitnehmervertretung tagt in regelmäßigen Abständen, zumindest jedoch unmittelbar vor jeder Sitzung des Verwaltunsorgans. Sie erhält für ihre Beratungen die dazu erforderlichen schriftlichen Unterlagen und Informationen zu den Gegenständen der Tagesordnung der Sitzung des Verwaltungsorgans. Auf Wunsch der Arbeitnehmervertretung hat an ihren Sitzungen der Vorsitzende des Verwaltungsorgans, sein Stellvertreter oder ein geschäftsführendes Mitglied des Verwaltungsorgans teilzunehmen.

Abschnitt 4

Beteiligung der Arbeitnehmer durch Tarifvertrag

Artikel 21 f

(1) Die Beteiligung der Arbeitnehmer wird durch einen Tarifvertrag geregelt, der zwischen der Gesellschaft oder einer sie vertretenden Organisation und den die Arbeitnehmer der Gesellschaft vertretenden Organisationen geschlossen wird.

(2) Ein nach Absatz 1 geschlossener Tarifvertrag muß die Vorschriften dieses Abschnitts sowie Artikel 21 j beachten; er muß ferner zumindest die Bestimmungen über die Beteiligung der Arbeitnehmer im Aufsichtsorgan nach Artikel 21 g oder über die Arbeitnehmervertretung nach Artikel 21 h enthalten.

Artikel 21 g

(1) Die nichtgeschäftsführenden Mitglieder des Verwaltungsorgans werden nach Artikel 21 d bestellt.

(2) Die Artikel 21 j bis 21 u sind anwendbar.

Artikel 21 h

(1) Die Arbeitnehmervertreter haben gegenüber dem Verwaltungsorgan der Gesellschaft das Recht, regelmäßig über die Verwaltung, die Lage, die Entwicklung und die Zukunftserwartungen des Unternehmens, die Wettbewerbsstellung, die Kreditlage und die Investitionspläne unterrichtet und dazu gehört zu werden.

Außerdem haben sie dieselben Rechte auf Unterrichtung, die Artikel 21 r den nichtgeschäftsführenden Mitgliedern des Verwaltungsorgans einräumt.

(2) Ferner ist in den Fällen des Artikels 21 s durch Gesetz oder durch den nach Artikel 21 f geschlossenen Tarifvertrag wenigstens vorzusehen, daß die Arbeitnehmervertreter vor der Beschlußfassung des Verwaltungsorgans über die Erteilung der Genehmigung zu hören sind.

Wenn sich das Verwaltungsorgan einer abgegebenen Stellungnahme nicht anschließt, muß es die Gründe dafür den Arbeitnehmervertretern mitteilen. Das Gesetz, der Tarifvertrag oder die Satzung können die Vornahme weiterer Rechtsgeschäfte dieser Anhörungspflicht unterwerfen.

(3) Artikel 21 q Absatz 2 Satz 2 und 3 sind auf Arbeitnehmervertreter anwendbar, die vertrauliche Auskünfte nach den Absätzen 1 und 2 erhalten.

(4)   Artikel 21 e Absatz 4 ist auf die Arbeitnehmervertreter anwendbar.

Artikel 21 i

(1)   Für den Fall, daß ein Tarifvertrag im Sinne von Artikel 21 f nicht innerhalb eines Jahres nach Ablauf der in Artikel 64 Absatz 2 genannten Frist geschlossen wird, sehen die Mitgliedstaaten vor, daß die Beteiligung der Arbeitnehmer nach Artikel 21 d oder 21 e geregelt wird.

(2)   Für den Fall, daß ein Tarifvertrag im Sinne von Artikel 21 f abläuft und ein neuer Tarifvertrag nicht innerhalb eines Jahres geschlossen wird, sehen die Mitgliedstaaten vor, daß die Beteiligung der Arbeitnehmer nach Artikel 21 d oder Artikel 21 e geregelt wird.

Abschnitt 5

Grundsätze für die Bestellung der Arbeitnehmervertreter

Artikel 21 j

Soweit die Arbeitnehmer an der Bestellung von nichtgeschäftsführenden Mitgliedern des Verwaltungsorgans nach Artikel 21 d, durch ein Organ der Arbeitnehmervertretung nach Artikel 21 e oder durch tarifvertraglich vereinbarte Systeme nach Artikel 21 f zu beteiligen sind, stellen die Mitgliedstaaten die Beachtung folgender Grundsätze sicher:

a)   die Wahl der betreffenden Mitglieder des Verwaltungsorgans und der Arbeitnehmervertreter sind nach dem System der Verhältniswahl durchzuführen, wobei Minderheiten zu schützen sind;

b)   alle Arbeitnehmer müssen an den Wahlen teilnehmen können;

c)   die Wahlen sind geheim;

d)   die Freiheit der Meinungsäußerung wird gewährleistet.

Abschnitt 6

Mitglieder des Verwaltungsorgans

Artikel 21 k

(1)   Geschäftsführendes Mitglied des Verwaltungsorgans können nur natürliche Personen sein.

20

(2) Sofern die Gesetze der Mitgliedstaaten vorsehen, daß nichtgeschäftsführende Mitglieder des Verwaltungsorgans auch juristische Personen sein können, müssen diese einen ständigen Vertreter bestellen, für den dieselben Bedingungen und Verpflichtungen gelten, wie wenn er persönlich Mitglied des Verwaltungsorgans wäre, unbeschadet der Haftung der juristischen Person, die er vertritt.

Artikel 21 l

Niemand darf geschäftsführendes und zugleich nichtgeschäftsführendes Mitglied des Verwaltungsorgans sein.

Artikel 21 m

(1) Die nichtgeschäftsführenden Mitglieder des Verwaltungsorgans dürfen nur für eine bestimmte Zeit bestellt werden, die sechs Jahre nicht überschreiten darf. Eine wiederholte Bestellung ist zulässig.

(2) In Gesellschaften, die im Durchschnitt eine größere als die nach Artikel 21 b Absatz 1 festgesetzte Zahl von Arbeitnehmern beschäftigen, dürfen die geschäftsführenden Mitglieder des Verwaltungsorgans nur für eine bestimmte Zeit bestellt werden, die sechs Jahre nicht überschreiten darf. Eine wiederholte Bestellung ist zulässig.

Artikel 21 n

Die geschäftsführenden und die nichtgeschäftsführenden Mitglieder des Verwaltungsorgans dürfen nicht ihre eigene Vergütung festlegen. Die geschäftsführenden Mitglieder des Verwaltungsorgans dürfen ferner nicht die Vergütung der nichtgeschäftsführenden Mitglieder des Verwaltungsorgans festlegen.

Artikel 21 o

(1) Geschäftsführende Mitglieder des Verwaltungsorgans dürfen ohne Genehmigung der nichtgeschäftsführenden Mitglieder keine selbständige oder unselbständige Tätigkeit für eigene oder fremde Rechnung in einem anderen Unternehmen ausüben.

(2) Über die erteilten Genehmigungen ist die Hauptversammlung zu unterrichten.

(3) Bevor eine natürliche Person als nichtgeschäftsführendes Mitglied des Verwaltungsorgans bestellt werden kann, ist den Organen oder Personen, die das Bestellungsrecht ausüben, mitzuteilen, welche selbständige oder unselbständige Tätigkeit für eigene oder fremde Rechnung diese Person in einem anderen Unternehmen ausübt.

Artikel 21 p

(1) Jeder Vertrag, an dem die Gesellschaft beteiligt ist und der auch nur mittelbar die Interessen eines Mitglieds des Verwaltungsorgans, sei es ein geschäftsführendes Mitglied, berührt, bedarf zumindest der Genehmigung der nichtgeschäftsführenden Mitglieder des Verwaltungsorgans.

(2) Wenn ein geschäftsführendes oder nichtgeschäftsführendes Mitglied des Verwaltungsorgans erfährt, daß die Voraussetzungen des Absatzes 1 vorliegen, muß es davon das Verwaltungsorgan unterrichten. Es hat das Recht gehört zu werden; es darf jedoch an der Beratung und Beschlußfassung der geschäftsführenden Mitglieder über den Vertrag sowie an der Beschlußfassung der nichtgeschäftsführenden Mitglieder des Verwaltungsorgans über die Erteilung der Genehmigung nach Absatz 1 nicht teilnehmen.

(3) Über die nach Absatz 1 erteilten Genehmigungen ist die Hauptversammlung zu unterrichten.

(4) Das Fehlen der Genehmigung des Verwaltungsorgans oder die Unrechtmäßigkeit des Beschlusses über die Erteilung dieser Genehmigung kann Dritten nur entgegengehalten werden, wenn die Gesellschaft beweist, daß dem Dritten das Fehlen der Genehmigung oder die Unrechtmäßigkeit des Beschlusses bekannt war, oder daß er darüber nach den Umständen nicht in Unkenntnis sein konnte.

Artikel 21 q

(1) Alle geschäftsführenden Mitglieder des Verwaltungsorgans haben dieselben Rechte und Pflichten, unbeschadet der Vorschriften, welche die Aufteilung der Aufgaben dieses Organs unter seinen Mitgliedern gestatten. Das gleiche gilt für die nichtgeschäftsführenden Mitglieder.

(2) Alle Mitglieder des Verwaltungsorgans haben ihr Amt im Interesse des Unternehmens unter Berücksichtigung der Interessen der Aktionäre und der Arbeitnehmer auszuüben. Sie sind verpflichtet, Informationen vertraulich zu behandeln, welche das Unternehmen betreffen und vertraulichen Charakter haben. Die Verpflichtung gilt auch dann, wenn sie ihr Amt nicht mehr ausüben.

Abschnitt 7

**Unterrichtung und Genehmigung der nichtgeschäftsführenden Mitglieder
des Verwaltungsorgans**

Artikel 21 r

(1) Die geschäftsführenden Mitglieder des Verwaltungsorgans haben mindestens alle drei Monate den nichtgeschäftsführenden Mitgliedern einen schriftlichen Bericht über den Gang der Geschäfte der Gesellschaft vorzulegen.

(2) Die geschäftsführenden Mitglieder des Verwaltungsorgans haben innerhalb von fünf Monaten nach Abschluß eines jeden Geschäftsjahres den nichtgeschäftsführenden Mitgliedern die Entwürfe des Jahresabschlusses sowie des Lageberichts im Sinne der Artikel 2 und 46 der Richtlinie 78/660/EWG vorzulegen.

(3) Auf Verlangen der nichtgeschäftsführenden Mitglieder des Verwaltungsorgans haben die geschäftsführenden Mitglieder einen besonderen Bericht über alle oder bestimmte Angelegenheiten der Gesellschaft vorzulegen.

(4) Die nichtgeschäftsführenden Mitglieder des Verwaltungsorgans sind berechtigt, die erforderlichen Überprüfungen durchzuführen oder durchführen zu lassen. Wenn mindestens ein Drittel von ihnen dies beantragt, können die nichtgeschäftsführenden Mitglieder verlangen, daß die geschäftsführenden Mitglieder ihnen alle für die Ausübung der Aufsicht erforderlichen Auskünfte und Unterlagen erteilen bzw. vorlegen.

(5) Jedes nichtgeschäftsführende Mitglied des Verwaltungsorgans kann von den Berichten, Unterlagen und Auskünften Kenntnis nehmen, welche die geschäftsführenden Mitglieder einem anderen nichtgeschäftsführenden Mitglied übermittelt haben.

Artikel 21 s

(1) Eine Übertragung der Befugnis des Verwaltungsorgans ist ausgeschlossen für Beschlüsse über:

a) die Schließung oder Verlegung des Unternehmens oder erheblicher Unternehmensteile;

b) wichtige Beschränkungen oder Erweiterungen der Unternehmenstätigkeit;

c) wichtige Änderungen in der Unternehmensorganisation;

d) den Beginn oder die Beendigung dauernder Zusammenarbeit mit anderen Unternehmen.

(2) Das Gesetz oder die Satzung kann die Übertragung der Befugnis, über weitere Rechtsgeschäfte zu beschließen, untersagen.

(3) Gegenüber Dritten findet die Vorschrift des Artikels 21 p Absatz 4 Anwendung.

Abschnitt 8

Abberufung der Mitglieder des Verwaltungsorgans

Artikel 21 t

(1) Die geschäftsführenden Mitglieder des Verwaltungsorgans können von den nicht-geschäftsführenden Mitgliedern, die darüber mit Mehrheit beschließen, abberufen werden.

(2) Die nichtgeschäftsführenden Mitglieder des Verwaltungsorgans können jederzeit von denselben Organen oder Personen, welche sie bestellt haben, und nach demselben Verfahren abberufen werden.

Abschnitt 9

Zivilrechtliche Haftung

Artikel 21 u

Die Vorschriften der Artikel 14 bis 21 finden auf die geschäftsführenden und die nichtgeschäftsführenden Mitglieder des Verwaltungsorgans Anwendung.

KAPITEL V

HAUPTVERSAMMLUNG

Artikel 22

(1) Die Hauptversammlung muß zumindest einmal im Jahr einberufen werden.

(2) Sie kann vom Leitungsorgan oder von den geschäftsführenden Mitgliedern des Verwaltungsorgans jederzeit einberufen werden.

Artikel 23

(1) Die Einberufung der Hauptversammlung und die Festsetzung der Tagesordnung muß bei der Gesellschaft auch von einem oder mehreren Aktionären beantragt werden können, welche die Voraussetzungen des Artikels 16 Absatz 1 erfüllen.

(2) Wird dem nach Absatz 1 gestellten Antrag nicht innerhalb eines Monats stattgegeben, muß das zuständige Gericht die Einberufung der Hauptversammlung selbst anordnen oder dazu die Aktionäre, die den Antrag gestellt haben, oder deren Vertreter ermächtigen können.

Artikel 24

(1) a) Die Gesetze der Mitgliedstaaten können vorsehen, daß, sofern alle Aktien der Gesellschaft Namensaktien sind, die Einberufung zur Hauptversammlung durch eine Mitteilung erfolgen kann, welche die Prüfung ermöglicht, daß und an welchem Tag die Mitteilung jedem Aktionär zugesandt worden ist.

   b) In allen anderen Fällen ist die Einberufung zumindest in dem nach Artikel 3 Absatz 4 der Richtlinie 68/151/EWG bestimmten nationalen Amtsblatt bekanntzumachen.

(2) Die Einberufung muß mindestens folgende Angaben enthalten:

a) die Firma und den Sitz der Gesellschaft;

b) Ort und Zeit der Hauptversammlung;

c) die Art der Hauptversammlung (ordentliche, außerordentliche oder gesonderte);

d) gegebenenfalls die Förmlichkeiten, die in der Satzung für die Teilnahme an der Hauptversammlung und die Ausübung des Stimmrechts vorgeschrieben sind;

e) gegebenenfalls die Bestimmungen der Satzung, nach denen die Auswahl des Vertreters eines Aktionärs auf bestimmte Gruppen von Personen beschränkt wird;

f) die Tagesordnung;

g) die Vorschläge zu den Gegenständen der Tagesordnung.

(3) Zwischen dem Tag der Absendung der ersten Einberufung zur Hauptversammlung durch die in Absatz 1 Buchstabe a) bezeichnete Mitteilung oder der ersten Bekanntmachung der Einberufung nach Absatz 1 Buchstabe b) und dem Tag der ersten Hauptversammlung muß eine Frist von mindestens 21 Tagen liegen.

Artikel 25

(1) Die Ergänzung der Tagesordnung einer bereits einberufenen Hauptversammlung um einen oder mehrere weitere Gegenstände muß von einem oder mehreren Aktionären erwirkt werden können, welche die Voraussetzungen des Artikels 16 Absatz 1 erfüllen.

(2) Anträge auf Ergänzung der Tagesordnung müssen bei der Gesellschaft binnen sieben Tagen nach der Absendung der ersten Einberufung zur Hauptversammlung durch die in

Artikel 24 Absatz 1 Buchstabe a) bezeichnete Mitteilung oder der ersten Bekanntmachung der Einberufung zur Hauptversammlung nach Artikel 24 Absatz 1 Buchstabe b) gestellt werden.

(3) Der Gegenstand der nach den vorstehenden Absätzen ergänzten Tagesordnung ist in derselben Form wie die Einberufung und nicht später als sieben Tage vor dem Tag der Hauptversammlung mitzuteilen oder bekanntzumachen.

Artikel 26

Jeder Aktionär, der die dafür durch Gesetz oder Satzung vorgeschriebenen Förmlichkeiten erfüllt hat, ist zur Teilnahme an der Hauptversammlung berechtigt.

Artikel 27

(1) Jeder Aktionär ist berechtigt, sich auf der Hauptversammlung vertreten zu lassen.

(2) Durch die Satzung kann die Auswahl des Vertreters auf eine oder mehrere Gruppen von Personen beschränkt werden. Ein Aktionär muß jedoch stets einen anderen Aktionär zu seinem Vertreter bestellen können.

(3) Die Vollmacht muß schriftlich erteilt, der Gesellschaft ausgehändigt und von dieser mindestens drei Jahre lang, vom Tag der Hauptversammlung an gerechnet, aufbewahrt werden.

Artikel 28

(1) Sofern sich nach einzelstaatlichem Recht jemand öffentlich erbieten darf, die Vollmacht des Aktionärs einzuholen und für ihn einen Vertreter zu bestellen, gelten zusätzlich zu Artikel 27 folgende Bestimmungen:

a) Die Vollmacht wird nur für eine Hauptversammlung erteilt; sie gilt jedoch für eine zweite Hauptversammlung mit derselben Tagesordnung;

b) die Vollmacht ist widerruflich;

c) zur Erteilung der Vollmacht sind alle nach Namen und Wohnort bekannten Aktionäre schriftlich aufzufordern;

d) die Aufforderung zur Erteilung der Vollmacht muß mindestens folgende Angaben enthalten:

aa) die Tagesordnung der Hauptversammlung;

bb) die Vorschläge zu den einzelnen Gegenständen der Tagesordnung;

cc) die Mitteilung, daß dem Aktionär auf Verlangen die in Artikel 30 erwähnten Unterlagen zur Verfügung stehen;

dd) die Aufforderung, Weisungen für die Ausübung des Stimmrechts zu den einzelnen Gegenständen der Tagesordnung zu erteilen;

ee) die Mitteilung, wie der Vertreter das Stimmrecht jeweils ausüben wird, wenn der Aktionär keine Weisung erteilt;

e) das Stimmrecht ist entsprechend den Weisungen des Aktionärs oder, wenn dieser keine Weisungen erteilt, so auszuüben, wie es dem Aktionär mitgeteilt worden ist;

f) das Stimmrecht kann jedoch abweichend von den Weisungen des Aktionärs oder der ihm zugegangenen Mitteilung ausgeübt werden, wenn Umstände eintreten, die bei Erteilung der Weisungen oder bei Absendung der Aufforderung zur Erteilung der Vollmacht nicht bekannt waren, und andernfalls die Interessen des Aktionärs gefährdet würden;

g) ist das Stimmrecht abweichend von den Weisungen des Aktionärs oder der ihm zugegangenen Mitteilung ausgeübt worden, muß der Vertreter den Aktionär davon unverzüglich unterrichten und ihm die Gründe des Abweichens mitteilen.

(2) Die Bestimmungen des vorstehenden Absatzes sind auch anwendbar, wenn die Gesellschaft die Vollmacht des Aktionärs einholt und für ihn einen Vertreter bestellt.

Artikel 29

Für jede Hauptversammlung ist vor jeder Beratung und Beschlußfassung ein Teilnehmerverzeichnis aufzustellen. Dieses muß mindestens folgende Angaben enthalten:

a) Namen und Wohnort der erschienenen Aktionäre;

b) Namen und Wohnort der vertretenen Aktionäre und ihrer Vertreter;

c) die Zahl, die Gattung und den Nennbetrag oder, wenn ein Nennbetrag nicht vorhanden ist, den Rechnungswert sowie das Stimmrecht der Aktien für jeden erschienenen oder vertretenen Aktionär.

Artikel 30

(1) Jedem Aktionär müssen mindestens vom Tag der Absendung oder Bekanntmachung der Einberufung zur Hauptversammlung an, die den Jahresabschluß feststellt und über die Verwendung des Jahresergebnisses entscheidet oder, falls sie zur Feststellung des Jahresabschlusses nicht befugt ist, lediglich über die Verwendung des Jahresergebnisses entscheidet, der Jahresabschluß im Sinne des Artikels 2 Absatz 1 der Richtlinie 78/660/EWG, der Vorschlag für die Verwendung des Jahresergebnisses, falls er nicht

im Jahresabschluß erscheint, der Lagebericht im Sinne des Artikels 46 der Richtlinie 78/660/EWG sowie die Erklärung der mit der Rechnungsprüfung beauftragten Personen (Artikel 58 Absatz 2 der vorliegenden Richtlinie) zur Verfügung stehen. Jeder Aktionär muß die Möglichkeit haben, eine Abschrift dieser Unterlagen auf Antrag kostenlos zu beziehen. Vom gleichen Tag an ist der Bericht der mit der Rechnungsprüfung beauftragten Personen (Artikel 60 der vorliegenden Richtlinie) in den Räumen der Gesellschaft und am Versammlungsort für jeden Aktionär auf Antrag zur Einsichtnahme aufzulegen.

(2) Der erste und zweite Satz des Absatzes 1 gelten auch für Verträge, die der Zustimmung der Hauptversammlung bedürfen, sofern die einberufene Hauptversammlung darüber zu beschließen hat.

Artikel 31

(1) Jedem Aktionär ist in der Hauptversammlung auf sein Verlangen gewissenhafte Auskunft über Angelegenheiten der Gesellschaft zu erteilen, soweit die Auskunft zur sachgemäßen Beurteilung eines Gegenstandes der Tagesordnung erforderlich ist.

(2) Zur Erteilung der Auskunft sind das Leitungsorgan oder die geschäftsführenden Mitglieder des Verwaltungsorgans verpflichtet.

(3) Die Erteilung der Auskunft darf nur verweigert werden, wenn

a) sie der Gesellschaft schwerwiegenden Schaden zufügen würde oder

b) die Gesellschaft gesetzlich zur Geheimhaltung verpflichtet ist.

(4) Für Streitigkeiten über die Berechtigung einer Auskunftsverweigerung sind die Gerichte zuständig.

Artikel 32

(1) Die Hauptversammlung kann über einen Gegenstand, der nicht auf der Tagesordnung steht, keinen Beschluß fassen.

(2) Absatz 1 gilt nicht, wenn alle Aktionäre in der Hauptversammlung erschienen oder vertreten sind und kein Aktionär gegen die Beschlußfassung Widerspruch zur Niederschrift einlegt.

(3) Ferner brauchen die Mitgliedstaaten Absatz 1 nicht anzuwenden auf die Beschlußfassung über folgende Gegenstände:

a) (entfällt)

b) die gerichtliche Geltendmachung von Ersatzansprüchen der Gesellschaft gegen Mitglieder des Verwaltungs-, des Leitungs- oder des Aufsichtsorgans, sofern auf derselben Hauptversammlung über den Jahresabschluß beraten oder entschieden wird;

c) die Einberufung einer neuen Hauptversammlung.

Artikel 33

(1) Das Stimmrecht des Aktionärs entspricht dem durch die Aktie verkörperten Anteil am gezeichneten Kapital.

(2) Abweichend von Absatz 1 können die Gesetze der Mitgliedstaaten zulassen, daß durch die Satzung eine Beschränkung oder ein Ausschluß des Stimmrechts für Aktien festgelegt wird, die besondere Vermögensvorteile gewähren. Solche Aktien dürfen nur bis in Höhe von 50 % des gezeichneten Kapitals ausgegeben werden. Kommt die Gesellschaft ihren mit diesen Aktien verbundenen Verpflichtungen nicht nach, so erwerben die Inhaber dieser Aktien ein ihrem durch diese Aktien verkörperten Anteil am gezeichneten Kapital entsprechendes Stimmrecht, das dem Stimmrecht der übrigen Aktionäre gleichgestellt ist. Dieses können sie ausüben, solange sie die genannten Vermögensvorteile nicht erhalten.

(3) Ein Aktionär, der am Tag der Hauptversammlung den Betrag der Einlage, der von der Gesellschaft mindestens einen Monat vorher eingefordert worden ist, noch nicht geleistet hat, darf sein Stimmrecht nicht ausüben.

Artikel 34

Ein Aktionär oder der Vertreter eines Aktionärs darf das Stimmrecht aus eigenen oder aus Aktien Dritter dann nicht ausüben, wenn die Beschlußfassung der Hauptversammlung zum Gegenstand hat

a) die Entlastung des Aktionärs;

b) die Geltendmachung von Ansprüchen der Gesellschaft gegen den Aktionär;

c) die Befreiung des Aktionärs von Verbindlichkeiten gegenüber der Gesellschaft;

d) die Zustimmung zu Verträgen zwischen der Gesellschaft und dem Aktionär.

Artikel 35

Nichtig ist jede Vereinbarung, durch die sich ein Aktionär verpflichtet,

a) stets nach Weisung der Gesellschaft oder eines ihrer Organe oder

b) stets gemäß deren jeweiligen Vorschlägen oder

c) als Gegenleistung für besondere Vorteile in einem bestimmten Sinne zu stimmen oder überhaupt nicht zu stimmen.

Artikel 36

(1) Beschlüsse der Hauptversammlung bedürfen der absoluten Mehrheit der von den erschienenen oder vertretenen Aktionären abgegebenen Stimmen, soweit nicht das Gesetz oder die Satzung größere Mehrheiten oder weitere zusätzliche Erfordernisse vorschreiben.

(2) (entfällt)

(3) Für die Bestellung oder Abberufung der Mitglieder des Verwaltungs-, Leitungs- oder Aufsichtsorgans dürfen weder das Gesetz noch die Satzung eine größere Mehrheit als die absolute Mehrheit der von den erschienenen oder vertretenen Aktionären abgegebenen Stimmen vorschreiben.

Artikel 37

(1) Jede Änderung der Satzung bedarf eines Beschlusses der Hauptversammlung.

(2) Die Gesetze der Mitgliedstaaten können jedoch vorsehen, daß die Hauptversammlung zur Änderung der Satzung ein anderes Organ der Gesellschaft ermächtigt, sofern

a) die Satzungsänderung nur der Ausführung eines bereits gefaßten Beschlusses der Hauptversammlung dient;

b) die Satzungsänderung von einer Verwaltungsbehörde verlangt wird, von deren Genehmigung die Wirksamkeit der Satzungsänderung abhängt;

c) die Satzungsänderung lediglich zur Anpassung der Satzung an zwingende gesetzliche Vorschriften erfolgt.

Artikel 38

(1) Der vorgeschlagene Wortlaut einer Satzungsänderung, über welche die Hauptversammlung zu beschließen hat, ist in die Einberufung zu dieser Versammlung aufzunehmen.

(2) Die Gesetze der Mitgliedstaaten können jedoch vorsehen, daß der Wortlaut der vorgeschlagenen Satzungsänderung, wenn die Einberufung durch eine Bekanntmachung nach Artikel 24 Absatz 1 Buchstabe b) erfolgt, den Aktionären spätestens vom Tag der Bekanntmachung an zur Verfügung stehen muß. Jedem Aktionär ist auf Antrag eine Abschrift dieses Wortlauts kostenlos zu übermitteln.

Artikel 39

(1) Beschlüsse der Hauptversammlung über eine Änderung der Satzung bedürfen einer

Mehrheit, die mindestens zwei Drittel der Stimmen der in der Versammlung vertretenen Wertpapiere oder des in der Versammlung vertretenen gezeichneten Kapitals ausmacht.

(2) Die Gesetze der Mitgliedstaaten können jedoch vorsehen, daß in den Fällen, wo mindestens die Hälfte des gezeichneten Kapitals vertreten ist, die in Artikel 36 Absatz 1 vorgesehene Mehrheit ausreicht.

(3) Beschlüsse der Hauptversammlung, welche eine Erhöhung der Pflichten der Aktionäre zur Folge haben, bedürfen in jedem Fall der Zustimmung aller davon betroffenen Aktionäre.

Artikel 40

(1) Sind mehrere Gattungen von Aktien vorhanden, so ist der Beschluß der Hauptversammlung von einer gesonderten Abstimmung zumindest jeder Gattung derjenigen Aktionäre abhängig, deren Rechte durch den Beschluß berührt werden.

(2) Artikel 39 ist anwendbar.

Artikel 41

(1) Über jede Hauptversammlung ist eine Niederschrift aufzunehmen.

(2) Die Niederschrift muß mindestens folgende Angaben enthalten:

a) Ort und Tag der Hauptversammlung;

b) den Gegenstand der Beschlußfassungen;

c) das Ergebnis der Abstimmungen;

d) gegebenenfalls den Widerspruch eines Aktionärs gegen eine Beschlußfassung.

(3) Der Niederschrift sind beizufügen:

a) das Teilnehmerverzeichnis und

b) die Unterlagen über die Einberufung der Hauptversammlung.

(4) Die Niederschrift sowie die ihr beizufügenden Unterlagen müssen zumindest den Aktionären zur Verfügung stehen und sind mindestens drei Jahre lang aufzubewahren.

Artikel 42

Die Mitgliedstaaten stellen sicher, daß, vorbehaltlich der Wahrung gutgläubig erworbener Rechte Dritter, ein Beschluß der Hauptversammlung nichtig ist oder für nichtig erklärt werden kann, wenn

a) die Hauptversammlung nicht gemäß Artikel 24 Absätze 1 und 2 Buchstaben b) und d) und Absatz 3 einberufen worden ist;

b) der Gegenstand der Beschlußfassung nicht gemäß Artikel 24 Absatz 2 Buchstabe f) oder Artikel 25 Absatz 3 mitgeteilt und bekanntgemacht worden ist, unbeschadet der Vorschrift des Artikels 32 Absätze 2 und 3;

c) ein Aktionär entgegen Artikel 26 zur Teilnahme an der Hauptversammlung nicht zugelassen worden ist;

d) ein Aktionär entgegen Artikel 30 nicht von einer Unterlage Kenntnis nehmen konnte oder ihm entgegen Artikel 31 eine Auskunft verweigert worden ist;

e) bei der Beschlußfassung die Bestimmungen der Artikel 33 oder 34 über die Ausübung des Stimmrechts verletzt worden sind und hierdurch das Ergebnis der Abstimmung beeinflußt worden ist;

f) die nach Artikel 36 oder Artikel 39 erforderliche Mehrheit der Stimmen nicht erreicht worden ist;

g) entgegen Artikel 40 Absatz 1 die gesonderte Abstimmung nicht stattgefunden hat.

Artikel 43

Die in Artikel 42 vorgesehene Klage auf Feststellung oder Erklärung der Nichtigkeit muß zumindest erhoben werden können:

a) im Falle des Artikels 42 Buchstabe a) von jedem Aktionär, der auf der Hauptversammlung nicht erschienen oder vertreten war;

b) im Falle des Artikels 42 Buchstabe b) von jedem Aktionär, es sei denn, dieser war auf der Hauptversammlung erschienen oder vertreten, ohne gegen die Beschlußfassung Widerspruch zur Niederschrift einzulegen;

c) im Falle des Artikels 42 Buchstabe c) von jedem Aktionär, der zur Teilnahme an der Hauptversammlung nicht zugelassen worden ist;

d) im Falle des Artikels 42 Buchstabe d) von jedem Aktionär, der von einer Unterlage keine Kenntnis nehmen konnte oder dem eine Auskunft verweigert worden ist;

e) im Falle des Artikels 42 Buchstabe e) von jedem Aktionär, der von der Abstimmung ausgeschlossen wurde oder der die Teilnahme eines anderen Aktionärs an der Abstimmung bestreitet;

f) im Falle des Artikels 42 Buchstabe f) von jedem Aktionär;

g) im Falle des Artikels 42 Buchstabe g) von jedem Aktionär einer Gattung von Aktien, deren Rechte durch den Beschluß der Hauptversammlung berührt werden.

Artikel 44

Die Klage auf Feststellung oder Erklärung der Nichtigkeit muß innerhalb einer Frist erhoben werden, die von den Mitgliedstaaten nicht niedriger als drei Monate und nicht höher als ein Jahr festgelegt werden kann, beginnend von dem Zeitpunkt ab, in dem der Beschluß der Hauptversammlung gegenüber demjenigen, der sich auf die Nichtigkeit oder Vernichtbarkeit beruft, entgegengesetzt werden kann.

Artikel 45

Die Nichtigkeit eines Beschlusses der Hauptversammlung kann nicht mehr ausgesprochen werden, sobald der Beschluß durch einen anderen ersetzt worden ist, welcher Gesetz und Satzung entspricht. Dazu muß das zuständige Gericht der Gesellschaft eine Frist einräumen können.

Artikel 46

(1) Eine gerichtliche Entscheidung, in der die Nichtigkeit eines Beschlusses der Hauptversammlung ausgesprochen wird, ist in der in den Gesetzen der einzelnen Mitgliedstaaten vorgeschriebenen Weise in Übereinstimmung mit Artikel 3 der Richtlinie 68/151/EWG bekanntzumachen.

(2) Nach Artikel 12 Absatz 1 der Richtlinie 68/151/EWG bestimmt sich, ob Dritten eine gerichtliche Entscheidung entgegengehalten werden kann, in der die Nichtigkeit eines Beschlusses der Hauptversammlung ausgesprochen wird.

Artikel 47

Sofern die Gesetze der Mitgliedstaaten für die Inhaber von Aktien bestimmter Gattungen gesonderte Versammlungen vorsehen, sind die Vorschriften des Kapitels V auf diese Versammlungen und deren Beschlüsse entsprechend anzuwenden.

KAPITEL VI

Feststellung und Prüfung des Jahresabschlusses

Artikel 48

(1) Der Jahresabschluß im Sinne des Artikels 2 der Richtlinie 78/660/EWG wird durch die Hauptversammlung festgestellt.

(2) Die Gesetze der Mitgliedstaaten können jedoch vorsehen, daß in Gesellschaften mit dualistischer Struktur der Jahresabschluß statt durch die Hauptversammlung durch das Leitungs- und das Aufsichtsorgan festgestellt wird, sofern nicht die beiden Organe etwa anderes beschließen oder sie sich über die Feststellung des Jahresabschlusses nicht einigen.

Artikel 49

(1) Fünf v. H. des Gewinns des Geschäftsjahres, gegebenenfalls vermindert um einen Verlustvortrag, sind in die gesetzliche Rücklage einzustellen, bis diese mindestens den Betrag von zehn v. H. des gezeichneten Kapitals erreicht.

(2) Die gesetzliche Rücklage darf, soweit sie den im vorhergehenden Absatz bestimmten Betrag nicht überschreitet, nur zur Erhöhung des gezeichneten Kapitals oder zum Ausgleich von Verlusten verwendet werden, soweit dazu andere verfügbare Rücklagen nicht ausreichen.

(3) Bis zu einer späteren Koordinierung brauchen die Mitgliedstaaten die Bestimmungen dieses Artikels nicht auf Investmentgesellschaften mit veränderlichem Kapital im Sinne von Artikel 1 Absatz 2 der Richtlinie 77/91/EWG anzuwenden.

Artikel 50

(1) Die Hauptversammlung entscheidet über die Verwendung des Ergebnisses des Geschäftsjahres zuzüglich des Gewinnvortrags und der Entnahmen aus hierfür verfügbaren Rücklagen, jedoch vermindert um den Verlustvortrag so wie um die Beträge, die nach Gesetz oder Satzung in Rücklagen eingestellt worden sind.

(2) Jedoch kann über einen Teil des in Absatz 1 bestimmten Betrages, der 50 % nicht übersteigen darf, durch die Satzung verfügt werden.

Artikel 51

(entfällt)

Artikel 52

(entfällt)

Artikel 53

(1) Die Rechnungsprüfung darf in keinem Fall von Personen vorgenommen werden, die Mitglieder des Verwaltungs-, des Leitungs- oder des Aufsichtsorgans oder Arbeitnehmer der zu prüfenden Gesellschaft sind oder in den letzten drei Jahren vor ihrer Bestellung gewesen sind.

(2) Die Rechnungsprüfung darf ferner in keinem Fall von Gesellschaften vorgenommen werden, deren Gesellschafter, deren Mitglieder des Verwaltungs-, des Leitungs- oder des Aufsichtsorgans oder deren vertretungsberechtigte Personen Mitglieder des Verwaltungs-, des Leitungs- oder des Aufsichtsorgans oder Arbeitnehmer der zu prüfenden Gesellschaft sind oder in den letzten drei Jahren vor ihrer Bestellung gewesen sind.

Artikel 54

(1) Die Personen, welche die Rechnungsprüfung vorgenommen haben, dürfen mindestens drei Jahre lang nach Beendigung ihrer Amtszeit nicht Mitglieder des Verwaltungs-, des Leitungs- oder des Aufsichtsorgans oder Arbeitnehmer der geprüften Gesellschaft werden.

(2) Ferner dürfen Gesellschafter, Mitglieder des Verwaltungs-, des Leitungs- oder des Aufsichtsorgans oder vertretungsberechtigte Personen von Gesellschaften, welche die Rechnungsprüfung vorgenommen haben, mindestens drei Jahre lang nach Erfüllung dieser Aufgabe nicht Mitglieder des Verwaltungs-, des Leitungs- oder des Aufsichtsorgans oder Arbeitnehmer der geprüften Gesellschaft werden.

Artikel 55

(1) Die Personen, welche die Rechnungsprüfung vornehmen sollen, werden von der Hauptversammlung bestellt. Jedoch läßt die Richtlinie die Gesetze der Mitgliedstaaten über die Bestellung dieser Personen bei der Gründung der Gesellschaft unberührt.

(2) Wird die Bestellung durch die Hauptversammlung nicht rechtzeitig vorgenommen oder kann eine bestellte Person ihre Aufgaben nicht erfüllen, so muß auf Antrag des Verwaltungsorgans, des Leitungsorgans, des Aufsichtsorgans oder eines Aktionärs ein Gericht oder eine Verwaltungsbehörde eine oder mehrere Personen für die Rechnungsprüfung bestellen können.

(3) Ferner muß das Gericht oder die Verwaltungsbehörde aus wichtigem Grund eine durch die Hauptversammlung für die Rechnungsprüfung bestellte Person abberufen und dafür eine andere Person bestellen können, wenn dies vom Verwaltungsorgan, vom Leitungsorgan, vom Aufsichtsorgan oder von einem oder mehreren Aktionären, welche die Voraussetzungen des Artikels 16 erfüllen, beantragt wird. Dieser Antrag

muß innerhalb von zwei Wochen nach der Bestellung durch die Hauptversammlung eingereicht werden.

Artikel 56

Die Personen, welche die Rechnungsprüfung vornehmen, dürfen nur für eine bestimmte Zeit bestellt werden, die auf mindestens drei und höchstens sechs Jahre festgesetzt werden kann. Eine wiederholte Bestellung ist zulässig.

Artikel 57

(1) Die Vergütung der mit der Rechnungsprüfung beauftragten Personen oder die Grundlage für die Berechnung dieser Vergütung müssen vor Beginn der Tätigkeit dieser Personen und für die gesamte Amtsdauer unter Berücksichtigung von Art und Bedeutung ihrer Aufgaben festgesetzt werden.

(2) Außer der nach Absatz 1 festgesetzten Vergütung dürfen den genannten Personen für die Rechnungsprüfung keine weitere Vergütung oder weiteren Vorteile gewährt werden.

(3) (entfällt)

Artikel 58

(1) Die mit der Rechnungsprüfung beauftragten Personen haben in jedem Fall zu prüfen, ob der Jahresabschluß im Sinne des Artikels 2 der Richtlinie 78/660/EWG ein den tatsächlichen Verhältnissen entsprechendes Bild der Vermögens-, Finanz- und Ertragslage der Gesellschaft vermittelt. Ferner müssen sie prüfen, ob der Lagebericht im Sinne des Artikels 46 der vorgenannten Richtlinie mit dem Jahresabschluß für dasselbe Geschäftsjahr im Einklang steht.

(2) Haben die mit der Rechnungsprüfung beauftragten Personen keine Einwendungen zu erheben, dann bestätigen sie in einer Erklärung zum Jahresabschluß, daß die Erfordernisse des Absatzes 1 erfüllt sind; andernfalls ist die Erklärung mit Einschränkungen zu versehen oder zu versagen.

Artikel 59

Die mit der Rechnungsprüfung beauftragten Personen sind berechtigt, von der Gesellschaft die Erteilung aller zweckdienlichen Auskünfte und die Vorlage aller zweckdienlichen Unterlagen zu verlangen und die erforderlichen Prüfungen vorzunehmen.

Artikel 60

Die mit der Rechnungsprüfung beauftragten Personen erstellen einen ausführlichen schriftlichen Bericht über das Ergebnis ihrer Prüfung. Dieser Bericht muß mindestens folgende Angaben enthalten:

a) (entfällt)

b) gegebenenfalls im Laufe der Rechnungsprüfung festgestellte Verstöße der Buchführung, des Jahresabschlusses oder des Lageberichts gegen Gesetz oder Satzung;

c) gegebenenfalls im Laufe der Rechnungsprüfung festgestellte Tatsachen, aus denen sich eine schwere Gefährdung der Finanzlage der Gesellschaft ergibt;

d) den vollständigen Wortlaut der gemäß Artikel 58 Absatz 2 abgegebenen Erklärung. Sind Einwendungen erhoben oder ist die Erklärung versagt worden, so sind die Gründe dafür anzugeben.

Artikel 61

Die Personen, welche die Rechnungsprüfung vornehmen, können von der Hauptversammlung vor Ablauf ihrer Amtsdauer nur aus wichtigem Grund abberufen werden.

Artikel 62

Auf die zivilrechtliche Haftung der mit der Rechnungsprüfung beauftragten Personen für den Ersatz von Schäden, welche die Gesellschaft durch schuldhaftes Verhalten der genannten Personen bei der Erfüllung ihrer Aufgabe erleidet, sind die Vorschriften der Artikel 14 bis 19 sowie des Artikels 21 anzuwenden.

Artikel 63

(1) Die Mitgliedstaaten stellen sicher, daß, vorbehaltlich der Wahrung gutgläubig erworbener Rechte Dritter, der Beschluß des zuständigen Organs der Gesellschaft über die Feststellung des Jahresabschlusses nichtig ist oder für nichtig erklärt werden kann, wenn:

a) der Jahresabschluß nicht gemäß Artikel 58 Absatz 1 geprüft worden ist;

b) die Erklärung zum Jahresabschluß gemäß Artikel 58 Absatz 2 versagt worden ist;

c) der Jahresabschluß nicht von einer gemäß Artikel 52 zugelassenen oder bestimmten Person geprüft worden ist;

d) der Jahresabschluß von einer Person geprüft worden ist, die gemäß Artikel 53 mit der Rechnungsprüfung nicht beauftragt werden durfte oder die gemäß Artikel 55 Absatz 3 vom Gericht oder gemäß Artikel 61 von der Hauptversammlung abberufen worden war;

e) der Jahresabschluß von einer Person geprüft worden ist, die nicht gemäß Artikel 55 Absatz 1 von der Hauptversammlung oder nicht gemäß Artikel 55 Absätze 2 und 3 vom Gericht bestellt worden ist.

(2) Nichtigkeits- oder Anfechtungsklagen müssen zumindest von jedem Aktionär erhoben werden können.

(3) Die Vorschriften der Artikel 44 bis 46 sind anwendbar.

KAPITEL VII

Allgemeine Bestimmungen

Artikel 63 a

(1) Als Europäische Rechnungseinheit im Sinne dieser Richtlinie gilt diejenige, die durch die Verordnung (EWG) Nr. 3180/78[1]) festgelegt worden ist. Der Gegenwert in Landeswährung ist bei der ersten Festsetzung derjenige, welcher am Tag der Annahme dieser Richtlinie gilt.

(2) Der Rat prüft auf Vorschlag der Kommission alle fünf Jahre die in Europäischen Rechnungseinheiten ausgedrückten Beträge dieser Richtlinie unter Berücksichtigung der wirtschaftlichen und monetären Entwicklung in der Gemeinschaft und ändert diese Beträge gegebenenfalls.

Artikel 63 b

(1) Bis zu einer späteren Koordinierung können die Mitgliedstaaten für eine Gesellschaft, die Mutterunternehmen eines Konzerns ist:

a) von den Artikeln 4 und 21 b insoweit abweichen, wie dies notwendig ist, um die Arbeitnehmer von Tochterunternehmen dieses Konzerns in das für das Mutterunternehmen entsprechend dieser Richtlinie geltende System der Beteiligung oder Vertretung der Arbeitnehmer einzubeziehen;

b) die Artikel 10 a Absatz 2 erster Satz und 21 q Absatz 2 erster Satz im Hinblick auf Entscheidungen, die ein Tochterunternehmen dieses Konzerns betreffen, nicht anwenden.

---

1) ABl. Nr. L 379 vom 30. 12. 1978, S. 1.

(1 a)   Bis zu einer späteren Koordinierung brauchen die Mitgliedstaaten die Artikel 4
bis 4 i und 21 b bis 21 i nicht anzuwenden auf eine Gesellschaft,

a) die eine Beteiligungsgesellschaft im Sinne des Artikels 5 Absatz 3 der Richtlinie
   78/660/EWG ist oder

b) die das Mutterunternehmen eines internationalen Konzerns ist, dessen ausschließlicher
   Zweck darin besteht, die Verwaltung und Finanzierung von Tochterunternehmen zu
   koordinieren.

(2)   Bis zu einer späteren Koordinierung können die Mitgliedstaaten für eine Gesellschaft, die Tochterunternehmen eines Konzerns ist:

a) die Artikel 4 und 21 b nicht anwenden, sofern die Arbeitnehmer dieses Tochterunternehmens in das für das Mutterunternehmen des Konzerns entsprechend dieser Richtlinie geltende System der Beteiligung oder Vertretung der Arbeitnehmer einbezogen
   werden;

b) sofern die Beteiligungs- oder Vertretungsrechte der Arbeitnehmer nach Buchstabe a)
   gewährleistet sind, von den Artikeln 12, 14 und 21 s insoweit abweichen, wie es notwendig ist, das Tochterunternehmen entsprechend der Geschäftspolitik des Konzerns
   zu führen, vorausgesetzt, daß das Mutterunternehmen für die Verbindlichkeiten des
   Tochterunternehmens gegenüber Dritten und die Verbindlichkeiten nach Artikel 14
   haftet;

c) von den Artikeln 3 Absatz 1 Buchstabe b) und 13 Absatz 1 abzuweichen, sofern die
   Mitglieder des Aufsichtsorgans des Tochterunternehmens nach Artikel 4 c bestellt
   werden.

Artikel 63 c

(1)   Spätestens fünf Jahre nach Ablauf der in Artikel 64 Absatz 2 genannten Frist
legt die Kommission dem Rat und dem Europäischen Parlament einen Bericht über
die Erfahrungen vor, die in den Mitgliedstaaten mit der Anwendung dieser Richtlinie,
insbesondere der Artikel 2, 3, 4 bis 4 i, 11, 12, 21 b bis 21 s gemacht worden sind.
In diesem Bericht nimmt die Kommission insbesondere zu den Bemerkungen Stellung,
die ihr Unternehmer- und Arbeitnehmerorganisationen zur Anwendung der genannten
Vorschriften zur Kenntnis gebracht haben.

(2)   Die Kommission verbindet den in Absatz 1 genannten Bericht, soweit dies angebracht erscheint, mit ausführlichen Vorschlägen hinsichtlich des Anwendungsbereichs der
Richtlinie im allgemeinen und den in Absatz 1 genannten Vorschriften im besonderen.

Artikel 63 d

Die Mitgliedstaaten können von den Artikeln 4 bis 4 i sowie den Artikeln 21 b bis 21 i bei Gesellschaften abweichen, die ausschließlich oder überwiegend

a) in der Durchführung politischer, religiöser, humanitärer, karitativer, erzieherischer, wissenschaftlicher oder künstlerischer Aufgaben bestehen oder

b) sich auf öffentliche Informationsaufgaben oder Meinungsäußerungen beziehen.

Bei den Sonderbestimmungen darf es sich nur um Rechtsvorschriften handeln, die sicherstellen sollen, daß diese Unternehmen die Freiheiten in Anspruch nehmen können, die ihnen nach dem in den einzelnen Mitgliedstaaten geltenden Recht eingeräumt sind.

Artikel 64

(1) Die Mitgliedstaaten setzen bis zum ... die Rechts- und Verwaltungsvorschriften in Kraft, die notwendig sind, um dieser Richtlinie nachzukommen und setzen die Kommission hiervon unverzüglich in Kenntnis.

(2) Die Mitgliedstaaten können vorsehen, daß die in Absatz 1 bezeichneten Rechts- und Verwaltungsvorschriften auf Gesellschaften, die im Zeitpunkt ihres Inkrafttretens bereits bestehen, erst 18 Monate nach dem in Absatz 1 bezeichneten Zeitpunkt Anwendung finden. Diese 18 Monate können für die Anwendung von Artikel 2 Absatz 1 auf vier Jahre verlängert werden.

(3) Die Mitgliedstaaten unterrichten die Kommission über den Inhalt der Entwürfe von Rechtsvorschriften sowie deren Begründung, die den Bereich dieser Richtlinie betreffen. Diese Benachrichtigung muß spätestens sechs Monate vor dem für das Inkrafttreten vorgesehenen Zeitpunkt erfolgen.

(4) Wenn die Mitgliedstaaten diese Vorschriften erlassen, nehmen diese Vorschriften selbst auf die vorliegende Richtlinie Bezug oder werden sie bei ihrer amtlichen Veröffentlichung von einer entsprechenden Bezugnahme begleitet. Die Einzelheiten dieser Bezugnahme regeln die Mitgliedstaaten.

Artikel 65

Diese Richtlinie ist an die Mitgliedstaaten gerichtet.

SECHSTE RICHTLINIE DES RATES

vom 17. Dezember 1982

gemäß Artikel 54 Absatz 3 Buchstabe g) des Vertrages betreffend die Spaltung von Aktiengesellschaften

(82/891/EWG)

(Amtsblatt der Europäischen Gemeinschaften Nr. L 378 vom 31. 12. 1982, S. 47)

DER RAT DER EUROPÄISCHEN GEMEINSCHAFTEN –

gestützt auf den Vertrag zur Gründung der Europäischen Wirtschaftsgemeinschaft, insbesondere auf Artikel 54 Absatz 3 Buchstabe g),

auf Vorschlag der Kommission[1]),

nach Stellungnahme des Europäischen Parlaments[2]),

nach Stellungnahme des Wirtschafts- und Sozialausschusses[3]),

in Erwägung nachstehender Gründe:

Die Koordinierung, die Artikel 54 Absatz 3 Buchstabe g) und das Allgemeine Programm zur Aufhebung der Beschränkungen der Niederlassungsfreiheit[4]) vorsehen, wurde mit der Richtlinie 68/151/EWG[5]) begonnen.

Diese Koordinierung wurde für die Gründung der Aktiengesellschaft sowie die Erhaltung und Änderung ihres Kapitals durch die Richtlinie 77/91/EWG[6]), für die Jahresabschlüsse von Gesellschaften bestimmter Rechtsformen durch die Richtlinie 78/660/EWG[7]) und für die Verschmelzung von Aktiengesellschaften durch die Richtlinie 78/855/EWG[8]) fortgesetzt.

Die Richtlinie 78/855/EWG hat nur die Verschmelzung von Aktiengesellschaften und einige gleichgestellte Vorgänge geregelt. Der Vorschlag der Kommission zielte aber auch auf die Spaltung ab. Das Europäische Parlament und der Wirtschafts- und Sozialausschuß befürworten auch eine Regelung dieses Vorgangs.

---

1) ABl. Nr. C 89 vom 14. 7. 1970, S. 20.
2) ABl. Nr. C 129 vom 11. 12. 1972, S. 50, und ABl. Nr. C 95 vom 28. 4. 1975, S. 12.
3) ABl. Nr. C 88 vom 6. 9. 1971, S. 18.
4) ABl. Nr. 2 vom 15. 1. 1962, S. 36/62.
5) ABl. Nr. L 65 vom 14. 3. 1968, S. 8.
6) ABl. Nr. L 26 vom 31. 1. 1977, S. 1.
7) ABl. Nr. L 222 vom 14. 8. 1978, S. 11.
8) ABl. Nr. L 295 vom 20. 10. 1978, S. 36.

Angesichts der Verwandschaft zwischen Verschmelzung und Spaltung kann eine etwaige Umgehung der durch die Richtlinie 78/855/EWG bezüglich der Verschmelzung eingeräumten Garantien nur dadurch verhindert werden, daß für den Fall der Spaltung ein gleichwertiger Schutz vorgesehen wird.

Der Schutz der Interessen von Gesellschaften und Dritten erfordert es, die Rechtsvorschriften der Mitgliedstaaten über die Spaltung von Aktiengesellschaften zu koordinieren, sofern die Mitgliedstaaten die Spaltung zulassen.

Im Rahmen der Koordinierung ist es besonders wichtig, die Aktionäre der an der Spaltung beteiligten Gesellschaften angemessen und so objektiv wie möglich zu unterrichten und ihre Rechte in geeigneter Weise zu schützen.

Die Wahrung von Ansprüchen der Arbeitnehmer beim Übergang von Unternehmen, Betrieben oder Betriebsteilen ist zur Zeit durch die Richtlinie 77/187/EWG[1]) geregelt.

Die Gläubiger einschließlich der Inhaber von Schuldverschreibungen sowie die Inhaber anderer Rechte der an der Spaltung beteiligten Gesellschaften müssen dagegen geschützt werden, daß sie durch die Spaltung Schaden erleiden.

Die Offenlegung, wie sie die Richtlinie 68/151/EWG vorsieht, muß auf die Maßnahmen zur Durchführung der Spaltung ausgedehnt werden, damit hierüber auch Dritte ausreichend unterrichtet werden.

Ferner ist es notwendig, daß die Garantien, die Gesellschaften und Dritten bei der Durchführung der Spaltung gewährt werden, auch für bestimmte andere rechtliche Vorgänge gelten, die in wesentlichen Punkten ähnliche Merkmale wie die Spaltung aufweisen, um Umgehungen des Schutzes zu vermeiden.

Schließlich müssen, um die Rechtssicherheit in den Beziehungen zwischen den an der Spaltung beteiligten Gesellschaften, zwischen diesen und Dritten sowie unter den Aktionären zu gewährleisten, die Fälle der Nichtigkeit der Spaltung beschränkt werden; außerdem müssen der Grundsatz, daß Mängeln der Spaltung soweit wie möglich abgeholfen werden soll, und eine kurze Frist zur Geltendmachung der Nichtigkeit festgelegt werden –

HAT FOLGENDE RICHTLINIE ERLASSEN:

Artikel 1

(1) Gestatten die Mitgliedstaaten für die in Artikel 1 Absatz 1 der Richtlinie 78/855/EWG genannten, ihrem Recht unterliegenden Gesellschaften die in Artikel 2

---

1) ABl. Nr. L 61 vom 5. 3. 1977, S. 26.

der vorliegenden Richtlinie beschriebene Spaltung durch Übernahme, so unterwerfen sie diesen Vorgang den Vorschriften des Kapitels I der vorliegenden Richtlinie.

(2) Gestatten die Mitgliedstaaten für die in Absatz 1 bezeichneten Gesellschaften die in Artikel 21 definierte Spaltung durch Gründung neuer Gesellschaften, so unterwerfen sie diesen Vorgang den Vorschriften des Kapitels II.

(3) Gestatten die Mitgliedstaaten für die in Absatz 1 bezeichneten Gesellschaften den Vorgang, durch den eine Spaltung durch Übernahme im Sinne von Artikel 2 Absatz 1 mit einer Spaltung durch Gründung einer oder mehrerer neuer Gesellschaften im Sinne von Artikel 21 Absatz 1 verbunden wird, so unterwerfen sie diesen Vorgang den Vorschriften des Kapitels I und des Artikels 22.

(4) Artikel 1 Absätze 2 und 3 der Richtlinie 78/855/EWG ist anzuwenden.

KAPITEL I

Spaltung durch Übernahme

Artikel 2

(1) Im Sinne dieser Richtlinie ist die Spaltung durch Übernahme der Vorgang, durch den eine Gesellschaft ihr gesamtes Aktiv- und Passivvermögen im Wege der Auflösung ohne Abwicklung auf mehrere Gesellschaften überträgt, und zwar gegen Gewährung von Aktien der Gesellschaften, denen die sich aus der Spaltung ergebenden Einlagen zugute kommen, – im folgenden »begünstigte Gesellschaften« genannt – an die Aktionäre der gespaltenen Gesellschaft und gegebenenfalls Gewährung einer baren Zuzahlung, die den zehnten Teil des Nennbetrags oder, wenn ein Nennbetrag nicht vorhanden ist, des rechnerischen Wertes der gewährten Aktien nicht übersteigt.

(2) Artikel 3 Absatz 2 der Richtlinie 78/855/EWG ist anzuwenden.

(3) Soweit in dieser Richtlinie auf die Richtlinie 78/855/EWG verwiesen wird, bezeichnen der Ausdruck »sich verschmelzende Gesellschaften« die an der Spaltung beteiligten Gesellschaften, der Ausdruck »übertragende Gesellschaft« die gespaltene Gesellschaft, der Ausdruck »übernehmende Gesellschaft« jede begünstigte Gesellschaft und der Ausdruck »Verschmelzungsplan« den Spaltungsplan.

Artikel 3

(1) Die Verwaltungs- oder Leitungsorgane der an der Spaltung beteiligten Gesellschaften erstellen einen schriftlichen Spaltungsplan.

3

(2) Der Spaltungsplan muß mindestens folgende Angaben enthalten:

a) die Rechtsform, die Firma und den Sitz der an der Spaltung beteiligten Gesellschaften,

b) das Umtauschverhältnis der Aktien und gegebenenfalls die Höhe der baren Zuzahlung,

c) die Einzelheiten hinsichtlich der Übertragung der Aktien der begünstigten Gesellschaften,

d) den Zeitpunkt, von dem an diese Aktien das Recht auf Teilnahme am Gewinn gewähren, sowie alle Besonderheiten in bezug auf dieses Recht,

e) den Zeitpunkt, von dem an die Handlungen der gespaltenen Gesellschaft unter dem Gesichtspunkt der Rechnungslegung als für Rechnung der einen oder anderen begünstigten Gesellschaft vorgenommen gelten,

f) die Rechte, welche die begünstigten Gesellschaften den Aktionären mit Sonderrechten und den Inhabern anderer Wertpapiere als Aktien gewähren, oder die für diese Personen vorgeschlagenen Maßnahmen,

g) jeden besonderen Vorteil, der den Sachverständigen im Sinne des Artikels 8 Absatz 1 sowie den Mitgliedern der Verwaltungs-, Leistungs-, Aufsichts- oder Kontrollorgane der an der Spaltung beteiligten Gesellschaften gewährt wird,

h) die genaue Beschreibung und Aufteilung der Gegenstände des Aktiv- und Passivvermögens, das an jede der begünstigten Gesellschaften zu übertragen ist,

i) die Aufteilung der begünstigten Gesellschaften auf die Aktionäre der gespaltenen Gesellschaft sowie den Aufteilungsmaßstab.

(3) a) Wird ein Gegenstand des Aktivvermögens im Spaltungsplan nicht zugeteilt und läßt auch dessen Auslegung eine Entscheidung über die Zuteilung nicht zu, so wird der Gegenstand oder sein Gegenwert auf alle begünstigten Gesellschaften anteilig im Verhältnis zu dem nach dem Spaltungsplan auf sie entfallenden Nettoaktivvermögen übertragen.

b) Wird ein Gegenstand des Passivvermögens im Spaltungsplan nicht zugeteilt und läßt auch dessen Auslegung eine Entscheidung über die Zuteilung nicht zu, so haftet jede der begünstigten Gesellschaften als Gesamtschuldner. Die Mitgliedstaaten können vorsehen, daß die gesamtschuldnerische Haftung auf das Nettoaktivvermögen beschränkt wird, das jeder begünstigten Gesellschaft zugeteilt wird.

Artikel 4

Der Spaltungsplan ist mindestens einen Monat vor dem Tag der Hauptversammlung, die über den Spaltungsplan zu beschließen hat, für jede der an der Spaltung beteiligten Gesellschaften nach den in den Rechtsvorschriften der einzelnen Mitgliedstaaten gemäß Artikel 3 der Richtlinie 68/151/EWG[1]) vorgesehenen Verfahren offenzulegen.

Artikel 5

(1) Die Spaltung bedarf zumindest der Zustimmung der Hauptversammlung jeder der an der Spaltung beteiligten Gesellschaften. Artikel 7 der Richtlinie 78/855/EWG ist bezüglich der für diesen Beschluß erforderlichen Mehrheit, dessen Tragweite sowie des Erfordernisses einer gesonderten Abstimmung anzuwenden.

(2) Werden die Aktien der begünstigten Gesellschaften den Aktionären der gespaltenen Gesellschaft nicht im Verhältnis zu ihren Rechten an deren Kapital gewährt, so können die Mitgliedstaaten vorsehen, daß die Minderheitsaktionäre der gespaltenen Gesellschaft ihre Aktien aufkaufen lassen können. In diesem Fall haben sie Anspruch auf ein dem Wert ihrer Aktien entsprechendes Entgelt. Sofern hierüber keine Einigung erzielt wird, muß das Entgelt durch ein Gericht festgesetzt werden können.

Artikel 6

Die Rechtsvorschriften eines Mitgliedstaats brauchen die Zustimmung der Hauptversammlung einer begünstigten Gesellschaft nicht vorzuschreiben, wenn folgende Bedingungen erfüllt sind:

a) Die in Artikel 4 vorgeschriebene Offenlegung ist für die begünstigte Gesellschaft mindestens einen Monat vor dem Tag derjenigen Hauptversammlung der gespaltenen Gesellschaft, die über den Spaltungsplan zu beschließen hat, zu bewirken;

b) jeder Aktionär der begünstigten Gesellschaft hat mindestens einen Monat vor dem unter Buchstabe a) genannten Zeitpunkt das Recht, am Sitz dieser Gesellschaft von den in Artikel 9 Absatz 1 genannten Unterlagen Kenntnis zu nehmen;

c) ein oder mehrere Aktionäre der begünstigten Gesellschaft, die über Aktien in einem Mindestprozentsatz des gezeichneten Kapitals verfügen, müssen das Recht haben, die Einberufung einer Hauptversammlung der begünstigten Gesellschaft, in der über die Zustimmung zu der Spaltung beschlossen wird, zu verlangen. Dieser Mindestprozentsatz darf nicht auf mehr als 5 % festgesetzt werden. Die Mitgliedstaaten können jedoch vorsehen, daß die Aktien ohne Stimmrecht von der Berechnung dieses Prozentsatzes ausgenommen sind.

1) ABl. Nr. L 65 vom 14. 3. 1968, S. 9.

Artikel 7

(1)   Die Verwaltungs- oder Leitungsorgane jeder der an der Spaltung beteiligten Gesellschaften erstellen einen ausführlichen schriftlichen Bericht, in dem der Spaltungsplan, insbesondere das Umtauschverhältnis der Aktien und der Maßstab für ihre Aufteilung, rechtlich und wirtschaftlich erläutert und begründet wird.

(2)   In dem Bericht ist außerdem auf besondere Schwierigkeiten bei der Bewertung, soweit solche aufgetreten sind, hinzuweisen.

Zu erwähnen sind darin ferner die Erstellung des Berichtes über die Prüfung der Einlagen, die nicht Bareinlagen sind, nach Artikel 27 Absatz 2 der Richtlinie 77/91/EWG[1]) für die begünstigten Gesellschaften sowie das Register, bei dem dieser Bericht zu hinterlegen ist.

(3)   Die Verwaltungs- oder Leitungsorgane der gespaltenen Gesellschaft sind verpflichtet, über jede zwischen der Aufstellung des Spaltungsplans und dem Tag der Hauptversammlung der gespaltenen Gesellschaft, die über den Spaltungsplan zu beschließen hat, eingetretene wesentliche Veränderung des Aktiv- oder Passivvermögens die Hauptversammlung der gespaltenen Gesellschaft sowie die Verwaltungs- oder Leitungsorgane der begünstigten Gesellschaften zu unterrichten, damit diese die Hauptversammlung ihrer Gesellschaft unterrichten.

Artikel 8

(1)   Für jede der an der Spaltung beteiligten Gesellschaften prüfen ein oder mehrere von diesen unabhängige Sachverständige, welche durch ein Gericht oder eine Verwaltungsbehörde bestellt oder zugelassen sind, den Spaltungsplan und erstellen einen schriftlichen Bericht für die Aktionäre. Die Rechtsvorschriften eines Mitgliedstaats können jedoch die Bestellung eines oder mehrerer unabhängiger Sachverständiger für alle an der Spaltung beteiligten Gesellschaften vorsehen, wenn die Bestellung auf gemeinsamen Antrag dieser Gesellschaften durch ein Gericht oder eine Verwaltungsbehörde erfolgt. Diese Sachverständigen können entsprechend den Rechtsvorschriften jedes Mitgliedstaats sowohl natürliche oder juristische Personen als auch Gesellschaften sein.

(2)   Artikel 10 Absätze 2 und 3 der Richtlinie 78/855/EWG ist anzuwenden.

(3)   Die Mitgliedstaaten können vorsehen, daß der Bericht über die Prüfung von Einlagen, die nicht Bareinlagen sind, nach Artikel 27 Absatz 2 der Richtlinie 77/91/EWG sowie der Bericht über den Spaltungsplan nach Absatz 1 des vorliegenden Artikels von demselben bzw. denselben Sachverständigen erstellt werden.

---

1) ABl. Nr. L 26 vom 31. 1. 1977, S. 1.

Artikel 9

(1) Mindestens einen Monat vor dem Tag der Hauptversammlung, die über den Spaltungsplan zu beschließen hat, hat jeder Aktionär das Recht, am Sitz der Gesellschaft zumindest von folgenden Unterlagen Kenntnis zu nehmen:

a) dem Spaltungsplan,

b) den Jahresabschlüssen und den Geschäftsberichten der an der Spaltung beteiligten Gesellschaften für die letzten drei Geschäftsjahre,

c) einer Zwischenbilanz, die für einen Zeitpunkt erstellt ist, der nicht vor dem ersten Tag des dritten der Aufstellung des Spaltungsplans vorausgehenden Monats liegen darf, sofern der letzte Jahresabschluß sich auf ein mehr als sechs Monate vor der Aufstellung des Spaltungsplans abgelaufenes Geschäftsjahr bezieht,

d) den in Artikel 7 Absatz 1 genannten Berichten der Verwaltungs- oder Leitungsorgane der an der Spaltung beteiligten Gesellschaften,

e) den in Artikel 8 genannten Berichten.

(2) Die Zwischenbilanz nach Absatz 1 Buchstabe c) ist nach denselben Methoden und in derselben Gliederung zu erstellen wie die letzte Jahresbilanz.

Die Rechtsvorschriften eines Mitgliedstaats können jedoch vorsehen, daß

a) es nicht erforderlich ist, eine neue körperliche Bestandsaufnahme durchzuführen,

b) die Bewertungen der letzten Bilanz nur nach Maßgabe der Bewegungen in den Büchern verändert zu werden brauchen, wobei jedoch zu berücksichtigen sind:

– Abschreibungen, Wertberichtigungen und Rückstellungen für die Zwischenzeit,

– wesentliche, aus den Büchern nicht ersichtliche Veränderungen der wirklichen Werte.

(3) Vollständige oder, falls gewünscht, auszugsweise Abschriften der in Absatz 1 genannten Unterlagen sind jedem Aktionär auf formlosen Antrag kostenlos zu erteilen.

Artikel 10

Die Mitgliedstaaten können gestatten, daß Artikel 7, Artikel 8 Absätze 1 und 2 sowie Artikel 9 Absatz 1 Buchstaben c), d) und e) keine Anwendung finden, wenn alle Aktionäre und Inhaber anderer mit einem Stimmrecht verbundener Wertpapiere der an der Spaltung beteiligten Gesellschaften darauf verzichtet haben.

Artikel 11

Die Wahrung von Ansprüchen der Arbeitnehmer der an der Spaltung beteiligten Gesellschaften wird gemäß der Richtlinie 77/187/EWG[1]) geregelt.

Artikel 12

(1) Die Rechtsvorschriften der Mitgliedstaaten müssen ein angemessenes Schutzsystem für die Interessen der Gläubiger der an der Spaltung beteiligten Gesellschaften vorsehen, deren Forderungen vor der Bekanntmachung des Spaltungsplans entstanden und zum Zeitpunkt dieser Bekanntmachung noch nicht fällig sind.

(2) Zu diesem Zweck sehen die Rechtsvorschriften der Mitgliedstaaten zumindest vor, daß diese Gläubiger Anspruch auf angemessene Garantien haben, wenn die finanzielle Lage der gespaltenen Gesellschaft sowie der Gesellschaft, auf die die Verpflichtung nach dem Spaltungsplan übertragen wird, einen solchen Schutz erforderlich machen und die Gläubiger nicht schon derartige Garantien haben.

(3) Soweit ein Gläubiger von der Gesellschaft, auf welche die Verpflichtung nach dem Spaltungsplan übertragen wurde, keine Befriedigung erlangt hat, haften die begünstigten Gesellschaften für diese Verpflichtung als Gesamtschuldner. Die Mitgliedstaaten können diese Haftung auf das jeder dieser Gesellschaften mit Ausnahme der Gesellschaft, auf die die Verpflichtung übertragen wurde, zugeteilte Nettoaktivvermögen beschränken. Sie brauchen diesen Absatz nicht anzuwenden, wenn der Vorgang der Spaltung der Aufsicht eines Gerichtes nach Artikel 23 unterliegt und in einer Versammlung nach Artikel 23 Absatz 1 Buchstabe c) die Mehrzahl der Gläubiger, auf die Dreiviertel des Betrages der Forderungen entfallen, oder die Mehrzahl einer Kategorie von Gläubigern der gespaltenen Gesellschaft, auf die Dreiviertel des Betrages der Forderungen dieser Kategorie entfallen, darauf verzichtet haben, die gesamtschuldnerische Haftung geltend zu machen.

(4) Artikel 13 Absatz 3 der Richtlinie 78/855/EWG ist anzuwenden.

(5) Unbeschadet der Vorschriften über die gemeinsame Ausübung der Rechte der Anleihegläubiger der an der Spaltung beteiligten Gesellschaften sind die Absätze 1 bis 4 auf diese Gläubiger anzuwenden, es sei denn, eine Versammlung der Anleihegläubiger – sofern die einzelstaatlichen Rechtsvorschriften eine solche Versammlung vorsehen – oder jeder einzelne Anleihegläubiger hat der Spaltung zugestimmt.

(6) Die Mitgliedstaaten können vorsehen, daß die begünstigten Gesellschaften für die Verpflichtungen der gespaltenen Gesellschaft als Gesamtschuldner haften. In diesem Fall brauchen sie die vorstehenden Absätze nicht anzuwenden.

---

1) ABl. Nr. L 61 vom 5. 3. 1977, S. 26.

(7)   Verbindet ein Mitgliedstaat das System des Gläubigerschutzes nach den Absätzen 1 bis 5 mit der gesamtschuldnerischen Haftung der begünstigten Gesellschaften nach Absatz 6, so kann er diese Haftung auf das jeder dieser Gesellschaften zugeteilte Nettoaktivvermögen beschränken.

Artikel 13

Die Inhaber anderer Wertpapiere, die mit Sonderrechten verbunden, jedoch keine Aktien sind, müssen in den begünstigten Gesellschaften, denen gegenüber ihre Rechte nach dem Spaltungsplan geltend gemacht werden können, Rechte erhalten, die mindestens denen gleichwertig sind, die sie in der gespaltenen Gesellschaft hatten, es sei denn, daß eine Versammlung der Inhaber – sofern die einzelstaatlichen Rechtsvorschriften eine solche Versammlung vorsehen – der Änderung dieser Rechte oder daß jeder einzelne Inhaber der Änderung seines Rechts zugestimmt hat oder daß diese Inhaber einen Anspruch auf Rückkauf ihrer Wertpapiere haben.

Artikel 14

Falls die Rechtsvorschriften eines Mitgliedstaats für Spaltungen eine vorbeugende gerichtliche oder verwaltungsmäßige Kontrolle der Rechtmäßigkeit nicht vorsehen oder sich diese Kontrolle nicht auf alle für die Spaltung erforderlichen Rechtshandlungen erstreckt, ist Artikel 16 der Richtlinie 78/855/EWG anzuwenden.

Artikel 15

Die Rechtsvorschriften der Mitgliedstaaten bestimmen den Zeitpunkt, zu dem die Spaltung wirksam wird.

Artikel 16

(1)   Für jede der an der Spaltung beteiligten Gesellschaften muß die Spaltung nach den in den Rechtsvorschriften eines jeden Mitgliedstaates in Übereinstimmung mit Artikel 3 der Richtlinie 68/151/EWG vorgesehenen Verfahren offengelegt werden.

(2)   Jede begünstigte Gesellschaft kann die für die gespaltene Gesellschaft vorzunehmenden Förmlichkeiten der Offenlegung selbst veranlassen.

Artikel 17

(1)   Die Spaltung bewirkt ipso jure gleichzeitig folgendes:

a) Sowohl zwischen der gespaltenen Gesellschaft und den begünstigten Gesellschaften als auch gegenüber Dritten geht das gesamte Aktiv- und Passivvermögen der gespaltenen Gesellschaft auf die begünstigten Gesellschaften über, und zwar entsprechend der im Spaltungsplan oder in Artikel 3 Absatz 3 vorgesehenen Aufteilung;

b) die Aktionäre der gespaltenen Gesellschaft werden entsprechend der im Spaltungsplan vorgesehenen Aufteilung Aktionäre einer oder mehrerer begünstigter Gesellschaften;

c) die gespaltene Gesellschaft erlischt.

(2) Es werden keine Aktien einer begünstigten Gesellschaft im Austausch für Aktien der gespaltenen Gesellschaft gegeben, die sich

a) im Besitz dieser begünstigten Gesellschaft selbst oder einer Person befinden, die im eigenen Namen, aber für Rechnung der Gesellschaft handelt;

b) im Besitz der gespaltenen Gesellschaft selbst oder einer Person befinden, die im eigenen Namen, aber für Rechnung der Gesellschaft handelt.

(3) Unberührt bleiben die Rechtsvorschriften der Mitgliedstaaten, die für die Wirksamkeit der Übertragung bestimmter, von der gespaltenen Gesellschaft eingebrachter Vermögensgegenstände, Rechte und Pflichten gegenüber Dritten besondere Förmlichkeiten erfordern. Die begünstigte(n) Gesellschaft(en), der (denen) diese Vermögensgegenstände, Rechte und Pflichten nach dem Spaltungsplan oder nach Artikel 3 Absatz 3 übertragen werden, kann (können) diese Förmlichkeiten selbst veranlassen; die Rechtsvorschriften der Mitgliedstaaten können jedoch der gespaltenen Gesellschaft gestatten, während eines begrenzten Zeitraums diese Förmlichkeiten weiter zu vollziehen; dieser Zeitraum kann nur in Ausnahmefällen auf mehr als sechs Monate nach dem Zeitpunkt, in dem die Spaltung wirksam wird, festgesetzt werden.

Artikel 18

Die Rechtsvorschriften der Mitgliedstaaten regeln zumindest die zivilrechtliche Haftung der Mitglieder des Verwaltungs- oder Leitungsorgans der gespaltenen Gesellschaft gegenüber den Aktionären dieser Gesellschaft für schuldhaftes Verhalten von Mitgliedern dieses Organs bei der Vorbereitung und dem Vollzug der Spaltung sowie die zivilrechtliche Haftung der Sachverständigen, die beauftragt sind, für diese Gesellschaft den in Artikel 8 vorgesehenen Bericht zu erstellen, für schuldhaftes Verhalten bei der Erfüllung ihrer Aufgaben.

Artikel 19

(1) Die Rechtsvorschriften der Mitgliedstaaten können die Nichtigkeit der Spaltung von Gesellschaften nur nach Maßgabe folgender Bestimmungen regeln:

a) Die Nichtigkeit muß durch gerichtliche Entscheidung ausgesprochen werden;

b) für nichtig erklärt werden kann eine im Sinne von Artikel 15 wirksam gewordene Spaltung nur wegen Fehlens einer vorbeugenden gerichtlichen oder verwaltungsmäßigen Kontrolle der Rechtmäßigkeit oder einer öffentlichen Beurkundung oder wenn festgestellt wird, daß der Beschluß der Hauptversammlung nach innerstaatlichem Recht nichtig oder anfechtbar ist;

c) die Nichtigkeitsklage kann nicht mehr erhoben werden, wenn eine Frist von sechs Monaten verstrichen ist, nachdem die Spaltung demjenigen gegenüber wirksam geworden ist, der sich auf die Nichtigkeit beruft, oder wenn der Mangel behoben worden ist;

d) kann der Mangel, dessentwegen die Spaltung für nichtig erklärt werden kann, behoben werden, so räumt das zuständige Gericht den beteiligten Gesellschaften dazu eine Frist ein;

e) die gerichtliche Entscheidung, durch welche die Nichtigkeit der Spaltung ausgesprochen wird, wird in Übereinstimmung mit Artikel 3 der Richtlinie 68/151/EWG nach den in den Rechtsvorschriften jedes Mitgliedstaats vorgesehenen Verfahren offengelegt;

f) falls die Rechtsvorschriften der Mitgliedstaaten gegen die gerichtliche Entscheidung einen Einspruch Dritter vorsehen, so kann dieser nach Ablauf einer Frist von sechs Monaten seit Offenlegung der gerichtlichen Entscheidung gemäß der Richtlinie 68/151/EWG nicht mehr erhoben werden;

g) die gerichtliche Entscheidung, durch welche die Nichtigkeit der Spaltung ausgesprochen wird, berührt für sich allein nicht die Wirksamkeit der Verpflichtungen, die vor der Offenlegung der gerichtlichen Entscheidung, jedoch nach dem in Artikel 15 bezeichneten Zeitpunkt, zu Lasten oder zugunsten der begünstigten Gesellschaften entstanden sind;

h) jede begünstigte Gesellschaft haftet für die Verpflichtungen zu ihren Lasten, die nach dem Zeitpunkt des Wirksamwerdens der Spaltung und vor dem Zeitpunkt, zu dem der Beschluß über die Nichtigkeit der Spaltung offengelegt worden ist, entstanden sind. Die gespaltene Gesellschaft haftet ebenfalls für diese Verpflichtungen; die Mitgliedstaaten können vorsehen, daß diese Haftung auf den Teil des Nettoaktivvermögens beschränkt ist, welcher auf die begünstigte Gesellschaft entfällt, zu deren Lasten diese Verpflichtungen entstanden sind.

(2)   Abweichend von Absatz 1 Buchstabe a) können die Rechtsvorschriften eines Mitgliedstaats auch gestatten, daß die Nichtigkeit der Spaltung durch eine Verwaltungsbehörde ausgesprochen wird, wenn gegen eine solche Entscheidung ein Rechtsbehelf bei einem Gericht eingelegt werden kann. Die Buchstaben b), d), e), f), g) und h) gelten entsprechend für die Verwaltungsbehörde. Dieses Nichtigkeitsverfahren kann nach Ablauf

einer Frist von 6 Monaten nach dem in Artikel 15 genannten Zeitpunkt nicht mehr eingeleitet werden.

(3) Unberührt bleiben die Rechtsvorschriften der Mitgliedstaaten über die Nichtigkeit einer Spaltung, die im Wege einer anderen Kontrolle der Spaltung als der vorbeugenden gerichtlichen oder verwaltungsmäßigen Kontrolle der Rechtsmäßigkeit ausgesprochen wird.

Artikel 20

Gehören den begünstigten Gesellschaften insgesamt alle Aktien sowie sonstigen Anteile der gespaltenen Gesellschaft, die in der Hauptversammlung ein Stimmrecht gewähren, so brauchen die Mitgliedstaaten unbeschadet des Artikels 6 die Zustimmung der Hauptversammlung der gespaltenen Gesellschaft zur Spaltung nicht vorzuschreiben, wenn mindestens folgende Bedingungen erfüllt sind:

a) Die in Artikel 4 vorgeschriebene Offenlegung ist für die an dem Vorgang beteiligten Gesellschaften mindestens einen Monat vor dem Zeitpunkt, zu dem der Vorgang wirksam wird, zu bewirken;

b) alle Aktionäre der an dem Vorgang beteiligten Gesellschaften haben das Recht, mindestens einen Monat vor dem Zeitpunkt, zu dem der Vorgang wirksam wird, am Sitz ihrer Gesellschaft von den in Artikel 9 Absatz 1 bezeichneten Unterlagen Kenntnis zu nehmen. Artikel 9 Absätze 2 und 3 sind anzuwenden;

c) ein oder mehrere Aktionäre der gespaltenen Gesellschaft, die über Aktien in einem Mindestprozentsatz des gezeichneten Kapitals verfügen, müssen das Recht haben, die Einberufung einer Hauptversammlung der gespaltenen Gesellschaft, in der über die Zustimmung zu der Spaltung beschlossen wird, zu verlangen. Dieser Mindestprozentsatz darf nicht auf mehr als 5 % festgesetzt werden. Die Mitgliedstaaten können jedoch vorsehen, daß die Aktien ohne Stimmrecht von der Berechnung dieses Prozentsatzes ausgenommen sind;

d) wird eine Hauptversammlung der gespaltenen Gesellschaft, in der über die Zustimmung zur Spaltung beschlossen wird, nicht einberufen, so erstreckt sich die in Artikel 7 Absatz 3 vorgesehene Unterrichtung auf jede nach der Aufstellung des Spaltungsplans eingetretene wesentliche Veränderung des Aktiv- und Passivvermögens.

KAPITEL II

Spaltung durch Gründung neuer Gesellschaften

Artikel 21

(1)   Im Sinne dieser Richtlinie ist die Spaltung durch Gründung neuer Gesellschaften der Vorgang, durch den eine Gesellschaft ihr gesamtes Aktiv- und Passivvermögen im Wege der Auflösung ohne Abwicklung auf mehrere neugegründete Gesellschaften überträgt, und zwar gegen Gewährung von Aktien der begünstigten Gesellschaften an die Aktionäre der gespaltenen Gesellschaft und gegebenenfalls Gewährung einer baren Zuzahlung, die den zehnten Teil des Nennbetrags oder, wenn ein Nennbetrag nicht vorhanden ist, des rechnerischen Wertes der gewährten Aktien nicht übersteigt.

(2)   Artikel 4 Absatz 2 der Richtlinie 78/855/EWG ist anzuwenden.

Artikel 22

(1)   Die Artikel 3, 4, 5 und 7, Artikel 8 Absätze 1 und 2 und die Artikel 9 bis 19 sind unbeschadet der Artikel 11 und 12 der Richtlinie 68/151/EWG auf die Spaltung durch Gründung neuer Gesellschaften anzuwenden. Für diese Anwendung bedeuten der Ausdruck »an der Spaltung beteiligte Gesellschaften« die gespaltene Gesellschaft, der Ausdruck »begünstigte Gesellschaft« jede der neuen Gesellschaften.

(2)   Der Spaltungsplan erwähnt außer den Angaben nach Artikel 3 Absatz 2 die Rechtsform, die Firma und den Sitz jeder der neuen Gesellschaften.

(3)   Der Spaltungsplan und, falls sie Gegenstand eines getrennten Aktes sind, der Errichtungsakt oder der Entwurf des Errichtungsaktes und die Satzung oder der Entwurf der Satzung jeder der neuen Gesellschaften bedürfen der Zustimmung der Hauptversammlung der gespaltenen Gesellschaft.

(4)   Die Mitgliedstaaten können vorsehen, daß der Bericht über die Prüfung von Einlagen, die nicht Bareinlagen sind, nach Artikel 10 der Richtlinie 77/91/EWG sowie der Bericht über den Spaltungsplan nach Artikel 8 Absatz 1 der vorliegenden Richtlinie von demselben bzw. denselben Sachverständigen erstellt werden.

(5)   Die Mitgliedstaaten können vorsehen, daß Artikel 8 und – in bezug auf den Sachverständigenbericht – Artikel 9 keine Anwendung finden, wenn die Aktien jeder der neuen Gesellschaften den Aktionären der gespaltenen Gesellschaft im Verhältnis zu ihren Rechten am Kapital dieser Gesellschaft gewährt werden.

KAPITEL III

Spaltung unter Aufsicht eines Gerichtes

Artikel 23

(1) Die Mitgliedstaaten können Absatz 2 anwenden, wenn die Spaltung unter der Aufsicht eines Gerichtes erfolgt, das befugt ist,

a) die Hauptversammlung der Aktionäre der gespaltenen Gesellschaft einzuberufen, damit sie über die Spaltung beschließt;

b) sich zu vergewissern, daß die Aktionäre jeder der an der Spaltung beteiligten Gesellschaften zumindest die in Artikel 9 bezeichneten Unterlagen binnen einer Frist erhalten haben oder sich beschaffen können, die es ihnen ermöglicht, sie rechtzeitig vor dem Tag der Hauptversammlung ihrer Gesellschaft, die über die Spaltung zu beschließen hat, zu prüfen; macht ein Mitgliedstaat von der in Artikel 6 vorgesehenen Möglichkeit Gebrauch, so muß die Frist ausreichen, um es den Aktionären der begünstigten Gesellschaften zu ermöglichen, die ihnen durch Artikel 6 zuerkannten Rechte auszuüben;

c) eine Versammlung der Gläubiger jeder der an der Spaltung beteiligten Gesellschaften einzuberufen, damit sie über die Spaltung beschließt;

d) sich zu vergewissern, daß die Gläubiger jeder der an der Spaltung beteiligten Gesellschaften zumindest den Spaltungsplan binnen einer Frist erhalten haben oder sich beschaffen können, die es ihnen ermöglicht, ihn rechtzeitig vor dem unter Buchstabe b) genannten Zeitpunkt zu prüfen;

e) den Spaltungsplan zu genehmigen.

(2) Stellt das Gericht fest, daß die in Absatz 1 Buchstaben b) und d) bezeichneten Bedingungen erfüllt sind und den Aktionären und den Gläubigern kein Schaden entstehen kann, so kann es die an der Spaltung beteiligten Gesellschaften befreien von der Anwendung

a) des Artikels 4 unter der Bedingung, daß das in Artikel 12 Absatz 1 bezeichnete angemessene Schutzsystem für die Interessen der Gläubiger sich auf alle Forderungen erstreckt, unabhängig von dem Zeitpunkt, zu dem sie entstanden sind;

b) der in Artikel 6 Buchstaben a) und b) bezeichneten Bedingungen, wenn ein Mitgliedstaat von der in Artikel 6 vorgesehenen Möglichkeit Gebrauch macht;

c) des Artikels 9 hinsichtlich der Frist und der Einzelheiten, die darin für die Möglichkeit festgelegt sind, daß die Aktionäre von den bezeichneten Unterlagen Kenntnis nehmen.

14

KAPITEL IV

Andere der Spaltung gleichgestellte Vorgänge

Artikel 24

Gestatten die Rechtsvorschriften eines Mitgliedstaats für einen der in Artikel 1 vorgesehenen Vorgänge, daß die bare Zuzahlung den Satz von 10 % übersteigt, so sind die Kapitel I, II und III anzuwenden.

Artikel 25

Gestatten die Rechtsvorschriften eines Mitgliedstaats einen der in Artikel 1 vorgesehenen Vorgänge, ohne daß die gespaltene Gesellschaft aufhört zu bestehen, so sind die Kapitel I, II und III mit Ausnahme des Artikels 17 Absatz 1 Buchstabe c) anzuwenden.

KAPITEL V

Schlußbestimmungen

Artikel 26

(1) Die Mitgliedstaaten erlassen vor dem 1. Januar 1986 die erforderlichen Rechts- und Verwaltungsvorschriften, um dieser Richtlinie nachzukommen, soweit sie zu diesem Zeitpunkt Vorgänge, auf die diese Richtlinie anwendbar ist, gestatten. Sie setzen die Kommission unverzüglich davon in Kenntnis.

(2) Gestattet ein Mitgliedstaat nach dem in Absatz 1 vorgesehenen Zeitpunkt die Spaltung, so erläßt er die in Absatz 1 genannten Vorschriften an dem Tag, an dem er diesen Vorgang gestattet. Er setzt die Kommission unverzüglich davon in Kenntnis.

(3) Für die Anwendung der in Absatz 1 genannten Vorschriften auf die »unregistered companies« im Vereinigten Königreich und in Irland kann jedoch eine Frist von fünf Jahren vorgesehen werden, die mit Inkrafttreten dieser Vorschriften beginnt.

(4) Die Mitgliedstaaten brauchen die Artikel 12 und 13 auf Inhaber von Wandelschuldverschreibungen und anderen Wertpapieren, die in Aktien umgewandelt werden können, nicht anzuwenden, wenn bei Inkrafttreten der Vorschriften nach Absatz 1 oder 2 in den Ausgabebedingungen die Stellung dieser Inhaber bei einer Spaltung vorab festgelegt worden ist.

(5)   Die Mitgliedstaaten brauchen diese Richtlinie nicht auf Spaltungen oder diesen gleichgestellte Vorgänge anzuwenden, für deren Vorbereitung oder Durchführung eine durch die einzelstaatlichen Rechtsvorschriften vorgesehene Handlung oder Förmlichkeit bereits zum Zeitpunkt des Inkrafttretens der in Absatz 1 oder 2 genannten Vorschriften vorgenommen worden ist.

Artikel 27

Diese Richtlinie ist an die Mitgliedstaaten gerichtet.

Geschehen zu Brüssel am 17. Dezember 1982.

Im Namen des Rates

Der Präsident

H. CHRISTOPHERSEN

SIEBENTE RICHTLINIE DES RATES

vom 13. Juni 1983

aufgrund von Artikel 54 Absatz 3 Buchstabe g) des Vertrages über den konsolidierten Abschluß

(83/349/EWG)

(Amtsblatt der Europäischen Gemeinschaften Nr. L 193 vom 18. 7. 1983, S. 1)

Änderungen

Artikel	Art der Änderung	geändert durch	Datum	Fundstelle ABl. Nr.
4	geändert	Beitrittsakte 1985	12.6.1985	L 302 S. 158
48	aufgehoben	Richtlinie 89/666/EWG des Rates	21.12.1989	L 395 S. 36
38 a	eingefügt	Richtlinie 90/604/EWG des Rates	8.11.1990	L 317 S. 57
4	geändert	Richtlinie 90/605/EWG des Rates	8.11.1990	L 317 S. 60
4	geändert	Beitrittsakte 1994[1])	24.6.1994	C 241 S. 195

1) In der Fassung des Beschlusses 95/1/EG, Euratom, EGKS des Rates vom 1. Januar 1995 (ABl. Nr. L 1 vom 1. 1. 1995 S. 1).

DER RAT DER EUROPÄISCHEN GEMEINSCHAFTEN –

gestützt auf den Vertrag zur Gründung der Europäichen Wirtschaftsgemeinschaft und insbesondere auf Artikel 54 Absatz 3 Buchstabe g),

auf Vorschlag der Kommission[1]),

nach Stellungnahme des Europäischen Parlaments[2]),

nach Stellungnahme des Wirtschafts- und Sozialausschusses[3]),

in Erwägung nachstehender Gründe:

Der Rat hat am 25. Juli 1978 die Richtlinie 78/660/EWG[4]) zur Koordinierung der einzelstaatlichen Vorschriften über den Jahresabschluß von Gesellschaften bestimmter Rechtsformen erlassen. Eine bedeutende Anzahl von Gesellschaften gehört Unternehmenszusammenschlüssen an. Damit die Informationen über die finanziellen Verhältnisse dieser Unternehmenszusammenschlüsse zur Kenntnis der Gesellschafter und Dritter gebracht wird, muß ein konsolidierter Abschluß erstellt werden. Eine Koordinierung der nationalen Vorschriften über den konsolidierten Abschluß ist daher geboten, um die Vergleichbarkeit und Gleichwertigkeit der Informationen zu verwirklichen.

Um die Bedingungen der Konsolidierung zu bestimmen, müssen sowohl die Fälle berücksichtigt werden, in denen die Beherrschungsbefugnis auf einer Mehrheit der Stimmrechte beruht, als auch jene, in denen dies aufgrund von Vereinbarungen, sofern sie zulässig sind, geschieht. Den Mitgliedstaaten ist weiterhin zu gestatten, daß sie gegebenenfalls den Fall regeln, daß unter bestimmten Umständen aufgrund einer Minderheitsbeteiligung eine tatsächliche Beherrschung ausgeübt wird. Es ist den Mitgliedstaaten weiterhin die Möglichkeit einzuräumen, den Fall von auf gleichberechtigter Ebene zustandegekommenen Unternehmenszusammenschlüssen zu regeln.

Die Koordinierung im Bereich des konsolidierten Abschlusses ist abgestellt auf den Schutz der Interessen, die gegenüber Kapitalgesellschaften bestehen. Dieser Schutz beinhaltet den Grundsatz der Aufstellung eines konsolidierten Abschlusses, wenn eine solche Gesellschaft zu einem Unternehmenszusammenschluß gehört; dieser konsolidierte Abschluß ist zumindest dann zwingend zu erstellen, wenn eine solche Gesellschaft ein Mutterunternehmen ist. In Fällen, in denen ein Tochterunternehmen selbst Mutterunternehmen ist, ist im Interesse einer vollständigen Information weiterhin erforderlich, einen konsolidierten Abschluß aufzustellen. Indessen kann – beziehungsweise in bestimmten

1) ABl. Nr. C 121 vom 2. 6. 1976, S. 2.
2) ABl. Nr. C 163 vom 10. 7. 1978, S. 60.
3) ABl. Nr. C 75 vom 26. 3. 1977, S. 5.
4) ABl. Nr. L 222 vom 14. 8. 1978, S. 11.

Fällen muß – ein Mutterunternehmen von der Pflicht, einen konsolidierten Teilab-schluß aufzustellen, befreit werden, sofern seine Gesellschafter und Dritte hinreichend geschützt sind.

Bei Unternehmenszusammenschlüssen, die eine bestimmte Größe nicht überschreiten, ist eine Ausnahme von der Verpflichtung zur Erstellung eines konsolidierten Abschlusses gerechtfertigt. Es ist daher erforderlich, Höchstgrenzen für eine solche Freistellung festzulegen. Daraus ergibt sich, daß die Mitgliedstaaten schon als Überschreiten eines der drei Größenmerkmale für die Nichtanwendung der Ausnahme als ausreichend ansehen oder aber niedrigere Größenmerkmale als die in der Richtlinie vorgesehenen festlegen können.

Der konsolidierte Abschluß muß ein den tatsächlichen Verhältnissen entsprechendes Bild der Vermögens-, Finanz- und Ertragslage der insgesamt in die Konsolidierung einbezo-genen Unternehmen geben. Zu diesem Zweck muß die Konsolidierung grundsätzlich alle Unternehmen des Zusammenschlusses einbeziehen. Im Rahmen dieser Konsolidierung müssen die betreffenden Gegenstände des Aktiv- und Passivvermögens, die Erträge und Aufwendungen dieser Unternehmen voll in den konsolidierten Abschluß übernommen werden; dabei sind die Anteile der außerhalb dieses Zusammenschlusses stehenden Personen gesondert anzugeben. Es sind jedoch die erforderlichen Berichtigungen vor-zunehmen, um die Auswirkungen finanzieller Beziehungen zwischen den konsolidierten Unternehmen wegzulassen.

Eine bestimmte Anzahl von Grundsätzen für die Erstellung der konsolidierten Abschlüsse und die Bewertung im Rahmen dieser Abschlüsse müssen festgelegt werden, um si-cherzustellen, daß diese übereinstimmende und vergleichbare Vermögenswerte umfassen, sowohl was die hierauf angewandten Bewertungsmethoden als auch die berücksichtigten Geschäftsjahre angeht.

Die Beteiligung am Kapital von Unternehmen, bei denen von der Konsolidierung betrof-fene Unternehmen einen maßgeblichen Einfluß ausüben, müssen in die konsolidierten Abschlüsse auf der Grundlage der Equity-Methode einbezogen werden.

Es ist unentbehrlich, daß der Anhang des konsolidierten Abschlusses genaue Angaben über die zu konsolidierenden Unternehmen enthält.

Bestimmte in der Richtlinie 78/660/EWG ursprünglich übergangsweise vorgesehene Ausnahmen können vorbehaltlich einer späteren Überprüfung aufrechterhalten bleiben –

HAT FOLGENDE RICHTLINIE ERLASSEN:

1. ABSCHNITT

Voraussetzungen für die Aufstellung des konsolidierten Abschlusses

Artikel 1

(1) Die Mitgliedstaaten schreiben jedem ihrem Recht unterliegenden Unternehmen vor, einen konsolidierten Abschluß und einen konsolidierten Lagebericht zu erstellen, wenn dieses Unternehmen (Mutterunternehmen)

a) die Mehrheit der Stimmrechte der Aktionäre oder Gesellschafter eines Unternehmens (Tochterunternehmens) hat

oder

b) das Recht hat, die Mehrheit der Mitglieder des Verwaltungs-, Leitungs- oder Aufsichtsorgans eines Unternehmens (Tochterunternehmen) zu bestellen oder abzuberufen und gleichzeitig Aktionär oder Gesellschafter dieses Unternehmens ist

oder

c) das Recht hat, auf ein Unternehmen (Tochterunternehmen), dessen Aktionär oder Gesellschafter es ist, einen beherrschenden Einfluß aufgrund eines mit diesem Unternehmen geschlossenen Vertrags oder aufgrund einer Satzungsbestimmung dieses Unternehmens auszuüben, sofern das Recht, dem dieses Tochterunternehmen unterliegt, es zuläßt, daß dieses solchen Verträgen oder Satzungsbestimmungen unterworfen wird. Die Mitgliedstaaten brauchen nicht vorzuschreiben, daß das Mutterunternehmen Aktionär oder Gesellschafter des Tochterunternehmens sein muß. Mitgliedstaaten, deren Recht derartige Verträge oder Satzungsbestimmungen nicht vorsieht, sind nicht gehalten, diese Bestimmungen anzuwenden

oder

d) Aktionär oder Gesellschafter eines Unternehmens ist und

aa) allein durch die Ausübung seiner Stimmrechte die Mehrheit der Mitglieder des Verwaltungs-, Leitungs- oder Aufsichtsorgans dieses Unternehmens (Tochterunternehmens), die während des Geschäftsjahres sowie des vorhergehenden Geschäftsjahres bis zur Erstellung des konsolidierten Abschlusses im Amt sind, bestellt worden sind,

oder

bb) aufgrund einer Vereinbarung mit anderen Aktionären oder Gesellschaftern dieses Unternehmens allein über die Mehrheit der Stimmrechte der Aktionäre oder Gesellschafter dieses Unternehmens (Tochterunternehmens) verfügt. Die

Mitgliedstaaten können nähere Bestimmungen über Form und Inhalt einer solchen Vereinbarung treffen.

Die Mitgliedstaaten schreiben mindestens die unter Unterbuchstabe bb) angeführte Regelung vor.

Sie können die Anwendung von Unterbuchstabe aa) davon abhängig machen, daß auf die Beteiligung 20 % oder mehr der Stimmrechte der Aktionäre oder Gesellschafter entfallen.

Unterbuchstabe aa) findet keine Anwendung, wenn ein anderes Unternehmen gegenüber diesem Tochterunternehmen die Rechte im Sinne der Buchstaben a), b) oder c) hat.

(2)   Außer den in Absatz 1 bezeichneten Fällen können die Mitgliedstaaten bis zu einer späteren Koordinierung jedem ihrem Recht unterliegenden Unternehmen die Aufstellung eines konsolidierten Abschlusses und eines konsolidierten Lageberichts vorschreiben, wenn dieses Unternehmen (Mutterunternehmen) an einem anderen Unternehmen (Tochterunternehmen) eine Beteiligung im Sinne von Artikel 17 der Richtlinie 78/660/EWG besitzt und

a) das Mutterunternehmen tatsächlich einen beherrschenden Einfluß auf das Tochterunternehmen ausübt

oder

b) Mutter- und Tochterunternehmen unter einheitlicher Leitung des Mutterunternehmens stehen.

Artikel 2

(1)   Bei der Anwendung von Artikel 1 Absatz 1 Buchstaben a), b) und d) sind den Stimm-, Bestellungs- oder Abberufungsrechten des Mutterunternehmens die Rechte eines anderen Tochterunternehmens oder einer Person, die in eigenem Namen, aber für Rechnung des Mutterunternehmens oder eines anderen Tochterunternehmens handelt, hinzuzurechnen.

(2)   Bei der Anwendung von Artikel 1 Absatz 1 Buchstaben a), b) und d) sind von den in Absatz 1 des vorliegenden Artikels bezeichneten Rechten die Rechte abzuziehen,

a) die mit Aktien oder Anteilen verbunden sind, die für Rechnung einer anderen Person als das Mutterunternehmen oder ein Tochterunternehmen gehalten werden,

oder

b) die mit Aktien oder Anteilen verbunden sind, die als Sicherheit gehalten werden, sofern diese Rechte nach erhaltenen Weisungen ausgeübt werden, oder der Besitz dieser Anteile oder Aktien für das haltende Unternehmen ein laufendes Geschäft im Zusammenhang mit der Gewährung von Darlehen darstellt, sofern die Stimmrechte im Interesse des Sicherungsgebers ausgeübt werden.

(3) Für die Anwendung von Artikel 1 Absatz 1 Buchstaben a) und d) sind von der Gesamtheit der Stimmrechte der Aktionäre oder Gesellschafter eines Tochterunternehmens die Stimmrechte abzuziehen, die mit Aktien oder Anteilen verbunden sind, die von diesem Unternehmen selbst, von einem seiner Tochterunternehmen oder von einer im eigenen Namen, aber für Rechnung dieser Unternehmen handelnden Person gehalten werden.

Artikel 3

(1) Das Mutterunternehmen sowie alle seine Tochterunternehmen sind ohne Rücksicht auf deren Sitz zu konsolidieren; Artikel 13, 14 und 15 bleiben unberührt.

(2) Für die Anwendung von Absatz 1 gilt jedes Tochterunternehmen eines Tochterunternehmens als das des Mutterunternehmens, das an der Spitze der zu konsolidierenden Unternehmen steht.

Artikel 4

(1) Das Mutterunternehmen sowie alle seine Tochterunternehmen sind zu konsolidierende Unternehmen im Sinne dieser Richtlinie, wenn entweder das Mutterunternehmen oder eines oder mehrere seiner Tochterunternehmen eine der folgenden Rechtsformen haben:

a) *in Deutschland:*
   Aktiengesellschaft, Kommanditgesellschaft auf Aktien, Gesellschaft mit beschränkter Haftung;

b) *in Belgien:*
   Société anonyme/Naamloze vennootschap, Société en commandite par actions/Commanditaire vennootschap op aandelen, Société de personnes à responsabilité limitée/Personenvennootschap met beperkte aansprakelijkheid;

c) *in Dänemark:*
   aktieselskaber, kommanditaktieselskaber, anpartsselskaber;

d) *in Frankreich:*
   Société anonyme, Société en commandite par actions, Société à responsabilité limitée;

e) *in Griechenland:*
   η ανώνυμη εταιρία, η εταιρία περιορισμένης ευθύνης, η ετερόρρυθμη κατά μετοχές εταιρία;

f) *in Irland:*
Public companies limited by shares or by guarantee, Private companies limited by shares or by guarantee;

g) *in Italien:*
Società per azioni, Società in accomandita per azioni, Società a responsabilità limitata;

h) *in Luxemburg:*
Société anonyme, Société en commandite par actions, Société à responsabilité limitée;

i) *in den Niederlanden:*
Naamloze vennootschap, Besloten vennootschap met beperkte aansprakelijkheid;

j) *im Vereinigten Königreich:*
Public companies limited by shares or by guarantee, Private companies limited by shares or by guarantee.

k) *in Spanien:*
la sociedad anónima, la sociedad comanditaria por acciones, la sociedad de responsabilidad limitada;

l) *in Portugal:*
a sociedade anónima de responsabilidade limitada, a sociedade em comandita por acções, a sociedade por quotas de responsabilidade limitada;

m) *in Österreich:*
die Aktiengesellschaft, die Gesellschaft mit beschränkter Haftung;

n) *in Finnland:*
osakeyhtiö/aktiebolag;

o) *in Schweden:*
aktiebolag.

Unterabsatz 1 findet auch Anwendung, wenn entweder das Mutterunternehmen oder eines oder mehrere seiner Tochterunternehmen eine der in Artikel 1 Absatz 1 Unterabsätze 2 oder 3 der Richtlinie 78/660/EWG bezeichneten Rechtsformen haben.

(2) Die Mitgliedstaaten können jedoch eine Befreiung von der in Artikel 1 Absatz 1 genannten Verpflichtung vorsehen, wenn das Mutterunternehmen nicht eine der in Absatz 1 des vorliegenden Artikels oder in Artikel 1 Absatz 1 Unterabsätze 2 oder 3 der Richtlinie 78/660/EWG bezeichneten Rechtsformen hat.

Artikel 5

(1) Die Mitgliedstaaten können eine Befreiung von der in Artikel 1 Absatz 1 bezeichneten Verpflichtung vorsehen, wenn das Mutterunternehmen eine Beteiligungsgesellschaft im Sinne des Artikels 5 Absatz 3 der Richtlinie 78/660/EWG ist und

a) während des Geschäftsjahres weder mittelbar noch unmittelbar in die Verwaltung des Tochterunternehmens eingegriffen hat, und

b) das mit der Beteiligung verbundene Stimmrecht bei der Bestellung eines Mitglieds des Verwaltungs-, Leitungs- oder Aufsichtsorgans eines Tochterunternehmens während des Geschäftsjahres sowie der fünf vorhergehenden Geschäftsjahre nicht ausgeübt hat oder, falls die Ausübung des Stimmrechts für die Tätigkeit des Verwaltungs-, Leitungs- oder Aufsichtsorgans des Tochterunternehmens notwendig war, sofern kein mit der Mehrheit der Stimmrechte beteiligter Aktionär oder Gesellschafter des Mutterunternehmens und kein Mitglied des Verwaltungs-, Leitungs- oder Aufsichtsorgans dieses Unternehmens oder seines mit der Mehrheit der Stimmrechte beteiligten Aktionärs oder Gesellschafters den Verwaltungs-, Leitungs- oder Aufsichtsorganen des Tochterunternehmens angehört und die so bestellten Mitglieder dieser Organe ihr Amt ohne Einmischung oder Einflußnahme des Mutterunternehmens oder eines seiner Tochterunternehmen ausgeübt haben und

c) Darlehen nur solchen Unternehmen gewährt hat, an denen es eine Beteiligung besitzt. Sind Darlehen an andere Empfänger gegeben worden, so müssen diese bis zum Stichtag des Jahresabschlusses für das vorhergehende Geschäftsjahr zurückgezahlt worden sein, und

d) die Befreiung von einer Behörde nach Prüfung der vorstehend aufgeführten Voraussetzungen erteilt worden ist.

(2) a) Wird eine Beteiligungsgesellschaft befreit, so findet Artikel 43 Absatz 2 der Richtlinie 78/660/EWG von dem in Artikel 49 Absatz 2 bezeichneten Zeitpunkt an keine Anwendung auf den Jahresabschluß dieser Gesellschaft im Hinblick auf Mehrheitsbeteiligungen an ihren Tochterunternehmen.

b) Die für Mehrheitsbeteiligungen nach Artikel 43 Absatz 1 Ziffer 2 der Richtlinie 78/660/EWG vorgeschriebenen Angaben brauchen nicht gemacht zu werden, soweit sie geeignet sind, der Gesellschaft, ihren Aktionären oder Gesellschaftern oder einem ihrer Tochterunternehmen einen erheblichen Nachteil zuzufügen. Die Mitgliedstaaten können dazu die vorherige Zustimmung einer Verwaltungsbehörde oder eines Gerichts verlangen. Das Unterlassen dieser Angaben ist im Anhang zu erwähnen.

Artikel 6

(1) Die Mitgliedstaaten können ferner von der in Artikel 1 Absatz 1 bezeichneten Verpflichtung unbeschadet von Artikel 4 Absatz 2 und Artikel 5 befreien, wenn zum Bilanzstichtag des Mutterunternehmens die zu konsolidierenden Unternehmen ingesamt aufgrund ihrer letzten Jahresabschlüsse zwei der drei in Artikel 27 der Richtlinie 78/660/EWG bezeichneten Größenmerkmale nicht überschreiten.

(2) Die Mitgliedstaaten können gestatten oder vorschreiben, daß bei der Berechnung der vorgenannten Größenmerkmale weder die Verrechnung nach Artikel 19 Absatz 1 noch

die Weglassung nach Artikel 26 Absatz 1 Buchstaben a) und b) vorgenommen wird. In diesem Fall werden die Größenmerkmale in bezug auf die Bilanzsumme und die Nettoumsatzerlöse um 20 % erhöht.

(3) Auf die genannten Größenmerkmale ist Artikel 12 der Richtlinie 78/660/EWG anwendbar.

(4) Der vorliegende Artikel darf nicht angewendet werden, wenn eines der zu konsolidierenden Unternehmen eine Gesellschaft ist, deren Wertpapiere zur amtlichen Notierung an einer Wertpapierbörse in einem Mitgliedstaat zugelassen sind.

(5) Bis zum Ablauf einer Frist von zehn Jahren, gerechnet von dem in Artikel 49 Absatz 2 genannten Zeitpunkt an, können die Mitgliedstaaten die in ECU ausgedrückten Größenmerkmale bis auf das Zweieinhalbfache und die durchschnittliche Anzahl der während des Geschäftsjahres Beschäftigten bis auf 500 erhöhen.

Artikel 7

(1) Die Mitgliedstaaten befreien, unbeschadet von Artikel 4 Absatz 2 und der Artikel 5 und 6, jedes ihrem Recht unterliegende Mutterunternehmen, das gleichzeitig Tochterunternehmen ist, von der in Artikel 1 Absatz 1 genannten Verpflichtung, sofern dessen Mutterunternehmen dem Recht eines Mitgliedstaats unterliegt, in den folgenden zwei Fällen:

a) das Mutterunternehmen besitzt sämtliche Aktien oder Anteile des befreiten Unternehmens. Die Aktien oder Anteile dieses Unternehmens, die aufgrund einer gesetzlichen oder satzungsmäßigen Verpflichtung von Mitgliedern des Verwaltungs-, Leitungsoder Aufsichtsorgans gehalten werden, werden nicht berücksichtigt,

b) das Mutterunternehmen besitzt 90 % oder mehr der Aktien oder Anteile des befreiten Unternehmens und die anderen Aktionäre dieses Unternehmens haben der Befreiung zugestimmt.

Sofern nach dem Recht eines Mitgliedstaats zum Zeitpunkt der Annahme dieser Richtlinie konsolidierte Abschlüsse in diesem Falle vorgeschrieben sind, braucht dieser Mitgliedstaat diese Vorschrift bis zum Ablauf einer Frist von zehn Jahren ab dem in Artikel 49 Absatz 2 genannten Zeitpunkt nicht anzuwenden.

(2) Die Befreiung hängt von folgenden Voraussetzungen ab:

a) Das befreite Unternehmen sowie alle seine Tochterunternehmen sind unbeschadet der Artikel 13, 14 und 15 in den konsolidierten Abschluß eines größeren Kreises von Unternehmen einbezogen worden, dessen Mutterunternehmen dem Recht eines Mitgliedstaats unterliegt:

b) aa) Der unter Buchstabe a) bezeichnete konsolidierte Abschluß und der konsolidierte Lagebericht des größeren Kreises von Unternehmen sind von dem Mutterunternehmen dieses Kreises von Unternehmen im Einklang mit dieser Richtlinie nach dem Recht des Mitgliedstaats erstellt und geprüft worden, dem das Mutterunternehmen unterliegt;

bb) der unter Buchstabe a) bezeichnete konsolidierte Abschluß, der konsolidierte Lagebericht nach Unterbuchstabe aa) sowie der Bericht, der mit der Prüfung dieses Abschlusses beauftragten Person und gegebenenfalls die in Artikel 9 bezeichneten Unterlagen sind von dem befreiten Unternehmen nach dem Recht des Mitgliedstaats, dem dieses Unternehmen unterliegt, nach Artikel 38 offengelegt worden. Der betreffende Mitgliedstaat kann vorschreiben, daß die genannten Unterlagen in seiner Amtssprache offengelegt werden und die Übersetzung dieser Unterlagen beglaubigt wird.

c) Der Anhang des Jahresabschlusses des befreiten Unternehmens enthält:

aa) Name und Sitz des Mutterunternehmens, das den unter Buchstabe a) bezeichneten konsolidierten Abschluß aufstellt, und

bb) einen Hinweis auf die Befreiung von der Verpflichtung, einen konsolidierten Abschluß und einen konsolidierten Lagebericht aufzustellen.

(3) Die Mitgliedstaaten brauchen den vorliegenden Artikel nicht auf Gesellschaften anzuwenden, deren Wertpapier zur amtlichen Notierung an einer Wertpapierbörse in einem Mitgliedstaat zugelassen sind.

Artikel 8

(1) die Mitgliedstaaten können in den von Artikel 7 Absatz 1 nicht erfaßten Fällen unbeschadet von Artikel 4 Absatz 2 und der Artikel 5 und 6 jedes ihrem Recht unterliegende Mutterunternehmen, das gleichzeitig Tochterunternehmen ist, dessen eigenes Mutterunternehmen dem Recht eines Mitgliedstaats unterliegt, von der in Artikel 1 Absatz 1 genannten Verpflichtung befreien, wenn alle in Artikel 7 Absatz 2 bezeichneten Voraussetzungen erfüllt sind und Aktionäre oder Gesellschafter des befreiten Unternehmens, die einen Mindestprozentsatz des gezeichneten Kapitals dieses Unternehmens besitzen, nicht spätestens sechs Monate vor dem Ablauf des Geschäftsjahres die Aufstellung eines konsolidierten Abschlusses verlangt haben. Die Mitgliedstaaten dürfen diesen Prozentsatz für Aktiengesellschaften und Kommanditgesellschaften auf Aktien auf nicht höher als 10 % und für Unternehmen in anderer Rechtsform auf nicht höher als 20 % festlegen.

(2) Ein Mitgliedstaat kann die Befreiung nicht davon abhängig machen, daß das Mutterunternehmen, das den in Artikel 7 Absatz 2 Buchstabe a) bezeichneten konsolidierten Abschluß aufstellt, ebenfalls seinem Recht unterliegt.

(3) Ein Mitgliedstaat kann die Befreiung nicht von Bedingungen bezüglich der Aufstellung und Prüfung des in Artikel 7 Absatz 2 Buchstabe a) bezeichneten konsolidierten Abschlusses abhängig machen.

Artikel 9

(1) Die Mitgliedstaaten können die in den Artikeln 7 und 8 vorgesehene Befreiung davon abhängig machen, daß zusätzliche Angaben in Übereinstimmung mit dieser Richtlinie in dem in Artikel 7 Absatz 2 Buchstabe a) genannten konsolidierten Abschluß oder in einer als Anhang beigefügten Unterlage erfolgen, sofern diese Angaben auch von den dem Recht dieses Mitgliedstaats unterliegenden Unternehmen, die zur Aufstellung eines konsolidierten Abschlusses verpflichtet sind und sich in derselben Lage befinden, verlangt werden.

(2) Darüber hinaus können die Mitgliedstaaten die Befreiung davon abhängig machen, daß im Anhang zu dem in Artikel 7 Absatz 2 Buchstabe a) bezeichneten konsolidierten Abschluß oder im Jahresabschluß des befreiten Unternehmens für den Kreis von Unternehmen, deren Mutterunternehmen sie von der Aufstellung eines konsolidierten Abschlusses befreien, alle oder einige der folgenden Angaben gemacht werden:

– Höhe des Anlagevermögens,

– Nettoumsatzerlöse,

– Jahresergebnis und Eigenkapital,

– Zahl der im Geschäftsjahr durchschnittlich beschäftigten Arbeitnehmer.

Artikel 10

Die Artikel 7 bis 9 berühren nicht die Rechtsvorschriften der Mitgliedstaaten über die Aufstellung eines konsolidierten Abschlusses oder eines konsolidierten Lageberichts

– sofern diese Unterlagen zur Unterrichtung der Arbeitnehmer oder ihrer Vertreter verlangt werden

oder

– auf Verlangen einer Verwaltungsbehörde oder eines Gerichts für deren Zwecke.

Artikel 11

(1)   Die Mitgliedstaaten können unbeschadet von Artikel 4 Absatz 2 und der Artikel 5 und 6 jedes ihrem Recht unterliegende Mutterunternehmen, das gleichzeitig Tochterunternehmen eines nicht dem Recht eines Mitgliedstaats unterliegenden Mutterunternehmens ist, von der in Artikel 1 Absatz 1 genannten Verpflichtung befreien, wenn alle folgenden Voraussetzungen erfüllt sind:

a) das befreite Unternehmen sowie alle seine Tochterunternehmen werden unbeschadet der Artikel 13, 14 und 15 in den konsolidierten Abschluß eines größeren Kreises von Unternehmen einbezogen;

b) der unter Buchstabe a) bezeichnete konsolidierte Abschluß und gegebenenfalls der konsolidierte Lagebericht sind entweder nach dieser Richtlinie oder derart erstellt worden, daß sie einem nach dieser Richtlinie erstellten konsolidierten Abschluß und konsolidierten Lagebericht gleichwertig sind;

c) der unter Buchstabe a) bezeichnete konsolidierte Abschluß ist von einer oder mehreren Personen geprüft worden, die aufgrund des Rechts, dem das Unternehmen unterliegt, das diesen Abschluß aufgestellt hat, zur Prüfung von Jahresabschlüssen zugelassen sind.

(2)   Artikel 7 Absatz 2 Buchstabe b) Unterbuchstabe bb), Buchstabe c) sowie die Artikel 8 bis 10 finden Anwendung.

(3)   Ein Mitgliedstaat darf Befreiungen nach dem vorliegenden Artikel nur insoweit vorsehen, als er die gleichen Befreiungen auch nach den Artikeln 7 bis 10 vorsieht.

Artikel 12

(1)   Unbeschadet der Artikel 1 bis 10 können die Mitgliedstaaten jedem ihrem Recht unterliegenden Unternehmen vorschreiben, einen konsolidierten Abschluß und einen konsolidierten Lagebericht aufzustellen, wenn

a) dieses Unternehmen sowie ein oder mehrere andere Unternehmen, die untereinander nicht in der in Artikel 1 Absatz 1 oder 2 bezeichneten Beziehung stehen, aufgrund eines mit diesem Unternehmen geschlossenen Vertrages oder einer Satzungsbestimmung dieser Unternehmen einer einheitlichen Leitung unterstehen

oder

b) das Verwaltungs-, Leitungs- oder Aufsichtsorgan dieses Unternehmens sowie dasjenige eines oder mehrerer Unternehmen, die miteinander nicht in der in Artikel 1 Absatz 1 oder 2 bezeichneten Beziehung stehen, sich mehrheitlich aus denselben Personen zusammensetzen, die während des Geschäftsjahres und bis zur Aufstellung des konsolidierten Abschlusses im Amt sind.

(2)   Bei Anwendung des Absatzes 1 sind die Unternehmen, die untereinander in der in Absatz 1 bezeichneten Beziehung stehen, sowie jedes ihrer Tochterunternehmen zu konsolidierende Unternehmen im Sinne dieser Richtlinie, sofern eines oder mehrere dieser Unternehmen eine der in Artikel 4 genannten Rechtsformen haben.

(3)   Artikel 3, Artikel 4 Absatz 2, die Artikel 5 und 6, die Artikel 13 bis 28, Artikel 29 Absätze 1, 3, 4 und 5, die Artikel 30 bis 38 sowie Artikel 39 Absatz 2 finden Anwendung auf den konsolidierten Abschluß und konsolidierten Lagebericht nach dem vorliegenden Artikel; die Hinweise auf das Mutterunternehmen sind als Bezugnahme auf die in Absatz 1 bezeichneten Unternehmen anzusehen. Jedoch sind unbeschadet von Artikel 19 Absatz 2 die in den konsolidierten Abschluß einzubeziehenden Posten »Kapital«, »Agio«, »Neubewertungsrücklage«, »Rücklagen«, »Ergebnisvortrag« und »Jahresergebnis« die addierten Beträge der jeweiligen Posten sämtlicher in Absatz 1 bezeichneter Unternehmen.

Artikel 13

(1)   Ein Untenehmen braucht nicht in die Konsolidierung einbezogen zu werden, wenn es im Hinblick auf die Zielsetzung des Artikels 16 Absatz 3 nur von untergeordneter Bedeutung ist.

(2)   Entsprechen mehrere Unternehmen den Voraussetzungen des Absatzes 1, so sind diese Unternehmen dennoch in die Konsolidierung einzubeziehen, sofern sie insgesamt im Hinblick auf die Zielsetzung von Artikel 16 Absatz 3 nicht von untergeordneter Bedeutung sind.

(3)   Außerdem braucht ein Unternehmen auch dann nicht in die Konsolidierung einbezogen zu werden, wenn

a) erhebliche und andauernde Beschränkungen

   aa) die Ausübung der Rechte des Mutterunternehmens in bezug auf Vermögen oder Geschäftsführung dieses Unternehmens

   oder

   bb) die Ausübung der einheitlichen Leitung dieses Unternehmens, das in der in Artikel 12 Absatz 1 bezeichneten Beziehung steht,

   nachhaltig beeinträchtigen,

b) die für die Aufstellung eines konsolidierten Abschlusses nach dieser Richtlinie erforderlichen Angaben nicht ohne unverhältnismäßig hohe Kosten oder Verzögerungen zu erhalten sind,

c) die Anteile oder Aktien dieses Unternehmens ausschließlich zum Zwecke ihrer Weiterveräußerung gehalten werden.

Artikel 14

(1) Wenn ein oder mehrere zu konsolidierende Unternehmen derart unterschiedliche Tätigkeiten ausüben, daß sich ihre Einbeziehung in die Konsolidierung als mit der in Artikel 16 Absatz 3 vorgegebenen Verpflichtung unvereinbar erweist, sind diese Unternehmen unbeschadet von Artikel 33 nicht in den konsolidierten Abschluß einzubeziehen.

(2) Absatz 1 ist nicht allein deshalb anwendbar, weil die in die Konsolidierung einzubeziehenden Unternehmen teils herstellende, teils Handel treibende und teils Dienstleistungen erbringende Unternehmen sind oder weil diese Unternehmen jeweils verschiedene Erzeugnisse herstellen, mit verschiedenen Erzeugnissen Handel treiben oder Dienstleistungen unterschiedlicher Art erbringen.

(3) Die Anwendung des Absatzes 1 ist im Anhang zu erwähnen und hinreichend zu begründen. Werden die Jahresabschlüsse oder die konsolidierten Abschlüsse der so ausgeklammerten Unternehmen nicht in demselben Mitgliedstaat nach der Richtlinie 68/151/EWG[1]) offengelegt, so sind sie den konsolidierten Abschlüssen beizufügen oder der Öffentlichkeit zur Verfügung zu halten. Im letzteren Falle muß eine Abschrift dieser Unterlagen auf bloßen Antrag erhältlich sein; das dafür berechnete Entgelt darf die Verwaltungskosten nicht übersteigen.

Artikel 15

(1) Sofern ein Mutterunternehmen, das keine gewerbliche Tätigkeit ausübt und keinen Handel treibt, aufgrund einer Vereinbarung mit einem oder mehreren nicht in die Konsolidierung einbezogenen Unternehmen Aktien oder Anteile eines Tochterunternehmens hält, können die Mitgliedstaaten gestatten, daß dieses Mutterunternehmen in Anwendung des Artikels 16 Absatz 3 nicht in die Konsolidierung einbezogen wird.

(2) Der Jahresabschluß des Mutterunternehmens ist dem konsolidierten Abschluß beizufügen.

(3) Wird von dieser Ausnahme Gebrauch gemacht, ist entweder Artikel 59 der Richtlinie 78/660/EWG auf den Jahresabschluß des Mutterunternehmens anzuwenden oder sind die Angaben, die sich aus einer Anwendung der genannten Vorschrift ergeben würden, im Anhang zu machen.

1) ABl. Nr. L 65 vom 14. 3. 1968, S. 8.

2. ABSCHNITT

Art und Weise der Aufstellung des konsolidierten Abschlusses

Artikel 16

(1) Der konsolidierte Abschluß besteht aus der konsolidierten Bilanz, der konsolidierten Gewinn- und Verlustrechnung sowie dem Anhang. Diese Unterlagen bilden eine Einheit.

(2) Der konsolidierte Abschluß ist klar und übersichtlich aufzustellen und hat dieser Richtlinie zu entsprechen.

(3) Der konsolidierte Abschluß hat ein den tatsächlichen Verhältnissen entsprechendes Bild der Vermögens-, Finanz- und Ertragslage der Gesamtheit der in die Konsolidierung einbezogenen Unternehmen zu vermitteln.

(4) Reicht die Anwendung dieser Richtlinie nicht aus, um ein den tatsächlichen Verhältnissen entsprechendes Bild im Sinne des Absatzes 3 zu vermitteln, so sind zusätzliche Angaben zu machen.

(5) Ist in Ausnahmefällen die Anwendung einer Vorschrift der Artikel 17 bis 35 und des Artikels 39 mit der in Absatz 3 vorgesehenen Verpflichtung unvereinbar, so muß von der betreffenden Vorschrift abgewichen werden, damit ein den tatsächlichen Verhältnissen entsprechendes Bild im Sinne des Absatzes 3 vermittelt wird. Eine solche Abweichung ist im Anhang zu erwähnen und hinreichend zu begründen; ihr Einfluß auf die Vermögens-, Finanz- und Ertragslage ist darzulegen. Die Mitgliedstaaten können die Ausnahmefälle bezeichnen und die entsprechende Ausnahmeregelung festlegen.

(6) Die Mitgliedstaaten können gestatten oder vorschreiben, daß in dem konsolidierten Abschluß neben den Angaben, die aufgrund der vorliegenden Richtlinie erforderlich sind, weitere Angaben gemacht werden.

Artikel 17

(1) Für die Gliederung des konsolidierten Abschlusses gelten die Artikel 3 bis 10, 13 bis 26 und 28 bis 30 der Richtlinie 78/660/EWG unbeschadet der Bestimmungen der vorliegenden Richtlinie und unter Berücksichtigung der Anpassungen, die sich aus den besonderen Merkmalen eines konsolidierten Abschlusses im Vergleich zum Jahresabschluß zwangsläufig ergeben.

(2) Die Mitgliedstaaten können bei Vorliegen besonderer Umstände, die einen unverhältnismäßigen Aufwand erfordern, gestatten, daß die Vorräte in dem konsolidierten Abschluß zusammengefaßt werden.

Artikel 18

Die Gegenstände des Aktiv- und Passivvermögens der in der Konsolidierung einbezogenen Unternehmen werden vollständig in die konsilidierte Bilanz übernommen.

Artikel 19

(1) Die Buchwerte der Anteile oder Aktien am Kapital der in die Konsolidierung einbezogenen Unternehmen werden mit dem auf sie entfallenden Teil des Eigenkapitals der in die Konsolidierung einbezogenen Unternehmen verrechnet.

a) Die Verrechnung erfolgt auf der Grundlage der Buchwerte zu dem Zeitpunkt, zu dem diese Unternehmen erstmalig in die Konsolidierung einbezogen werden. Die sich bei der Verrechnung ergebenden Unterschiedsbeträge werden, soweit möglich, unmittelbar unter Posten der konsolidierten Bilanz verbucht, deren Wert höher oder niedriger ist als ihr Buchwert.

b) Die Mitgliedstaaten können gestatten oder vorschreiben, daß die Verrechnung auf der Grundlage der Werte der feststellbaren Aktiva und Passiva des zu konsolidierenden Unternehmens zum Zeitpunkt des Erwerbs der Anteile oder Aktien erfolgt oder, beim Erwerb zu verschiedenen Zeitpunkten, zu dem Zeitpunkt, zu dem das Unternehmen Tochterunternehmen geworden ist.

c) Ein nach Buchstabe a) verbleibender oder nach Buchstabe b) entstehender Unterschiedsbetrag ist in der konsolidierten Bilanz unter einem gesonderten Posten mit entsprechender Bezeichnung auszuweisen. Der Posten, die angewendeten Methoden und wesentliche Änderungen gegenüber dem Vorjahr sind im Anhang zur Bilanz zu erläutern. Läßt ein Mitgliedstaat eine Verrechnung von positiven mit negativen Unterschiedsbeträgen zu, so sind diese ebenfalls im Anhang aufzugliedern.

(2) Absatz 1 gilt jedoch nicht für Anteile oder Aktien am Kapital des Mutterunternehmens, die sich im Besitz des Mutterunternehmens selbst oder eines anderen in die Konsolidierung einbezogenen Unternehmens befinden. Diese Anteile oder Aktien werden im konsolidierten Abschluß als eigene Aktien oder Anteile nach der Richtlinie 78/660/EWG betrachtet.

Artikel 20

(1) Die Mitgliedstaaten können gestatten oder vorschreiben, daß der Buchwert der Anteile oder Aktien am Kapital eines in die Konsolidierung einbezogenen Unternehmens nur mit dem auf ihn entfallenden Anteil des Kapitals verrechnet wird, sofern

a) die Anteile oder Aktien mindestens 90 v. H. des Nennbetrags oder, falls kein Nennbetrag vorhanden ist, des rechnerischen Wertes der Anteile oder Aktien dieses

Unternehmens ausmachen, die keine Anteile im Sinne des Artikels 29 Absatz 2 Buchstabe a) der Richtlinie 77/91/EWG[1]) sind,

b) der Hundertsatz, auf den in Buchstabe a) Bezug genommen wird, im Wege einer Vereinbarung erreicht wird, die die Ausgabe von Anteilen oder Aktien durch ein in die Konsolidierung einbezogenes Unternehmen vorsieht,

c) die in Buchstabe b) bezeichnete Vereinbarung keine Barzahlung vorsieht, die über 10 v. H. des Nennbetrags oder, falls kein Nennbetrag vorhanden ist, des rechnerischen Wertes der ausgegebenen Anteile oder Aktien hinausgeht.

(2) Der Unterschiedsbetrag nach Absatz 1 wird je nach Lage des Falles den konsolidierten Rücklagen zugerechnet oder von ihnen abgezogen.

(3) Die Anwendung der Methode nach Absatz 1, die sich daraus ergebenden Veränderungen der Rücklagen sowie der Name und Sitz der betreffenden Unternehmen sind im Anhang anzugeben.

Artikel 21

Die Beträge, die den Anteilen oder Aktien entsprechen, welche sich bei konsolidierten Tochterunternehmen im Besitz von anderen Personen als den in die Konsolidierung einbezogenen Unternehmen befinden, werden in der konsolidierten Bilanz unter einem gesonderten Posten mit entsprechender Bezeichnung ausgewiesen.

Artikel 22

Die Aufwendungen und Erträge der in die Konsolidierung einbezogenen Unternehmen werden vollständig in die konsoldierte Gewinn- und Verlustrechnung übernommen.

Artikel 23

Die Beträge aus dem Ergebnis von konsolidierten Tochterunternehmen, die den Aktien oder Anteilen entsprechen, welche sich im Besitz anderer Personen als den in die Konsolidierung einbezogenen Unternehmen befinden, werden in der konsolidierten Gewinn- und Verlustrechnung unter einem gesonderten Posten mit entsprechender Bezeichnung ausgewiesen.

---

1) ABl. Nr. L 26 vom 31. 1. 1977, S. 1.

Artikel 24

Der konsolidierte Abschluß ist nach den Grundsätzen der Artikel 25 bis 28 aufzustellen.

Artikel 25

(1) In der Anwendung der Konsolidierungsmethoden soll Stetigkeit bestehen.

(2) Abweichungen von Absatz 1 sind in Ausnahmefällen zulässig. Wird von diesen Abweichungen Gebrauch gemacht, so sind sie im Anhang anzugeben und hinreichend zu begründen; ihr Einfluß auf die Vermögens-, Finanz- und Ertragslage aller in die Konsolidierung einbezogenen Unternehmen ist anzugeben.

Artikel 26

(1) Im konsolidierten Abschluß sind Vermögens-, Finanz- und Ertragslage der in die Konsolidierung einbezogenen Unternehmen so auszuweisen, als ob sie ein einziges Unternehmen wären. Insbesondere werden in dem konsolidierten Abschluß

a) Forderungen und Verbindlichkeiten zwischen in die Konsolidierung einbezogenen Unternehmen weggelassen;

b) Aufwendungen und Erträge aus Geschäften zwischen in die Konsolidierung einbezogenen Unternehmen weggelassen;

c) Gewinne und Verluste aus Geschäften zwischen in die Konsolidierung einbezogenen Unternehmen, die in den Buchwert der Aktiva eingehen, weggelassen. Bis zu einer späteren Koordinierung können die Mitgliedstaaten jedoch zulassen, daß diese Weglassungen nach dem auf das Mutterunternehmen entfallenden Anteil am Kapital der einzelnen in die Konsolidierung einbezogenen Tochterunternehmen erfolgen.

(2) Die Mitgliedstaaten können Abweichungen von Absatz 1 Buchstabe c) zulassen, wenn das Geschäft zu normalen Marktbedingungen geschlossen wird und die Weglassung des Gewinns oder Verlustes einen unverhältnismäßig hohen Aufwand erfordern würde. Abweichungen von dem Grundsatz sind im Anhang anzugeben und wenn ihr Einfluß auf die Vermögens-, Finanz- und Ertragslage aller in die Konsolidierung einbezogenen Unternehmen bedeutend ist, zu erläutern.

(3) Abweichungen von Absatz 1 Buchstaben a), b) und c) sind zulässig, wenn die betreffenden Beträge in bezug auf das Ziel des Artikels 16 Absatz 3 nur von untergeordneter Bedeutung sind.

Artikel 27

(1)   Der konsolidierte Abschluß wird zum selben Stichtag wie der Jahresabschluß des Mutterunternehmens aufgestellt.

(2)   Jedoch können die Mitgliedstaaten mit Rücksicht auf den Bilanzstichtag der Mehrzahl oder der bedeutendsten der konsolidierten Unternehmen gestatten oder vorschreiben, daß der konsolidierte Abschluß zu einem anderen Zeitpunkt aufgestellt wird. Wird von dieser Abweichung Gebrauch gemacht, so ist dies im Anhang zum konsolidierten Abschluß anzugeben und hinreichend zu begründen. Außerdem sind Vorgänge von besonderer Bedeutung für die Vermögens-, Finanz- und Ertragslage eines konsolidierten Unternehmens, die zwischen dem Bilanzstichtag dieses Unternehmens und dem Stichtag des konsolidierten Abschlusses eingetreten sind, zu berücksichtigen oder anzugeben.

(3)   Liegt der Bilanzstichtag eines Unternehmens um mehr als drei Monate vor dem Stichtag des konsolidierten Abschlusses, so wird dieses Unternehmen aufgrund eines auf den Stichtag des konsolidierten Abschlusses aufgestellten Zwischenabschlusses konsolidiert.

Artikel 28

Hat sich die Zusammensetzung aller in die Konsolidierung einbezogenen Unternehmen im Laufe des Geschäftsjahres erheblich geändert, so sind in den konsolidierten Abschluß Angaben aufzunehmen, die es ermöglichen, die aufeinanderfolgenden konsolidierten Abschlüsse sinnvoll zu vergleichen. Bei einer bedeutenden Änderung können die Mitgliedstaaten im übrigen vorschreiben oder zulassen, dieser Verpflichtung dadurch nachzukommen, daß eine geänderte Eröffnungsbilanz und eine geänderte Gewinn- und Verlustrechnung aufgestellt werden.

Artikel 29

(1)   Die in die Konsolidierung einbezogenen Gegenstände des Aktiv- und Passivvermögens werden nach einheitlichen Methoden und in Übereinstimmung mit den Artikeln 31 bis 42 und 60 der Richtlinie 78/660/EWG bewertet.

(2) a)   Das Unternehmen, das den konsolidierten Abschluß aufstellt, hat dieselben Bewertungsmethoden anzuwenden wie diejenigen, welche es auf seinen eigenen Jahresabschluß anwendet. Jedoch können die Mitgliedstaaten die Anwendung anderer Bewertungsmethoden gestatten oder vorschreiben, soweit diese mit den vorstehend bezeichneten Artikeln der Richtlinie 78/660/EWG übereinstimmen.

   b)   Wird von diesen Abweichungen Gebrauch gemacht, so sind sie im Anhang des konsolidierten Abschlusses anzugeben und hinreichend zu begründen.

(3)   Sofern in die Konsolidierung einbezogene Gegenstände des Aktiv- und Passivvermögens in den Jahresabschlüssen von in die Konsolidierung einbezogenen Unternehmen nach Methoden bewertet worden sind, die sich von den auf die Konsolidierung angewendeten Methoden unterscheiden, sind diese Vermögensgegenstände nach den letzten Methoden neuzubewerten, es sei denn, daß das Ergebnis dieser Neubewertung in bezug auf die Zielsetzung des Artikels 16 Absatz 3 nur von untergeordneter Bedeutung ist. Abweichungen von diesem Grundsatz sind in Ausnahmefällen zulässig. Sie sind im Anhang zum konsolidierten Abschluß anzugeben und hinreichend zu begründen.

(4)   In der konsolidierten Bilanz und in der konsolidierten Gewinn- und Verlustrechnung ist der Konsolidierungsunterschied zwischen dem Steueraufwand, der dem Geschäftsjahr und den früheren Geschäftsjahren zugerechnet wird und den für diese Geschäftsjahre bereits gezahlten oder zu zahlenden Steuern zu berücksichtigen, soweit sich daraus wahrscheinlich für eines der konsolidierten Unternehmen in absehbarer Zukunft ein tatsächlicher Aufwand ergibt.

(5)   Sofern bei einem in die Konsolidierung einbezogenen Gegenstand des Aktivvermögens eine außerordentliche Wertberichtigung allein für die Anwendung steuerlicher Vorschriften vorgenommen worden ist, darf dieser Vermögensgegenstand erst nach Wegfall dieser Berichtigung in den konsolidierten Abschluß übernommen werden. Jedoch können die Mitgliedstaaten gestatten oder vorschreiben, daß ein solcher Vermögensgegenstand auch ohne Wegfall der Wertberichtigung in den konsolidierten Abschluß übernommen wird, sofern der Betrag der Wertberichtigung im Anhang zum konsolidierten Abschluß angegeben und hinreichend begründet wird.

Artikel 30

(1)   Der in Artikel 19 Absatz 1 Buchstabe c) bezeichnete gesonderte Posten, der einem positiven Konsolidierungsunterschied entspricht, wird nach den Vorschriften für den Posten »Geschäfts- oder Firmenwert« der Richtlinie 78/660/EWG behandelt.

(2)   Die Mitgliedstaaten können zulassen, daß der positive Konsolidierungsunterschied unmittelbar und offen von Rücklagen abgezogen wird.

Artikel 31

Der Betrag unter den in Artikel 19 Absatz 1 Buchstabe c) bezeichneten Posten, der einem negativen Konsolidierungsunterschied entspricht, darf in die konsolidierte Gewinn- und Verlustrechnung nur übernommen werden,

a) wenn dieser Unterschiedsbetrag einer zum Zeitpunkt des Erwerbs erwarteten ungünstigen Entwicklung der künftigen Ergebnisse des betreffenden Unternehmens oder erwarteten Aufwendungen entspricht, soweit sich diese Erwartungen erfüllen, oder

b) soweit dieser Unterschiedsbetrag einem realisierten Gewinn entspricht.

Artikel 32

(1)   Die Mitgliedstaaten können gestatten oder vorschreiben, daß, sofern ein in die Konsolidierung einbezogenes Unternehmen gemeinsam mit einem oder mehreren nicht in die Konsolidierung einbezogenen Unternehmen ein anderes Unternehmen leitet, dieses entsprechend dem Anteil der Rechte, die darin von dem in die Konsolidierung einbezogenen Untenehmen gehalten werden, in den konsolidierten Abschluß einbezogen wird.

(2)   Die Artikel 13 bis 31 finden sinngemäß auf die in Absatz 1 bezeichnete Quotenkonsolidierung Anwendung.

(3)   Im Falle der Anwendung des vorliegenden Artikels ist Artikel 33 nicht anzuwenden, wenn das Unternehmen, das einer Quotenkonsolidierung unterliegt, ein assoziiertes Unternehmen im Sinne von Artikel 33 ist.

Artikel 33

(1)   Wird von einem in die Konsolidierung einbezogenen Unternehmen ein maßgeblicher Einfluß auf die Geschäfts- und Finanzpolitik eines nicht in die Konsolidierung einbezogenen Unternehmens (assoziiertes Unternehmen) ausgeübt, an dem eine Beteiligung im Sinne des Artikels 17 der Richtlinie 78/660/EWG besteht, so ist diese Beteiligung in der konsolidierten Bilanz unter einem gesonderten Posten mit entsprechender Bezeichnung auszuweisen. Es wird vermutet, daß ein Unternehmen einen maßgeblichen Einfluß auf ein anderes Unternehmen ausübt, wenn es 20 % oder mehr der Stimmrechte der Aktionäre oder Gesellschafter dieses Unternehmens hat. Artikel 2 findet Anwendung.

(2)   Bei der erstmaligen Anwendung des vorliegenden Artikels auf eine Beteiligung im Sinne von Absatz 1 wird diese in der konsolidierten Bilanz wie folgt ausgewiesen:

a) entweder mit dem Buchwert im Einklang mit den Bewertungsregeln der Richtlinie 78/660/EWG; dabei wird der Unterschiedsbetrag zwischen diesem Wert und dem Betrag, der dem auf diese Beteiligung entfallenden Teil des Eigenkapitals entspricht, in der konsolidierten Bilanz oder im Anhang gesondert ausgewiesen; dieser Unterschiedsbetrag wird zu dem Zeitpunkt berechnet, zu dem die Methode erstmalig angewendet wird,

b) oder mit dem Betrag, der dem auf die Beteiligung entfallenden Teil des Eigenkapitals des assoziierten Unternehmens entspricht; dabei wird der Unterschiedsbetrag zwischen diesem Betrag und dem Buchwert, im Einklang mit den Bewertungsregeln der Richtlinie 78/660/EWG in der konsolidierten Bilanz oder im Anhang gesondert ausgewiesen; dieser Unterschiedsbetrag wird zu dem Zeitpunkt berechnet, an dem die Methode erstmalig angewendet wird.

c) Die Mitgliedstaaten können die Anwendung nur eines dieser Buchstaben vorschreiben. In der konsolidierten Bilanz oder im Anhang ist anzugeben, ob von Buchstabe a) oder Buchstabe b) Gebrauch gemacht worden ist.

d) Ferner können die Mitgliedstaaten für die Anwendung des Buchstabens a) oder b) gestatten oder vorschreiben, daß die Berechnung des Unterschiedsbetrags zum Zeitpunkt des Erwerbs der Anteile oder Aktien erfolgt oder, beim Erwerb zu verschiedenen Zeitpunkten, zu dem Zeitpunkt, zu dem das Unternehmen ein assoziiertes Unternehmen geworden ist.

(3) Sind Gegenstände des Aktiv- oder Passivvermögens des assoziierten Unternehmens nach Methoden bewertet worden, die sich von den auf die Konsolidierung nach Artikel 29 Absatz 2 angewendeten Methoden unterscheiden, so können diese Vermögenswerte für die Berechnung des Unterschiedsbetrags nach Absatz 2 Buchstabe a) oder Buchstabe b) des vorliegenden Artikels nach den für die Konsolidierung angewendeten Methoden neu bewertet werden. Wird eine solche Neubewertung nicht vorgenommen, so ist dies im Anhang zu erwähnen. Die Mitgliedstaaten können eine solche Neubewertung vorschreiben.

(4) Der Buchwert nach Absatz 2 Buchstabe a) oder der Betrag, der dem auf die Beteiligung entfallenden Teil des Eigenkapitals des assoziierten Unternehmens nach Absatz 2 Buchstabe b) entspricht, wird um die während des Geschäftsjahres eingetretene Änderung des auf die Beteiligung entfallenden Teils des Eigenkapitals des assoziierten Unternehmens erhöht oder vermindert; er vermindert sich um den Betrag der auf die Beteiligung entfallenden Dividenden.

(5) Kann ein positiver Unterschiedsbetrag nach Absatz 2 Buchstabe a) oder Buchstabe b) nicht einer bestimmten Kategorie von Gegenständen des Aktiv- oder Passivvermögens zugerechnet werden, so wird dieser Betrag nach Artikel 30 und Artikel 39 Absatz 3 behandelt.

(6) Der auf die Beteiligung entfallende Teil des Ergebnisses des assoziierten Unternehmens wird unter einem gesonderten Posten mit entsprechender Bezeichnung in der konsolidierten Gewinn- und Verlustrechnung ausgewiesen.

(7) Die Weglassungen nach Artikel 26 Absatz 1 Buchstabe c) werden nur insoweit vorgenommen, als die betreffenden Tatbestände bekannt oder zugänglich sind. Artikel 26 Absätze 2 und 3 sind anwendbar.

(8) Stellt das assoziierte Unternehmen einen konsolidierten Abschluß auf, so sind die vorstehenden Absätze auf das in diesem konsolidierten Abschluß ausgewiesene Eigenkapital anzuwenden.

(9) Auf die Anwendung dieses Artikels kann verzichtet werden, wenn die Beteiligung am Kapital des assoziierten Unternehmens im Hinblick auf die Zielsetzung des Artikels 16 Absatz 3 nur von untergeordneter Bedeutung sind.

Artikel 34

Im Anhang sind außer den in anderen Bestimmungen dieser Richtlinie vorgeschriebenen Angaben zumindest Angaben zu machen über

1. die auf die verschiedenen Posten des konsolidierten Abschlusses angewandten Bewertungsmethoden sowie die Methoden zur Berechnung der Wertberichtigungen. Für die in dem konsolidierten Abschluß angegebenen Beträge, welche auf fremde Währung lauten oder ursprünglich auf fremde Währung lauteten, ist anzugeben, auf welcher Grundlage sie in die Währung, in welcher der konsolidierte Abschluß aufgestellt wird, umgerechnet worden sind;

2. a) Name und Sitz der in die Konsolidierung einbezogenen Unternehmen, den Anteil des Kapitals, der in den in die Konsolidierung einbezogenen Unternehmen außer dem Mutterunternehmen von jedem in die Konsolidierung einbezogenen Unternehmen oder durch eine im eigenen Namen, aber für Rechnung dieser Unternehmen handelnde Person gehalten wird, sowie die in Artikel 1 und Artikel 12 Absatz 1 bezeichneten Voraussetzungen, aufgrund deren die Konsolidierung nach Anwendung von Artikel 2 erfolgt ist. Die zuletzt genannte Angabe braucht jedoch nicht gemacht zu werden, wenn die Konsolidierung aufgrund von Artikel 1 Absatz 1 Buchstabe a) erfolgt ist und außerdem Kapitalanteil und Anteil an den Stimmrechten übereinstimmen;

   b) die gleichen Angaben sind für die Unternehmen zu machen, die nach den Artikeln 13 und 14 nicht in die Konsolidierung einbezogen worden sind; unbeschadet des Artikels 14 Absatz 3 ist der Ausschluß der in Artikel 13 bezeichneten Unternehmen zu begründen;

3. a) Name und Sitz der Unternehmen, die mit einem in die Konsolidierung einbezogenen Unternehmen im Sinne von Artikel 33 Absatz 1 assoziiert sind, den Anteil ihres Kapitals, der von in die Konsolidierung einbezogenen Unternehmen selbst oder durch eine im eigenen Namen, aber für Rechnung dieser Unternehmen handelnde Person gehalten wird;

b) die gleichen Angaben sind für die in Artikel 33 Absatz 9 bezeichneten assoziierten Unternehmen zu machen; außerdem ist die Anwendung dieser Vorschrift zu begründen;

4. Name und Sitz der Unternehmen, die Gegenstand einer Quotenkonsolidierung nach Artikel 32 sind, die Tatbestände, aus denen sich die gemeinsame Leitung ergibt, sowie den Anteil des Kapitals dieser Unternehmen, der von in die Konsolidierung einbezogenen Unternehmen selbst oder durch eine im eigenen Namen, aber für Rechnung dieser Unternehmen handelnde Person gehalten wird;

5. Name und Sitz anderer als der unter den Nummern 2, 3 und 4 bezeichneten Unternehmen, bei denen in die Konsolidierung einbezogene oder nach Artikel 14 weggelassene Unternehmen entweder selbst oder durch eine im eigenen Namen, aber für Rechnung dieser Unternehmen handelnde Person mit mindestens einem Prozentsatz am Kapital beteiligt ist, den die Mitgliedstaaten auf höchstens 20 % festsetzen dürfen, unter Angabe des Anteils am Kapital sowie der Höhe des Eigenkapitals und des Ergebnisses des letzten Geschäftsjahres, für das ein Abschluß aufgestellt worden ist. Diese Angaben können unterbleiben, wenn sie in bezug auf die Zielsetzung des Artikels 16 Absatz 3 von untergeordneter Bedeutung sind. Die Angabe des Eigenkapitals und des Ergebnisses kann ebenfalls unterbleiben, wenn das betreffende Unternehmen seine Bilanz nicht offenlegt und es sich indirekt oder direkt zu weniger als 50 % im Besitz der erwähnten Unternehmen befindet;

6. den Gesamtbetrag der in der konsolidierten Bilanz ausgewiesenen Verbindlichkeiten mit einer Restlaufzeit von mehr als fünf Jahren sowie den Gesamtbetrag der in der konsolidierten Bilanz ausgewiesenen Verbindlichkeiten, die von in die Konsolidierung einbezogenen Unternehmen dinglich gesichert sind, unter Angabe ihrer Art und Form;

7. den Gesamtbetrag der finanziellen Verpflichtungen, die nicht in der konsolidierten Bilanz erscheinen, sofern diese Angabe für die Beurteilung der Finanzlage der Gesamtheit der in die Konsolidierung einbezogenen Unternehmen von Bedeutung ist. Davon sind Pensionsverpflichtungen und Verpflichtungen gegenüber verbundenen Unternehmen, die nicht in die Konsolidierung einbezogen sind, gesondert auszuweisen;

8. die Aufgliederung der konsolidierten Nettoumsatzerlöse im Sinne von Artikel 28 der Richtlinie 78/660/EWG nach Tätigkeitsbereichen sowie nach geographisch bestimmten Märkten, soweit sich hinsichtlich der Organisation des Verkaufs von Erzeugnissen und der Erbringung von Dienstleistungen, die der normalen Geschäftstätigkeit sämtlicher in die Konsolidierung einbezogener Unternehmen entsprechen, die Tätigkeitsbereiche und geographisch bestimmten Märkte untereinander erheblich unterscheiden;

9. a) den durchschnittlichen Personalbestand der in die Konsolidierung einbezogenen Unternehmen während des Geschäftsjahres, getrennt nach Gruppen, sowie, falls

sie nicht gesondert in der konsolidierten Gewinn- und Verlustrechnung erscheinen, die in dem Geschäftsjahr verursachten Personalaufwendungen.

b) Der durchschnittliche Personalbestand der Unternehmen, auf die Artikel 32 Anwendung findet, während des Geschäftsjahres wird gesondert ausgewiesen;

10. das Ausmaß, in dem die Berechnung des konsolidierten Jahresergebnisses von einer Bewertung der Posten beeinflußt wurde, die in Abweichung von den Grundsätzen der Artikel 31 und 34 bis 42 der Richtlinie 78/660/EWG sowie des Artikels 29 Absatz 5 der vorliegenden Richtlinie während des Geschäftsjahres oder eines früheren Geschäftsjahres im Hinblick auf Steuererleichterungen durchgeführt wurde. Wenn eine solche Bewertung die künftige steuerliche Belastung der Gesamtheit der in die Konsolidierung einbezogenen Unternehmen erheblich beeinflußt, muß dies angegeben werden;

11. den Unterschied zwischen dem Steueraufwand, der in den konsolidierten Gewinn- und Verlustrechnungen des Geschäftsjahres und der vorangegangenen Geschäftsjahre eingesetzt worden ist, und den für diese Geschäftsjahre gezahlten oder zu zahlenden Steuern, sofern dieser Unterschied von Bedeutung für den künftigen Steueraufwand ist. Dieser Betrag kann auch als Gesamtbetrag in der konsolidierten Bilanz unter einem gesonderten Posten mit entsprechender Bezeichnung ausgewiesen werden;

12. die Höhe der Vergütungen, die für das Geschäftsjahr den Mitgliedern des Verwaltungs-, Leitungs- oder Aufsichtsorgans des Mutterunternehmens für die Wahrnehmung ihrer Aufgaben im Mutterunternehmen und seinen Tochterunternehmen gewährt worden sind, sowie die Höhe der unter denselben Voraussetzungen entstandenen oder ein-gegangenen Pensionsverpflichtungen gegenüber früheren Mitgliedern der genannten Organe. Diese Angaben sind zusammengefaßt für jede dieser Personengruppe zu machen. Die Mitgliedstaaten können verlangen, daß in die Angaben nach Satz 1 auch Vergütungen für die Wahrnehmung von Aufgaben in Unternehmen einbezogen wer-den, zu denen Beziehungen im Sinne von Artikel 32 oder von Artikel 33 bestehen;

13. die Höhe der Vorschüsse und Kredite, die den Mitgliedern des Verwaltungs-, Leitungs- oder Aufsichtsorgans des Mutterunternehmens von diesem Unternehmen oder einem seiner Tochterunternehmen gewährt worden sind, mit Angabe des Zinssatzes, der wesentlichen Bedingungen und der gegebenenfalls zurückgezahlten Beträge, sowie die Garantieverpflichtungen zugunsten dieser Personen. Diese Angaben sind zusam-mengefaßt für jede dieser Personengruppe zu machen. Die Mitgliedstaaten können verlangen, daß die Angaben nach Satz 1 auch für Vorschüsse und Kredite zu machen sind, die von Unternehmen gewährt werden, zu denen Beziehungen im Sinne von Artikel 32 oder von Artikel 33 bestehen.

Artikel 35

(1)   Die Mitgliedstaaten können gestatten, daß die in Artikel 34 Nummern 2, 3, 4 und 5 geforderten Angaben

a) in einer Aufstellung gemacht werden, die nach Artikel 3 Absätze 1 und 2 der Richtlinie 68/151/EWG hinterlegt wird; im Anhang ist auf diese Aufstellung zu verweisen;

b) unterlassen werden, soweit sie geeignet sind, einem in diesen Vorschriften bezeichneten Unternehmen einen erheblichen Nachteil zuzufügen. Die Mitgliedstaaten können dazu die vorherige Zustimmung einer Verwaltungsbehörde oder eines Gerichts verlangen. Das Unterlassen dieser Angaben ist im Anhang zu erwähnen.

(2)   Absatz 1 Buchstabe b) findet ebenfalls Anwendung auf die in Artikel 34 Nummer 8 geforderten Angaben.

3. ABSCHNITT

Konsolidierter Lagebericht

Artikel 36

(1)   Der konsolidierte Lagebericht hat zumindest den Geschäftsverlauf und die Lage der Gesamtheit der in die Konsolidierung einbezogenen Unternehmen so darzustellen, daß ein den tatsächlichen Verhältnissen entsprechendes Bild entsteht.

(2)   Der konsolidierte Lagebericht soll auch eingehen auf

a) Ereignisse von besonderer Bedeutung, die nach Abschluß des Geschäftsjahres eingetreten sind;

b) die voraussichtliche Entwicklung der Gesamtheit dieser Unternehmen;

c) den Bereich Forschung und Entwicklung der Gesamtheit dieser Unternehmen;

d) die Zahl und den Nennbetrag oder, wenn ein Nennbetrag nicht vorhanden ist, den rechnerischen Wert aller Anteile oder Aktien des Mutterunternehmens, die entweder von diesem Unternehmen selbst, von Tochterunternehmen oder von einer im eigenen Namen, aber für Rechnung dieser Unternehmen handelnden Person gehalten werden. Die Mitgliedstaaten können gestatten oder vorschreiben, daß diese Angaben im Anhang gemacht werden.

4. ABSCHNITT

Prüfung des konsolidierten Abschlusses

Artikel 37

(1) Das Unternehmen, das den konsolidierten Abschluß aufstellt, muß diesen durch eine oder mehrere Personen prüfen lassen, die nach dem Recht des Mitgliedstaats, dem dieses Unternehmen unterliegt, zur Prüfung von Jahresabschlüssen zugelassen sind.

(2) Die mit der Prüfung des konsolidierten Abschlusses beauftragte Person oder beauftragten Personen haben auch zu prüfen, ob der konsolidierte Lagebericht mit dem konsolidierten Abschluß des betreffenden Geschäftsjahres in Einklang steht.

5. ABSCHNITT

Offenlegung des konsolidierten Abschlusses

Artikel 38

(1) Der ordnungsgemäß gebilligte konsolidierte Abschluß, der konsolidierte Lagebericht sowie der Bericht der mit der Prüfung des konsolidierten Abschlusses beauftragten Person werden von dem Unternehmen, das den konsolidierten Abschluß aufstellt, nach dem Recht des Mitgliedstaats, dem dieses Unternehmen unterliegt, gemäß Artikel 3 der Richtlinie 68/151/EWG offengelegt.

(2) Auf den konsolidierten Lagebericht findet Artikel 47 Absatz 1 Unterabsatz 2 der Richtlinie 78/660/EWG Anwendung.

(3) Artikel 47 Absatz 1 Unterabsatz 2 letzter Satz der Richtlinie 78/660/EWG erhält folgende Fassung: »Eine vollständige oder teilweise Ausfertigung dieses Berichts muß auf bloßen Antrag erhältlich sein. Das dafür berechnete Entgelt darf die Verwaltungskosten nicht übersteigen.«

(4) Sofern jedoch das Unternehmen, das den konsolidierten Abschluß aufstellt, nicht in einer der in Artikel 4 genannten Rechtsformen organisiert ist und auch nicht für die in Absatz 1 genannten Unterlagen nach innerstaatlichem Recht der Verpflichtung zu einer Offenlegung unterliegt, die der des Artikels 3 der Richtlinie 68/151/EWG entspricht, muß es zumindest diese Unterlagen an seinem Sitz zur Einsichtnahme für jedermann bereithalten. Ausfertigungen dieser Unterlagen müssen auf bloßen Antrag erhältlich sein. Das dafür berechnete Entgelt darf die Verwaltungskosten nicht übersteigen.

(5)   Die Artikel 48 und 49 der Richtlinie 78/660/EWG sind anwendbar.

(6)   Die Mitgliedstaaten sehen geeignete Sanktionen für den Fall vor, daß die in dem vorliegenden Artikel vorgesehene Offenlegung nicht erfolgt.

Artikel 38 a

Der konsolidierte Abschluß kann neben der Währung, in der er aufgestellt wurde, auch in Ecu offengelegt werden. Dabei ist der am Stichtag der konsolidierten Bilanz gültige Umrechnungskurs zugrunde zu legen. Dieser Kurs ist im Anhang anzugeben.

6. ABSCHNITT

Übergangsbestimmungen und Schlußbestimmungen

Artikel 39

(1)   In dem ersten nach dieser Richtlinie aufgestellten konsolidierten Abschluß für eine Gesamtheit von Unternehmen, zwischen denen bereits vor der Anwendung der in Artikel 49 Absatz 1 bezeichneten Vorschriften eine der in Artikel 1 Absatz 1 genannten Beziehungen bestanden hat, können die Mitgliedstaaten gestatten oder vorschreiben, daß für die Anwendung des Artikels 19 Absatz 1 der Buchwert der Anteile oder Aktien sowie der auf sie entfallende Anteil des Eigenkapitals zu einem Zeitpunkt berücksichtigt werden, der nicht später als der Zeitpunkt der ersten Konsolidierung nach dieser Richtlinie liegt.

(2)   Absatz 1 gilt sinngemäß für die Bewertung von Anteilen oder Aktien oder des auf sie entfallenden Anteils am Eigenkapital eines assoziierten in die Konsolidierung einbezogenen Unternehmens nach Artikel 33 Absatz 2 sowie der Quotenkonsolidierung nach Artikel 32.

(3)   Entspricht der besondere Posten nach Artikel 19 Absatz 1 einem positiven Konsilidierungsunterschied, der vor dem Tag der Aufstellung des ersten konsolidierten Abschlusses nach dieser Richtlinie aufgetreten ist, so können die Mitgliedstaaten zulassen, daß

a)   für die Anwendung von Artikel 30 Absatz 1 der befristete Zeitraum von über fünf Jahren nach Artikel 37 Absatz 2 der Richtlinie 78/660/EWG vom Tag der Aufstellung des ersten konsolidierten Abschlusses nach der vorliegenden Richtlinie an berechnet wird und

b) für die Anwendung von Artikel 30 Absatz 2 der Abzug von den Rücklagen am Tag der Aufstellung des ersten konsolidierten Abschlusses nach der vorliegenden Richtlinie vorgenommen wird.

Artikel 40

(1) Bis zum Ablauf der Fristen für die Anpassung ihres nationalen Rechts an die Richtlinien, die in Ergänzung der Richtlinie 78/660/EWG die Vorschriften über den Jahresabschluß für Banken und andere Finanzinstitute sowie Versicherungsunternehmen angleichen, können die Mitgliedstaaten von den Vorschriften der vorliegenden Richtlinie, welche die Gliederung des konsolidierten Abschlusses und die Art der Bewertung der darin einbezogenen Vermögensgegenstände sowie die Angaben im Anhang betreffen, abweichen

a) gegenüber jedem zu konsolidierenden Unternehmen, das eine Bank, ein anderes Finanzinstitut oder ein Versicherungsunternehmen ist,

b) wenn die zu konsolidierenden Unternehmen hauptsächlich aus Banken, Finanzinstituten oder Versicherungsunternehmen bestehen.

Sie können ferner von Artikel 6 abweichen, jedoch nur hinsichtlich der Anwendung der Grenzen und Größenmerkmale auf die obengenannten Unternehmen.

(2) Soweit die Mitgliedstaaten vor der Anwendung der in Artikel 49 Absatz 1 bezeichneten Vorschriften allen Unternehmen, die Banken, andere Finanzinstitute oder Versicherungsunternehmen sind, nicht vorgeschrieben haben, einen konsolidierten Abschluß zu erstellen, können sie bis zur Anwendung einer der in Absatz 1 bezeichneten Richtlinien im nationalen Recht, längstens aber für Geschäftsjahre, die im Jahr 1993 enden, gestatten,

a) daß der Eintritt der in Artikel 1 Absatz 1 bezeichneten Verpflichtung für die obengenannten Unternehmen, sofern sie Mutterunternehmen sind, aufgeschoben wird. Dies ist im Jahresabschluß des Mutterunternehmens anzugeben. Außerdem sind im Hinblick auf jedes Tochterunternehmen die in Artikel 43 Absatz 1 Ziffer 2 der Richtlinie 78/660/EWG vorgesehenen Angaben zu machen,

b) daß für den Fall, daß ein konsolidierter Abschluß erstellt wird, die obengenannten Unternehmen, sofern sie Tochterunternehmen sind, nicht in die Konsolidierung einbezogen werden; Artikel 33 bleibt unberührt. Die in Artikel 34 Ziffer 2 vorgegebenen Angaben sind im Hinblick auf diese Tochterunternehmen im Anhang zu machen.

(3) In den Fällen des Absatzes 2 Buchstabe b) ist der Jahresabschluß oder der konsolidierte Abschluß der betreffenden Tochterunternehmen, sofern er offenzulegen ist, dem konsolidierten Abschluß oder, falls ein solcher nicht vorhanden ist, dem Jahresabschluß des Mutterunternehmens beizufügen, oder der Öffentlichkeit zur Verfügung zu halten. Im letzteren Falle muß eine Abschrift dieser Unterlagen auf bloßen Antrag hin

gegen ein Entgelt erhältlich sein, das die Verwaltungskosten hierfür nicht übersteigen darf.

Artikel 41

(1) Unternehmen, zwischen denen Beziehungen im Sinne des Artikels 1 Absatz 1 Buchstaben a) und b) sowie Buchstabe d) Unterbuchstabe bb) bestehen, sowie die übrigen Unternehmen, die mit einem der genannten Unternehmen in einer solchen Beziehung stehen, sind verbundene Unternehmen im Sinne der Richtlinie 78/660/EWG sowie der vorliegenden Richtlinie.

(2) Sofern ein Mitgliedstaat die Verpflichtung, einen konsolidierten Abschluß aufzustellen, nach Artikel 1 Absatz 1 Buchstabe c) oder Buchstabe d) Unterbuchstabe aa) oder nach Artikel 1 Absatz 2 oder nach Artikel 12 Absatz 1 vorschreibt, sind auch die Unternehmen, zwischen denen Beziehungen im Sinne der genannten Vorschriften bestehen, sowie die übrigen Unternehmen, die mit einem der genannten Unternehmen in einer solchen Beziehung oder in einer Beziehung im Sinne von Absatz 1 stehen, verbundene Unternehmen im Sinne von Absatz 1.

(3) Sofern ein Mitgliedstaat die Verpflichtung, einen konsolidierten Abschluß nach Artikel 1 Absatz 1 Buchstabe c) oder Buchstabe d) Unterbuchstabe aa) oder Artikel 1 Absatz 2 oder nach Artikel 12 Absatz 1 aufzustellen, nicht vorschreibt, kann er dennoch die Anwendung des Absatzes 2 des vorliegenden Artikels vorschreiben.

(4) Artikel 2 und Artikel 3 Absatz 2 finden Anwendung.

(5) Wendet ein Mitgliedstaat Artikel 4 Absatz 2 an, so kann er verbundene Unternehmen, die Mutterunternehmen sind und von denen aufgrund ihrer Rechtsform vom Mitgliedstaat die Aufstellung eines konsolidierten Abschlusses nach dieser Richtlinie nicht gefordert wird, sowie Mutterunternehmen mit entsprechender Rechtsform von der Anwendung des Absatzes 1 ausnehmen.

Artikel 42

Artikel 56 der Richtlinie 78/660/EWG erhält folgende Fassung:

»*Artikel 56*

(1) Die Verpflichtung zur Angabe der in den Artikeln 9, 10 und 23 bis 26 vorgesehenen Posten bezüglich verbundener Unternehmen im Sinne des Artikels 41 der Richtlinie 83/349/EWG im Jahresabschluß sowie die Verpflichtung, die in Artikel 13 Absatz 2, Artikel 14 und Artikel 43 Absatz 1 Nr. 7 hinsichtlich verbundener Unternehmen vorgesehenen Angaben zu machen, treten zu dem in Artikel 49 Absatz 2 der bezeichneten Richtlinie genannten Zeitpunkt in Kraft.

(2) Im Anhang sind auch Angaben zu machen über:

a) Name und Sitz des Unternehmens, das den konsolidierten Abschluß für den größten Kreis von Unternehmen aufstellt, dem die Gesellschaft als Tochterunternehmen angehört.

b) Name und Sitz des Unternehmens, das den konsolidierten Abschluß für den kleinsten Kreis von Unternehmen aufstellt, der in den unter Buchstabe a) bezeichneten Kreis von Unternehmen einbezogen ist und dem die Gesellschaft als Tochterunternehmen angehört.

c) den Ort, wo der konsolidierte Abschluß erhältlich ist, es sei denn, daß ein solcher nicht zur Verfügung steht.«

Artikel 43

Artikel 57 der Richtlinie 78/660/EWG erhält folgende Fassung:

»*Artikel 57*

Unbeschadet der Richtlinien 68/151/EWG und 77/91/EWG brauchen die Mitgliedstaaten die Bestimmungen der vorliegenden Richtlinie über den Inhalt, die Prüfung und die Offenlegung des Jahresabschlusses nicht auf Gesellschaften anzuwenden, die ihrem Recht unterliegen und Tochterunternehmen im Sinne der Richtlinie 83/349/EWG sind, sofern folgende Voraussetzungen erfüllt sind:

a) das Mutterunternehmen unterliegt dem Recht eines Mitgliedstaats;

b) alle Aktionäre oder Gesellschafter des Tochterunternehmens haben sich mit der bezeichneten Befreiung einverstanden erklärt; diese Erklärung muß für jedes Geschäftsjahr abgegeben werden;

c) das Mutterunternehmen hat sich bereit erklärt, für die von dem Tochterunternehmen eingegangenen Verpflichtungen einzustehen;

d) die Erklärungen nach Buchstaben b) und c) sind nach den in den Rechtsvorschriften der einzelnen Mitgliedstaaten vorgesehenen Verfahren gemäß Artikel 3 der Richtlinie 68/151/EWG offenzulegen;

e) das Tochterunternehmen ist in den von dem Mutterunternehmen nach der Richtlinie 83/349/EWG aufgestellten konsolidierten Jahresabschluß einbezogen;

f) die bezeichnete Befreiung wird im Anhang des von dem Mutterunternehmen aufgestellten konsolidierten Abschlusses angegeben;

g) der unter Buchstabe e) bezeichnete konsolidierte Abschluß, der konsolidierte Lagebericht sowie der Bericht der mit der Prüfung beauftragten Person werden für das Tochterunternehmen nach den in den Rechtsvorschriften der einzelnen Mitgliedstaaten vorgesehenen Verfahren gemäß Artikel 3 der Richtlinie 68/151/EWG offengelegt.«

Artikel 44

Artikel 58 der Richtlinie 78/660/EWG erhält folgende Fassung:

»*Artikel 58*

Die Mitgliedstaaten brauchen die Bestimmungen der vorliegenden Richtlinie über die Prüfung und Offenlegung der Gewinn- und Verlustrechnung nicht auf Gesellschaften anzuwenden, die ihrem Recht unterliegen und Mutterunternehmen im Sinne der Richtlinie 83/349/EWG sind, sofern folgende Voraussetzungen erfüllt sind:

a) das Mutterunternehmen stellt einen konsolidierten Abschluß nach der Richtlinie 83/349/EWG auf und ist in diesen Abschluß einbezogen;

b) die bezeichnete Befreiung wird im Anhang des Jahresabschlusses des Mutterunternehmens angegeben;

c) die bezeichnete Befreiung wird im Anhang des vom Mutterunternehmen aufgestellten konsolodierten Abschlusses angegeben;

d) das nach der vorliegenden Richtlinie errechnete Ergebnis des Geschäftsjahres des Mutterunternehmens wird in der Bilanz des Mutterunternehmens ausgewiesen.«

Artikel 45

Artikel 59 der Richtlinie 78/660/EWG erhält folgende Fassung:

»*Artikel 59*

(1) Die Mitgliedstaaten können gestatten oder vorschreiben, daß eine Beteiligung im Sinne des Artikels 17 am Kapital eines Unternehmens, auf dessen Geschäfts- und Finanzpolitik ein maßgeblicher Einfluß ausgeübt wird, in der Bilanz nach den folgenden Absätzen 2 bis 9 je nach Lage des Falles entweder als Unterposten des Postens ›Anteile an verbundenen Unternehmen‹ oder als Unterposten des Postens ›Beteiligungen‹ ausgewiesen wird. Es wird vermutet, daß ein Unternehmen einen maßgeblichen Einfluß auf ein anderes Unternehmen ausübt, sofern jenes Unternehmen 20 % oder mehr der Stimmrechte der Aktionäre oder Gesellschafter dieses Unternehmens besitzt. Artikel 2 der Richtlinie 83/349/EWG findet Anwendung.

(2) Bei der erstmaligen Anwendung des vorliegenden Artikels auf eine Beteiligung im Sinne von Absatz 1 wird diese in der Bilanz wie folgt ausgewiesen:

a) entweder mit dem Buchwert nach den Artikeln 31 bis 42; dabei wird der Unterschiedsbetrag zwischen diesem Wert und dem Betrag, der dem auf die Beteiligung entfallenden Teil des Eigenkapitals entspricht, in der Bilanz oder im Anhang gesondert ausgewiesen. Bei der Berechnung dieses Unterschiedsbetrags wird der Zeitpunkt der erstmaligen Anwendung dieser Methode zugrunde gelegt;

b) oder mit dem Betrag, der dem auf die Beteiligung entfallenden Teil des Eigenkapitals entspricht; dabei wird der Unterschiedsbetrag zwischen diesem Wert und dem nach den Bewertungsvorschriften der Artikel 31 bis 42 ermittelte Buchwert in der Bilanz oder im Anhang gesondert ausgewiesen. Bei der Berechnung dieses Unterschiedsbetrags wird der Zeitpunkt der erstmaligen Anwendung dieser Methode zugrunde gelegt.

c) Die Mitgliedstaaten können die Anwendung nur eines der Buchstaben a) und b) vorschreiben. In der Bilanz oder im Anhang ist anzugeben, ob von Buchstabe a) oder b) Gebrauch gemacht worden ist.

d) Die Mitgliedstaaten können ferner im Hinblick auf die Anwendung der Buchstaben a) und b) gestatten oder vorschreiben, daß die Berechnung des Unterschiedsbetrags zum Zeitpunkt des Erwerbs der Beteiligung im Sinne von Absatz 1 erfolgt oder beim Erwerb zu verschiedenen Zeitpunkten zu dem Zeitpunkt, zu dem die Anteile oder Aktien Beteiligungen im Sinne des Absatzes 1 geworden sind.

(3) Sind Gegenstände des Aktiv- oder Passivvermögens des Unternehmens, an dem eine Beteiligung nach Absatz 1 besteht, nach anderen Methoden bewertet worden, als sie die Gesellschaft anwendet, die den Jahresabschluß aufstellt, so können diese Vermögenswerte für die Berechnung des Unterschiedsbetrags nach Absatz 2 Buchstabe a) oder Absatz 2 Buchstabe b) nach den Methoden neu bewertet werden, welche die Gesellschaft anwendet, die den Jahresabschluß aufstellt. Wird eine solche Neubewertung nicht vorgenommen, so ist dies im Anhang zu erwähnen. Die Mitgliedstaaten können eine solche Neubewertung vorschreiben.

(4) Der Buchwert nach Absatz 2 Buchstabe a) oder der Betrag, der dem auf die Beteiligung entfallenden Teil des Eigenkapitals nach Absatz 2 Buchstabe b) entspricht, wird um die während des Geschäftsjahres eingetretenen Änderungen des auf die Beteiligung entfallenden Eigenkapitals erhöht oder vermindert; er vermindert sich außerdem um den Betrag der auf die Beteiligung entfallenden Dividenden.

(5) Sofern ein positiver Unterschiedsbetrag nach Absatz 2 Buchstabe a) oder Absatz 2 Buchstabe b) nicht einer bestimmten Kategorie von Gegenständen des Aktiv- oder Passivvermögens zugerechnet werden kann, wird dieser nach den Vorschriften für den Posten ›Firmen- oder Geschäftswert‹ behandelt.

(6) a) Der auf die Beteiligung im Sinne von Absatz 1 entfallende Teil des Ergebnisses wird unter einen gesonderten Posten mit entsprechender Bezeichnung in der Gewinn- und Verlustrechnung ausgewiesen.

    b) Sofern dieser Betrag denjenigen übersteigt, der als Dividende bereits eingegangen ist oder auf deren Zahlung ein Anspruch besteht, ist der Unterschiedsbetrag in eine Rücklage einzustellen, die nicht an die Aktionäre ausgeschüttet werden darf.

    c) Die Mitgliedstaaten können gestatten oder vorschreiben, daß der auf die Beteiligung im Sinne von Absatz 1 entfallende Teil des Ergebnisses in der Gewinn- und Verlustrechnung nur ausgewiesen wird, soweit er Dividenden entspricht, die bereits eingegangen sind oder auf deren Zahlung ein Anspruch besteht.

(7) Die Weglassungen nach Artikel 26 Absatz 1 Buchstabe c) der Richtlinie 83/349/EWG werden nur insoweit vorgenommen, als die betreffenden Tatbestände bekannt oder zugänglich sind. Artikel 26 Absätze 2 und 3 der genannten Richtlinie sind anwendbar.

(8) Sofern das Unternehmen, an dem eine Beteiligung im Sinne von Absatz 1 besteht, einen konsolidierten Abschluß aufstellt, sind die vorstehenden Absätze auf das in diesem konsolidierten Abschluß ausgewiesene Eigenkapital anzuwenden.

(9) Auf die Anwendung des vorliegenden Artikels kann verzichtet werden, wenn die Beteiligung im Sinne von Absatz 1 im Hinblick auf die Zielsetzung des Artikels 2 Absatz 3 nur von untergeordneter Bedeutung ist.«

Artikel 46

Artikel 61 der Richtlinie 78/660/EWG erhält folgende Fassung:

»*Artikel 61*

Die Mitgliedstaaten brauchen die Vorschriften des Artikels 43 Absatz 1 Nummer 2 hinsichtlich der Höhe des Eigenkapitals sowie des Ergebnisses der betroffenen Unternehmen nicht anzuwenden auf Unternehmen, die ihrem Recht unterliegen und Mutterunternehmen im Sinne der Richtlinie 83/349/EWG sind, sofern

a) diese Unternehmen in den von dem Mutterunternehmen erstellten konsolidierten Abschluß oder in den konsolidierten Abschluß eines größeren Kreises von Unternehmen nach Artikel 7 Absatz 2 der Richtlinie 83/349/EWG einbezogen worden sind, oder

b) die Beteiligungen am Kapital der betroffenen Unternehmen entweder im Jahresabschluß des Mutterunternehmens gemäß Artikel 59 oder in dem konsolidierten

Abschluß des Mutterunternehmens nach Artikel 33 der Richtlinie 83/349/EWG behandelt werden.«

Artikel 47

Der gemäß Artikel 52 der Richtlinie 78/660/EWG eingesetzte Kontaktausschuß hat außerdem folgende Aufgaben:

a) unbeschadet der Artikel 169 und 170 des Vertrages eine gleichmäßige Anwendung dieser Richtlinie durch eine regelmäßige Abstimmung, insbesondere in konkreten Anwendungsfragen, zu erleichtern;

b) die Kommission erforderlichenfalls bezüglich Ergänzungen oder Änderungen dieser Richtlinie zu beraten.

Artikel 48

(aufgehoben)

Artikel 49

(1) Die Mitgliedstaaten erlassen vor dem 1. Januar 1988 die erforderlichen Rechts- und Verwaltungsvorschriften, um dieser Richtlinie nachzukommen. Sie setzen die Kommission unverzüglich davon in Kenntnis.

(2) Die Mitgliedstaaten können vorsehen, daß die in Absatz 1 bezeichneten Vorschriften erstmals auf die konsolidierten Abschlüsse des am 1. Januar 1990 oder im Laufe des Jahres 1990 beginnenden Geschäftsjahre anzuwenden sind.

(3) Die Mitgliedstaaten teilen der Kommission den Wortlaut der wichtigsten innerstaatlichen Rechtsvorschriften mit, die sie auf dem unter diese Richtlinie fallenden Gebiet erlassen.

Artikel 50

(1) Der Rat prüft auf Vorschlag der Kommission fünf Jahre nach dem in Artikel 49 Absatz 2 bezeichneten Zeitpunkt unter Berücksichtigung der bei der Anwendung dieser Richtlinie gewonnenen Erfahrungen, der Ziele dieser Richtlinie und der wirtschaftlichen und monetären Lage den Artikel 1 Absatz 1 Buchstabe d) zweiter Unterabsatz, den Artikel 4 Absatz 2, die Artikel 5 und 6, den Artikel 7 Absatz 1 sowie die Artikel 12, 43 und 44 und ändert sie erforderlichenfalls.

(2)   Absatz 1 läßt Artikel 53 Absatz 2 der Richtlinie 78/660/EWG unberührt.

Artikel 51

Diese Richtlinie ist an alle Mitgliedstaaten gerichtet.

Geschehen zu Luxemburg am 13. Juni 1983.

Im Namen des Rates

Der Präsident

H. TIETMEYER

ACHTE RICHTLINIE DES RATES

vom 10. April 1984

aufgrund von Artikel 54 Absatz 3 Buchstabe g) des Vertrages über die Zulassung der mit der Pflichtprüfung der Rechnungslegungsunterlagen beauftragten Personen

(84/253/EWG)

(Amtsblatt der Europäischen Gemeinschaften Nr. L 126 vom 12.5.1985 S. 20)

DER RAT DER EUROPÄISCHEN GEMEINSCHAFTEN –

gestützt auf den Vertrag zur Gründung der Europäischen Wirtschaftsgemeinschaft, insbesondere auf Artikel 54 Absatz 3 Buchstabe g),

auf Vorschlag der Kommission[1]),

nach Stellungnahme des Europäischen Parlaments[2]),

nach Stellungnahme des Wirtschafts- und Sozialausschusses[3]),

in Erwägung nachstehender Gründe:

Aufgrund der Richtlinie 78/660/EWG[4]) muß der Jahresabschluß von Gesellschaften bestimmter Rechtsformen durch eine oder mehrere zu dieser Prüfung zugelassene Personen geprüft werden; nur die Gesellschaften, die unter Artikel 11 der genannten Richtlinie fallen, können von dieser Verpflichtung ausgenommen werden.

Diese Richtlinie ist durch die Richtlinie 83/349/EWG[5]) über den konsolidierten Abschluß ergänzt worden.

Es ist von Wichtigkeit, die Anforderungen in bezug auf die Befähigung der zur Durchführung der Pflichtprüfung der Rechnungslegungsunterlagen befugten Personen zu harmonisieren und sicherzustellen, daß diese Personen unabhängig sind und einen guten Leumund haben.

Durch eine berufliche Eignungsprüfung müssen ein hoher Stand an für die Durchführung der Pflichtprüfung der Rechnungslegungsunterlagen erforderlichen theoretischen Kenntnissen wie auch die Fähigkeit, diese Kenntnisse bei der Pflichtprüfung praktisch anzuwenden, gewährleistet werden.

---

1) ABl. Nr. C 112 vom 13. 5. 1978, S. 6, und ABl. Nr. C 317 vom 18. 12. 1975, S. 6.
2) ABl. Nr. C 140 vom 5. 6. 1979, S. 154.
3) ABl. Nr. C 171 vom 9. 7. 1979, S. 30.
4) ABl. Nr. L 222 vom 14. 8. 1978, S. 11.
5) ABl. Nr. L 193 vom 18. 7. 1983, S. 1.

Die Mitgliedstaaten sollen ermächtigt werden, Personen, deren theoretische Ausbildung nicht allen erforderlichen Voraussetzungen entspricht, die jedoch eine langjährige Berufstätigkeit mit ausreichender Erfahrung auf den Gebieten des Finanzwesens, des Rechts und der Buchführung vorweisen können und mit Erfolg die berufliche Eignungsprüfung abgelegt haben, die Zulassung zu erteilen.

Desgleichen sind die Mitgliedstaaten zu ermächtigen, Übergangsvorschriften zugunsten der Berufsangehörigen zu erlassen.

Die Mitgliedstaaten können sowohl natürliche Personen als auch Prüfungsgesellschaften zulassen, die juristische Personen oder andere Arten von Gesellschaften oder Vereinigungen sein können.

Natürliche Personen, die die Pflichtprüfung der Rechnungslegungsunterlagen im Namen einer solchen Prüfungsgesellschaft durchführen, müssen die in dieser Richtlinie niedergelegten Voraussetzungen erfüllen.

Ein Mitgliedstaat kann Personen zulassen, die außerhalb dieses Staates Befähigungen erworben haben, welche den in dieser Richtlinie vorgeschriebenen gleichwertig sind.

Es ist vorzusehen, daß ein Mitgliedstaat, in dem es zum Zeitpunkt der Annahme dieser Richtlinie Gruppen von natürlichen Personen gibt, die die Voraussetzungen dieser Richtlinie erfüllen, deren berufliche Eignungsprüfung jedoch nicht das Niveau eines Universitätsabschlusses hat, diese Personen bis zu einer späteren Koordinierung unter bestimmten Bedingungen weiterhin zur Durchführung der Pflichtprüfung der Rechnungslegungsunterlagen von Gesellschaften und Unternehmenszusammenschlüssen von begrenzter Größe zulassen kann, wenn dieser Mitgliedstaat von den in Gemeinschaftsrichtlinien zugelassenen Ausnahmen im Bereich der Pflichtprüfung des Jahresabschlusses und der Aufstellung eines konsolidierten Abschlusses keinen Gebrauch gemacht hat.

Diese Richtlinie betrifft weder die Niederlassungsfreiheit der mit der Pflichtprüfung der Rechnungslegungsunterlagen beauftragten Personen noch den diesbezüglichen freien Dienstleistungsverkehr.

Die Anerkennung von Zulassungen für die Pflichtprüfung, die den Angehörigen anderer Mitgliedstaaten erteilt worden sind, wird mit Richtlinien über den Zugang zu den Tätigkeiten im Bereich des Finanzwesens, der Wirtschaft und der Buchführung und die Ausübung dieser Tätigkeiten sowie den freien Dienstleistungsverkehr in diesen Bereichen gesondert geregelt –

HAT FOLGENDE RICHTLINIE ERLASSEN:

ABSCHNITT I

Anwendungsbereich

Artikel 1

(1) Die durch diese Richtlinie vorgeschriebenen Koordinierungsmaßnahmen gelten für die Rechts- und Verwaltungsvorschriften der Mitgliedstaaten in bezug auf die Personen, die mit folgendem beauftragt sind:

a) der Pflichtprüfung des Jahresabschlusses von Gesellschaften sowie der Prüfung der Übereinstimmung des Lageberichts mit diesem Jahresabschluß, soweit solche Prüfungen nach Gemeinschaftsrecht zwingend vorgeschrieben sind;

b) der Pflichtprüfung des konsolidierten Abschlusses einer Gesamtheit von Unternehmen sowie der Prüfung der Übereinstimmung des konsolidierten Lageberichts mit dem konsolidierten Abschluß, soweit solche Prüfungen nach Gemeinschaftsrecht zwingend vorgeschrieben sind.

(2) Die in Absatz 1 bezeichneten Personen können nach den Rechtsvorschriften der einzelnen Mitgliedstaaten natürliche oder juristische Personen oder andere Arten von Gesellschaften oder Vereinigungen sein (Prüfungsgesellschaften im Sinne dieser Richtlinie).

ABSCHNITT II

Zulassungsregeln

Artikel 2

(1) Die Pflichtprüfung der in Artikel 1 Absatz 1 genannten Unterlagen darf nur von zugelassenen Personen durchgeführt werden. Von den Behörden der Mitgliedstaaten dürfen nur zugelassen werden:

a) natürliche Personen, die mindestens die in den Artikeln 3 bis 19 genannten Voraussetzungen erfüllen;

b) Prüfungsgesellschaften, die mindestens folgende Voraussetzungen erfüllen:

i) Die natürlichen Personen, welche die Pflichtprüfung der in Artikel 1 genannten Unterlagen im Namen der Prüfungsgesellschaft durchführen, müssen mindestens die in den Artikeln 3 bis 19 genannten Voraussetzungen erfüllen, die Mitgliedstaaten können vorsehen, daß diese natürlichen Personen ebenfalls zugelassen sein müssen.

3

ii) Die Mehrheit der Stimmrechte ist im Besitz von natürlichen Personen oder Prüfungsgesellschaften, die mindestens die in den Artikeln 3 bis 19 genannten Voraussetzungen, mit Ausnahme derer des Artikels 11 Absatz 1 Buchstabe b), erfüllen; die Mitgliedstaaten können vorsehen, daß diese natürlichen Personen oder Prüfungsgesellschaften ebenfalls zugelassen sein müssen. Jedoch brauchen Mitgliedstaaten, die eine solche Mehrheit im Zeitpunkt der Annahme dieser Richtlinie nicht vorschreiben, diese auch künftig nicht zu verlangen, sofern alle Aktien oder Anteile an der Prüfungsgesellschaft auf den Namen lauten und nur mit Zustimmung der Prüfungsgesellschaft und/oder, wenn der Mitgliedstaat dies vorsieht, der Zustimmung der zuständigen Aufsichtsbehörde übertragen werden können.

iii) Die Mehrheit der Mitglieder des Verwaltungs- oder Leitungsorgans der Prüfungsgesellschaft besteht aus natürlichen Personen oder Prüfungsgesellschaften, die mindestens die in den Artikeln 3 bis 19 genannten Voraussetzungen erfüllen; die Mitgliedstaaten können vorsehen, daß diese natürlichen Personen oder Prüfungsgesellschaften ebenfalls zugelassen sein müssen. Besteht dieses Organ nur aus zwei Mitgliedern, so muß zumindest eines von ihnen diese Voraussetzungen erfüllen.

Unbeschadet von Artikel 14 Absatz 2 ist einer Prüfungsgesellschaft die Zulassung zu entziehen, wenn eine der Voraussetzungen des Buchstaben b) nicht mehr gegeben ist. Allerdings können die Mitgliedstaaten für die unter Buchstabe b) Ziffern ii) und iii) genannten Voraussetzungen eine Umstellungsfrist von höchstens zwei Jahren vorsehen.

(2) Für diese Richtlinie gelten als Behörden der Mitgliedstaaten auch Berufsvereinigungen, sofern sie nach einzelstaatlichem Recht zur Erteilung von Zulassungen im Sinne dieser Richtlinie ermächtigt sind.

Artikel 3

Die Behörden eines Mitgliedstaats erteilen die Zulassungen nur solchen Personen, die ehrenhaft sind und keine Tätigkeit ausüben, die nach dem Recht dieses Mitgliedstaats mit der Pflichtprüfung der in Artikel 1 Absatz 1 genannten Unterlagen unvereinbar ist.

Artikel 4

Zur Durchführung der Pflichtprüfung der in Artikel 1 Absatz 1 genannten Unterlagen darf eine natürliche Person nur zugelassen werden, wenn sie nach Erlangung der Hochschulreife eine theoretische und eine praktische Ausbildung erhalten hat und sich mit Erfolg einer staatlichen oder staatlich anerkannten beruflichen Eignungsprüfung auf dem Niveau eines Hochschulabschlusses unterzogen hat.

Artikel 5

Die berufliche Eignungsprüfung nach Artikel 4 hat die erforderlichen theoretischen Kenntnisse auf den für die Pflichtprüfung der in Artikel 1 Absatz 1 genannten Unterlagen maßgebenden Sachgebieten und die Fähigkeit zur praktischen Anwendung dieser Kenntnisse bei dieser Pflichtprüfung zu gewährleisten.

Zumindest ein Teil der beruflichen Eignungsprüfung ist schriftlich abzulegen.

Artikel 6

Die Prüfung der theoretischen Kenntnisse muß insbesondere folgende Sachgebiete umfassen:

a) – wirtschaftliches Prüfungswesen,

   – Analyse des Jahresabschlusses,

   – allgemeines Rechnungswesen,

   – konsolidierter Abschluß,

   – betriebliches Rechnungswesen und Management Accounting,

   – interne Kontrollsysteme,

   – Vorschriften über die Aufstellung des Jahresabschlusses und des konsolidierten Abschlusses sowie Bewertung und Erfolgsermittlung,

   – Rechtsvorschriften und Standesregeln betreffend die Pflichtprüfung des Abschlusses sowie die Personen, welche diese Prüfung vornehmen;

b) soweit die Rechnungsprüfung davon berührt wird:

   – Gesellschaftsrecht,

   – Rechtsvorschriften über Konkurs und ähnliche Verfahren,

   – Steuerrecht,

   – bürgerliches Recht und Handelsrecht,

   – Arbeitsrecht und Sozialversicherungsrecht,

   – Informationssysteme und Informatik,

   – Betriebswirtschaft, Volkswirtschaft und Finanzwissenschaft,

   – Mathematik und Statistik,

   – wesentliche Grundlagen der betrieblichen Finanzverwaltung.

Artikel 7

(1) Abweichend von den Artikeln 5 und 6 können die Mitgliedstaaten vorsehen, daß Personen, die eine Hochschulprüfung oder eine ihr gleichwertige Prüfung bestanden haben oder Inhaber von Hochschulzeugnissen oder diesen gleichwertigen Zeugnissen sind, die sich auf ein oder mehrere der in Artikel 6 genannten Sachgebiete beziehen, von der Prüfung der theoretischen Kenntnisse in den Sachgebieten befreit werden, die durch diese Prüfung oder diese Zeugnisse bestätigt sind.

(2) Abweichend von Artikel 5 können die Mitgliedstaaten vorsehen, daß die Inhaber von Hochschulzeugnissen oder diesen gleichwertigen Zeugnissen, die sich auf ein oder mehrere der in Artikel 6 genannten Sachgebiete beziehen, von der Prüfung ihrer Fähigkeit, die theoretischen Kenntnisse in diesen Sachgebieten in der Praxis anzuwenden, befreit werden, wenn diese Gegenstand einer praktischen Ausbildung waren, die mit einer staatlich anerkannten Prüfung oder einem staatlich anerkannten Zeugnis abgeschlossen wurde.

Artikel 8

(1) Damit gewährleistet ist, daß die Fähigkeit zur praktischen Anwendung der in der Prüfung verlangten theoretischen Kenntnisse vorhanden ist, ist eine praktische Ausbildung von mindestens drei Jahren, die sich insbesondere auf die Prüfung des Jahresabschlusses, des konsolidierten Abschlusses oder ähnlicher Finanzabschlüsse erstrecken muß, durchzuführen. Diese praktische Ausbildung muß zu mindestens zwei Dritteln bei einer nach dem Recht des Mitgliedstaats gemäß dieser Richtlinie zugelassenen Person erfolgen; die Mitgliedstaaten können allerdings zulassen, daß die praktische Ausbildung bei einer nach dem Recht eines anderen Mitgliedstaats gemäß dieser Richtlinie zugelassenen Person erfolgt.

(2) Die Mitgliedstaaten stellen sicher, daß die gesamte praktische Ausbildung bei Personen erfolgt, die ausreichende Garantien für die Ausbildung des Praktikanten bieten.

Artikel 9

Die Mitgliedstaaten können zur Durchführung der Pflichtprüfung der in Artikel 1 Absatz 1 genannten Unterlagen Personen zulassen, die die Voraussetzungen nach Artikel 4 nicht erfüllen, wenn diese Personen nachweisen können, daß sie

a) entweder fünfzehn Jahre lang berufliche Tätigkeiten ausgeübt haben, die es ihnen ermöglicht haben, auf den Gebieten des Finanzwesens, des Rechts und der Buchführung ausreichende Erfahrungen zu erwerben, und sich mit Erfolg der beruflichen Eignungsprüfung nach Artikel 4 unterzogen haben oder

b) sieben Jahre lang berufliche Tätigkeiten auf diesen Gebieten ausgeübt, außerdem die praktische Ausbildung nach Artikel 8 erhalten und sich mit Erfolg der beruflichen Eignungsprüfung nach Artikel 4 unterzogen haben.

Artikel 10

(1) Die Mitgliedstaaten können Zeiten theoretischer Ausbildung auf Sachgebieten nach Artikel 6 auf die Tätigkeitsjahre nach Artikel 9 anrechnen, sofern diese Ausbildung mit einer staatlich anerkannten Prüfung abgeschlossen wurde. Die Zeit dieser Ausbildung muß mindestens ein Jahr betragen, darf aber höchstens für einen Zeitraum von vier Jahren auf die berufliche Tätigkeit angerechnet werden.

(2) Die Zeiten der beruflichen Tätigkeiten sowie der praktischen Ausbildung dürfen nicht kürzer sein als die Zeiten der nach Artikel 4 vorgeschriebenen theoretischen und praktischen Berufsausbildung.

Artikel 11

(1) Die Behörden eines Mitgliedstaats können Personen zulassen, die ihre Befähigung ganz oder teilweise in einem anderen Staat erworben haben, wenn sie die beiden folgenden Bedingungen erfüllen:

a) ihre Befähigungen werden von den zuständigen Behörden als denjenigen gleichwertig angesehen, die nach dem Recht dieses Mitgliedstaats aufgrund dieser Richtlinie verlangt werden;

b) sie haben den Nachweis der Rechtskenntnisse erbracht, die in diesem Mitgliedstaat für die Pflichtprüfung der in Artikel 1 Absatz 1 genannten Unterlagen verlangt werden. Jedoch brauchen die Behörden dieses Mitgliedstaats einen solchen Nachweis nicht vorzuschreiben, wenn sie die in einem anderen Staat erworbenen Rechtskenntnisse für ausreichend erachten.

(2) Artikel 3 findet Anwendung.

Artikel 12

(1) Ein Mitgliedstaat kann Berufsangehörige, die vor Beginn der Anwendung der in Artikel 30 Absatz 2 bezeichneten Rechtsvorschriften durch Verwaltungsakt der zuständigen Behörden dieses Mitgliedstaats zugelassen worden sind, als nach dieser Richtlinie zugelassen ansehen.

(2) Die Aufnahme einer natürlichen Person in eine vom Staat anerkannte berufliche Vereinigung, die nach dem Recht dieses Staates ihren Mitgliedern die Befugnis verleiht,

die Pflichtprüfung der in Artikel 1 Absatz 1 genannten Unterlagen durchzuführen, gilt als Zulassung durch Verwaltungsakt im Sinne von Absatz 1 des vorliegenden Artikels.

Artikel 13

Bis zum Beginn der Anwendung der in Artikel 30 Absatz 2 bezeichneten Rechtsvorschriften kann ein Mitgliedstaat die Berufsangehörigen, die nicht durch einen Verwaltungsakt der zuständigen Behörden zugelassen worden sind, jedoch in diesem Mitgliedstaat dieselben Befähigungen besitzen wie die durch einen Verwaltungsakt zugelassenen Personen und zum Zeitpunkt der Zulassung die Pflichtprüfung der in Artikel 1 Absatz 1 genannten Unterlagen im Namen dieser zugelassenen Personen durchführen, als nach dieser Richtlinie zugelassen ansehen.

Artikel 14

(1) Ein Mitgliedstaat kann die Prüfungsgesellschaften, die vor Beginn der Anwendung der in Artikel 30 Absatz 2 bezeichneten Rechtsvorschriften durch Verwaltungsakt der zuständigen Behörden dieses Mitgliedstaats zugelassen worden sind, als nach dieser Richtlinie zugelassen ansehen.

(2) Die Bedingungen des Artikels 2 Absatz 1 Buchstabe b) Ziffern ii) und iii) müssen spätestens nach Ablauf einer Frist, die auf höchstens fünf Jahre ab Beginn der Anwendung der in Artikel 30 Absatz 2 bezeichneten Rechtsvorschriften festgelegt werden darf, eingehalten werden.

(3) Die natürlichen Personen, die bis zum Beginn der Anwendung der in Artikel 30 Absatz 2 bezeichneten Rechtsvorschriften die Prüfung der in Artikel 1 Absatz 1 genannten Unterlagen im Namen der Prüfungsgesellschaft durchgeführt haben, können nach diesem Zeitpunkt ermächtigt werden, dies weiterhin zu tun, auch wenn sie nicht alle Bedingungen dieser Richtlinie erfüllen.

Artikel 15

Bis zu einem Jahr nach Beginn der Anwendung der in Artikel 30 Absatz 2 bezeichneten Rechtsvorschriften können Berufsangehörige, die nicht durch Verwaltungsakt der zuständigen Behörden zugelassen worden sind, jedoch in einem Mitgliedstaat befugt sind, die Pflichtprüfung der in Artikel 1 Absatz 1 genannten Unterlagen vorzunehmen, und eine solche Tätigkeit bis zu diesem Zeitpunkt tatsächlich ausgeübt haben, von diesem Mitgliedstaat entsprechend der vorliegenden Richtlinie zugelassen werden.

Artikel 16

Bis zu einem Jahr nach Beginn der Anwendung der in Artikel 30 Absatz 2 bezeichneten Rechtsvorschriften können die Mitgliedstaaten Übergangsmaßnahmen für diejenigen Berufsangehörigen ergreifen, die nach diesem Zeitpunkt weiterhin berechtigt sind, die Prüfung des Jahresabschlusses bestimmter Arten von Gesellschaften, die keiner Pflichtprüfung unterliegen, durchzuführen, dies aber infolge der Einführung neuer Pflichtprüfungen nicht mehr tun dürfen, sofern nicht zugunsten dieser Berufsangehörigen besondere Maßnahmen ergriffen werden.

Artikel 17

Artikel 3 findet in den Fällen der Artikel 15 und 16 Anwendung.

Artikel 18

(1) Bis zu sechs Jahren nach Beginn der Anwendung der in Artikel 30 Absatz 2 bezeichneten Rechtsvorschriften können die Mitgliedstaaten Übergangsmaßnahmen für Personen ergreifen, die sich zu Beginn der Anwendung der genannten Rechtsvorschriften in der theoretischen oder praktischen Berufsausbildung befinden, bei Abschluß dieser Ausbildung jedoch die Bedingungen der vorliegenden Richtlinie nicht erfüllen würden und deswegen die Pflichtprüfung der in Artikel 1 Absatz 1 genannten Unterlagen, für die sie ausgebildet wurden, nicht durchführen dürfen.

(2) Artikel 3 findet Anwendung.

Artikel 19

Die in den Artikeln 15 und 16 genannten Berufsangehörigen und die in Artikel 18 genannten Personen dürfen abweichend von Artikel 4 nur zugelassen werden, wenn sie nach Auffassung der zuständigen Behörden zur Durchführung der Pflichtprüfung der in Artikel 1 Absatz 1 genannten Unterlagen geeignet sind und Befähigungen besitzen, die denjenigen der nach Artikel 4 zugelassenen Personen gleichwertig sind.

Artikel 20

Ein Mitgliedstaat, der von der Möglichkeit des Artikels 51 Absatz 2 der Richtlinie 78/660/EWG nicht Gebrauch macht und in dem zum Zeitpunkt der Annahme dieser Richtlinie mehrere Gruppen natürlicher Personen nach dem Recht dieses Mitgliedstaats die Pflichtprüfung der in Artikel 1 Absatz 1 Buchstabe a) der vorliegenden Richtlinie genannten Unterlagen durchführen dürfen, kann bis zu einer späteren Koordinierung der

Pflichtprüfung der Rechnungslegungsunterlagen zur Durchführung der Pflichtprüfung der in Artikel 1 Absatz 1 Buchstabe a) genannten Unterlagen einer Gesellschaft, welche die Grenzen von zwei der drei in Artikel 27 der Richtlinie 78/660/EWG festgelegten Größenmerkmale nicht überschreitet, natürliche Personen, die im eigenen Namen handeln, eigens zulassen, sofern sie

a) die in den Artikeln 3 bis 19 der vorliegenden Richtlinie genannten Voraussetzungen erfüllen, wobei jedoch die berufliche Eignungsprüfung auf einem niedrigeren als dem nach Artikel 4 der vorliegenden Richtlinie vorgeschriebenen Niveau stattfinden kann, und

b) die Pflichtprüfung dieser Gesellschaft bereits vorgenommen haben, als diese noch nicht die Grenzen von zwei der drei Größenmerkmale, die in Artikel 11 der Richtlinie 78/660/EWG festgelegt sind, überschritten hatte.

Gehört die Gesellschaft jedoch zu einer zu konsolidierenden Gesamtheit von Unternehmen, bei der zwei der drei in Artikel 27 der Richtlinie 78/660/EWG genannten Größenmerkmale überschritten werden, so dürfen diese Personen die Pflichtprüfung der in Artikel 1 Absatz 1 Buchstabe a) der vorliegenden Richtlinie genannten Unterlagen dieser Gesellschaft nicht vornehmen.

Artikel 21

Macht ein Mitgliedstaat, in dem zum Zeitpunkt der Annahme dieser Richtlinie mehrere Gruppen natürlicher Personen nach dem Recht dieses Mitgliedstaats die Pflichtprüfung der in Artikel 1 Absatz 1 Buchstabe b) der vorliegenden Richtlinie genannten Unterlagen durchführen dürfen, von der in Artikel 6 Absatz 1 der Richtlinie 83/349/EWG vorgesehenen Möglichkeit keinen Gebrauch, so kann er bis zu einer späteren Koordinierung der Pflichtprüfung der Rechnungslegungsunterlagen eine nach Artikel 20 der vorliegenden Richtlinie zugelassene Person zur Durchführung der Pflichtprüfung der in Artikel 1 Absatz 1 Buchstabe b) genannten Unterlagen eigens zulassen, wenn zum Bilanzstichtag des Mutterunternehmens die zu konsolidierenden Unternehmen insgesamt aufgrund ihrer letzten Jahresabschlüsse zwei der drei in Artikel 27 der Richtlinie 78/660/EWG bezeichneten Größenmerkmale nicht überschreiten, sofern diese Person die Pflichtprüfung der in Artikel 1 Absatz 1 Buchstabe a) der vorliegenden Richtlinie genannten Unterlagen sämtlicher in die Konsolidierung einbezogener Unternehmen durchführen darf.

Artikel 22

Ein Mitgliedstaat, der Artikel 20 anwendet, kann zulassen, daß die in Artikel 8 genannte praktische Ausbildung der betroffenen Personen bei einer Person erfolgt, die nach dem Recht dieses Mitgliedstaats dazu ermächtigt ist, die in Artikel 20 genannte Pflichtprüfung durchzuführen.

ABSCHNITT III

Berufliche Sorgfalt und Unabhängigkeit

Artikel 23

Die Mitgliedstaaten schreiben vor, daß die Personen, die zur Pflichtprüfung der in Artikel 1 Absatz 1 genannten Unterlagen zugelassen worden sind, diese Prüfung mit beruflicher Sorgfalt durchführen.

Artikel 24

Die Mitgliedstaaten schreiben vor, daß diese Personen eine Pflichtprüfung nicht durchführen dürfen, wenn sie nach dem Recht des Mitgliedstaats, der die Pflichtprüfung vorschreibt, nicht unabhängig sind.

Artikel 25

Die Artikel 23 und 24 finden auch auf natürliche Personen Anwendung, die die in den Artikeln 3 bis 19 festgelegten Voraussetzungen erfüllen und die Pflichtprüfung der in Artikel 1 Absatz 1 genannten Unterlagen im Namen einer Prüfungsgesellschaft durchführen.

Artikel 26

Die Mitgliedstaaten stellen sicher, daß die zugelassenen Personen angemessenen Sanktionen unterliegen, wenn sie eine Prüfung nicht entsprechend den Artikeln 23, 24 und 25 durchführen.

Artikel 27

Die Mitgliedstaaten stellen sicher, daß zumindest die Gesellschafter oder Mitglieder von zugelassenen Prüfungsgesellschaften sowie die Mitglieder des mit deren Verwaltung, Leitung oder Aufsicht beauftragten Organs, welche in einem Mitgliedstaat die Voraussetzungen der Artikel 3 bis 19 persönlich nicht erfüllen, sich bei der Durchführung einer Prüfung nicht in einer Weise einschalten, welche die Unabhängigkeit der natürlichen Person, die die Prüfung der in Artikel 1 Absatz 1 genannten Unterlagen im Namen der Prüfungsgesellschaft vornimmt, beeinträchtigen würde.

11

ABSCHNITT IV

Veröffentlichung

Artikel 28

(1) Die Mitgliedstaaten stellen sicher, daß die Verzeichnisse der Namen und Anschriften aller natürlichen Personen und Prüfungsgesellschaften, die zur Pflichtprüfung der in Artikel 1 Absatz 1 genannten Unterlagen zugelassen sind, der Öffentlichkeit zur Verfügung stehen.

(2) Außerdem müssen für jede zugelassene Prüfungsgesellschaft der Öffentlichkeit zur Verfügung stehen:

a) die Namen und Anschriften der in Artikel 2 Absatz 1 Buchstabe b) Ziffer i) genannten natürlichen Personen,

b) die Namen und Anschriften der Gesellschafter und Mitglieder der Prüfungsgesellschaft,

c) die Namen und Anschriften der Mitglieder des Verwaltungs- oder Leitungsorgans der Prüfungsgesellschaft.

(3) Sofern eine natürliche Person unter den in den Artikeln 20, 21 und 22 genannten Voraussetzungen die Pflichtprüfung der in Artikel 1 Absatz 1 genannten Unterlagen einer Gesellschaft vornehmen darf, ist Absatz 1 des vorliegenden Artikels anwendbar. Jedoch ist auch die Kategorie von Gesellschaften oder der Gesamtheit von Unternehmen anzugeben, bei denen eine solche Prüfung durchgeführt werden darf.

ABSCHNITT V

Schlußbestimmungen

Artikel 29

Der durch Artikel 52 der Richtlinie 78/660/EWG eingesetzte Kontaktausschuß hat außerdem folgende Aufgaben:

a) unbeschadet der Artikel 169 und 170 des Vertrages eine gleichmäßige Anwendung dieser Richtlinie durch eine regelmäßige Abstimmung, insbesondere in konkreten Anwendungsfragen, zu erleichtern;

b) die Kommission, falls erforderlich, bei der Ergänzung oder Änderung dieser Richtlinie zu beraten.

Artikel 30

(1) Die Mitgliedstaaten erlassen vor dem 1. Januar 1988 die erforderlichen Rechts- und Verwaltungsvorschriften, um dieser Richtlinie nachzukommen. Sie setzen die Kommission unverzüglich davon in Kenntnis.

(2) Die Mitgliedstaaten können vorsehen, daß die in Absatz 1 bezeichneten Vorschriften erst ab dem 1. Januar 1990 anzuwenden sind.

(3) Die Mitgliedstaaten teilen der Kommission den Wortlaut der wichtigsten innerstaat- lichen Rechtsvorschriften mit, die sie auf dem unter diese Richtlinie fallenden Gebiet erlassen.

(4) Die Mitgliedstaaten übermitteln der Kommission ferner eine Aufstellung der staatlichen oder im Sinne von Artikel 4 staatlich anerkannten Prüfungen.

Artikel 31

Diese Richtlinie ist an die Mitgliedstaaten gerichtet.

Geschehen zu Luxemburg am 10. April 1984.

Im Namen des Rates

Der Präsident

C. CHEYSSON

Entwurf einer neunten Richtlinie von 1984

(Konzernrechtsrichtlinie)

DOK III/1639/84

DER RAT DER EUROPÄISCHEN GEMEINSCHAFTEN –

gestützt auf den Vertrag zur Gründung der Europäischen Wirtschaftsgemeinschaft, insbesondere auf Artikel 54 Absatz 3 Buchstabe g),

auf Vorschlag der Kommission,

nach Stellungnahme des Europäischen Parlaments,

nach Stellungnahme des Wirtschafts- und Sozialausschusses,

in Erwägung nachstehender Gründe:

Die Fortführung der in Artikel 54 Absatz 3 Buchstabe g) sowie in dem Allgemeinen Programm zur Aufhebung der Beschränkungen der Niederlassungsfreiheit vorgesehenen und mit den Richtlinien 68/151/EWG, 77/91/EWG, 78/660/EWG; 78/855/EWG; 82/891/EWG und 83/349/EWG begonnenen Koordinierung ist bei den Aktiengesellschaften besonders vordringlich, weil diese Gesellschaftsform in den meisten Mitgliedstaaten vorherrscht.

Eine wachsende Zahl von Aktiengesellschaften sind untereinander und mit anderen Unternehmen durch Kapitalbeteiligungen verflochten. Angesichts der wirtschaftlichen Bedeutung dieser Gesellschaften ist es im Interesse der Aktionäre, Gläubiger und Arbeitnehmer, aber auch der Allgemeinheit notwendig, die Besitz- und Machtverhältnisse durch eine möglichst weitgehende Offenlegung transparent zu halten. Die Vorschriften in den Mitgliedstaaten über die Mitteilung und Offenlegung von Beteiligungen müssen daher konsolidiert werden, um insoweit ein Mindestmaß an Gleichwertigkeit in der Gemeinschaft sicherzustellen.

Zahlreiche Aktiengesellschaften gehören Unternehmensverbindungen an, in denen eine Gesamtheit solcher Gesellschaften unter der einheitlichen Leitung eines Unternehmens zusammengefaßt ist und als Ganzes wie ein Unternehmen geführt werden.

In der modernen arbeitsteiligen Wirtschaft sind derartige Gruppierungen, Konzerne genannt, im nationalen wie im grenzüberschreitenden Bereich das bedeutendste Mittel der Unternehmenszusammenarbeit.

Es ist erforderlich, daß die wirtschaftlichen und finanziellen Verhältnisse innerhalb dieser Gruppierungen transparent sind. Nach der Richtlinie 83/349/EWG vom 13. Juni 1983[1]) sind daher die Jahresabschlüsse der einzelnen teilnehmenden Gesellschaften zu

---

1) Siebente Richtlinie des Rates vom 13. Juni 1983 über den konsolidierten Abschluß.

konsolidieren, um einen getreuen Einblick in die Vermögens-, Finanz- und Ertragslage des Konzerns zu geben.

Die Richtlinie vom . . .[1]) wird die Unterrichtung und Anhörung der Arbeitnehmer von Unternehmen sichern.

Die gesetzlichen Vorschriften über wirtschaftlich selbständige Aktiengesellschaften enthalten in weiten Teilen keine befriedigende Regelung für das Zusammenwirken solcher Gesellschaften in Konzernen. Die Rechtswirklichkeit stimmt daher in den meisten Mitgliedstaaten nicht mehr mit dem geschriebenen Aktienrecht überein.

Die Koordinierung der innerstaatlichen Vorschriften über die Konzernverfassung ist erforderlich, um in der Gemeinschaft ein Mindestmaß an Gleichwertigkeit sicherzustellen. Da in den Rechtsordnungen der meisten Mitgliedstaaten noch keine Vorschriften über die Konzernverfassung enthalten sind, erscheint eine stufenweise Koordinierung sachgerecht.

Als erste Stufe der Koordinierung sind in die Rechtsvorschriften der Mitgliedstaaten Bestimmungen über den durch einen Beherrschungsvertrag gegründeten Konzern auf-zunehmen. Damit wird die Konzernleitungsmacht legalisiert. Die betroffenen Interessen werden wirksam geschützt. Den Mitgliedstaaten wird die Möglichkeit eingeräumt, Be-stimmungen über Konzerne mit anderen Ansatzpunkten vorzusehen.

Diese Konzernverfassungen müssen aber dieselben Garantien vorsehen, wie sie für den Vertragskonzern vorgesehen sind.

Hat ein Unternehmen unmittelbar oder mittelbar 90 % oder mehr des Kapitals einer Ge-sellschaft erworben, liegt angesichts der Höhe des Kapitalanteils eine besondere Situation vor. Es erscheint daher zweckmäßig, die rechtliche Begründung eines Konzernverhält-nisses unter Berücksichtigung der tatsächlichen Lage zu erleichtern und übermäßigen Formalismus zu vermeiden. Eine einseitige Erklärung des Unternehmens stellt hierzu das am besten geeignete Mittel dar.

Nur im rechtlichen Rahmen einer Konzernverfassung soll eine Aktiengesellschaft dem Mutterunternehmen wirtschaftlich dienstbar gemacht werden können. Die Interessen der konzernabhängigen Aktiengesellschaft sind dem Konzerninteresse unterzuordnen. Auch nachteilige Maßnahmen werden dann, sofern sie im Konzerninteresse liegen, rechtlich zulässig.

Auf der anderen Seite müssen Aktionäre, Gläubiger und Arbeitnehmer einer Tochterge-sellschaft in einem Konzern angemessen geschützt werden. Die Aktionäre müssen die Wahl haben, ob sie in der Gesellschaft bleiben oder für ihre Aktien entschädigt werden wollen. Verbleiben sie in der Gesellschaft, müssen die ihnen gewährten Garantien von dem wirtschaftlichen Ergebnis ihrer Gesellschaft unabhängig sein.

---

1) Geänderter Vorschlag für eine Richtlinie über die Unterrichtung und Anhörung der Arbeitnehmer.

Freie Aktionäre einer Gesellschaft, deren Kapital zu 90 % oder mehr von einem Unternehmen erworben worden ist, sollten die Möglichkeit erhalten, auf eigene Initiative aus dieser Gesellschaft auszuscheiden. Diese Möglichkeit ist das Gegenstück zu derjenigen des Unternehmens, sie hierzu zu zwingen.

Die Gläubiger der abhängigen Konzerngesellschaft müssen durch eine subsidiäre Haftungspflicht des Unternehmens gegen Nachteile geschützt werden.

Zugunsten der Arbeitnehmer ist sicherzustellen, daß Vorschriften über ihre Mitwirkungs-rechte am Entscheidungsprozeß in den Organen der Aktiengesellschaft nicht durch deren Eingliederung in einen Konzern unterlaufen werden.

Gleichordnungskonzerne sind in den Mitgliedstaaten als eine Form insbesondere der grenzüberschreitenden Kooperation zuzulassen.

Die Wettbewerbsregeln finden auf die in dieser Richtlinie vorgesehenen gesetzlichen Konzernformen voll Anwendung.

Unterliegt eine Gesellschaft dem Einfluß eines Unternehmens, sind besondere Rechtsvor-schriften zum Schutze der in ihr vertretenen Interessen erforderlich. Wirkt ein Unterneh-men schädlich auf eine solche Gesellschaft ein, bedarf es besonderer Schutzvorschriften –

hat folgende Richtlinie erlassen:

ABSCHNITT 1

Anwendungsbereich

Artikel 1

Gesellschaften im Sinne dieser Richtlinie sind

– in Belgien:
  la société anonyme, de naamloze vennootschap;

– in Dänemark
  Aktieselskabet;

– in Deutschland:
  die Aktiengesellschaft;

– in Frankreich:
  la société anonyme;

– in Griechenland:
  ήάνωυμη έταιρια;

- in Irland:
  the public company limited by shares and the public company limited by guarantee and having a share capital;
- in Italien:
  la società per azioni;
- in Luxemburg:
  la société anonyme;
- in den Niederlanden:
  de naamloze vennootschap;
- im Vereinigten Königreich:
  the public company limited by shares and the public company limited by guarantee and having a share capital.

ABSCHNITT 2

Begriffsbestimmungen

Artikel 2

(1) Als Tochterunternehmen im Sinne dieser Richtlinie gilt jedes Unternehmen, in dem ein anderes Unternehmen (Mutterunternehmen):

a) die Mehrheit der Stimmrechte der Aktionäre oder Gesellschafter hat

    oder

b) das Recht hat, die Mehrheit der Mitglieder des Verwaltungs-, Leitungs- oder Aufsichtsorgans zu bestellen oder abzuberufen, und gleichzeitig Aktionär oder Gesellschafter ist

    oder

c) Aktionär oder Gesellschafter ist und allein durch die Ausübung seiner Stimmrechte die Mehrheit der Mitglieder des Verwaltungs-, Leitungs- oder Aufsichtsorgans des Unternehmens (Tochterunternehmens), die während eines Geschäftsjahres im Amt sind, bestellt worden sind

    oder

d) Aktionär oder Gesellschafter ist und aufgrund einer Vereinbarung mit anderen Aktionären oder Gesellschaftern dieses Unternehmens allein über die Mehrheit der Stimmrechte der Aktionäre oder Gesellschafter dieses Unternehmens (Tochterunternehmens) verfügt.

(2) Bei der Anwendung von Artikel 1 sind den Stimm-, Bestellungs- oder Abberufungsrechten des Mutterunternehmens die Rechte eines anderen Tochterunternehmens oder einer Person, die in eigenem Namen, aber für Rechnung des Mutterunternehmens oder eines anderen Tochterunternehmens handelt, hinzuzurechnen.

(3) Bei der Anwendung von Absatz 1 sind von den in Absatz 2 bezeichneten Rechten die Rechte abzuziehen,

a) die mit Aktien oder Anteilen verbunden sind, die für Rechnung einer anderen Person als das Mutterunternehmen oder ein Tochterunternehmen gehalten werden, oder

b) die mit Aktien oder Anteilen verbunden sind, die als Sicherheit gehalten werden, sofern diese Rechte nach erhaltenen Weisungen ausgeübt werden, oder der Besitz dieser Anteile oder Aktien für das haltende Unternehmen ein laufendes Geschäft im Zusammenhang mit der Gewährung von Darlehen darstellt, sofern die Stimmrechte im Interesse des Sicherungsgebers ausgeübt werden.

(4) Für die Anwendung von Absatz 1 Buchstaben a), c) und d) sind von der Gesamtheit der Stimmrechte der Aktionäre oder Gesellschafter eines Tochterunternehmens die Stimmrechte abzuziehen, die mit Aktien oder Anteilen verbunden sind, die von diesem Unternehmen selbst, von einem seiner Tochterunternehmen oder von einer im eigenen Namen, aber für Rechnung dieser Unternehmen handelnden Person gehalten werden.

Artikel 2 a

Wird in dieser Richtlinie Bezug genommen auf das Leitungs- und das Überwachungsorgan einer nach dem dualistischen System gegliederten Gesellschaft gemäß Artikel 2 Absatz 1 der Richtlinie vom ...[1]), so entspricht dieser Bezug in einer nach dem monistischen System im Sinne des genannten Artikels dieser Richtlinie gegliederten Gesellschaft der Bestellung der geschäftsführenden und der nichtgeschäftsführenden Mitglieder des Verwaltungsorgans der Gesellschaft.

ABSCHNITT 3

Mitteilung und Offenlegung der Beteiligung

Artikel 3

(1) Erwirbt eine natürliche oder juristische Person unmittelbar oder mittelbar mehr als 10 % des gezeichneten Kapitals einer Gesellschaft, so hat sie diese darüber schriftlich

---

1) Geänderter Vorschlag für eine fünfte Richtlinie über die Stuktur der Aktiengesellschaft.

unter Angabe der Gesamthöhe der Beteiligung und der Stimmrechte, die damit verbunden sind, innerhalb von zwei Wochen vom Erwerb derjenigen Aktien an zu unterrichten, die bewirken, daß dieser Prozentsatz von 10 % überschritten wird. Jeder weitere Erwerb von Aktien der Gesellschaft, der die Beteiligung über ansteigende Schwellensätze von jeweils 5 % erhöht, muß in derselben Weise angezeigt werden. Das gleiche gilt in allen Fällen, in denen die Beteiligung unter den Prozentsatz von 10 % oder jeweils unter einen Schwellensatz von 5 % absinkt.

(2)   Als Aktien, welche einer Person gehören, gelten auch Aktien, welche von anderen Personen im eigenen Namen, jedoch für deren Rechnung gehalten werden. Falls die Person ein Unternehmen ist, gelten auch die Aktien, welche einem Tochterunternehmen gehören oder von anderen Personen im eigenen Namen, jedoch für Rechnung eines Tochterunternehmens gehalten werden, als Aktien, welche der Person gehören.

Artikel 4

(1)   Der Aktionär kann Rechte aus Aktien, welche gemäß Artikel 3 Absatz 1 mitzuteilen sind, nicht ausüben, solange die Mitteilung nicht erfolgt ist.

(2)   Sind im Widerspruch zum Absatz 1 Stimmrechte in der Hauptversammlung ausgeübt und ist dadurch das Ergebnis der Abstimmung beeinflußt worden, ist der davon betroffene Beschluß unbeschadet gutgläubig erworbener Rechte Dritter nichtig oder kann für nichtig erklärt werden. Die Klage auf Feststellung oder Erklärung der Nichtigkeit muß von jedem Aktionär, der die Berechtigung der Teilnahme eines anderen Aktionärs an der Abstimmung bestreitet, erhoben werden können.

(3)   Die Klage muß innerhalb einer Frist erhoben werden, die von den Mitgliedstaaten nicht niedriger als drei Monate und nicht höher als ein Jahr, beginnend mit dem Zeitpunkt, von dem ab dem Kläger das Bestehen der mitteilungspflichtigen Beteiligung bekannt war oder bekannt sein mußte, festgelegt werden kann. Artikel 46 der Richtlinie vom . . .[1]) findet Anwendung.

(4)   Die Gesellschaft kann die Rückerstattung von Dividenden verlangen, zu deren Empfang ein Aktionär gemäß Absatz 1 nicht berechtigt war.

(5)   Die Mitgliedstaaten drohen weitere geeignete Maßregeln für den Fall an, daß eine Mitteilung gemäß Arikel 3 Absatz 1 nicht erfolgt ist.

Artikel 5

(1)   Die Gesellschaft führt die Mitteilungen, die sie aufgrund von Artikel 3 Absatz 1 empfangen hat, im Anhang ihres Jahresabschlusses auf. Außerdem stellt sie unverzüglich

---

1) Geänderter Vorschlag für eine fünfte Richtlinie über die Struktur der Aktiengesellschaft.

sicher, daß jede Mitteilung über eine neue Beteiligung oder über spätere Änderungen einer Beteiligung, die die Schwelle von 10 %, 25 %, 50 %, 75 % oder 90 % des Kapitals über- oder unterschreiten, nach den in den Rechtsvorschriften der Mitgliedstaaten gemäß Artikel 3 der Richtlinie 68/151/EWG vorgesehenen Verfahren offengelegt wird. Der Name des Aktionärs, der die Mitteilung gemacht hat, die mitgeteilte Höhe seiner Beteiligung am Kapital sowie die Stimmrechte, die mit ihr verbunden sind, werden im Anhang des Jahresabschlusses und der Offenlegung mitgeteilt.

(2) Die Mitgliedstaaten können vorsehen, daß die im vorstehenden Absatz genannten Angaben und gegebenenfalls die Offenlegung unterbleiben, wenn sie geeignet sind, dem betroffenen Aktionär oder der Gesellschaft einen erheblichen Nachteil zuzufügen. Das Leitungsorgan oder das Organ, das die Entscheidung getroffen hat, muß dies im Anhang zum Jahresabschluß angeben.

ABSCHNITT 4

Schutz der unter dem Einfluß eines Unternehmens stehenden Gesellschaft

Artikel 6

Die Artikel 7 bis 12 sind nicht anwendbar, wenn ein Unternehmen gemäß den Artikeln 24, 35 oder im Rahmen einer Regelung nach Artikel 38 befugt ist, gegenüber einer Gesellschaft Leitungsmacht auszuüben.

Artikel 7

(1) Ist eine Gesellschaft ein Tochterunternehmen im Sinne des Artikels 2, erstellt ihr Leitungsorgan für jedes Geschäftsjahr einen Sonderbericht.

(2) Der Sonderbericht soll in zusammengefaßter Form ermöglichen, Umfang und Intensität der Beziehungen zu beurteilen, die mittelbar oder unmittelbar zwischen der Tochtergesellschaft und dem Mutterunternehmen im Laufe des abgelaufenen Geschäftsjahres bestanden.

Zu diesem Zweck berücksichtigt der Bericht insbesondere

a) die Bedeutung, die im Laufe des abgelaufenen Geschäftsjahres von der Gesellschaft mit dem Mutterunternehmen, mit einem seiner Tochterunternehmen oder mit einem dritten Unternehmen auf Veranlassung oder im Interesse des Mutterunternehmens abgeschlossenen Rechtsgeschäfte für die Gesellschaft haben,

b) wichtige Maßnahmen, die die Gesellschaft auf Veranlassung oder im Interesse des

Mutterunternehmens oder eines seiner Tochterunternehmen getroffen oder zu treffen unterlassen hat.

(3)

a) Rechtsgeschäfte oder Maßnahmen, der in Absatz 2 Buchstaben a) und b) genannten Art indessen,

 – die ganz oder teilweise nachteilig für die Gesellschaft sind

oder

 – die ein besonderes Risiko für die Gesellschaft beinhalten

oder

 – die nach Umfang und Inhalt wesentlich von den Geschäften abweichen, die die Gesellschaft üblicherweise tätigt,

sind einzeln in dem Sonderbericht unter Angabe ihrer Natur und der Eigenschaft der Beteiligten aufzuführen. Nachteile können insbesondere daraus folgen, daß Bedingungen vereinbart oder auferlegt worden sind, die von denen abweichen, die unabhängige Unternehmen miteinander vereinbart hätten.

Der Sonderbericht soll auch die tatsächlichen oder vorhersehbaren Auswirkungen dieser Rechtsgeschäfte oder Maßnahmen auf die Lage der in der Gesellschaft beschäftigten Arbeitnehmer behandeln.

b) Sind mehrere Geschäftsvorgänge in einem einheitlichen Akt zusammengefaßt, der im Geschäftsverkehr zwischen unabhängigen Unternehmen nicht üblich wäre, so sind diese im Hinblick auf die Angaben gemäß Buchstabe a) getrennt zu behandeln.

c) Sind zum Ausgleich der Nachteile Vorteile gewährt worden, kann das Leitungsorgan der Gesellschaft dies gesondert mitteilen. Sie sind nicht Gegenstand des Sonderberichts und unterliegen auch nicht der Prüfung gemäß den Absätzen 4 und 5.

(4)   Die mit der Rechnungsprüfung der Gesellschaft beauftragte Person hat die im Sonderbericht enthaltenen Angaben darauf zu überprüfen, ob Umstände gegeben sind, die für eine wesentlich andere Beurteilung als die durch das Leitungsorgan sprechen. Das Ergebnis dieser Prüfung ist in einem gesonderten Vermerk in den Bericht aufzunehmen. Hat der Prüfer festgestellt, daß die gemachten Angaben unvollständig sind, so hat er dies in dem Prüfungsvermerk zu erwähnen.

(5)   Der Sonderbericht mit dem Prüfungsvermerk muß jedem Aktionär mindestens vom Tage der Absendung der Einladung zur Hauptversammlung, die über den Jahresabschluß und die Verwendung des Jahresergebnisses berät, oder vom Tage der Bekanntmachung ihrer Einberufung an zur Verfügung stehen. Er ist zusammen mit dem Jahresabschluß und in gleicher Weise offenzulegen.

Artikel 8

(1)   Auf Antrag eines Aktionärs oder eines Gläubigers der Gesellschaft, der von dieser keine Befriedigung erlangen kann, oder der bei der Gesellschaft bestellten zuständigen Vertreter der Arbeitnehmer kann das Gericht oder eine nach innerstaatlichem Recht zuständige Behörde einen oder mehrere Sonderprüfer bestellen, wenn der Sonderbericht nach Artikel 7 Angaben gemäß Absatz 3 desselben Artikels enthält oder andere Umstände vorgebracht werden, welche die Annahme nahelegen, daß der Gesellschaft auf Veranlassung des Mutterunternehmens oder einer seiner Tochterunternehmen ein Nachteil entstanden ist.

(2)   Das Gericht oder die Behörde hat vor Bestellung der Sonderprüfer das Leitungs- oder Aufsichtsorgan der Gesellschaft und die mit der Rechnungsprüfung der Gesellschafter beauftragten Personen zur Anhörung vorzuladen und ihnen Gelegenheit zur Äußerung zu geben.

(3)   Der Sonderprüfer hat zu ermiteln, ob die Gesellschaft durch Rechtsgeschäfte oder Maßnahmen, welche sie getroffen oder zu treffen unterlassen hat, geschädigt worden und ob anzunehmen ist, daß dieselben auf einer Einwirkung des Unternehmens oder einer seiner Tochtergesellschaften beruhen. Er berücsichtigt die Vorteile, die der Gesellschaft zum Ausgleich jedes Nachteils gewährt worden sind, und nimmt eine Abwägung vor.

(4)   Der Sonderprüfer hat sowohl gegenüber der Gesellschaft als auch gegenüber dem Mutterunternehmen, ihren Tochtergesellschaften und dritten beteiligten Unternehmen gegenüber das Recht, alle zweckdienlichen Auskünfte und Unterlagen zu verlangen und alle erforderlichen Nachprüfungen bei ihnen vorzunehmen.

(5)   Der Sonderprüfer hat über das Ergebnis seiner Prüfung schriftlich zu berichten. Das Leitungsorgan der Gesellschaft hat eine Zusammenfassung dieses Berichts mit den darin enthaltenen Schlußfolgerungen nach den in den Rechtsvorschriften der Mitgliedstaaten gemäß Artikel 3 der Richtlinie 68/151/EWG vorgesehenen Verfahren offenzulegen.

(6)   Die Prüfungskosten oder Vorschüsse zu denselben sind von der Gesellschaft zu tragen.

(7)   Innerstaatliche Vorschriften zur Regelung besonderer Verfahren, die aus anderen Gründen eine Sonderprüfung der Gesellschaft vorsehen, bleiben unberührt.

Artikel 9

(1)   Jedes Unternehmen, das sich gegenüber einer Gesellschaft wie ein tatsächlicher Geschäftsführer verhält, haftet dieser gegenüber für jeden durch diese Einwirkung entstehenden Schaden, der hervorgerufen wird durch einen Fehler der Geschäftsführung, und zwar unter den gleichen Voraussetzungen als wenn das Unternehmen Mitglied der

Leitungsorgane der Gesellschaft wäre und folglich Sorge tragen müßte, daß das Interesse dieser Gesellschaft beachtet wird.

(2) Als tatsächlicher Geschäftsführer einer Gesellschaft im Sinne des Absatzes 1 gilt jedes Unternehmen, das mittelbar oder unmittelbar einen bestimmten Einfluß auf die Entscheidungsfindung der Leitungsorgane dieser Gesellschaft ausübt.

(3)

a) Wer für die Leitung des Unternehmens nach den Rechtsvorschriften, denen dieses Unternehmen unterliegt, verantwortlich ist, haftet gesamtschuldnerisch und unbeschränkt neben diesem. Der Betreffende kann sich jedoch von seiner Haftung befreien, wenn er nachweist, daß die schädliche Einwirkung ihm nicht zuzurechnen ist.

b) Erstreckt sich die Haftung auf die Mitglieder des Leitungsorgans der Gesellschaft, haften diese gesamtschuldnerisch mit dem Unternehmen und den gemäß Buchstabe a) haftenden Personen.

Artikel 10

(1) Die Ansprüche gemäß Artikel 9 können von der Gesellschaft und von jedem Aktionär oder von dem bei der Gesellschaft bestellten zuständigen Vertreter der Arbeitnehmer für deren Rechnung gerichtlich geltend gemacht werden.

(2) Die in Absatz 1 genannten Ansprüche können vorbehaltlich der Vorschriften über Vergleichs-, Konkurs-, Liquidations- oder ähnliche Verfahren auch von jedem Gläubiger der Gesellschaft gerichtlich geltend gemacht werden, der von dieser keine Befriedigung erlangen kann.

Artikel 11

(1) Das Gericht oder die nach innerstaatlichem Recht zuständige Behörde kann, wenn die Voraussetzungen des Artikels 9 erfüllt sind und auf Antrag der in Artikel 8 Absatz 1 genannten Personen eine oder mehrere der nachfolgenden Maßnahmen anordnen, falls dies zum Schutz der Gesellschaft, ihrer Aktionäre oder Arbeitnehmer für erforderlich erachtet wird:

a) die einstweilige Amtsenthebung eines oder mehrerer Mitglieder des Leitungs- oder Aufsichtsorgans der Gesellschaft oder jede andere Maßnahme des innerstaatlichen Rechts mit entsprechender Wirkung;

b) Die Untersagung der weiteren Erfüllung schädlicher Vereinbarungen, sowie die Rückgängigmachung schädlicher Maßnahmen, wobei gutgläubig erworbene Rechte Dritter zu wahren sind;

c) Die Verpflichtung des Unternehmens, den Aktionären der Gesellschaft die Übernahme ihrer Aktien in der Form und unter den Bedingungen der Artikel 15 und 17 anzubieten. Das Leitungsorgan der Gesellschaft hat das Angebot nach den in den Rechtsvorschriften der Mitgliedstaaten gemäß Artikel 3 der Richtlinie 68/151/EWG vorgesehenen Verfahren in dem nach dem Eingang des Berichts gemäß Artikel 17 folgenden Monat offenzulegen. Dabei weist es darauf hin, daß der Bericht der Sachverständigen gemäß Artikel 17 den Aktionären auf Verlangen unentgeltlich übersandt wird. Innerhalb einer Frist von einem Monat nach der Offenlegung kann jeder Aktionär eine gerichtliche Prüfung der Angemessenheit des Angebotes beantragen. Artikel 22 Absatz 2 findet Anwendung. Innerhalb einer Frist von drei Monaten nach Offenlegung des Angebots kann jeder Aktionär die Übernahme der Aktien verlangen. Artikel 23 Absatz 2 findet Anwendung.

(2) Von den in Absatz 1 genannten Anordnungen hat das Gericht oder die zuständige Behörde die Mitglieder des Leitungs- oder Aufsichtsorgans der Gesellschaft, das Unternehmen und gegebenenfalls den Sonderprüfer zur Anhörung vorzuladen und ihnen Gelegenheit zur Äußerung zu geben.

Artikel 12

Die Frist für die gerichtliche Geltendmachung der Ansprüche nach Artikel 9 darf drei Jahre, gerechnet von der schädigenden Handlung, und, wenn diese verheimlicht worden ist, von deren Entdeckung an, nicht unterschreiten.

ABSCHNITT 5

Der Beherrschungsvertrag zur Begründung eines Unterordnungskonzerns

Artikel 13

Eine Gesellschaft kann sich durch schriftlichen Vertrag der Leitung durch ein anderes Unternehmen unterstellen. Dieses Unternehmen ist nachstehend als der andere Vertragsteil bezeichnet.

Artikel 14

(1) In dem Vertrag ist jedem freien Aktionär der Gesellschaft mindestens die Wahl anzubieten zwischen

a) der Übernahme seiner Aktien nach Artikel 15 und

b) der jährlichen Ausgleichszahlung nach Artikel 16.

(2) Freier Aktionär ist jeder Aktionär der Gesellschaft mit Ausnahme des anderen Vertragsteils und der nachfolgenden Unternehmen:

a) des Mutterunternehmens des Vertragsteils;

b) des mit dem anderen Vertragsteil mittels Beherrschungsvertrag oder durch einseitige Erklärung gemäß Artikel 33 verbundenen dritten Unternehmens;

c) des mit dem anderen Vertragsteil konzernverbundenen Unternehmens im Sinne des Artikels 38;

d) eines im Alleinbesitz des anderen Vertragsteils stehenden dritten Unternehmens; falls diese Unternehmen Aktien der Gesellschaft besitzen.

Artikel 15

(1) Der andere Vertragsteil hat jedem freien Aktionär der Gesellschaft die Übernahme seiner Aktien gegen bar anzubieten.

(2) Ist jedoch der andere Vertragsteil ebenfalls eine Gesellschaft und nicht das Tochterunternehmen eines anderen Unternehmens, kann er den freien Aktionären entweder anstelle der Übernahme gegen bar oder nach ihrer Wahl daneben vorschlagen, ihre Aktien in Aktien oder Schuldverschreibungen, gegebenenfalls wandelbare, umzutauschen, die er ausgegeben hat.

(3) Ist der andere Vertragsteil eine Aktiengesellschaft, die nicht nach dem Recht eines Mitgliedstaates oder dem Recht der Europäischen Wirtschaftsgemeinschaft gegründet ist, und nicht das Tochterunternehmen eines anderen Unternehmens, kann er den freien Aktionären die Wahl lassen zwischen der Übernahme gegen bar und dem Umtausch ihrer Aktien in Aktien oder Schuldverschreibungen, gegebenenfalls wandelbare, die er ausgegeben hat.

(4) Ist der andere Vertragsteil ein Tochterunternehmen, kann er den freien Aktionären auch ein Angebot entsprechend Absatz 2 machen, das sich auf Aktien oder Schuldverschreibungen, gegebenenfalls wandelbare, bezieht, die von seiner Muttergesellschaft ausgegeben worden sind, vorausgesetzt, daß diese Gesellschaft nicht das Tochterunternehmen eines anderen Unternehmens ist.

(5) Ist der andere Vertragsteil ein Tochterunternehmen einer Aktiengesellschaft, die nicht nach dem Recht eines Mitgliedstaates oder der Europäischen Wirtschaftsgemeinschaft gegründet ist, so kann er den freien Aktionären auch ein Angebot entsprechend Absatz 3 machen, das sich auf Aktien oder Schuldverschreibungen, gegebenenfalls wandelbare, bezieht, die von seiner Muttergesellschaft ausgegeben sind, vorausgesetzt, daß diese Gesellschaft nicht das Tochterunternehmen eines anderen Unternehmens ist.

Artikel 16

(1) Der andere Vertragsteil hat den freien Aktionären der Gesellschaft auch eine angemessene jährliche Ausgleichszahlung anzubieten. Dazu hat er ihnen die jährliche Zahlung eines Betrages zuzusichern, der mindestens dem entspricht, der nach der bisherigen Ertragslage der Gesellschaft und unter Berücksichtigung ihrer Zukunftsaussichten voraussichtlich als durchschnittlicher Gewinnanteil auf die einzelne Aktie hätte verteilt werden können.

(2) Ist der andere Vertragsteil ebenfalls eine Gesellschaft und nicht das Tochterunternehmen eines anderen Unternehmens, so kann er den freien Aktionären entweder anstelle der Ausgleichszahlung nach Absatz 1 oder daneben zu ihrer Wahl eine jährliche Ausgleichszahlung vorschlagen, deren Höhe dem für seine eigenen Aktien ausgeschütteten Gewinnanteil entspricht.

(3) Ist der andere Vertragsteil eine unabhängige Aktiengesellschaft, die nicht nach dem Recht eines Mitgliedstaates oder der Europäischen Wirtschaftsgemeinschaft gegründet ist, so kann er den freien Aktionären auch die Wahl zwischen den Ausgleichszahlungen nach Absatz 1 und nach Absatz 2 lassen.

(4) Ist der andere Vertragsteil ein Tochterunternehmen, so kann er den freien Aktionären anstelle der Ausgleichszahlung nach Absatz 1 eine jährliche Ausgleichszahlung vorschlagen, deren Betrag dem Gewinnanteil entspricht, der für Aktien seiner Muttergesellschaft ausgeschüttet wird, vorausgesetzt, daß diese Gesellschaft nicht das Tochterunternehmen eines anderen Unternehmens ist.

(5) Ist der andere Vertragsteil ein Tochterunternehmen einer unabhängigen Aktiengesellschaft, die nicht nach dem Recht eines Mitgliedstaates oder der Europäischen Wirtschaftsgemeinschaft gegründet ist, so kann er den freien Aktionären die Wahl zwischen den Ausgleichszahlungen nach Absatz 1 und nach Absatz 4 lassen.

(6) In den Fällen der Absätze 2 bis 5 ist das Verhältnis zwischen den Werten der Aktien der betroffenen Gesellschaften wie für einen Aktienumtausch im Falle einer Fusion zu berechnen.

(7) Bei der Berechnung des Gewinnanteils nach den Absätzen 1 bis 5 dürfen Einstellungen des Jahresgewinns in freie Rücklagen nur insoweit berücksichtigt werden, als es nach vorsichtiger Beurteilung gerechtfertigt ist.

Artikel 17

(1) Das Leitungsorgan der Gesellschaft bestellt einen oder mehrere unabhängige Sachverständige, die von einer Gerichts- oder Verwaltungsbehörde bezeichnet oder zugelassen sind und beauftragt sie, einen Bericht über die Angemessenheit der Angebote anzu-

fertigen. Die Sachverständigen können die mit der Rechnungsprüfung der Gesellschaft befaßten Personen sein.

Auf die Sachverständigen finden die Artikel 53, 54, 57 und 62 der Richtlinie vom . . .[1]) Anwendung.

(2)   In ihrem Bericht müssen Sachverständige insbesondere erklären, ob die Angebote des anderen Vertragsteils den Artikeln 15 und 16 entsprechen und ob sie nach ihrer Ansicht nicht unangemessen sind. In dieser Erklärung ist zumindest anzugeben,

a) nach welcher oder welchen Methoden der Wert der Übernahme, das Umtauschverhältnis und die jährliche Ausgleichszahlung bestimmt worden sind;

b) ob diese Methode oder Methoden im vorliegenden Fall angemessen sind und welche Werte sich bei jeder dieser Methoden ergeben; zugleich ist dazu Stellung zu nehmen, welche relative Bedeutung diesen Methoden bei der Bestimmung der zugrunde gelegten Werte beigemessen wurde.

(3)   In dem Bericht ist außerdem auf besondere Schwierigkeiten bei der Bewertung hinzuweisen, soweit solche aufgetreten sind.

(4)   Jeder Sachverständige hat das Recht, von den betroffenen Gesellschaften alle zweckdienlichen Auskünfte und Unterlagen zu verlangen und alle erforderlichen Nachprüfungen vorzunehmen.

Artikel 18

Das Leitungsorgan der Gesellschaft erstellt einen Bericht, in dem es die Gründe für den Abschluß eines Beherrschungsvertrags und die voraussichtlichen Auswirkungen des Vertrages erläutert. In diesem Bericht ist auch zu dem Bericht der Sachverständigen gemäß Artikel 17 und seinen Ergebnissen Stellung zu nehmen.

Artikel 19

(1)   Der Vertrag bedarf der Zustimmung des Aufsichtsorgans und der Hauptversammlung der Gesellschaft. Die Zustimmung des Aufsichtsorgans ist schriftlich zu protokollieren. Artikel 10 bzw. Artikel 21 Buchstabe p) der Richtlinie vom . . .[2]) findet keine Anwendung.

(2)   Das Leitungsorgan der Gesellschaft beruft gemäß Artikel 24 der Richtlinie vom . . .[3]) eine Hauptversammlung zur Beschlußfassung über den Vertrag ein.

---

1) Geänderter Vorschlag für eine fünfte Richtlinie über die Struktur der Aktiengesellschaft.
2) Geänderter Vorschlag für eine fünfte Richtlinie über die Struktur der Aktiengesellschaft.
3) Geänderter Vorschlag für eine fünfte Richtlinie über die Struktur der Aktiengesellschaft.

(3) In der Bekanntmachung der Einberufung oder der Einladung ist der Vertrag wiederzugeben. Das Vorliegen der Zustimmung des Aufsichtsorgans ist zu erwähnen. Dabei ist auch darauf hinzuweisen, daß den Aktionären der Bericht der Sachverständigen und der Bericht des Leitungsorgans auf Anforderung kostenlos übersandt werden.

(4) Für die Beschlußfassung der Hauptversammlung gilt Artikel 39 Absatz 1 und 2 der Richtlinie vom ...[1]). Artikel 34 Buchstabe d) der Richtlinie vom ...[2]) findet keine Anwendung.

Artikel 20

(1) Der Vertrag und die Protokolle über die Zustimmung des Aufsichtsorgans und der Hauptversammlung sind nach den in den Rechtsvorschriften der Mitgliedstaaten gemäß Artikel 3 der Richtlinie 68/151/EWG vorgesehenen Verfahren innerhalb von zwei Monaten nach der Beschlußfassung in der Hauptversammlung von dem Leitungsorgan der Gesellschaft offenzulegen.

(2) Die Mitgliedstaaten drohen geeignete Maßregeln für den Fall an, daß dieser Verpflichtung zur Offenlegung nicht entsprochen wird.

Artikel 21

(1) Ist der andere Vertragsteil ebenfalls eine Gesellschaft, gelten die Artikel 17 bis 20 auch für sie.

(2) Absatz 1 findet keine Anwendung, falls die Bilanzsumme und die Umsatzerlöse der Gesellschaft im Verhältnis zu den entsprechenden Beträgen des anderen Vertragsteils von untergeordneter Bedeutung sind. Die Mitgliedstaaten können dazu feste Kriterien vorsehen.

Artikel 22

(1) Innerhalb einer Frist von einem Monat seit der Offenlegung gemäß Artikel 20 kann jeder freie Aktionär eine gerichtliche Prüfung der Angemessenheit des Wertes der Übernahme und des Jahresausgleichs beantragen. Ist der andere Vertragsteil ebenfalls gemäß Artikel 21 einer Offenlegungspflicht unterworfen, so beginnt diese Frist erst an dem Tage, an dem die letzte der beiden Offenlegungen erfolgt ist.

(2) Die Mitgliedstaaten regeln das gerichtliche Verfahren unter Beachtung folgender Grundsätze:

---

1) Geänderter Vorschlag für eine fünfte Richtlinie über die Struktur der Aktiengesellschaft.
2) Geänderter Vorschlag für eine fünfte Richtlinie über die Struktur der Aktiengesellschaft.

a) das Gericht kann auf Kosten der Gesellschaft unabhängige Sachverständige bestellen; diese Sachverständigen unterliegen denselben Verpflichtungen und haben dieselben Rechte wie diejenigen, die nach Artikel 17 bestellt sind;

b) das Gericht kann die Beträge erhöhen, wenn festgestellt wird, daß der Wert der Übernahme oder die jährliche Ausgleichszahlung offensichtlich unangemessen ist;

c) die gerichtliche Entscheidung erlangt Rechtskraft für alle Aktien derselben Gattung, für welche die gerichtliche Prüfung beantragt worden ist;

d) im Falle des Buchstaben b) wird die gerichtliche Entscheidung, nachdem sie Rechtskraft erlangt hat, nach den in den Rechtsvorschriften der Mitgliedstaaten gemäß Artikel 3 der Richtlinie 48/151/EWG vorgesehenen Verfahren von dem Leitungsorgan der Gesellschaft offengelegt;

e) die Verfahrenskosten dürfen dem Antragsteller nur insoweit auferlegt werden, als es der Billigkeit entspricht.

(3)   Wird der Wert der Übernahme oder die jährliche Ausgleichszahlung durch das Gericht erhöht, so ist der andere Vertragsteil innerhalb eines Monats vom Tage der Rechtskraft der Entscheidung zur fristlosen Kündigung des Vertrages berechtigt.

Artikel 23

(1)   Innerhalb einer Frist von drei Monaten nach der Offenlegung gemäß Artikel 20 kann jeder freie Aktionär die Übernahme seiner Aktien verlangen. Ist der andere Vertragsteil ebenfalls zur Offenlegung nach Artikel 21 verpflichtet, beginnt diese Frist mit dem Tage der letzten der beiden Veröffentlichungen. Die Frist zur Übernahme kann jedoch aufgeschoben werden, wenn ein Antrag auf gerichtliche Kontrolle nach Artikel 22 gestellt worden ist.

(2)   Bestimmt das Gericht eine Erhöhung gemäß Artikel 22 und wird der Vertrag nicht gekündigt, so kann jeder freie Aktionär, der von seinen Rechten in der in Absatz 1 vorgesehenen Frist keinen Gebrauch gemacht hat, diese Rechte innerhalb einer Frist von einem Monat nach der Veröffentlichung der gerichtlichen Entscheidung gemäß Artikel 22 Absatz 2 Buchstabe d) geltend machen. Innerhalb derselben Frist von einem Monat können die freien Aktionäre, deren Aktien schon übernommen worden sind, diese Erhöhung verlangen.

(3)   Im Falle der Kündigung des Vertrages gemäß Artikel 22 Absatz 3 wird die Erhöhung nur den freien Aktionären geschuldet, die Partei in dem Verfahren waren oder die ihre Rechte vor dem Tag der Kündigung geltend gemacht haben. Der andere Vertragsteil kann den freien Aktionären, deren Aktien bereits übernommen worden sind, vorschlagen, die Erhöhung anzunehmen. Andernfalls überträgt er ihnen die fraglichen Aktien zu den ursprünglichen Bedingungen der Übernahme zurück.

(4) Die Vertragsparteien haften gesamtschuldnerisch für die Zahlung der Entschädigung für die Aktien. Der andere Vertragsteil haftet für den Umtausch der Aktien.

(5) Diejenigen freien Aktionäre, die von ihren Rechten nach Absatz 1 keinen Gebrauch gemacht haben, erhalten die jährliche Ausgleichszahlung.

(6) Für die Zahlung des jährlichen Ausgleichs haften die beiden Vertragsteile gesamtschuldnerisch.

Artikel 24

(1)

a) Vom Zeitpunkt der Veröffentlichung gemäß Artikel 20 untersteht die Gesellschaft der Leitung durch den anderen Vertragsteil. Dieser kann dem Leitungsorgan der Gesellschaft Weisungen erteilen, welche das Leitungsorgan zu befolgen hat. Artikel 10 a Absatz 2 Satz 1 bzw. Artikel 21 q Absatz 2 Satz 1 der Richtlinie vom . . .[1]) findet keine Anwendung. Ist der andere Vertragsteil gemäß Artikel 21 ebenfalls einer Offenlegungspflicht unterworfen, so entstehen Leitungsbefugnis und Weisungsrecht erst mit der zuletzt erfolgten Offenlegung.

b) Die Vorschriften der Artikel 15 bis 17 der zweiten Richtlinie[2]) finden keine Anwendungen auf Leistungen der Gesellschaft, die aufgrund einer Weisung nach Buchstabe a) zu vollziehen sind.

(2) Betrifft eine Weisung eine an die Zustimmung des Aufsichtsorgans der Gesellschaft gebundene Maßnahme und verweigert dieses seine Zustimmung, entfällt das Zustimmungserfordernis nach Wiederholung der Weisung. Sind jedoch die Arbeitnehmer der Gesellschaft an dem Entscheidungsprozeß der Gesellschaft beteiligt, so kann eine wiederholte Weisung nicht befolgt werden, wenn die Interessen der Arbeitnehmer der weisungsempfangenden Gesellschaft auf der Ebene des anderen Vertragsteils nicht in gleichwertiger Weise geschützt werden und ein die Arbeitnehmer auf dieser Ebene vertretendes Organ der Wiederholung der Weisung nicht zugestimmt hat.

Artikel 25

Der andere Vertragsteil übt seine Leitungsbefugnis und sein Weisungsrecht nach Artikel 24 mit der Sorgfalt eines gewissenhaften Verwalters und im Interesse des Konzerns aus.

---

1) Geänderter Vorschlag für eine fünfte Richtlinie über die Struktur der Aktiengesellschaft.
2) Richtlinie 77/91/EWG vom 13. Dezember 1976.

Artikel 26

(1)   Der andere Vertragsteil haftet bei der Ausübung der Leitungsbefugnis und des Weisungsrechts für Schäden, welche die Gesellschaft dadurch erleidet, daß der andere Vertragsteil die ihm nach Artikel 25 obliegenden Pflichten schuldhaft verletzt hat.

(2)   Die Haftungsklage kann im Namen und auf Rechnung der Gesellschaft von einem oder mehreren freien Aktionären der Gesellschaft erhoben werden, welche die Voraussetzungen des Artikels 16 der Richtlinie vom . . .[1]) erfüllen. Bei der Berechnung nach Artikel 16 Buchstabe a) dieser Richtlinie sind die Aktien, die dem anderen Vertragsteil unmittelbar oder mittelbar gehören, abzuziehen.

(3)   Die Frist für die gerichtliche Geltendmachung der nach diesem Artikel vorgesehenen Ersatzansprüche darf drei Jahre von der schädigenden Handlung an und, wenn diese verheimlicht worden ist, von deren Entdeckung an nicht unterschreiten. Artikel 16 Absatz 2 der Richtlinie vom . . .[2]) findet Anwendung.

Artikel 27

Die Mitglieder des Leitungsorgans der Gesellschaft haften der Gesellschaft gegenüber nicht für den Schaden, der durch Handlungen oder Unterlassungen entstanden ist, die von dem anderen Vertragsteil in Ausübung des Leitungs- und Weisungsrechts veranlaßt worden sind. Ihnen obliegt die Beweislast für die Veranlassung.

Artikel 28

(1)   Hat der andere Vertragsteil seinen Sitz innerhalb der Gemeinschaft, so ist er während der Vertragsdauer und ohne Rücksicht auf seine Rechtsform verpflichtet, geprüfte Jahresabschlüsse, Lageberichte und Prüfungsberichte offenzulegen. Jahresabschluß, Prüfung und Offenlegung müssen den Grundsätzen entsprechen, die auf Aktiengesellschaften nach den Rechts- oder Verwaltungsvorschriften zur Ausführung der vierten Richtlinie über den Jahresabschluß von Gesellschaften bestimmter Rechtsformen[3]) in dem Mitgliedstaat angewendet werden, in dem der andere Vertragsteil seinen Sitz hat. Sofern sie nicht auf der Passivseite der Bilanz auszuweisen ist, wird die Haftung für die Verbindlichkeiten der Gesellschaft nach Artikel 29 dieser Richtlinie im Anhang zum Jahresabschluß in voller Höhe gesondert vermerkt.

(2)   Nach dem Ende des Geschäftsjahres, welches auf dasjenige folgt, in dem der Vertrag geschlossen worden ist, kann der andere Vertragsteil aus dem Vertrag solange

---

1) Geänderter Vorschlag für eine fünfte Richtlinie über die Struktur der Aktiengesellschaft.
2) Geänderter Vorschlag für eine fünfte Richtlinie über die Struktur der Aktiengesellschaft.
3) Richtlinie 78/660/EWG vom 25. Juli 1978.

Rechte nicht herleiten, als er die Verpflichtungen nach Absatz 1 nicht erfüllt und als die Verpflichtungen über den konsolidierten Abschluß und zur Aufstellung eines Jahresabschlusses, eines Lageberichts, zur Prüfung und zur Offenlegung nach den aufgrund der siebenten Richtlinie über den konsolidierten Abschluß[1]) erlassenen Rechts- und Verwaltungsvorschriften für den Konzern oder Teilkonzern nicht erfüllt werden, dem die Vertragsparteien angehören.

Artikel 29

(1) Der andere Vertragsteil haftet für die vor dem Abschluß des Vertrages entstandenen und während der Vertragszeit entstehenden Verbindlichkeiten der Gesellschaft. Er kann jedoch erst in Anspruch genommen werden, nachdem der Gläubiger die Gesellschaft schriftlich in Verzug gesetzt hat.

(2) Der andere Vertragsteil kann sich von dieser Haftung befreien, indem er nachweist, daß das Unvermögen der Gesellschaft zur Leistung auf Gründen beruht, die nicht durch einen von ihm ausgeübten oder unterlassenen Einfluß verursacht worden sind.

(3) Die Haftung nach Absatz 1 kann vom Zeitpunkt der Offenlegung gemäß Artikel 20 oder, wenn der andere Vertragsteil gemäß Artikel 21 ebenfalls zur Offenlegung verpflichtet ist, von der zuletzt erfolgten Offenlegung an geltend gemacht werden.

Artikel 30

(1) Die Gesellschaft hat gegen den anderen Vertragsteil einen bei Vertragsbeendigung fälligen Anspruch auf Ausgleich jeder während der Vertragsdauer entstandenen Verminderung ihres Vermögens. Zur Ermittlung dieser Minderung sind die zum Zeitpunkt der Offenlegung nach Artikel 20 und die bei der Beendigung des Vertrages bestehenden Gesamtbeträge des Kapitals, einschließlich der Rücklagen, des Ergebnisses und des Ergebnisvortrages in Betracht zu ziehen.

(2) Der andere Vertragsteil kann sich jedoch von dieser Verpflichtung befreien, indem er nachweist, daß die Verminderung des Vermögens der Gesellschaft während der Vertragsdauer nicht durch einen von ihm ausgeübten oder unterlassenen Einfluß verursacht worden ist.

Artikel 31

(1) Der Vertrag kann nur gemäß den Artikeln 19 bis 21 geändert werden.

---

1) Richtlinie 83/349/EWG vom 13. Juni 1983.

(2)   Die in dem Vertrag festgesetzten Angebote an die freien Aktionäre können jedoch nur mit deren Zustimmung geändert werden.

Artikel 32

(1)   Der Vertrag kann im gegenseitigen Einvernehmen der Parteien jeweils nur zum Ende eines Geschäftsjahres beendet werden. Dabei haben das Aufsichtsorgan und die Hauptversammlung der Gesellschaft ihre Zustimmung zu erteilen. Das Verfahren regelt sich nach Artikel 19. Die Aufhebung kann nicht rückwirkend erfolgen.

(2)   Die Mitgliedstaaten regeln die Bedingungen und die Art und Weise der Kündigung des Vertrages unter Beachtung folgender Grundsätze:

a) Die Kündigung geschieht durch eingeschriebenen Brief.

b) Ist der Vertrag auf unbestimmte Zeit geschlossen, kann er nur unter Einhaltung einer Kündigungsfrist von drei Monaten gekündigt werden. Der Vertrag kann eine andere Kündigungsfrist festlegen.

c) Der Vertrag kann bei Vorliegen eines wichtigen Grundes jederzeit durch gerichtliche Entscheidung beendet werden.

d) Geht die Kündigung oder der Antrag nach Buchstabe c) von der Gesellschaft aus, ist die Zustimmung ihres Aufsichtsorgans erforderlich.

(3)   Ein wegen Fehlens freier Aktionäre ohne die in Artikel 14 genannten Garantien geschlossener Vertrag endet, wenn ein freier Aktionär hinzutritt.

(4)   Die Beendigung des Vertrages ist nach den in den Rechtsvorschriften der Mitgliedstaaten gemäß Artikel 3 der Richtlinie 68/151/EWG vorgesehenen Verfahren von dem Leitungsorgan der Gesellschaft offenzulegen.

(5)   Die Haftung nach Artikel 29 verjährt spätestens in fünf Jahren vom Tage der Offenlegung der Beendigung des Vertrages. Der Anspruch nach Artikel 30 verjährt vom selben Zeitpunkt an in fünf Jahren.

(6)   Das Wirksamwerden der von dem anderen Vertragsteil abgegebenen einseitigen Erklärung beendet den Vertrag von Rechts wegen und führt zur Anwendung der Vorschriften des 6. Abschnittes über die Beziehungen im Konzern.

ABSCHNITT 6

Die einseitige Erklärung zur Begründung eines Unterordnungskonzerns

Artikel 33

(1) Hat ein Unternehmen unmittelbar oder mittelbar 90 % oder mehr des Kapitals einer Gesellschaft erworben, kann es gegenüber dem Leitungsorgan der Gesellschaft eine einseitige Erklärung abgeben, die ein Konzernverhältnis begründet. Sind freie Aktionäre vorhanden, sieht diese Erklärung die zwangsweise Übernahme ihrer Aktien vor und enthält hierfür die Bedingungen.

(2) Das Leitungsorgan der Gesellschaft legt die einseitige Erklärung in den beiden auf ihren Zugang folgenden Monaten nach den in den Rechtsvorschriften der Mitgliedstaaten gemäß Artikel 3 der Richtline 68/151/EWG vorgesehenen Verfahren offen.

Artikel 34

(1) Für die Übernahme der Aktien der freien Aktionäre sind die Artikel 14 Absatz 1 Buchstabe a und Absatz 2, sowie die Artikel 15, 17, 18, 21, 22 und 23 Absatz 2 entsprechend anwendbar.

(2) Mit der Veröffentlichung nach Artikel 33 Absatz 2 gehen die Aktien der freien Aktionäre von Rechts wegen auf das Unternehmen über. Die über diese Aktien ausgegebenen Urkunden verbriefen bis zu ihrer Aushändigung an das Unternehmen nur den Anspruch auf Entschädigung in bar oder auf Umtausch.

Artikel 35

Nach der Veröffentlichung gemäß Artikel 33 Absatz 2 sind die Artikel 24 bis 30 entsprechend anwendbar.

Artikel 36

(1) Wenn im Rahmen eines Konzerns, der auf der Grundlage eines Beherrschungsvertrags begründet ist, der andere Vertragsteil nach Ablauf der in Artikel 23 Absatz 1 oder 2 genannten Frist unmittelbar oder mittelbar 90 % oder mehr des Kapitals erworben hat, kann er die Übernahme der Aktien der verbleibenden freien Aktionäre unter den gemäß Artikel 20 oder 22 Absatz 2 Buchstabe d) bekanntgegebenen Bedingungen verlangen. Er hat der Gesellschaft innerhalb einer Woche nach Ablauf der in Artikel 23

Absatz 1 oder 2 erwähnten Frist mitzuteilen, ob er von diesem Recht Gebrauch macht. Diese Mitteilung gilt als einseitige Erklärung im Sinne des Artikels 33.

(2) Das Leitungsorgan der Gesellschaft hat diese Mitteilung unter Angabe der Höhe der Entschädigung in bar oder des Umtauschverhältnisses unverzüglich nach den in den Rechtsvorschriften der Mitgliedstaaten gemäß Artikel 3 der Richtlinie 68/151/EWG vorgesehenen Verfahren offenzulegen.

(3) Hat der andere Vertragsteil von seinem Recht, die Aktien der freien Aktionäre zurückzunehmen, keinen Gebrauch gemacht, kann jeder von ihnen innerhalb des Monats, der auf den Ablauf der in Absatz 1 vorgesehenen Frist folgt, seinerseits die Übernahme seiner Aktien zu den Bedingungen fordern, die entsprechend Artikel 20 oder Artikel 22 Absatz 2 Buchstabe d) veröffentlicht waren.

Artikel 37

(1) Das Konzernverhältnis endet

a) mit dem Widerruf der einseitigen Erklärung,

b) wenn sich nicht mehr alle Aktien der Gesellschaft in der Hand des Unternehmens befinden.

(2) Befinden sich nicht mehr alle Aktien der Gesellschaft in der Hand des Unternehmens so hat das Unternehmen dies der Gesellschaft unverzüglich mitzuteilen.

(3) Das Leitungsorgan der Gesellschaft legt die Beendigung des Konzernverhältnisses unverzüglich nach in den Rechtsvorschriften der Mitgliedstaaten gemäß Artikel 3 der Richtlinie 68/151/EWG vorgesehenen Verfahren offen.

(4) Artikel 32 Absatz 5 ist entsprechend anwendbar.

Artikel 37 a

Die Mitgliedstaaten können die Anwendung der Artikel 33 bis 37 auf Gesellschaften ausschließen, in denen eine Regelung der Beteiligung der Arbeitnehmer am Kapital besteht.

ABSCHNITT 7

Andere Konzernverfassungen zur Begründung eines Unterordnungskonzerns

Artikel 38

Unbeschadet der Vorschriften der Artikel 13 bis 37 a können die Mitgliedstaaten andere Rechtsvorschriften zur Begründung eines Konzerns einführen, soweit sie dieselben Garantien gewähren, wie sie in den Artikeln 14 bis 32 enthalten sind.

ABSCHNITT 8

Besonderer Schutz des freien Aktionärs

Artikel 39

Hat ein Unternehmen unmittelbar oder mittelbar 90 % oder mehr des Kapitals einer Gesellschaft erworben, so kann jeder freie Aktionär von diesem Unternehmen die Übernahme seiner Aktien gegen bar verlangen. Der Antrag des freien Aktionärs ist an die Gesellschaft zu richten, die ihn dem Unternehmen übermittelt. Dieses Unternehmen ist verpflichtet, dem freien Aktionär innerhalb einer angemessenen Frist ein Angebot zu machen. Es teilt ihm mit, ob und gegebenenfalls zu welchen Bedingungen es Aktien anderer freier Aktionäre im Laufe des dem Angebot vorausgehenden Jahres in Anwendung dieser Vorschrift übernommen hat. Lehnt der freie Aktionär das Angebot ab, so setzt das zuständige Gericht auf seinen Antrag die Höhe der Entschädigung für die Übernahme fest. Der Antrag ist innerhalb eines Monats nach Zugang des Angebots zu stellen. Das Leitungsorgan der Gesellschaft legt die rechtskräftige Entscheidung des Gerichts nach den in den Rechtsvorschriften der Mitgliedstaaten gemäß Artikel 3 der Richtline 68/151/EWG vorgesehenen Verfahren offen.

ABSCHNITT 9

Der Vertrag zur Begründung eines Gleichordnungskonzerns

Artikel 40

Eine unabhängige Gesellschaft und eine oder mehrere andere unabhängige Unternehmen können durch schriftlichen Vertrag vereinbaren, sich einer einheitlichen Leitung zu unterstellen, ohne daß dadurch der eine Vertragsteil dem anderen untergeordnet wird.

Artikel 41

(1)   Der Vertrag bedarf der Zustimmung des Aufsichtsorgans und der Hauptversammlung der Gesellschaft. Das Verfahren regelt sich nach Artikel 19. Das Leitungsorgan der Gesellschaft hat einen Bericht über die Gründe des Abschlusses des Vertrages und seine voraussichtlichen Folgen vorzulegen.

(2)   Der Vertrag ist nach den in den Rechtsvorschriften der Mitgliedstaaten gemäß Artikel 3 der Richtline 68/151/EWG vorgesehenen Verfahren von dem Leitungsorgan der Gesellschaft offenzulegen.

(3)   Die Absätze 1 und 2 gelten auch für jede Änderung des Vertrages.

(4)   Für die Beendigung und Kündigung des Vertrages gilt Artikel 32 Absatz 1, 2 und 4 entsprechend.

ABSCHNITT 10

Übergangs- und Schlußvorschriften

Artikel 42

Die Vorschriften der Artikel 4 und 5 finden Anwendung auf natürliche und juristische Personen, die im Zeitpunkt der Bekanntgabe dieser Richtlinie unmittelbar oder mittelbar mehr als 10 % des gezeichneten Kapitals einer Gesellschaft besitzen. Sie sind zur Anzeige an diese Gesellschaft innerhalb von drei Monaten nach Umsetzung der Richtlinie in das innerstaatliche Recht verpflichtet.

Artikel 43

Für die Anwendung von Artikel 39 setzen die Mitgliedstaaten eine Übergangsfrist von höchstens sechs Jahren fest.

Artikel 44

Gelangen bei Anwendung innerstaatlicher Vorschriften, die auf Bestimmungen dieser Richtlinie beruhen, alle Aktien des Kapitals einer Gesellschaft in die Hand einer oder weniger Personen, so finden innerstaatliche Vorschriften, welche aus diesem Grund die Auflösung der Gesellschaft vorsehen, keine Anwendung.

Artikel 45

(1) Die Mitgliedstaaten ändern bis spätestens ... ihre Rechts- und Verwaltungsvorschriften, um den Vorschriften dieser Richtlinie nachzukommen, und setzen die Kommission unverzüglich davon in Kenntnis.

(2) Die Mitgliedstaaten sorgen ferner dafür, daß die Kommission von allen Entwürfen für Rechts- und Verwaltungsvorschriften, die die Mitgliedstaaten auf den unter diese Richtlinie fallenden Gebieten erlassen wollen, so rechtzeitig unterrichtet wird, daß sie dazu Stellung nehmen kann.

Artikel 46

Diese Richtlinie ist an alle Mitgliedstaaten gerichtet.

Vorschlag einer zehnten Richtlinie des Rates nach Artikel 54 Absatz 3 Buchstabe g) des Vertrages über die grenzüberschreitende Verschmelzung von Aktiengesellschaften

KOM(84) 727 endg.

(Von der Kommission dem Rat vorgelegt am 14. Januar 1985)

(85/C 23/08)

(Amtsblatt der Europäischen Gemeinschaften Nr. C 23 vom 25.1.1985 S. 11)

DER RAT DER EUROPÄISCHEN GEMEINSCHAFTEN –

gestützt auf den Vertrag zur Gründung der Europäischen Wirtschaftsgemeinschaft, insbesondere auf Artikel 54 Absatz 3 Buchstabe g),

auf Vorschlag der Kommission,

nach Stellungnahme des Europäischen Parlaments,

nach Stellungnahme des Wirtschafts- und Sozialausschusses,

in Erwägung nachstehender Gründe:

Durch die Richtlinie 78/855/EWG des Rates[1]) ist die Verschmelzung von Aktiengesellschaften koordiniert worden. Diese Koordinierung erstreckt sich jedoch nur auf Verschmelzungen, bei denen alle daran beteiligten Gesellschaften dem Recht ein und desselben Mitgliedstaats unterliegen. Im Interesse des Gemeinsamen Marktes bedarf es indessen auch einer Regelung für solche Verschmelzungen, an denen Gesellschaften beteiligt sind, die dem Recht verschiedener Mitgliedstaaten unterliegen.

Artikel 220 des Vertrages, nach dem die Mitgliedstaaten, soweit erforderlich, untereinander Verhandlungen einleiten, um die Möglichkeit solcher grenzüberschreitenden Verschmelzungen sicherzustellen, steht einer Angleichung in diesem Bereich durch eine Richtlinie nicht entgegen.

Dieses Verfahren bietet den Vorteil, daß in den sehr zahlreichen Fällen, wo die Regelung der internen und der grenzüberschreitenden Verschmelzung übereinstimmen, die vorliegende Richtlinie auf die entsprechenden Vorschriften der Richtlinie 78/855/EWG verweist und damit zugleich die einheitliche Ausführung und Auslegung beider Regelungen besser gewährleisten kann, als es bei zwei Texten unterschiedlicher Rechtsnatur möglich ist.

Die vorliegende Richtlinie beschränkt sich auf diejenigen Tatbestände, die sich bei der grenzüberschreitenden Verschmelzung von der internen Verschmelzung unterscheiden oder die zusätzlich erforderlich sind.

---

1) ABl. Nr. L 295 vom 20. 10. 1978, S. 36.

1

Der Anwendungsbereich dieser Richtlinie deckt sich im wesentlichen mit dem der Richtlinie 78/855/EWG. Jedoch soll zusätzlich ein Mitgliedstaat die Anwendung der vorliegenden Richtlinie auf Gesellschaften ausschließen können, für die nach seinem Recht Vorschriften über die Beteiligung von Arbeitnehmern an der Zusammensetzung von Organen dieser Gesellschaften bestehen. Diese Ausnahme erscheint jedenfalls so lange erforderlich, wie der Rat noch nicht über den geänderten Vorschlag der Kommission einer fünften Richtlinie nach Artikel 54 Absatz 3 Buchstabe g) des Vertrages über die Struktur der Aktiengesellschaft sowie die Befugnisse und Verpflichtungen ihrer Organe[1]) beschlossen hat. Im übrigen wird der Schutz der Arbeitnehmer bei grenzüberschreitenden ebenso wie bei internen Verschmelzungen durch die Richtlinie 77/187/EWG des Rates[2]) gewährleistet.

Zur Definition der grenzüberschreitenden Verschmelzung kann auf die Definition der internen Verschmelzung nach der Richtlinie 78/855/EWG Bezug genommen werden mit dem einzigen Unterschied, daß zwei oder mehrere an dem Vorgang beteiligte Gesellschaften dem Recht verschiedener Mitgliedstaaten unterliegen.

Soweit die Richtlinie 78/855/EWG den Mitgliedstaaten für die internen Verschmelzungen die Wahl läßt, bestimmte Vorschriften der bezeichneten Richtlinie anzuwenden, können sie bei der grenzüberschreitenden Verschmelzung davon nur für solche an diesem Vorgang beteiligte Gesellschaften Gebrauch machen, die ihrem Recht unterliegen.

Soweit die Richtlinie 78/855/EWG bestimmte Ausnahmen für der Verschmelzung gleichgestellte Vorgänge zuläßt, können die Mitgliedstaaten bei einer grenzüberschreitenden Verschmelzung von diesen Ausnahmen nur insoweit Gebrauch machen, als dies auch die anderen Mitgliedstaaten getan haben, deren Recht die übrigen beteiligten Gesellschaften unterliegen.

Während nach der Richtlinie 78/855/EWG bei internen Verschmelzungen für den Verschmelzungsplan die bloße Schriftform genügt, bedarf der Plan für die grenzüberschreitende Verschmelzung der öffentlichen Beurkundung, sofern dies das Recht eines Mitgliedstaats vorschreibt, dem eine der beteiligten Gesellschaften unterliegt.

Die im Anschluß an die Hinterlegung beim Register erfolgende Bekanntmachung des Verschmelzungsplans im Amtsblatt kann nach der Richtlinie 68/151/EWG des Rates[3]) bei der internen Verschmelzung durch einen bloßen Hinweis auf die Hinterlegung erfolgen. Bei der grenzüberschreitenden Verschmelzung erscheinen zusätzliche Angaben vor allem zur besseren Unterrichtung interessierter Dritter erforderlich. Das gilt insbesondere für die Gläubiger der übertragenden Gesellschaft.

---

1) ABl. Nr. C 240 vom 9. 9. 1983, S. 2.
2) ABl. Nr. L 61 vom 5. 3. 1977, S. 26.
3) ABl. Nr. L 65 vom 14. 3. 1968, S. 8.

Für den Beschluß der Hauptversammlung über die grenzüberschreitende Verschmelzung dürfen keine strengeren Anforderungen als für den Beschluß der Hauptversammlung über die interne Verschmelzung gestellt werden.

Das Schutzsystem für die Gläubiger der an der grenzüberschreitenden Verschmelzung beteiligten Gesellschaften muß dem für die Gläubiger bei einer internen Verschmelzung entsprechen.

Die vorbeugenden gerichtlichen oder Verwaltungskontrollen oder, gegebenenfalls, die öffentlichen Beurkundungen für jede an dem Vorgang beteiligte Gesellschaft müssen bei der grenzüberschreitenden Verschmelzung zeitlich aufeinander abgestimmt werden.

Die grenzüberschreitende Verschmelzung darf nicht eher wirksam werden, als die Kontrolle oder die Erfüllung der bezeichneten Förmlichkeiten bei allen beteiligten Gesellschaften vorgenommen worden ist.

Die Offenlegung der grenzüberschreitenden Verschmelzung muß bei der übertragenden Gesellschaft vor der Offenlegung bei der übernehmenden Gesellschaft erfolgen.

Die Gründe für eine Nichtigkeit der grenzüberschreitenden Verschmelzung sind soweit als möglich einzuschränken –

HAT FOLGENDE RICHTLINIE ERLASSEN:

Artikel 1

(1)   Die durch diese Richtlinie vorgeschriebenen Maßnahmen der Koordinierung gelten für die Rechts- und Verwaltungsvorschriften der Mitgliedstaaten für folgende Rechtsformen:

a) *in Deutschland:*
Aktiengesellschaft;

b) *in Belgien:*
Société anonyme/Naamloze vennootschap;

c) *in Dänemark:*
aktieselskaber;

d) *in Frankreich:*
Société anonyme;

e) *in Griechenland:*
ανώνυμη εταιρία.

f) *in Irland:*
Public companies limited by shares or by guarantee;

3

g) *in Italien:*
Società per azioni;

h) *in Luxemburg:*
Société anonyme;

i) *in den Niederlanden:*
Naamloze vennootschap;

j) *im Vereinigten Königreich:*
Public companies limited by shares or by guarantee.

(2)   Sofern ein Mitgliedstaat für eine Gesellschaft, die an einer grenzüberschreitenden Verschmelzung beteiligt ist und die seinem Recht unterliegt, von Artikel 1 Absatz 2 oder Absatz 3 der Richtlinie 78/855/EWG Gebrauch macht, findet die vorliegende Richtlinie keine Anwendung.

(3)   Bis zu einer späteren Koordinierung braucht ein Mitgliedstaat die Bestimmungen dieser Richtlinie nicht auf eine grenzüberschreitende Verschmelzung anzuwenden, sofern dies dazu führt, daß ein Unternehmen, gleichgültig, ob es an dem Vorgang beteiligt ist oder nicht, nicht mehr die Voraussetzungen für die Vertretung der Arbeitnehmer in Unternehmensorganen erfüllt.

(4)   Die Wahrung von Ansprüchen der Arbeitnehmer der an einer grenzüberschreitenden Verschmelzung beteiligten Gesellschaften wird gemäß der Richtlinie 77/187/EWG geregelt.

Artikel 2

(1)   Die Mitgliedstaaten regeln für die ihrem Recht unterliegenden Gesellschaften die grenzüberschreitende Verschmelzung durch Aufnahme einer oder mehrerer Gesellschaften durch eine andere und die grenzüberschreitende Verschmelzung durch Gründung einer neuen Gesellschaft im Einklang mit der Richtlinie 78/855/EWG, soweit nicht die vorliegende Richtlinie etwas anderes bestimmt.

(2)   Artikel 17 und Artikel 22 Absatz 1 Buchstabe b) der Richtlinie 78/855/EWG sind nicht anzuwenden.

(3)   Ein Mitgliedstaat kann von Artikel 3 Absatz 2, Artikel 4 Absatz 2, Artikel 8, Artikel 11 Absatz 2 zweiter Unterabsatz, Artikel 22 Absätze 1 und 2, Artikel 23 Absatz 4 sowie von den Artikeln 25 bis 29 der Richtlinie 78/855/EWG nur für solche an der grenzüberschreitenden Verschmelzung beteiligte Gesellschaften Gebrauch machen, die seinem Recht unterliegen.

(4)   Ein Mitgliedstaat kann von den Artikeln 30 und 31 der Richtlinie 78/855/EWG für solche an der grenzüberschreitenden Verschmelzung beteiligte Gesellschaften, die seinem Recht unterliegen, nur insoweit Gebrauch machen, als dies auch die anderen

Mitgliedstaaten getan haben, deren Recht die übrigen an diesem Vorgang beteiligten Gesellschaften unterliegen.

Artikel 3

Im Sinne dieser Richtlinie ist die grenzüberschreitende Verschmelzung durch Aufnahme der in Artikel 3 Absatz 1 der Richtlinie 78/855/EWG bezeichnete Vorgang, sofern zwei oder mehrere daran beteiligte Gesellschaften dem Recht verschiedener Mitgliedstaaten unterliegen.

Artikel 4

Im Sinne dieser Richtlinie ist die grenzüberschreitende Verschmelzung durch Gründung einer neuen Gesellschaft der in Artikel 4 Absatz 1 der Richtlinie 78/855/EWG bezeichnete Vorgang, sofern zwei oder mehrere daran beteiligte Gesellschaften dem Recht verschiedener Mitgliedstaaten unterliegen.

Artikel 5

(1)   Artikel 5 der Richtlinie 78/855/EWG ist auf die Erstellung des Plans für die grenzüberschreitende Verschmelzung anzuwenden. Weitere als die in Absatz 2 dieses Artikels bezeichneten Angaben dürfen nicht verlangt werden.

(2)   Der Plan für die grenzüberschreitende Verschmelzung ist öffentlich zu beurkunden, wenn es das Recht eines Mitgliedstaats vorschreibt, dem eine oder mehrere der an der grenzüberschreitenden Verschmelzung beteiligten Gesellschaften unterliegen.

(3)   Das Recht des Mitgliedstaats, das die öffentliche Beurkundung vorschreibt, bestimmt, welche Personen oder Stellen für die öffentliche Beurkundung zuständig sind. Für den Fall, daß nach den Rechten mehrerer Mitgliedstaaten, denen an der grenzüberschreitenden Verschmelzung beteiligte Gesellschaften unterliegen, die öffentliche Beurkundung vorgeschrieben ist, kann diese vor jeder Person oder vor jeder Stelle erfolgen, die dafür nach einem dieser Rechte zuständig ist.

Artikel 6

(1)   Artikel 6 der Richtlinie 78/855/EWG und Artikel 3 der Richtlinie 68/151/EWG finden auf die Offenlegung des Plans für die grenzüberschreitende Verschmelzung für jede der sich verschmelzenden Gesellschaften Anwendung.

(2)   Die nach Artikel 3 Absatz 4 der Richtlinie 68/151/EWG vorgeschriebene Bekanntmachung dieses Plans muß jedoch folgende Angaben enthalten:

5

a) die Rechtsform, die Firma und den Sitz der sich verschmelzenden Gesellschaften;

b) das Register, bei dem die in Artikel 3 Absatz 2 der Richtlinie 68/151/EWG bezeichnete Akte für jede der sich verschmelzenden Gesellschaften angelegt worden ist und
die Nummer der Eintragung in dieses Register;

c) die Voraussetzungen, welche den Eintritt des Zeitpunkts bestimmen, an welchem die
Verschmelzung wirksam wird.

(3) Die Bekanntmachung muß für die übertragende Gesellschaft oder Gesellschaften
außerdem die Modalitäten der Ausübung der Rechte der Gläubiger dieser Gesellschaften
im Einklang mit den Artikeln 13, 14 und 15 der Richtlinie 78/855/EWG sowie des
Artikels 9 der vorliegenden Richtlinie angeben.

Artikel 7

Artikel 7 der Richtlinie 78/855/EWG findet hinsichtlich der Einzelheiten der Zustimmung
der Hauptversammlung auf jede der sich verschmelzenden Gesellschaften Anwendung.
Die Mitgliedstaaten dürfen jedoch keine größere Mehrheit verlangen als sie sie für
eine Verschmelzung verlangen, bei der alle daran beteiligten Gesellschaften ihrem Recht
unterliegen.

Artikel 8

(1) Artikel 10 der Richtlinie 78/855/EWG über die Erstellung des Berichtes des oder
der Sachverständigen findet Anwendung.

(2) Die Sachverständigen müssen von einem Gericht oder einer Verwaltungsbehörde
des Mitgliedstaats bestellt oder zugelassen sein, dessen Recht die Gesellschaft unterliegt,
für deren Aktionäre der Bericht erstellt wird.

(3) Sofern alle Rechte der Mitgliedstaaten, denen die an der grenzüberschreitenden
Verschmelzung beteiligten Gesellschaften unterliegen, von Artikel 10 Absatz 1 Satz 2
der Richtlinie 78/855/EWG Gebrauch machen, kann die Bestellung eines oder mehrerer
unabhängiger Sachverständigen für alle diese Gesellschaften auf deren gemeinsamen
Antrag durch ein Gericht oder eine Verwaltungsbehörde eines jeden Mitgliedstaats
erfolgen. In diesem Fall bestimmt sich der Inhalt des Berichtes des Sachverständigen
im Einklang mit Artikel 10 Absatz 2 der Richtlinie 78/855/EWG nach dem Recht des
Staates, dem das Gericht oder die Verwaltungsbehörde angehört.

Artikel 9

(1) Die Artikel 13 und 14 der Richtlinie 78/855/EWG über das Schutzsystem für

die Interessen der Gesellschaftsgläubiger finden im Fall der grenzüberschreitenden Verschmelzung Anwendung.

(2) Dieses Schutzsystem darf sich nicht von demjenigen unterscheiden, das für die Interessen der Gläubiger von sich verschmelzenden Gesellschaften gilt, die alle dem Recht des betreffenden Mitgliedstaats unterliegen.

(3) Artikel 15 der Richtlinie 78/855/EWG ist mit der Maßgabe anzuwenden, daß im Falle der grenzüberschreitenden Verschmelzung

a) das Recht, dem die übertragende Gesellschaft unterliegt, bestimmt, ob eine Versammlung der Inhaber der in der Vorschrift bezeichneten Wertpapiere einer Änderung ihrer Rechte in dieser Gesellschaft zustimmen kann;

b) das Recht, dem die übernehmende Gesellschaft unterliegt, bestimmt, ob die Inhaber der in der Vorschrift bezeichneten Wertpapiere einen Anspruch auf deren Rückkauf durch die übernehmende Gesellschaft haben.

Artikel 10

(1) Sofern das Recht eines Mitgliedstaats, dem eine oder mehrere der an der grenzüberschreitenden Verschmelzung beteiligten Gesellschaften unterliegen, eine vorbeugende gerichtliche oder Verwaltungskontrolle der Rechtmäßigkeit vorsieht, ist dieses Recht auf die betreffenden Gesellschaften anwendbar.

(2) Sofern das Recht eines Mitgliedstaats, dem eine oder mehrere der an der grenzüberschreitenden Verschmelzung beteiligten Gesellschaften unterliegen, eine vorbeugende gerichtliche oder Verwaltungskontrolle nicht vorsieht oder sich diese Kontrolle nicht auf alle für die Verschmelzung erforderlichen Rechtshandlungen erstreckt, ist Artikel 16 der Richtlinie 78/855/EWG auf die betreffende Gesellschaft oder Gesellschaften anzuwenden. Für den Fall, daß das Recht dieses Mitgliedstaats den Abschluß eines Verschmelzungsvertrags nach dem Beschluß der Hauptversammlungen über die grenzüberschreitende Verschmelzung vorsieht, ist dieser Vertrag von allen an diesem Vorgang beteiligten Gesellschaften abzuschließen. Artikel 5 Absatz 3 ist anzuwenden.

(3) Sofern eine vorbeugende gerichtliche oder Verwaltungskontrolle der Rechtmäßigkeit der grenzüberschreitenden Verschmelzung sowohl nach dem Recht, dem die übernehmende, als auch nach dem Recht dem eine oder mehrere übertragende Gesellschaften unterliegen, vorgesehen ist, muß diese Kontrolle zunächst bei der übernehmenden Gesellschaft vorgenommen werden. Sie darf bei einer übertragenden Gesellschaft erst aufgrund des Nachweises über die bereits durchgeführte Kontrolle bei der übernehmenden Gesellschaft erfolgen.

(4) Sofern eine gerichtliche oder Verwaltungskontrolle der Rechtmäßigkeit der grenzüberschreitenden Verschmelzung nach dem Recht einer oder mehrerer an diesem Vorgang

beteiligten Gesellschaften, nicht dagegen nach dem Recht der übrigen daran beteiligten Gesellschaft oder Gesellschaften vorgesehen ist, muß diese Kontrolle unter Vorlage der in Artikel 16 der Richtlinie bezeichneten öffentlichen Urkunden erfolgen.

Artikel 11

Der Zeitpunkt, an dem die grenzüberschreitende Verschmelzung wirksam wird, bestimmt sich nach dem Recht des Mitgliedstaats, dem die übernehmende Gesellschaft unterliegt. Dieser Zeitpunkt darf jedoch nicht eher eintreten, als für alle an dem Vorgang beteiligten Gesellschaften die in Artikel 10 bezeichneten Kontrollen ausgeübt oder gegebenenfalls die dort bezeichneten öffentlichen Urkunden errichtet worden sind.

Artikel 12

Artikel 18 der Richtlinie 78/855/EWG findet Anwendung. Jedoch muß die Offenlegung der grenzüberschreitenden Verschmelzung für die übertragende Gesellschaft oder Gesellschaften vor der Offenlegung für die übernehmende Gesellschaft erfolgen.

Artikel 13

Artikel 19 Absatz 3 der Richtlinie 78/855/EWG ist mit der Maßgabe anwendbar, als sich nach dem Recht des Mitgliedstaats, dem eine übertragende Gesellschaft unterliegt, bestimmt, ob die Wirksamkeit der Übernahme bestimmter von dieser Gesellschaft eingebrachter Vermögensgegenstände, Rechte und Pflichten gegenüber Dritten die Einhaltung besonderer Förmlichkeiten erfordert.

Artikel 14

Die zivilrechtliche Haftung der Mitglieder des Verwaltungs- und Leitungsorgans sowie der Sachverständigen der übertragenden Gesellschaft bestimmt sich bei einer grenzüberschreitenden Verschmelzung im Einklang mit Artikel 20 und 21 der Richtlinie 78/855/EWG nach dem Recht des Mitgliedstaats, dem diese Gesellschaft unterliegt. Jedoch bestimmt sich im Falle des Artikels 8 Absatz 3 die zivilrechtliche Haftung des oder der Sachverständigen nach dem Recht des Staates, dem die Gerichts- oder die Verwaltungsbehörde unterliegt, die den oder die Sachverständigen bestellt hat.

Artikel 15

(1)   Artikel 22 Absatz 1 der Richtlinie 78/855/EWG findet im Falle der Nichtigkeit mit der Maßgabe Anwendung, daß abweichend von Absatz 1 Buchstabe b) desselben Artikels

eine im Sinne von Artikel 11 der vorliegenden Richtlinie wirksam gewordene grenzüberschreitende Verschmelzung nur wegen Fehlens einer vorbeugenden gerichtlichen oder
Verwaltungskontrolle der Rechtmäßigkeit oder wegen Fehlens einer öffentlichen Beurkundung für nichtig erklärt werden kann und soweit eine solche Kontrolle oder eine
solche Beurkundung nach dem Recht des Mitgliedstaats vorgesehen ist, dem die betreffende Gesellschaft unterliegt. Die Nichtigkeit kann jedoch nicht ausgesprochen werden,
wenn das Recht des Mitgliedstaats, dem die übernehmende Gesellschaft unterliegt, die
Nichtigkeit der Verschmelzung wegen Fehlens einer vorbeugenden gerichtlichen oder
Verwaltungskontrolle oder wegen Fehlens einer öffentlichen Beurkundung nicht vorsieht.

(2) Das Recht eines Mitgliedstaats kann für die grenzüberschreitende Verschmelzung
keinen Nichtigkeitsgrund vorsehen, der nicht zugleich auch für eine Verschmelzung vorgesehen ist, bei der alle daran beteiligten Gesellschaften dem Recht dieses Mitgliedstaats
unterliegen.

(3) Artikel 22 Absatz 1 Buchstabe f) der Richtlinie 78/855/EWG findet Anwendung,
sofern das Recht des Mitgliedstaats in dem die Nichtigkeitsentscheidung ergangen ist,
den Einspruch Dritter vorsieht.

Artikel 16

(1) Die Mitgliedstaaten erlassen die erforderlichen Rechts- und Verwaltungsvorschriften
um dieser Richtlinie bis zum 1. Januar 1988 nachzukommen. Sie setzen die Kommission
unverzüglich davon in Kenntnis.

(2) Die Mitgliedstaaten brauchen diese Richtlinie nicht auf grenzüberschreitende Verschmelzungen oder diesen gleichgestellte Vorgänge anzuwenden, für deren Vorbereitung
oder Durchführung eine vorgesehene Handlung oder Formalität bereits im Zeitpunkt des
Inkrafttretens der in Absatz 1 genannten Vorschriften vorgenommen worden ist.

(3) Die Mitgliedstaaten teilen der Kommission den Wortlaut der wichtigsten innerstaatlichen Rechtsvorschriften mit, die sie auf den von dieser Richtlinie erfaßten Gebieten
erlassen.

Artikel 17

Diese Richtlinie ist an alle Mitgliedstaaten gerichtet.

ELFTE RICHTLINIE DES RATES

vom 21. Dezember 1989

über die Offenlegung von Zweigniederlassungen, die in einem Mitgliedstaat von Gesellschaften bestimmter Rechtsformen errichtet wurden, die dem Recht eines anderen Staates unterliegen

(89/666/EWG)

(Amtsblatt der Europäischen Gemeinschaften Nr. L 395 vom 30.12.1989 S. 36)

DER RAT DER EUROPÄISCHEN GEMEINSCHAFTEN –

gestützt auf den Vertrag zur Gründung der Europäischen Wirtschaftsgemeinschaft, insbesondere auf Artikel 54,

auf Vorschlag der Kommission[1]),

in Zusammenarbeit mit dem Europäischen Parlament[2]),

nach Stellungnahme des Wirtschafts- und Sozialausschusses[3]),

in Erwägung nachstehender Gründe:

Um die Ausübung der Niederlassungsfreiheit durch Gesellschaften im Sinne des Artikels 58 des Vertrages zu erleichtern, sehen Artikel 54 Absatz 3 Buchstabe g) des Vertrages und das allgemeine Programm zu Aufhebung der Beschränkungen der Niederlassungsfreiheit die Koordinierung der Schutzbestimmungen vor, die in den Mitgliedstaaten den Gesellschaften im Interesse der Gesellschafter sowie Dritter vorgeschrieben sind.

Die Koordinierung wurde hinsichtlich der Offenlegung bislang durch die Erste Richtlinie 68/151/EWG[4]), zuletzt geändert durch die Beitrittsakte von 1985, für die Kapitalgesellschaften verwirklicht; sie wurde für den Bereich der Rechnungslegung durch die Vierte Richtlinie 78/660/EWG über den Jahresabschluß von Gesellschaften bestimmter Rechtsformen[5]), zuletzt geändert durch die Beitrittsakte von 1985, die Siebte Richtlinie 83/349/EWG über den konsolidierten Abschluß[6]), geändert durch die Beitrittsakte von 1985, und die Achte Richlinie 84/253/EWG über die Zulassung der mit der Pflichtprüfung der Rechnungsunterlagen beauftragten Personen[7]) fortgesetzt.

---

1) ABl. Nr. C 105 vom 21. 4. 1988, S. 6.
2) ABl. Nr. C 345 vom 21. 12. 1987, S. 76, und ABl. Nr. C 256 vom 9. 10. 1989, S. 72.
3) ABl. Nr. C 319 vom 30. 11. 1987, S. 61.
4) ABl. Nr. L 65 vom 14. 3. 1968, S. 8.
5) ABl. Nr. L 222 vom 14. 8. 1978, S. 11.
6) ABl. Nr. L 193 vom 18. 7. 1983, S. 1.
7) ABl. Nr. L 126 vom 12. 5. 1984, S. 20.

Diese Richtlinien sind anwendbar auf die Gesellschaften als solche, jedoch nicht auf ihre Zweigniederlassungen. Die Errichtung einer Zweigniederlassung ist jedoch neben der Gründung einer Tochtergesellschaft eine der Möglichkeiten, die derzeit einer Gesellschaft zur Ausübung des Niederlassungsrechts in einem anderen Mitgliedstaat zur Verfügung stehen.

Das Fehlen einer Koordinierung für die Zweigniederlassungen, insbesondere im Bereich der Offenlegung, hat im Hinblick auf den Schutz von Gesellschaftern und Dritten zu Unterschieden geführt zwischen den Gesellschaften, welche sich in anderen Mitgliedstaaten durch die Errichtung von Zweigniederlassungen betätigen, und den Gesellschaften, die dies durch die Gründung von Tochtergesellschaften tun.

Solche Unterschiede in den Rechtsvorschriften der Mitgliedstaaten können die Ausübung des Niederlassungsrechts stören und sind deshalb unter anderem zur Sicherung der Ausübung dieses Rechts zu beseitigen.

Zum Schutz der Personen, die über eine Zweigniederlassung mit einer Gesellschaft in Beziehung treten, müssen in dem Mitgliedstaat, in dem sich die Zweigniederlassung befindet, Maßnahmen der Offenlegung getroffen werden. Der wirtschaftliche und soziale Einfluß einer Zweigniederlassung kann in gewisser Hinsicht demjenigen einer Tochtergesellschaft vergleichbar sein, so daß ein öffentliches Interesse an einer Offenlegung der Gesellschaft bei der Zweigniederlassung besteht. Zu deren Regelung bietet es sich an, von dem Verfahren Gebrauch zu machen, das bereits für Kapitalgesellschaften in der Gemeinschaft eingeführt worden ist.

Die Offenlegung erstreckt sich auf eine Reihe von Urkunden und wichtigen Angaben sowie diesbezügliche Änderungen.

Die Offenlegung kann – von der Vertretungsmacht, der Firma und der Rechtsform sowie der Auflösung der Gesellschaft und dem Verfahren bei Insolvenz abgesehen – auf Angaben beschränkt werden, welche die Zweigniederlassung selbst betreffen, sowie auf Hinweise auf das Register der Gesellschaft, zu der die Zweigniederlassung gehört, da aufgrund der bestehenden Gemeinschaftsvorschriften bei diesem Register die Angaben über die Gesellschaft insgesamt zur Verfügung stehen.

Einzelstaatliche Vorschriften, welche die Offenlegung von Unterlagen der Rechnungslegung verlangen, die sich auf die Zweigniederlassung beziehen, haben ihre Berechtigung verloren, nachdem die einzelstaatlichen Vorschriften über die Erstellung, Prüfung und Offenlegung von Unterlagen der Rechnungslegung der Gesellschaft angeglichen worden sind. Deshalb genügt es, die von der Gesellschaft geprüften und offengelegten Rechnungslegungsunterlagen beim Register der Zweigniederlassung offenzulegen.

Geschäftsbriefe und Bestellscheine, die von der Zweigniederlassung benutzt werden, müssen mindestens die gleichen Angaben wie die Geschäftsbriefe und Bestellscheine der Gesellschaft sowie die Angabe des Registers, in das die Zweigniederlassung eingetragen ist, enthalten.

Damit die Ziele dieser Richtlinie erreicht werden können und damit jede diskriminierende Behandlung nach dem Herkunftsland der Gesellschaft vermieden wird, muß diese Richtlinie auch die Zweigniederlassungen von Gesellschaften erfassen, die dem Recht eines Drittlands unterliegen und eine Rechtsform haben, die derjenigen der unter die Richtlinie 68/151/EWG fallenden Gesellschaften vergleichbar ist. Allerdings sind für solche Zweigniederlassungen aufgrund der Tatsache, daß Gesellschaften aus Drittländern nicht in den Anwendungsbereich der oben erwähnten Richtlinien fallen, in gewissem Umfang unterschiedliche Vorschriften gegenüber denen erforderlich, die für Gesellschaften gelten, die dem Recht eines anderen Mitgliedstaats unterliegen.

Die vorliegende Richtlinie berührt nicht die Informationspflichten, denen die Zweigniederlassungen aufgrund anderer Vorschriften unterliegen, wie z. B. im Sozialrecht in bezug auf das Informationsrecht der Arbeitnehmer, im Steuerrecht oder im Hinblick auf statistische Angaben –

HAT FOLGENDE RICHTLINIE ERLASSEN:

ABSCHNITT I

Zweigniederlassungen von Gesellschaften aus anderen Mitgliedstaaten

Artikel 1

(1) Die Urkunden und Angaben über eine Zweigniederlassung, die in einem Mitgliedstaat von einer Gesellschaft errichtet worden ist, welche dem Recht eines anderen Mitgliedstaats unterliegt und auf welche die Richtlinie 68/151/EWG Anwendung findet, sind nach dem Recht des Mitgliedstaats der Zweigniederlassung im Einklang 3 der genannten Richtlinie offenzulegen.

(2) Weicht die Offenlegung bei der Zweigniederlassung von der Offenlegung bei der Gesellschaft ab, so ist für den Geschäftsverkehr mit der Zweigniederlassung die Offenlegung bei der Zweigniederlassung maßgebend.

Artikel 2

(1) Die Pflicht zur Offenlegung nach Artikel 1 erstreckt sich lediglich auf folgende Urkunden und Angaben:

a) die Anschrift der Zweigniederlassung;

b) die Tätigkeit der Zweigniederlassung;

3

c) das Register, bei dem die in Artikel 3 der Richtlinie 68/151/EWG bezeichnete Akte für die Gesellschaft angelegt worden ist, und die Nummer der Eintragung in dieses Register;

d) die Firma und die Rechtsform der Gesellschaft sowie die Firma der Zweigniederlassung, sofern diese nicht mit der Firma der Gesellschaft übereinstimmt;

e) die Bestellung, das Ausscheiden und die Personalien derjenigen, die befugt sind, die Gesellschaft gerichtlich und außergerichtlich zu vertreten, und zwar

– als gesetzlich vorgeschriebenes Organ der Gesellschaft oder als Mitglied eines solchen Organs gemäß der Offenlegung, die nach Artikel 2 Absatz 1 Buchstabe d) der Richtlinie 68/151/EWG bei der Gesellschaft erfolgt,

– als ständige Vertreter der Gesellschaft für die Tätigkeit der Zweigniederlassung, unter Angabe ihrer Befugnisse;

f) – die Auflösung der Gesellschaft, die Bestellung, die Personalien und die Befugnisse der Liquidatoren sowie den Abschluß der Liqudation gemäß der Offenlegung, die nach Artikel 2 Absatz 1 Buchstaben h), j) und k) der Richtlinie 68/151/EWG bei der Gesellschaft erfolgt,

– ein die Gesellschaft betreffendes Konkursverfahren, Vergleichsverfahren oder ähnliches Verfahren;

g) die Unterlagen der Rechnungslegung gemäß Artikel 3;

h) die Aufhebung der Zweigniederlassung.

(2) Der Mitgliedstaat der Zweigniederlassung kann vorschreiben, daß folgendes gemäß Artikel 1 offenzulegen ist:

a) eine Unterschrift der in Absatz 1 Buchstaben e) und f) des vorliegenden Artikels bezeichneten Personen;

b) der Errichtungsakt und, sofern diese Gegenstand eines gesonderten Aktes gemäß Artikel 2 Absatz 1 Buchstaben a), b) und c) der Richtlinie 68/151/EWG ist, die Satzung sowie Änderungen dieser Unterlagen;

c) eine Bescheinigung aus dem in Absatz 1 Buchstabe c) des vorliegenden Artikels genannten Register in bezug auf das Bestehen der Gesellschaft;

d) Angaben über die Sicherheiten, bei denen Vermögenswerte der Gesellschaft belastet werden, die sich in diesem Mitgliedstaat befinden, sofern diese Offenlegung sich auf die Gültigkeit solcher Sicherheiten bezieht.

Artikel 3

Die Pflicht zur Offenlegung nach Artikel 2 Absatz 1 Buchstabe g) erstreckt sich lediglich auf die Unterlagen der Rechnungslegung der Gesellschaft, die nach dem Recht des Mitgliedstaats, dem die Gesellschaft unterliegt, im Einklang mit den Richtlinien 78/660/EWG, 83/349/EWG und 84/253/EWG erstellt, geprüft und offengelegt worden sind.

Artikel 4

Der Mitgliedstaat der Zweigniederlassung kann vorschreiben, daß die in Artikel 2 Absatz 2 Buchstabe b) und Artikel 3 bezeichneten Unterlagen in einer anderen Amtssprache der Gemeinschaft offengelegt werden und die Übersetzung dieser Unterlagen beglaubigt wird.

Artikel 5

Wenn in einem Mitgliedstaat mehrere Zweigniederlassungen ein und derselben Gesellschaft bestehen, kann die in Artikel 2 Absatz 2 Buchstabe b) und Artikel 3 genannte Offenlegung von dieser Gesellschaft nach ihrer Wahl bei dem Register einer dieser Zweigniederlassungen vorgenommen werden.

In diesem Fall erstreckt sich die Offenlegungspflicht der übrigen Zweigniederlassungen auf die Angabe des Registers der Zweigniederlassung, bei dem die Offenlegung erfolgt ist, sowie auf die Nummer der Eintragung dieser Zweigniederlassung in dieses Register.

Artikel 6

Die Mitgliedstaaten schreiben vor, daß auf Geschäftsbriefen und Bestellscheinen, die von der Zweigniederlassung benutzt werden, außer den in Artikel 4 der Richtlinie 68/151/EWG verlangten Angaben das Register, bei dem die Akte für die Zweigniederlassung angelegt worden ist, und die Nummer der Eintragung in dieses Register anzugeben sind.

ABSCHNITT II

Zweigniederlassungen von Gesellschaften aus Drittländern

Artikel 7

(1) Die Urkunden und Angaben über eine Zweigniederlassung, die in einem Mitgliedstaat von einer Gesellschaft errichtet worden ist, welche nicht dem Recht eines Mitgliedstaats unterliegt, jedoch eine Rechtsform hat, die mit den Rechtsformen vergleichbar ist, auf welche die Richtlinie 68/151/EWG Anwendung findet, sind nach dem Recht des Mitgliedstaats der Zweigniederlassung im Einklang mit Artikel 3 der genannten Richtlinie offenzulegen.

(2) Artikel 1 Absatz 2 findet Anwendung.

Artikel 8

Die Pflicht zur Offenlegung nach Artikel 7 erstreckt sich mindestens auf folgende Urkunden und Angaben:

a) die Anschrift der Zweigniederlassung;

b) die Tätigkeit der Zweigniederlassung;

c) das Recht des Staates, dem die Gesellschaft unterliegt;

d) sofern dieses Recht es vorsieht, das Register, in das die Gesellschaft eingetragen ist, und die Nummer der Eintragung in dieses Register;

e) den Errichtungsakt und, falls sie Gegenstand eines gesonderten Aktes ist, die Satzung sowie jede Änderung dieser Unterlagen;

f) die Rechtsform, den Sitz und den Gegenstand der Gesellschaft sowie mindestens jährlich den Betrag des gezeichneten Kapitals, sofern diese Angaben nicht in den unter Buchstabe e) genannten Urkunden gemacht werden;

g) die Firma der Gesellschaft sowie die Firma der Zweigniederlassung, sofern diese nicht mit der Firma der Gesellschaft übereinstimmt;

h) die Bestellung, das Ausscheiden und die Personalien derjenigen, die befugt sind, die Gesellschaft gerichtlich und außergerichtlich zu vertreten, und zwar

  – als gesetzlich vorgeschriebenes Organ der Gesellschaft oder als Mitglied eines solchen Organs,

  – als ständige Vertreter der Gesellschaft für die Tätigkeit der Zweigniederlassung.

Dabei ist anzugeben, welchen Umfang die Vertretungsmacht hat und ob die betreffenden Personen diese allein oder nur gemeinschaftlich ausüben können;

i) – die Auflösung der Gesellschaft, die Bestellung, die Personalien und die Befugnisse der Liquidatoren sowie den Abschluß der Liquidation;

– ein die Gesellschaft betreffendes Konkursverfahren, Vergleichsverfahren oder ähnliches Verfahren;

j) die Unterlagen der Rechnungslegung gemäß Artikel 9;

k) die Aufhebung der Zweigniederlassung.

Artikel 9

(1) Die Pflicht zur Offenlegung nach Artikel 8 Buchstabe j) erstreckt sich auf die Unterlagen der Rechnungslegung der Gesellschaft, die nach dem Recht des Staates, dem die Gesellschaft unterliegt, erstellt, geprüft und offengelegt worden sind. Werden diese Unterlagen nicht gemäß den Richtlinien 78/660/EWG bzw. 83/349/EWG oder in gleichwertiger Form erstellt, so können die Mitgliedstaaten die Erstellung und Offenlegung der Unterlagen der Rechnungslegung, die sich auf die Tätigkeiten der Zweigniederlassung beziehen, verlangen.

(2) Die Artikel 4 und 5 finden Anwendung.

Artikel 10

Die Mitgliedstaaten schreiben vor, daß auf Geschäftsbriefen und Bestellscheinen, die von der Zweigniederlassung benutzt werden, das Register, bei dem die Akte für die Zweigniederlassung angelegt worden ist, und die Nummer der Eintragung in dieses Register anzugeben sind. Sofern das Recht des Staates, dem die Gesellschaft unterliegt, eine Eintragung in ein Register vorsieht, sind das Register, in das die Gesellschaft eingetragen ist, und die Nummer der Eintragung in dieses Register ebenfalls anzugeben.

ABSCHNITT III

Angabe der Zweigniederlassungen im Geschäftsbericht der Gesellschaft

Artikel 11

Dem Artikel 46 Absatz 2 der Richtlinie 78/660/EWG wird folgender Buchstabe hinzugefügt:
»e) bestehende Zweigniederlassungen der Gesellschaft«.

ABSCHNITT IV

Übergangs- und Schlußbestimmungen

Artikel 12

Die Mitgliedstaaten drohen geeignete Maßregeln für den Fall an, daß die in den Artikeln 1, 2, 3, 7, 8, und 9 vorgeschriebene Offenlegung unterbleibt oder die nach den Artikeln 6 und 10 vorgeschriebenen Angaben auf den Geschäftsbriefen und Bestellscheinen fehlen.

Artikel 13

Jeder Mitgliedstaat bestimmt, welche Personen verpflichtet sind, die durch diese Richtlinie vorgeschriebenen Formalitäten der Offenlegung zu erfüllen.

Artikel 14

(1)   Die Artikel 3 und 9 finden keine Anwendung auf die Zweigniederlassungen von Kredit- und Finanzinstituten, die unter die Richtlinie 89/117/EWG[1]) fallen.

(2)   Bis zu einer späteren Koordinierung können die Mitgliedstaaten von der Anwendung der Artikel 3 und 9 auf Zweigniederlassungen absehen, die von Versicherungsgesellschaften errichtet werden.

Artikel 15

Artikel 54 der Richtlinie 78/660/EWG und Artikel 48 der Richtlinie 83/349/EWG werden aufgehoben.

Artikel 16

(1)   Die Mitgliedstaaten erlassen die erforderlichen Rechts- und Verwaltungsvorschriften, um dieser Richtlinie vor dem 1. Januar 1992 nachzukommen. Sie setzen die Kommission unverzüglich davon in Kenntnis.

(2)   Die Mitgliedstaaten schreiben vor, daß die in Absatz 1 bezeichnete Vorschriften ab 1. Januar 1993 und, was die Unterlagen für die Rechnungslegung betrifft, erstmals auf

---

1) ABl. Nr. L 44 vom 16. 2. 1989, S. 40.

den Jahresabschluß für das am 1. Januar 1993 oder im Laufe des Jahres 1993 beginnende Haushaltsjahr Anwendung finden.

(3) Die Mitgliedstaaten teilen der Kommission den Wortlaut der innerstaatlichen Vorschriften mit, die sie auf dem unter diese Richtlinie fallenden Gebiet erlassen.

Artikel 17

Der mit Artikel 52 der Richtlinie 78/660/EWG geschaffene Kontaktausschuß hat außerdem die Aufgabe,

a) unbeschadet der Artikel 169 und 170 des Vertrages eine gleichmäßige Anwendung der vorliegenden Richtlinie durch eine regelmäßige Abstimmung, insbesondere in konkreten Anwendungsfragen, zu erleichtern;

b) die Kommission erforderlichenfalls bezüglich Ergänzungen und Änderungen der vorliegenden Richtlinie zu beraten.

Artikel 18

Diese Richtlinie ist an die Mitgliedstaaten gerichtet.

Geschehen zu Brüssel am 21. Dezember 1989.

Im Namen des Rates

Der Präsident

E. CRESSON

9

ZWÖLFTE RICHTLINIE DES RATES

vom 21. Dezember 1989

auf dem Gebiet des Gesellschaftsrechts betreffend Gesellschaften mit beschränkter Haftung mit einem einzigen Gesellschafter

(89/667/EWG)

(Amtsblatt der Europäischen Gemeinschaften Nr. L 395 vom 30.12.1989 S. 40)

Änderungen

Artikel	Art der Änderung	geändert durch	Datum	Fundstelle ABl. Nr.
1	geändert	Beitrittsakte 1994[1])	24.6.1994	C 241 S. 196

---

1) In der Fassung des Beschlusses 95/1/EG, Euratom, EGKS des Rates vom 1. Januar 1995 (ABl. Nr. L 1 vom 1. 1. 1995 S. 1).

DER RAT DER EUROPÄISCHEN GEMEINSCHAFTEN –

getützt auf den Vertrag zur Gründung der Europäischen Wirtschaftsgemeinschaft, insbesondere auf Artikel 54,

auf Vorschlag der Kommission[1]),

in Zusammenarbeit mit dem Europäischen Parlament[2]),

nach Stellungnahme des Wirtschafts- und Sozialausschusses[3]),

in Erwägung nachstehender Gründe:

Es erweist sich als notwendig, einige der Garantien, die in den Mitgliedstaaten den Gesellschaften im Sinne von Artikel 58 Absatz 2 des Vertrages im Interesse der Gesellschafter sowie Dritter vorgeschrieben sind, zu koordinieren, um eine Äquivalenz herzustellen.

Auf diesem Gebiet gelten die Richtlinien 68/151/EWG[4]) und 78/660/EWG[5]), beide zuletzt geändert durch die Akte über den Beitritt Spaniens und Portugals sowie die Richtlinie 83/349/EWG[6]), in der Fassung der Akte über den Beitritt Spaniens und Portugals betreffend die Offenlegung, die Gültigkeit von Verbindlichkeiten bzw. die Nichtigkeit der Gesellschaft sowie den Jahresabschluß und den konsolidierten Abschluß für sämtliche Kapitalgesellschaften. Die Richtlinien 77/91/EWG[7]) und 78/855/EWG[8]), beide zuletzt geändert durch die Akte über den Beitritt Spaniens und Portugals, und die Richtlinie 82/891/EWG[9]) über die Errichtung bzw. das Kapital sowie Fusionen und Spaltungen haben dagegen nur für Aktiengesellschaften Gültigkeit.

Der Rat hat mit seiner Entschließung vom 3. November 1986 das Aktionsprogramm für kleine und mittlere Unternehmen (KMU)[11]) gebilligt.

Die in den letzten Jahren an bestimmten nationalen Rechtsvorschriften vorgenommenen Reformen des Gesellschaftsrechts, mit denen die Gründung einer Gesellschaft mit beschränkter Haftung mit nur einem Gesellschafter ermöglicht wurde, haben zu Unterschiedlichkeiten zwischen den Rechtsordnungen der Mitgliedstaaten geführt.

---

1) ABl. Nr. C 173 vom 2. 7. 1988, S. 10.
2) ABl. Nr. C 96 vom 17. 4. 1989, S. 92, und ABl. Nr. C 291 vom 20. 11. 1989, S. 53.
3) ABl. Nr. C 318 vom 12. 12. 1988, S. 9.
4) ABl. Nr. L 65 vom 14. 3. 1968, S. 8.
5) ABl. Nr. L 222 vom 14. 8. 1978, S. 11.
6) ABl. Nr. L 193 vom 18. 7. 1983, S. 1.
7) ABl. Nr. L 26 vom 30. 1. 1977, S. 1.
8) ABl. Nr. L 295 vom 20. 10. 1978, S. 36.
9) ABl. Nr. L 378 vom 31. 12. 1982, S. 42.
11) ABl. Nr. C 287 vom 14. 11. 1986, S. 1.

Einzelunternehmern in der gesamten Gemeinschaft sollte das rechtliche Instrument einer Gesellschaft mit Haftungsbeschränkung geboten werden, unbeschadet der Rechtsvorschriften der Mitgliedstaaten, die diesem Einzelunternehmer in Ausnahmefällen eine Haftung für die Verpflichtungen des Unternehmens auferlegen.

Eine Gesellschaft mit beschränkter Haftung kann bei ihrer Gründung mit einem einzigen Gesellschafter errichtet werden oder entstehen, wenn alle Geschäftsanteile in einer einzigen Hand vereinigt werden. Bis zu einer Koordinierung der einzelstaatlichen Vorschriften für das Konzernrecht können die Mitgliedstaaten besondere Bestimmungen oder Sanktionen vorsehen, sofern eine natürliche Person einziger Gesellschafter mehrerer Gesellschaften oder eine Einpersonengesellschaft oder eine andere juristische Person einziger Gesellschafter einer Gesellschaft ist. Das einzige Ziel dieser Möglichkeit ist die Berücksichtigung von Besonderheiten, die gegenwärtig in bestimmten nationalen Rechtsvorschriften bestehen. Zu diesem Zweck können die Mitgliedstaaten in spezifischen Fällen Einschränkungen beim Zugang zur Einpersonengesellschaft oder eine unbeschränkte Haftung des einzigen Gesellschafters vorsehen. Es steht den Mitgliedstaaten frei, Regeln aufzustellen, um den möglichen Gefahren aus der Tatsache, daß es bei Einpersonengesellschaften lediglich einen einzigen Gesellschafter gibt, zu begegnen, und insbesondere um die Einzahlung des gezeichneten Kapitals sicherzustellen.

Die Vereinigung aller Anteile in einer Hand sowie die Identität des Gesellschafters müssen Gegenstand der Offenlegung in einem für jedermann zugänglichen Register sein.

Es ist notwendig, die Beschlüsse des einzigen Gesellschafters in seiner Eigenschaft als Gesellschafterversammlung schriftlich niederzulegen.

Die schriftliche Festlegung muß ebenfalls für vertragliche Vereinbarungen zwischen dem einzigen Gesellschafter und der von ihm vertretenen Gesellschaft vorgeschrieben werden, sofern diese vertraglichen Vereinbarungen nicht die unter normalen Bedingungen abgeschlossenen laufenden Geschäfte betreffen –

HAT FOLGENDE RICHTLINIE ERLASSEN:

Artikel 1

Die durch diese Richtlinie vorgeschriebenen Koordinerungsmaßnahmen gelten für die Rechts- und Verwaltungsvorschriften der Mitgliedstaaten für Gesellschaften folgender Rechtsformen:

– *Deutschland:*
Gesellschaft mit beschränkter Haftung;

– *Belgien:*
Société privée à responsabilité limitée / Besloten vennootschap met beperkte aansprakelijkheid;

– *Dänemark:*
Anpartsselskaber;

– *Spanien:*
Sociedad de responsabilidad limitada;

– *Frankreich:*
Société à responsabilité limitée;

– *Griechenland:*
Εταιρεία περιορισμένης ευδύνης;

– *Irland:*
Private company limited by shares or by guarantee;

– *Italien:*
Società a responsabilità limitata;

– *Luxemburg:*
Société à responsabilité limitée;

– *Niederlande:*
Besloten vennootschap met beperkte aansprakelijkheid;

– *Portugal:*
Sociedade por quotas;

– *Vereinigtes Königreich:*
Private company limited by shares or by guarantee;

– *Österreich:*
die Gesellschaft mit beschränkter Haftung;

– *Finnland:*
osakeyhtiö/aktiebolag;

– *Schweden:*
aktiebolag.

Artikel 2

(1) Die Gesellschaft kann bei ihrer Errichtung sowie infolge der Vereinigung aller Gesellschaftsanteile in einer einzigen Hand einen einzigen Gesellschafter haben (Einpersonengesellschaft).

(2)   Bis zur Koordinierung der einzelstaatlichen Vorschriften für das Konzernrecht können die Gesetze der Mitgliedstaaten besondere Bestimmungen oder Sanktionen vorsehen, sofern

a) eine natürliche Person einziger Gesellschafter von mehreren Gesellschaften ist oder

b) eine Einpersonengesellschaft oder eine andere juristische Person einziger Gesellschafter einer Gesellschaft ist.

Artikel 3

Wird die Gesellschaft durch die Vereinigung aller Anteile in einer Hand zur Einpersonengesellschaft, so muß diese Tatsache sowie die Identität des einzigen Gesellschafters entweder in der Akte hinterlegt beziehungsweise in das Register im Sinne des Artikels 3 Absätze 1 und 2 der Richtlinie 68/151/EWG eingetragen oder in einem Register vermerkt werden, das bei der Gesellschaft geführt wird und jedermann zugänglich ist.

Artikel 4

(1)   Der einzige Gesellschafter übt die Befugnisse der Gesellschafterversammlung aus.

(2)   Die Beschlüsse, die von dem einzigen Gesellschafter im Rahmen von Absatz 1 gefaßt werden, sind in eine Niederschrift aufzunehmen oder schriftlich abzufassen.

Artikel 5

(1)   Verträge, die zwischen dem einzigen Gesellschafter und der von ihm vertretenen Gesellschaft abgeschlossen werden, sind in eine Niederschrift aufzunehmen oder schriftlich abzufassen.

(2)   Die Mitgliedstaaten brauchen Absatz 1 auf die unter normalen Bedingungen abgeschlossenen laufenden Geschäfte nicht anzuwenden.

Artikel 6

Läßt ein Mitgliedstaat die Einpersonengesellschaft im Sinne von Artikel 2 Absatz 1 auch für Aktiengesellschaften zu, so gilt diese Richtlinie.

Artikel 7

Ein Mitgliedstaat braucht die Einpersonengesellschaft nicht zu gestatten, wenn sein innerstaatliches Recht dem Einzelunternehmer die Errichtung eines Unternehmens ermöglicht, dessen Haftung auf ein Vermögen beschränkt ist, das für eine bestimmte Tätigkeit eingesetzt wird, sofern in bezug auf diese Unternehmen Schutzbestimmungen vorgesehen sind, die denjenigen der vorliegenden Richtlinie sowie den übrigen auf die in Artikel 1 bezeichneten Gesellschaften anwendbaren Gemeinschaftsvorschriften gleichwertig sind.

Artikel 8

(1) Die Mitgliedstaaten erlassen die erforderlichen Rechts- und Verwaltungsvorschriften, um dieser Richtlinie vor dem 1. Januar 1992 nachzukommen. Sie setzen die Kommission davon in Kenntnis.

(2) Die Mitgliedstaaten können vorsehen, daß für Gesellschaften, die am 1. Januar 1992 bereits bestehen, diese Richtlinie erst ab 1. Januar 1993 gilt.

(3) Die Mitgliedstaaten teilen der Kommission den Wortlaut der wichtigsten Bestimmungen des innerstaatlichen Rechts mit, die sie auf dem von dieser Richtlinie erfaßten Gebiet erlassen.

Artikel 9

Diese Richtlinie ist an die Mitgliedstaaten gerichtet.

Geschehen zu Brüssel am 21. Dezember 1989.

Im Namen des Rates

Der Präsident

E. CRESSON

Geänderter Vorschlag für eine Dreizehnte Richtlinie des Europäischen Parlaments und des Rates auf dem Gebiet des Gesellschaftsrechts über Übernahmeangebote[1])

(97/C 378/09)

(Text von Bedeutung für den EWR)

KOM(97) 565 endg. – 95/0341(CO D)

(Gemäß Artikel 189 a Absatz 2 des EG-Vertrags von der Kommission vorgelegt am 11. November 1997)

(Amtsblatt der Europäischen Gemeinschaften Nr. C 378 vom 13.12.1997 S. 10)

DAS EUROPÄISCHE PARLAMENT UND DER RAT DER EUROPÄISCHEN UNION –

gestützt auf den Vertrag zur Gründung der Europäischen Gemeinschaft, insbesondere auf Artikel 54,

auf Vorschlag der Kommission,

nach Stellungnahme des Wirtschafts- und Sozialausschusses[2]),

gemäß dem Verfahren des Artikels 189 b EG-Vertrag[3]),

in Erwägung nachstehender Gründe:

Gewisse Schutzbestimmungen, die in den Mitgliedstaaten den Gesellschaften im Sinne des Artikels 58 Absatz 2 EG-Vertrag im Interesse der Gesellschafter und Dritter vorgeschrieben sind, bedürfen der Koordinierung, um sie gleichwertig zu gestalten.

In den Fällen, in denen Gesellschaften, die dem Recht eines Mitgliedstaats unterliegen, Adressaten eines Übernahmeangebots sind oder ein Kontrollwechsel stattfindet und ihre Wertpapiere auf einem im Sinne dieser Richtlinie geregelten Markt gehandelt werden, ist es notwendig, die Interessen der Aktionäre dieser Gesellschaften zu schützen.

Nur ein Vorgehen auf Gemeinschaftsebene kann einen angemessenen Schutz der Aktionäre innerhalb der Europäischen Union gewährleisten und sicherstellen, daß gewisse Mindestregeln für die Durchführung eines Übernahmeangebots zur Verfügung stehen. Die Mitgliedstaaten sind vor allem bei grenzübergreifenden Übernahmen oder dem Erwerb einer die Kontrolle begründenden Beteiligung alleine nicht in der Lage, dasselbe Schutzniveau zu garantieren.

---

1) ABl. C 162 vom 6. 6. 1996, S. 5.
2) ABl. C 295 vom 7. 10. 1996, S. 1.
3) Stellungnahme des Europäischen Parlaments vom 26. Juni 1997 (ABl. C 222 vom 21. 7. 1997, S. 20.

Eine Richtlinie ist hier das geeignete Instrument, um eine Rahmenregelung zu schaffen, die allgemeine Grundsätze und eine begrenzte Zahl allgemeiner Vorschriften enthält, die von den Mitgliedstaaten in Form detaillierterer Bestimmungen im Einklang mit ihrer jeweiligen Rechtsordnung und ihrem kulturellen Kontext umzusetzen sind.

Die Mitgliedstaaten sollten die notwendigen Schritte unternehmen, um Minderheitsaktionäre nach dem Erwerb einer die Kontrolle über ihre Gesellschaft begründenden Beteiligung zu schützen. Dieser Schutz kann entweder dadurch gewährleistet werden, daß die Person, die die Kontrolle über die Gesellschaft erlangt hat, verpflichtet wird, allen Aktionären ein Angebot zur Übernahme sämtlicher Wertpapiere oder eines wesentlichen Teils davon zu machen oder durch andere Maßnahmen, die einen mindestens gleichwertigen Schutz der Minderheitsaktionäre sicherstellen.

Jeder Mitgliedstaat sollte eine oder mehrere Behörden oder Stellen benennen, die den Ablauf des gesamten Angebotsvorgangs überwachen und sicherstellen, daß die Parteien des Angebots den nach Maßgabe dieser Richtlinie erlassenen Vorschriften nachkommen. Diese verschiedenen Aufsichtsorgane müssen untereinander zusammenarbeiten.

Um die Einschaltung der Verwaltungsbehörden oder der Gerichte zu vermeiden, sollte eine außergerichtliche Kontrolle durch Stellen der freiwilligen Selbstkontrolle angeregt werden.

Um die Möglichkeiten für Insidergeschäfte zu verringern, sollten die Bieter verpflichtet werden, ihre Absicht, ein Angebot zu unterbreiten, so früh wie möglich bekanntzugeben und das Aufsichtsorgan sowie die Leitung der Zielgesellschaft von dem Angebot zu unterrichten, bevor es offengelegt wird.

Die Empfänger eines Übernahmeangebots müssen im Wege einer Angebotsunterlage ordnungsgemäß von den Angebotskonditionen in Kenntnis gesetzt werden, und das Personal der Zielgesellschaft muß über die Personalvertretung oder ersatzweise auf direktem Weg ebenfalls in angemessener Weise unterrichtet werden.

Übernahmeangebote müssen befristet sein.

Zur ordnungsgemäßen Wahrnehmung ihrer Aufgaben müssen die Aufsichtsorgane die Parteien des Angebots jederzeit zur Mitteilung von Informationen, die das Angebot betreffen, auffordern können.

Um Handlungen vorzubeugen, durch die das Angebot vereitelt werden könnte, müssen die Befugnisse des Leitungs- oder Verwaltungsorgans die Zielgesellschaft zur Vornahme außergewöhnlicher Handlungen beschränkt werden.

Das Leitungs- oder Verwaltungsorgan der Zielgesellschaft muß zu dem Angebot schriftlich unter Angabe von Gründen Stellung nehmen.

Die Mitgliedstaaten müssen Vorschriften für den Fall vorsehen, daß das Angebot nach Offenlegung der Angebotsunterlage zurückgezogen oder für nichtig erklärt wird, für das Recht des Bieters auf Änderung seines Angebots, für die Möglichkeit konkurrierender

Angebote, die für die Aktionäre der Gesellschaft vorteilhaft sein müssen, und für die Offenlegung des Ergebnisses des Angebots –

HABEN FOLGENDE RICHTLINIE ERLASSEN:

Artikel 1

Anwendungsbereich

Die durch diese Richtlinie vorgeschriebenen Koordinierungsmaßnahmen gelten für die Rechts- und Verwaltungsvorschriften der Mitgliedstaaten – einschließlich der von den amtlich befugten Stellen für die Regulierung der Märkte eingeführten Verfahren oder Regelungen – für öffentliche Übernahmeangebote von Wertpapieren einer dem Recht eines Mitgliedstaats unterliegenden Gesellschaft, sofern diese Wertpapiere ganz oder teilweise auf einem geregelten, von staatlich anerkannten Stellen überwachten, regelmäßig funktionierenden und der Öffentlichkeit direkt oder indirekt zugänglichen Markt in einem oder mehreren Mitgliedstaaten zugelassen sind.

Artikel 2

Begriffsbestimmungen

Im Sinne dieser Richtlinie bedeuten:

– »Übernahmeangebot« (»Angebot«): ein dem Wertpapierinhaber einer Gesellschaft gemachtes Angebot zum Erwerb eines Teils oder aller Wertpapiere gegen Barzahlung und/oder im Austausch gegen andere Wertpapiere. Ein Angebot kann entweder obligatorisch sein, wenn die Mitgliedstaaten dies zum Schutz der Minderheitsaktionäre vorsehen, oder freiwillig;

– »Zielgesellschaft«: diejenige Gesellschaft, deren Wertpapiere Gegenstand eines Angebots sind;

– »Bieter«: jede natürliche Person oder juristische Person des öffentlichen Rechts oder des Privatrechts, die im Einklang mit den Vorschriften des gemäß Artikel 4 Absatz 2 bestimmten Mitgliedstaats ein Angebot abgibt;

– »Wertpapiere«: übertragbare Wertpapiere, mit denen Stimmrechte in einer Gesellschaft verbunden sind;

– »Parteien des Angebots«: der Bieter, die Mitglieder des Leitungs- oder Verwaltungsorgans der Bietergesellschaft, die Empfänger des Angebots und die Mitglieder des Leitungs- oder Verwaltungsorgans der Zielgesellschaft.

3

Artikel 3

Schutz der Minderheitsaktionäre

(1) Erwirbt eine natürliche oder juristische Person aufgrund eines sofortigen oder künftigen Erwerbs Wertpapiere, die ihr gegebenenfalls unter Hinzuzählung der von ihr bereits gehaltenen Wertpapiere unmittelbar einen die Kontrolle über die Gesellschaft begründenden Anteil an den Stimmrechten dieser Gesellschaft im Sinne von Artikel 1 verschaffen, so sorgen die Mitgliedstaaten dafür, daß Vorschriften oder sonstige Verfahren oder Regelungen in Kraft sind, die diese Person entweder zur Abgabe eines Angebots nach Artikel 10 verpflichten oder andere geeignete und mindestens gleichwertige Vorkehrungen zum Schutz der Minderheitsaktionäre dieser Gesellschaft vorsehen.

(2) Der Anteil der Stimmrechte, der die Kontrolle nach Absatz 1 begründet, und die Art und Weise seiner Berechnung werden von dem Mitgliedstaat bestimmt, in dem sich gemäß Artikel 4 Absatz 2 das Aufsichtsorgan befindet. Dieses Aufsichtsorgan bestimmt auch, ob und in welchem Umfang Absatz 1 auf den zeitweiligen Besitz von Wertpapieren oder den Erwerb der Mehrheit ohne Anspruch auf Ausübung der Kontrolle über die Gesellschaft Anwendung findet.

Artikel 4

Aufsichtsorgan

(1) Die Mitgliedstaaten benennen ein oder mehrere Stellen, die den gesamten Ablauf des Angebotsvorgangs überwachen. Als Aufsichtsorgan können auch Vereinigungen oder private Einrichtungen benannt werden. Die Mitgliedstaaten teilen der Kommission die von ihnen benannten Aufsichtsorgane und die ihnen übertragenen Aufgaben mit.

(2) Für das Angebot ist das Aufsichtsorgan des Mitgliedstaats zuständig, in dem die Zielgesellschaft ihren Sitz hat, wenn die Wertpapiere der Gesellschaft auf einem geregelten Markt dieses Staates zum Handel zugelassen sind. Anderenfalls ist das Aufsichtsorgan des Mitgliedstaats zuständig, auf dessen geregeltem Markt die Wertpapiere der Gesellschaft zum ersten Mal zum Handel zugelassen worden sind und nach wie vor gehandelt werden, und gilt das Recht dieses Mitgliedstaats. Ist auch diese Voraussetzung nicht erfüllt, so ist das Aufsichtsorgan des Mitgliedstaats zuständig, auf dessen geregeltem Markt die Wertpapiere der Gesellschaft während des Zeitraums des Erwerbs der Wertpapiere, durch die die Kontrolle über diese Gesellschaft übertragen wird, überwiegend gehandelt werden, und es gilt das Recht dieses Mitgliedstaats.

(3) Jeder Mitgliedstaat sorgt dafür, daß sämtliche bei den Aufsichtsorganen tätigen Personen der Geheimhaltungspflicht unterliegen. Unbeschadet ihrer Verpflichtung, keine unter das Berufsgeheimnis fallenden Informationen weiterzugeben, arbeiten die Auf-

4

sichtsorgane der Mitgliedstaaten zusammen, soweit dies für die Wahrnehmung ihrer Aufgaben erforderlich ist, und teilen einander zu diesem Zweck alle notwendigen Informationen mit.

(4) Die Aufsichtsorgane verfügen über alle Befugnisse, die für die Erfüllung ihrer Aufgaben notwendig sind; sie sorgen insbesondere dafür, daß die Parteien des Angebots die nach dieser Richtlinie erlassenen Vorschriften beachten.

(5) Diese Richtlinie läßt die Befugnis der Mitgliedstaaten unberührt, die gerichtlichen oder sonstigen Behörden zu benennen, die für Rechtsstreitigkeiten zuständig sind und sich zu den während des Angebotsverfahrens aufgetretenen Unregelmäßigkeiten äußern, sofern die geschädigte Partei über einen geeigneten und ausreichenden Rechtsbehelf zur Vertretung ihrer Interessen und zur Erlangung von Schadenersatz für alle gegebenenfalls verursachten Schäden verfügt.

Artikel 5

Allgemeine Grundsätze

(1) Die Mitgliedstaaten stellen zur Anwendung dieser Richtlinie sicher, daß die nach Maßgabe der Richtlinie erlassenen Vorschriften folgende Grundsätze beachten:

a) Alle Inhaber von Wertpapieren der Zielgesellschaft, die sich in gleichen Verhältnissen befinden, müssen gleichbehandelt werden.

b) Die Empfänger des Angebots müssen über genügend Zeit und hinreichende Informationen verfügen, um in voller Kenntnis der Sachlage entscheiden zu können.

c) Das Leitungs- und Verwaltungsorgan der Zielgesellschaft muß bei seinem Vorgehen sämtliche Interessen der Gesellschaft, einschließlich der Beschäftigung, berücksichtigen.

d) Beim Handel mit den Wertpapieren der Zielgesellschaft, der Bietergesellschaft oder anderer durch das Angebot betroffener Gesellschaften dürfen keine Marktverzerrungen dahingehend geschaffen werden, daß eine künstliche Hausse oder Baisse der Wertpapierkurse entsteht und das normale Funktionieren der Märkte gestört wird.

e) Die Zielgesellschaft darf durch ein Übernahmeangebot in ihrer Geschäftstätigkeit nicht über einen angemessenen Zeitraum hinaus behindert werden.

(2) Um die in Absatz 1 genannten Grundsätze zu wahren, sorgen die Mitgliedstaaten dafür, daß ihr geltendes Recht den in den folgenden Artikeln vorgeschriebenen Mindestanforderungen entspricht.

Artikel 6

Information

(1) Die Mitgliedstaaten sorgen dafür, daß nach ihrem geltenden Recht die Entscheidung zur Abgabe eines Angebots bekanntzumachen ist und das Aufsichtsorgan und das Leitungs- oder Verwaltungsorgan der Zielgesellschaft vor seiner Bekanntmachung über das Angebot unterrichtet werden müssen. Sobald das Angebot bekanntgemacht ist, unterrichtet das Leitungs- oder Verwaltungsorgan der Zielgesellschaft die Arbeitnehmervertreter oder in Ermangelung solcher Vertreter die Arbeitnehmer selbst.

(2) Die Mitgliedstaaten sorgen dafür, daß nach ihrem geltenden Recht der Bieter eine Angebotsunterlage mit den notwendigen Informationen zu erstellen und rechtzeitig offenzulegen hat, damit die Empfänger des Angebots in voller Kenntnis der Sachlage entscheiden können. Der Bieter übermittelt die Angebotsunterlage vor ihrer Offenlegung dem Aufsichtsorgan. Sobald die Angebotsunterlage offengelegt ist, wird sie vom Leitungs- oder Verwaltungsorgan der Zielgesellschaft den Arbeitnehmervertretern oder in Ermangelung solcher Vertreter den Arbeitnehmern selbst übermittelt.

(3) Die Angebotsunterlage muß mindestens folgende Angaben enthalten:

– den Inhalt des Angebots;

– die Personalien des Bieters oder, wenn es sich um eine Gesellschaft handelt, Rechtsform, Firma und Sitz der Gesellschaft;

– die Wertpapiere oder die Gattung oder Gattungen der Wertpapiere, die Gegenstand des Angebots sind;

– die für jedes Wertpapier oder jede Gattung von Wertpapieren gebotene Gegenleistung sowie die bei der Bestimmung der Gegenleistung angewandte Bewertungsmethode und Angaben über die Erbringung der Gegenleistung, insbesondere die Modalitäten der Zahlungen an Aktionäre mit Wohnsitz in einem anderen Mitgliedstaat als dem des Sitzes der Zielgesellschaft oder der Börsennotierung der Wertpapiere;

– den prozentualen Mindest- und Höchstanteil oder die Mindest- und Höchstzahl der Wertpapiere, zu deren Erwerb sich der Bieter verpflichtet;

– die Anteile der Zielgesellschaft, über die der Bieter bereits verfügt;

– alle Bedingungen, an die das Angebot gebunden ist;

– die Absichten des Bieters in bezug auf die künftige Tätigkeit der Zielgesellschaft, auf ihre Beschäftigten und das Management, einschließlich aller Änderungen der Beschäftigungsbedingungen;

– die Frist für die Annahme des Angebots, die nicht weniger als vier Wochen und nicht mehr als zehn Wochen ab Offenlegung des Angebots betragen darf, es sei denn, daß eine ausreichend begründete Genehmigung des Aufsichtsorgans vorliegt;

– im Fall einer Gegenleistung in Form von Wertpapieren Angaben zu diesen Wertpapieren.

– die Bedingungen der Finanzierung der Transaktion durch den Bieter.

(4) Die Mitgliedstaaten sorgen dafür, daß ihr geltendes Recht gewährleistet, daß die Parteien des Angebots dem Aufsichtsorgan auf Anfrage jederzeit alle verfügbaren Informationen über das Angebot mitteilen, die zur Erfüllung seiner Aufgaben notwendig sind.

Artikel 7

Offenlegung

(1) Die Mitgliedstaaten sorgen dafür, daß nach ihrem geltenden Recht das Angebot in der Weise bekanntzumachen ist, daß im Handel mit Wertpapieren der Zielgesellschaft, der Bietergesellschaft oder jeglicher anderen von dem Angebot betroffenen Gesellschaft keine Marktverzerrungen – etwa durch Veröffentlichung oder Verbreitung falscher, übertriebener oder tendenziöser Angaben – geschaffen werden.

(2) Die Mitgliedstaaten sorgen dafür, daß nach ihrem geltenden Recht alle erforderlichen Informationen oder Unterlagen in der Weise offengelegt werden, daß sie den Empfängern des Angebots – einschließlich derjenigen mit Wohnsitz in einem anderen Mitgliedstaat als dem des Sitzes der Zielgesellschaft oder der Börsennotierung der Wertpapiere – und den Arbeitnehmervertretern der Zielgesellschaft oder in Ermangelung solcher Vertreter den Arbeitnehmern selbst umgehend zur Verfügung stehen.

Artikel 8

Pflichten des Leitungs- oder Verwaltungsorgans der Zielgesellschaft

Die Mitgliedstaaten sorgen dafür, daß ihr geltendes Recht folgendes gewährleistet:

a) Nach Erhalt der Mitteilung über das Angebot und bis zur Offenlegung des Ergebnisses des Angebots hat sich das Leitungs- oder Verwaltungsorgan der Zielgesellschaft jeder Handlung zu enthalten, durch die das Angebot vereitelt würde, es sei denn, die Hauptversammlung hat während der Frist für die Annahme des Angebots dazu ihre Zustimmung erteilt; dies gilt insbesondere für die Ausgabe von Wertpapieren, durch die der Bieter auf Dauer an der Erlangung der Kontrolle über die Zielgesellschaft gehindert werden könnte.

b) Das Leitungs- oder Verwaltungsorgan der Zielgesellschaft veröffentlicht zu dem Angebot eine mit Gründen versehene Stellungnahme.

Artikel 9

Verfahrensregeln für das Angebot

Die Mitgliedstaaten sorgen außerdem dafür, daß ihr geltendes Recht zumindest folgende Verfahrensfragen regelt:

a) Rücknahme oder Nichtigkeit des Angebots;

b) Änderung des Angebots;

c) konkurrierende Angebote;

d) Offenlegung des Ergebnisses des Angebots.

Artikel 10

Obligatorisches Angebot

(1)   Sieht ein Mitgliedstaat ein obligatorisches Angebot zum Schutz der Minderheitsaktionäre vor, so wird das Angebot allen Aktionären für alle oder einen wesentlichen Teil ihrer Wertpapiere zu einem Preis unterbreitet, der die Gleichbehandlung der Aktionäre sicherstellt. Der Begriff »wesentlicher Teil« ist so auszulegen, daß eine Schwelle von 70 % der Wertpapiere nicht unterschritten wird, es sei denn, daß eine ausreichend begründete Genehmigung des Aufsichtsorgans vorliegt.

(2)   Erstreckt sich das obligatorische Angebot nur auf einen Teil der Wertpapiere der Zielgesellschaft und bieten die Aktionäre dem Bieter mehr Wertpapiere an, als das Teilangebot umfaßt, so ist die Gleichbehandlung der Aktionäre dadurch zu gewährleisten, daß sie entsprechend ihrem prozentualen Anteil an der Gesellschaft berücksichtigt werden.

Artikel 11

Umsetzung der Richtlinie

(1)   Die Mitgliedstaaten sorgen dafür, daß die Rechts- und Verwaltungsvorschriften, die notwendig sind, um dieser Richtlinie nachzukommen, zum 1. Januar 1999 in Kraft sind.

(2)   Die Mitgliedstaaten teilen der Kommission die in Absatz 1 genannten Vorschriften und sonstige Regelungen mit, in denen ausdrücklich auf diese Richlinie Bezug genommen wird.

Artikel 12

Adressaten der Richtlinie

Diese Richtlinie ist an die Mitgliedstaaten gerichtet.

Vorentwurf für eine vierzehnte Richtlinie über die Verlegung des Sitzes einer Gesellschaft in einen anderen Mitgliedstaat mit Wechsel des für die Gesellschaft maßgebenden Rechts

vom 22. April 1997

DAS EUROPÄISCHE PARLAMENT UND DER RAT DER EUROPÄISCHEN UNION –

gestützt auf den Vertrag zur Gründung der Europäischen Gemeinschaft, insbesondere auf Artikel 54,

auf Vorschlag der Kommission,

nach Stellungnahme des Wirtschafts- und Sozialausschusses,

gemäß dem Verfahren des Artikels 189 b EG-Vertrag,

in Erwägung nachstehender Gründe:

Nach dem Subsidiaritäts- und Verhältnismäßigkeitsprinzip gemäß Artikel 3 b EG-Vertrag können die Ziele der in Betracht gezogenen Maßnahmen, das heißt die Ermöglichung der Sitzverlegung unbeschadet der in den Mitgliedstaaten unterschiedlichen Anknüpfungspunkte für das jeweils anzuwendende innerstaatliche Recht, auf Ebene der Mitgliedstaaten allein nicht ausreichend erreicht werden. Die Mitgliedstaaten sind nicht in der Lage, den betreffenden Vorgang in allen Aspekten zu regeln, da dieser Vorgang eine Größenordnung aufweist, die über die Grenzen eines Landes hinausgeht. Die Ziele können daher nur auf Gemeinschaftsebene erreicht werden.

Gemäß Artikel 58 EG-Vertrag sind die nach den Rechtsvorschriften eines Mitgliedstaats gegründeten Gesellschaften, die ihren satzungsmäßigen Sitz, ihre Hauptverwaltung oder ihre Hauptniederlassung innerhalb der Gemeinschaft haben, für die Anwendung der das Niederlassungsrecht betreffenden Vertragsbestimmungen den natürlichen Personen gleichzustellen, die Angehörige der Mitgliedstaaten sind.

Nach dem gegenwärtigen Stand des Gemeinschaftsrechts stehen einer solchen Gleichstellung die beträchtlichen Unterschiede zwischen den einzelstaatlichen Rechtsvorschriften der Mitgliedstaaten, insbesondere hinsichtlich der Anknüpfungspunkte für das auf die Gesellschaften jeweils anzuwendende Recht, entgegen.

Die Rechtsordnungen der Mitgliedstaaten sehen keine Rechtsformen vor, die den Fortbestand der Rechtspersönlichkeit einer Gesellschaft bei der Verlegung ihres Sitzes in einen anderen Mitgliedstaat der Gemeinschaft zuließen.

Die Verlegung des Sitzes einer Gesellschaft in einen anderen Mitgliedstaat ist eine Form

1

der Ausübung des Niederlassungsrechts, die das Gemeinschaftsrecht konkret ermöglichen muß.

Der Umstand, daß nach Artikel 220 EG-Vertrag die Mitgliedstaaten Verhandlungen einleiten können, um die Beibehaltung der Rechtspersönlichkeit von Gesellschaften bei Verlegung ihres Sitzes von einem Staat in einen anderen sicherzustellen, steht einer Regelung dieser Frage im Wege einer Richtlinie nicht entgegen.

Das Gemeinschaftsrecht hat gemäß Artikel 54 EG-Vertrag gleichwertige Bestimmungen zum Schutz der Interessen von Gesellschaftern und Dritten zu gewährleisten, die von der Verlegung des Gesellschaftssitzes in einen anderen Mitgliedstaat und dem damit einhergehenden Wechsel des auf die Gesellschaft anwendbaren Rechts berührt werden.

Die Richtlinie 68/151/EWG des Rates verlangt eine Offenlegung der wichtigsten Beschlüsse, die von den Organen der Kapitalgesellschaften gefaßt werden. Diese Offenlegungspflicht sollte auch für den in dieser Richtlinie geltenden Vorgang der Sitzverlegung gelten, der auch andere Gesellschaftsformen betrifft,

HABEN FOLGENDE RICHTLINIE ERLASSEN:

Artikel 1

Diese Richtlinie regelt die Verlegung des satzungsmäßigen oder tatsächlichen Sitzes von nach dem Recht eines Mitgliedstaats gegründeten Gesellschaften, die ihren satzungsmäßigen Sitz oder ihre Hauptverwaltung innerhalb der Gemeinschaft haben, in einen anderen Mitgliedstaat.

Artikel 2

Im Sinne dieser Richtlinie bedeuten

a) »satzungsmäßiger Sitz« der Ort, an dem die Gesellschaft eingetragen ist;

b) »tatsächlicher Sitz« der Ort, an dem die Gesellschaft ihre Hauptverwaltung hat und an dem sie eingetragen ist.

Artikel 3

Die Mitgliedstaaten treffen alle erforderlichen Maßnahmen, damit der satzungsmäßige oder tatsächliche Sitz einer Gesellschaft in einen anderen Mitgliedstaat verlegt werden kann. Die Sitzverlegung hat weder die Auflösung der Gesellschaft zur Folge noch die Gründung einer neuen juristischen Person; sie bewirkt allerdings mit Eintragung des neuen Sitzes im Gesellschaftsregister gemäß Artikel 10 einen Wechsel des auf die Gesellschaft anwendbaren Rechts.

Artikel 4

(1) Das Leitungs- oder Verwaltungsorgan erstellt einen Verlegungplan, der nach Absatz 2 unbeschadet der im Mitgliedstaat des künftigen Sitzes zusätzlich vorgesehenen Publizitätspflichten offengelegt wird. Der Verlegungsplan enthält folgende Angaben:

a) den für die Gesellschaft vorgesehenen Sitz;

b) die für die Gesellschaft vorgeschlagene Satzung und gegebenenfalls die neue Firma;

c) die Form der Arbeitnehmermitbestimmung, sofern die Arbeitnehmer vor der Sitzverlegung bereits in den Organen der Gesellschaft vertreten waren;

d) den für die Verlegung vorgesehenen Zeitplan.

(2) Der Verlegungsplan wird nach den in den Rechtsvorschriften des Wegzugsmitgliedstaats vorgesehenen Modalitäten nach Maßgabe der Richtlinie 68/151/EWG[1]) des Rates, insbesondere der Artikel 2 und 3, offengelegt.

Artikel 5

(1) Das Leitungs- oder Verwaltungsorgan erstellt einen Bericht, in dem die rechtlichen und wirtschaftlichen Aspekte der Verlegung erläutert und begründet und die Auswirkungen der Verlegung für die Gesellschafter sowie für die Arbeitnehmer dargelegt werden.

(2) Die Gesellschafter, Gläubiger und Vertreter der Arbeitnehmer der Gesellschaft haben bis zur Hauptversammlung, die über die Verlegung befinden soll, mindestens einen Monat lang das Recht, am Sitz der Gesellschaft den Verlegungplan und den Bericht nach Absatz 1 einzusehen und auf Antrag kostenlos Abschriften dieser Unterlagen zu erhalten.

Artikel 6

(1) Der Beschluß über die Verlegung kann erst zwei Monate nach Bekanntmachung des Verlegungsplans gefaßt werden.

(2) Der Beschluß über die Verlegung wird von der Hauptversammlung mit einer Mehrheit von mindestens zwei Dritteln der abgegebenen Stimmen gefaßt, sofern das auf die Gesellschaft anwendbare Recht nicht eine größere Mehrheit vorschreibt oder zuläßt.

1) ABl. Nr. L 65 vom 14. 3. 1968, S. 8.

(3) Die Mitgliedstaaten können allerdings vorsehen, daß die einfache Mehrheit der in Absatz 2 bezeichneten Stimmen ausreicht, wenn mindestens die Hälfte des gezeichneten Kapitals vertreten ist.

(4) Satzungsänderungen müssen nach den in den Rechtsvorschriften des Zuzugsstaats vorgesehenen Modalitäten gemäß der Richtlinie 68/151/EWG des Rates offengelegt werden.

Die Mitgliedstaaten können in bezug auf Gesellschaften, die ihrem Recht unterliegen, Vorschriften erlassen, die einen angemessenen Schutz der Minderheitsgesellschafter, die sich gegen die Verlegung ausgesprochen haben, gewährleisten.

Artikel 8

(1) Die Gläubiger und sonstigen Forderungsberechtigten, deren Forderungen gegenüber der Gesellschaft, die eine Verlegung ihres Sitzes beabsichtigt, vor der Bekanntmachung des Verlegungsplans entstanden sind, können verlangen, daß die Gesellschaft eine angemessene Sicherheit zu ihren Gunsten leistet. Die Ausübung dieses Rechts bestimmt sich nach dem auf die Gesellschaft vor der Verlegung ihres Sitzes anwendbaren Recht.

(2) Die Mitgliedstaaten können Absatz 1 auch auf die vor dem Zeitpunkt der Sitzverlegung gemäß Artikel 11 entstandenen Schulden der Gesellschaft gegenüber öffentlichen Einrichtungen anwenden.

Artikel 9

In dem Mitgliedstaat, in dem sich der Sitz der Gesellschaft vor dessen Verlegung befindet, erteilt das zuständige Gericht, der Notar oder eine andere zuständige Behörde eine Bescheinigung, aus der unwiderlegbar hervorgeht, daß die der Verlegung vorausgehenden Handlungen und Formalitäten abgeschlossen sind.

Artikel 10

Der neue Sitz kann erst nach Vorlage der Bescheinigung nach Artikel 9 und nach Erbringung des Nachweises, daß die Eintragungsformalitäten im neuen Sitzstaat erfüllt sind, eingetragen werden.

Artikel 11

(1) Die Sitzverlegung sowie die sich daraus ergebende Satzungsänderung werden zu dem Zeitpunkt wirksam, zu dem die Gesellschaft gemäß Artikel 10 in das Register des neuen Sitzes eingetragen wird.

(2) Die Mitgliedstaaten können die Eintragung einer Gesellschaft nach Artikel 10 verweigern, wenn sich deren Hauptverwaltung nicht im Mitgliedstaat des neuen Sitzes befindet.

(3) Die Eintragung der Gesellschaft im Register des früheren Sitzes kann erst dann gelöscht werden, wenn nachgewiesen wird, daß die Gesellschaft im Register des neuen Sitzes eingetragen ist.

(4) Die neue Eintragung und die Löschung der früheren Eintragung werden in jedem beteiligten Mitgliedstaat nach den in den Rechtsvorschriften dieser Länder nach Maßgabe der Richtline 68/151/EWG des Rates vorgesehenen Modalitäten offengelegt.

Artikel 12

Mit Bekanntgabe der neuen Eintragung der Gesellschaft ist der neue Sitz Dritten gegenüber wirksam. Solange die Löschung der Eintragung im Register des früheren Sitzes nicht bekanntgemacht worden ist, können sich Dritte weiterhin auf den alten Sitz berufen, es sei denn, die Gesellschaft weist nach, daß den Dritten der neue Sitz bekannt war.

Artikel 13

Eine Gesellschaft, die sich in Auflösung oder Liquidation befindet oder gegen die ein Verfahren wegen Zahlungsunfähigkeit oder Zahlungseinstellung oder ein ähnliches Verfahren eingeleitet worden ist, kann ihren Sitz nach Maßgabe dieser Richtlinie nicht verlegen.

Artikel 14

(1) Die Mitgliedstaaten setzen die erforderlichen Rechts- und Verwaltungsvorschriften in Kraft, um dieser Richtlinie vor dem 1. 1. 2000 nachzukommen. Sie setzen die Kommission unverzüglich davon in Kenntnis.

(2) Wenn die Mitgliedstaaten diese Vorschriften erlassen, nehmen sie in den Vorschriften selbst oder durch einen Hinweis bei der amtlichen Veröffentlichung auf diese Richtlinie Bezug. Die Mitgliedstaaten regeln die Einzelheiten der Bezugnahme.

(3) Die Mitgliedstaaten teilen der Kommission den Wortlaut der wichtigsten innerstaatlichen Rechtsvorschriften mit, die sie auf dem unter diese Richtlinie fallenden Gebiet erlassen.

Artikel 15

Jeder Mitgliedstaat benennt das zuständige Register im Sinne von Artikel 9. Er setzt die Kommission und die übrigen Mitgliedstaaten davon in Kenntnis.

Artikel 16

Diese Richtlinie ist an die Mitgliedstaaten gerichtet.

VERORDNUNG (EWG) Nr. 2137/85 DES RATES

vom 25. Juli 1985

über die Schaffung einer Europäischen wirtschaftlichen Interessenvereinigung (EWIV)

(Amtsblatt der Europäischen Gemeinschaften Nr. L 199 vom 31.7.1985 S. 1)

DER RAT DER EUROPÄISCHEN GEMEINSCHAFTEN –

gestützt auf den Vertrag zur Gründung der Europäischen Wirtschaftsgemeinschaft, insbesondere auf Artikel 235,
auf Vorschlag der Kommission[1]),

nach Stellungnahme des Europäischen Parlaments[2]),

nach Stellungnahme des Wirtschafts- und Sozialausschusses[3]),

in Erwägung nachstehender Gründe:

Eine harmonische Entwicklung des Wirtschaftslebens sowie ein beständiges und ausgewogenes Wirtschaftswachstum in der gesamten Gemeinschaft hängen von der Errichtung und dem Funktionieren eines Gemeinsamen Marktes ab, der ähnliche Bedingungen wie ein nationaler Binnenmarkt bietet. Für die Verwirklichung eines solchen einheitlichen Marktes und die Stärkung seiner Einheit empfiehlt es sich insbesondere, daß für natürliche Personen, Gesellschaften und andere juristische Einheiten ein rechtlicher Rahmen geschaffen wird, welcher die Anpassung ihrer Tätigkeit an die wirtschaftlichen Gegebenheiten der Gemeinschaft erleichtert. Hierzu ist es erforderlich, daß diese Personen, Gesellschaften und anderen juristischen Einheiten über die Grenzen hinweg zusammenarbeiten können.

Eine solche Zusammenarbeit kann auf rechtliche, steuerliche und psychologische Schwierigkeiten stoßen. Die Schaffung eines geeigneten Rechtsinstruments auf Gemeinschaftsebene in Form einer Europäischen wirtschaftlichen Interessenvereinigung trägt zur Erreichung der genannten Ziele bei und erscheint daher notwendig.

Besondere Befugnisse für die Einführung dieses Rechtsinstruments sind im Vertrag nicht vorgesehen.

Die Fähigkeit der Vereinigung zur Anpassung an die wirtschaftlichen Bedingungen ist dadurch zu gewährleisten, daß ihren Mitgliedern weitgehende Freiheit bei der Gestaltung

---

1) ABl. Nr. C 14 vom 15. 2. 1974, S. 30, und ABl. Nr. C 103 vom 28. 4. 1978, S. 4.
2) ABl. Nr. C 163 vom 11. 7. 1977, S. 17.
3) ABl. Nr. C 108 vom 15. 5. 1975, S. 46.

1

ihrer vertraglichen Beziehungen sowie der inneren Verfassung der Vereinigung gelassen wird.

Die Vereinigung unterscheidet sich von einer Gesellschaft hauptsächlich durch ihren Zweck, der allein darin besteht, die wirtschaftliche Tätigkeit ihrer Mitglieder zu erleichtern oder zu entwickeln, um es ihnen zu ermöglichen, ihre eigenen Ergebnisse zu steigern. Wegen dieses Hilfscharakters muß die Tätigkeit der Vereinigung mit der wirtschaftlichen Tätigkeit ihrer Mitglieder verknüpft sein und darf nicht an deren Stelle treten, und die Vereinigung selbst kann insoweit zum Beispiel keinen freien Beruf gegenüber Dritten ausüben; der Begriff der wirtschaftlichen Tätigkeit ist im weitesten Sinne auszulegen.

Der Zugang zur Vereinigung ist so weit wie möglich natürlichen Personen, Gesellschaften und anderen juristischen Einheiten unter Wahrung der Ziele dieser Verordnung zu eröffnen. Dies präjudiziert jedoch nicht die Anwendung – auf einzelstaatlicher Ebene – der Rechts- und/oder Standesvorschriften über die Bedingungen für die Ausübung einer Tätigkeit oder eines Berufs.

Mit dieser Verordnung allein wird nicht das Recht verliehen, sich an einer Vereinigung zu beteiligen, selbst wenn die Bedingungen der Verordnung erfüllt sind.

Die in dieser Verordnung vorgesehene Möglichkeit, die Beteiligung an Vereinigungen aus Gründen des öffentlichen Interesses zu untersagen oder einzuschränken, läßt die Rechtsvorschriften der Mitgliedstaaten unberührt, in denen die Ausübung von Tätigkeiten geregelt ist und gegebenenfalls weitere Verbote oder Beschränkungen vorgesehen sind oder aufgrund derer in anderer Weise die Beteiligung einer natürlichen Person, Gesellschaft oder anderen juristischen Einheit oder einer Gruppe hiervon an einer Vereinigung kontrolliert oder überwacht wird.

Damit die Vereinigung ihr Ziel erreichen kann, ist sie mit eigener Geschäftsfähigkeit auszustatten, und es ist vorzusehen, daß ein rechtlich von den Mitgliedern der Vereinigung getrenntes Organ sie gegenüber Dritten vertritt.

Der Schutz Dritter erfordert, daß eine weitgehende Offenlegung sichergestellt wird und die Mitglieder der Vereinigung unbeschränkt und gesamtschuldnerisch für deren Verbindlichkeiten, einschließlich der Verbindlichkeiten im Bereich der Steuern und der sozialen Sicherheit, haften, ohne daß jedoch dieser Grundsatz die Freiheit berührt, durch besonderen Vertrag zwischen der Vereinigung und einem Dritten die Haftung eines oder mehrerer ihrer Mitglieder für eine bestimmte Verbindlichkeit auszuschließen oder zu beschränken.

Die Fragen, die den Personenstand und die Rechts-, Geschäfts- und Handlungsfähigkeit natürlicher Personen sowie die Rechts- und Handlungsfähigkeit juristischer Personen betreffen, werden durch das einzelstaatliche Recht geregelt.

Die besonderen Gründe für die Auflösung der Vereinigung sind festzulegen; für die Abwicklung und deren Schluß ist jedoch auf das einzelstaatliche Recht zu verweisen.

Die Vereinigung unterliegt in bezug auf Zahlungsunfähigkeit und Zahlungseinstellung dem einzelstaatlichen Recht; dieses kann andere Gründe für die Auflösung der Vereinigung vorsehen.

Diese Verordnung sieht vor, daß das Ergebnis der Tätigkeit der Vereinigung nur bei den Mitgliedern zu besteuern ist. Im übrigen ist das einzelstaatliche Steuerrecht anzuwenden, und zwar insbesondere in bezug auf Gewinnverteilung, Steuerverfahren und alle Verpflichtungen, die durch die einzelstaatlichen Steuervorschriften auferlegt werden.

In den nicht durch diese Verordnung erfaßten Bereichen gelten die Rechtsvorschriften der Mitgliedstaaten und der Gemeinschaft, zum Beispiel

– im Sozial- und Arbeitsrecht,

– im Wettbewerbsrecht,

– im Recht des geistigen Eigentums.

Die Tätigkeit der Vereinigung unterliegt den Rechtsvorschriften der Mitgliedstaaten über die Ausübung einer Tätigkeit und deren Überwachung. Für den Fall von Mißbrauch oder Umgehung von Rechtsvorschriften eines Mitgliedstaats durch die Vereinigung oder eines ihrer Mitglieder kann dieser Mitgliedstaat geeignete Maßregeln ergreifen.

Den Mitgliedstaaten steht es frei, Rechts- und Verwaltungsvorschriften anzuwenden oder zu erlassen, die der Tragweite und den Zielen dieser Verordnung nicht zuwiderlaufen.

Diese Verordnung soll in allen ihren Teilen unverzüglich in Kraft treten. Die Anwendung einiger Bestimmungen muß jedoch aufgeschoben werden, damit die Mitgliedstaaten zunächst die Mechanismen einführen können, welche für die Eintragung der Vereinigung in ihrem Hoheitsgebiet und die Offenlegung der sie betreffenden Urkunden erforderlich sind. Ab dem Beginn der Anwendung dieser Verordnung können die gegründeten Vereinigungen ohne territoriale Einschränkung tätig werden –

HAT FOLGENDE VERORDNUNG ERLASSEN:

Artikel 1

(1) Europäische wirtschaftliche Interessenvereinigungen werden unter den Voraussetzungen, in der Weise und mit den Wirkungen gegründet, die in dieser Verordnung vorgesehen sind.

Zu diesem Zweck müssen diejenigen, die eine Vereinigung gründen wollen, einen Vertrag schließen und die Eintragung nach Artikel 6 vornehmen lassen.

(2) Die so gegründete Vereinigung hat von der Eintragung nach Artikel 6 an die

3

Fähigkeit, im eigenen Namen Träger von Rechten und Pflichten jeder Art zu sein, Verträge zu schließen oder andere Rechtshandlungen vorzunehmen und vor Gericht zu stehen.

(3) Die Mitgliedstaaten bestimmen, ob die in ihren Registern gemäß Artikel 6 eingetragenen Vereinigungen Rechtspersönlichkeit haben.

Artikel 2

(1) Vorbehaltlich dieser Verordnung ist das innerstaatliche Recht des Staates anzuwenden, in dem die Vereinigung nach dem Gründungsvertrag ihren Sitz hat, und zwar einerseits auf den Gründungsvertrag mit Ausnahme der Fragen, die den Personenstand und die Rechts-, Geschäfts- und Handlungsfähigkeit natürlicher Personen sowie die Rechts- und Handlungsfähigkeit juristischer Personen betreffen, und andererseits auf die innere Verfassung der Vereinigung.

(2) Umfaßt ein Staat mehrere Gebietseinheiten, von denen jede ihre eigenen Rechtsnormen hat, die auf die in Absatz 1 bezeichneten Gegenstände anzuwenden sind, so gilt für die Bestimmung des nach diesem Artikel anzuwendenden Rechts jede Gebietseinheit als Staat.

Artikel 3

(1) Die Vereinigung hat den Zweck, die wirtschaftliche Tätigkeit ihrer Mitglieder zu erleichtern oder zu entwickeln sowie die Ergebnisse dieser Tätigkeit zu verbessern oder zu steigern; sie hat nicht den Zweck, Gewinn für sich selbst zu erzielen.

Ihre Tätigkeit muß im Zusammenhang mit der wirtschaftlichen Tätigkeit ihrer Mitglieder stehen und darf nur eine Hilfstätigkeit hierzu bilden.

(2) Die Vereinigung darf daher

a) weder unmittelbar noch mittelbar die Leitungs- oder Kontrollmacht über die eigenen Tätigkeiten ihrer Mitglieder oder die Tätigkeiten eines anderen Unternehmens, insbesondere auf den Gebieten des Personal-, Finanz- und Investitionswesens, ausüben;

b) weder unmittelbar noch mittelbar, aus welchem Grunde auch immer, Anteile oder Aktien – gleich welcher Form – an einem Mitgliedsunternehmen halten; das Halten von Anteilen oder Aktien an einem anderen Unternehmen ist nur insoweit zulässig, als es notwendig ist, um das Ziel der Vereinigung zu erreichen, und für Rechnung ihrer Mitglieder geschieht;

c) nicht mehr als fünfhundert Arbeitnehmer beschäftigen;

d) von einer Gesellschaft nicht dazu benutzt werden, einem Leiter einer Gesellschaft oder einer mit ihm verbundenen Person ein Darlehen zu gewähren, wenn solche Darlehen nach den für die Gesellschaften geltenden Gesetzen der Mitgliedstaaten einer

Einschränkung oder Kontrolle unterliegen. Auch darf eine Vereinigung nicht für die Übertragung eines Vermögensgegenstandes zwischen einer Gesellschaft und einem Leiter oder einer mit ihm verbundenen Person benutzt werden, außer soweit es nach den für die Gesellschaften geltenden Gesetzen der Mitgliedstaaten zulässig ist. Im Sinne dieser Bestimmung umfaßt das Darlehen jedes Geschäft ähnlicher Wirkung und kann es sich bei dem Vermögensgegenstand um ein bewegliches oder unbewegliches Gut handeln;

e) nicht Mitglied einer anderen Europäischen wirtschaftlichen Interessenvereinigung sein.

Artikel 4

(1) Mitglieder einer Vereinigung können nur sein:

a) Gesellschaften im Sinne des Artikels 58 Absatz 2 des Vertrages sowie andere juristische Einheiten des öffentlichen oder des Privatrechts, die nach dem Recht eines Mitgliedstaats gegründet worden sind und ihren satzungsmäßigen oder gesetzlichen Sitz und ihre Hauptverwaltung in der Gemeinschaft haben; wenn nach dem Recht eines Mitgliedstaats eine Gesellschaft oder andere juristische Einheit keinen satzungsmäßigen oder gesetzlichen Sitz zu haben braucht, genügt es, daß sie ihre Hauptverwaltung in der Gemeinschaft hat;

b) natürliche Personen, die eine gewerbliche, kaufmännische, handwerkliche, landwirtschaftliche oder freiberufliche Tätigkeit in der Gemeinschaft ausüben oder dort andere Dienstleistungen erbringen.

(2) Eine Vereinigung muß mindestens bestehen aus:

a) zwei Gesellschaften oder anderen juristischen Einheiten im Sinne des Absatzes 1, die ihre Hauptverwaltung in verschiedenen Mitgliedstaaten haben;

b) zwei natürlichen Personen im Sinne des Absatzes 1, die ihre Haupttätigkeit in verschiedenen Mitgliedstaaten ausüben;

c) einer Gesellschaft oder anderen juristischen Einheit und einer natürlichen Person im Sinne des Absatzes 1, von denen erstere ihre Hauptverwaltung in einem Mitgliedstaat hat und letztere ihre Haupttätigkeit in einem anderen Mitgliedstaat ausübt.

(3) Ein Mitgliedstaat kann vorsehen, daß die in seinen Registern gemäß Artikel 6 eingetragenen Vereinigungen nicht mehr als zwanzig Mitglieder haben dürfen. Zu diesem Zweck kann der Mitgliedstaat vorsehen, daß in Übereinstimmung mit seinen Rechtsvorschriften jedes Mitglied einer nach seinen Rechtsvorschriften gebildeten rechtlichen Einheit, die keine eingetragene Gesellschaft ist, als Einzelmitglied der Vereinigung behandelt wird.

(4) Jeder Mitgliedstaat ist ermächtigt, bestimmte Gruppen von natürlichen Personen,

Gesellschaften und anderen juristischen Einheiten aus Gründen seines öffentlichen Interesses von der Beteiligung an einer Vereinigung auszuschließen oder diese Beteiligung Einschränkungen zu unterwerfen.

Artikel 5

Der Gründungsvertrag muß mindestens folgende Angaben enthalten:

a) den Namen der Vereinigung mit den voran- oder nachgestellten Worten »Europäische wirtschaftliche Interessenvereinigung« oder der Abkürzung »EWIV«, es sei denn, daß diese Worte oder diese Abkürzung bereits im Namen enthalten sind;

b) den Sitz der Vereinigung;

c) den Unternehmensgegenstand, für den die Vereinigung gegründet worden ist;

d) den Namen, die Firma, die Rechtsform, den Wohnsitz oder den Sitz sowie gegebenenfalls die Nummer und den Ort der Registereintragung eines jeden Mitglieds der Vereinigung;

e) die Dauer der Vereinigung, sofern sie nicht unbestimmt ist.

Artikel 6

Die Vereinigung wird im Staat des Sitzes in das nach Artikel 39 Absatz 1 bestimmte Register eingetragen.

Artikel 7

Der Gründungsvertrag ist bei dem in Artikel 6 genannten Register zu hinterlegen.

Ebenso sind dort alle Urkunden und Angaben zu hinterlegen, die folgendes betreffen:

a) jede Änderung des Gründungsvertrags, einschließlich jeder Änderung der Zusammensetzung der Vereinigung;

b) die Errichtung und die Aufhebung jeder Niederlassung der Vereinigung;

c) die gerichtliche Entscheidung, welche die Nichtigkeit der Vereinigung gemäß Artikel 15 feststellt oder ausspricht;

d) die Bestellung des Geschäftsführers oder der Geschäftsführer der Vereinigung, ihre Namen und alle anderen Angaben zur Person, die von dem Recht des Mitgliedstaats, in dem das Register geführt wird, verlangt werden, die Angabe, ob sie allein oder nur gemeinschaftlich handeln können, sowie die Beendigung der Stellung als Geschäftsführer;

e) jede Abtretung der gesamten oder eines Teils der Beteiligung an der Vereinigung durch ein Mitglied gemäß Artikel 22 Absatz 1;

f) den Beschluß der Mitglieder, der die Auflösung der Vereingung gemäß Artikel 31 ausspricht oder feststellt, oder die gerichtliche Entscheidung, die diese Auflösung gemäß Artikel 31 oder 32 ausspricht;

g) die Bestellung des oder der in Artikel 35 genannten Abwickler der Vereinigung, ihre Namen und alle anderen Angaben zur Person, die von dem Recht des Mitgliedstaats, in dem das Register geführt wird, verlangt werden, sowie die Beendigung der Stellung als Abwickler;

h) den Schluß der in Artikel 35 Absatz 2 genannten Abwicklung der Vereinigung;

i) den in Artikel 14 Absatz 1 genannten Verlegungsplan;

j) die Klausel, die ein neues Mitglied gemäß Artikel 26 Absatz 2 von der Haftung für Verbindlichkeiten befreit, die vor seinem Beitritt entstanden sind.

Artikel 8

In dem in Artikel 39 Absatz 1 genannten Mitteilungsblatt ist gemäß Artikel 39 folgendes bekanntzumachen:

a) die nach Artikel 5 zwingend vorgeschriebenen Angaben im Gründungsvertrag und ihre Änderungen;

b) Nummer, Tag und Ort der Eintragung der Vereinigung sowie die Löschung der Eintragung;

c) die in Artikel 7 Buchstaben b) bis j) bezeichneten Urkunden und Angaben.

Die unter den Buchstaben a) und b) genannten Angaben sind in Form einer vollständigen Wiedergabe bekanntzumachen. Die unter Buchstabe c) genannten Urkunden und Angaben können entsprechend dem anwendbaren einzelstaatlichen Recht entweder in Form einer vollständigen oder auszugsweisen Wiedergabe oder in Form eines Hinweises auf ihre Hinterlegung beim Register bekanntgemacht werden.

Artikel 9

(1) Die nach dieser Verordnung bekanntmachungspflichtigen Urkunden und Angaben können von der Vereinigung Dritten entsprechend den Bedingungen entgegengesetzt werden, die in den anwendbaren einzelstaatlichen Rechtsvorschriften gemäß Artikel 3 Absätze 5 und 7 der Richtlinie 68/151/EWG des Rates vom 9. März 1968 zur Koordinierung der Schutzbestimmungen, die in den Mitgliedstaaten den Gesellschaften im Sinne des Artikels 58 Absatz 2 des Vertrags im Interesse der Gesellschafter sowie Dritter

vorgeschrieben sind, um diese Bestimmungen gleichwertig zu gestalten[1]), vorgesehen sind.

(2)   Ist im Namen einer Vereinigung vor ihrer Eintragung gemäß Artikel 6 gehandelt worden und übernimmt die Vereinigung nach der Eintragung die sich aus diesen Handlungen ergebenden Verpflichtungen nicht, so haften die natürlichen Personen, Gesellschaften oder anderen juristischen Einheiten, die diese Handlungen vorgenommen haben, aus ihnen unbeschränkt und gesamtschuldnerisch.

Artikel 10

Jede Niederlassung der Vereinigung in einem anderen Mitgliedstaat als dem des Sitzes ist in diesem Mitgliedstaat einzutragen. Zum Zwecke dieser Eintragung hinterlegt die Vereinigung bei dem zuständigen Register dieses Mitgliedstaats eine Abschrift der Unterlagen, deren Hinterlegung bei dem Register des Mitgliedstaats des Sitzes vorgeschrieben ist, erforderlichenfalls zusammen mit einer Übersetzung entsprechend den Gepflogenheiten bei dem Register der Eintragung der Niederlassung.

Artikel 11

Nach der Bekanntmachung in dem in Artikel 39 Absatz 1 genannten Mitteilungsblatt werden die Gründung einer Vereinigung und der Schluß ihrer Abwicklung unter Angabe von Nummer, Tag und Ort der Eintragung sowie von Tag und Ort der Bekanntmachung und Titel des Mitteilungsblatts im *Amtsblatt der Europäischen Gemeinschaften* angezeigt.

Artikel 12

Der im Gründungsvertrag genannte Sitz muß in der Gemeinschaft gelegen sein.

Als Sitz ist zu bestimmen

a) entweder der Ort, an dem die Vereinigung ihre Hauptverwaltung hat,

b) oder der Ort, an dem eines der Mitglieder der Vereinigung seine Hauptverwaltung hat oder, wenn es sich um eine natürliche Person handelt, seine Haupttätigkeit ausübt, sofern die Vereinigung dort tatsächlich eine Tätigkeit ausübt.

Artikel 13

Der Sitz der Vereinigung kann innerhalb der Gemeinschaft verlegt werden.

---

1) ABl. Nr. L 65 vom 14. 3. 1968, S. 8.

Hat diese Verlegung keinen Wechsel des nach Artikel 2 anwendbaren Rechts zur Folge, so wird der Beschluß über die Verlegung unter den im Gründungsvertrag vorgesehenen Bedinungen gefaßt.

Artikel 14

(1) Hat die Sitzverlegung einen Wechsel des nach Artikel 2 anwendbaren Rechts zur Folge, so muß ein Verlegungsplan erstellt und gemäß den Artikeln 7 und 8 hinterlegt und bekanntgemacht werden.

Der Beschluß über die Verlegung kann erst zwei Monate nach der Bekanntmachung des Verlegungsplanes gefaßt werden. Er bedarf der Einstimmigkeit der Mitglieder der Vereinigung. Die Verlegung wird zu dem Zeitpunkt wirksam, an dem die Vereinigung entsprechend Artikel 6 im Register des neuen Sitzes eingetragen wird. Diese Eintragung kann erst aufgrund des Nachweises über die Bekanntmachung des Verlegungsplanes erfolgen.

(2) Die Löschung der Eintragung der Vereinigung im Register des früheren Sitzes kann erst aufgrund des Nachweises über die Eintragung der Vereinigung im Register des neuen Sitzes erfolgen.

(3) Mit Bekanntgabe der neuen Eintragung der Vereinigung kann der neue Sitz Dritten nach den in Artikel 9 Absatz 1 genannten Bedingungen entgegengesetzt werden; jedoch können sich Dritte, solange die Löschung der Eintragung im Register des früheren Sitzes nicht bekanntgemacht worden ist, weiterhin auf den alten Sitz berufen, es sei denn, daß die Vereinigung beweist, daß den Dritten der neue Sitz bekannt war.

(4) Die Rechtsvorschriften eines Mitgliedstaats können bestimmen, daß eine Sitzverlegung, die einen Wechsel des anwendbaren Rechts zur Folge hätte, im Falle von gemäß Artikel 6 in dem betreffenden Mitgliedstaat eingetragenen Vereinigungen nicht wirksam wird, wenn innerhalb der in Absatz 1 genannten Frist von zwei Monaten eine zuständige Behörde dieses Staates dagegen Einspruch erhebt. Dieser Einspruch ist nur aus Gründen des öffentlichen Interesses zulässig. Gegen ihn muß ein Rechtsbehelf bei einem Gericht eingelegt werden können.

Artikel 15

(1) Sieht das nach Artikel 2 auf die Vereinigung anwendbare Recht die Nichtigkeit der Vereinigung vor, so muß sie durch gerichtliche Entscheidung festgestellt oder ausgesprochen werden. Das angerufene Gericht muß jedoch, sofern eine Behebung der Mängel der Vereinigung möglich ist, dafür eine Frist setzen.

(2) Die Nichtigkeit der Vereinigung bewirkt deren Abwicklung gemäß Artikel 35.

(3) Die Entscheidung, mit der die Nichtigkeit der Vereinigung festgestellt oder ausgesprochen wird, kann Dritten nach den in Artikel 9 Absatz 1 genannten Bedingungen entgegengesetzt werden.

Diese Entscheidung berührt für sich allein nicht die Wirksamkeit der Verpflichtungen, die zu Lasten oder zugunsten der Vereinigung vor dem Zeitpunkt entstanden sind, von dem an sie Dritten gemäß Unterabsatz 1 entgegengesetzt werden kann.

Artikel 16

(1) Die Organe der Vereinigung sind die gemeinschaftlich handelnden Mitglieder und der oder die Geschäftsführer.

Der Gründungsvertrag kann andere Organe vorsehen; er bestimmt in diesem Fall deren Befugnisse.

(2) Die als Organ handelnden Mitglieder der Vereinigung können jeden Beschluß zur Verwirklichung des Untenehmensgegenstandes der Vereinigung fassen.

Artikel 17

(1) Jedes Mitglied hat eine Stimme. Der Gründungsvertrag kann jedoch bestimmten Mitgliedern mehrere Stimmen unter der Bedingung gewähren, daß ein einziges Mitglied nicht die Stimmenmehrheit besitzt.

(2) Die Mitglieder können folgende Beschlüsse nur einstimmig fassen:

a) Änderungen des Unternehmensgegenstandes der Vereinigung;

b) Änderungen der Stimmenzahl eines jeden Mitglieds;

c) Änderungen der Bedingungen für die Beschlußfassung;

d) eine Verlängerung der Dauer der Vereinigung über den im Gründungsvertrag festgelegten Zeitpunkt hinaus;

e) Änderungen des Beitrags jedes Mitglieds oder bestimmter Mitglieder zur Finanzierung der Vereinigung;

f) Änderungen jeder anderen Verpflichtung eines Mitglieds, es sei denn, daß der Gründungsvertrag etwas anderes bestimmt;

g) jede nicht in diesem Absatz bezeichnete Änderung des Gründungsvertrags, es sei denn, daß dieser etwas anderes bestimmt.

(3) In allen Fällen, in denen diese Verordnung nicht vorsieht, daß die Beschlüsse einstimmig gefaßt werden müssen, kann der Gründungsvertrag die Bedingungen für die Beschlußfähigkeit und die Mehrheit, die für die Beschlüsse oder bestimmte Beschlüsse

gelten sollen, festlegen. Enthält der Vertrag keine Bestimmungen, so sind die Beschlüsse einstimmig zu fassen.

(4) Auf Veranlassung eines Geschäftsführers oder auf Verlangen eines Mitglieds haben der oder die Geschäftsführer eine Anhörung der Mitglieder durchzuführen, damit diese einen Beschluß fassen.

Artikel 18

Jedes Mitglied hat das Recht, von den Geschäftsführern Auskünfte über die Geschäfte der Vereinigung zu erhalten und in die Bücher und Geschäftsunterlagen Einsicht zu nehmen.

Artikel 19

(1) Die Geschäfte der Vereinigung werden von einer oder mehreren natürlichen Personen geführt, die durch den Gründungsvertrag oder durch Beschluß der Mitglieder bestellt werden.

Geschäftsführer einer Vereinigung können nicht Personen sein, die

– nach dem auf sie anwendbaren Recht oder

– nach dem innerstaatlichen Recht des Staates des Sitzes der Vereinigung oder

– aufgrund einer in einem Mitgliedstaat ergangenen oder anerkannten gerichtlichen Entscheidung oder Verwaltungsentscheidung

dem Verwaltungs- oder Leitungsorgan von Gesellschaften nicht angehören dürfen, Unternehmen nicht leiten dürfen oder nicht als Geschäftsführer einer Europäischen wirtschaftlichen Interessenvereinigung handeln dürfen.

(2) Ein Mitgliedstaat kann bei Vereinigungen, die nach Artikel 6 in seine Register eingetragen sind, vorsehen, daß eine juristische Person unter der Bedingung Geschäftsführer sein kann, daß sie eine oder mehrere natürliche Personen als Vertreter bestimmt, die Gegenstand der in Artikel 7 Buchstabe d) vorgesehenen Angabe sein müssen.

Macht ein Mitgliedstaat von dieser Möglichkeit Gebrauch, so hat er vorzusehen, daß dieser oder diese Vertreter so haften, als ob sie selbst Geschäftsführer der Vereinigung wären.

Die Verbote nach Absatz 1 gelten auch für diese Vertreter.

(3) Der Gründungsvertrag oder, falls dieser keine dahingehenden Bestimmungen enthält, ein einstimmiger Beschluß der Mitglieder legt die Bedingungen für die Bestellung und die Entlassung des Geschäftsführers oder der Geschäftsführer sowie deren Befugnisse fest.

Artikel 20

(1) Gegenüber Dritten wird die Vereinigung ausschließlich durch den Geschäftsführer oder, wenn es mehrere sind, durch einen jeden Geschäftsführer vertreten.

Jeder der Geschäftsführer verpflichtet die Vereinigung, wenn er in ihrem Namen handelt, gegenüber Dritten, selbst wenn seine Handlungen nicht zum Unternehmensgegenstand der Vereinigung gehören, es sei denn, die Vereinigung beweist, daß dem Dritten bekannt war oder daß er darüber nach den Umständen nicht in Unkenntnis sein konnte, daß die Handlung die Grenzen des Unternehmensgegenstandes der Vereinigung überschritt; allein die Bekanntmachung der in Artikel 5 Buchstabe c) genannten Angabe reicht nicht aus, um diesen Beweis zu erbringen.

Eine Beschränkung der Befugnisse des Geschäftsführers oder der Geschäftsführer durch den Gründungsvertrag oder durch einen Beschluß der Mitglieder kann Dritten nicht entgegengesetzt werden, selbst wenn sie bekanntgemacht worden ist.

(2) Der Gründungsvertrag kann vorsehen, daß die Vereinigung nur durch zwei oder mehr gemeinschaftlich handelnde Geschäftsführer wirksam verpflichtet werden kann. Diese Bestimmung kann Dritten nur dann nach den in Artikel 9 Absatz 1 genannten Bedingungen entgegengesetzt werden, wenn sie nach Artikel 8 bekanntgemacht worden ist.

Artikel 21

(1) Gewinne aus den Tätigkeiten der Vereinigung gelten als Gewinne der Mitglieder und sind auf diese in dem im Gründungsvertrag vorgesehenen Verhältnis oder, falls dieser hierüber nichts bestimmt, zu gleichen Teilen aufzuteilen.

(2) Die Mitglieder der Vereinigung tragen entsprechend dem im Gründungsvertrag vorgesehenen Verhältnis oder, falls dieser hierüber nichts bestimmt, zu gleichen Teilen zum Ausgleich des Betrages bei, um den die Ausgaben die Einnahmen übersteigen.

Artikel 22

(1) Jedes Mitglied der Vereinigung kann seine Beteiligung an der Vereinigung ganz oder teilweise an ein anderes Mitglied oder an einen Dritten abtreten; die Abtretung wird erst wirksam, wenn die übrigen Mitglieder ihr einstimmig zugestimmt haben.

(2) Ein Mitglied der Vereinigung kann eine Sicherheit an seiner Beteiligung an der Vereinigung erst dann bestellen, wenn die übrigen Mitglieder dem einstimmig zugestimmt haben, es sei denn, daß der Gründungsvertrag etwas anderes bestimmt. Der Sicherungs-nehmer kann zu keinem Zeitpunkt aufgrund dieser Sicherheit Mitglied der Vereinigung werden.

Artikel 23

Die Vereinigung darf sich nicht öffentlich an den Kapitalmarkt wenden.

Artikel 24

(1) Die Mitglieder der Vereinigung haften unbeschränkt und gesamtschuldnerisch für deren Verbindlichkeiten jeder Art. Das einzelstaatliche Recht bestimmt die Folgen dieser Haftung.

(2) Bis zum Schluß der Abwicklung der Vereinigung können deren Gläubiger ihre Forderungen gegenüber einem Mitglied gemäß Absatz 1 erst dann geltend machen, wenn sie die Vereinigung zur Zahlung aufgefordert haben und die Zahlung nicht innerhalb einer angemessenen Frist erfolgt ist.

Artikel 25

Briefe, Bestellscheine und ähnliche Schriftstücke müssen lesbar folgende Angaben enthalten:

a) den Namen der Vereinigung mit den voran- oder nachgestellten Worten »Europäische wirtschaftliche Interessenvereinigung« oder der Abkürzung »EWIV«, es sei denn, daß diese Worte oder diese Abkürzung bereits im Namen enthalten sind;

b) den Ort des Registers nach Artikel 6, in das die Vereinigung eingetragen ist, und die Nummer der Eintragung der Vereinigung in dieses Register;

c) die Anschrift der Vereinigung an ihrem Sitz;

d) gegebenenfalls die Angabe, daß die Geschäftsführer gemeinschaftlich handeln müssen;

e) gegebenenfalls die Angabe, daß sich die Vereinigung nach Artikel 15, 31, 32 oder 36 in Abwicklung befindet.

Jede Niederlassung der Vereinigung hat, wenn sie nach Artikel 10 eingetragen ist, auf den in Absatz 1 bezeichneten Schriftstücken, die von dieser Niederlassung ausgehen, die obigen Angaben zusammen mit denen über ihre eigene Eintragung zu machen.

Artikel 26

(1) Die Mitglieder der Vereinigung entscheiden einstimmig über die Aufnahme neuer Mitglieder.

(2) Jedes neue Mitglied haftet gemäß Artikel 24 für die Verbindlichkeiten der Verei-

nigung einschließlich derjenigen, die sich aus der Tätigkeit der Vereinigung vor seinem Beitritt ergeben.

Er kann jedoch durch eine Klausel im Gründungsvertrag oder in dem Rechtsakt über seine Aufnahme von der Zahlung der vor seinem Beitritt entstandenen Verbindlichkeiten befreit werden. Diese Klausel kann gemäß den in Artikel 9 Absatz 1 genannten Bedingungen Dritten nur dann entgegengesetzt werden, wenn sie gemäß Artikel 8 bekanntgemacht worden ist.

Artikel 27

(1)   Die Kündigung eines Mitglieds der Vereinigung ist nach Maßgabe des Gründungs-vertrags oder, falls dieser hierüber nichts bestimmt, mit einstimmiger Zustimmung der übrigen Mitglieder möglich.

Jedes Mitglied der Vereinigung kann ferner aus wichtigem Grund kündigen.

(2)   Jedes Mitglied der Vereinigung kann aus den im Gründungsvertrag angeführten Gründen, in jedem Fall aber dann ausgeschlossen werden, wenn es grob gegen seine Pflichten verstößt oder wenn es schwere Störungen der Arbeit der Vereinigung verursacht oder zu verursachen droht.

Dieser Ausschluß kann nur durch gerichtliche Entscheidung auf gemeinsamen Antrag der Mehrheit der übrigen Mitglieder erfolgen, es sei denn, daß der Gründungsvertrag etwas anderes bestimmt.

Artikel 28

(1)   Ein Mitglied der Vereinigung scheidet aus der Vereinigung aus, wenn es verstirbt oder wenn es nicht mehr den in Artikel 4 Absatz 1 festgelegten Bedingungen entspricht.

Außerdem kann ein Mitgliedstaat für die Zwecke seiner Rechtsvorschriften über Auf-lösung, Abwicklung, Zahlungsunfähigkeit oder Zahlungseinstellung vorsehen, daß ein Mitglied einer Vereinigung ab dem in diesen Rechtsvorschriften bestimmten Zeitpunkt aus dieser ausscheidet.

(2)   Im Falle des Todes einer natürlichen Person, die Mitglied der Vereinigung ist, kann niemand ihre Nachfolge in der Vereinigung antreten, es sei denn nach Maßgabe des Gründungsvertrags oder, wenn dieser hierüber nichts enthält, mit einstimmiger Zustimmung der verbleibenden Mitglieder.

Artikel 29

Sobald ein Mitglied aus der Vereinigung ausgeschieden ist, unterrichten der oder die

Geschäftsführer hierüber die übrigen Mitglieder; der oder die Geschäftsführer erfüllen außerdem die jeweiligen Verpflichtungen nach den Artikeln 7 und 8. Ferner kann jeder Beteiligte diese Verpflichtungen erfüllen.

Artikel 30

Bei Ausscheiden eines Mitglieds besteht die Vereinigung unbeschadet der von einer Person gemäß Artikel 22 Absatz 1 oder Artikel 28 Absatz 2 erworbenen Rechte unter den im Gründungsvertrag vorgesehenen oder in einem einstimmigen Beschluß der betreffenden Mitglieder festgelegten Bedingungen zwischen den verbleibenden Mitgliedern fort, es sei denn, daß der Gründungsvertrag etwas anderes bestimmt.

Artikel 31

(1)   Die Vereinigung kann durch Beschluß ihrer Mitglieder aufgelöst werden, der diese Auflösung ausspricht. Dieser Beschluß muß einstimmig gefaßt werden, es sei denn, daß der Gründungsvertrag etwas anderes bestimmt.

(2)   Die Vereinigung muß durch Beschluß ihrer Mitglieder aufgelöst werden, der feststellt, daß

a) die im Gründungsvertrag bestimmte Dauer abgelaufen oder ein anderer in diesem Vertrag vorgesehener Auflösungsgrund eingetreten ist oder

b) der Unternehmensgegenstand der Vereinigung verwirklicht worden ist oder nicht weiter verfolgt werden kann.

Ist binnen drei Monaten nach Eintritt eines der in Unterabsatz 1 genannten Fälle kein Beschluß der Mitglieder über die Auflösung der Vereinigung ergangen, so kann jedes Mitglied bei Gericht beantragen, diese Auflösung auszusprechen.

(3)   Die Vereinigung muß ferner durch Beschluß ihrer Mitglieder oder des verbleibenden Mitglieds aufgelöst werden, wenn die Bedingungen des Artikels 4 Absatz 2 nicht mehr erfüllt sind.

(4)   Nach Auflösung der Vereinigung durch Beschluß ihrer Mitglieder müssen der oder die Geschäftsführer die jeweiligen Verpflichtungen nach den Artikeln 7 und 8 erfüllen. Ferner kann jeder Beteiligte diese Verpflichtungen erfüllen.

Artikel 32

(1)   Auf Antrag jedes Beteiligten oder einer zuständigen Behörde muß das Gericht im Falle der Verletzung des Artikels 3, des Artikels 12 oder des Artikels 31 Absatz 3 die

Auflösung der Vereinigung aussprechen, es sei denn, daß die Mängel der Vereinigung behoben werden können und vor der Entscheidung in der Sache behoben werden.

(2) Auf Antrag eines Mitglieds kann das Gericht die Auflösung der Vereinigung aus wichtigem Grund aussprechen.

(3) Ein Mitgliedstaat kann vorsehen, daß das Gericht auf Antrag einer zuständigen Behörde die Auflösung einer Vereinigung, die ihren Sitz in dem Staat dieser Behörde hat, in den Fällen aussprechen kann, in denen die Vereinigung durch ihre Tätigkeit gegen das öffentliche Interesse dieses Staates verstößt, sofern diese Möglichkeit in den Rechtsvorschriften dieses Staates für eingetragene Gesellschaften oder andere juristische Einheiten, die diesen Rechtsvorschriften unterliegen, vorgesehen ist.

Artikel 33

Scheidet ein Mitglied aus einem anderen Grund als dem der Abtretung seiner Rechte gemäß Artikel 22 Absatz 1 aus der Vereinigung aus, so wird das Auseinandersetzungsguthaben dieses Mitglieds oder die Höhe der Forderungen der Vereinigung gegen dieses Mitglied auf der Grundlage des Vermögens der Vereinigung ermittelt, wie es im Zeitpunkt des Ausscheidens des Mitglieds vorhanden ist.

Der Wert der Ansprüche und Verbindlichkeiten des ausscheidenden Mitglieds darf nicht im voraus pauschal bestimmt werden.

Artikel 34

Unbeschadet des Artikels 37 Absatz 1 haftet jedes aus der Vereinigung ausscheidende Mitglied gemäß Artikel 24 für die Verbindlichkeiten, die sich aus der Tätigkeit der Vereinigung vor seinem Ausscheiden ergeben.

Artikel 35

(1) Die Auflösung der Vereinigung führt zu deren Abwicklung.

(2) Die Abwicklung der Vereinigung und der Schluß dieser Abwicklung unterliegen dem einzelstaatlichen Recht.

(3) Die Geschäftsfähigkeit der Vereinigung im Sinne von Artikel 1 Absatz 2 besteht bis zum Schluß der Abwicklung fort.

(4) Der oder die Abwickler erfüllen die ihnen nach den Artikeln 7 und 8 obliegenden Pflichten.

Artikel 36

Europäische wirtschaftliche Interessenvereinigungen unterliegen dem einzelstaatlichen Recht über Zahlungsunfähigkeit und Zahlungseinstellung. Die Eröffnung eines Verfahrens gegen eine Vereinigung wegen Zahlungsunfähigkeit oder Zahlungseinstellung hat nicht von Rechts wegen zur Folge, daß ein solches Verfahren auch gegen die Mitglieder dieser Vereinigung eröffnet wird.

Artikel 37

(1) Jede durch das anwendbare einzelstaatliche Recht vorgesehene längere Verjährungsfrist wird durch eine Verjährungsfrist von fünf Jahren nach der in Artikel 8 vorgeschriebenen Bekanntmachung des Ausscheidens eines Mitglieds der Vereinigung für Ansprüche gegen dieses Mitglied wegen Verbindlichkeiten, die sich aus der Tätigkeit der Vereinigung vor seinem Ausscheiden ergeben haben, ersetzt.

(2) Jede durch das anwendbare einzelstaatliche Recht vorgesehene längere Verjährungsfrist wird durch eine Verjährungsfrist von fünf Jahren nach der in Artikel 8 vorgeschriebenen Bekanntmachung des Schlusses der Abwicklung der Vereinigung für Ansprüche gegen ein Mitglied der Vereinigung wegen Verbindlichkeiten, die sich aus der Tätigkeit der Vereinigung ergeben haben, ersetzt.

Artikel 38

Übt eine Vereinigung in einem Mitgliedstaat eine Tätigkeit aus, die gegen dessen öffentliches Interesse verstößt, so kann eine zuständige Behörde dieses Staates diese Tätigkeit untersagen. Gegen die Entscheidung der zuständigen Behörde muß ein Rechtsbehelf bei einem Gericht eingelegt werden können.

Artikel 39

(1) Die Mitgliedstaaten bestimmen das oder die Register, die für die in Artikel 6 und 10 genannte Eintragung zuständig sind, sowie die für die Eintragung geltenden Vorschriften. Sie legen die Bedingungen für die Hinterlegung der in Artikel 7 und 10 genannten Urkunden fest. Sie stellen sicher, daß die Urkunden und Angaben nach Artikel 8 in dem geeigneten amtlichen Mitteilungsblatt des Mitgliedstaats, in dem die Vereinigung ihren Sitz hat, bekanntgemacht werden, und sehen gegebenenfalls die Einzelheiten der Bekanntmachung für die in Artikel 8 Buchstabe c) genannten Urkunden und Angaben vor.

Ferner stellen die Mitgliedstaaten sicher, daß jeder bei dem aufgrund des Artikels 6 oder gegebenenfalls des Artikels 10 zuständigen Register die in Artikel 7 genannten Urkunden einsehen und hiervon eine Abschrift oder einen Auszug erhalten kann, welche ihm auf Verlangen zuzusenden sind.

Die Mitgliedstaaten können die Erhebung von Gebühren zur Deckung der Kosten für die in den vorstehenden Unterabsätzen genannten Maßnahmen vorsehen; diese Gebühren dürfen die Verwaltungskosten nicht übersteigen.

(2) Die Mitgliedstaaten stellen sicher, daß die nach Artikel 11 im *Amtsblatt der Europäischen Gemeinschaften* zu veröffentlichenden Angaben binnen eines Monats nach Bekanntmachung in dem in Absatz 1 genannten amtlichen Mitteilungsblatt dem Amt für amtliche Veröffentlichungen der Europäischen Gemeinschaften mitgeteilt werden.

(3) Die Mitgliedstaaten sehen geeignete Maßregeln für den Fall vor, daß die Bestimmungen der Artikel 7, 8 und 10 über die Offenlegung nicht eingehalten werden oder daß gegen Artikel 25 verstoßen wird.

Artikel 40

Das Ergebnis der Tätigkeit der Vereinigung wird nur bei ihren Mitgliedern besteuert.

Artikel 41

(1) Die Mitgliedstaaten treffen die nach Artikel 39 erforderlichen Maßnahmen vor dem 1. Juli 1989. Sie teilen sie unverzüglich der Kommission mit.

(2) Die Mitgliedstaaten teilen der Kommission zur Unterrichtung mit, welche Gruppen von natürlichen Personen, Gesellschaften oder anderen juristischen Einheiten sie gemäß Artikel 4 Absatz 4 von der Beteiligung an einer Vereinigung ausgeschlossen haben. Die Kommission unterrichtet hierüber die anderen Mitgliedstaaten.

Artikel 42

(1) Bei der Kommission wird, sobald diese Verordnung genehmigt ist, ein Kontaktausschuß eingesetzt, der zur Aufgabe hat,

a) unbeschadet der Artikel 169 und 170 des Vertrages die Durchführung dieser Verordnung durch eine regelmäßige Abstimmung, insbesondere in konkreten Durchführungsfragen, zu erleichtern;

b) die Kommission, falls dies erforderlich sein sollte, bezüglich Ergänzungen oder Änderungen dieser Verordnung zu beraten.

(2) Der Kontaktausschuß setzt sich aus Vertretern der Mitgliedstaaten sowie Vertretern der Kommission zusammen. Der Vorsitz wird von einem Vertreter der Kommission

wahrgenommen. Die Sekretariatsgeschäfte werden von den Dienststellen der Kommission geführt.

(3) Der Vorsitzende beruft den Kontaktausschuß von sich aus oder auf Antrag eines der Mitglieder des Ausschusses ein.

Artikel 43

Diese Verordnung tritt am dritten Tag nach ihrer Veröffentlichung im *Amtsblatt der Europäischen Gemeinschaften* in Kraft.

Diese Verordnung gilt ab 1. Juli 1989; hiervon ausgenommen sind die Artikel 39, 41 und 42, die vom Inkrafttreten dieser Verordnung an gelten.

Diese Verordnung ist in allen ihren Teilen verbindlich und gilt unmittelbar in jedem Mitgliedstaat.

Geschehen zu Brüssel am 25. Juli 1985.

Im Namen des Rates

Der Präsident

J. POOS

Gesetz

zur Ausführung der EWG-Verordnung[1]**)**
über die Europäische wirtschaftliche Interessenvereinigung
(EWIV-Ausführungsgesetz)

Vom 14. April 1988 (BGBl. I S. 514)

(BGBl. III 4101-8)

zuletzt geändert durch Handelsrechtsreformgesetz vom 22. Juni 1998
(BGBl. I S. 1474, 1478)

Der Bundestag hat mit Zustimmung des Bundesrates das folgende Gesetz beschlossen:

§ 1

Anzuwendende Vorschriften

Soweit nicht die Verordnung (EWG) Nr. 2137/85 des Rates vom 25. Juli 1985 über die Schaffung einer Europäischen wirtschaftlichen Interessenvereinigung (EWIV) – ABl. EG Nr. L 199 S. 1 – (Verordnung) gilt, sind auf eine Europäische wirtschaftliche Interessenvereinigung (EWIV) mit Sitz im Geltungsbereich dieses Gesetzes (Vereinigung) die folgenden Vorschriften, im übrigen entsprechend die für eine offene Handelsgesellschaft geltenden Vorschriften anzuwenden; die Vereinigung gilt als Handelsgesellschaft im Sinne des Handelsgesetzbuchs.

§ 2

Anmeldung zum Handelsregister

(1) Die Vereinigung ist bei dem Gericht, in dessen Bezirk sie ihren im Gründungsvertrag genannten Sitz hat, zur Eintragung in das Handelsregister anzumelden.

(2) Die Anmeldung zur Eintragung der Vereinigung in das Handelsregister hat zu enthalten:
1. die Firma der Vereinigung mit den voran- oder nachgestellten Worten »Europäische wirtschaftliche Interessenvereinigung« oder der Abkürzung »EWIV«, es sei denn, daß diese Worte oder die Abkürzung bereits in der Firma enthalten sind;
2. den Sitz der Vereinigung;
3. den Unternehmensgegenstand;

---

1) Verordnung (EWG) Nr. 2137/85 des Rates vom 25. 7. 1985 über die Schaffung einer Europäischen wirtschaftlichen Interessenvereinigung (EWIV) (ABl. EG Nr. L 199 S. 1)

4. den Namen, das Geburtsdatum, die Firma, die Rechtsform, den Wohnsitz oder den Sitz sowie gegebenenfalls die Nummer und den Ort der Registereintragung eines jeden Mitglieds der Vereinigung;

5. die Geschäftsführer mit Namen, Geburtsdatum und Wohnsitz sowie mit der Angabe, welche Vertretungsbefugnis sie haben;

6. die Dauer der Vereinigung, sofern die Dauer nicht unbestimmt ist.

(3) Zur Eintragung in das Handelsregister sind ferner anzumelden:

1. Änderungen der Angaben nach Absatz 2;

2. die Nichtigkeit der Vereinigung;

3. die Errichtung und die Aufhebung jeder Zweigniederlassung der Vereinigung;

4. die Auflösung der Vereinigung;

5. die Abwickler mit den in Absatz 2 Nr. 5 genannten Angaben sowie Änderungen der Personen der Abwickler und der Angaben;

6. der Schluß der Abwicklung der Vereinigung;

7. eine Klausel, die ein neues Mitglied gemäß Artikel 26 Abs. 2 der Verordnung von der Haftung für Verbindlichkeiten befreit, die vor seinem Beitritt entstanden sind.

(4) Die Verpflichtung zur Anmeldung weiterer Tatsachen auf Grund des § 1 bleibt unberührt.

§ 3

Besonderheiten der Handelsregisteranmeldung

(1) Die Anmeldungen zur Eintragung in das Handelsregister sind von den Geschäftsführern oder den Abwicklern vorzunehmen. Die Anmeldung zur Eintragung einer Vereinigung ist durch sämtliche Geschäftsführer, die Anmeldung zur Eintragung des Schlusses der Abwicklung durch sämtliche Abwickler zu bewirken.

(2) Das Ausscheiden eines Mitglieds aus der Vereinigung und die Auflösung der Vereinigung durch Beschluß ihrer Mitglieder kann jeder Beteiligte anmelden. Die Klausel nach § 2 Abs. 3 Nr. 7 kann auch das neue Mitglied anmelden.

(3) In der Anmeldung zur Eintragung haben die Geschäftsführer zu versichern, daß keine Umstände vorliegen, die nach Artikel 19 Abs. 1 der Verordnung ihrer Bestellung entgegenstehen, und daß sie über ihre unbeschränkte Auskunftspflicht gegenüber dem Gericht belehrt worden sind. Die Belehrung nach § 53 Abs. 2 des Bundeszentralregistergesetzes kann auch durch einen Notar vorgenommen werden.

(4) Die Geschäftsführer haben ihre Namensunterschrift unter Angabe der Firma zur Aufbewahrung bei dem Gericht zu zeichnen.

(5) Die Absätze 3 und 4 gelten auch für neu bestellte Geschäftsführer.

§ 4

Bekanntmachungen

(1) Das Gericht hat einen Verlegungsplan nach Artikel 14 Abs. 1 der Verordnung sowie die Abtretung der gesamten oder eines Teils der Beteiligung an der Vereinigung durch ein Mitglied nach Artikel 22 Abs. 1 der Verordnung gemäß § 10 des Handelsgesetzbuchs durch einen Hinweis auf die Einreichung der Urkunden beim Handelsregister bekanntzumachen.

(2) Das Gericht hat die nach Artikel 11 der Verordnung im Amtsblatt der Europäischen Gemeinschaften zu veröffentlichenden Angaben binnen eines Monats nach der Bekanntmachung im Bundesanzeiger dem Amt für amtliche Veröffentlichungen der Europäischen Gemeinschaften mitzuteilen.

§ 5

Sorgfaltspflicht und Verantwortlichkeit der Geschäftsführer

(1) Die Geschäftsführer haben bei ihrer Geschäftsführung die Sorgfalt eines ordentlichen und gewissenhaften Geschäftsleiters anzuwenden. Über vertrauliche Angaben und Geheimnisse der Vereinigung, namentlich Betriebs- und Geschäftsgeheimnisse, die ihnen durch ihre Tätigkeit bekanntgeworden sind, haben sie Stillschweigen zu bewahren.

(2) Geschäftsführer, die ihre Pflichten verletzen, sind der Vereinigung zum Ersatz des daraus entstehenden Schadens als Gesamtschuldner verpflichtet. Ist streitig, ob sie die Sorgfalt eines ordentlichen und gewissenhaften Geschäftsleiters angewandt haben, so trifft sie die Beweislast.

(3) Die Ansprüche aus Absatz 2 verjähren in fünf Jahren.

§ 6

Aufstellung des Jahresabschlusses

Die Geschäftsführer sind verpflichtet, für die ordnungsgemäße Buchführung der Vereinigung zu sorgen und den Jahresabschluß aufzustellen.

§ 7

Entlassung der Geschäftsführer

Sind die Bedingungen für die Entlassung der Geschäftsführer nicht gemäß Artikel 19 Abs. 3 der Verordnung festgelegt, so ist die Bestellung der Geschäftsführer zu jeder Zeit widerruflich, unbeschadet der Entschädigungsansprüche aus bestehenden Verträgen.

§ 8

Ausscheiden eines Mitglieds

Ein Mitglied scheidet außer aus den Gründen nach Artikel 28 Abs. 1 Satz 1 der Verordnung aus der Vereinigung aus, wenn über sein Vermögen das Insolvenzverfahren eröffnet wird.

§ 9

Kündigung durch den Privatgläubiger

(aufgehoben)

§ 10

Abwicklung der Vereinigung

(1)   In den Fällen der Auflösung der Vereinigung außer im Fall des Insolvenzverfahrens über das Vermögen der Vereinigung erfolgt die Abwicklung durch die Geschäftsführer, wenn sie nicht durch den Gründungsvertrag oder durch Beschluß der Mitglieder der Vereinigung anderen Personen übertragen ist.

(2)   Auf die Auswahl der Abwickler ist Artikel 19 Abs. 1 Satz 2 der Verordnung, auf die Anmeldung zur Eintragung in das Handelsregister § 3 Abs. 3 und 4 entsprechend anzuwenden.

§ 11

Eröffnung des Insolvenzverfahrens

Den Antrag auf Eröffnung des Insolvenzverfahrens können auch die Geschäftsführer stellen. Im Fall der entsprechenden Anwendung des § 130 a des Handelsgesetzbuchs sind die Geschäftsführer und die Abwickler verpflichtet, diesen Antrag zu stellen.

§ 12

Zwangsgelder

Geschäftsführer oder Abwickler, die Artikel 25 der Verordnung nicht befolgen, sind hierzu vom Registergericht durch Festsetzung von Zwangsgeld anzuhalten; § 14 des Handelsgesetzbuchs bleibt unberührt. Das einzelne Zwangsgeld darf den Betrag von zehntausend Deutsche Mark nicht übersteigen.

§ 13

Falsche Angaben

Mit Freiheitsstrafe bis zu drei Jahren oder mit Geldstrafe wird bestraft, wer als Geschäftsführer in der nach § 3 Abs. 3 Satz 1, auch in Verbindung mit Absatz 5, abzugebenden Versicherung oder als Abwickler in der nach § 3 Abs. 3 Satz 1 in Verbindung mit § 10 Abs. 2 zweiter Halbsatz abzugebenden Versicherung falsche Angaben macht.

§ 14

Verletzung der Geheimhaltungspflicht

(1) Mit Freiheitsstrafe bis zu einem Jahr oder mit Geldstrafe wird bestraft, wer ein Geheimnis der Vereinigung, namentlich ein Betriebs- oder Geschäftsgeheimnis, das ihm in seiner Eigenschaft als Geschäftsführer oder Abwickler bekanntgeworden ist, unbefugt offenbart.

(2) Handelt der Täter gegen Entgelt oder in der Absicht, sich oder einen anderen zu bereichern oder einen anderen zu schädigen, so ist die Strafe Freiheitsstrafe bis zu zwei Jahren oder Geldstrafe. Ebenso wird bestraft, wer ein Geheimnis der in Absatz 1 bezeichneten Art, namentlich ein Betriebs- oder Geschäftsgeheimnis, das ihm unter den Voraussetzungen des Absatzes 1 bekanntgeworden ist, unbefugt verwertet.

(3) Die Tat wird nur auf Antrag der Vereinigung verfolgt. Antragsberechtigt sind von den Mitgliedern bestellte besondere Vertreter.

§ 15

Verletzung der Antragspflicht bei Insolvenz

(1) Mit Freiheitsstrafe bis zu drei Jahren oder mit Geldstrafe wird bestraft, wer es entgegen § 130 a Abs. 1 oder 4 des Handelsgesetzbuchs in Verbindung mit § 11 Satz 2 unterläßt, als Geschäftsführer oder Abwickler bei Zahlungsunfähigkeit oder Überschuldung der Vereinigung die Eröffnung des Insolvenzverfahrens zu beantragen.

(2) Handelt der Täter fahrlässig, so ist die Strafe Freiheitsstrafe bis zu einem Jahr oder Geldstrafe.

§ 16

Änderung von Gesetzen

(Die Änderungen betreffen die nachstehend aufgeführten Gesetze und sind hier nicht abgedruckt: Gesetz über die Angelegenheiten der freiwilligen Gerichtsbarkeit, Gesetz

über die Kosten in Angelegenheiten der freiwilligen Gerichtsbarkeit (Kostenordnung), Gerichtsverfassungsgesetz).

§ 17
Berlin-Klausel

(gegenstandslos)

§ 18
Inkrafttreten

Dieses Gesetz tritt am 1. Januar 1989 in Kraft.

Der Bundespräsident

Der Bundeskanzler

Der Bundesminister der Justiz

Geänderter Vorschlag für eine Verordnung (EWG) des Rates über das Statut der Europäischen Aktiengesellschaft[1])

(91/C 176/01)

KOM(91) 174 endg. – SYN 218

(Gemäß Artikel 149 Absatz 3 des EWG-Vertrags von der Kommission vorgelegt am 16. Mai 1991)

(Amtsblatt der Europäischen Gemeinschaften Nr. C 176 vom 8.7.1991 S. 1)

DER RAT DER EUROPÄISCHEN GEMEINSCHAFTEN –

gestützt auf den Vertrag zur Gründung der Europäischen Wirtschaftsgemeinschaft, insbesondere auf Artikel 100 a,

auf Vorschlag der Kommission,

in Zusammenarbeit mit dem Europäischen Parlament,

nach Anhörung des Wirtschafts- und Sozialausschusses,

in Erwägung nachstehender Gründe:

Voraussetzung für die Verwirklichung des Binnenmarkts innerhalb der in Artikel 8 a des Vertrages vorgesehenen Frist und für die damit angestrebte Verbesserung der wirtschaftlichen und sozialen Lage in der gesamten Gemeinschaft ist außer der Beseitigung der Handelshemmnisse eine gemeinschaftsweite Reorganisation der Produktionsfaktoren. Dazu ist es unerläßlich, daß die Unternehmen, deren Tätigkeit sich nicht auf die Befriedigung rein örtlicher Bedürfnisse beschränkt, die Neuordnung ihrer Tätigkeiten auf Gemeinschaftsebene planen und betreiben können.

Eine solche Umgestaltung setzt die Möglichkeit voraus, das Wirtschaftspotential bereits bestehender Unternehmen mehrerer Mitgliedstaaten durch Konzentrations- und Fusionsmaßnahmen zusammenzufassen. Dies darf jedoch nur unter Beachtung der Wettbewerbsregeln des Vertrages geschehen.

Die Verwirklichung der Umstrukturierungs- und Kooperationsmaßnahmen, an denen Unternehmen verschiedener Mitgliedstaaten beteiligt sind, stößt auf rechtliche, steuerliche und psychologische Schwierigkeiten. Einige davon konnten mit der Angleichung des Gesellschaftsrechts der Mitgliedstaaten durch aufgrund von Artikel 54 des Vertrages erlassene Richtlinien ausgeräumt werden. Dies erspart Unternehmen, die verschiedenen Rechtsordnungen unterliegen, jedoch nicht die Wahl einer Gesellschaftsform, für die ein bestimmtes nationales Recht gilt.

---

1) ABl. Nr. C 263 vom 16. 10. 1989, S. 41.

1

Somit entspricht der rechtliche Rahmen, in dem sich die europäischen Unternehmen noch immer bewegen müssen und der gänzlich von innerstaatlichem Recht bestimmt wird, nicht mehr dem wirtschaftlichen Rahmen, in dem sie sich entfalten sollen, um die Erreichung der in Artikel 8 a des Vertrages genannten Ziele zu ermöglichen. Dieser Zustand ist geeignet, Zusammenschlüsse zwischen Gesellschaften verschiedener Mitgliedstaaten erheblich zu behindern.

Die juristische Einheitlichkeit der europäischen Unternehmen muß ihrer wirtschaftlichen weitestgehend entsprechen. Neben den bisherigen Gesellschaftsformen nationalen Rechts ist daher die Schaffung von Gesellschaften vorzusehen, deren Struktur und Funktionsweise durch eine in allen Mitgliedstaaten unmittelbar geltende gemeinschaftsrechtliche Verordnung geregelt werden.

Dadurch werden sowohl die Gründung als auch die Leitung von Gesellschaften europäischen Zuschnitts ermöglicht, ohne daß die bestehenden Unterschiede zwischen den für die Handelsgesellschaften geltenden einzelstaatlichen Rechtsvorschriften mit ihrem räumlich begrenzten Geltungsbereich dafür ein Hindernis darstellten.

Eine solche Verordnung fügt sich nahtlos in die innerstaatlichen Rechtsordnungen ein und trägt so zu deren Angleichung bei. Insofern handelt es sich um eine Maßnahme zur Angleichung der Rechtsvorschriften der Mitgliedstaaten, die der Errichtung des Binnenmarkts und seinem reibungslosen Funktionieren dient.

Das Statut der Europäischen Aktiengesellschaft (SE) zählt zu jenen Rechtsakten, die der Rat gemäß dem Weißbuch der Kommission über die Vollendung des Binnenmarkts, das der Europäische Rat von Mailand im Juni 1985 angenommen hat, vor dem Jahr 1992 erlassen muß. 1987 äußerte der Europäische Rat auf seiner Tagung in Brüssel den Wunsch, daß ein solches Statut rasch ins Leben gerufen wird.

Seit der Vorlage des Kommissionsvorschlags für eine Verordnung über das Statut der Europäischen Aktiengesellschaften im Jahr 1970 und der Vorlage des 1975 geänderten Vorschlags sind bei der Angleichung des nationalen Gesellschaftsrechts beachtliche Fortschritte erzielt worden, so daß in Bereichen, in denen es für das Funktionieren der SE keiner einheitlichen Gemeinschaftsregelung bedarf, auf das Aktienrecht des Sitzmitgliedstaats verwiesen werden kann.

Das wichtigste mit der Rechtsform einer SE verfolgte Ziel erfordert jedenfalls – unbeschadet wirtschaftlicher Erfordernisse, die sich in der Zukunft ergeben können –, daß eine SE gegründet werden kann, um es Gesellschaften verschiedener Mitgliedstaaten zu ermöglichen, zu fusionieren oder eine Holdinggesellschaft zu errichten und damit Gesellschaften und andere juristische Personen aus verschiedenen Mitgliedstaaten, die eine Wirtschaftstätigkeit betreiben, gemeinsame Tochtergesellschaften gründen können.

Im gleichen Sinne sollte es Aktiengesellschaften, die ihren satzungsmäßigen Sitz und ihre Hauptverwaltung in der Gemeinschaft haben, ermöglicht werden, eine SE durch

Umwandlung ohne vorherige Auflösung zu gründen, wenn sie eine Tochtergesellschaft oder eine Niederlassung in einem anderen Mitgliedstaat als dem ihres Sitzes haben.

Die Europäische Aktiengesellschaft selbst muß eine Kapitalgesellschaft in Form einer Aktiengesellschaft sein, die sowohl von der Finanzierung als auch von der Geschäftsführung her am besten den Bedürfnissen der gemeinschaftsweit tätigen Unternehmen entspricht. Um eine sinnvolle Unternehmensgröße dieser Gesellschaften zu gewährleisten, empfiehlt es sich, ein Mindestkapital festzusetzen, das die Gewähr dafür bietet, daß diese Gesellschaften über eine ausreichende Vermögensgrundlage verfügen, ohne daß dadurch kleinen und mittleren Unternehmen die Gründung Europäischer Aktiengesellschaften erschwert wird.

Es ist erforderlich, der SE alle Möglichkeiten einer leistungsfähigen Geschäftsführung an die Hand zu geben und gleichzeitig deren wirksame Überwachung sicherzustellen. Dabei ist dem Umstand Rechnung zu tragen, daß in der Gemeinschaft hinsichtlich der Verwaltung der Aktiengesellschaften, derzeit zwei verschiedene Systeme bestehen. Die Wahl des Systems bleibt der SE überlassen, jedoch ist eine klare Abgrenzung der Verantwortungsbereiche jener Personen, denen die Geschäftsführung obliegt, und der Personen, die mit der Aufsicht betraut sind, wünschenswert.

Angesichts der durch die vierte Richtlinie 78/660/EWG[1]) und die siebente Richtlinie 83/349/EWG[2]), beide zuletzt geändert durch die Akte über den Beitritt Spaniens und Portugals, über den Jahresabschluß bzw. über den konsolidierten Abschluß erfolgten Angleichung können die Bestimmungen dieser Richtlinien auf die SE angewandt werden, wobei es den SE überlassen bleibt, für welche der in diesen Bestimmungen gebotenen Optionen sie sich entscheiden.

Die Rechte und Pflichten hinsichtlich des Schutzes von Minderheitsaktionären und von Dritten, die sich für ein Unternehmen aus der Kontrolle eines anderen Unternehmens, das einer anderen Rechtsordnung unterliegt, ergeben, bestimmen sich gemäß den Vorschriften und allgemeinen Grundsätzen des internationalen Privatrechts nach dem für das kontrollierte Unternehmen geltenden Recht, unbeschadet der sich für das beherrschende Unternehmen aus den geltenden Rechtsvorschriften ergebenden Pflichten, beispielsweise bei der Aufstellung der konsolidierten Abschlüsse.

Unbeschadet des sich möglicherweise aus einer späteren Koordinierung des Rechts der Mitgliedstaaten ergebenden Handlungsbedarfs ist eine Sonderregelung für die SE hier gegenwärtig nicht erforderlich. Es empfiehlt sich daher, sowohl für den Fall, daß die SE die Kontrolle ausübt, als auch für den Fall, daß die SE das kontrollierte Unternehmen ist, auf die allgemeinen Vorschriften und Grundsätze zurückzugreifen.

---

1) ABl. Nr. L 222 vom 14. 8. 1978, S. 11.
2) ABl. Nr. L 193 vom 18. 7. 1983, S. 1.

Wird die SE von einem anderen Unternehmen beherrscht, so ist anzugeben, welches Recht anwendbar ist; hierzu ist auf die Rechtsvorschriften zu verweisen, die für Aktiengesellschaften gelten, die dem Recht des Sitzstaates der SE unterliegen.

Für die SE gilt das Steuerrecht des Staates, in dem sie ihren Sitz hat. Es ist darüber hinaus vorzusehen, daß die Verluste der im Ausland gelegenen Betriebsstätten der SE auf den zu versteuernden Gewinn der SE angerechnet werden. Um eine Diskriminierung anderer Unternehmen, die grenzüberschreitend tätig sind, zu vermeiden, sind für sämtliche Rechtsformen von Unternehmen ähnliche Bestimmungen im Wege einer Richtlinie vorgeschlagen worden[1]).

Es muß sichergestellt werden, daß jeder Mitgliedstaat bei Verstößen gegen Bestimmungen dieser Verordnung die für die seiner Rechtsordnung unterliegenden Aktiengesellschaften geltenden Strafvorschriften anwendet.

Die Stellung der Arbeitnehmer in der SE wird durch die Richtlinie ... auf der Grundlage von Artikel 54 des Vertrages geregelt; diese Bestimmungen stellen somit eine untrennbare Ergänzung der vorliegenden Verordnung dar und müssen zum gleichen Zeitpunkt anwendbar sein.

In den Bereichen, die nicht von dieser Verordnung erfaßt werden, gelten die Rechtsvorschriften der Mitgliedstaaten und das Gemeinschaftsrecht; hierzu gehören:

– das Sozial- und Arbeitsrecht,

– das Steuer- und Wettbewerbsrecht,

– der gewerbliche Rechtsschutz,

– das Konkursrecht.

Die Anwendung der Bestimmungen dieser Verordnung muß stufenweise erfolgen, um alle Mitgliedstaaten in die Lage zu versetzen, die obengenannte Richtlinie in innerstaatliches Recht umzusetzen und die für die Gründung und den Geschäftsbetrieb von SE mit Sitz in ihrem Hoheitsgebiet notwendigen Verfahren rechtzeitig einzuführen, dergestalt, daß die Verordnung und die Richtlinie gleichzeitig zur Anwendung gebracht werden können –

HAT FOLGENDE VERORDNUNG ERLASSEN:

---

1) ABl. Nr. C 53 vom 28. 2. 1991, S. 30.

TITEL I

ALLGEMEINE VORSCHRIFTEN

Artikel 1

(1) Handelsgesellschaften können im gesamten Gebiet der Gemeinschaft in der Form Europäischer Aktiengesellschaften (Societas Europaea, nachfolgend als »SE« abgekürzt) unter den Voraussetzungen und in der Weise gegründet werden, die in dieser Verordnung vorgesehen sind.

(2) Die SE ist eine Gesellschaft, deren Kapital in Aktien zerlegt ist. Die Aktionäre haften für die Verbindlichkeiten der Gesellschaft nur bis zur Höhe ihrer Einlage.

(3) (entfällt)

(4) Die SE besitzt Rechtspersönlichkeit.

Artikel 2

(1) Aktiengesellschaften, die nach dem Recht eines Mitgliedstaats gegründet worden sind und die ihren satzungsmäßigen Sitz und ihre Hauptverwaltung in der Gemeinschaft haben, können eine SE durch Verschmelzung gründen, sofern mindestens zwei von ihnen ihre Hauptverwaltung in verschiedenen Mitgliedstaaten haben.

(1 a) Aktiengesellschaften und Gesellschaften mit beschränkter Haftung, die nach dem Recht eines Mitgliedstaats gegründet worden sind und die ihren satzungsmäßigen Sitz und ihre Hauptverwaltung in der Gemeinschaft haben, können eine SE durch Errichtung einer Holdinggesellschaft gründen, sofern mindestens zwei von ihnen:

– ihre Hauptverwaltung in verschiedenen Mitgliedstaaten haben

oder

– eine Tochtergesellschaft oder eine Niederlassung in einem anderen Mitgliedstaat als dem ihrer Hauptverwaltung haben.

(2) Gesellschaften im Sinne des Artikels 58 zweiter Absatz des Vertrages sowie sonstige Körperschaften des öffentlichen oder privaten Rechts, die nach dem Recht eines Mitgliedstaats gegründet worden sind und ihren satzungsmäßigen oder gesetzlichen Sitz und ihre Hauptverwaltung in der Gemeinschaft haben, können eine SE durch Errichtung einer gemeinsamen Tochtergesellschaft gründen, sofern mindestens zwei von ihnen:

– ihre Hauptverwaltung in verschiedenen Mitgliedstaaten haben

oder

– eine Tochtergesellschaft oder eine Niederlassung in einem anderen Mitgliedstaat als dem ihrer Hauptverwaltung haben.

(3)   Eine Aktiengesellschaft, die nach dem Recht eines Mitgliedstaats gegründet worden ist und ihren satzungsmäßigen Sitz und ihre Hauptverwaltung in der Gemeinschaft hat, kann eine SE durch Umwandlung gründen, wenn sie eine Tochtergesellschaft oder eine Niederlassung in einem anderen Mitgliedstaat als dem ihrer Hauptverwaltung hat.

Artikel 3

(1)   Eine SE kann mit einer oder mehreren Europäischen Aktiengesellschaften oder mit einer oder mehreren Aktiengesellschaften, die nach dem Recht eines Mitgliedstaats gegründet worden sind und ihren satzungsmäßigen Sitz und ihre Hauptverwaltung in der Gemeinschaft haben, eine SE durch Verschmelzung gründen.

(1 a)   Eine SE kann mit einer oder mehreren anderen Europäischen Aktiengesellschaften oder mit einer oder mehreren Gesellschaften im Sinne des Artikels 2 Absatz 1 a eine SE durch Errichtung einer Holdinggesellschaft gründen.

(2)   Eine SE kann mit einer oder mehreren anderen Europäischen Aktiengesellschaften oder mit einer oder mehreren Gesellschaften oder juristischen Personen im Sinne des Artikels 2 Absatz 2 eine SE durch Errichtung einer gemeinsamen Tochtergesellschaft gründen.

(3)   Eine SE kann selbst eine oder mehrere Tochtergesellschaften in Form einer SE gründen.

Artikel 4

(1)   Das gezeichnete Kapital einer SE muß mindestens 100 000 ECU betragen.

(2)   Die Rechtsvorschriften eines Mitgliedstaats, die ein höheres gezeichnetes Kapital für Gesellschaften vorsehen, die bestimmte Arten von Tätigkeiten ausüben, gelten auch für SE mit Sitz in dem betreffenden Mitgliedstaat.

(3)   (entfällt)

Artikel 4 a

Im Sinne dieser Verordnung bezeichnet der Ausdruck »Satzung der SE« gleichzeitig den Gründungsakt und, falls sie Gegenstand eines getrennten Aktes ist, die Satzung der SE im eigentlichen Sinn.

Artikel 5

Sitz der SE ist der Ort, den die Satzung bestimmt. Dieser Ort muß in der Gemeinschaft liegen. Er muß dem Ort der Hauptverwaltung der SE entsprechen.

Artikel 5 a

(1) Der Sitz der SE kann innerhalb der Gemeinschaft verlegt werden. Diese Verlegung führt weder zur Auflösung noch zur Gründung einer neuen juristischen Person.

(2) Hat die Sitzverlegung einen Wechsel des nach Artikel 7 Absatz 1 Buchstabe b) anwendbaren Rechts zur Folge, so wird der Verlegungsplan gemäß Artikel 9 offengelegt.

Der Beschluß über die Verlegung kann erst zwei Monate nach der Offenlegung des Verlegungsplans gefaßt werden. Er muß unter den für die Änderung der Satzung vorgesehenen Bedingungen gefaßt werden.

Die Sitzverlegung der SE sowie die sich daraus ergebende Satzungsänderung werden zu dem Zeitpunkt wirksam, an dem die SE gemäß Artikel 8 in das Register des neuen Sitzes eingetragen wird. Diese Eintragung kann erst aufgrund des Nachweises über die Offenlegung des Verlegungsplans erfolgen.

(3) Die Löschung der Eintragung der SE im Register des früheren Sitzes kann erst aufgrund des Nachweises über die Eintragung der SE im Register des neuen Sitzes erfolgen.

(4) Die neue Eintragung und die Löschung der früheren Eintragung werden gemäß Artikel 9 in den betreffenden Mitgliedstaaten veröffentlicht.

(5) Mit Bekanntgabe der neuen Eintragung der SE ist der neue Sitz Dritten gegenüber wirksam. Jedoch können sich Dritte, solange die Löschung der Eintragung im Register des früheren Sitzes nicht bekanntgemacht worden ist, weiterhin auf den alten Sitz berufen, es sei denn, die SE beweist, daß den Dritten der neue Sitz bekannt war.

Artikel 6

(1) Kontrollierte Unternehmen sind Unternehmen, in denen eine natürliche oder juristische Person:

a) über die Mehrheit der Stimmrechte der Aktionäre oder der Gesellschafter verfügt; oder

b) berechtigt ist, die Mehrheit der Mitglieder des Verwaltungs-, Leitungs- oder Aufsichtsorgans zu ernennen oder abzuberufen und gleichzeitig Aktionär oder Gesellschafter dieses Unternehmens ist; oder

c) Aktionär oder Gesellschafter ist und aufgrund eines Vertrages mit den anderen

Aktionären oder Gesellschaftern dieses Unternehmens die Mehrheit der Stimmrechte der Aktionäre oder der Gesellschafter dieses Unternehmens allein beherrscht.

(2) Für die Anwendung des Absatzes 1 müssen die Stimm-, Ernennungs- oder Abberufungsrechten des herrschenden Unternehmens die Rechte aller anderen kontrollierten Unternehmen sowie alle natürlichen oder juristischen Personen, die zwar in eigenem Namen, aber für Rechnung des herrschenden Unternehmens handeln, hinzugerechnet werden.

Artikel 7

(1)   SE unterliegen:

a)   –   den Bestimmungen dieser Verordnung;

   –   sofern diese Verordnung dies ausdrücklich zuläßt den von den Parteien in der Satzung der SE frei festgelegten Bestimmungen.

b) anderenfalls:

   –   dem im Sitzstaat der SE für Aktiengesellschaften geltenden Recht;

   –   den von den Parteien in der Satzung frei festgelegten Bestimmungen unter den gleichen Voraussetzungen wie im Fall von Aktiengesellschaften, für die das Recht des Sitzstaates der SE gilt.

(2)   Besteht ein Staat aus mehreren Gebietseinheiten, von denen jede ihre eigene Regelung für die in Absatz 1 genannten Bereiche besitzt, so wird zum Zwecke der Ermittlung des nach Absatz 1 Buchstabe b) anwendbaren Rechts jede Gegebenheit als Staat angesehen.

(3)   (entfällt)

(4)   Hinsichtlich ihrer Rechte, Befugnisse und Verpflichtungen wird die SE in jedem Mitgliedstaat und vorbehaltlich der besonderen Bestimmungen dieser Verordnung wie eine Aktiengesellschaft nationalen Rechts behandelt.

Artikel 8

(1)   Jede SE wird gemäß Artikel 3 der Richtlinie 68/151/EWG[1]) in dem Sitzstaat in ein nach dem Recht dieses Staates bestimmtes Register eingetragen.

(2)   Die SE muß ihrer Bezeichnung den Zusatz »SE« voran- bzw. nachstellen.

---

1) ABl. Nr. L 65 vom 14. 3. 1968, S. 8.

8

(3)   Eine SE kann erst nach der Wahl eines Mitbestimmungsmodells gemäß Artikel 3 der Richtlinie . . . zur Ergänzung des SE-Statuts hinsichtlich der Stellung der Arbeitnehmer eingetragen werden.

Artikel 9

Die die SE betreffenden Rechtsakte und Hinweise, die nach dieser Verordnung der Publizitätspflicht unterliegen, werden gemäß Artikel 3 der Richtlinie 68/151/EWG nach Maßgabe der Rechtsvorschriften jedes Mitgliedstaats offengelegt.

Artikel 10

(1)   Die Eintragung und der Abschluß der Liquidation einer SE werden mittels einer Bekanntmachung zu Informationszwecken im *Amtsblatt der Europäischen Gemeinschaften* veröffentlicht, nachdem die Offenlegung gemäß Artikel 9 erfolgt ist. Diese Bekanntmachung enthält die Angabe der Nummer, des Datums und des Orts der Eintragung der SE, des Zeitpunkts, des Orts und des Titels der Veröffentlichung sowie des Sitzes und eine kurze Beschreibung des Zwecks der SE.

Bei der Verlegung des Sitzes der SE unter den in Artikel 5 a genannten Voraussetzungen erfolgt eine Bekanntmachung mit den gleichen Angaben wie im Fall einer Neueintragung.

(2)   Die Mitgliedstaaten sorgen dafür, daß die Angaben gemäß Absatz 1 dem Amt für amtliche Veröffentlichungen der Europäischen Gemeinschaften innerhalb eines Monats nach der Offenlegung gemäß Artikel 9 übermittelt werden.

Artikel 11

Auf Briefen und den für Dritte bestimmten Schriftstücken sind deutlich lesbar anzugeben:

a) die Bezeichnung der SE mit dem vorangestellten oder nachfolgenden Zusatz »SE«;

b) der Ort des Registers, in das die SE gemäß Artikel 8 Absatz 1 eingetragen ist, sowie die Nummer ihrer Eintragung in dieses Register;

c) die Anschrift des Sitzes der SE;

d) (entfällt)

e) (entfällt)

f) gegebenenfalls die Angabe, daß sich die SE in Liquidation oder unter gerichtlicher Verwaltung befindet.

TITEL II

GRÜNDUNG

ERSTER ABSCHNITT

ALLGEMEINES

Artikel 11 a

(1) Vorbehaltlich der nachfolgenden Bestimmungen findet auf die Gründung einer SE das für Aktiengesellschaften des Staates, in dem die SE ihren Sitz festlegt, geltende Recht Anwendung.

(2) Die Gründung einer SE wird gemäß Artikel 9 bekanntgemacht.

Artikel 12

Gründungsgesellschaften im Sinne dieses Titels sind die Gesellschaften und sonstigen juristischen Personen, die gemäß Artikel 2 und 3 an der Gründung einer SE nach den einzelnen Gründungsarten teilnehmen können.

Artikel 13

(entfällt)

Artikel 14

(entfällt)

Artikel 15

(entfällt)

Artikel 16

Die SE hat Rechtspersönlichkeit ab dem Tag ihrer Eintragung in das in Artikel 8 genannten Register.

ZWEITER ABSCHNITT

GRÜNDUNG DURCH VERSCHMELZUNG

Artikel 17

(1) Die SE kann gemäß Artikel 2 Absatz 1 durch Verschmelzung von Aktiengesellschaften gegründet werden. Das gesamte Aktiv- und Passivvermögen der genannten Gesellschaften geht im Wege der Auflösung ohne Liquidation auf die SE über, und zwar gegen Gewährung von Aktien der SE an die Aktionäre der an der Verschmelzung beteiligten Gesellschaften und gegebenenfalls einer baren Zuzahlung, die den zehnten Teil des Nennbetrags oder, wenn der Nennbetrag nicht vorhanden ist, des rechnerischen Wertes der gewährten Aktien nicht übersteigt.

(2) (entfällt)

(3) (entfällt)

Artikel 18

(1) Die Verwaltungs- oder Leitungsorgane der Gründungsgesellschaften stellen einen Verschmelzungsplan auf. Dieser Verschmelzungsplan enthält zumindest:

a) die Rechtsform, die Firma und den Sitz der Gründungsgesellschaften sowie die diesbezüglichen Pläne für die SE;

b) das Umtauschverhältnis der Aktien und gegebenenfalls die Höhe der baren Zuzahlungen;

c) die Einzelheiten hinsichtlich der Übertragung der Aktien der SE;

d) den Zeitpunkt, von dem an diese Aktien das Recht auf Teilnahme an Gewinn gewähren, sowie alle Besonderheiten in bezug auf dieses Recht;

e) den Zeitpunkt, von dem an die Handlungen der Gründungsgesellschaften unter dem Gesichtspunkt der Rechnungslegung als für Rechnung der SE vorgenommen gelten;

f) die Rechte, welche die SE den Aktionären der Gründungsgesellschaften mit Sonderrechten und den Inhabern anderer Wertpapiere als Aktien gewährt, oder die für diese Personen vorgeschlagenen Maßnahmen;

g) jeden besonderen Vorteil, der den Sachverständigen im Sinne von Artikel 21 Absatz 1 sowie den Mitgliedern der Verwaltungs-, Leitungs-, Aufsichts- oder Kontrollorgane der Gründungsgesellschaften gewährt wird.

(2) Der Verschmelzungsplan muß öffentlich beurkundet werden, wenn die auf eine oder mehrere der Gründungsgesellschaften anzuwendenden Rechtsvorschriften dies vorsehen.

(3) (entfällt)

Artikel 19

(1) Der Verschmelzungsplan ist nach den in den Rechtsvorschriften der einzelnen Mitgliedstaaten gemäß Artikel 3 der Richtlinie 68/151/EWG vorgesehenen Verfahren für jede Gründungsgesellschaft mindestens einen Monat vor dem Zusammentreten der Hauptversammlung, die über die Verschmelzung zu beschließen hat, bekanntzumachen.

(2) Die gemäß Absatz 1 vorgenommene Bekanntmachung des Verschmelzungsplans muß jedoch für jede der Gründungsgesellschaften folgende Angaben enthalten:

a) die Rechtsform, die Firma und den Sitz der Gründungsgesellschaften;

b) das Register, bei dem die in Artikel 3 Absatz 2 der Richtlinie 68/151/EWG genannten Urkunden für jede Gründungsgesellschaft hinterlegt worden sind, sowie die Nummer der Eintragung in das Register;

c) (entfällt)

c a) die für die SE vorgesehene Bezeichnung und ihren Sitz.

(3) Die Bekanntmachung enthält außerdem gemäß Artikel 23 Angaben darüber, wie die Gläubiger der Gründungsgesellschaften ihre Rechte ausüben können.

Artikel 20

Die Verwaltungs- oder Leitungsorgane jeder der Gründungsgesellschaften erstellen einen ausführlichen schriftlichen Bericht, in dem der Verschmelzungsplan und insbesondere das Umtauschverhältnis der Aktien aus juristischer und wirtschaftlicher Sicht erläutert und begründet werden.

In diesem Bericht ist außerdem auf etwa aufgetretene besondere Schwierigkeiten bei der Bewertung hinzuweisen.

Artikel 21

(1) Für jede Gründungsgesellschaft prüfen ein oder mehrere unabhängige Sachverständige, die von einem Gericht oder einer Verwaltungsbehörde des Mitgliedstaats, dessen Recht die betreffende Gesellschaft unterliegt, bestellt oder zugelassen sind, den Verschmelzungsplan und erstellen einen schriftlichen Bericht für die Aktionäre.

(1 a) Bei diesen Sachverständigen kann es sich je nach den Rechtsvorschriften des betreffenden Staates um natürliche oder juristische Personen oder Gesellschaften handeln.

(2) In dem Bericht nach Absatz 1 müssen die Sachverständigen in jedem Fall erklären, ob das Umtauschverhältnis ihrer Ansicht nach angemessen ist. In dieser Erklärung ist zumindest anzugeben:

a) nach welcher oder welchen Methoden das vorgeschlagene Umtauschverhältnis bestimmt worden ist;

b) ob diese Methode oder Methoden im vorliegenden Fall angemessen sind und welche Werte sich bei jeder dieser Methoden ergeben; zugleich ist dazu Stellung zu nehmen, welche relative Bedeutung diesen Methoden bei der Bestimmung des zugrunde gelegten Wertes beigemessen wurde.

In dem Bericht ist außerdem auf etwa aufgetretene besondere Bewertungsschwierigkeiten hinzuweisen.

(3) Jeder Sachverständige hat das Recht, von den an der Verschmelzung beteiligten Gesellschaften alle zweckdienlichen Auskünfte und Unterlagen zu verlangen und alle erforderlichen Nachprüfungen vorzunehmen.

(4) Ein oder mehrere unabhängige Sachverständige, die von einem Gericht oder einer Verwaltungsbehörde des Staates, dessen Recht eine der Gründungsgesellschaften oder die künftige SE unterliegt, bestellt oder zugelassen sind, können im Einvernehmen zwischen den Gründungsgesellschaften den Verschmelzungsplan prüfen und den in Absatz 1 genannten schriftlichen Bescheid erstellen.

Artikel 22

(1) Die Hauptversammlung jeder Gründungsgesellschaft stimmt dem Verschmelzungsplan sowie dem Gründungsakt und, falls sie Gegenstand eines getrennten Aktes ist, der Satzung der SE zu. Sie beschließt gemäß den nach Maßgabe von Artikel 7 der Richtlinie 78/855/EWG erlassenen Rechtsvorschriften über Verschmelzungen auf einzelstaatlicher Ebene.

(2) Hinsichtlich der den Aktionären vor dem Zeitpunkt des Zusammentretens der Hauptversammlung, die über die Verschmelzung zu beschließen hat, zur Verfügung zu haltenden
Schriftstücke gelten für die einzelnen Gründungsgesellschaften die Rechtsvorschriften,
die die Mitgliedstaaten gemäß Artikel 11 der Richtlinie 78/855/EWG erlassen haben.

Artikel 23

Das Recht des Staates, das für jede der Gründungsgesellschaften gilt, findet wie bei einer
Verschmelzung von Aktiengesellschaften Anwendung zum Schutz der Interessen:

– der Gläubiger der Gründungsgesellschaften;

– der Anleihegläubiger der Gründungsgesellschaften;

– der Inhaber anderer Wertpapiere, die in den Gründungsgesellschaften mit Sonderrechten verbunden, jedoch keine Aktien sind.

Artikel 24

(1) Die Kontrolle der Rechtmäßigkeit erfolgt für den jede Gründungsgesellschaft
betreffenden Teil des Verfahrens nach dem Recht des Staates, dem sie im Fall einer
Verschmelzung von Aktiengesellschaften unterliegt.

(2) Die zuständige Behörde erteilt der Gründungsgesellschaft eine Bescheinigung
darüber, daß sie die der Verschmelzung vorangehenden Förmlichkeiten erfüllt hat.

(3) (entfällt)

(4) (entfällt)

Artikel 24 a

(1) Die Kontrolle der Rechtmäßigkeit der Verschmelzung wird für den Verfahrensab-
schnitt, der die Durchführung der Verschmelzung und die Gründung der SE betrifft,
von der Behörde vorgenommen, die im künftigen Sitzstaat der SE für die Kontrolle der
Rechtmäßigkeit der Verschmelzung von Aktiengesellschaften zuständig ist.

(2) Dieser Behörde wird hierzu von jeder Gründungsgesellschaft die in Artikel 24
Absatz 2 bezeichnete Bescheinigung vorgelegt.

(3) Die Behörde kontrolliert insbesondere, ob die Gründungsgesellschaften einen
gleichlautenden Verschmelzungsplan genehmigt haben, und überprüft die Satzung der
künftigen SE sowie das in der SE anzuwendende Mitbestimmungsmodell gemäß Artikel 3 der Richtlinie ... zur Ergänzung des SE-Statuts hinsichtlich der Stellung der
Arbeitnehmer.

(4) Die Behörde kontrolliert ferner, ob die Gründung der SE in Übereinstimmung mit den im Sitzstaat gemäß Artikel 11 a gesetzlich festgelegten Bedingungen erfolgt ist.

Artikel 25

Die Verschmelzung und die gleichzeitige Gründung der SE werden mit der Eintragung der SE gemäß Artikel 8 wirksam. Die SE kann erst nach Erfüllung sämtlicher in den Artikeln 24 und 24 a vorgesehenen Formerfordernisse eingetragen werden.

Artikel 26

Für jede Gründungsgesellschaft wird die Durchführung der Verschmelzung nach den in den Rechtsvorschriften des jeweiligen Mitgliedstaats vorgesehenen Verfahren in Übereinstimmung mit Artikel 3 der Richtlinie 68/151/EWG offengelegt.

Artikel 27

Die Verschmelzung bewirkt ipso jure gleichzeitig folgendes:

a) Das gesamte Aktiv- und Passivvermögen der Gründungsgesellschaften geht auf die SE über, wobei diese Vermögensübertragung auch gegenüber Dritten gilt;

b) die Aktionäre der Gründungsgesellschaften werden Aktionäre der SE;

c) die Gründungsgesellschaften erlöschen.

(2) Die in einem Mitgliedstaat im Fall einer Verschmelzung von Aktiengesellschaften vorgeschriebenen besonderen Formvorschriften für die Rechtswirksamkeit der Übertragung bestimmter von den Gründungsgesellschaften eingebrachter Gegenstände, Rechte und Verbindlichkeiten gegenüber Dritten gelten fort und werden entweder von den Gründungsgesellschaften oder von der SE ab dem Zeitpunkt ihrer Eintragung erfüllt.

Artikel 28

Die zivilrechtliche Haftung der Mitglieder des Leitungs- oder Verwaltungsorgans der Gründungsgesellschaften sowie die der Sachverständigen gemäß Artikel 21 bestimmt sich jeweils nach dem Recht des Mitgliedstaats, dem die Gründungsgesellschaft gemäß den Artikeln 20 und 21 der Richtlinie 78/855/EWG unterliegt.

Artikel 29

(1) Die Nichtigkeit einer im Sinne von Artikel 25 wirksam gewordenen Verschmelzung

kann nur wegen Fehlens der Kontrolle der Rechtmäßigkeit gemäß Artikel 24 und 24 a erklärt werden und soweit ein solcher Nichtigkeitsgrund für nationale Aktiengesellschaften im Recht des Sitzstaates der SE vorgesehen ist.

(2) Die Nichtigkeitsklage kann nicht mehr erhoben werden, wenn eine Frist von sechs Monaten verstrichen ist, nachdem die Verschmelzung demjenigen gegenüber wirksam geworden ist, der sich auf die Nichtigkeit beruft, oder wenn der Mangel behoben worden ist.

Artikel 30

(entfällt)

Artikel 30 a

(1) Besitz eine Gründungsgesellschaft mindestens 90 % der Aktien einer anderen Gründungsgesellschaft, so kann die Verschmelzung nach dem im Recht des Mitgliedstaats, dem erstere Gesellschaft unterliegt, in Übereinstimmung mit Kapitel IV der Richtlinie 78/855/EWG vorgesehenen vereinfachten Verfahren vollzogen werden.

(2) Die Verschmelzung kann auch dann nach dem im Recht des Mitgliedstaats, dem eine der Gründungsgesellschaften unterliegt, in Übereinstimmung mit Kapitel IV der Richtlinie 78/855/EWG vorgesehenen vereinfachten Verfahren vollzogen werden, wenn sich mindestens 90 % der Aktien der Gründungsgesellschaften im Besitz ein und derselben Gesellschaft oder im Besitz der von ihr im Sinne von Artikel 6 kontrollierten Gesellschaften befinden.

DRITTER ABSCHNITT

GRÜNDUNG EINER HOLDING-SE

Artikel 31

(1) Eine SE kann gemäß Artikel 2 Absatz 1 a in Form einer Holdinggesellschaft gegründet werden.

Die an der Gründung einer Holding-SE beteiligten Gesellschaften bestehen unbeschadet der für sie geltenden einzelstaatlichen Rechtsvorschriften, die eine Auflösung dieser Gesellschaften vorsehen, wenn deren Anteile in einer Hand sind, fort.

(2)   Die Leitungs- oder Verwaltungsorgane der Gründungsgesellschaften erstellen einen gleichlautenden Gründungsplan für die Holding-SE. Dieser Plan enthält die in Artikel 18 Buchstaben a), b) und c) vorgesehenen Angaben sowie eine Begründung.

Er setzt den Anteil der Aktien oder Anteile fest, der von jeder Gründungsgesellschaft eingebracht werden muß, damit die Holding-SE gegründet werden kann. Dieser Anteil darf 51 % der Stimmrechtsaktien oder Anteile nicht unterschreiten.

(3)   Die Hauptversammlung jeder Gründungsgesellschaft stimmt dem Gründungsplan für die Holding-SE sowie dem Gründungsakt und, falls sie Gegenstand eines getrennten Aktes ist, der Satzung der SE zu. Sie beschließt gemäß den nach Maßgabe von Artikel 7 der Richtlinie 78/855/EWG für Verschmelzungen auf einzelstaatlicher Ebene erlassenen Rechtsvorschriften.

Artikel 31 a

(1)   Nach Zustimmung der Hauptversammlung zum Gründungsplan für die Holding-SE verfügen die Aktionäre oder Anteilseigner der Gründungsgesellschaften über eine Frist von drei Monaten, in der sie ihre Aktien oder Anteile in die künftige SE einbringen können.

(2)   Die Holding-SE ist gegründet, wenn die Aktionäre oder Anteilseigner der Gründungsgesellschaften nach Ablauf der in Absatz 1 genannten Frist die Aktien oder Anteile dieser Gesellschaften zu den im Gründungsplan festgelegten Bedingungen eingebracht haben.

(3)   Die Holding-SE kann erst dann eingetragen werden, wenn die Formerfordernisse gemäß Artikel 31 und die in Absatz 2 genannten Voraussetzungen nachweislich erfüllt sind.

Artikel 32

(entfällt)

Artikel 33

(entfällt)

VIERTER ABSCHNITT

GRÜNDUNG EINER GEMEINSAMEN TOCHTERGESELLSCHAFT

Artikel 34

Eine SE kann in Form einer gemeinsamen Tochtergesellschaft gemäß Artikel 2 Absatz 2 gegründet werden.

Artikel 35

(1) (entfällt)

(2) Bei Gründungsgesellschaften nationalen Rechts finden alle Vorschriften über deren Beteiligung an der Gründung einer Tochtergesellschaft in Form einer Aktiengesellschaft nationalen Rechts Anwendung.

(3) (entfällt)

FÜNFTER ABSCHNITT

GRÜNDUNG EINER TOCHTERGESELLSCHAFT DURCH EINE SE

Artikel 36

(entfällt)

Artikel 37

(entfällt)

18

SECHSTER ABSCHNITT

**GRÜNDUNG EINER SE DURCH UMWANDLUNG EINER BESTEHENDEN
AKTIENGESELLSCHAFT**

Artikel 37 a

Eine SE kann gemäß Artikel 2 Absatz 3 durch Umwandlung einer Aktiengesellschaft gegründet werden.

Unbeschadet von Artikel 8 hat diese Umwandlung weder die Auflösung noch die Gründung einer neuen juristischen Person zur Folge.

Das Leitungs- oder Verwaltungsorgan der betreffenden Gesellschaft stellt einen Umwandlungsplan auf, der die rechtlichen und wirtschaftlichen Aspekte der Umwandlung enthält.

Die Hauptversammlung der Aktionäre der betreffenden Gesellschaft stimmt der Umwandlung sowie dem Gründungsakt und, falls sie Gegenstand eines getrennten Aktes ist, der Satzung der SE nach Maßgabe der für diese Gesellschaft im Fall einer Änderung des Gründungsakts oder der Satzung geltenden Rechtsvorschriften des Mitgliedstaats zu.

Die in dieser Form gegründete SE hat den in dieser Verordnung festgelegten Erfordernissen zu genügen.

TITEL III

Kapital – Aktien und andere Wertpapiere

Artikel 38

(1)   Das Kapital der SE lautet auf ECU.

(2)   Das Kapital der SE ist in Aktien zerlegt, die auf Ecu lauten.

(2 a)   Die Bareinlagen auf ausgegebene Aktien müssen am Tag der Eintragung der SE in Höhe von mindestens 25 v. H. des Nennbetrags der Aktien geleistet werden.

(2 b)   Andere Einlagen als Bareinlagen für bei der Gründung der SE ausgegebene Aktien müssen spätestens innerhalb von fünf Jahren nach der Eintragung der SE vollständig geleistet werden.

Die nach Maßgabe von Artikel 10 der Richtlinie 77/91/EWG zur Überprüfung der anderen Einlagen als Bareinlagen erlassenen Rechtsvorschriften des Sitzstaats der SE finden Anwendung.

(3) Das gezeichnete Kapital darf nur aus Vermögensgegenständen bestehen, deren wirtschaftlicher Wert feststellbar ist. Jedoch dürfen diese Vermögensgegenstände nicht aus Verpflichtungen zu Arbeits- oder Dienstleistungen bestehen.

Artikel 39

(1) Die Aktien dürfen nicht unter dem Nennbetrag ausgegeben werden.

(2) Diejenigen, die sich berufsmäßig mit der Unterbringung von Aktien befassen, können jedoch weniger als den Gesamtbetrag der Aktien zahlen, die sie bei diesem Vorgang zeichnen, sofern eine solche Herabsetzung nach dem Recht des Sitzstaats der SE vorgesehen ist und sie sich im zulässigen Rahmen bewegt.

Artikel 40

Alle Aktionäre, die sich in gleicher Lage befinden, werden gleich behandelt.

Artikel 41

Vorbehaltlich der Vorschriften über die Herabsetzung des gezeichneten Kapitals dürfen die Aktionäre nicht von der Verpflichtung befreit werden, ihre Einlage zu leisten.

Artikel 42

(1) Unbeschadet von Artikel 43 beschließt die Hauptversammlung nach Maßgabe von Artikel 97 über die Erhöhung des gezeichneten Kapitals.

Dieser Beschluß sowie die Durchführung der Erhöhung des gezeichneten Kapitals sind gemäß Artikel 9 offenzulegen.

(2) Die SE kann die Erhöhung ihres Kapitals nach sämtlichen den Aktiengesellschaften ihres Sitzstaats gebotenen Verfahren vornehmen.

(3) Die Neueinlagen auf ausgegebene Aktien müssen in Höhe von mindestens 25 v. H. des Nennbetrags der Aktien geleistet werden. Ist ein höherer Ausgabebetrag vorgesehen, so muß dieser in voller Höhe gezahlt werden.

(4) Die nach Maßgabe von Artikel 27 der Richtlinie 77/91/EWG zur Überprüfung der anderen Einlagen als Bareinlagen erlassenen Rechtsvorschriften des Sitzstaats der SE finden Anwendung.

(5) (entfällt)

(6) Wird eine Kapitalerhöhung nicht voll gezeichnet, so wird das Kapital nur dann um

20

den Betrag der eingegangenen Zeichnungen erhöht, wenn die Ausgabebedingungen diese Möglichkeit ausdrücklich vorsehen.

(7) Beschließt die Hauptversammlung eine Kapitalerhöhung, obwohl das Grundkapital nicht vollständig eingezahlt worden ist, so werden die Zeichner vor ihrer Zeichnung vom Leitungs- oder Verwaltungsorgan hiervon unterrichtet.

Artikel 43

(1) Die Satzung oder die Hauptversammlung, deren Beschluß gemäß Artikel 9 offenzulegen ist, können zu einer Erhöhung des gezeichneten Kapitals im Sinne von Artikel 42 Absatz 1 bis zu einem Betrag ermächtigen, der den gegebenenfalls für die Aktiengesellschaften im Sitzstaat der SE vorgeschriebenen Betrag nicht überschreiten darf.

Die Hauptversammlung beschließt die Kapitalerhöhung nach Maßgabe von Artikel 97.

(2) In den Grenzen des gemäß Absatz 1 festgelegten Betrags beschließt das Verwaltungs- oder Leitungsorgan gegebenenfalls eine Erhöhung des gezeichneten Kapitals. Diese Ermächtigung gilt für eine Höchstdauer von fünf Jahren; sie kann von der Hauptversammlung einmal oder mehrmals für einen Zeitraum der jeweils fünf Jahre nicht überschreiten darf, verlängert werden.

(3) Der Beschluß gemäß Absatz 2 sowie die Durchführung der Kapitalerhöhung sind gemäß Artikel 9 offenzulegen.

Das Verwaltungs- oder Leitungsorgan hat jede Ausgabe von Aktien aufgrund der Genehmigung sowie die auf diese Aktien geleisteten Einlagen dem Register mitzuteilen und gemäß Artikel 9 zu veröffentlichen. Ferner hat es im Anhang des Jahresabschlusses über die Verwendung der Genehmigung zu berichten.

(4) Ist das genehmigte Kapital voll gezeichnet worden oder ist es bei Ablauf der gemäß Absatz 2 bestimmten Frist nur teilweise gezeichnet, so ändert das Verwaltungs- oder Leitungsorgan die Satzung durch Eintragung des neuen Betrags des Kapitals.

(5) (entfällt)

Artikel 44

(1) Bei jeder Erhöhung des gezeichneten Kapitals durch Bareinlagen müssen die Aktien vorzugsweise den Aktionären entsprechend dem durch ihre Aktien vertretenen Teil des Kapitals angeboten werden.

(1 a) Ist die Kapitalerhöhung auf eine Aktiengattung beschränkt, so üben die Aktionäre der anderen Gattungen das Bezugsrecht erst nach Ausübung dieses Rechts durch die Aktionäre der Gattung aus, in der die neuen Aktien ausgegeben werden.

(2) Das Angebot zur vorzugsweisen Zeichnung sowie die Frist, innerhalb deren dieses Recht ausgeübt werden muß, sind gemäß Artikel 9 offenzulegen. Die Satzung kann jedoch vorsehen, daß von dieser Offenlegung abgesehen werden kann, wenn sämtliche Aktien der SE Namensaktien sind. In diesem Fall sind alle Aktionäre schriftlich zu unterrichten. Das Bezugsrecht muß innerhalb einer Frist ausgeübt werden, die nicht kürzer sein darf als ein Monat nach Bekanntmachung des Angebots oder nach Absendung der Schreiben an die Aktionäre.

(3) Das Bezugsrecht darf durch die Satzung weder beschränkt noch ausgeschlossen werden. Dies kann jedoch durch Beschluß der Hauptversammlung geschehen.

Das Leitungs- oder Verwaltungsorgan hat der Hauptversammlung einen schriftlichen Bericht vorzulegen, in dem die Gründe für die Genehmigung der Beschränkung oder des Ausschlusses des Bezugsrechts zu nennen und der vorgeschlagene Ausgabekurs zu begründen sind.

Die Hauptversammlung beschließt nach Maßgabe von Artikel 97. Der Beschluß ist gemäß Artikel 9 offenzulegen.

(4) (entfällt)

(5) Abschriften der in Absatz 3 genannten Berichte können die Aktionäre vom Tage der Einberufung der Hauptversammlung an kostenlos erhalten. Bei der Einberufung der Hauptversammlung ist auf diese Möglichkeit hinzuweisen.

(6) Die Absätze 1 bis 5 gelten für die Ausgabe aller Wertpapiere, die in Aktien umgewandelt werden können oder mit einem Bezugsrecht auf Aktien verbunden sind, nicht aber für die Umwandlung dieser Wertpapiere und die Ausübung des Bezugsrechts.

(7) Eine Beschränkung oder ein Ausschluß des Bezugsrechts liegt nicht vor, wenn die Aktien nach dem Beschluß über die Erhöhung des gezeichneten Kapitals an Banken oder andere Finanzinstitute ausgegeben werden, damit diese sie den Aktionären der Gesellschaft gemäß den Absätzen 1 und 2 anbieten.

Artikel 45

(1) Jede Herabsetzung des gezeichneten Kapitals mit Ausnahme der durch eine gerichtliche Entscheidung angeordneten bedarf eines Beschlusses der Hauptversammlung nach Maßgabe von Artikel 97. Dieser Beschluß ist gemäß Artikel 9 offenzulegen.

In der Mitteilung über die Einberufung der Hauptversammlung müssen der Zweck der Herabsetzung und das Verfahren für ihre Durchführung angegeben werden.

(2) (entfällt)

(3) Die SE kann die Herabsetzung ihres Kapitals nach sämtlichen den Aktiengesellschaften ihres Sitzstaats gebotenen Verfahren vornehmen.

Der Nennbetrag des gezeichneten Kapitals darf nicht unter den Betrag des Mindestkapitals herabgesetzt werden. Nur im Fall eines Verlustes kann die Hauptversammlung eine solche Herabsetzung beschließen, sofern sie gleichzeitig beschließt, das gezeichnete Kapital auf einen Betrag zu erhöhen, der zumindest dem vorgeschriebenen Mindestkapital entspricht.

(4) Wird das gezeichnete Kapital im Fall eines Verlustes herabgesetzt, so muß, wenn infolge der Herabsetzung die Aktiva die Passiva übersteigen, der Differenzbetrag in eine Rücklage eingestellt werden. Der Betrag dieser Rücklage darf jedoch 10 v. H. des herabgesetzten gezeichneten Kapitals nicht übersteigen.

Dieser Betrag darf nicht zu Zahlungen oder Ausschüttungen an die Aktionäre oder zur Befreiung der Aktionäre von der Verpflichtung zur Leistung ihrer Einlagen verwendet werden.

Artikel 45 a

Sind mehrere Gattungen von Aktien vorhanden, so ist der Beschluß der Hauptversammlung über das Kapital gemäß den Artikeln 42 Absatz 1, 43 Absatz 1, 44 Absatz 3 und 45 von einer gesonderten Abstimmung jeder Gattung derjenigen Aktionäre abhängig, deren Rechte durch den Vorgang berührt werden.

Artikel 46

(1) Die Rechtsvorschriften des Sitzstaats der SE zum Schutz der Gläubiger von Aktiengesellschaften im Falle einer Kapitalherabsetzung finden auf die Gläubiger der SE Anwendung.

(2) (entfällt)

(3) (entfällt)

(4) (entfällt)

Artikel 47

(entfällt)

Artikel 48

(1) Die Zeichnung von Aktien der SE durch die SE selbst, durch eine Person, die im eigenen Namen, aber für Rechnung der SE handelt, oder durch Unternehmen, die im Sinne von Artikel 6 von der SE kontrolliert werden, ist untersagt.

(2) Sind die Aktien der SE durch eine Person gezeichnet worden, die im eigenen Namen, aber für Rechnung dieser Gesellschaft handelt, so gilt die Zeichnung als für eigene Rechnung des Zeichners vorgenommen.

(3) Die Gründungsgesellschaften der SE, durch die oder in deren Namen die Satzung oder der Gründungsakt unterzeichnet worden sind, oder, im Falle einer Erhöhung des gezeichneten Kapitals, die Mitglieder des Verwaltungs- oder Leitungsorgans sind verpflichtet, die Einlagen auf Aktien zu leisten, die unter Verstoß gegen diesen Artikel gezeichnet worden sind.

Artikel 49

(1) Die SE kann ihre eigenen Aktien nach den für die Aktiengesellschaften im Sitzstaat der SE geltenden Rechtsvorschriften, die nach Maßgabe der Artikel 19 bis 22 der Richtlinie 77/91/EWG erlassen worden sind, erwerben.

(1 a) Absatz 1 findet auf den Erwerb von Aktien der SE durch ein kontrolliertes Unternehmen im Sinne von Artikel 6 Anwendung.

(2) (entfällt)

(3) (entfällt)

(4) (entfällt)

(5) Die SE darf weder eigene Aktien als Pfand nehmen noch daran ein Nießbrauchs- oder anderes Nutzungsrecht erwerben.

(6) Eine SE darf im Hinblick auf den Erwerb ihrer Aktien durch einen Dritten weder Vorschüsse geben noch Darlehen gewähren, noch Sicherheiten leisten.

(7) Die Absätze 5 und 6 gelten weder für Transaktionen, die im Rahmen der laufenden Geschäfte der Banken und anderer Kreditinstitute getätigt werden, noch für Geschäfte im Hinblick auf den Erwerb von Aktien durch oder für Arbeitnehmer der SE oder eines kontrollierten Unternehmens. Diese Transaktionen und Geschäfte dürfen jedoch nicht dazu führen, daß das Nettovermögen der SE den Betrag des gezeichneten Kapitals zuzüglich der Rücklagen, deren Ausschüttung die Rechtsvorschriften des Sitzstaats oder die Satzung nicht gestatten, unterschreitet.

(8) (entfällt)

(9) (entfällt)

(10) (entfällt)

(11) (entfällt)

Artikel 50

(entfällt)

Artikel 51

Mehrere Berechtigte können Rechte aus einer Aktie nur durch einen gemeinsamen Vertreter ausüben.

Artikel 52

(1)   Die Aktien können hinsichtlich der Verteilung des Gewinns und des Gesellschaftsvermögens unterschiedliche Rechte gewähren. Feste Zinsen dürfen weder zugesagt noch gezahlt werden.

(2)   Stimmrechtsbeschränkte oder stimmrechtslose Aktien sind unter folgenden Bedingungen zulässig:

a) Sie dürfen nur bis zu einem Gesamtbetrag in Höhe der Hälfte des gezeichneten Kapitals ausgegeben werden;

b) sie müssen, unabhängig vom Stimmrecht, die jedem Aktionär aus der Aktie zustehenden Rechte gewähren, wobei ihr Bezugsrecht nach der Satzung oder auf Beschluß der Hauptversammlung auf stimmrechtsbeschränkte oder stimmrechtslose Aktien beschränkt werden kann.

c) Sie müssen besondere Vermögensvorteile gewähren;

d) sie dürfen unbeschadet von Artikel 98 Absatz 2 bei der Berechnung der Beschlußfähigkeit oder der Mehrheit die nach dieser Verordnung oder nach der Satzung erforderlich ist, nicht berücksichtigt werden.

(3)   Sonstige Beschränkungen oder Erweiterungen des Stimmrechts, insbesondere Mehrstimmrechtsaktien sind unzulässig.

(4)   Aktien mit gleichen Rechten bilden eine Gattung.

(5)   (entfällt)

Artikel 53

(1)   Die Aktien lauten auf den Inhaber oder auf den Namen. Die Satzung kann bestimmen, daß auf Verlangen des Aktionärs seine Inhaberaktien in Namensaktien oder seine Namensaktien in Inhaberaktien umzuwandeln sind.

(1 a)   Jede Inhaberaktie muß voll eingezahlt sein.

(2) Eine SE, die Namensaktien ausgibt, hat ein Aktienbuch zu führen, in dem die Inhaber dieser Aktien unter Angabe ihres Namens, ihrer Anschrift sowie der Zahl und der Gattung ihrer Aktien eingetragen werden. Dieses Aktienbuch muß entsprechende Schutzgarantien bieten und für jeden Aktionär am Sitz der SE zugänglich sein.

Artikel 54

Die im Sitzstaat der SE für Aktiengesellschaften geltenden Rechtsvorschriften regeln die Ausgabe, den Ersatz und die Kraftloserklärung der Aktienurkunden.

Artikel 55

(entfällt)

Artikel 56

Die SE kann sich aller Finanzmittel bedienen, die Aktiengesellschaften nach dem Recht des Sitzstaats der SE geboten werden.

Artikel 57

(entfällt)

Artikel 58

(entfällt)

Artikel 59

(entfällt)

Artikel 60

(entfällt)

TITEL IV

ORGANE

Artikel 61

Nach Maßgabe dieser Verordnung

- bestimmt die Satzung der SE, daß die Verfassung der SE entweder nach dem dualistischen System (Leitungs- und Aufsichtsorgan) oder nach dem monistischen System (Verwaltungsorgan) geregelt wird. Die Mitgliedstaaten können den SE mit Sitz in ihrem Hoheitsgebiet jedoch entweder das dualistische oder das monistische System vorschreiben;

- regelt die Satzung der SE ferner die innere Ordnung der Hauptversammlung der Aktionäre.

ERSTER ABSCHNITT

DUALISTISCHES SYSTEM

Erster Unterabschnitt

Leitungsorgan

Artikel 62

(1) Das Leitungsorgan führt die Geschäfte der SE. Das oder die Mitglieder des Leitungsorgans sind befugt, die SE gegenüber Dritten zu verpflichten und sie nach den in Anwendung der Richtlinie 68/151/EWG vom Sitzstaat erlassenen Rechtsvorschriften gerichtlich zu vertreten.

(2) Das oder die Mitglieder des Leitungsorgans werden vom Aufsichtsorgan bestellt und abberufen.

(3) Niemand darf Mitglied des Leitungsorgans und zugleich Mitglied des Aufsichtsorgans der SE sein. Fällt jedoch ein Mitglied des Leitungsorgans aus, so kann das Aufsichtsorgan eines seiner Mitglieder zur Wahrnehmung der Aufgaben des Mitglieds des Leitungsorgans bestellen. Während dieser Zeit darf die betreffende Person ihr Amt als Mitglied des Aufsichtsorgans nicht ausüben.

(4) Die Zahl der Mitglieder des Leitungsorgans wird durch die Satzung der SE bestimmt.

(5) (entfällt)

Zweiter Unterabschnitt

Aufsichtsorgan

Artikel 63

(1) Das Aufsichtsorgan überwacht die Ausführung der dem Leitungsorgan übertragenen Aufgaben. Es ist nicht berechtigt, die Geschäfte der SE selbst zu führen. Das Aufsichtsorgan kann die SE Dritten gegenüber nicht vertreten. Es vertritt jedoch die Gesellschaft gegenüber dem oder den Mitgliedern des Leitungsorgans bei Streitigkeiten oder beim Abschluß von Verträgen.

(2) Die Mitglieder des Aufsichtsorgans werden von der Hauptversammlung bestellt und abberufen. Die Mitglieder des ersten Aufsichtsorgans können jedoch durch die Satzung bestellt werden. Artikel 69 Absatz 4 und die nach Maßgabe von Artikel 4 der Richtlinie ... zur Ergänzung des SE-Statuts hinsichtlich der Stellung der Arbeitnehmer erlassenen Rechtsvorschriften bleiben hiervon unberührt.

(3) Die Zahl der Mitglieder des Aufsichtsorgans wird durch die Satzung bestimmt. Die Mitgliedstaaten können jedoch die Zahl der Mitglieder des Aufsichtsorgans für die in ihrem Hoheitsgebiet eingetragenen SE bestimmen.

Artikel 64

(1) Das Leitungsorgan unterrichtet das Aufsichtsorgan mindestens alle drei Monate über den Gang der Geschäfte der SE und deren voraussichtliche Entwicklung, gegebenenfalls unter Berücksichtigung der Informationen über die von der SE kontrollierten Unternehmen, die sich auf den Geschäftsverlauf der SE spürbar auswirken können.

(2) Das Leitungsorgan teilt dem Aufsichtsorgan unverzüglich alle Informationen mit, die sich auf die Lage der SE spürbar auswirken können.

(3) Das Aufsichtsorgan kann vom Leitungsorgan jederzeit Auskünfte oder einen gesonderten Bericht über die SE betreffende Angelegenheiten verlangen.

(4) Das Aufsichtsorgan kann alle zur Erfüllung seiner Aufgaben erforderlichen Überprüfungen vornehmen. Es kann diese Aufgabe einem oder mehreren seiner Mitglieder übertragen und Sachverständige hinzuziehen.

(5) (entfällt)

(6) Jedes Mitglied des Aufsichtsorgans kann von allen Informationen, die das Leitungsorgan dem Aufsichtsorgan mitteilt, Kenntnis nehmen.

Artikel 65

(1) Das Aufsichtsorgan wählt aus seiner Mitte einen Vorsitzenden. Wird Artikel 4 der
Richtlinie . . . zur Ergänzung des SE-Statuts hinsichtlich der Stellung der Arbeitnehmer
auf die SE angewandt, so darf nur ein von der Hauptversammlung bestelltes Mitglied
zum Vorsitzenden gewählt werden.

(2) Der Vorsitzende beruft das Aufsichtsorgan nach Maßgabe der Satzung entweder
von Amts wegen oder auf Antrag mindestens eines Drittels der Mitglieder des
Aufsichtsorgans, oder auf Antrag des Leitungsorgans ein. In dem Antrag sind die Gründe
für die Einberufung anzugeben. Wird diesem Antrag nicht binnen 15 Tagen stattgegeben,
so kann das Aufsichtsorgan von den Antragstellern einberufen werden.

ZWEITER ABSCHNITT

MONISTISCHES SYSTEM

Artikel 66

(1) Das Verwaltungsorgan führt die Geschäfte der SE. Das oder die Mitglieder des
Verwaltungsorgans sind befugt, die SE gegenüber Dritten zu verpflichten und sie nach den
in Anwendung der Richtlinie 68/151/EWG vom Sitzstaat erlassenen Rechtsvorschriften
gerichtlich zu vertreten.

(1 a) Das Verwaltungsorgan besteht aus mindestens drei Mitgliedern, deren Höchstzahl
in der Satzung festgelegt ist. Das Verwaltungsorgan kann jedoch aus nur zwei Mitgliedern
oder aus nur einem einzigen Mitglied bestehen, wenn die Vertretung der Arbeitnehmer in
der SE nicht nach Artikel 4 der Richtlinie . . . zur Ergänzung des SE-Statuts hinsichtlich
der Stellung der Arbeitnehmer geregelt ist.

(2) Das Verwaltungsorgan kann einem oder mehreren seiner Mitglieder nur die
Geschäftsführung der SE übertragen. Es kann bestimmte Geschäftsführungsbefugnisse
auch einer oder mehreren natürlichen Personen übertragen, die nicht Mitglieder des
Organs sind. Diese Geschäftsführungsbefugnisse können jederzeit widerrufen werden.
Die Voraussetzungen für die Übertragung der Geschäftsführungsbefugnis können in der
Satzung oder von der Hauptversammlung festgelegt werden.

(3)   Vorbehaltlich der Anwendung von Artikel 4 der Richtlinie . . . , der die Stellung der Arbeitnehmer im Verwaltungsorgan regelt, auf die SE werden das oder die Mitglieder des Verwaltungsorgans von der Hauptversammlung bestellt und abberufen.

Artikel 67

(1)   Das Verwaltungsorgan tritt in den durch die Satzung bestimmten Abständen, mindestens jedoch alle drei Monate, zusammen, um über den Gang der Geschäfte der SE und deren voraussichtliche Entwicklung, gegebenenfalls unter Berücksichtigung der Informationen über die von der SE kontrollierten Unternehmen, die sich auf den Geschäftsverlauf der SE spürbar auswirken können, zu beraten.

(1 a)   Das Verwaltungsorgan tritt zur Beschlußfassung über die in Artikel 72 genannten Vorgänge zusammen.

(2)   (entfällt)

(3)   (entfällt)

(4)   Jedes Mitglied des Verwaltungsorgans kann von allen Berichten, Unterlagen und Auskünften, die das Organ über die in den Absätzen 1 und 3 genannten Angelegenheiten erhält, Kenntnis nehmen.

Artikel 67 a

(1)   Das Verwaltungsorgan wählt aus seiner Mitte einen Vorsitzenden. Wird Artikel 4 der Richtlinie . . . zur Ergänzung des SE-Statuts hinsichtlich der Stellung der Arbeitnehmer auf die SE angewandt, so darf nur ein von der Hauptversammlung bestelltes Mitglied zum Vorsitzenden gewählt werden.

(2)   Der Vorsitzende beruft das Verwaltungsorgan nach Maßgabe der Satzung entweder von Amts wegen oder auf Antrag mindestens eines Drittels seiner Mitglieder ein. In dem Antrag sind die Gründe für die Einberufung anzugeben. Wird diesem Antrag nicht binnen 15 Tagen stattgegeben, so kann das Verwaltungsorgan von den Antragstellern einberufen werden.

DRITTER ABSCHNITT

**GEMEINSAME VORSCHRIFTEN FÜR DAS MONISTISCHE UND
DAS DUALISTISCHE SYSTEM**

Artikel 68

(1) Die Mitglieder der Organe werden für einen in der Satzung festgelegten Zeitraum, der sechs Jahre nicht überschreiten darf, bestellt.

(2) Die Mitglieder können einmal oder mehrmals für den nach Maßgabe von Absatz 1 festgesetzten Zeitraum wiedergewählt werden.

Artikel 69

(1) Die Satzung der SE kann vorsehen, daß eine Gesellschaft oder eine andere juristische Person Mitglied eines Organs sein kann, sofern das im Sitzstaat der SE auf Aktiengesellschaften anwendbare Recht nichts anderes bestimmt.

Die Gesellschaft oder sonstige juristische Person hat zur Wahrnehmung der Befugnisse in dem betreffenden Organ eine natürliche Person als Vertreter zu bestellen. Für diesen Vertreter gelten dieselben Bedingungen und Verpflichtungen, wie wenn er persönlich Mitglied dieses Organs wäre.

(2) Personen, die

– nach dem auf sie anwendbaren Recht,

– nach dem Recht des Sitzstaats der SE oder

– infolge einer Gerichts- oder Verwaltungsentscheidung, die in einem Mitgliedstaat ergangen oder anerkannt ist,

dem Leitungs-, Aufsichts- oder Verwaltungsorgan einer Gesellschaft nicht angehören dürfen, können weder Mitglied eines Organs noch Vertreter eines Mitglieds im Sinne von Absatz 1 sein, noch können ihnen Leitungs- oder Vertretungsbefugnisse übertragen werden.

(3) Die Satzung der SE kann für Mitglieder, die die Aktionäre vertreten, besondere Voraussetzungen der Mitgliedschaft festlegen.

(4) Die einzelstaatlichen Rechtsvorschriften, die auch einer Minderheit von Aktionären die Bestellung eines Teils der Organmitglieder erlauben, bleiben von dieser Verordnung unberührt.

Artikel 70

(entfällt)

Artikel 71

(entfällt)

Artikel 72

(1) Folgende Vorgänge bedürfen der Zustimmung des Aufsichtsorgans oder eines Beschlusses des Verwaltungsorgans:

a) Jedes Investitionsvorhaben, dessen Umfang mehr als den gemäß Buchstabe e) festgesetzten Prozentsatz des gezeichneten Kapitals der SE beträgt;

b) die Errichtung, der Erwerb, die Veräußerung oder Auflösung von Unternehmen, Betrieben oder Betriebsteilen, wenn der Kaufpreis oder der Veräußerungserlös mehr als den gemäß Buchstabe e) festgesetzten Prozentsatz des gezeichneten Kapitals der SE beträgt;

c) die Aufnahme oder Gewährung von Krediten, die Aufgabe von Schuldverschreibungen und die Übernahme von Verbindlichkeiten Dritter oder deren Garantie, wenn der Gesamtvorgang den gemäß Buchstabe e) festgesetzten Prozentsatz des gezeichneten Kapitals der SE übersteigt;

d) der Abschluß von Liefer- und Leistungsverträgen, wenn der darin vorgesehene Gesamtumsatz den gemäß Buchstabe e) festgesetzten Prozentsatz den Umsatz des letzten Geschäftsjahres übersteigt;

e) der unter Buchstaben a) bis d) genannte Prozentsatz wird im Statut festgesetzt. Er darf nicht weniger als 5 v. H. und nicht mehr als 25 v. H. betragen.

(2) Die Satzung der SE kann andere Arten von Beschlüssen vorsehen, für die Absatz 1 gilt.

(3) Die Mitgliedstaaten können für die in ihrem Hoheitsgebiet eingetragenen SE unter den gleichen Bedingungen wie für die ihrem Recht unterliegenden Aktiengesellschaften die Kategorien von Maßnahmen gemäß Absatz 1 bestimmen.

(4) Die Mitgliedstaaten können vorsehen, daß das Aufsichtsorgan oder Verwaltungsorgan der in ihrem Hoheitsgebiet eingetragenen SE unter den gleichen Bedingungen wie die ihrem Recht unterliegenden Aktiengesellschaften bestimmte Kategorien von Maßnahmen einer Genehmigung oder einem ausdrücklichen Beschluß unterwirft.

Artikel 73

(entfällt)

Artikel 74

(1) Jedes Mitglied eines Organs hat bei der Wahrnehmung der ihm nach Maßgabe dieser Verordnung übertragenen Aufgaben dieselben Rechte und Pflichten wie die übrigen Mitglieder des Organs, dem es angehört.

(2) Alle Mitglieder üben ihr Amt im Interesse der SE unter besonderer Berücksichtigung der Interessen der Aktionäre und der Arbeitnehmer aus.

(3) Alle Mitglieder sind verpflichtet, über vertrauliche Informationen, die die SE betreffen, auch nach Ausscheiden aus ihrem Amt Stillschweigen zu bewahren.

Artikel 75

(entfällt)

Artikel 76

(1) Die Beschlußfassung in den Organen der SE wird durch die Satzung geregelt.

(2) Sofern die Satzungsbestimmungen gemäß Absatz 1 nichts anderes vorsehen, ist jedes Organ nur beschlußfähig, wenn wenigstens die Hälfte seiner Mitglieder bei der Beschlußfassung anwesend ist. Die Beschlüsse werden mit der Mehrheit der tatsächlich anwesenden Mitglieder gefaßt.

(3) (entfällt)

(3 a) Bei Stimmengleichheit gibt die Stimme des Vorsitzenden des Organs den Ausschlag.

(4) (entfällt)

Artikel 77

(1) Die Mitglieder des Leitungs-, Aufsichts- oder Verwaltungsorgans haften für den Schaden, welcher der SE durch eine Verletzung der ihnen bei der Ausübung ihres Amtes obliegenden Pflichten entsteht.

(2) Besteht das betreffende Organ aus mehreren Mitgliedern, so haften diese gesamtschuldnerisch für den der SE entstandenen Schaden; ein Mitglied des betreffenden Organs

kann sich jedoch von seiner Haftung befreien, wenn es nachweist, daß es keine der ihm bei der Ausübung seines Amtes obliegenden Pflichten verletzt hat.

Artikel 78

(1)   (entfällt)

(2)   Die Hauptversammlung faßt mit der in Artikel 94 vorgeschriebenen Mehrheit den Beschluß, im Namen und für Rechnung der Gesellschaft Haftungsklage gemäß Artikel 77 zu erheben. Die Hauptversammlung bestellt hierzu einen besonderen Bevollmächtigten, der mit der Prozeßfunktion betraut wird.

(3)   Die Haftungsklage im Namen und für Rechnung der Gesellschaft kann auch von einem oder mehreren Aktionären erhoben werden, die zusammen über mindestens 5 v. H. des gezeichneten Kapitals verfügen. Sie bestellen hierzu einen besonderen Bevollmächtigten, der mit der Prozeßführung betraut wird.

(4)   (entfällt)

Artikel 79

(entfällt)

Artikel 80

Die Haftungsklage kann nach Ablauf von fünf Jahren nach Eintritt des schädigenden Ereignisses nicht mehr erhoben werden.

VIERTER ABSCHNITT

HAUPTVERSAMMLUNG

Artikel 81

Die Hauptversammlung beschließt über:

a) die Angelegenheiten, für die ihr mit dieser Verordnung eine besondere Zuständigkeit übertragen wird;

b) über die Angelegenheiten, für die das Leitungs-, Aufsichts- oder Verwaltungsorgan aufgrund

- dieser Verordnung;

- der Richtlinie ... zur Ergänzung des SE-Statuts hinsichtlich der Stellung der Arbeitnehmer

- oder des zwingenden Rechts des Sitzstaats

- oder der Satzung der SE

nicht ausschließlich zuständig ist.

Artikel 81 a

Für die Organisation und den Ablauf der Hauptversammlung, insbesondere in bezug auf die Einberufung der Aktionäre, ihre etwaige schriftliche Stimmabgabe, ihre Teilnahme und ihre Vertretung bei der Versammlung, die Feststellung ihrer Anwesenheit, den Inhalt der Tagesordnung und das Tagungsprotokoll gelten außer den Bestimmungen dieses Abschnitts, die im Sitzstaat der SE auf Aktiengesellschaften anwendbaren Rechtsvorschriften.

Artikel 82

(1) Die Hauptversammlung tritt mindestens einmal jährlich binnen sechs Monaten nach Abschluß des Geschäftsjahres zusammen.

(2) Das Leitungs- oder Verwaltungsorgan kann die Hauptversammlung jederzeit einberufen. Das Leitungsorgan hat die Hauptversammlung einzuberufen, wenn das Aufsichtsorgan dies verlangt.

(3) Tritt die Hauptversammlung nach Abschluß des Geschäftsjahres zusammen, so sieht die Tagesordnung mindestens einen Beschluß über den Jahresabschluß und die Verwendung des Bilanzgewinns sowie über den der Hauptversammlung vom Leitungs- oder Verwaltungsorgan vorgelegten Lagebericht gemäß Artikel 46 der Richtlinie 78/660/EWG vor.

(4) In einer SE mit einem Leitungs- und einem Aufsichtsorgan kann die Satzung bestimmen, daß beide Organe gemeinsam, jedoch in getrennter Abstimmung, den Jahresabschluß feststellen und die Hauptversammlung nur dann beschließt, wenn die SE beider Organe keine Einigung erzielen.

Artikel 83

(1) Die Einberufung der Hauptversammlung und die Festsetzung der Tagesordnung kann von einem oder mehreren Aktionären beantragt werden, die gemeinsam über

mindestens 10 v. H. des gezeichneten Kapitals verfügen; die Satzung kann einen niedrigeren Prozentsatz bestimmen.

(2)   Der Antrag auf Einberufung muß begründet werden und die Punkte für die Tagesordnung enthalten.

(3)   Wird dem nach Absatz 1 gestellten Antrag nicht innerhalb eines Monats stattgegeben, so kann die am Sitz der SE zuständige Justiz- oder Verwaltungsbehörde die Einberufung der Hauptversammlung anordnen oder dazu die Aktionäre, die den Antrag gestellt haben, oder deren Vertreter ermächtigen.

(4)   Die Hauptversammlung kann auf einer Tagung beschließen, eine weitere Tagung zu einem Zeitpunkt und mit einer Tagesordnung anzuberaumen, die von ihr selbst festgelegt werden.

Artikel 84

(entfällt)

Artikel 85

(1)   Die Ergänzung der Tagesordnung der Hauptversammlung um einen oder mehrere weitere Gegenstände kann von einem oder mehreren Aktionären die gemeinsam über mindestens 10 v. H. des gezeichneten Kapitals verfügen, wobei die Satzung einen niedrigen Prozentsatz vorsehen kann, beantragt werden.

(2)   (entfällt)

(3)   (entfällt)

Artikel 86

Jeder Aktionär kann an der Hauptversammlung teilnehmen.

Artikel 87

(1)   Jeder Aktionär ist berechtigt, sich auf der Hauptversammlung von einer Person seiner Wahl vertreten zu lassen.

(2)   (entfällt)

(3)   (entfällt)

Artikel 88

(entfällt)

Artikel 89

Alle Aktionäre haben gleichen Zugang zu den Informationen, die ihnen gemäß Artikel 81 a mitgeteilt werden müssen.

Artikel 90

(entfällt)

Artikel 91

(entfällt)

Artikel 92

(1) Das Stimmrecht der Aktionäre entspricht dem durch die mit Stimmrecht ausgestattete Aktie verkörperten Anteil am gezeichneten Kapital.

(2) (entfällt)

(3) Das Stimmrecht darf in folgenden Fällen nicht ausgeübt werden:

a) solange der von der Gesellschaft eingeforderte Betrag der Einlage nicht innerhalb der vorgeschriebenen Frist geleistet worden ist;

b) bei eigenen Aktien der SE oder eines kontrollierten Unternehmens im Sinne von Artikel 6.

(4) (entfällt)

Artikel 93

(entfällt)

Artikel 93 a

Im Sinne dieses Abschnitts zählen zu den abgegebenen Stimmen nicht die Stimmen, die mit Aktien verbunden sind, für die Aktionäre nicht an der Abstimmung teilgenommen, einen leeren oder ungültigen Stimmzettel abgegeben oder sich der Stimme enthalten haben.

Artikel 94

(1) Die Beschlüsse der Hauptversammlung werden mit der Mehrheit der abgegebenen Stimmen gefaßt, sofern diese Verordnung nichts anderes bestimmt.

(2) Für die Bestellung oder Abberufung der von der Hauptversammlung bestellten Mitglieder der Organe darf keine größere Mehrheit als die in Absatz 1 vorgesehene vorgeschrieben werden.

Artikel 95

(entfällt)

Artikel 96

(entfällt)

Artikel 97

(1) Die Änderung der Satzung bedarf eines Beschlusses der Hauptversammlung, der mit einer Mehrheit von zwei Dritteln der abgegebenen Stimmen gefaßt worden ist.

(2) Die Satzung kann jedoch bestimmen, daß eine einfache Mehrheit der Stimmen im Sinne von Absatz 1 ausreicht, sofern mindestens die Hälfte des gezeichneten Kapitals vertreten ist.

(3) Beschlüsse der Hauptversammlung, die eine Erhöhung der Verbindlichkeiten der Aktionäre zu Folge haben, bedürfen in jedem Fall der Zustimmung aller davon betroffenen Aktionäre.

(4) Der Beschluß über die Änderung des Statuts oder des Gründungsakts wird gemäß Artikel 9 offengelegt.

Artikel 98

(1) Sind mehrere Gattungen von Aktien vorhanden, so ist der Beschluß der Hauptversammlung von einer gesonderten Abstimmung zumindest jeder Gruppe von Aktionären abhängig, deren Rechte durch den Beschluß berührt werden.

(2)   Bedarf der Beschluß der Hauptversammlung der Mehrheit der Stimmen gemäß Artikel 97 Absätze 1 und 2, so ist diese Mehrheit auch für die gesonderte Abstimmung jeder Gruppe von Aktionären erforderlich, deren Rechte durch den Beschluß berührt werden.

Artikel 99

(entfällt)

Artikel 100

Die Entscheidung eines Gerichts oder einer sonstigen zuständigen Behörde, mit der ein Beschluß der Hauptversammlung der SE für ungültig oder nichtig erklärt wird, ist gemäß Artikel 9 offenzulegen.

TITEL V

JAHRESABSCHLUSS UND KONSOLIDIERTER ABSCHLUSS

ERSTER ABSCHNITT

JAHRESABSCHLUSS

Erster Unterabschnitt

Aufstellung des Jahresabschlusses

Artikel 101

(1)   Die SE stellt einen Jahresabschluß auf, der aus der Bilanz, der Gewinn- und Verlustrechnung sowie dem Anhang zum Jahresabschluß besteht. Diese Unterlagen bilden eine Einheit.

(1 a)   Die SE kann ihren Jahresabschluß in Ecu aufstellen und offenlegen. In diesem Fall ist im Anhang anzugeben, auf welcher Grundlage die im Abschluß aufgeführten Vermögensgegenstände, die in einer anderen Währung ausgedrückt sind oder ursprünglich auf eine andere Währung lauteten, in Ecu umgerechnet worden sind.

(2)   Der Jahresabschluß der SE wird vorbehaltlich von Absatz 3 gemäß den Bestimmungen der Richtlinie 78/660/EWG aufgestellt.

(2 a)   Wird in der Richtlinie 78/660/EWG auf das innerstaatliche Recht Bezug genommen, so ist dies als Verweis auf das Recht des Mitgliedstaats anzusehen, in dem die SE
ihren Sitz hat.

(3) a)   Artikel 1, Artikel 2 Absatz 1 und Absatz 5 letzter Satz und Absatz 6, Artikel 4
         Absatz 1 letzter Satz, Absatz 2 letzter Satz, Absatz 3 Buchstabe b) letzter Satz
         und Absatz 4 Satz 2, Artikel 5, Artikel 33 Absatz 5, Artikel 43 Absatz 2, Artikel 45
         Absatz 1 Buchstabe b) letzter Satz und die Artikel 54, 55 und 62 der Richtlinie
         78/660/EWG finden keine Anwendung.

     b) Für die Aufstellung des Jahresabschlusses gelten die Bestimmungen der Artikel 2,
         3, 4, 6 und 7 der Richtlinie 78/660/EWG. Die SE kann von den in Artikel 6 dieser
         Richtlinie vorgesehenen Optionen Gebrauch machen.

     c) Für die Aufstellung der Bilanz kann die SE zwischen den Gliederungen in
         den Artikeln 9 und 10 der Richtlinie 78/660/EWG wählen. Sie kann von den
         vorgesehenen Optionen in den Artikeln 9, 10, 11, 18 letzter Satz, 20 Absatz 2 und
         21 letzter Satz dieser Richtlinie Gebrauch machen.

     d) Für die Aufstellung der Gewinn- und Verlustrechnung kann die SE zwischen den
         in den Artikeln 23 bis 26 der Richtlinie 78/660/EWG vorgesehenen Gliederungen
         wählen. Sie kann von den in den Artikeln 27 und 30 der Richtlinie vorgesehenen
         Optionen Gebrauch machen.

     e) Die Bewertung der Posten im Jahresabschluß erfolgt nach den in Artikel 31 der
         Richtlinie 78/660/EWG aufgeführten Grundsätzen. Für die Bewertung gilt der
         Grundsatz der Anschaffungs- und Herstellungskosten gemäß Artikel 34 bis 42
         dieser Richtlinie.

         Die SE kann jedoch eine der drei in Artikel 33 der genannten Richtlinie
         vorgesehenen Bewertungsmethoden wählen. Macht sie von dieser Möglichkeit
         Gebrauch, so vergewissert sie sich, daß die angewandte Methode den in diesem
         Artikel aufgeführten Grundsätzen entspricht. Die angewandte Methode ist im
         Anhang zu erläutern.

         Die SE kann von den in den Artikeln 33 Absatz 3 Satz 2, Artikel 34 Absatz 1, Ar-
         tikel 36, Artikel 37 Absätze 1 und 2, 39 Absatz 1 Buchstabe c) und Absatz 2 sowie
         Artikel 40 Absatz 1 der Richtlinie vorgesehenen Optionen Gebrauch machen.

     f) Außer den in anderen Bestimmungen der Richtlinie 78/660/EWG vorgesehenen
         Angaben muß der Anhang zumindest die in Artikel 43 derselben Richtlinie
         vorgesehenen Angaben enthalten. Die SE kann von den in den Artikeln 44 und
         45 Absätze 1 und 2 dieser Richtlinie vorgesehenen Optionen Gebrauch machen.

Zweiter Unterabschnitt

Erstellung des Lageberichts

Artikel 102

(1) Die SE erstellt einen Lagebericht, der zumindest den Geschäftsverlauf und die Lage der Gesellschaft so darstellt, daß ein den tatsächlichen Verhältnissen entsprechendes Bild entsteht.

(2) Der Lagebericht enthält auch die in Artikel 46 der Richtlinie 78/660/EWG vorgesehenen Angaben.

Dritter Unterabschnitt

Prüfung

Artikel 103

(1) Der Jahresabschluß wird durch eine oder mehrere Personen geprüft, die in dem Mitgliedstaat, in dem die SE ihren Sitz hat, gemäß den von diesem Staat in Anwendung der Richtlinien 84/253/EWG[1]) und 89/48/EWG[2]) erlassenen Bestimmungen zugelassen sind. Die Personen haben auch zu prüfen, ob der Lagebericht mit dem Jahresabschluß des betreffenden Geschäftsjahres in Einklang steht.

(2) Entspricht die SE den in Artikel 11 der Richtlinie 78/660/EWG vorgesehenen Größenmerkmalen, so ist sie nicht verpflichtet, ihren Jahresabschluß prüfen zu lassen. In diesem Fall unterliegen die Mitglieder des Verwaltungs- oder des Leitungsorgans den für Aktiengesellschaften im Sitzstaat vorgesehenen Sanktionen, wenn der Jahresabschluß oder der Lagebericht nicht nach den Bestimmungen dieses Abschnitts erstellt sind.

---

1) ABl. Nr. L 126 vom 12. 5. 1984, S. 20.
2) ABl. Nr. L 19 vom 24. 1. 1989, S. 16.

Vierter Unterabschnitt

Offenlegung

Artikel 104

(1) Der ordnungsgemäß gebilligte Jahresabschluß und der Lagebericht sowie der Abschlußbericht sind nach den in den Rechtsvorschriften des Sitzstaates der SE gemäß Artikel 3 der Richtlinie 68/151/EWG vorgesehenen Verfahren offenzulegen.

(2) Die SE kann von den in Artikel 47 der Richtlinie 78/660/EWG vorgesehenen Optionen Gebrauch machen.

(3) Die Artikel 48, 49 und 50 der Richtlinie 78/660/EWG finden auf die SE Anwendung.

Fünfter Unterabschnitt

Schlußbestimmungen

Artikel 105

Die Artikel 53 Absatz 1, Artikel 56 Absatz 2 und die Artikel 57 bis 61 der Richtlinie 78/660/EWG finden auf die SE Anwendung. Sie SE kann von den in diesen Artikeln vorgesehenen Optionen Gebrauch machen.

ZWEITER ABSCHNITT

KONSOLIDIERTER ABSCHLUSS

Erster Unterabschnitt

Voraussetzungen für die Aufstellung des konsolidierten Abschlusses

Artikel 106

(1) Ist die SE ein Mutterunternehmen im Sinne von Artikel 1 Absätze 1 und 2 der Richtlinie 83/349/EWG, so hat sie einen konsolidierten Abschluß und einen konsolidierten Lagebericht gemäß den Bestimmungen dieser Richtlinie zu erstellen.

(1 a)   Die SE kann ihren konsolidierten Abschluß in Ecu aufstellen und offenlegen.   In diesem Fall ist im Anhang anzugeben, auf welcher Grundlage die im Abschluß aufgeführten Vermögensgegenstände sowie die Finanzausweise, die in einer anderen Währung ausgedrückt sind oder ursprünglich auf eine andere Währung lauteten, in Ecu umgerechnet worden sind.

(2)   Artikel 1 Absatz 1 Buchstabe c) letzter Satz, Buchstabe d) bb) letzter Satz und Buchstabe d) zweiter Absatz sowie die Artikel 4 und 5 der Richtlinie 83/349/EWG finden keine Anwendung.

(3)   Die SE kann von den in den Artikeln 1, 6, 12 und 15 der Richtlinie 83/349/EWG vorgesehenen Optionen Gebrauch machen.

Artikel 107

(1)   Ist die SE ein Mutterunternehmen im Sinne von Artikel 1 Absätze 1 und 2 der Richtlinie 83/349/EWG und gleichzeitig ein Tochterunternehmen eines Mutterunternehmens, das dem Recht eines Mitgliedstaates unterliegt, so ist sie unter den in den Artikeln 7 und 8 derselben Richtlinie vorgesehenen Voraussetzungen von der Verpflichtung befreit, einen konsolidierten Abschluß zu erstellen. Artikel 10 dieser Richtlinie ist anzuwenden.

(2)   Artikel 7 Buchstabe b) zweiter Unterabsatz, Artikel 8 Absätze 2 und 3 sowie Artikel 9 finden keine Anwendung.

(3)   Die in Absatz 1 vorgesehene Befreiung gilt nicht, wenn die Wertpapiere der SE zur amtlichen Notierung an einer Wertpapierbörse in einem Mitgliedstaat zugelassen sind.

Artikel 108

(1)   Ist die SE ein Mutterunternehmen im Sinne von Artikel 1 Absätze 1 und 2 der Richtlinie 83/349/EWG und gleichzeitig ein Tochterunternehmen eines Mutterunternehmens, das nicht dem Recht eines Mitgliedstaates unterliegt, so ist sie unter den in Artikel 11 der genannten Richtlinie vorgesehenen Voraussetzungen von der Verpflichtung befreit, einen konsolidierten Abschluß zu erstellen.

(2)   Artikel 8 Absatz 1 Satz 2 und Absätze 2 und 3 sowie Artikel 9 der Richtlinie 83/349/EWG finden keine Anwendung.

(3)   Die in Absatz 1 vorgesehene Befreiung gilt nicht, wenn die Wertpapiere der SE zur amtlichen Notierung an einer Wertpapierbörse in einem Mitgliedstaat zugelassen sind.

Zweiter Unterabschnitt

Art und Weise der Aufstellung des konsolidierten Abschlusses

Artikel 109

(1) Der konsolidierte Abschluß besteht aus der konsolidierten Bilanz, der konsolidierten Gewinn- und Verlustrechnung sowie dem Anhang. Diese Unterlagen bilden eine Einheit.

(2) Der konsolidierte Abschluß ist vorbehaltlich des Absatzes 3 gemäß den Bestimmungen der Richtlinie 83/349/EWG zu erstellen.

(3) a) Artikel 16 Absatz 5 letzter Satz und Absatz 6, Artikel 33 Absatz 2 Buchstabe c) Satz 1 und Absatz 3 letzter Satz, Artikel 34 Nr. 12 letzter Satz und Nr. 13 letzter Satz, Artikel 35 Absatz 1 Buchstabe b) Satz 2 und die Artikel 40, 41 Absatz 5 sowie 48 der Richtlinie 83/349/EWG finden keine Anwendung.

    b) Die SE kann von den in Artikel 17 Absatz 2, Artikel 19 Absatz 1 Buchstabe b), Artikel 20, Artikel 26 Absatz 1 Buchstabe c) letzter Satz und Absatz 2, Artikel 27 Absatz 2, Artikel 28 Satz 2, Artikel 29 Absatz 2 Buchstabe a) Satz 2 und Absatz 5 letzter Satz, Artikel 30 Absatz 2, Artikel 32, Artikel 33 Absatz 2 Buchstabe d) und Artikel 35 Absatz 1 der Richtlinie 83/349/EWG vorgesehenen Optionen Gebrauch machen.

Dritter Unterabschnitt

Erstellung des konsolidierten Lageberichts

Artikel 110

(1) Der konsolidierte Lagebericht hat zumindest den Geschäftsverlauf und die Lage der Gesamtheit der in die Konsolidierung einbezogenen Unternehmen so darzustellen, daß ein den tatsächlichen Verhältnissen entsprechendes Bild entsteht.

(2) Der konsolidierte Lagebericht enthält auch die in Artikel 36 der Richtlinie 83/349/EWG vorgesehenen Angaben. Die SE kann von der in Absatz 2 Buchstabe d) letzter Satz dieses Artikels vorgesehenen Option Gebrauch machen.

Vierter Unterabschnitt

Prüfung des konsolidierten Abschlusses

Artikel 111

Die Prüfung des konsolidierten Abschlusses erfolgt durch eine oder mehrere Personen, die in dem Mitgliedstaat, in dem die SE ihren Sitz hat, gemäß den von diesem Staat in Anwendung der Richtlinien 84/253/EWG und 89/48/EWG erlassenen Bestimmungen zugelassen sind. Diese Personen haben auch zu prüfen, ob der konsolidierte Lagebericht mit dem konsolidierten Abschluß des betreffenden Geschäftsjahres im Einklang steht.

Fünfter Unterabschnitt

Offenlegung

Artikel 112

(1) Der ordnungsgemäß gebilligte konsolidierte Abschluß, der konsolidierte Lagebericht sowie der Abschlußprüfungsbericht werden nach dem Recht des Sitzstaates der SE gemäß Artikel 3 der Richtlinie 68/151/EWG offengelegt.

(2) Artikel 38 Absätze 3, 4 und 6 der Richtlinie 83/349/EWG finden keine Anwendung.

(3) Die Mitglieder des Leitungsorgans oder die geschäftsführenden Mitglieder des Verwaltungsorgans unterliegen den (. . . vorgesehenen Sanktionen), wenn der konsolidierte Abschluß und der konsolidierte Lagebericht nicht offengelegt worden sind.

DRITTER ABSCHNITT

BANKEN UND VERSICHERUNGSUNTERNEHMEN

Artikel 113

(1) Die SE, die Kredit- und Finanzinstitute sind, halten sich bezüglich der Aufstellung, Prüfung und Offenlegung des Jahresabschlusses und des konsolidierten Abschlusses an die in den Rechtsvorschriften des Sitzstaates in Anwendung der Richtlinie 86/635/EWG[1]) vorgesehenen Regeln.

1) ABl. Nr. L 372 vom 31. 12. 1986, S. 1.

(2)   Die SE, die Versicherungsunternehmen sind, halten sich bezüglich der Aufstellung, Prüfung und Offenlegung des Jahresabschlusses und des konsolidierten Abschlusses an die in den Rechtsvorschriften des Sitzstaates in Anwendung einer (Richtlinie . . . , die in Ergänzung der Richtlinie 78/660/EWG die Bestimmungen über den Jahresabschluß und den konsolidierten Abschluß der Versicherungsunternehmen harmonisiert) vorgesehenen Regeln.

TITEL VI

KONZERNE

Artikel 114

(entfällt)

TITEL VII

**AUFLÖSUNG, LIQUIDATION, ZAHLUNGSUNFÄHIGKEIT UND
EINSTELLUNG DER ZAHLUNGEN**

ERSTER ABSCHNITT

AUFLÖSUNG

Artikel 115

Die SE kann durch Beschluß der Hauptversammlung, der nach den Bestimmungen des Artikels 97 gefaßt wird, aufgelöst werden.

Die Hauptversammlung kann den Auflösungsbeschluß nach denselben Bestimmungen aufheben, solange mit der Verteilung des Vermögens noch nicht begonnen worden ist.

Artikel 116

(1)   Das Leitungs- oder Verwaltungsorgan muß die Hauptversammlung einberufen, wenn

– die im Gründungsakt oder in der Satzung bestimmte Dauer abgelaufen

– oder ein anderer, in der Satzung vorgesehener Auflösungsgrund eingetreten ist.

Die Hauptversammlung kann dann entweder

- nach Maßgabe von Artikel 94 die Auflösung der SE oder
- nach Maßgabe von Artikel 97 die Fortsetzung der Tätigkeiten der SE beschließen.

(2) Das Leitungs- oder Verwaltungsorgan muß die Hauptversammlung einberufen, wenn ein im Recht des Sitzstaats der SE für Aktiengesellschaften vorgesehener Auflösungsgrund eingetreten ist. Die Hauptversammlung prüft, ob die SE aufgelöst werden muß oder welche andere Maßnahme zu treffen ist, um dem Auflösungsgrund abzuhelfen.

Artikel 117

(entfällt)

Artikel 117 a

Auf Antrag jedes Beteiligten oder einer zuständigen Behörde muß das Gericht des Sitzes der SE deren Auflösung verfügen, wenn es feststellt, daß dieser Sitz aus der Gemeinschaft verlegt wurde. Das Gericht kann der SE allerdings eine Frist einräumen, um diesem Auflösungsgrund abzuhelfen.

Artikel 118

Die Auflösung der SE wird gemäß Artikel 9 offengelegt. Dies gilt auch für den Beschluß zur Fortsetzung der Tätigkeiten der SE gemäß Artikel 115 Absatz 2 und Artikel 116 Absatz 2.

Artikel 119

(entfällt)

ZWEITER ABSCHNITT

LIQUIDATION

Artikel 120

(1) Nach der Auflösung der SE findet ihre Liquidation statt.

(2)   Die Liquidation der SE und der Schluß der Liquidation unterliegen dem einzelstaatlichen Recht.

(3)   Die Rechtspersönlichkeit der SE, deren Auflösung erklärt worden ist, besteht bis zum Schluß der Liquidation fort.

(4)   (entfällt)

Artikel 121

(entfällt)

Artikel 122

(entfällt)

Artikel 123

(entfällt)

Artikel 124

(entfällt)

Artikel 125

(entfällt)

Artikel 126

(1)   Eine Verteilung des Vermögens im Rahmen der Liquidation unter die in der Satzung oder im Gründungsakt bezeichneten Aktionäre oder Berechtigten darf nur vorgenommen werden, nachdem alle Gläubiger der Gesellschaft befriedigt worden sind.

(2)   (entfällt)

(3)   (entfällt)

(4)   Ist eine Forderung gegenüber der SE nicht fällig, ist sie streitig oder ist der Gläubiger nicht bekannt, so darf die Verteilung des Reinvermögens nur vorgenommen werden, wenn dem Gläubiger Sicherheit geleistet wird oder wenn bei einer teilweisen Verteilung das verbleibende Vermögen dem Gläubiger genügend Sicherheit bietet.

Artikel 127

(entfällt)

Artikel 128

(1) (entfällt)

(2) (entfällt)

(3) Der Abschluß der Liquidation und die Löschung der SE in dem in Artikel 8 Absatz 1 genannten Register werden nach den in Artikel 9 vorgesehenen Modalitäten offengelegt.

(4) Nach der Liquidation sind die Bücher und schriftlichen Unterlagen im Zusammenhang mit der Liquidation bei dem in Absatz 3 genannten Register zu hinterlegen. Jeder Interessent kann Einsicht in diese Bücher und Unterlagen erhalten.

DRITTER ABSCHNITT

ZAHLUNGSUNFÄHIGKEIT UND ZAHLUNGSEINSTELLUNG

Artikel 129

Die SE unterliegt den einzelstaatlichen Rechtsvorschriften über die Zahlungsunfähigkeit und die Zahlungseinstellung.

Artikel 130

(1) Die Eröffnung eines Verfahrens wegen Zahlungsunfähigkeit oder Zahlungseinstellung wird von der mit der Durchführung des Verfahrens beauftragten Person beim Register angemeldet. Die Meldung enthält folgende Angaben:

a) die Maßnahme, das Datum der Entscheidung und das Gericht, das die Entscheidung erlassen hat;

b) das Datum der Zahlungseinstellung, wenn die Entscheidung diese Angabe enthält;

c) Namen und Anschriften des bzw. der Kuratoren, Verwalter, Liquidatoren und Personen, auf die Befugnisse zur Durchführung des Verfahrens übertragen wurden;

d) alle sachdienlichen Angaben.

(2) Hat ein Gericht wegen fehlenden gezeichneten Vermögens die Eröffnung eines in Absatz 1 genannten Verfahrens endgültig abgelehnt, ordnet es entweder von Amts wegen oder auf Antrag eines Beteiligten die Eintragung dieser Entscheidung im Register an.

(3) Die nach Absatz 1 und 2 erfolgte Meldung bzw. Eintragung wird gemäß Artikel 9 offengelegt.

TITEL VIII

VERSCHMELZUNG

Artikel 131

(entfällt)

Artikel 132

(1) Eine SE kann mit anderen SE oder mit Aktiengesellschaften, die ihren Sitz in demselben Mitgliedstaat haben, verschmolzen werden. In diesem Fall gelten für die Verschmelzung die in dem betreffenden Staat in Anwendung der Richtlinie 78/855/EWG erlassenen Vorschriften.

(2) Haben die an der Verschmelzung beteiligten Gesellschaften ihren Sitz in verschiedenen Mitgliedstaaten, so gelten die Bestimmungen des Titels II sinngemäß.

TITEL IX

BETRIEBSSTÄTTEN

Artikel 133

(1) Besitzt eine SE eine oder mehrere Betriebsstätten in einem Mitgliedstaat oder in einem Drittstaat und weist die Gesamtsumme der Ergebnisse dieser Betriebsstätten innerhalb eines Besteuerungszeitraums einen Verlust aus, so kann dieser von den Gewinnen der SE in dem Staat, in dem die SE ihren steuerlichen Sitz hat, abgezogen werden.

(2) Die späteren Gewinne der Betriebsstätten der SE in einem anderen Staat bilden in Höhe des nach Absatz 1 abzugsfähigen Verlustes ein steuerpflichtiges Einkommen der SE in dem Staat, in dem sie ihren steuerlichen Sitz hat.

(3) Sind die Betriebsstätten in einem Mitgliedstaat gelegen, so werden der nach Absatz 1 abzugsfähige Verlust und die nach Absatz 2 steuerpflichtigen Gewinne nach den Rechtsvorschriften dieses Mitgliedstaats ermittelt.

(4)   Den Mitgliedstaaten steht es frei, die vorstehenden Bestimmungen nicht anzuwenden, wenn sie die Doppelbesteuerung vermeiden, indem sie der SE gestatten, die von den Betriebsstätten entrichtete Steuer auf die von der SE zu versteuernden Gewinne der Betriebsstätten anzurechnen.

TITEL X

STRAFVORSCHRIFTEN

Artikel 134

Unbeschadet der in dieser Verordnung vorgesehenen Strafvorschriften sehen die Mitgliedstaaten geeignete Maßregeln für Verstöße gegen diese Verordnung vor.

TITEL XI

SCHLUSSBESTIMMUNGEN

Artikel 135

(entfällt)

Artikel 136

(entfällt)

Artikel 137

Diese Verordnung tritt am 1. Januar 1993 in Kraft.

Diese Verordnung ist in allen ihren Teilen verbindlich und gilt unmittelbar in jedem Mitgliedstaat.

Geänderter Vorschlag für eine Richtlinie des Rates zur Ergänzung des SE-Statuts hinsichtlich der Stellung der Arbeitnehmer

(91/C 138/08)

KOM(91) 174 endg. – SYN 219

(Gemäß Artikel 149 Absatz 3 des EWG-Vertrages von der Kommission vorgelegt am 6. April 1991)

(Amtsblatt der Europäischen Gemeinschaften Nr. C 138 vom 29.5.1991 S. 8)

DER RAT DER EUROPÄISCHEN GEMEINSCHAFTEN –

gestützt auf den Vertrag zur Gründung der Europäischen Wirtschaftsgemeinschaft, insbesondere auf Artikel 54,

auf Vorschlag der Kommission,

in Zusammenarbeit mit dem Europäischen Parlament,

nach Stellungnahme des Wirtschafts- und Sozialausschusses,

in Erwägung nachstehender Gründe:

Zur Verwirklichung der in Artikel 8 a EWG-Vertrag genannten Ziele wird mit der Verordnung (EWG) Nr. . . . des Rates ein Statut der Europäischen Aktiengesellschaft (SE) geschaffen.

Um die Ziele der Gemeinschaft im wirtschaftlichen und sozialen Bereich zu fördern, muß eine Regelung für die Beteiligung der Arbeitnehmer an der Aufsicht und an der Entwicklung der Unternehmensstrategie der SE getroffen werden.

Angesichts der in den Mitgliedstaaten bestehenden Vielfalt an gesetzlichen und gewohnheitsrechtlichen Regelungen der Beteiligung der Arbeitnehmervertreter an der Kontrolle von Beschlüssen der Organe von Aktiengesellschaften kann die Stellung der Arbeitnehmer in der SE nicht einheitlich geregelt werden.

Die Rechtsvorschriften der Mitgliedstaaten müssen daher koordiniert werden, um sicherzustellen, daß jeder Mitgliedstaat zum Schutz der Interessen der Gesellschafter und Dritter von den Aktiengesellschaften gleichwertige Garantien verlangt, die den Besonderheiten der auf ihrem Hoheitsgebiet niedergelassenen Aktiengesellschaften Rechnung tragen. Dabei ist zu berücksichtigen, daß die SE im Zuge der Neuordnung oder Kooperation von Gesellschaften gegründet wird, die dem Recht mindestens zweier Mitgliedstaaten unterliegen.

Um den besonderen Charakter der jeweiligen Rechtsordnung der einzelnen Mitgliedstaaten Rechnung zu tragen, wird der SE ein Rahmen mit mehreren Mitbestimmungsmodellen vorgegeben, wobei die Mitgliedstaaten zwar befugt sind, das oder die Modelle zu

16a   Arbeitnehmer-Ergänzungsrichtlinie
zum Statut der Europäischen Aktiengesellschaft
Richtlinienvorschlag

wählen, die ihren Traditionen am ehesten entsprechen, es jedoch gegebenenfalls dem Leitungs- oder Verwaltungsorgan und den Vertretern der Arbeitnehmer der SE oder der Gründungsgesellschaften überlassen wird, sich auf ein Modell zu verständigen, das ihrem sozialen Gefüge am besten gerecht wird.

Um ein reibungsloses Funktionieren des Binnenmarktes sicherzustellen und ungleiche Wettbewerbsbedingungen zu vermeiden, müssen die verschiedenen Mitbestimmungsmodelle den Arbeitnehmern aller SE ein gleichwertiges Mitspracherecht und einen vergleichbaren Einfluß garantieren.

Die Bestimmungen dieser Richtlinie stellen eine untrennbare Ergänzung der Verordnung (EWG) Nr. . . . (über das Statut der Europäischen Aktiengesellschaft) dar. Es ist daher sicherzustellen, daß diese Bestimmungen zum gleichen Zeitpunkt anwendbar sind –

HAT FOLGENDE RICHTLINIE ERLASSEN:

Artikel 1

Die in dieser Richtlinie vorgeschriebenen Koordinierungsmaßnahmen gelten für die Rechts- und Verwaltungsvorschriften der Mitgliedstaaten über die Stellung der Arbeitnehmer in der SE.

Sie stellen eine notwendige Ergänzung der Verordnung (EWG) Nr. . . . (über das Statut der Europäischen Aktiengesellschaft) dar.

TITEL I

DIE MITBESTIMMUNGSMODELLE

Artikel 2

Die Mitgliedstaaten treffen die erforderlichen Maßnahmen, um die Arbeitnehmer der SE nach Maßgabe dieser Richtlinie an der Aufsicht und der Entwicklung der Unternehmensstrategie der SE zu beteiligen.

Artikel 3

(1) Vorbehaltlich der Anwendung von Absatz 5 wird die in Artikel 2 bezeichnete Beteiligung der Arbeitnehmer der SE nach einem der in den Artikeln 4 bis 6 genannten Modelle durch eine Vereinbarung zwischen den Leitungs- oder Verwaltungsorganen der an der

Gründung beteiligten Gesellschaften oder sonstigen juristischen Personen und den nach dem Gesetz oder der Praxis der Mitgliedstaaten vorgesehenen Arbeitnehmervertretern dieser Gesellschaften oder sonstigen juristischen Personen geregelt. Hierzu prüfen die obengenannten Verhandlungsparteien unbeschadet der einzelstaatlichen Durchführungsvorschriften zu der Richtlinie 77/187/EWG die rechtlichen, wirtschaftlichen und sozialen Auswirkungen, die sich aus der Gründung der SE ergeben, sowie die gegebenenfalls im Hinblick auf die Arbeitnehmer zu treffenden Maßnahmen mit dem Ziel, zu einer Vereinbarung über das in der SE anzuwendende Mitbestimmungsmodell zu gelangen. Die Vereinbarung muß vor dem Beschluß zur Gründung der SE getroffen werden. Die Vereinbarung ist schriftlich festzulegen.

(1 a)   Führen die Verhandlungen gemäß Absatz 1 nicht zum Abschluß einer Vereinbarung, so können die Arbeitnehmervertreter in einer schriftlichen Stellungnahme darlegen, warum die Gründung der SE nach ihrem Dafürhalten geeignet ist, die Interessen der Arbeitnehmer zu schädigen, und welche Maßnahmen ihnen gegenüber getroffen werden sollten.

(1 b)   Die Leitungs- oder Verwaltungsorgane der an der Gründung beteiligten Gesellschaften oder sonstigen juristischen Personen erstellen für die Hauptversammlung, die zur Gründung der SE Stellung zu nehmen hat, einen Bericht, dem entweder

– der Wortlaut der Vereinbarung gemäß Absatz 1 oder

– die Stellungnahme der Arbeitnehmervertreter gemäß Absatz 1 a

beigefügt ist.

(2)   Die Hauptversammlung, die zur Gründung der SE Stellung zu nehmen hat, bestätigt das in der Vereinbarung gemäß Absatz 1 festgelegte Mitbestimmungsmodell oder wählt, wenn keine Vereinbarung zustande gekommen ist, auf der Grundlage des Berichts gemäß Absatz 1 b und der Stellungnahme der Arbeitnehmervertreter das in der SE anzuwendende Modell. Die SE kann erst dann gemäß Artikel 8 der Verordnung eingetragen werden, wenn ein Mitbestimmungsmodell festgelegt worden ist.

(3)   Vorbehaltlich der Anwendung von Absatz 5 kann das gewählte Modell durch eine Vereinbarung zwischen dem Leitungs- oder Verwaltungsorgan der SE und den Arbeitnehmervertretern der SE durch ein anderes der in den Artikeln 4, 5 und 6 genannten Modelle ersetzt werden.

(4)   Die Mitgliedstaaten legen die Modalitäten fest, nach denen die Mitbestimmungsmodelle in den SE mit Sitz in ihrem Hoheitsgebiet angewandt werden.

(5)   Die Mitgliedstaaten können die Wahl der in den Artikeln 4, 5 und 6 genannten Modelle begrenzen oder den SE mit Sitz in ihrem Hoheitsgebiet ein einziges dieser Modelle vorschreiben.

(6)   Bei einer Umwandlung gemäß Artikel 2 Absatz 3 der Verordnung über das Statut

der Europäischen Aktiengesellschaft findet das in diesem Artikel genannte Verfahren Anwendung.

(7) Bei einer Verlegung des Sitzes der SE in einen anderen Mitgliedstaat kann das vor der Verlegung angewandte Modell nur in Übereinstimmung mit dem in diesem Artikel genannten Verfahren geändert werden. Für die Verhandlungen sind das Leitungs- oder Verwaltungsorgan der SE und die Arbeitnehmervertreter der SE zuständig.

ABSCHNITT 1

DAS AUFSICHTS- ODER VERWALTUNGSORGAN

Artikel 4

Die Mitglieder des Aufsichtsorgans (dualistisches System) oder des Verwaltungsorgans (monistisches System) werden

I. entweder mindestens zu einem Drittel und höchstens zur Hälfte von den Arbeitnehmern der SE oder ihren Vertretern,

II. oder von dem Aufsichts- oder Verwaltungsorgan selbst vorbehaltlich der Anwendung des Buchstaben d) bestellt und abberufen.

 a) Die Hauptversammlung und die Arbeitnehmervertreter der SE sind jedoch gleichermaßen berechtigt, Kandidaten für das Aufsichts- oder Verwaltungsorgan vorzuschlagen.

 b) Die Hauptversammlung und die Arbeitnehmervertreter der SE sind ferner berechtigt, gegen die Bestellung eines vorgeschlagenen Kandidaten Widerspruch einzulegen,

  – wenn dieser Kandidat nicht imstande ist, seine Aufgaben wahrzunehmen,

  – wenn seine Bestellung eine unausgewogene Zusammensetzung des Organs im Hinblick auf die Interessen der SE, ihrer Aktionäre und Arbeitnehmer zur Folge hätte oder

  – wegen Nichtbeachtung des Verfahrens.

 c) Im Falle eines Widerspruchs darf die Bestellung des vorgeschlagenen Kandidaten erst erfolgen, wenn der Widerspruch entweder von einem Gericht, einer Verwaltungsbehörde oder einer anderen unabhängigen Instanz für unbegründet erklärt worden ist.

 d) Die ersten Mitglieder des Aufsichts- oder Verwaltungsorgans werden von der Hauptversammlung bestellt. Die Arbeitnehmervertreter der SE sind jedoch berech-

4

tigt, der Hauptversammlung Kandidaten vorzuschlagen und gegen die Bestellung eines vorgeschlagenen Kandidaten durch die Hauptversammlung aus den unter Buchstabe b) genannten Gründen Widerspruch einzulegen. Im Falle eines Widerspruchs der Hauptversammlung oder der Arbeitnehmervertreter findet das unter Buchstabe c) genannte Verfahren Anwendung.

ABSCHNITT 2

SEPARATES ORGAN

Artikel 5

(1)   Die Arbeitnehmer der SE sind in einem sogenannten separaten Organ vertreten.

(2)   Das Leitungs- oder Verwaltungsorgan der SE unterrichtet das separate Organ mindestens alle drei Monate über den Gang der Geschäfte der Gesellschaft und deren voraussichtliche Entwicklung, gegebenenfalls unter Berücksichtigung der Informationen über die von der SE kontrollierten Unternehmen, die sich auf den Geschäftsverlauf der SE spürbar auswirken können.

(2 a)   Das Leitungs- oder Verwaltungsorgan teilt dem separaten Organ unverzüglich alle Informationen mit, die sich auf die Lage der SE spürbar auswirken können.

(2 b)   Das separate Organ kann vom Leitungs- oder Verwaltungsorgan jederzeit Auskünfte oder einen gesonderten Bericht über alle Fragen im Zusammenhang mit den Beschäftigungsbedingungen verlangen.

(2 c)   Jedes Mitglied des separaten Organs kann Einblick in sämtliche Unterlagen nehmen, die der Hauptversammlung der Aktionäre vorgelegt werden.

(2 d)   Die in Artikel 72 Absatz 1 der Verordnung über das Statut der Europäischen Aktiengesellschaft genannten Beschlüsse können erst dann durchgeführt werden, wenn das separate Organ vom Leitungs- oder Verwaltungsorgan der SE unterrichtet und gehört worden ist.

(3)   Artikel 74 Absatz 3 der Verordnung (EWG) Nr. . . . (über das Statut der Europäischen Aktiengesellschaft) findet auf die Mitglieder des separaten Organs Anwendung.

ABSCHNITT 3

ANDERE MODELLE

Artikel 6

(1)   Andere als die in den Artikeln 4 und 5 genannten Modelle können im Wege einer Vereinbarung zwischen dem Leitungs- oder Verwaltungsorgan der SE und den Arbeitnehmervertretern der SE festgelegt werden.

(2)   Die Vereinbarung muß den Arbeitnehmervertretern der SE mindestens folgendes zusichern:

a) eine vierteljährliche Unterrichtung gemäß Artikel 5 Absatz 2;

b) die Auskünfte gemäß Artikel 5 Absatz 2 Buchstaben a) und b);

c) die Unterrichtung und Anhörung gemäß Artikel 5 Absatz 2 Buchstabe d);

d) die Bereitstellung sämtlicher Unterlagen, die der Hauptversammlung der Aktionäre vorgelegt werden.

(3)   (entfällt)

(4)   In der Vereinbarung ist vorzusehen, daß die Vertreter der Arbeitnehmer verpflichtet sind, Informationen vertraulich zu behandeln, die die SE betreffen und vertraulichen Charakter haben. Diese Verpflichtung gilt auch dann, wenn sie ihr Amt nicht mehr ausüben.

(5)   (entfällt)

(6)   (entfällt)

(7)   Die Vereinbarung kann für einen bestimmten Zeitraum geschlossen und nach Ablauf dieses Zeitraums neu ausgehandelt werden. Die geschlossene Vereinbarung bleibt bis zum Inkrafttreten der neuen Vereinbarung gültig.

(8)   Wenn die beiden Verhandlungspartner dies beschließen oder eine Vereinbarung gemäß Absatz 1 nicht zustande kommt, gilt für die SE ein Standardmodell nach dem Recht des Sitzstaats. Dieses Modell hat den Arbeitnehmern mindestens die in diesem Artikel genannten Informations- und Konsultationsrechte zu gewährleisten.

ABSCHNITT 4

WAHL DER ARBEITNEHMERVERTRETER DER SE

Artikel 7

(1) Die Vertreter der Arbeitnehmer der SE werden nach den in den Mitgliedstaaten durch Gesetz oder durch die Praxis bestimmten Modalitäten unter Beachtung folgender Grundsätze gewählt:

a) Die Arbeitnehmervertreter sind aus allen Mitgliedstaaten zu wählen, in denen sich Betriebe der SE befinden.

b) Die Anzahl der Vertreter muß soweit wie möglich anteilig der Anzahl der von ihnen vertretenen Arbeitnehmer entsprechen.

c) Alle Arbeitnehmer müssen ungeachtet der Dauer ihrer Betriebszugehörigkeit oder der Zahl der wöchentlichen Arbeitsstunden an der Stimmabgabe teilnehmen können.

d) Die Wahl ist geheim.

(2) Die nach Maßgabe des Absatzes 1 gewählten Arbeitnehmervertreter können ihre Aufgaben in der SE ungeachtet der im Sitzstaat für die Arbeitnehmervertretung geltenden Rechtsvorschriften wahrnehmen.

Artikel 8

(entfällt)

ABSCHNITT 5

Artikel 9

(1) Das Leitungs- oder Verwaltungsorgan der SE muß den Arbeitnehmervertretern die notwendigen finanziellen und materiellen Mittel und sonstige Fazilitäten zur Verfügung stellen, damit sie zusammentreten und ihre Aufgaben am Sitz der SE und in den Betrieben der SE in demselben Mitgliedstaat oder in einem anderen Mitgliedstaat ohne Lohneinbußen oder Beeinträchtigung ihrer beruflichen Aufstiegmöglichkeiten wahrnehmen können.

(2) Die in Absatz 1 genannten Fazilitäten schließen das Recht ein, Sachverständige eigener Wahl auf Kosten der SE hinzuzuziehen.

7

ABSCHNITT 6

DIE VERTRETUNG DER ARBEITNEHMER IN DEN BETRIEBEN DER SE

Artikel 10

Soweit in dieser Richtlinie nichts anderes bestimmt ist, gelten die gesetzlichen und gewohnheitsrechtlichen Vorschriften der Mitgliedstaaten zur Regelung der Stellung und Aufgabe der Arbeitnehmervertreter oder der Arbeitnehmervertretung auch in den Betrieben der SE.

TITEL II

BETEIIGUNG DER ARBEITNEHMER AM KAPITAL ODER AN DEN ERGEBNISSEN DER SE

ABSCHNITT 1

Artikel 11

Das Leitungs- oder Verwaltungsorgan einerseits und die Vertreter der Arbeitnehmer andererseits sind berechtigt, Tarifverträge über Fragen, die für die Arbeitnehmer der SE von Bedeutung sind, einschließlich der Bedingungen für die Beteiligung der Arbeitnehmer am Kapital und an den Gewinnen der SE, auszuhandeln und zu schließen.

Artikel 11 a

(1) Nach Erlaß dieser Richtlinie wird ein Kontaktausschuß unter dem Vorsitz der Kommission eingesetzt, der die Aufgabe hat,

a) unbeschadet der Bestimmungen der Artikel 169 und 170 EWG-Vertrag die Anwendung dieser Richtlinie durch regelmäßige Konsultation insbesondere zu praktischen Problemen im Zusammenhang mit der Anwendung dieser Richtlinie zu erleichtern;

b) die Kommission gegebenenfalls bei Ergänzungen oder Änderungen dieser Richtlinie zu beraten.

(2) Der Verbindungsausschuß setzt sich aus Vertretern der Mitgliedstaaten, der Sozialpartner und der Kommission zusammen. Den Vorsitz führt ein Vertreter der Kommission, die die Sekretariatsgeschäfte wahrnimmt.

(3) Der Verbindungsausschuß wird von seinem Vorsitzenden entweder auf eigene Initiative oder auf Antrag eines seiner Mitglieder einberufen.

ABSCHNITT 2

SCHLUSSBESTIMMUNGEN

Artikel 12

(1) Die Mitgliedstaaten erlassen vor dem 1. Januar 1993 die erforderlichen Rechts- und Verwaltungsvorschriften, um dieser Richtlinie nachzukommen. Sie setzen die Kommission unverzüglich davon in Kenntnis.

(1 a) Wenn die Mitgliedstaaten die Vorschriften nach Absatz 1 erlassen, nehmen sie in diesen Vorschriften selbst oder durch einen Hinweis bei der amtlichen Veröffentlichung auf diese Richtlinie Bezug. Die Mitgliedstaaten regeln die Einzelheiten dieser Bezugnahme.

(2) Die Mitgliedstaaten teilen der Kommission die wichtigsten innerstaatlichen Rechtsvorschriften mit, die sie auf dem unter diese Richtlinie fallenden Gebiet erlassen.

Artikel 13

Diese Richtlinie ist an alle Mitgliedstaaten gerichtet.

9

Geänderter Vorschlag für eine Verordnung (EWG) des Rates über das Statut des Europäischen Vereins[1])

(93/C 236/01)

KOM(93) 252 endg. – SYN 386

(Gemäß Artikel 149 Absatz 3 des EWG-Vertrags von der Kommission vorgelegt am 6. Juli 1993)

(Amtsblatt der Europäischen Gemeinschaften Nr. C 236 vom 31.8.1993 S. 1)

DER RAT DER EUROPÄISCHEN GEMEINSCHAFTEN –

gestützt auf den Vertrag zur Gründung der Europäischen Wirtschaftsgemeinschaft, insbesondere auf Artikel 100 a,

auf Vorschlag der Kommission,

in Zusammenarbeit mit dem Europäischen Parlament,

nach Stellungnahme des Wirtschafts- und Sozialausschusses,

in Erwägung nachstehender Gründe:

Das Europäische Parlament hat am 13. März 1987 die Entschließung zu Vereinigungen ohne Erwerbszweck in den Europäischen Gemeinschaften[2]) angenommen.

Die Kommission hat dem Rat am 18. Dezember 1989[3]) eine Mitteilung zugeleitet, zu der der Wirtschafts- und Sozialausschuß am 19. September 1990[4]) seine Stellungnahme abgegeben hat.

Die Vollendung des Binnenmarktes setzt die uneingeschränkte Niederlassungsfreiheit für die Ausübung jeder den Zielen der Gemeinschaft förderlichen Tätigkeit, gleich in welcher gesellschaftsrechtlichen Form diese Tätigkeit ausgeübt wird, voraus.

Die Vereinsbewegung in Europa dient der Förderung des allgemeinen Interesses und trägt zur Entwicklung ebenso zahlreicher wie mannigfaltiger Tätigkeiten, insbesondere auf den Gebieten Bildung, Kultur, Sozialaktion oder Entwicklungshilfe bei.

Stiftungen sind Einrichtungen, denen unwiderruflich Güter, Rechte und Ressourcen zwecks Verwirklichung eines dem Gemeinwohl dienenden Ziels übertragen sind.

1) ABl. Nr. C 99 vom 21. 4.1992, S. 1.
2) ABl. Nr. C 99 vom 13. 4. 1987, S. 205.
3) SEK(89) 2187 endg. vom 18. Dezember 1989.
4) ABl. Nr. C 332 vom 31. 12. 1990, S. 81.

Bei den Vereinen und Stiftungen handelt es sich mithin vor allem um Einrichtungen, die primär keinen Gewinnzweck verfolgen und besonderen Funktionsprinzipien unterworfen sind, die sich von denen der anderen Wirtschaftssubjekte unterscheiden.

(ÄNDERUNG Nr. 1)

Viele Vereine und Stiftungen nehmen heutzutage zwecks Verwirklichung ihrer Ziele am Wirtschaftsleben teil, indem sie eine wirtschaftliche Haupt- und Nebentätigkeit gegen Entgelt ausüben.

Die grenzübergreifende Zusammenarbeit von Vereinen und Stiftungen stößt in der Gemeinschaft gegenwärtig auf rechtliche und administrative Schwierigkeiten. Diese sollten in einem Markt ohne Grenzen beseitigt werden.

Mit der Einführung eines europäischen Statuts soll allen Vereinen und Stiftungen ermöglicht werden, in der gesamten Gemeinschaft oder in Teilen der Gemeinschaft grenzübergreifend tätig zu werden.

Die Gemeinschaft muß zur Wahrung gleicher Wettbewerbsbedingungen und im Interesse ihrer wirtschaftlichen Entwicklung für die in allen Mitgliedstaaten gemeinhin anerkannten Vereine und Stiftungen angemessene rechtliche Instrumente zur Verfügung stellen, die eine Entwicklung ihrer länderübergreifenden Tätigkeiten fördern können.

Das Statut der Europäischen Aktiengesellschaft gemäß der Verordnung (EWG) Nr. . . . . ist kein Instrument, das den Besonderheiten der Vereine und Stiftungen gerecht wird.

Die Europäische Wirtschaftliche Interessenvereinigung gemäß der Verordnung (EWG) Nr. 2137/85[1]) (EWIV) erlaubt es zwar, gewisse Tätigkeiten gemeinsam zu betreiben und gleichzeitig die Eigenständigkeit ihrer Mitglieder zu behalten, doch entspricht sie nicht den Besonderheiten der Vereine und Stiftungen.

Es erscheint angebracht, auf Gemeinschaftsebene ein spezielles Statut zu schaffen, das die Gründung europäischer Vereine erlaubt. Es erscheint weiterhin angebracht, den Stiftungen Zugang zu diesem Statut und somit die Möglichkeit zur Gründung Europäischer Vereine zu verschaffen. Jeder Europäische Verein, der von Stiftungen gegründet wird, hat sich jedoch bei seiner Gründung und in seinem Geschäftsbetrieb nach den Regeln des vorerwähnten europäischen Statuts zu richten.

Der Europäische Verein, nachfolgend EUV genannt, wird ein lebendiges Beispiel für das Europa der Bürger sein, da er die aktive Teilnahme der Menschen am Leben der Gemeinschaft erleichtern und fördern wird. Es erscheint daher sinnvoll, auch natürlichen Personen die Neugründung eines Europäischen Vereins zu ermöglichen.

Die Beachtung des Grundsatzes vom Vorrang der Person gegenüber dem Kapital findet ihren Ausdruck in spezifischen Regeln für den Eintritt, den Austritt und den Ausschluß der

---

1) ABl. Nr. L 199 vom 31. 7. 1985, S. 1.

Mitglieder und in der Regel »ein Mitglied, eine Stimme«, wobei das Stimmrecht an die Person gebunden ist, und beinhaltet, daß es den Mitgliedern verwehrt ist, die erzielten Gewinne zu teilen und auf das Kapital des EUV zurückzugreifen.

Das vorrangige Ziel, das mit der Rechtskonstruktion des EUV verfolgt wird, beinhaltet, daß ein EUV sowohl von natürlichen Personen, die aus mindestens zwei Mitgliedstaaten stammen und dort ihren Wohnsitz haben, als auch von juristischen Personen aus verschiedenen Mitgliedstaaten sowie durch Umwandlung eines nationalen Vereins ohne vorherige Auflösung gegründet werden kann. Voraussetzung ist, daß dieser Verein seinen Sitz oder seine Hauptverwaltung in der Gemeinschaft und eine Niederlassung in einem anderen Mitgliedstaat als dem seiner Hauptverwaltung hat. Im letzteren Falle muß der Verein eine echte und tatsächliche grenzübergreifende Tätigkeit ausüben.

Mit den Bestimmungen über die Rechnungsprüfung sollen ein effizientes Management gewährleistet und jegliche Schwierigkeiten vermieden werden.

In den Bereichen, die nicht von dieser Verordnung erfaßt werden, gelten die Rechtsvorschriften der Mitgliedstaaten und das Gemeinschaftsrecht; hierzu gehören z. B.:

– die Arbeitnehmermitbestimmung;

– das Arbeitsrecht;

– das Steuerrecht;

– das Wettbewerbsrecht;

– der gewerbliche Rechtsschutz;

– die Rechtsvorschriften über die Zahlungsunfähigkeit und die Zahlungseinstellung.

Die Anwendung der Bestimmungen dieser Verordnung muß zeitlich abgestuft erfolgen, damit alle Mitgliedstaaten in der Lage sind, die Bestimmungen der Richtlinie des Rates zur Ergänzung des Statuts des Europäischen Vereins hinsichtlich der Rolle der Arbeitnehmer in innerstaatliches Recht umzusetzen und die für die Gründung und den Geschäftsbetrieb des EUV mit Sitz in ihrem Hoheitsgebiet notwendigen Verfahren rechtzeitig einzuführen, so daß die Verordnung und die Richtlinie gleichzeitig zur Anwendung gebracht werden können.

Bei den Arbeiten zur Änderung des einzelstaatlichen Gesellschaftsrechts sind beträchtliche Fortschritte erzielt worden, so daß, falls der Mitgliedstaat des Sitzes des EUV in Durchführung folgender Gemeinschaftsrichtlinien über die Handelsgesellschaften Regelungen erlassen hat, in Bereichen, in denen für das Funktionieren des EUV keine einheitlichen Gemeinschaftsvorschriften notwendig sind, sinngemäß auf bestimmte, der Regelung für den EUV entsprechende Vorschriften verwiesen werden kann:

– Richtlinie 68/151/EWG des Rates vom 9. März 1968 zur Koordinierung der Schutzbestimmungen, die in den Mitgliedstaaten den Gesellschaften im Sinne des Artikels 58 Absatz 2 des Vertrages im Interesse der Gesellschafter sowie Dritter vorgeschrieben sind, um diese Bestimmungen gleichwertig zu gestalten[1]), zuletzt geändert durch die Beitrittsakte Spaniens und Portugals;

– Richtlinie 78/660/EWG des Rates vom 25. Juli 1978 aufgrund von Artikel 54 Absatz 3 Buchstabe g) des Vertrages über den Jahresabschluß von Gesellschaften bestimmter Rechtsformen[2]), zuletzt geändert durch die Richtlinien 90/604/EWG[3]) und 90/605/EWG[4]);

– Richtlinie 83/349/EWG des Rates vom 13. Juni 1983 aufgrund von Artikel 54 Absatz 3 Buchstabe g) des Vertrages über den konsolidierten Abschluß[4]);

– Richtlinie 84/253/EWG des Rates vom 10. April 1984 aufgrund von Artikel 54 Absatz 3 Buchstabe g) des Vertrages über die Zulassung der mit der Pflichtprüfung der Rechnungslegungsunterlagen beauftragten Personen[5]);

– Richtlinie 89/48/EWG des Rates vom 21. Dezember 1988 über eine allgemeine Regelung zur Anerkennung der Hochschuldiplome, die eine mindestens dreijährige Berufsausbildung abschließen[6]);

– Richtlinie 89/666/EWG des Rates vom 21. Dezember 1989 über die Offenlegung von Zweigniederlassungen, die in einem Mitgliedstaat von Gesellschaften bestimmter Rechtsformen gegründet werden, die dem Recht eines anderen Staates unterliegen[7]).

Die Inanspruchnahme dieses Statuts ist wahlfrei –

HAT FOLGENDE VERORDNUNG ERLASSEN:

1) ABl. Nr. L 65 vom 14. 3. 1968, S. 8.
2) ABl. Nr. L 222 vom 14. 8. 1978, S. 11.
3) ABl. Nr. L 317 vom 16. 11. 1990, S. 57.
4) ABl. Nr. L 317 vom 16. 11. 1990, S. 60.
4) ABl. Nr. L 193 vom 18. 7. 1983, S. 1.
5) ABl. Nr. L 126 vom 12. 5. 1984, S. 20.
6) ABl. Nr. L 19 vom 24. 1. 1989, S. 16.
7) ABl. Nr. L 395 vom 30. 12. 1989, S. 36.

TITEL I

ALLGEMEINE VORSCHRIFTEN

Kapitel I

Gründung des Europäischen Vereins

Artikel 1

(Wesen des Europäischen Vereins)

(ÄNDERUNG Nr. 2)

(1) Der EUV ist ein dauerhafter Zusammenschluß natürlicher und/oder juristischer Personen, deren Mitglieder ihre Kenntnisse oder Tätigkeiten zu gemeinnützigen Zwecken oder zur Förderung der sektoralen oder beruflichen Interessen ihrer Mitglieder in den unterschiedlichsten Bereichen zusammenlegen.

(2) Vorbehaltlich der Anwendung der Rechts- und Verwaltungsvorschriften über die Ausübung einer gewerblichen Tätigkeit oder eines Berufs auf einzelstaatlicher Ebene kann der EUV seine für die Verwirklichung seines Zwecks notwendigen Tätigkeiten frei bestimmen, sofern diese mit den Zielen der Gemeinschaft sowie mit der öffentlichen Ordnung in der Gemeinschaft und in den Mitgliedstaaten vereinbar sind. Er verfolgt diese Tätigkeiten unter Wahrung der Grundsätze, die sich aus seiner Eigenschaft als Personalvereinigung und aus der Tatsache herleiten, daß er keinen wirtschaftlichen Geschäftsbetrieb hat.

(ÄNDERUNG Nr. 3)

Die Ergebnisse jeglicher wirtschaftlicher Aktivitäten des EUV kommen ausschließlich der Verwirklichung seines Zwecks zugute. Die Aufteilung von Gewinnen unter seinen Mitgliedern ist ausgeschlossen.

Artikel 2

(Rechtspersönlichkeit)

(1) Der EUV besitzt Rechtspersönlichkeit. Er erwirbt diese Rechtspersönlichkeit am Tage seiner Eintragung in das vom Sitzstaat gemäß Artikel 7 Absatz 3 bestimmte Register in diesem Staat.

5

(ÄNDERUNG Nr. 4)

(2) Die Rechtspersönlichkeit des EUV umfaßt insbesondere folgende Rechte, die für die Verwirklichung des Zwecks des EUV notwendig sind:

a) das Recht, Verträge zu schließen und andere Rechtsakte zu tätigen,

b) das Recht zum Erwerb von beweglichem und unbeweglichem Vermögen,

c) das Recht, Schenkungen und Vermächtnisse anzunehmen und dazu an die Spendenbereitschaft der Öffentlichkeit zu appellieren,

d) das Recht zur Beschäftigung von Personal,

e) das Klagerecht.

(3) Die Haftung des EUV beschränkt sich auf seine Vermögenswerte.

Artikel 3

(Gründung und Satzungen)

(1) Einen EUV können gründen:

(ÄNDERUNG Nr. 5)

– mindestens zwei nach dem Recht eines Mitgliedstaates (siehe Anhang) gebildete juristische Personen, die im Anhang aufgeführt sind und ihren satzungsmäßigen Sitz und ihre Hauptverwaltung in mindestens zwei Mitgliedstaaten haben;

– mindestens 7 natürliche Personen, die ihren Wohnsitz in mindestens zwei Mitgliedstaaten haben;

– eine oder mehrere juristische Personen (siehe Liste im Anhang) im Einvernehmen mit sieben oder mehreren natürlichen Personen, die ihren Wohnsitz in mindestens zwei Mitgliedstaaten haben.

(ÄNDERUNG Nr. 6)

(2) Ein nach dem Recht eines Mitgliedstaats gegründeter Verein mit satzungsmäßigem Sitz und Hauptverwaltung in der Gemeinschaft kann sich in einen EUV umwandeln, wenn er seit mindestens zwei Jahren in einem anderen Mitgliedstaat als dem seiner Hauptverwaltung eine Niederlassung hat. Diese Umwandlung hat weder die Auflösung noch die Gründung einer juristischen Person zur Folge.

Der Sitz des EUV kann bei der Umwandlung nicht von einem Mitgliedstaat in einen anderen verlegt werden.

Das Verwaltungsorgan des Vereins erstellt einen Umwandlungsplan, der die rechtlichen und wirtschaftlichen Aspekte der Umwandlung enthält.

Die Generalversammlung der Mitglieder des Vereins stimmt der Umwandlung sowie der Satzung des EUV unter den für Satzungsänderungen geltenden Bedingungen des Artikels 19 zu.

(3) Die Satzung des EUV muß insbesondere folgende Angaben enthalten:

– die Bezeichnung mit dem voran- oder nachgestellten Zusatz »EUV«;

– den genauen Zweck;

– Name, Anschrift, Beruf und Staatsangehörigkeit der Gründungsmitglieder bei natürlichen Personen;

– die Bezeichnung, den Zweck und den Sitz der juristischen Personen, die Gründungsmitglieder des EUV sind;

– den Sitz des EUV;

– die Bedingungen und Modalitäten für die Aufnahme, den Ausschluß und den Austritt der Mitglieder;

– die Rechte und Pflichten der Mitglieder und gegebenenfalls die verschiedenen Gattungen von Mitgliedern sowie die Rechte und Pflichten jeder Gattung von Mitgliedern;

– die Befugnisse und Zuständigkeiten des Verwaltungsorgans und insbesondere dessen Zuständigkeit zur Vertretung des EUV gegenüber Dritten;

– die Einzelheiten der Bestellung und der Abberufung der Mitglieder dieses Organs;

– die Mehrheits- und Beschlußfähigkeitsregeln;

– die Bedingungen für die Erhebung der Haftungsklage im Sinne von Artikel 34;

– die satzungsmäßigen Gründe für die Auflösung.

(4) Im Sinne dieser Verordnung bezeichnet der Begriff »Satzung« des EUV gegebenenfalls zugleich den Gründungsakt und, falls sie Gegenstand eines getrennten Aktes ist, die eigentliche Satzung des EUV.

Artikel 4

(Sitz)

Sitz des EUV ist der Ort, den die Satzung bestimmt. Dieser Ort muß in der Gemeinschaft liegen. Er muß dem Ort der Hauptverwaltung des EUV entsprechen.

Artikel 5

(Verlegung des Sitzes)

(ÄNDERUNG Nr. 8)

(1) Der Sitz des EUV kann entsprechend den Absätzen 2 bis 9 in einen anderen Mitgliedstaat verlegt werden. Diese Verlegung führt weder zur Auflösung noch zur Gründung einer neuen juristischen Person.

(2) Ein eventueller Verlegungsplan wird vom Leitungs- oder Verwaltungsorgan aufgestellt und gemäß Artikel 6 offengelegt, unbeschadet zusätzlicher, in dem Mitgliedstaat, in der der EUV seinen Sitz hat, vorgesehener Offenlegungsformen. Dieser Plan umfaßt:

a) den vorgesehenen neuen Sitz des EUV;

b) die für den EUV vorgesehene Satzung, gegebenenfalls einschließlich der neuen Bezeichnung;

c) den vorgesehenen Zeitplan für die Verlegung.

(2a) Das Leitungs- oder Verwaltungsorgan erstellt einen Bericht, in dem die juristischen und wirtschaftlichen Aspekte der Verlegung erläutert und begründet sowie die Folgen der Verlegung für die Mitglieder und die Arbeitnehmer dargestellt werden.

(2b) Die Mitglieder und die Gläubiger des EUV haben das Recht auf Prüfung des Verlegungsplans und des Berichts nach Absatz 2a am Sitz des EUV mindestens einen Monat vor der Generalversammlung, die einberufen wird, um über die Verlegung zu entscheiden, sowie auf unentgeltliche Aushändigung von Kopien der genannten Unterlagen.

(2c) Die Mitgliedstaaten können für die auf ihrem Staatsgebiet eingetragenen EUV Bestimmungen zum Schutz der Mitglieder erlassen, die sich als Minderheit gegen eine Verlegung ausgesprochen haben.

(3) Der Verlegungsbeschluß kann erst zwei Monate nach der Offenlegung des Verlegungsplans gefaßt werden. Bei der Beschlußfassung sind die für Satzungsänderungen vorgesehenen Verfahren einzuhalten.

(4) Die Gläubiger und Inhaber von vor Offenlegung des Verlegungsplans entstandenen Rechten gegenüber dem EUV können verlangen, daß der EUV eine angemessene Sicherheit zu ihren Gunsten leistet. Die Inanspruchnahme dieses Rechts erfolgt nach den gesetzlichen Bestimmungen des Landes, in dem sich der Sitz des EUV vor der Verlegung befindet.

Die Mitgliedstaaten können die Anwendung der Bestimmung im vorangegangenen Unterabsatz auf die vor der Verlegung entstandenen Verbindlichkeiten des EUV gegenüber Körperschaften des öffentlichen Rechts ausdehnen.

(5) In dem Mitgliedstaat, in dem der EUV seinen Sitz hat, stellt ein Gericht, ein

Notar oder eine sonstige zuständige Stelle eine Bescheinigung aus, aus der zweifelsfrei hervorgeht, daß die der Verlegung vorausgehenden Rechtshandlungen und Formalitäten durchgeführt wurden.

(6) Die neue Eintragung kann nur auf Vorlage der in Absatz 5 genannten Bescheinigung und auf Nachweis der Erfüllung der für die Eintragung im neuen Sitzland erforderlichen Formalitäten erfolgen.

(6a) Die Verlegung des Sitzes des EUV und die sich daraus ergebenden Satzungsänderungen gelten ab dem Zeitpunkt, an dem der EUV nach Artikel 5 Absatz 3 im Register des neuen Sitzes eingetragen wird.

(7) Die Löschung der Eintragung des EUV im Register des früheren Sitzes kann erst aufgrund des Nachweises über die Eintragung des EUV im Register des neuen Sitzes erfolgen.

(8) Die neue Eintragung und die Löschung der früheren Eintragung werden gemäß Artikel 6 in den betreffenden Mitgliedstaaten bekanntgegeben.

(9) Mit Bekanntgabe der neuen Eintragung des EUV ist der neue Sitz Dritten gegenüber wirksam. Jedoch können sich Dritte, solange die Löschung der Eintragung im Register des früheren Sitzes nicht bekanntgegeben worden ist, weiterhin auf den alten Sitz berufen, es sei denn, der EUV beweist, daß den Dritten der neue Sitz bekannt war.

(10) Die gesetzlichen Bestimmungen eines Mitgliedstaats können für EUV, die in diesem Staat eingetragen sind, vorsehen, daß eine Sitzverlegung, aus der eine Änderung des anzuwendenden Rechts resultiert, nicht wirksam wird, wenn eine zuständige Behörde dieses Staates innerhalb der in Absatz 3 genannten Zweimonatsfrist Einspruch erhebt. Ein derartiger Einspruch ist nur aus Gründen des Gemeinwohls möglich. Er muß vor einer Gerichtsbehörde anfechtbar sein.

(11) Ein EUV, gegen den ein Auflösungs-, Liquidations-, Insolvenz-, Zahlungseinstellungs- oder sonstiges Verfahren dieser Art eingeleitet wurde, kann keine Sitzverlegung vornehmen.

Artikel 6

(Anwendbares Recht)

(ÄNDERUNG Nr. 9 – Angleichung an die Europäische Aktiengesellschaft)

(1) Der EUV unterliegt:

a) den Bestimmungen dieser Verordnung;

b) sofern diese Verordnung es ausdrücklich zuläßt, den Bestimmungen in der Satzung des EUV;

c) in bezug auf die von dieser Verordnung nicht geregelten Angelegenheiten bzw., wenn eine teilweise Regelung gegeben ist, in bezug auf die von dieser Verordnung nicht abgedeckten Aspekte:

- den gesetzlichen Bestimmungen der Mitgliedstaaten, die in Anwendung der die EUV betreffenden Gemeinschaftsmaßnahmen erlassen wurden;

- den für die im Anhang aufgeführten und nach den Gesetzen des Mitgliedstaats, in dem der EUV seinen Sitz hat, gebildeten juristischen Personen geltenden gesetzlichen Bestimmungen der Mitgliedstaaten;

- den in der Satzung festgelegten Bestimmungen, unter denselben Bedingungen, wie sie für die im Anhang aufgeführten juristischen Personen gelten, die gemäß den Rechtsvorschriften des Mitgliedstaats, in dem der EUV seinen Sitz hat, gegründet wurden.

(ÄNDERUNG Nr. 10 – Angleichung an die Europäische Aktiengesellschaft)

(2)   Besteht ein Mitgliedstaat aus mehreren Gebietseinheiten, von denen jede ihre eigene Regelung für die in Absatz 1 genannten Angelegenheiten besitzt, so wird zum Zwecke der Ermittlung der gemäß Absatz 1 anwendbaren Rechtsvorschriften jede Gebietseinheit als Mitgliedstaat angesehen.

(3)   Hinsichtlich seiner Rechte, Befugnisse und Verpflichtungen wird der EUV in jedem Mitgliedstaat und vorbehaltlich der besonderen Bestimmungen dieser Verordnung wie eine der im Anhang aufgeführten juristischen Personen nach dem Recht des Sitzstaates behandelt.

Artikel 7

(Eintragung und Inhalt der Offenlegung)

(1)   Die Gründungsmitglieder erstellen die Satzung nach den für die Gründung von Vereinen des Rechts des Sitzstaates des EUV vorgesehenen Rechtsvorschriften. Die Satzung muß zumindest schriftlich erstellt und von den Gründungsmitgliedern unterzeichnet werden.

(2)   In den Mitgliedstaaten, deren Recht keine vorbeugende, administrative oder gerichtliche Kontrolle bei der Gründung vorsieht, muß die Satzung öffentlich beurkundet werden. Die Kontrollbehörde sorgt dafür, daß die Akte den Vorschriften für die Gründung eines EUV und insbesondere den Artikeln 1 bis 4 entspricht.

(3)   Die Mitgliedstaaten bezeichnen das Register, in das der EUV einzutragen ist, und legen die Vorschriften für die Eintragung fest. Sie legen die Bedingungen für die Hinterlegung der Satzung fest. Der EUV kann erst eingetragen werden, wenn die in der

Richtlinie [zur Ergänzung des Statuts des Europäischen Vereins hinsichtlich der Rolle der Arbeitnehmer] vorgesehenen Maßnahmen ergriffen worden sind.

(4) Die Mitgliedstaaten treffen die erforderlichen Maßnahmen, damit die Offenlegung nach Absatz 3 folgende Vorgänge und Aufgaben betrifft:

a) die Satzung und deren Änderungen mit dem vollständigen Wortlaut des geänderten Aktes in der neuen Fassung;

b) die Errichtung und die Schließung jedes Betriebs;

c) die Bestellung, das Ausscheiden und die Identität derjenigen, die als gesetzlich vorgeschriebenes Organ oder als Mitglied eines solchen Organs

   – befugt sind, den EUV gerichtlich und außergerichtlich zu vertreten,

   – an der Verwaltung und gegebenenfalls an der Aufsicht oder an der Kontrolle des EUV beteiligt sind;

d) die Bilanz und die Gewinn- und Verlustrechnung jedes Geschäftsjahres. In dem Dokument mit der Bilanz ist die Identität der Personen anzugeben, die nach dem Gesetz die Richtigkeit der Bilanz zu bescheinigen haben;

e) den Plan zur Verlegung des Sitzes nach Artikel 5 Absatz 2;

f) die Auflösung und Liquidation des EUV sowie der Beschluß nach Artikel 42, die Tätigkeiten des EUV fortzusetzen;

g) den gerichtlichen Beschluß, in dem die Nichtigkeit des EUV erklärt wird;

h) die Bestellung, die Identität und die Befugnisse der Liquidatoren sowie gegebenenfalls deren Ausscheiden;

i) den Schluß der Liquidation und die Löschung des EUV im Register.

(5) Wurden im Namen eines in Gründung begriffenen EUV Rechtshandlungen vorgenommen, bevor der EUV Rechtspersönlichkeit erwarb, und übernimmt der EUV nicht die sich aus diesen Rechtshandlungen ergebenden Verpflichtungen, so haften die Personen, die sie begangen haben, vorbehaltlich anderslautender Vereinbarungen, unbegrenzt und gesamtschuldnerisch.

Artikel 8

(Offenlegung der die EUV betreffenden Rechtsakte in den Mitgliedstaaten)

(1) Die Mitgliedstaaten sorgen dafür, daß die in Artikel 7 Absatz 3 genannten Rechtsakte und Angaben im geeigneten amtlichen Anzeiger des Mitgliedstaats, in dem der EUV seinen Sitz hat, offengelegt werden, und ernennen die Personen, die die Offenlegungs-

förmlichkeiten zu erfüllen haben. Die Bekanntgabe erfolgt in Form eines Auszugs oder in Form einer Angabe über die Eintragung in das Register.

Außerdem sorgen die Mitgliedstaaten dafür, daß jeder in dem in Artikel 7 Absatz 3 genannten Register von den in Artikel 7 Absatz 4 genannten Dokumenten Kenntnis nehmen und eine vollständige oder partielle Kopie – auch auf dem Postweg – erhalten kann.

Die Mitgliedstaaten treffen die erforderlichen Maßnahmen um sicherzustellen, daß der Inhalt der Bekanntgabe und der Inhalt des Registers übereinstimmen. Stimmen die beiden Texte nicht überein, so kann der veröffentlichte Text jedoch Dritten nicht entgegengehalten werden; diese können sich jedoch darauf berufen, sofern der Verein nicht nachweist, daß sie von dem in das Register übertragenen Wortlaut Kenntnis hatten.

Die Mitgliedstaaten können eine Vergütung der Kosten für die in den vorhergehenden Unterabsätzen genannten Vorgänge vorsehen; diese Vergütung darf jedoch nicht höher sein als die administrativen Kosten.

(2) Die einzelstaatlichen Durchführungsbestimmungen zur Richtlinie 89/666/EWG finden Anwendung auf die in einem anderen Mitgliedstaat als dem Sitzstaat errichteten Niederlassungen eines EUV.

(3) Die Rechtsakte und Angaben können von dem EUV Dritten nur nach der in Absatz 1 genannten Offenlegung entgegengehalten werden, es sei denn, der EUV kann nachweisen, daß diese Dritten davon Kenntnis hatten. Für die vor dem 16. Tag nach dieser Offenlegung erfolgten Vorgänge können diese Rechtsakte jedoch Dritten, die nachweisen, daß sie davon keine Kenntnis haben konnten, nicht entgegengehalten werden.

(4) Dritte können sich auf die Rechtsakte und Angaben, für die die Offenlegungsförmlichkeiten noch nicht erfüllt sind, berufen, es sei denn, die fehlende Offenlegung beraubt diese Rechtsakte oder Angaben ihrer Rechtswirkung.

Artikel 9

(Veröffentlichung im Amtsblatt der Europäischen Gemeinschaften)

Die Mitgliedstaaten sorgen dafür, daß die Eintragung und der Schluß der Liquidation eines EUV unter Angabe der Nummer, des Datums und des Ortes der Eintragung sowie des Datums, des Ortes und des Titels der Veröffentlichung nebst einer kurzen Beschreibung des Zwecks des EUV innerhalb eines Monats nach der gemäß Artikel 8 Absatz 1 vorgenommenen Veröffentlichung im amtlichen Anzeiger des Sitz-Mitgliedstaats zu Informationszwecken im *Amtsblatt der Europäischen Gemeinschaften* veröffentlicht und dem Amt für amtliche Veröffentlichungen der Europäischen Gemeinschaften übermittelt werden.

Bei der Verlegung des Sitzes des EUV unter den in Artikel 5 genannten Voraussetzungen erfolgt eine Veröffentlichung mit den gleichen Angaben wie denen nach Absatz 1 sowie denen im Falle einer Neueintragung.

Artikel 10

(Vorgeschriebene Angaben auf den Schriftstücken des EUV)

Auf Briefen und für Dritte bestimmten Schriftstücken sind deutlich lesbar anzugeben:

a) die Bezeichnung des Europäischen Vereins mit dem voran oder nachgestellten Zusatz »EUV«;

b) der Ort des Registers, in das der EUV gemäß Artikel 7 Absatz 3 eingetragen ist, sowie die Eintragungsnummer;

c) die Anschrift des Sitzes des EUV;

d) gegebenenfalls die Angabe, daß sich der EUV in Liquidation befindet oder unter gerichtlicher Verwaltung steht.

Kapitel II

Generalversammlung

Artikel 11

(Zuständigkeit)

Die Generalversammlung beschließt über:

a) die Angelegenheiten, für die ihr in dieser Verordnung eine besondere Zuständigkeit übertragen wird;

b) die Angelegenheit, für die das Verwaltungsorgan aufgrund

   – dieser Verordnung,

   – der Richtlinie [zur Ergänzung des Statuts des Europäischen Vereins hinsichtlich der Rolle der Arbeitnehmer],

   – der zwingenden Rechtsvorschriften des Sitzstaates des EUV,

   – oder der Satzung des EUV

nicht ausschließlich zuständig ist.

Artikel 12

**(Auf die Einberufung, die Organisation und den Ablauf der Versammlung
anwendbare Vorschriften)**

Für die Einberufung, die Organisation und den Ablauf der Generalversammlung gelten
außer den Bestimmungen dieser Verordnung die Satzungsbestimmungen, die in Übereinstimmung mit den im Sitzstaat des EUV auf die im Anhang genannten juristischen
Personen anwendbaren Rechts- und Verwaltungsvorschriften beschlossen wurden.

Artikel 13

(Einberufung der Versammlung)

(1)   Die Generalversammlung tritt mindestens einmal jährlich binnen sechs Monaten
nach Abschluß des Geschäftsjahres zusammen.

(2)   Sie kann von Amts wegen jederzeit vom Verwaltungsorgan oder auf Antrag von
25 % der Mitglieder einberufen werden. Die Satzung kann einen niedrigeren Prozentsatz
vorsehen.

(3)   In dem Antrag auf Einberufung der Generalversammlung sind die Gründe anzufüh-
ren und die auf die Tagesordnung zu setzenden Punkte genau anzugeben.

(4)   Wird dem nach Absatz 2 gestellten Antrag nicht innerhalb eines Monats stattgegeben, so kann die zuständige Gerichts- oder Verwaltungsbehörde des Sitzstaats des EUV
die Einberufung der Generalversammlung anordnen oder den Mitgliedern, die den Antrag
gestellt haben, oder einem von ihnen bevollmächtigten Vertreter die Genehmigung zur
Einberufung erteilen.

(5)   Die Generalversammlung kann anläßlich einer Zusammenkunft beschließen, daß eine neue Zusammenkunft zu einem Zeitpunkt und mit einer Tagesordnung, die sie selbst
festlegt, einberufen wird.

(6)   Auf der nach Abschluß des Geschäftsjahres zusammentretenden Generalversammlung beinhaltet die Tagesordnung mindestens die Genehmigung des Jahresabschlusses,
die Verwendung der Ergebnisse des Etatentwurfs sowie den vom Verwaltungsorgan
vorgelegten Lagebericht im Sinne von Artikel 46 der Richtlinie 78/660/EWG.

Artikel 14

(Aufnahme neuer Punkte in die Tagesordnung)

Mindestens 25 % der Mitglieder des EUV – wobei die Satzung einen niedrigeren

Prozentsatz vorsehen kann – können binnen zehn Tagen nach Erhalt der Einberufung verlangen, daß ein oder mehrere Punkte auf die Tagesordnung der Generalversammlung gesetzt werden.

Artikel 15

(Teilnahme und Vertretung)

Jedes Mitglied kann an der Generalversammlung teilnehmen. jedes Mitglied ist berechtigt, sich auf der Generalversammlung von einem anderen Mitglied seiner Wahl vertreten zu lassen. Ein Mitglied kann nicht mehr als zwei Vollmachten erhalten.

Artikel 16

(Informationsrecht)

Alle Mitglieder haben gleichen Zugang zu den Informationen, vor allem über die Rechnungsführung, die ihnen vor oder während der Generalversammlung mitgeteilt werden müssen.

Diese Informationen werden den Mitgliedern des EUV an dessen Sitz mindestens einen Monat vor Abhaltung der Versammlung zur Verfügung gestellt.

Insbesondere vor der auf den Abschluß des Geschäftsjahres folgenden Versammlung können die Mitglieder Einsicht in die Rechnungsführungsunterlagen nehmen, die gemäß den einzelstaatlichen Vorschriften, die zur Durchführung der Richtlinien 78/660/EWG und 83/349/EWG erlassen wurden, zu erstellen sind.

Artikel 17

(Stimmrecht)

(1)   Jedes Mitglied des EUV hat eine Stimme.

(2)   In der Satzung kann unter Festlegung der entsprechenden Modalitäten die Briefwahl vorgesehen werden.

Artikel 18

(Einfache Mehrheit)

Die Beschlüsse werden mit der Mehrheit der Stimmen der anwesenden oder vertretenen Mitglieder gefaßt.

Artikel 19

(Qualifizierte Mehrheit)

Für Satzungsänderungen ist ausschließlich die Generalversammlung zuständig, die mit der Zweidrittelmehrheit der Stimmen der anwesenden oder vertretenen Mitglieder beschließt.

Ein Mitgliedstaat kann vorsehen, daß das Verwaltungsorgan die Satzung ändert, wenn ihm dies von einer Gerichts- oder Verwaltungsbehörde, deren Zustimmung für die Rechtsgültigkeit von Satzungsänderungen erforderlich ist, vorgeschrieben wird.

Artikel 20

(Beschlüsse, die die Rechte einer Gattung von Mitgliedern beeinträchtigen)

Berührt ein Beschluß der Generalversammlung die Rechte einer bestimmten Gattung von Mitgliedern, so müssen diese dem Beschluß in einer gesonderten Abstimmung zustimmen.

Soll die Satzung in einer eine bestimmte Gattung von Mitgliedern benachteiligenden Weise geändert werden, so müssen diese Mitglieder mit Zweidrittelmehrheit beschließen.

Artikel 21

(Anfechtung von Beschlüssen der Generalversammlung)

Die Entscheidung eines Gerichts oder einer zuständigen Behörde, mit der ein Beschluß der Generalversammlung des EUV für nichtig oder inexistent erklärt wird, ist gemäß Artikel 8 offenzulegen.

Kapitel III

Verwaltungsorgan

Artikel 22

(Aufgaben und Bestellung des Verwaltungsorgans)

(1)   Das Verwaltungsorgan führt die Geschäfte des EUV. Die Mitglieder des Verwaltungsorgans sind befugt, den EUV gegenüber Dritten rechtsverbindlich zu vertreten und ihn nach den vom Sitzstaat des EUV in Anwendung der Richtlinie 68/151/EWG erlassenen Rechtsvorschriften vor Gericht zu vertreten.

(2)   Das Verwaltungsorgan besteht aus mindestens drei Mitgliedern; ihre Höchstzahl ist in der Satzung festgelegt.

(3)   Das Verwaltungsorgan kann einem aus seinen Mitgliedern gebildeten Vorstand die Geschäftsführung des EUV übertragen. Es kann bestimmte Geschäftsführungsbefugnisse auch einer oder mehreren Personen übertragen, die nicht Mitglieder des Organs sind. Diese Geschäftsführungsbefugnisse können jederzeit widerrufen werden. Die Voraussetzungen für die Übertragung der Geschäftsführungsbefugnis können in der Satzung oder von der Generalversammlung festgelegt werden.

(ÄNDERUNG Nr. 4 – modifiziert)

(4)   Vorbehaltlich der Wahl der Arbeitnehmervertreter gemäß Artikel 3 Absatz 1 der Richtlinie . /. . ./EWG werden das oder die Mitglieder des Verwaltungsorgans von der Generalversammlung bestellt und abberufen.

Artikel 23

(Sitzungen; Informationsrechte)

(1)   Das Verwaltungsorgan tritt in den durch die Satzung bestimmten Abständen, mindestens jedoch alle drei Monate, zusammen, um über den Gang der Tätigkeiten des EUV und deren voraussichtliche Entwicklung zu beraten.

(2)   Das Verwaltungsorgan tritt zur Beschlußfassung über die in Artikel 30 genannten Vorgänge zusammen.

(3)   Jedes Mitglied des Verwaltungsorgans kann von allen Berichten, Unterlagen und Auskünften, die das Organ über die Tätigkeiten des EUV erhält, Kenntnis nehmen.

Artikel 24

(Vorsitz, Einberufung)

(1) Das Verwaltungsorgan wählt aus seiner Mitte einen Vorsitzenden.

(2) Der Vorsitzende beruft das Verwaltungsorgan nach Maßgabe der Satzung entweder von Amts wegen oder auf Antrag mindestens eines Drittels seiner Mitglieder ein. In dem Antrag sind die Gründe für die Einberufung anzugeben. Wird dem Antrag nicht binnen 15 Tagen stattgegeben, so kann das Verwaltungsorgan von den Antragstellern einberufen werden.

Artikel 25

(Amtsdauer)

(1) Die Mitglieder der Organe werden für einen in der Satzung festgelegten Zeitraum bestellt, der sechs Jahre nicht überschreiten darf.

(2) Die Mitglieder können für die nach Absatz 1 festgelegte Dauer ein- oder mehrmals wiedergewählt werden.

Artikel 26

(Voraussetzung der Mitgliedschaft)

(1) Die Satzung des EUV kann vorsehen, daß eine juristische Person Mitglied des Verwaltungsorgans sein kann, sofern das im Sitzstaat des EUV auf die im Anhang aufgeführten juristischen Personen anwendbare Recht nichts anderes bestimmt.

Diese juristische Person hat zur Wahrnehmung der Befugnisse in dem betreffenden Organ eine natürliche Person als Vertreter zu bestellen. Für diesen Vertreter gelten dieselben Bedingungen und Verpflichtungen, wie wenn er persönlich Mitglied dieses Organs wäre.

(2) Personen, die

– nach dem auf sie anwendbaren Recht,

– nach dem auf die im Anhang aufgeführten juristischen Personen anwendbaren Recht des Sitzstaats des EUV oder

– infolge einer Gerichts- oder Verwaltungsentscheidung, die in einem Mitgliedstaat ergangen oder anerkannt ist,

dem Leitungs-, Aufsichts- oder Verwaltungsorgan einer Vereinigung nicht angehören dürfen, können weder Mitglieder des Verwaltungsorgans noch Vertreter eines Mitglieds

im Sinne von Absatz 1 sein, noch können ihnen Geschäftsführungs- oder Vertretungsbefugnisse übertragen werden.

Artikel 27

(Verhinderung bei der weiteren Ausübung des Amtes)

In der Satzung des EUV kann die Bestellung eines stellvertretenden Mitglieds vorgesehen werden, wenn ein Mitglied des Verwaltungsorgans endgültig verhindert ist, sein
Amt auszuüben. Die Amtszeit des stellvertretenden Mitglieds endet spätestens zu dem
Zeitpunkt, zu dem auch die Amtszeit des Mitglieds, das es vertritt, endet. Ein neues
ordentliches Mitglied kann jedoch jederzeit bestellt werden.

Artikel 28

(Geschäftsordnung)

Das Verwaltungsorgan kann sich nach Maßgabe der Satzung eine Geschäftsordnung
geben. Diese Geschäftsordnung kann von jedem Mitglied oder jeder zuständigen Behörde
am Sitz des EUV eingesehen werden.

Artikel 29

(Vertretungsbefugnis und Haftung)

(1)   Wird die Ausübung der Befugnis zur Vertretung gegenüber Dritten nach Artikel 22
Absatz 1 an mehr als ein Mitglied übertragen, so üben die Betreffenden diese Befugnis
gemeinschaftlich aus.

(2)   Die Satzung des EUV kann jedoch vorsehen, daß der EUV entweder durch jeden
der Betreffenden allein oder durch zwei oder mehrere von ihnen gemeinsam wirksam
vertreten werden kann. Diese Klausel kann Dritten entgegengehalten werden, wenn sie
gemäß Artikel 7 offengelegt wird.

(3)   Der EUV wird gegenüber Dritten selbst dann durch von Mitgliedern seines Verwaltungsorgans ausgeführte Rechtsakte wirksam gebunden, wenn diese Rechtsakte nicht dem
Gesellschaftszweck des EUV entsprechen, es sei denn, sie überschreiten die Befugnisse,
die diesem Organ nach dem Gesetz zustehen oder zugestanden werden können.

Die Mitgliedstaaten können jedoch vorsehen, daß der EUV in den Fällen, in denen diese
Rechtsakte die Grenzen seines Zwecks überschreiten, nicht wirksam gebunden wird,
wenn er nachweist, daß dem Dritten die Tatsache, daß die Rechtshandlung diesen Zweck

überschritt, bekannt war oder unter den gegebenen Umständen nicht unbekannt sein konnte, wobei allein die Offenlegung der Satzung als Nachweis nicht ausreicht.

(4)   Die Bestellung, das Ausscheiden sowie die Identität der Personen, die den EUV vertreten können, müssen nach Artikel 7 offengelegt werden. Bei der Offenlegung muß genau angegeben werden, ob diese Personen befugt sind, einzeln verbindlich für den EUV zu handeln, oder ob sie dies gemeinsam tun müssen.

Artikel 30

(Genehmigungspflichtige Tätigkeiten)

(1)   In der Satzung des EUV werden die Kategorien von Tätigkeiten aufgeführt, die zu einer ausdrücklichen Entscheidung des Verwaltungsorgans Anlaß geben.

(2)   Die Mitgliedstaaten können die Kategorien von Tätigkeiten festlegen, die in der Satzung des auf ihrem Staatsgebiet eingetragenen EUV mindestens aufgeführt werden müssen.

Artikel 31

(Rechte und Pflichten)

(1)   Jedes Mitglied des Verwaltungsorgans hat bei der Wahrnehmung der ihm nach Maßgabe dieser Verordnung übertragenen Aufgaben dieselben Rechte und Pflichten wie die übrigen Mitglieder.

(ÄNDERUNG Nr. 15)

(2)   Alle Mitglieder üben ihr Amt im Interesse des EUV und zur Verwirklichung seines Zwecks aus.

(3)   Alle Mitglieder sind verpflichtet, über vertrauliche Informationen, die den EUV betreffen, auch nach Ausscheiden aus ihrem Amt Stillschweigen zu bewahren.

Artikel 32

(Beschlußfassung des Verwaltungsorgans)

(1)   Das Verwaltungsorgan beschließt unter den Bedingungen und nach den Modalitäten, die in der Satzung vorgesehen sind.

In Ermangelung derartiger Vorschriften ist das Verwaltungsorgan nur dann beschlußfähig, wenn die Mitglieder ordnungsgemäß mindestens drei Wochen im voraus einberufen wurden und wenn mindestens ein Drittel der Mitglieder bei der Beschlußfassung anwesend ist. In der Einberufung kann bereits der Zeitpunkt der Sitzung des Verwaltungsorgans für den Fall angegeben werden, daß zu dem ersten genannten Datum die Beschlußfähigkeit nicht erreicht wird. Die Beschlüsse werden mit der Mehrheit der anwesenden oder vertretenen Mitglieder gefaßt.

(2)   Bei Stimmengleichheit gibt die Stimme des Vorsitzenden den Ausschlag.

Artikel 33

(Zivilrechtliche Haftung)

(1)   Die Mitglieder des Verwaltungsorgans haften für den Schaden, welcher dem EUV durch eine Verletzung der ihnen bei der Ausübung ihres Amtes obliegenden Pflichten entsteht.

(ÄNDERUNG Nr. 16)

(2)   Besteht das Verwaltungsorgan aus mehreren Mitgliedern, so haften diese gesamtschuldnerisch für den dem EUV entstandenen Schaden. jedoch haftet jeder Mitgliedstaat des Verwaltungsorgans des EUV für den dem Verein entstandenen Schaden, wenn ihm eine Verletzung der ihm in der Ausübung seines Amtes obliegenden Pflichten nachgewiesen wird.

Artikel 34

(Verfahren bei Haftungsklage)

(1)   Die Hauptversammlung faßt mit der Mehrheit der abgegebenen Stimmen den Beschluß, im Namen und für Rechnung des EUV Haftungsklage gemäß Artikel 33 Absatz 1 zu erheben.

Die Generalversammlung bestellt hierzu einen besonderen Bevollmächtigten, der mit der Prozeßführung betraut wird.

(2)   Die Haftungsklage im Namen und für Rechnung des EUV kann auch von einem Fünftel der Mitglieder erhoben werden. Sie bestellen hierzu einen besonderen Bevollmächtigten, der mit der Prozeßführung betraut wird.

Artikel 35

(Verjährung der Haftungsklage)

Haftungsklage kann nach Ablauf von fünf Jahren nach Eintritt des schädigenden Ereignisses nicht mehr erhoben werden.

Kapitel IV

Jahresabschluß, konsolidierter Abschluß, Prüfung, Finanzierungsformen und Offenlegung

Artikel 36

(Erstellung eines Etatentwurfs)

Der EUV hat einen Etatentwurf für das kommende Geschäftsjahr zu erstellen.

Artikel 37

(Erstellung des Jahresabschlusses und des konsolidierten Abschlusses)

(1)   Hinsichtlich der Erstellung seines gegebenenfalls konsolidierten Jahresabschlusses einschließlich des Lageberichtes und hinsichtlich Kontrolle und Offenlegung dieser Abschlüsse unterliegt der EUV den innerstaatlichen Rechtsvorschriften, die der Sitzstaat in Durchführung der Richtlinien 78/660/EWG und 83/349/EWG erlassen hat.

(2)   Der EUV kann seinen Jahresabschluß und gegebenenfalls seinen konsolidierten Abschluß in Ecu erstellen. In diesem Fall ist im Anhang anzugeben, auf welcher Grundlage die im Abschluß aufgeführten Posten, die ursprünglich auf eine andere Währung lauten oder lauteten, in Ecu umgerechnet worden sind.

Artikel 38

(Pflichtprüfung)

Die Pflichtprüfung des Jahresabschlusses und gegebenenfalls des konsolidierten Abschlusses des EUV wird durch eine oder mehrere Personen vorgenommen, die im Sitzstaat des EUV gemäß den von diesem Staat in Anwendung der Richtlinien 84/253/EWG und 89/48/EWG erlassenen Bestimmungen zugelassen sind. Diese Personen haben auch zu prüfen, ob der Lagebericht mit dem Jahresabschluß und gegebenenfalls dem konsolidierten Abschluß des betreffenden Geschäftsjahres in Einklang steht.

Artikel 39

(Offenlegung der Abschlüsse)

(1) Der ordnungsgemäß genehmigte Jahresabschluß und gegebenenfalls konsolidierte Abschluß, der Lagebericht und der Prüfbericht sind nach den in den Rechtsvorschriften des Sitzstaats des EUV gemäß Artikel 3 der Richtlinie 68/151/EWG vorgesehenen Verfahren offenzulegen.

(2) Sind die Vereine nach den Rechtsvorschriften des Sitzstaates nicht zu einer den Bestimmungen in Artikel 3 der Richtlinie 68/151/EWG entsprechenden Offenlegung verpflichtet, müssen sie zumindest die Buchbelege an ihrem Sitz zur öffentlichen Einsichtnahme bereithalten. Eine Kopie dieser Unterlagen ist auf formlosen Antrag auszuhändigen. Der dafür verlangte Preis darf die Verwaltungskosten nicht überschreiten.

Artikel 40

(Rechnungsprüfung)

Die Art der Rechnungsprüfung und der Kontrolle der Tätigkeit des Vereins wird in der Satzung festgelegt. Die Prüfer berichten der Generalversammlung jährlich über die Initiativen, die sie zur Erfüllung ihrer Aufgabe ergriffen haben.

Artikel 41

(Finanzierungsformen)

(ÄNDERUNG Nr. 20 – modifiziert)

Der EUV hat zu allen Finanzierungsformen unter den günstigsten Bedingungen Zugang, wie sie für Vereine im Sitzungsstaat gelten. Dasselbe gilt für die von der EUV in den Mitgliedstaaten, in denen er eine Niederlassung hat, gewünschten Finanzierungsformen.

Kapitel V

Auflösung

Artikel 42

(Auflösung durch die Generalversammlung)

(1) Der EUV kann durch Beschluß der Generalversammlung, der nach den Bestimmungen des Artikels 19 gefaßt wird, aufgelöst werden.

Die Generalversammlung kann den Auflösungsbeschluß nach denselben Bestimmungen aufheben, solange mit der Verteilung des Vermögens noch nicht begonnen worden ist.

(2) Außerdem muß das Verwaltungsorgan die Generalversammlung zur Beschlußfassung über die Auflösung des EUV einberufen,

– wenn der in der Satzung bestimmte Zeitraum abgelaufen ist;

– wenn der Jahresabschluß während der letzten drei Geschäftsjahre des EUV nicht offengelegt wurde;

– wenn die Zahl der Mitglieder die in dieser Verordnung oder in der Satzung des EUV vorgesehene Mindestmitgliederzahl unterschreitet;

– wegen eines Auflösungsgrundes, der nach dem Recht des Sitzstaats des EUV für die im Anhang aufgeführten juristischen Personen oder nach der Satzung vorgesehen ist.

Die Generalversammlung beschließt

– entweder die Auflösung des EUV nach Maßgabe von Artikel 18,

– oder die Fortsetzung der Tätigkeiten nach den für Satzungsänderungen vorgesehenen Verfahren.

Artikel 43

(Auflösung durch das Gericht am Ort des Sitzes des EUV)

Auf Antrag jedes Beteiligten oder einer zuständigen Behörde muß das Gericht am Ort des Sitzes des EUV dessen Auflösung aussprechen, wenn es feststellt, daß der Sitz nach außerhalb der Gemeinschaft verlegt wurde oder die Tätigkeit des EUV gegen die öffentliche Ordnung des Mitgliedstaats, in dem der EUV seinen Sitz hat, oder die Bestimmungen der Artikel 1 und 3 Absatz 1 verstößt.

Das Gericht kann dem EUV eine Frist einräumen, damit er den Vorschriften Genüge leisten kann. Geschieht dies nicht in dieser Frist, so wird die Auflösung ausgesprochen.

Kapitel VI

Liquidation

Artikel 44

(Liquidation)

(1) Nach der Auflösung des EUV findet seine Liquidation statt.

(2) Die Liquidation des EUV und der Schluß der Liquidation unterliegen dem für die im Anhang aufgeführten juristischen Personen geltenden Recht des Sitzstaats.

(3) Das Reinvermögen des EUV wird nach Befriedigung der Gläubiger vorbehaltlich anderslautender Bestimmungen der Satzung nach Maßgabe der für den EUV geltenden Rechtsvorschriften des Sitzstaats des EUV verteilt.

(4) Die Rechtspersönlichkeit des EUV, dessen Auflösung erklärt worden ist, besteht bis zum Schluß der Liquidation fort.

(5) Nach der Liquidation sind die sich auf die Liquidation beziehenden Geschäftsbücher und Aufzeichnungen bei dem in Artikel 7 Absatz 2 bezeichneten Register zu hinterlegen. Jede interessierte Person kann von diesen Geschäftsbüchern und Aufzeichnungen Kenntnis nehmen.

Kapitel VII

Zahlungsunfähigkeit und Zahlungseinstellung

Artikel 45

(Zahlungsunfähigkeit und Zahlungseinstellung)

(1) Der EUV unterliegt den einzelstaatlichen Rechtsvorschriften über die Zahlungsunfähigkeit und die Zahlungseinstellung.

(2) Die Eröffnung eines Verfahrens wegen Zahlungsunfähigkeit oder Zahlungseinstellung wird von der mit der Durchführung des Verfahrens beauftragten Person bei dem in Artikel 7 Absatz 3 bezeichneten Register angemeldet. Die Anmeldung enthält folgende Angaben:

a) die Maßnahme, das Datum der Entscheidung und das Gericht, das die Entscheidung erlassen hat;

25

b) das Datum der Zahlungseinstellung, wenn die Entscheidung diese Angaben enthält;

c) Namen und Anschriften der Personen, auf die Befugnisse zur Durchführung des Verfahrens übertragen wurden;

d) alle übrigen sachdienlichen Angaben.

(3) Das Gericht ordnet entweder von Amts wegen oder auf Antrag eines Beteiligten die Eintragung dieser Entscheidung in dem in Artikel 7 Absatz 3 bezeichneten Register an.

(4) Die nach den Absätzen 2 und 3 erfolgte Anmeldung bzw. Eintragung wird gemäß Artikel 8 offengelegt.

TITEL II

SCHLUSSBESTIMMUNGEN

Artikel 46

(Maßnahmen zur Ahndung von Verstößen)

Jeder Mitgliedstaat legt die Sanktionen fest, die bei einem Verstoß gegen diese Verordnung und gegebenenfalls gegen nationale Durchführungsmaßnahmen zu verhängen sind. Diese Sanktionen müssen wirksam, verhältnismäßig und abschreckend sein. Er erläßt die erforderlichen Maßnahmen vor dem 1. Januar 1994. Er teilt der Kommission diese Maßnahmen unverzüglich mit.

Artikel 47

Diese Verordnung tritt am 1. Januar 1994 in Kraft.

Diese Verordnung ist in allen ihren Teilen verbindlich und gilt unmittelbar in jedem Mitgliedstaat.

ANHANG

In Artikel 3 erwähnte juristische Personen

In Belgien:

Vereine ohne Gewinnzweck und Einrichtungen des Gemeinwohls im Sinne des Gesetzes vom 25. Oktober 1919 und des Gesetzes vom 27. Juni 1921

In Dänemark:

Vereine und Stiftungen im Sinne des Gesetzes vom 6. Juni 1984

In Spanien:

Vereine und Stiftungen im Sinne des Gesetzes vom 24. Dezember 1964 bzw. der Artikel 35 ff. des Bürgerlichen Gesetzbuches

In Frankreich:

Vereine ohne Gewinnzweck im Sinne des Gesetzes vom 1. Juli 1901 und der Artikel 21 bis 79 des Bürgerlichen Gesetzbuches der Region Elsaß und Mosel; Stiftungen im Sinne des Gesetzes vom 23. Juli 1987, geändert durch das Gesetz vom 4. Juli 1990

In Griechenland:

Vereine und Stiftungen im Sinne von Artikel 78 ff. des Bürgerlichen Gesetzbuches

In Irland:

»Companies Limited by Guarantee, Organisations Incorporated by Royal Charter or Act of Parliament, Industrial and Provident Societies« and »Friendly Societies«

In Italien:

Vereine und Stiftungen im Sinne der Artikel 14 bis 42 des italienischen Bürgerlichen Gesetzbuches

In Luxemburg:

Vereine ohne Gewinnzweck und Einrichtungen des Gemeinwohls im Sinne des Gesetzes vom 21. April 1928

In den Niederlanden:

Vereine und Stiftungen im Sinne des Titels II bzw. der Artikel 286 bis 304 des Bürgerlichen Gesetzbuches

In Portugal:

Vereine und Stiftungen im Sinne des Artikels 167 bis 194 des Bürgerlichen Gesetzbuches

In Deutschland:

Vereine und Stiftungen im Sinne der Paragraphen 21 bis 88 BGB

(ÄNDERUNG Nr. 22)

Im Vereinigten Königreich:

»Companies Limited by Guarantee, Organisations Incorporated by Royal Charter or Act of Parliament, Industrial and Provident Societies, Friendly Societies«, nicht eingetragene Vereine oder Verbände und alle gemeinnützigen Einrichtungen

**Geänderter Vorschlag für eine Richtlinie des Rates zur Ergänzung des
Statuts des Europäischen Vereins hinsichtlich der Rolle der Arbeitnehmer[1])**

(93/C 236/02)

KOM(93) 252 endg. – SYN 387

*(Gemäß Artikel 149 Absatz 3 des EWG-Vertrags von der Kommission vorgelegt am
6. Juli 1993)*

(Amtsblatt der Europäischen Gemeinschaften Nr. C 236 vom 31.8.1993 S. 14)

DER RAT DER EUROPÄISCHEN GEMEINSCHAFTEN –

gestützt auf den Vertrag zur Gründung der Europäischen Wirtschaftsgemeinschaft, insbesondere auf Artikel 54,

auf Vorschlag der Kommission,

in Zusammenarbeit mit dem Europäischen Parlament,

nach Stellungnahme des Wirtschafts- und Sozialausschusses,

in Erwägung nachstehender Gründe:

Zur Verwirklichung der in Artikel 8 a EWG-Vertrag genannten Ziele legt die Verordnung (EWG) Nr. . . . des Rates das Statut des Europäischen Vereins, nachfolgend EUV genannt, fest.

In den Mitgliedstaaten bestehen Rechts- und Verwaltungsvorschriften, die eine Unterrichtung und Anhörung in den Unternehmen gleich welcher Rechtsform vorsehen, daneben gibt es in einigen Mitgliedstaaten Mitbestimmungsregelungen für bestimmte Rechtsformen.

Es erscheint zweckmäßig, die Verfahren zur Unterrichtung und Anhörung der Arbeitnehmer auf Gemeinschaftsebene zu koordinieren und den Dialog zwischen dem Verwaltungsorgan des Europäischen Vereins und den Arbeitnehmern zu fördern.

Die Vollendung des Binnenmarktes bewirkt eine Konzentration und Umwandlung der Vereine. Um eine harmonische Entwicklung der Wirtschaftstätigkeit zu gewährleisten, müssen Europäische Vereine mit grenzüberschreitender Tätigkeit gegebenenfalls ein Modell zur Mitbestimmung der Arbeitnehmer vorsehen, zumindest jedoch die Arbeitnehmer im Hinblick auf die sie betreffenden Entscheidungen informieren und konsultieren.

In dieser Richtlinie werden die Bereiche festgelegt, in denen in jedem Fall eine Unterrichtung und Anhörung unbeschadet der nachstehenden Richtlinien zu erfolgen hat:

---

1) ABl. Nr. C 99 vom 21. 4. 1992, S. 14.

– Richtlinie 75/129/EWG des Rates vom 17. Februar 1975 zur Angleichung der Rechtsvorschriften der Mitgliedstaaten über Massenentlassungen[1]), geändert durch die Richtlinie ../.../EWG[2]),

– Richtlinie 77/187/EWG des Rates vom 14. Februar 1977 zur Angleichung der Rechtsvorschriften der Mitgliedstaaten über die Wahrung von Ansprüchen der Arbeitnehmer beim Übergang von Unternehmen, Betrieben oder Betriebsteilen[3]) und

– Richtlinie ../.../EWG des Rates vom ... über die Einsetzung Europäischer Betriebsräte zur Information und Konsultation der Arbeitnehmer in gemeinschaftsweit operierenden Unternehmen und Unternehmensgruppen[4]).

(ÄNDERUNG Nr. 25)

Es sind geeignete Vorkehrungen zu treffen, damit die Arbeitnehmer der Europäischen Vereine ohne unangemessene Verzögerung ordnungsgemäß unterrichtet und gehört werden, insbesondere wenn Entscheidungen, durch ihre Interessen beeinträchtigt werden können oder sich auf die Entwicklung des EUV und die Beschäftigungsbedingungen auswirken können, in einem anderen Mitgliedstaat getroffen werden als dem, in dem sie beschäftigt sind.

Die Rechts- und Verwaltungsvorschriften jener Mitgliedstaaten, die eine Mitbestimmung der Arbeitnehmer in bestimmten nationalen Körperschaften vorsehen, sind auf den Europäischen Verein anwendbar.

Ein EUV darf erst dann eingetragen werden, wenn ein Mitbestimmungsmodell oder zumindest ein System zur Unterrichtung und Anhörung der Arbeitnehmer und insbesondere ein »separater« Ausschuß gewählt wurde.

Ist vor der Eintragung des Europäischen Vereins keine derartige Vereinbarung zustande gekommen, so schlagen die Gründer oder Gründungsunternehmen der konstituierenden Mitgliederversammlung des Europäischen Vereins eine Regelung zur Unterrichtung und Anhörung der Arbeitnehmer vor.

Der Informations- und Konsultationsausschuß oder ein entsprechendes anderes Gremium ist im Hinblick auf alle Entscheidungen und strategischen Vorhaben des Europäischen Vereins, die die Interessen der Arbeitnehmer berühren können, zu unterrichten und zu hören.

Um das reibungslose Funktionieren des Binnenmarktes sicherzustellen und ungleiche Wettbewerbsbedingungen zu vermeiden, ist zu gewährleisten, daß den Arbeitnehmern

---

1) ABl. Nr. L 48 vom 22. 2. 1975, S. 29.
2) KOM(91) 292 vom 15. 7. 1991.
3) ABl. Nr. L 61 vom 5. 3. 1977, S. 26.
4) KOM(90) 581 endg.

des Europäischen Vereins gleichwertige Informations- und Konsultationsrechte garantiert werden.

Im Interesse einer größeren Flexibilität bei kleineren Europäischen Vereinen steht es den Mitgliedstaaten frei, in Europäischen Vereinen mit weniger als 50 Beschäftigten keine Personalvertretung vorzusehen.

Die Bestimmungen dieser Richtlinie stellen eine untrennbare Ergänzung der Verordnung (EWG) Nr. . . . [über das Statut des Europäischen Vereins] dar. Es ist daher sicherzustellen, daß diese Bestimmungen zum gleichen Zeitpunkt anwendbar sind –

HAT FOLGENDE RICHTLINIE ERLASSEN:

Artikel 1

Diese Richtlinie koordiniert die Rechts- und Verwaltungsvorschriften der Mitgliedstaaten über die Rolle der Arbeitnehmer des EUV.

Sie stellt eine notwendige Ergänzung der Verordnung (EWG) Nr. . . . [über das Statut des Europäischen Vereins] dar.

Der Europäische Verein kann erst dann eingetragen werden, wenn ein Mitbestimmungsmodell oder zumindest ein Informations- und Konsultationsverfahren entsprechend den folgenden Bestimmungen festgelegt worden ist.

TITEL I

Mitbestimmung

Artikel 2

Die Rechts- und Verwaltungsvorschriften der Mitgliedstaaten, die die Mitbestimmung der Arbeitnehmer in den Aufsichts- und Verwaltungsorganen der nationalen Unternehmen regeln, sind auf Europäische Vereine mit Sitz in diesen Mitgliedstaaten anwendbar.

Werden diese Vorschriften nicht angewandt, so ergreifen die Mitgliedstaaten die erforderlichen Maßnahmen, um zumindest die Unterrichtung und Anhörung der Arbeitnehmer der Europäischen Vereine gemäß den Artikeln 3, 4 und 5 zu gewährleisten.

3

TITEL II

Informations- und Konsultationsverfahren

Artikel 3

(1)   Die Verwaltungsorgane der Gründungsunternehmen und die durch Gesetz oder Praxis der Mitgliedstaaten vorgesehenen Arbeitnehmervertreter dieser Unternehmen legen einvernehmlich ein Informations- und Konsultationsverfahren für die Arbeitnehmer des Europäischen Vereins fest. Die Vereinbarung ist schriftlich vor Eintragung des Europäischen Vereins zu schließen.

(2)   Erfolgt die Gründung eines Europäischen Vereins ausschließlich durch natürliche Personen, so legen diese die Modalitäten zur Unterrichtung und Anhörung der Arbeitnehmer nach Maßgabe von Artikel 4 Absatz 1 fest und unterbreiten sie der konstituierenden Mitgliederversammlung.

(3)   Führen die Verhandlungen gemäß Absatz 1 nicht zum Abschluß einer Vereinbarung, so können die Arbeitnehmervertreter der Gründungsunternehmen in einer schriftlichen Stellungnahme darlegen, warum die Gründung des Europäischen Vereins nach ihrem Dafürhalten geeignet ist, die Interessen der Arbeitnehmer zu schädigen, und welche Maßnahmen diesbezüglich zu treffen wären.

(4)   Die Verwaltungsorgane der Gründungsunternehmen erstellen für die konstituierende Mitgliederversammlung des Europäischen Vereins einen Bericht, der in seinem Anhang folgendes enthält:

–   den Wortlaut der Vereinbarung gemäß Absatz 1

   oder

–   die Stellungnahme der Arbeitnehmervertreter gemäß Absatz 3.

(5)   Die Mitgliederversammlung, die zur Gründung des Europäischen Vereins Stellung zu nehmen hat, bestätigt das in der Vereinbarung gemäß Absatz 1 festgelegte Informations- und Konsultationsverfahren oder wählt, wenn keine Vereinbarung zustande gekommen ist, auf der Grundlage des Berichts und der Stellungnahme gemäß den Absätzen 3 und 4 das im Europäischen Verein anzuwendende Verfahren.

(6)   Das gewählte Verfahren kann später durch ein anderes ersetzt werden, das zwischen dem Verwaltungsorgan des Europäischen Vereins und seinen Arbeitnehmervertretern vereinbart wird. Die Vereinbarung bedarf der Zustimmung der Mitgliederversammlung.

(7)   Bei einer Umwandlung gemäß Artikel 3 Absatz 2 der Verordnung (EWG) Nr. . . . [über das Statut des Europäischen Vereins] findet das in diesem Artikel genannte Verfahren Anwendung.

(ÄNDERUNG Nr. 37 – modifiziert)

(8)   Bei einer Verlegung des Sitzes des Europäischen Vereins in einen anderen Mitgliedstaat darf das vor der Verlegung angewandte Informations- und/oder Konsultationsverfahren nur aufgrund einer Vereinbarung zwischen dem Verwaltungsorgan des Europäischen Vereins und seinen Arbeitnehmervertretern geändert werden.

Artikel 4

(1)   Das Verwaltungsorgan des Europäischen Vereins unterrichtet und hört die Arbeitnehmer des Vereins rechtzeitig zumindest zu

(ÄNDERUNG Nr. 39)

a) allen Vorschlägen, die ernste Auswirkungen auf die Interessen der Arbeitnehmer des Europäischen Vereins haben können oder sich auf die Entwicklung des EUV und die Beschäftigungsbedingungen auswirken können, insbesondere alle die Arbeitsbedingungen betreffenden Fragen und alle Entscheidungen, die die Zustimmung des Verwaltungsorgans erfordern, unbeschadet der Gemeinschaftsvorschriften über die Unterrichtung und Anhörung, insbesondere der Richtlinie 75/129/EWG, der Richtlinie 77/187/EWG und der Richtlinie . . /. . ./EWG [über die Einsetzung Europäischer Betriebsräte];

b) allen die Arbeitsbedingungen betreffenden Fragen, insbesondere Änderungen in der Organisation des Europäischen Vereins und der Einführung neuer Arbeitsmethoden oder neuer Erzeugnisse bzw. Dienstleistungen;

c) allen Dokumenten, die der Mitgliederversammlung des Europäischen Vereins unterbreitet werden;

d) den Beschlüssen gemäß Artikel 30 Absatz 1 der Verordnung (EWG) Nr. . . . [über das Statut des Europäischen Vereins];

(ÄNDERUNG Nr. 40)

e) der Entwicklung und Organisation der beruflichen Bildung in dem EUV und allen Fragen, die die Gesundheit und Sicherheit der Arbeitnehmer und eine paritätische Mitbestimmung bei der Entwicklung von Gesundheits- und Sicherheitsprogrammen und -maßnahmen im EUV betreffen.

(2)   Die Unterrichtung und Anhörung der Arbeitnehmer des Europäischen Vereins erfolgt entweder

– über eine separate Arbeitnehmervertretung des Europäischen Vereins oder

– über ein anderes zwischen den Leitungs- oder Verwaltungsorganen der Gründungsunternehmen und ihren Arbeitnehmervertretern vereinbartes Gremium.

Die Mitgliedstaaten können den Umfang der Informations- und Konsultationsverfahren für die EUV mit Hauptsitz auf ihrem Staatsgebiet begrenzen.

(3) In Europäischen Vereinen mit weniger als 50 Arbeitnehmern können die Verhandlungsparteien unbeschadet der Bestimmungen von Absatz 1 die Einführung eines vereinfachten Informations- und Konsultationsverfahrens beschließen.

Artikel 5

(1) Die Vertreter der Arbeitnehmer des Europäischen Vereins werden nach den in den Mitgliedstaaten durch Gesetz oder durch die Praxis bestimmten Modalitäten gewählt und erhalten die Möglichkeit zu ihrer ungehinderten Mandatsausübung unter Beachtung folgender Grundsätze:

a) Die Arbeitnehmervertreter werden in allen Mitgliedstaaten gewählt, in denen sich Betriebsstätten des Europäischen Vereins befinden.

b) Die Anzahl der Vertreter muß möglichst proportional der Anzahl der von ihnen vertretenen Arbeitnehmer entsprechen.

c) Alle Arbeitnehmer müssen ungeachtet der Dauer ihrer Betriebszugehörigkeit oder der wöchentlichen Arbeitsstunden an der Stimmabgabe teilnehmen können.

d) Die Wahl ist geheim.

(2) Die nach Maßgabe des Absatzes 1 gewählten Arbeitnehmervertreter können ihre Aufgaben im Europäischen Verein ungeachtet der im Sitzstaat geltenden einschlägigen Rechtsvorschriften wahrnehmen.

(ÄNDERUNG Nr. 43)

Die gewählten Vertreter können ihre Tätigkeit während der Arbeitszeit ausüben. Wegen ihrer Amtsführung dürfen keine Disziplinarmaßnahmen gegen sie ergriffen werden. Während ihrer Amtszeit ist eine ordentliche Kündigung nicht möglich.

TITEL III

Schlußbestimmungen

Artikel 6

(1)   Die Mitgliedstaaten erlassen die erforderlichen Rechts- und Verwaltungsvorschriften, um dieser Richtlinie vor dem 1. Januar 1994 nachzukommen. Sie setzen die Kommission unverzüglich davon in Kenntnis.

Wenn die Mitgliedstaaten die Vorschriften nach Absatz 1 erlassen, nehmen sie in diesen Vorschriften selbst oder durch einen Hinweis bei der amtlichen Veröffentlichung auf diese Richtlinie Bezug. Die Mitgliedstaaten regeln die Einzelheiten dieser Bezugnahme.

(2)   Die Mitgliedstaaten teilen der Kommission die wesentlichen innerstaatlichen Rechtsvorschriften mit, die sie auf dem unter diese Richtlinie fallenden Gebiet erlassen.

Artikel 7

Diese Richtlinie ist an die Mitgliedstaaten gerichtet.

Geänderter Vorschlag für eine Verordnung (EWG) des Rates über das Statut der
Europäischen Genossenschaft[1])

(93/C 236/03)

KOM(93) 252 endg. – SYN 388

*(Gemäß Artikel 149 Absatz 3 des EWG-Vertrags von der Kommission vorgelegt am
6. Juli 1993)*

(Amtsblatt der Europäischen Gemeinschaften Nr. C 236 vom 31.8.1993 S. 17)

DER RAT DER EUROPÄISCHEN GEMEINSCHAFTEN –

gestützt auf den Vertrag zur Gründung zur Europäischen Wirtschaftsgemeinschaft, insbesondere auf Artikel 100a,

auf Vorschlag der Kommission,

in Zusammenarbeit mit dem Europäischen Parlament,

nach Stellungnahme des Wirtschafts- und Sozialausschusses,

in Erwägung nachstehender Gründe:

Das Europäische Parlament hat am 13. April 1983 eine Entschließung zu den Genossenschaften in der Europäischen Gemeinschaft[2]) und am 9. Juli 1987 eine Entschließung zum Beitrag der Genossenschaften zur Regionalentwicklung[3]) angenommen.

Die Kommission hat dem Rat am 18. Dezember 1989[4]) eine Mitteilung zugeleitet, zu der der Wirtschafts- und Sozialausschuß am 19. September 1990 seine Stellungnahme[5]) abgegeben hat.

Die Vollendung des Binnenmarktes setzt die uneingeschränkte Niederlassungsfreiheit für die Ausübung jeder den Zielen der Gemeinschaft förderlichen Tätigkeit, gleich in welcher gesellschaftsrechtlichen Form diese Tätigkeit ausgeübt wird, voraus.

Die Gemeinschaft muß zur Wahrung gleicher Wettbewerbsbedingungen und im Interesse ihrer wirtschaftlichen Entwicklung für die in allen Mitgliedstaaten gemeinhin anerkannten Genossenschaften angemessene rechtliche Instrumente zur Verfügung stellen, die eine Entwicklung ihrer länderübergreifenden Tätigkeiten fördern können.

1) ABl. Nr. C 99 vom 21. 4. 1992, S. 17.
2) ABl. Nr. C 128 vom 16. 5. 1983, S. 51 (Bericht Dok. 1-849/82).
3) ABl. Nr. C 246 vom 14. 9. 1987, S. 94.
4) SEK(89) 2187 endg. vom 18. 12. 1989 (Die Unternehmen der »Économie sociale« und die Schaffung des europäischen Marktes ohne Grenzen).
5) ABl. Nr. C 332 vom 31. 12. 1990, S. 81.

Die Genossenschaften nehmen durch ihre Tätigkeit und durch die Art ihres Handelns voll am wirtschaftlichen Leben teil.

Das Statut der Europäischen Aktiengesellschaft gemäß der Verordnung (EWG) Nr. . . . ist kein Instrument, das den Besonderheiten der Genossenschaften gerecht wird.

Die Europäische Wirtschaftliche Interessenvereinigung (EWIV) gemäß der Verordnung (EWG) Nr. 2137/85[1]) erlaubt es den Unternehmen zwar, gewisse Tätigkeiten gemeinsam zu betreiben und gleichzeitig ihre Eigenständigkeit zu behalten, doch genügt sie nicht allen Besonderheiten der genossenschaftlichen Tätigkeit.

(ÄNDERUNG Nr. 46)

Bei den Genossenschaften handelt es sich vor allem um Personenvereinigungen, die besonderen Funktionsprinzipien, die sich von denen der anderen Wirtschaftssubjekte unterscheiden, unterworfen sind.

Diese besonderen Prinzipien betreffen vor allem den Grundsatz vom Vorrang der Person gegenüber dem Kapital, der seinen Ausdruck in spezifischen Regeln für den Eintritt, den Austritt und den Ausschluß der Mitglieder und in der Regel »ein Mitglied, eine Stimme« findet, wobei das Stimmrecht an die Person gebunden ist, und beinhaltet, daß es den Mitgliedern verwehrt ist, auf das Kapital der Genossenschaft zurückzugreifen.

Die grenzübergreifende Zusammenarbeit von Genossenschaften stößt in der Gemeinschaft gegenwärtig auf rechtliche und administrative Schwierigkeiten. Diese sollten in einem Markt ohne Grenzen beseitigt werden.

Mit der Einführung eines den Genossenschaften offenstehenden europäischen Statuts, das sich auf gemeinsame Grundsätze stützt, aber ihren Besonderheiten Rechnung trägt, sollen die Voraussetzungen für ein grenzübergreifendes Tätigwerden im gesamten Gebiet der Gemeinschaft oder in einem Teil derselben geschaffen werden.

(ÄNDERUNG Nr. 47)

Das Hauptziel, das mit der Rechtskonstruktion der Europäischen Genossenschaft, nachfolgend EUGEN genannt, verfolgt wird, erfordert, daß diese sowohl direkt von juristischen oder natürlichen Peronen aus verschiedenen Mitgliedstaaten als auch durch Umwandlung einer bestehenden nationalen Genossenschaft ohne vorherige Auflösung gegründet werden kann. Voraussetzung ist, daß diese Genossenschaft ihren Sitz und ihre Hauptverwaltung in der Gemeinschaft und eine Tochtergesellschaft oder eine Niederlassung in einem anderen Mitgliedstaat als dem der Hauptverwaltung hat. Im letzteren Falle muß die Genossenschaft eine echte und tatsächliche grenzübergreifende Tätigkeit haben.

---

1) ABl. Nr. L 199 vom 31. 7. 1985, S. 1.

Die Genossenschaften sind mit einem Gesellschaftskapital ausgestattet und haben Mitglieder, die zugleich Genossenschaftsmitglieder und Kunden oder Lieferanten sind. Den Genossenschaften können indessen eine bestimmte Zahl investierender, aber nicht nutzender Mitglieder und Dritte angehören, die Nutzen aus der Tätigkeit der Genossenschaft ziehen oder für deren Rechnung Arbeiten ausführen.

Mit den Bestimmungen über die Rechnungsprüfung sollen ein effizienteres Management gewährleistet und jegliche Schwierigkeit vermieden werden.

in den Bereichen, die nicht von dieser Verordnung erfaßt werden, gelten die Rechtsvorschriften der Mitgliedstaaten und das Gemeinschaftsrecht; hierzu gehören

– die Arbeitnehmermitbestimmung;

– das Arbeitsrecht;

– das Steuerrecht;

– das Wettbewerbsrecht;

– der gewerbliche Rechtsschutz;

– die Rechtsvorschriften über die Zahlungsunfähigkeit und die Zahlungseinstellung.

Die Anwendung der Bestimmungen dieser Verordnung muß zeitlich abgestuft erfolgen, damit alle Mitgliedstaaten in der Lage sind, die Bestimmungen der Richtlinie des Rates zur Ergänzung des Statuts der Europäischen Genossenschaft hinsichtlich der Rolle der Arbeitnehmer in innerstaatliches Recht umzusetzen und die für die Gründung und den Geschäftsbetrieb der EUGEN mit Sitz in ihrem Hoheitsgebiet notwendigen Verfahren rechtzeitig einzuführen, so daß die Verordnung und die Richtlinie gleichzeitig zur Anwendung gebracht werden können.

Bei den Arbeiten zur Annäherung des einzelstaatlichen Gesellschaftsrechts sind beträchtliche Fortschritte erzielt worden, so daß, falls der Mitgliedstaat des Sitzes der EUGEN Regelungen in Durchführung folgender Gemeinschaftsrichtlinien über die Handelsgesellschaften getroffen hat, in Bereichen, in denen für das Funktionieren der EUGEN keine einheitlichen Gemeinschaftsvorschriften notwendig sind, sinngemäß auf bestimmte der Regelung für die EUGEN entsprechende Vorschriften verwiesen werden kann:

– Richtlinie 68/151/EWG des Rates vom 9. März 1968 zur Koordinierung der Schutzbestimmungen, die in den Mitgliedstaaten den Gesellschaften im Sinne des Artikels 58 Absatz 2 des EWG-Vertrags im Interesse der Gesellschafter sowie Dritter vorgeschrieben sind, um diese Bestimmung gleichwertig zu gestalten[1]), zuletzt geändert durch die Beitrittsakte Spaniens und Portugals;

– Richtlinie 78/660/EWG des Rates vom 25. Juli 1978 aufgrund von Artikel 54 Absatz 3 Buchstabe g) des EWG-Vertrags über den Jahresabschluß von Gesellschaften

---

1) ABl. Nr. L 65 vom 14. 3. 1968, S. 8.

3

bestimmter Rechtsformen[1]), zuletzt geändert durch die Richtlinien 90/604/EWG[2]) und 90/605/EWG[3]);

– Richtlinie 83/349/EWG des Rates vom 13. Juni 1983 aufgrund von Artikel 54 Absatz 3 Buchstabe g) des EWG-Vertrags über den konsolidierten Abschluß[4]), zuletzt geändert durch die Richtlinien 90/604/EWG und 90/605/EWG;

– Richtlinie 84/253/EWG des Rates vom 10. April 1984 aufgrund von Artikel 54 Absatz 3 Buchstabe g) des EWG-Vertrags über die Zulassung der mit der Pflichtprüfung der Rechnungslegungsunterlagen beauftragten Personen[5]);

– Richtlinie 89/48/EWG des Rates vom 21. Dezember 1988 über eine allgemeine Regelung zur Anerkennung der Hochschuldiplome, die eine mindestens dreijährige Berufsausbildung abschließen[6]);

– Richtlinie 89/666/EWG des Rates vom 21. Dezember 1989 über die Offenlegung von Zweigniederlassungen, die in einem Mitgliedstaat von Gesellschaften bestimmter Rechtsformen gegründet werden, die dem Recht eines anderen Staates unterliegen[7]).

Aktivitäten im Bereich der Finanzdienstleistungen, speziell solche von Kreditinstituten und Versicherungsgesellschaften, wurden durch folgende Richtlinien geregelt:

– Richtlinie 86/635/EWG des Rates vom 8. Dezember 1986 über den Jahresabschluß und den Konsolidierten Abschluß von Banken und anderen Finanzinstituten[8]);

– Richtlinie 89/646/EWG des Rates vom 15. Dezember 1989 zur Koordinierung der Rechts- und Verwaltungsvorschriften über die Aufnahme und Ausübung der Tätigkeit der Kreditinstitute und zur Änderung der Richtlinie 77/780/EWG[9]);

– Richtlinie . ./. . ./EWG des Rates zur Koordinierung der Rechts- und Verwaltungsvorschriften für die Direktversicherung (mit Ausnahme der Lebensversicherung) sowie zur Änderung der Richtlinien 73/239/EWG und 88/357/EWG[10]).

Es muß die Möglichkeit bestehen, daß mindestens fünf natürliche Personen, die ihren Wohnsitz in mindestens zwei Mitgliedstaaten haben, oder mindestens fünf natürliche Personen und mindestens eine juristische Person oder mindestens zwei juristische Personen vom Genossenschaftstyp eine EUGEN gründen können.

---

1) ABl. Nr. L 222 vom 14. 8. 1978, S. 11.
2) ABl. Nr. L 317 vom 16. 11. 1990, S. 57.
3) ABl. Nr. L 317 vom 16. 11. 1990, S. 60.
4) ABl. Nr. L 193 vom 18. 7. 1983, S. 1.
5) ABl. Nr. L 126 vom 12. 5. 1984, S. 20.
6) ABl. Nr. L 19 vom 24. 1. 1989, S. 16.
7) ABl. Nr. L 395 vom 30. 12. 1989, S. 36.
8) ABl. Nr. L 372 vom 31. 12. 1986, S. 1.
9) ABl. Nr. L 386 vom 30. 12. 1989, S. 1.
10) KOM(90) 348 – SYN 291.

Die Inanspruchnahme dieses Statuts ist wahlfrei –

HAT FOLGENDE VERORDNUNG ERLASSEN:

TITEL I

ALLGEMEINE VORSCHRIFTEN

KAPITEL I

GRÜNDUNG DER EUROPÄISCHEN GENOSSENSCHAFT

Artikel 1

(Wesen der EUGEN)

(1) Genossenschaften können im gesamten Gebiet der Gemeinschaft unter den Voraussetzungen und nach den Modalitäten dieser Verordnung unter der Bezeichnung »Europäische Genossenschaft« gegründet werden.

(2) Die EUGEN ist eine Gesellschaft, deren Kapital in Anteile zerlegt ist.

(3) Die EUGEN hat zum Ziel, die Bedürfnisse ihrer Mitglieder zu befriedigen und deren wirtschaftliche und/oder soziale Tätigkeiten zu fördern.

(4) Die Mitgliederzahl und das Kapital der EUGEN sind veränderlich.

(5) Die Mitglieder haften für die Verbindlichkeiten der EUGEN nur bis zur Höhe ihrer Kapitalanteile. Die Satzung kann eine weiterreichende Haftung vorsehen, die an ein Vielfaches des gezeichneten Kapitals oder einen anderen in der Satzung festgelegten Betrag anknüpft.

(6) Vorbehaltlich anderslautender Bestimmungen der Satzung können Dritte, die nicht Mitglied sind, die Tätigkeiten der EUGEN in Anspruch nehmen oder an Tätigkeiten der EUGEN beteiligt werden.

(7) Die EUGEN besitzt Rechtspersönlichkeit. Sie erwirbt die Rechtspersönlichkeit an dem Tag, an dem sie im Sitzstaat in das von diesem Staat nach Artikel 5 Absatz 1 bezeichnete Register eingetragen wird.

Artikel 2

(Sitz)

Sitz der EUGEN muß ein Ort in der Gemeinschaft sein, und zwar in dem Mitgliedstaat, in dem auch die Hauptverwaltung der EUGEN ihren Sitz hat.

Artikel 3

(Verlegung des Sitzes)

(1)   Der Sitz der EUGEN kann entsprechend Absatz 2 bis 9 in einen anderen Mitgliedstaat verlegt werden. Diese Verlegung führt weder zur Auflösung noch zur Gründung einer neuen juristischen Person.

(2)   Ein eventueller Verlegungsplan wird vom Leitungs- oder Verwaltungsorgan aufgestellt und gemäß Artikel 6 offengelegt, unbeschadet zusätzlicher, in dem Mitgliedstaat, in der die EUGEN ihren Sitz hat, vorgesehener Offenlegungsformen. Dieser Plan umfaßt:

a) den vorgesehenen neuen Sitz der EUGEN;

b) die für die EUGEN vorgesehene Satzung, gegebenenfalls einschließlich der neuen Bezeichnung;

c) den vorgesehenen Zeitplan für die Verlegung.

(2a)   Das Leitungs- oder Verwaltungsorgan erstellt einen Bericht, in dem die juristischen und wirtschaftlichen Aspekte der Verlegung erläutert und begründet sowie die Folgen der Verlegung für die Mitglieder und die Arbeitnehmer dargestellt werden.

(2b)   Die Mitglieder und die Gläubiger der EUGEN haben das Recht auf Prüfung des Verlegungsplans und des Berichts nach Absatz 2a am Sitz der EUGEN mindestens einen Monat vor der Generalversammlung, die einberufen wird, um über die Verlegung zu entscheiden, sowie auf unentgeltliche Aushändigung von Kopien der genannten Unterlagen.

(2c)   Die Mitgliedstaaten können für die auf ihrem Staatsgebiet eingetragenen EUGEN Bestimmungen zum Schutz der Mitglieder erlassen, die sich als Minderheit gegen eine Verlegung ausgesprochen haben.

(3)   Der Verlegungsbeschluß kann erst zwei Monate nach der Offenlegung des Verlegungsplans gefaßt werden. Bei der Beschlußfassung sind die für Satzungsänderungen vorgesehenen Verfahren einzuhalten.

(4)   Die Gläubiger und Inhaber von vor Offenlegung des Verlegungsplans entstandenen Rechten gegenüber der EUGEN können verlangen, daß die EUGEN eine angemessene Sicherheit zu ihren Gunsten leistet. Die Inanspruchnahme dieses Rechts erfolgt nach

den gesetzlichen Bestimmungen des Staates, in dem sich der Sitz der EUGEN vor der Verlegung befindet.

Die Mitgliedstaaten können die im vorangegangenen Unterabsatz enthaltene Bestimmung auf die vor der Verlegung entstandenen Verbindlichkeiten der EUGEN gegenüber Körperschaften des öffentlichen Rechts ausdehnen.

(5)   In dem Mitgliedstaat, in dem die EUGEN ihren Sitz hat, stellt ein Gericht, ein Notar oder eine sonstige zuständige Stelle eine Bescheinigung aus, aus der zweifelsfrei hervorgeht, daß die der Verlegung vorausgehenden Rechtshandlungen und Formalitäten durchgeführt wurden.

(6)   Die neue Eintragung kann nur auf Vorlage der in Absatz 5 genannten Bescheinigungen und auf Nachweis der Erfüllung der für die Eintragung im neuen Sitzland erforderlichen Formalitäten erfolgen.

(6a)   Die Verlegung des Sitzes der EUGEN und die sich daraus ergebenden Satzungsänderungen gelten ab dem Zeitpunkt, an dem die EUGEN nach Artikel 5 Absatz 3 im Register des neuen Sitzes eingetragen wird.

(7)   Die Löschung der Eintragung der EUGEN im Register des früheren Sitzes kann erst aufgrund des Nachweises über die Eintragung der EUGEN im Register des neues Sitzes erfolgen.

(8)   Die neue Eintragung und die Löschung der früheren Eintragung werden gemäß Artikel 6 in den betreffenden Mitgliedstaaten bekanntgegeben.

(9)   Mit Bekanntgabe der neuen Eintragung der EUGEN ist der neue Sitz Dritten gegenüber wirksam. Jedoch können sich Dritte, solange die Löschung der Eintragung im Register des früheren Sitzes nicht bekanntgegeben worden ist, weiterhin auf den alten Sitz berufen, es sei denn, die EUGEN beweist, daß den Dritten der neue Sitz bekannt war.

(10)   Die gesetzlichen Bestimmungen eines Mitgliedstaats können für EUGEN, die in diesem Staat eingetragen sind, vorsehen, daß eine Sitzverlegung, aus der eine Änderung des anzuwendenden Rechts resultiert, nicht wirksam wird, wenn eine zuständige Behörde dieses Staates innerhalb der in Absatz 3 genannten Zweimonatsfrist Einspruch erhebt. Ein derartiger Einspruch ist nur aus Gründen des Gemeinwohls möglich. Er muß vor einer Gerichtsbehörde anfechtbar sein.

(11)   Eine EUGEN, gegen die ein Auflösungs-, Liquidations-, Insolvenz-, Zahlungseinstellungs- oder sonstiges Verfahren dieser Art eingeleitet wurde, kann keine Sitzverlegung vornehmen.

Artikel 4

(Anwendbares Recht)

(1)   Die EUGEN unterliegt:

(ÄNDERUNG Nr. 49 – Angleichung an die Europäische Aktiengesellschaft)

a) den Bestimmungen dieser Verordnung;

b) sofern diese Verordnung es ausdrücklich zuläßt, den Bestimmungen in der Satzung
    der EUGEN;

c) in bezug auf die von dieser Verordnung nicht geregelten Angelegenheiten bzw., wenn
    eine teilweise Regelung gegeben ist, in bezug auf die von dieser Verordnung nicht
    abgedeckten Aspekte:

    – den von den Mitgliedstaaten in Anwendung von die EUGEN betreffenden Ge-
      meinschaftsmaßnahmen verabschiedeten Bestimmungen,

    – den für gemäß den Rechtsvorschriften des Mitgliedstaates, in dem die EUGEN
      ihren Sitz hat, gegründeten Genossenschaften geltenden gesetzlichen Bestimmun-
      gen der Mitgliedstaaten,

    – den in der Satzung festgelegten Bestimmungen, unter denselben Bedingungen,
      wie sie für eine Genossenschaft gelten, die gemäß den Rechtsvorschriften des
      Mitgliedstaats, in dem die EUGEN ihren Sitz hat, gegründet wurde.

(ÄNDERUNG Nr. 50 – Angleichung an die Europäische Aktiengesellschaft)

(2)   Besteht ein Mitgliedstaat aus mehreren Gebietseinheiten, von denen jede ihre eigene
Regelung für die in Absatz 1 genannten Angelegenheiten besitzt, so wird zum Zwecke
der Ermittlung der gemäß Absatz 1 anwendbaren Rechtsvorschriften jede Gebietseinheit
als Mitgliedstaat angesehen.

(3)   Hinsichtlich ihrer Rechte, Befugnisse und Verpflichtungen wird die EUGEN in
jedem Mitgliedstaat und vorbehaltlich der besonderen Bestimmungen dieser Verordnung
wie eine Genossenschaft des Rechts des Sitzstaats behandelt.

Artikel 5

(Eintragung und Inhalt der Offenlegung)

(1)   Die Gründungsmitglieder erstellen die Satzung nach den für die Gründung von
Genossenschaften des Rechts des Sitzstaates der EUGEN vorgesehenen Rechtsvorschriften. Die Satzung muß zumindest schriftlich erstellt und von den Gründungsmitgliedern
unterzeichnet werden.

(2) In den Mitgliedstaaten, deren Recht keine vorbeugende, administrative oder gerichtliche Kontrolle bei der Gründung vorsieht, muß die Satzung öffentlich beurkundet
werden. Die Kontrollbehörde sorgt dafür, daß die Akte den Vorschriften für die Gründung
einer EUGEN und insbesondere den Artikeln 1, 2, 9 und 10 entspricht.

(3) Die Mitgliedstaaten bezeichnen das Register, in das die EUGEN einzutragen ist,
und legen die Vorschriften für die Eintragung fest. Sie legen die Bedingungen der
Hinterlegung der Satzung fest. Eine EUGEN kann erst eingetragen werden, wenn die in
der Richtlinie [zur Ergänzung des Statuts der Europäischen Genossenschaft hinsichtlich
der Rolle der Arbeitnehmer] vorgesehenen Maßnahmen erlassen sind.

(4) Die Mitgliedstaaten treffen die erforderlichen Maßnahmen, damit die Offenlegung
folgende Vorgänge und Angaben betrifft:

a) die Satzung und deren Änderung mit dem vollständigen Wortlaut des geänderten
Aktes in der neuen Fassung;

b) die Errichtung und die Schließung jedes Betriebs;

c) die Bestellung, das Ausscheiden und die Identität derjenigen, die als gesetzlich
vorgeschriebenes Organ oder als Mitglied eines solchen Organs

(ÄNDERUNG Nr. 51)

– befugt sind, die EUGEN gerichtlich und außerordentlich einzeln oder gemeinschaftlich zu vertreten,

– an der Verwaltung und gegebenenfalls an der Aufsicht oder an der Kontrolle der
Genossenschaft beteiligt sind;

d) mindestens einmal jährlich die Höhe des gezeichneten Kapitals;

e) die Bilanz und die Gewinn- und Verlustrechnung jedes Geschäftsjahres. In dem
Dokument, das die Bilanz aufführt, ist die Identität der Personen anzugeben, die
nach dem Gesetz die Richtigkeit der Bilanz zu bescheinigen haben;

f) den Plan zur Verlegung des Sitzes nach Artikel 3 Absatz 2;

g) die Auflösung und Liquidation der EUGEN sowie der Beschluß nach Artikel 61, die
Tätigkeiten der EUGEN fortzusetzen;

h) den gerichtlichen Beschluß, in dem die Nichtigkeit der EUGEN erklärt wird;

i) die Bestellung, die Identität und die Befugnisse der Liquidatoren sowie gegebenenfalls
deren Ausscheiden;

j) den Schluß der Liquidation und die Löschung der EUGEN im Register.

(5) Wurden im Namen einer in Gründung begriffenen EUGEN Rechtshandlungen
vorgenommen, bevor die EUGEN Rechtspersönlichkeit erwarb, und übernimmt die EU-
GEN nicht die sich aus diesen Rechtshandlungen ergebenden Verpflichtungen, so haften

die Personen, die sie begangen haben, vorbehaltlich anderslautender Vereinbarungen unbegrenzt und gesamtschuldnerisch.

Artikel 6

(Offenlegung der die EUGEN betreffenden Rechtsakte in den Mitgliedstaaten)

(1)   Die Mitgliedstaaten sorgen dafür, daß die in Artikel 5 Absatz 4 genannten Rechtsakte und Angaben im geeigneten amtlichen Anzeiger des Mitgliedstaats, in dem die EUGEN ihren Sitz hat, offengelegt werden, und benennen die Personen, die die Offenlegungsförmlichkeiten zu erfüllen haben. Die Bekanntgabe erfolgt in Form eines Auszugs oder in Form einer Angabe über die Eintragung in das Register.

Außerdem sorgen die Mitgliedstaaten dafür, daß jeder in dem in Artikel 5 Absatz 3 genannten Register von den in Artikel 5 Absatz 4 genannten Dokumenten Kenntnis nehmen und eine vollständige oder partielle Kopie – auch auf dem Postweg – erhalten kann.

Die Mitgliedstaaten treffen die erforderlichen Maßnahmen, um sicherzustellen, daß der Inhalt der Bekanntgabe und der Inhalt des Registers übereinstimmen. Stimmen die beiden Texte nicht überein, so kann der veröffentlichte Text jedoch Dritten nicht entgegengehalten werden; diese können sich jedoch darauf berufen, sofern die EUGEN nicht nachweist, daß sie von dem in das Register übertragenen Wortlaut Kenntnis hatten.

Die Mitgliedstaaten können eine Vergütung der Kosten für die in den vorstehenden Unterabsätzen genannten Vorgänge vorsehen; diese darf jedoch nicht höher sein als die administrativen Kosten.

(2)   Die einzelstaatlichen Durchführungsbestimmungen zur Richtlinie 89/666/EWG finden Anwendung auf die in einem anderen Mitgliedstaat als dem Sitzstaat errichteten Zweigniederlassungen einer EUGEN.

(3)   Die Rechtsakte und Angaben können von der EUGEN Dritten nur nach der in Absatz 1 genannten Offenlegung entgegengehalten werden, es sei denn, die EUGEN kann nachweisen, daß diese Dritten davon Kenntnis hatten. Für die vor dem sechzehnten Tag nach dieser Offenlegung erfolgten Vorgänge können diese Rechtsakte jedoch Dritten, die nachweisen, daß sie davon keine Kenntnis haben konnten, nicht entgegengehalten werden.

(4)   Dritte können sich auf die Rechtsakte und Angaben, für die die Offenlegungsförmlichkeiten noch nicht erfüllt sind, berufen, es sei denn, die fehlende Offenlegung beraubt diese Rechtsakte und Angaben ihrer Rechtswirkung.

Artikel 7

(Veröffentlichung im Amtsblatt der Europäischen Gemeinschaften)

Die Mitgliedstaaten sorgen dafür, daß die Eintragung und der Abschluß der Liquidation der EUGEN unter Angabe der Nummer, des Datums und des Ortes der Eintragung sowie des Datums, des Ortes und des Titels der Veröffentlichung nebst einer kurzen Beschreibung des Zwecks der EUGEN innerhalb eines Monats nach der gemäß Artikel 6 Absatz 1 vorgenommenen Veröffentlichung im amtlichen Anzeiger des Sitz-Mitgliedstaats zu Informationszwecken im *Amtsblatt der Europäischen Gemeinschaften* veröffentlicht und dem Amt für amtliche Veröffentlichungen der Europäischen Gemeinschaften übermittelt werden.

Bei der Verlegung des Sitzes der EUGEN unter den in Artikel 3 genannten Voraussetzungen erfolgt eine Bekanntmachung mit den gleichen Angaben wie denen nach Absatz 1 sowie denselben wie im Falle einer Neueintragung.

Artikel 8

(Vorgeschriebene Angaben auf den Geschäftsdokumenten der EUGEN)

Auf Briefen und für Dritte bestimmten Schriftstücken sind deutlich anzugeben:

a) die Bezeichnung der Europäischen Genossenschaft mit dem voran- oder nachgestellten Zusatz »EUGEN«;

b) der Ort des Registers, in das die EUGEN gemäß Artikel 5 Absatz 1 eingetragen ist, sowie die Eintragungsnummer;

c) die Anschrift des Sitzes der EUGEN;

d) gegebenenfalls die Angabe, daß sich die EUGEN in Liquidation befindet oder unter gerichtlicher Verwaltung steht.

Artikel 9

(Gründung)

(ÄNDERUNG Nr. 53 – modifiziert)

(1) Eine EUGEN kann gegründet werden:

– nur von mindestens fünf natürlichen Personen, die ihren Wohnsitz in mindestens zwei Mitgliedstaaten haben;

– von mindestens fünf natürlichen Personen, die ihren Wohnsitz in mindestens zwei

Mitgliedstaaten haben, und einer oder mehreren nach öffentlichem oder privatem Recht eines Mitgliedstaats (siehe Anhang) errichteten juristischen Personen. In diesem Fall wird in den Statuten festgelegt, ob die Mehrheit in den Generalversammlungen den natürlichen Personen zufallen muß;

– von mindestens zwei nach dem Recht eines Mitgliedstaats (siehe Anhang) errichteten juristischen Personen, die ihren satzungsmäßigen Sitz und ihre Hauptverwaltung in mindestens zwei Mitgliedstaaten haben.

(2) Eine Genossenschaft, deren Gründung gemäß dem Recht eines Mitgliedstaats erfolgt ist und die ihren satzungsmäßigen Sitz und ihre Hauptverwaltung in der Gemeinschaft hat, kann sich in eine EUGEN umwandeln, wenn sie seit mindestens zwei Jahren in einem anderen Mitgliedstaat als dem ihrer Hauptverwaltung eine Tochtergesellschaft oder eine Niederlassung hat und eine tatsächliche und echte grenzüberschreitende Tätigkeit nachweist.

Diese Umwandlung hat weder die Auflösung noch die Gründung einer neuen juristischen Person zur Folge.

Das Leitungs- oder Verwaltungsorgan der Genossenschaft erstellt einen Umwandlungsplan der die rechtlichen und wirtschaftlichen Aspekte der Umwandlung enthält.

Die Generalversammlung der Mitglieder stimmt der Umwandlung sowie der Satzung der EUGEN nach Maßgabe der für Satzungsänderungen geltenden Vorschriften des Artikels 24 zu.

Artikel 10

(Satzung)

(1) Die Satzung der EUGEN muß mindestens folgende Angaben enthalten:

– die Bezeichnung der Genossenschaft mit dem voran oder nachgestellten Zusatz »EUGEN«;

– den genauen Zweck;

– die Bezeichnung, den Zweck und den Sitz der juristischen Personen, die Gründungsmitglieder der EUGEN sind;

– den Sitz der EUGEN;

– die Bedingungen und Modalitäten für die Aufnahme, den Ausschluß und den Austritt der Mitglieder;

– die Rechte und Pflichten der Mitglieder und gegebenenfalls die verschiedenen Gattungen von Mitgliedern sowie die Rechte und Pflichten jeder Gattung von Mitgliedern;

- den Nennwert der Anteile sowie den Kapitalbetrag, die zulässige Schwankungsbreite des Kapitals und den Umfang der Haftung der Mitglieder der Leitungs- und Verwaltungsorgane;

- die gewählte Organisationsform;

- die Befugnisse und Zuständigkeiten jedes Organs;

- die Einzelheiten der Bestellung und der Abberufung der Mitglieder dieser Organe;

- die Mehrheits- und Beschlußfähigkeitsregeln;

- die Benennung der Organe und/oder der Mitglieder dieser Organe, die für die EUGEN gegenüber Dritten rechtsverbindlich handeln dürfen;

- die Bedingungen für die Erhebung der Haftungsklage im Sinne von Artikel 47;

- die Gründe für den Ausschluß von Mitgliedern;

- die satzungsmäßigen Gründe für die Auflösung.

(2)   Im Sinne dieser Verordnung bezeichnet der Begriff »Satzung« der EUGEN gegebenenfalls zugleich den Gründungsakt und, falls sie Gegenstand eines getrennten Aktes ist, die eigentliche Satzung der EUGEN.

Artikel 11

(Erwerb der Mitgliedschaft)

(1)   Der Erwerb der Mitgliedschaft in der EUGEN unterliegt der Zustimmung des Leitungs- oder des Verwaltungsorgans. Der Antrag auf Mitgliedschaft wird schriftlich gestellt und beinhaltet die Verpflichtung zur Beteiligung am Kapital und zur bedingungslosen Anerkennung der Satzung.

Die Satzung kann vorsehen, daß Personen, die für die Nutzung der Dienste der EUGEN nicht in Frage kommen, als investierende (nicht nutzende) Mitglieder zugelassen werden können. In diesem Fall wird der Erwerb der Mitgliedschaft von einem Beschluß der Generalversammlung mit der für Satzungsänderungen erforderlichen Mehrheit abhängig gemacht.

Mitglieder, die juristische Personen sind, werden als Mitglieder mit der Eigenschaft von Nutznießern in Vertretung ihrer eigenen Mitglieder betrachtet.

(2)   In Anbetracht der besonderen Beziehungen einer Genossenschaft zu ihren Mitgliedern kann die Satzung den Beitritt von anderen Bedingungen abhängig machen, so unter anderem von:

- der Zeichnung eines Mindestkapitalbetrags;

- Bedingungen bezüglich des Zwecks der EUGEN.

13

(3)   Vorbehaltlich anderslautender Bestimmungen der Satzung unterliegen der Zustimmung des Leitungs- oder des Verwaltungsorgans auch Anträge auf zusätzliche Beteiligung am Kapital.

(4)   Ein alphabetisches Verzeichnis aller Mitglieder, die Anteile innehaben, wird am Sitz der Gesellschaft geführt; in dem Verzeichnis sind ihre Anschrift und die Anzahl und gegebenenfalls die Kategorie ihrer Anteile aufgeführt. Auf Antrag kann jede beteiligte Person Einsicht in dieses Verzeichnis nehmen und eine vollständige oder partielle Kopie erhalten, ohne daß die Kosten dieser Kopie die administrativen Kosten überschreiten dürfen.

(5)   Alle Vorgänge, die den Mitgliedsstatus verändern und zu einer veränderten Kapitalverteilung oder zu einer Erhöhung oder Verringerung des Kapitals führen, sind in dem in Absatz 4 genannten Mitgliederverzeichnis einzutragen. Die Eintragung hat spätestens im Monat nach der Änderung zu erfolgen.

(6)   Vorgänge nach Absatz 5 werden gegenüber der EUGEN wie auch gegenüber Dritten erst ab ihrem Eintrag in das in Absatz 4 vorgesehene Verzeichnis wirksam.

(7)   Dem Anteilsinhaber wird auf Antrag eine Eintragungsbescheinigung ausgehändigt.

Artikel 12

(Verlust der Mitgliedschaft)

(ÄNDERUNG Nr. 56)

(1)   Die Mitgliedseigenschaft endet:

– durch Austritt;

– durch Ausschluß eines Mitglieds, das sich eines schwerwiegenden Verstoßes gegen seine Pflichten schuldig gemacht hat;

– durch Übertragung aller Anteile, sofern dies nach der Satzung gestattet ist;

– durch Auflösung einer als Mitglied beteiligten juristischen Person;

– durch Tod oder durch Konkurs;

– und in den übrigen in der Satzung vorgesehenen Fällen.

(2)   Der Ausschluß wird von dem Verwaltungs- oder Leitungsorgan nach Anhörung des Mitglieds beschlossen; das Mitglied kann diesen Beschluß vor der Generalversammlung anfechten.

(3)   Im Falle der Auflösung einer juristischen Person endet die Mitgliedschaft am Ende des Geschäftsjahres, sofern die Satzung nichts anderes bestimmt.

(4)   Die Anteile können mit Zustimmung der Generalversammlung oder des Leitungs-

oder Verwaltungsorgans unter den in der Satzung festgelegten Bedingungen abgetreten oder verkauft werden.

(5) Die Zeichnung, der Erwerb und die Annahme als Pfand von eigenen Anteilen durch die EUGEN ist unzulässig, gleich ob dies direkt oder über eine Person, die in eigenem Namen, aber für Rechnung der EUGEN auftritt, geschieht.

Die Annahme als Pfand ist jedoch für die laufenden Geschäfte von Kreditinstituten zulässig.

Artikel 13

(Finanzielle Rechte der Mitglieder im Falle des Austritts oder des Ausschlusses)

(1) Außer im Fall von Anteilsübertragungen eröffnet die Beendigung der Mitgliedschaft Anspruch auf Rückzahlung der Anteile, die gegebenenfalls im Verhältnis zu den auf das Grundkapital anzurechnenden Verlusten herabgesetzt werden.

Die Satzung kann vorsehen, daß das ausscheidende Mitglied entsprechend seiner Beteiligung am Kapital einen Anteil an einer zu diesem Zweck gebildeten Rücklage erhält.

(2) Der Wert der Anteile wird auf der Grundlage der Bilanz des Geschäftsjahrs errechnet, in dem der Anspruch auf Rückzahlung entstanden ist.

(3) Die Satzung legt die Frist fest, innerhalb der die Rückzahlung zu erfolgen hat.

(4) Die Bestimmungen der Absätze 1, 2 und 3 gelten auch im Falle einer Rückzahlung lediglich eines Teils der Anteile, die im Besitz eines Mitglieds sind.

(5) Das Mitglied, das der Genossenschaft nicht mehr angehört oder das von seinem Recht auf Teilrückzahlung Gebrauch gemacht hat, haftet bis zur Genehmigung des Abschlusses des fünften Geschäftsjahres nach dem Referenzgeschäftsjahr gegenüber der Genossenschaft und Dritten für alle Verbindlichkeiten, die zum Zeitpunkt des Abschlusses der als Grundlage für die Berechnung seiner Ansprüche verwendeten Bilanz bestehen, bis zur Höhe seiner vorherigen Beteiligung und der Beträge, die er gegebenenfalls aus der Rücklage erhalten hat.

Artikel 14

(Mindestkapital)

Das Kapital der EUGEN lautet auf Ecu oder Landeswährung.

(ÄNDERUNG Nr. 58 – modifiziert)

(2) Das Kapital einer EUGEN muß mindestens 100 000 ECU oder den Gegenwert in

Landeswährung dann betragen, wenn eine EUGEN von juristischen Personen gegründet wird.

Das Kapital einer EUGEN muß mindestens 50 000 ECU oder den Gegenwert in Landeswährung dann betragen, wenn eine EUGEN von natürlichen Personen gegründet wird oder wenn das Statut bestimmt, daß die Mehrheit in den Generalversammlungen natürlichen Personen vorbehalten ist.

(3) In der Satzung wird ein Betrag festgelegt, unter den das Kapital durch die Rücknahme der Einlagen der zurücktretenden oder ausgeschlossenen Mitglieder nicht verringert werden darf.

(4) Dieser Betrag darf den nach dem Recht des Sitzstaats der EUGEN festgesetzten Betrag und in Ermangelung einschlägiger einzelstaatlicher Vorschriften ein Zehntel des seit Gründung der Genossenschaft erreichten höchsten Kapitals nicht unterschreiten. Der Betrag nach Absatz 3 darf in keinem Fall den in Absatz 2 festgesetzten Betrag unterschreiten.

Artikel 15

(Kapital der EUGEN)

(1) Kapital der EUGEN wird aus den in den Absätzen 3 und 4 genannten, auf Ecu oder Landeswährung lautenden Anteilen der Mitglieder und gegebenenfalls aus anderen Formen von Eigenkapital und gleichgestellten Kapitalformen gebildet. Es können mehrere Kategorien von Anteilen ausgegeben werden.

Die Satzung kann festlegen, daß bestimmte Kategorien von Anteilen verschiedene Rechte hinsichtlich der Verteilung der Ergebnisse gewähren. Anteile, die die gleichen Rechte gewähren, bilden eine Kategorie.

(2) Die Anteile werden auf den Namen des Inhabers ausgegeben. Ihr Nennwert ist innerhalb jeder Anteilskategorie gleich und wird in der Satzung festgelegt. Die Anteile können nicht unter ihrem Nennwert ausgegeben werden.

(3) Die Anteile, die gegen Bareinlagen ausgegeben werden, müssen am Tage der Zeichnung der EUGEN zu mindestens 25 % ihres Nennwerts eingezahlt werden. Der Restbetrag muß innerhalb von höchstens fünf Jahren eingezahlt werden.

(4) Die gegen Sacheinlagen ausgegebenen Anteile müssen bei Übernahme vollständig eingezahlt werden.

(ÄNDERUNG Nr. 59)

(5) Die Satzung legt die Mindestanzahl von Anteilen, die zum Erwerb der Mitgliedschaft erforderlich sind, fest. Sieht die Satzung vor, daß die Mehrheit in den General-

versammlungen den natürlichen Personen vorbehalten ist, und enthält sie eine mit der Beteiligung der Mitglieder an der Tätigkeit der EUGEN verbundene Zeichnungsverpflichtung, so darf sie für den Erwerb der Mitgliedschaft die Zeichnung von nicht mehr als einem Anteil vorschreiben. Die Satzung legt ebenfalls den Höchstanteil am Kapital, zu dessen Besitz ein Mitglied berechtigt ist, fest.

(6) Das Kapital ist variabel. Es kann durch sukzessive Einzahlungen der Mitglieder oder durch den Beitritt neuer Mitglieder erhöht und durch die vollständige oder Teilrückzahlung der getätigten Einlagen vorbehaltlich der Anwendung von Artikel 14 Absatz 2 herabgesetzt werden.

Änderungen der Kapitalhöhe erfordern weder eine Satzungsänderung noch eine Offenlegung.

In einer Entschließung der jährlichen Generalversammlung, die über den Jahresabschluß des Geschäftsjahres befindet, wird die Kapitalhöhe am Ende des Geschäftsjahres nebst der Veränderung gegenüber dem vorhergehenden Geschäftsjahr vermerkt.

(ÄNDERUNG Nr. 60)

Auf Vorschlag des Leitungs- oder des Verwaltungsorgans kann das Kapital durch Beschluß der Generalversammlung unter den für Satzungsänderungen erforderlichen Mehrheits- und Beschlußfähigkeitsbedingungen durch Umwandlung der gesamten oder eines Teils der teilbaren Rücklagen erhöht werden.

(7) Der Nennwert der Anteile kann durch Zusammenlegung von ausgegebenen Anteilen erhöht werden. Sind hierfür nach Maßgabe der Satzung zusätzliche Einzahlungen der Mitglieder notwendig, so hat die Generalversammlung nach den für Satzungsänderungen geltenden Beschlußfähigkeits- und Mehrheitsregeln darüber zu beschließen.

Die Mitglieder, die gegen diesen Beschluß gestimmt haben, können unter den Bedingungen der Artikel 13 Absatz 1 und 14 Absatz 3 von ihrem Rücktrittsrecht mit Rückzahlung ihrer Anteile Gebrauch machen.

(8) Der Nennwert der Anteile kann durch Teilung der ausgegebenen Anteile herabgesetzt werden.

KAPITEL II

GENERALVERSAMMLUNG

Artikel 16

(Zuständigkeit)

Die Generalversammlung beschließt

a) über die Fragen, für die ihr in dieser Verordnung eine besondere Zuständigkeit übertragen wird;

b) über die Fragen, die aufgrund

   – dieser Verordnung,

   – der Richtlinie zur Ergänzung des Statuts der Europäischen Genossenschaft hinsichtlich der Rolle der Arbeitnehmer,

   – des zwingenden Rechts des Sitzstaats der EUGEN

   – oder der Satzung der EUGEN

nicht unter die ausschließliche Zuständigkeit des Leitungsorgans, des Aufsichtsorgans oder des Verwaltungsorgans fallen.

Artikel 17

(Einberufung)

(1) Die Generalversammlung tritt mindestens einmal jährlich binnen sechs Monaten nach Abschluß des Geschäftsjahres zusammen.

(2) Sie kann jederzeit vom Leitungs- oder Verwaltungsorgan einberufen werden. Auf Antrag des Aufsichtsorgans ist das Leitungsorgan verpflichtet, die Generalversammlung einzuberufen.

(3) Auf der Generalversammlung, die nach Abschluß des Geschäftsjahrs zusammentritt, betrifft die Tagesordnung zumindest die Genehmigung des Jahresabschlusses und der Verwendung der Betriebsergebnisse sowie die Genehmigung des in Artikel 46 der Richtlinie 78/660/ EWG vorgesehenen Lageberichts, den das Leitungs- oder Verwaltungsorgan vorlegt.

(4) Bei einer EUGEN mit einem Leitungsorgan und einem Aufsichtsorgan kann die Satzung vorsehen, daß beide Organe gemeinsam, aber in getrennter Abstimmung über

die Feststellung des Jahresabschlusses beschließen und daß die Generalversammlung nur bei Uneinigkeit zwischen beiden Organen beschließt.

Artikel 18

(Einberufung durch die Minderheit der Mitglieder)

(1)   Die Einberufung der Generalversammlung und die Feststellung der Tagesordnung können von mindestens 25 % der Mitglieder der EUGEN verlangt werden. In der Satzung kann ein niedriger Prozentsatz vorgesehen werden.

(2)   Im Einberufungsantrag sind die Gründe und die Tagesordnungspunkte anzugeben.

(3)   Wird dem nach Absatz 1 gestellten Antrag nicht innerhalb eines Monats stattgegeben, so kann die zuständige Gerichts- oder Verwaltungsbehörde des Sitzstaats der EUGEN die Einberufung der Generalversammlung anordnen oder die Mitglieder, die die Einberufung verlangt haben, oder eine von ihnen bevollmächtigte Person dazu ermächtigen.

(4)   Die Generalversammlung kann auf einer Sitzung die Einberufung einer neuen Sitzung zu einem Zeitpunkt und mit einer Tagesordnung, die sie selbst festlegt, beschließen.

Artikel 19

(Art und Frist der Einberufung)

(1)   Die Einberufung erfolgt:

–   entweder durch Bekanntmachung in einem vom Gesetzgeber des Sitzstaats nach Artikel 3 Absatz 4 der Richtlinie 68/151/EWG bezeichneten amtlichen Anzeiger

–   oder durch Abdruck in einer oder mehreren Zeitungen mit weiter Verbreitung in den Mitgliedstaaten

–   oder durch jedes an alle Mitglieder der EUGEN gerichtetes schriftliches Kommunikationsmittel.

(2)   Die Einberufung enthält mindestens folgende Angaben:

–   Bezeichnung und Sitz der EUGEN;

(ÄNDERUNG Nr. 62)

–   Ort, Datum und Zeitpunkt der Versammlung;

–   Art der Generalversammlung (ordentliche, außerordentliche oder besondere);

– gegebenenfalls die Förmlichkeiten, die in der Satzung für die Teilnahme an der Generalversammlung und die Ausübung des Stimmrechts vorgeschrieben sind;

– die Tagesordnung mit Angabe der zu behandelnden Fragen sowie der Beschlußvorschläge.

(ÄNDERUNG Nr. 63 – modifiziert)

(3) Die Frist zwischen dem Tag der Bekanntmachung der Einberufung oder dem Tag der Absendung der Einberufung gemäß Absatz 1 und dem Tag der ersten Sitzung der Generalversammlung muß mindestens 30 Tage betragen. Diese Frist kann jedoch bei Dringlichkeit auf zehn Tage verkürzt werden.

Artikel 20

(Aufnahme neuer Punkte in die Tagesordnung)

Mindestens 25 % der Mitglieder der EUGEN können binnen zehn Tagen nach Erhalt der Einberufung die Aufnahme eines oder mehrerer neuer Punkte in die Tagesordnung der Generalversammlung verlangen. In der Satzung kann ein niedriger Prozentsatz vorgesehen werden.

Artikel 21

(Teilnahme und Vertretung)

(1) Mitglieder der EUGEN sind befugt, mit beschlußfassender Stimme an der Generalversammlung teilzunehmen.

(2) Die Mitglieder des Leitungsorgans, die befugten Vertreter der Inhaber von Anteilen ohne Stimmrecht, die in die Geschäftsführung abgestellten Mitglieder des Verwaltungsrats oder die im Beschäftigungsverhältnis stehenden Geschäftsführer nehmen an der Generalversammlung mit beratender Stimme teil, es sei denn, sie besitzen als Mitglied der EUGEN eine beschlußfassende Stimme.

(3) Stimmberechtigte Mitglieder können sich auf der Generalversammlung nach Maßgabe der Satzung von einem Bevollmächtigten vertreten lassen.

(4) In der Satzung kann die Möglichkeit einer Abstimmung auf schriftlichem Wege vorgesehen werden. Die Einzelheiten werden in der Satzung festgelegt.

20

Artikel 22

(Stimmrecht)

(1) Jedes Mitglied der EUGEN hat unabhängig von der Anzahl seiner Anteile eine Stimme.

(ÄNDERUNG Nr. 65)

(2) Die Satzung kann eine Mehrstimmenwahl vorsehen, sofern die EUGEN nicht ausschließlich aus natürlichen Personen besteht. In diesem Fall regelt die Satzung die Bedingungen der Mehrstimmenwahl, die sich nach dem Grad der Beteiligung der Mitglieder entweder an der Tätigkeit der Genossenschaft oder an ihrem Kapital richten muß; dies gilt jedoch nur für nicht nutzende Mitglieder im Sinne von Artikel 11 Absatz 1. Die Satzung muß eine Begrenzung der Mehrstimmenwahl für jedes Mitglied dergestalt vorsehen, daß kein Mitglied persönlich mehr als ein Zehntel der Stimmen in jeder Generalversammlung innehaben kann. Die Satzung muß auch die maximalen Befugnisse vorsehen, die ein Mitglied als Bevollmächtigter anderer Mitglieder erhalten kann.

(3) Mitgliedern, die für die Nutzung der Dienste der Genossenschaft nicht in Betracht kommen (nicht nutzende Mitglieder), darf nicht mehr als ein Drittel der Stimmen aller eingetragenen Mitglieder zustehen.

Artikel 23

(Modalitäten der Abhaltung der Generalversammlung)

Die Modalitäten der Abhaltung der Generalversammlung sind in der Satzung geregelt.

Artikel 24

(Informationsrechte)

(1) Das Leitungsorgan oder das Verwaltungsorgan hat jedem Mitglied in der Gene-ralversammlung auf Verlangen Auskunft über Angelegenheiten der EUGEN zu erteilen, die einen Gegenstand der Tagesordnung oder einen Gegenstand betreffen, über den die Generalversammlung gemäß Artikel 25 Absatz 2 einen Beschluß fassen kann.

(2) Das Leitungsorgan oder das Verwaltungsorgan darf die Erteilung der Auskunft nur verweigern, wenn sie

− geeignet ist, der EUGEN einen ernsten Schaden zuzufügen;

− eine gesetzliche Pflicht zur Geheimhaltung verletzen würde.

(3) Wird einem Mitglied eine Auskunft verweigert, so kann es verlangen, daß seine Frage und der Grund, aus dem die Auskunft verweigert worden ist, in die Niederschrift der Generalversammlung aufgenommen werden.

(4) Das Mitglied, dem die Auskunft verweigert worden ist, kann die Begründetheit dieser Auskunftsverweigerung durch das Gericht am Ort des Sitzes der EUGEN überprüfen lassen. Der Antrag ist innerhalb einer Frist von zwei Wochen nach Beendigung der Generalversammlung zu stellen.

(5) Die Mitglieder können vor der Versammlung, die auf den Abschluß des Geschäftsjahres folgt, insbesondere die Rechnungsunterlagen einsehen, die gemäß den einzelstaatlichen Vorschriften, die zur Durchführung der Richtlinien 78/660/EWG und 83/349/EWG erlassen werden, zu erstellen sind.

Artikel 25

(Beschlußfassung)

(1) Die Generalversammlung darf über Fragen, die nicht gemäß Artikel 19 Absatz 2 mitgeteilt oder bekannt gemacht worden sind, keine Beschlüsse fassen.

(2) Absatz 1 findet jedoch keine Anwendung, wenn alle Mitglieder in der Generalversammlung erschienen oder vertreten sind und kein Mitglied gegen eine solche Beschlußfassung Widerspruch einlegt.

(3) Die in den ordentlichen Generalversammlungen anwendbaren Beschlußfähigkeits- und Mehrheitsregeln sind in der Satzung festgelegt.

(4) Bei der Ermittlung der abgegebenen Stimmen werden weder Stimmenthaltungen noch ungültige Stimmen berücksichtigt.

(5) Die Generalversammlung, die über eine Satzungsänderung beschließen soll, ist nur dann beschlußfähig, wenn bei der ersten Einberufung die anwesenden oder vertretenen Mitglieder mindestens die Hälfte und bei der zweiten Einberufung mindestens ein Viertel der Gesamtzahl der zum Zeitpunkt der Einberufung eingetragenen Mitglieder ausmachen. Die Generalversammlung beschließt mit einer Mehrheit von zwei Dritteln der Stimmen der anwesenden oder der vertretenen Mitglieder. Die Auflösung der EUGEN bedarf eines Beschlusses der Generalversammlung, der unter den gleichen Bedingungen gefaßt wird.

Bei einer dritten Einberufung ist keine Beschlußfähigkeitsvorschrift zu beachten.

Die Generalversammlung beschließt mit der Mehrheit der Stimmen der anwesenden oder vertretenen Mitglieder.

Artikel 26

(Niederschrift)

(1) Über jede Zusammenkunft der Generalversammlung ist eine Niederschrift aufzunehmen. Die Niederschrift muß folgende Angaben enthalten:

– den Ort und den Tag der Versammlung;

– den Gegenstand der Beschlußfassungen;

– das Ergebnis der Abstimmungen.

(2) Der Niederschrift sind das Teilnehmerverzeichnis, die Unterlagen über die Einberufung der Generalversammlung sowie die den Mitgliedern vorgelegten Berichte über die Gegenstände der Tagesordnung beizufügen.

(ÄNDERUNG Nr. 66)

(3) Die Niederschrift sowie die beigefügten Unterlagen sind mindestens fünf Jahre lang aufzubewahren. jedes Mitglied kann eine Kopie der Niederschrift sowie der beigefügten Unterlagen kostenlos auf einfache Anfrage und gegen Bezahlung der Verwaltungskosten beziehen.

Artikel 27

(Nichtigkeitsklage)

(1) Beschlüsse der Generalversammlung können wegen Verletzung dieser Verordnung oder der Satzung der EUGEN unter den folgenden Voraussetzungen angefochten werden:

– die Nichtigkeitsklage kann von jedem Mitglied erhoben werden, sofern es ein berechtigtes Interesse an der Beachtung der verletzten Vorschrift geltend machen kann;

– die Nichtigkeitsklage ist innerhalb von drei Monaten bei dem Gericht des Sitzes der EUGEN zu erheben, Die Modalitäten des Verfahrens der Nichtigkeitsklage bestimmen sich nach dem im Sitzstaat der EUGEN geltenden Recht;

– das Gericht kann – nach Einholung der Stellungnahme der EUGEN – die Anwendung des angefochtenen Beschlusses aussetzen. Ebenfalls kann das Gericht anordnen, daß der Kläger gegebenenfalls eine Sicherheit für den durch die Aussetzung der Durchführung des Beschlusses verursachten Schaden für den Fall leistet, daß seine Klage als unzulässig verworfen oder unbegründet abgewiesen wird;

– Urteile, die die Nichtigkeit aussprechen oder die Aussetzung des Beschlusses anordnen, wirken, vorbehaltlich der von Dritten gutgläubig erworbenen Ansprüche gegen die EUGEN, erga omnes.

(2) Die Entscheidung eines Gerichts, mit der ein Beschluß der Generalversammlung
der EUGEN für nichtig oder inexistent erklärt wird, ist gemäß Artikel 6 offenzulegen.

Artikel 28

(Sektionsversammlungen)

Betreibt die EUGEN mehrere getrennte Tätigkeiten oder hat sie mehrere Niederlassungen
oder dehnt sie ihre Tätigkeiten über mehr als eine Gebietseinheit aus oder beträgt
die Zahl ihrer Mitglieder mehr als 500, so kann die Satzung vorsehen, daß der Generalversammlung Sektionsversammlungen vorausgehen, die getrennt über die gleiche
Tagesordnung beschließen. Die Sektionsversammlungen wählen Delegierte, die ihrerseits
zur Generalversammlung einberufen werden. Die Aufteilung nach Sektionen, die Zahl der
Delegierten für jede Sektion und die Durchführungsmodalitäten werden in der Satzung
festgelegt.

Artikel 29

(Beschlüsse, die die Rechte einer Gattung von Mitgliedern beeinträchtigen)

Berührt ein Beschluß der Generalversammlung die Rechte einer bestimmten Gattung
von Mitgliedern, so müssen diese dem Beschluß in einer gesonderten Abstimmung
zustimmen, für die die in Artikel 22 vorgesehenen Abstimmungsregeln sinngemäß gelten.

Soll die Satzung in einer eine bestimmte Gattung von Mitgliedern benachteiligten Weise
geändert werden, so müssen sich diese Mitglieder nach den Mehrheitsregeln des Artikels
25 Absatz 5 äußern.

KAPITEL III

LEITUNGS-, AUFSICHTS- UND VERWALTUNGSORGANE

Artikel 30

(Struktur der EUGEN)

Nach Maßgabe dieser Verordnung wird in der Satzung der EUGEN für deren Verfassung
ein dualistisches System (Leitungs- und Aufsichtsorgan) oder ein monistisches System
(Verwaltungsorgan) festgelegt. Die Mitgliedstaaten können jedoch für die EUGEN mit
Sitz in ihrem Gebiet das eine oder andere System vorschreiben.

Abschnitt I

Dualistisches System

Erster Unterabschnitt

Leitungsorgan

Artikel 31

(Aufgaben und Bestellung des Leitungsorgans)

(1) Das Leitungsorgan führt die Geschäfte der EUGEN. Das Mitglied oder die Mitglieder des Leitungsorgans vertreten die EUGEN gegenüber Dritten und vor Gericht gemäß den von dem Sitzstaat der EUGEN in Anwendung der Richtlinie 68/151/EWG erlassenen Vorschriften.

(2) Das Mitglied oder die Mitglieder des Leitungsorgans werden vom Aufsichtsorgan bestellt und abberufen.

(3) Niemand darf Mitglied des Leitungsorgans und zugleich Mitglied des Aufsichtsorgans der EUGEN sein.

Das Aufsichtsorgan kann jedoch eines seiner Mitglieder für die Aufgaben eines Mitglieds des Leitungsorgans abstellen, dessen Posten nicht besetzt ist. Während dieser Zeit ruhen die Funktionen des Betreffenden in seiner Eigenschaft als Mitglied des Aufsichtsorgans.

(4) Die Zahl der Mitglieder des Leitungsorgans wird durch die Satzung der EUGEN bestimmt.

Artikel 32

(Vorsitz, Einberufung)

(1) Die Satzung kann vorsehen, daß das Leitungsorgan aus seiner Mitte einen Vorsitzenden wählt.

(2) Das Leitungsorgan wird nach Maßgabe der Satzung oder gegebenenfalls seiner Geschäftsordnung einberufen. Auf jeden Fall kann ein Mitglied des Leitungsorgans eine derartige Einberufung in dringenden Fällen unter Angabe der Gründe vornehmen.

Zweiter Unterabschnitt

Aufsichtsorgan

Artikel 33

(Aufgaben und Bestellung des Aufsichtsorgans)

(1) Das Aufsichtsorgan überwacht die Geschäftsführung des Leitungsorgans. Es ist nicht berechtigt, die Geschäfte der EUGEN selbst zu führen. Das Aufsichtsorgan kann die EUGEN Dritten gegenüber nicht vertreten. Es vertritt jedoch die EUGEN gegenüber dem oder den Mitgliedern des Leitungsorgans bei Streitigkeiten oder beim Abschluß von Verträgen.

(ÄNDERUNG Nr. 68 – modifiziert)

(2) Die Mitglieder des Aufsichtsorgans werden von der Generalversammlung bestellt und abberufen. Die Mitglieder des ersten Aufsichtsorgans können jedoch durch die Satzung bestellt werden. Diese Vorschrift gilt unbeschadet Artikel 40 Absatz 3 und vorbehaltlich der Wahl der Arbeitnehmervertreter gemäß der Richtlinie . ./. . ./EWG.

(ÄNDERUNG Nr. 69)

(2a) Nicht nutzende Mitglieder können bis zu einem Drittel der zu besetzenden Stellen in das Aufsichtsorgan berufen werden.

(3) Die Zahl der Mitglieder des Aufsichtsorgans wird durch die Satzung bestimmt. Die Mitgliedstaaten können jedoch die Zahl der Mitglieder des Aufsichtsorgans für die in ihrem Hoheitsgebiet eingetragenen EUGEN bestimmen.

Artikel 34

(Informationsrechte)

(1) Das Leitungsorgan unterrichtet das Aufsichtsorgan mindestens alle drei Monate über den Gang der Geschäfte der EUGEN und deren voraussichtliche Entwicklung; dabei berücksichtigt es die Informationen über die von der EUGEN kontrollierten Unternehmen, die sich auf den Geschäftsverlauf der EUGEN spürbar auswirken können.

(2) Das Leitungsorgan teilt dem Aufsichtsorgan unverzüglich alle Informationen mit, die sich auf die Lage der EUGEN spürbar auswirken können.

(3) Das Aufsichtsorgan kann vom Leitungsorgan jederzeit Auskünfte oder einen gesonderten Bericht über die EUGEN betreffende Angelegenheiten verlangen.

(4) Das Aufsichtsorgan kann alle zur Erfüllung seiner Aufgaben erforderlichen Über-prüfungen vornehmen. Es kann diese Aufgabe einem oder mehreren seiner Mitglieder übertragen und Sachverständige hinzuziehen.

(5) Jedes Mitglied des Aufsichtsorgans kann von allen Informationen, die das Leitungs-organ dem Aufsichtsorgan mitteilt, Kenntnis nehmen.

Artikel 35

(Vorsitz; Einberufung)

(1) Das Aufsichtsorgan wählt aus seiner Mitte einen Vorsitzenden.

(2) Der Vorsitzende beruft das Aufsichtsorgan nach Maßgabe der Satzung entweder von Amts wegen oder auf Antrag mindestens eines Drittels der Mitglieder des Aufsichtsorgans oder auf Antrag des Leitungsorgans ein. In dem Antrag sind die Gründe für die Einberufung anzugeben. Wird dem Antrag nicht binnen 15 Tagen stattgegeben, so kann das Aufsichtsorgan von den Antragstellern einberufen werden.

A b s c h n i t t II

Monistisches System

Artikel 36

(Aufgaben und Bestellung des Verwaltungsorgans)

(1) Das Verwaltungsorgan führt die Geschäfte der EUGEN. Das oder die Mitglieder des Verwaltungsorgans sind befugt, die EUGEN gegenüber Dritten rechtsverbindlich zu vertreten und sie nach den vom Sitzstaat der EUGEN zur Durchführung der Richtlinie 68/151/EWG erlassenen Rechtsvorschriften vor Gericht zu vertreten.

(2) Das Verwaltungsorgan besteht aus mindestens drei Mitgliedern. Die Höchstzahl der Mitglieder ist in der Satzung festgelegt. In das Verwaltungsorgan können nicht nutzende Mitglieder berufen werden; diese dürfen jedoch nicht die Mehrheit innehaben.

(3) Das Verwaltungsorgan kann einem oder mehreren seiner Mitglieder die Geschäfts-führung der EUGEN übertragen. Es kann bestimmte Geschäftsführungsbefugnisse auch einer oder mehreren Personen übertragen, die nicht Mitglieder des Organs sind. Diese Geschäftsführungsbefugnisse können jederzeit widerrufen werden. Die Voraussetzungen für die Übertragung der Geschäftsführungsbefugnis können in der Satzung oder von der Generalversammlung festgelegt werden.

(ÄNDERUNG Nr. 70 – modifiziert)

(4)   Vorbehaltlich der Wahl der Arbeitnehmervertreter gemäß der Richtlinie . ./. . ./EWG werden das oder die Mitglieder des Verwaltungsorgans von der Generalversammlung bestellt und abberufen.

Artikel 37

(Sitzungen; Informationsrechte)

(1)   Das Verwaltungsorgan tritt in den durch die Satzung bestimmten Abständen mindestens jedoch alle drei Monate, zusammen, um über den Gang der Geschäfte der EUGEN und deren voraussichtliche Entwicklung zu beraten, wobei es gegebenenfalls die Informationen über die von der EUGEN kontrollierten Unternehmen, die sich auf den Geschäftsverlauf der EUGEN spürbar auswirken können, berücksichtigt.

(2)   Das Verwaltungsorgan tritt zur Beschlußfassung über die in Artikel 43 genannten Vorgänge zusammen.

(3)   Jedes Mitglied des Verwaltungsorgans kann von allen Berichten, Unterlagen und Auskünften, die das Organ über die in Absatz 1 genannten Angelegenheiten erhält, Kenntnis nehmen.

Artikel 38

(Vorsitz; Einberufung)

(1)   Das Verwaltungsorgan wählt aus seiner Mitte einen Vorsitzenden.

(2)   Der Vorsitzende beruft das Verwaltungsorgan nach Maßgabe der Satzung entweder von Amts wegen oder auf Antrag mindestens eines Drittels seiner Mitglieder ein. In dem Antrag sind die Gründe für die Einberufung anzugeben. Wird dem Antrag nicht binnen 15 Tagen stattgegeben, so kann das Verwaltungsorgan von den Antragstellern einberufen werden.

Abschnitt III

Gemeinsame Vorschriften für das monistische und das dualistische System

Artikel 39

(Amtsdauer)

(1) Die Mitglieder der Organe werden für einen in der Satzung festgelegten Zeitraum bestellt, der sechs Jahre nicht überschreiten darf.

(2) Die Mitglieder können für die nach Absatz 1 festgelegte Dauer ein- oder mehrmals wiedergewählt werden.

Artikel 40

(Voraussetzung der Mitgliedschaft)

(1) Die Satzung der EUGEN kann vorsehen, daß jede Art von juristischer Person Mitglied eines Organs sein kann, sofern das im Sitzstaat der EUGEN auf die inländischen Genossenschaften anwendbare Recht nichts anderes bestimmt.

Diese juristische Person hat zur Wahrnehmung der Befugnisse in dem betreffenden Organ eine natürliche Person als Vertreter zu bestellen. Für diesen Vertreter gelten dieselben Bedingungen und Verpflichtungen, wie wenn er persönlich Mitglied dieses Organs wäre.

(2) Personen, die

– nach dem auf sie anwendbaren Recht,

– nach dem Recht des Sitzstaats der EUGEN oder

– infolge einer Gerichts- oder Verwaltungsentscheidung, die in einem Mitgliedstaat ergangen oder anerkannt ist,

dem Leitungs-, Aufsichts- oder Verwaltungsorgan einer juristischen Person nicht angehören dürfen, können weder Mitglied eines Leitungs-, Aufsichts- oder Verwaltungsorgans noch Vertreter eines Mitglieds im Sinne von Absatz 1 sein, noch können ihnen Geschäftsführungs- oder Vertretungsbefugnisse übertragen werden.

(3) Durch die vorliegende Verordnung werden die gesetzlichen Bestimmungen der Einzelstaaten, nach denen eine Minderheit der Mitglieder oder andere Personen oder Behörden einen Teil der Mitglieder der Organe ernennen können, nicht berührt.

Artikel 41

(Geschäftsordnung)

Jedes Organ kann sich nach Maßgabe der Satzung eine Geschäftsordnung geben. Diese Geschäftsordnung kann von jedem Mitglied oder jeder zuständigen Behörde am Sitz der EUGEN eingesehen werden.

Artikel 42

(Vertretungsbefugnis und Haftung der EUGEN)

(1) Wird die Ausübung der Befugnis zur Vertretung gegenüber Dritten nach Artikel 31 Absatz 1 und Artikel 36 Absatz 1 an mehr als ein Mitglied übertragen, so üben die Betreffenden diese Befugnis gemeinschaftlich aus.

(2) Die Satzung der EUGEN kann jedoch vorsehen, daß die EUGEN entweder durch jedes Mitglied allein oder durch zwei oder mehrere von ihnen gemeinsam wirksam vertreten werden kann. Diese Klausel kann Dritten entgegengehalten werden, wenn sie gemäß Artikel 6 offengelegt wird.

(3) Die EUGEN wird gegenüber Dritten selbst dann durch Rechtsakte der Mitglieder ihrer Organe wirksam gebunden, wenn diese Rechtsakte nicht dem Gesellschaftszweck der EUGEN entsprechen, es sei denn, sie überschreiten die Befugnisse, die diesen Organen nach dem Gesetz zustehen oder zugestanden werden können.

Die Mitgliedstaaten können jedoch vorsehen, daß die EUGEN in den Fällen, in denen diese Rechtsakte die Grenzen des Gesellschaftszwecks überschreiten, nicht wirksam gebunden wird, wenn sie nachweist, daß dem Dritten die Tatsache, daß die Rechts-handlung diesen Zweck überschritt, bekannt war oder unter den gegebenen Umständen nicht unbekannt sein konnte, wobei allein die Offenlegung der Satzung als Nachweis nicht ausreicht.

(4) Die Bestellung, das Ausscheiden sowie die Identität der Personen, die die EUGEN vertreten können, müssen nach Artikel 6 offengelegt werden. Bei der Offenlegung muß genau angegeben werden, ob diese Personen befugt sind, einzeln verbindlich für die EUGEN zu handeln, oder ob sie dies gemeinsam tun müssen.

Artikel 43

(Genehmigungspflichtige Tätigkeiten)

(1) In der Satzung der EUGEN werden die Kategorien von Tätigkeiten aufgeführt, die im dualistischen System zu einer Bevollmächtigung des Leitungsorgans durch das

Aufsichtsorgan bzw. im monistischen System zu einer ausdrücklichen Entscheidung des Verwaltungsorgans Anlaß geben.

Die Mitgliedstaaten können jedoch vorsehen, daß im dualistischen System das Aufsichtsorgan selbst bestimmte Kategorien von Tätigkeiten einer Genehmigung unterwerfen kann.

(2) Die Mitgliedstaaten können die Kategorien von Tätigkeiten festlegen, die in der Satzung der auf ihrem Staatsgebiet eingetragenen EUGEN mindestens aufgeführt werden müssen.

Artikel 44

(Rechte und Pflichten)

(1) Jedes Mitglied eines Organs hat bei der Wahrnehmung der ihm nach Maßgabe dieser Verordnung übertragenen Aufgaben dieselben Rechte und Pflichten wie die übrigen Mitglieder des Organs, dem es angehört.

(2) Alle Mitglieder üben ihr Amt im Interesse der EUGEN aus, wobei sie insbesondere den Belangen ihrer Mitglieder und ihrer Beschäftigten Rechnung tragen.

(3) Alle Mitglieder sind verpflichtet, über vertrauliche Informationen, die die EUGEN betreffen, auch nach Ausscheiden aus ihrem Amt Stillschweigen zu bewahren.

Artikel 45

(Beschlußfassung der Organe)

(1) Die Organe der EUGEN beschließen unter den Bedingungen und nach den Modalitäten, die in der Satzung vorgesehen sind.

In Ermangelung derartiger Vorschriften ist das Organ nur dann beschlußfähig, wenn mindestens die Hälfte seiner Mitglieder bei der Beschlußfassung anwesend ist. Die Beschlüsse werden in diesem Fall mit der Mehrheit der Stimmen der anwesenden oder vertretenen Mitglieder gefaßt.

(2) Bei Stimmengleichheit gibt die Stimme des Vorsitzenden jedes Organs den Ausschlag.

Artikel 46

(Zivilrechtliche Haftung)

(1) Mitglieder des Leitungs-, Aufsichts- oder Verwaltungsorgans haften für den Scha-

den, welcher der EUGEN durch eine Verletzung der ihnen bei der Ausübung ihres Amtes obliegenden Pflichten entsteht.

(2)   Besteht das betreffende Organ aus mehreren Mitgliedern, so haften diese gesamtschuldnerisch für den der EUGEN entstandenen Schaden. Ein Mitglied des betreffenden Organs kann sich jedoch von seiner Haftung befreien, wenn es nachweist, daß es keine der ihm bei der Ausübung seines Amtes obliegenden Pflichten verletzt hat.

Artikel 47

(Verfahren bei Haftungsklage)

(1)   Die Generalversammlung faßt mit der Mehrheit der Stimmen der anwesenden oder vertretenen Mitglieder den Beschluß, im Namen und für Rechnung der EUGEN Haftungsklage gemäß Artikel 46 Absatz 1 zu erheben.

Die Generalversammlung bestellt hierzu einen besonderen Bevollmächtigten, der mit der Prozeßführung betraut wird.

(2)   Die Haftungsklage im Namen und für Rechnung der EUGEN kann auch von einem Fünftel der Mitglieder erhoben werden. Sie bestellen hierzu einen besonderen Bevollmächtigten, der mit der Prozeßführung betraut wird.

Artikel 48

(Verjährung der Haftungsklage)

Haftungsklage kann nach Ablauf von fünf Jahren nach Eintritt des schädigenden Ereignisses nicht mehr erhoben werden.

KAPITEL IV

KAPITAL, EIGENMITTEL UND FREMDMITTEL

Artikel 49

(Anteilsinhaber ohne Stimmrecht)

(1)   Die Satzung kann die Ausgabe von Anteilen, deren Inhaber kein Stimmrecht haben, vorsehen; diese Anteile können von den Mitgliedern oder von jeder außenstehenden, aber an der Entwicklung der Tätigkeiten der EUGEN interessierten Person gezeichnet werden.

(2) Die Anteilsinhaber ohne Stimmrecht können besondere Vorteile genießen.

(3) Der Gesamtnennbetrag dieser Anteile darf den in der Satzung festgelegten Betrag nicht überschreiten.

(4) Die Satzung muß Bestimmungen enthalten, die die Vertretung und die Wahrnehmung der Interessen der Anteilsinhaber ohne Stimmrecht gewährleisten.

Die Satzung muß insbesondere eine Sonderversammlung der Anteilsinhaber ohne Stimmrecht vorsehen. Vor jedem Beschluß der Generalversammlung kann die Sonderversammlung eine Stellungnahme abgeben, die von ihren Bevollmächtigten der Generalversammlung zugeleitet wird.

Diese Stellungnahme wird in der Niederschrift der Generalversammlung vermerkt.

Artikel 50

(Investierende »nicht nutzende« Mitglieder)

Sieht die Satzung vor, daß Personen, die für die Nutzung der Dienste der EUGEN nicht in Frage kommen, Anteile mit Stimmrecht zeichnen können, so können in der Satzung zugunsten dieser nicht nutzenden Mitglieder besondere Bedingungen hinsichtlich der Verteilung der Betriebsergebnisse festgesetzt werden.

Artikel 51

(Finanzierungsformen)

(ÄNDERUNG Nr. 71 – modifiziert)

Die EUGEN hat zu allen Finanzierungsformen unter den günstigsten Bedingungen Zugang, wie sie für Genossenschaften im Sitzungsstaat gelten. Dasselbe gilt für die von der EUGEN in den Mitgliedstaaten, in denen sie eine Niederlassung hat, gewünschten Finanzierungsformen.

Artikel 52

(Rückvergütung)

Die Satzung kann nach Maßgabe der im Sitzstaat der EUGEN für Genossenschaften geltenden Bestimmungen vorsehen, daß die Mitglieder eine Rückvergütung im Verhältnis zu den von der Genossenschaft mit ihnen getätigten Geschäften oder zu der von ihnen geleisteten Arbeit erhalten.

Artikel 53

(Gesetzliche Rücklage)

(1)   Die Satzung bestimmt die Regeln für die Verwendung der Überschüsse des Geschäftsjahres.

(2)   Im Falle von Betriebsüberschüssen muß die Satzung noch vor jeder anderen Verwendung die Bildung einer gesetzlichen Rücklage durch Entnahme aus dem Gewinn vorsehen.

Solange diese Rücklage den Betrag des Gesellschaftskapitals nicht erreicht, darf die Entnahme nicht unter 15 % der Betriebsüberschüsse liegen.

(3)   Ausscheidende Mitglieder können auf diese in die gesetzliche Rücklage eingestellten Gelder keinerlei Anspruch geltend machen.

Artikel 54

(Verwendung des verfügbaren Betriebsergebnisses)

(1)   Der Restbetrag der nach Einstellung in die gesetzliche Rücklage und nach eventueller Anrechnung rückvergüteter Beträge verfügbaren Überschüsse, der gegebenenfalls um Gewinnvorträge erhöht wird, stellt die verteilbaren Überschüsse dar.

(2)   Die für die Beratung über den Jahresabschluß des Geschäftsjahres zusammengetretene Generalversammlung kann die Überschüsse in der Reihenfolge und in dem Umfang verwenden, wie dies in der Satzung bestimmt ist, und zwar unter anderem

– für einen weiteren Gewinnvortrag,

– für die Einstellung in alle gewöhnlichen oder außergewöhnlichen freiwilligen Rücklagen,

– für die Verzinsung des eingezahlten Kapitals und der gleichgestellten Eigenmittel, wobei die Zahlung bar oder durch Zuteilung von Anteilen erfolgen kann.

(3)   Die Satzung kann die Verteilung auch ganz ausschließen.

KAPITEL V

JAHRESABSCHLUSS UND KONSOLIDIERTER ABSCHLUSS, PRÜFUNG UND OFFENLEGUNG

Artikel 55

(Erstellung des Jahresabschlusses und des konsolidierten Abschlusses)

(1)   Hinsichtlich der Erstellung ihres Jahresabschlusses und gegebenenfalls ihres konsolidierten Abschlusses einschließlich des Lageberichts und hinsichtlich Kontrolle und Offenlegung dieser Abschlüsse unterliegt die EUGEN den innerstaatlichen Rechtsvorschriften, die der Sitzstaat zur Durchführung der Richtlinien 78/660/EWG und 83/349/EWG erlassen hat.

(2)   Die EUGEN kann ihren Jahresabschluß und gegebenenfalls ihren konsolidierten Abschluß in Ecu erstellen. In diesem Fall ist im Anhang anzugeben, auf welcher Grundlage die im Abschluß aufgeführten Posten, die ursprünglich auf eine andere Währung lauten oder lauteten, in Ecu umgerechnet worden sind.

Artikel 56

(Pflichtprüfung)

Die Pflichtprüfung des Jahresabschlusses und gegebenenfalls des konsolidierten Abschlusses der EUGEN wird durch eine oder mehrere Personen vorgenommen, die im Sitzstaat der EUGEN gemäß den von diesem Staat in Anwendung der Richtlinien 84/253/EWG und 89/48/EWG erlassenen Bestimmungen zugelassen sind. Diese Personen haben auch zu prüfen, ob der Lagebericht mit dem Jahresabschluß und gegebenenfalls dem konsolidierten Abschluß des betreffenden Geschäftsjahres in Einklang steht.

Artikel 57

(Internes Rechnungsprüfungsorgan)

Die Satzung kann die Errichtung eines internen Rechnungsprüfungsorgans vorsehen, dessen aus den Reihen der Genossenschaftsmitglieder gewählte Mitglieder für die ständige Prüfung der Rechnungsführung und Geschäftsführung der Gesellschaft zuständig sind. Die zur Rechnungsprüfung bestimmten Mitglieder berichten der Generalversammlung jährlich über die Schritte, die sie zur Erfüllung ihrer Aufgaben ergriffen haben. Schreibt das Recht des Sitzstaats eine Pflichtprüfung durch Außenstehende vor, so kann das interne

Rechnungsprüfungsorgan nicht anstelle der für die Pflichtprüfung zuständigen Prüfer die Rechnungsprüfung vornehmen.

Artikel 58

(Prüfungs- und Kontrollsystem)

(1) Schreibt das Recht des Sitzstaats der EUGEN für alle dem Recht dieses Staates unterstehenden Genossenschaften ein Prüfungs- und Kontrollsystem vor, so unterliegt die EUGEN diesem System unbeschadet der Bestimmungen in Artikel 56.

(2) In den Mitgliedstaaten, in denen die Rechtsvorschriften über die nationalen Genossenschaften die obligatorische Einschaltung einer oder mehrerer Revisions- oder Prüfinstanzen vorsehen, sind diese Stellen zur Prüfung der konsolidierten Rechnung befugt, wenn die Gründungsgenossenschaft ihren Sitz in einem dieser Staaten hat.

Artikel 59

(Offenlegung des Abschlusses)

(1) Der ordnungsgemäß genehmigte Jahresabschluß und gegebenenfalls konsolidierte Abschluß, der Lagebericht und der Prüfbericht sind nach den in den Rechtsvorschriften des Sitzstaats der EUGEN gemäß Artikel 3 der Richtlinie 68/151/EWG vorgesehenen Verfahren offenzulegen.

(2) Entsprechenden Offenlegungen verpflichtet, müssen sie zumindest die Buchbelege an ihrem Sitz zur öffentlichen Einsichtnahme bereithalten. Eine Kopie dieser Unterlagen ist auf formlosen Antrag auszuhändigen. Der dafür verlangte Preis darf die Verwaltungskosten nicht überschreiten.

Artikel 60

(Kredit- oder Finanzinstitute und Versicherungsunternehmen)

Ist die Europäische Genossenschaft ein Kredit- oder Finanzinstitut oder ein Versicherungsunternehmen, so gelten hinsichtlich der Aufstellung, der Prüfung und der Offenlegung ihres Jahresabschlusses und gegebenenfalls ihres konsolidierten Abschlusses die einschlägigen Vorschriften des innerstaatlichen Rechts des Sitzstaats zur Durchführung der Richtlinie 86/635/EWG oder der Richtlinie 91/674/EWG.

KAPITEL VI

AUFLÖSUNG UND LIQUIDATION

Abschnitt I

Auflösung

Artikel 61

(Auflösung durch die Generalversammlung)

(1) Die EUGEN kann durch Beschluß der Generalversammlung, der nach den Bestimmungen des Artikels 25 Absatz 5 gefaßt wird, aufgelöst werden.

Die Generalversammlung kann den Auflösungsbeschluß jedoch nach denselben Bestimmungen aufheben, solange mit der Verteilung des Vermögens noch nicht begonnen worden ist.

(2) Außerdem muß das Leitungs- oder Verwaltungsorgan die Generalversammlung zur Beschlußfassung über die Auflösung der EUGEN einberufen,

– wenn der in der Satzung bestimmte Zeitraum abgelaufen ist;

– wenn das gezeichnete Kapital unter das in der Satzung festgelegte Mindestkapital fällt;

– wenn der Jahresabschluß während der letzten drei Geschäftsjahre der EUGEN nicht offengelegt wurde;

– wenn die Zahl der Mitglieder die in dieser Verordnung oder in der Satzung der EUGEN vorgesehene Mindestmitgliedzahl unterschreitet;

– wegen eines Auflösungsgrunds, den das für die nationalen Genossenschaften geltende Recht des Sitzstaats der EUGEN oder die Satzung vorsieht.

Die Generalversammlung beschließt:

– entweder die Auflösung der EUGEN nach Maßgabe von Artikel 25 Absatz 7

– oder die Fortsetzung der Tätigkeit nach Maßgabe des Artikels 25 Absatz 5.

Artikel 62

(Auflösung durch das Gericht am Ort des Sitzes der EUGEN)

Auf Antrag jedes Beteiligten oder einer zuständigen Behörde muß das Gericht am Ort des Sitzes der EUGEN deren Auflösung aussprechen, wenn es feststellt, daß der Sitz nach außerhalb der Gemeinschaft verlegt wurde oder daß die Tätigkeit der EUGEN gegen die öffentliche Ordnung des Sitzstaats der EUGEN und/oder die Bestimmungen des Artikels 1 Absätze 2 und 3 und des Artikels 9 Absatz 1 dieser Verordnung verstößt.

Das Gericht kann der EUGEN eine Frist einräumen, damit sie den Vorschriften Genüge leisten kann. Geschieht dies nicht in dieser Frist, so wird die Auflösung ausgesprochen.

1. Erfüllt eine EUGEN die Anforderung in Artikel 2 nicht mehr, ergreift der Mitglied-staat, in dem die EUGEN ihren Sitz hat, die erforderlichen Maßnahmen, um die EUGEN zu veranlassen, ihre Situation innerhalb einer festgelegten Frist in Ordnung zu bringen, und zwar

   – entweder durch Wiedereinrichtung der Hauptverwaltung in dem Mitgliedstaat, in dem die EUGEN ihren Sitz hat,

   – oder durch Verlegung des Sitzes der EUGEN entsprechend dem in Artikel 8 vorgesehenen Verfahren.

2. Kommt die EUGEN dieser Forderung nicht nach, erklärt das Gericht oder eine andere zuständige Behörde des Staates, in dem die EUGEN ihren Sitz hat, diese für aufgelöst und veranlaßt ihre Liquidation.

3. Der Mitgliedstaat, in dem die EUGEN ihren Sitz hat, legt einen Rechtsbehelf gegen jegliche Feststellung von Verstößen gegen Artikel 2 fest. Der Rechtsbehelf hat Suspensivcharakter gegenüber den in den vorangegangenen Absätzen vorgesehenen Maßnahmen.

4. Wird entweder auf Veranlassung der Behörden oder auf Antrag einer beteiligten Partei festgestellt, daß eine EUGEN ihre Hauptverwaltung unter Verletzung der Bestimmung in Artikel 2 auf dem Staatsgebiet eines Mitgliedstaats hat, setzen die Behörden dieses Mitgliedstaats unverzüglich den Mitgliedstaat, in dem sich der Sitz der EUGEN befindet, darüber in Kenntnis.

Abschnitt II

Liquidation

Artikel 63

(Liquidation)

(1) Nach der Auflösung der EUGEN findet ihre Liquidation statt.

(2) Die Liquidation der EUGEN und der Schluß der Liquidation unterliegen dem Recht des Sitzstaats.

(3) Die Rechtspersönlichkeit der EUGEN, deren Auflösung erklärt worden ist, besteht bis zum Schluß der Liquidation fort.

(4) Nach der Liquidation sind die sich auf die Liquidation beziehenden Geschäftsbücher und Aufzeichnungen bei dem in Artikel 5 Absatz 3 bezeichneten Register zu hinterlegen. Jede interessierte Person kann von diesen Geschäftsbüchern und Aufzeichnungen Kenntnis nehmen.

Artikel 64

(Übertragung des Reinvermögens)

(ÄNDERUNG Nr. 74)

Das Reinvermögen wird nach Befriedigung der Gläubiger und gegebenenfalls nach Verteilung der den Berechtigten geschuldeten Beträge nach dem Grundsatz einer nicht gewinnorientierten Übertragung, d. h. einer Übertragung an andere EUGEN oder an Genossenschaften, die dem Recht eines der Mitgliedstaaten unterstehen, oder an eine oder mehrere Organisationen, die die Unterstützung und Förderung von Genossenschaften zum Ziel haben, übertragen.

Allerdings sind zwei Ausnahmen von diesem Grundsatz möglich:

– in der Gründungsurkunde kann jede andere Art der Übertragung vorgesehen werden;

– auf Vorschlag des Verwaltungsorgans kann die Generalversammlung mit einer Mehrheit von zwei Dritteln anderslautende Übertragungsmodalitäten festsetzen.

KAPITEL VII

ZAHLUNGSUNFÄHIGKEIT UND ZAHLUNGSEINSTELLUNG

Artikel 65

(Zahlungsunfähigkeit und Zahlungseinstellung)

(1)   Die EUGEN unterliegt den Rechtsvorschriften des Sitzstaats über die Zahlungsunfähigkeit und die Zahlungseinstellung.

(2)   Die Eröffnung eines Verfahrens wegen Zahlungsunfähigkeit oder Zahlungseinstellung wird von der mit der Durchführung des Verfahrens beauftragten Person bei dem in Artikel 5 Absatz 3 genannten Register angemeldet. Die Anmeldung enthält folgende Angaben:

a) die Maßnahme, das Datum der Entscheidung und das Gericht, das die Entscheidung erlassen hat;

b) das Datum der Zahlungseinstellung, wenn die Entscheidung diese Angabe enthält;

c) Namen und Anschriften des bzw. der Kuratoren, Verwalter, Liquidatoren und Personen, auf die Befugnisse zur Durchführung des Verfahrens übertragen wurden;

d) alle übrigen sachdienlichen Angaben.

(3)   Hat ein Gericht mangels ausreichenden Vermögens die Eröffnung eines in Absatz 2 genannten Verfahrens endgültig abgelehnt, so ordnet es entweder von Amts wegen oder auf Antrag eines Beteiligten die Eintragung dieser Entscheidung in dem in Artikel 5 Absatz 3 genannten Register an.

(4)   Die nach den Absätzen 2 und 3 erfolgte Anmeldung bzw. Eintragung wird gemäß Artikel 6 offengelegt.

TITEL II

SCHLUSSBESTIMMUNGEN

Artikel 66

(Maßnahmen zur Ahndung von Verstößen)

Jeder Mitgliedstaat legt die Maßnahmen fest, die bei einem Verstoß gegen diese Verordnung und gegebenenfalls gegen nationale Durchführungsmaßnahmen zu verhängen sind. Diese Sanktionen müssen wirksam, verhältnismäßig und abschreckend sein.

Er erläßt die erforderlichen Maßnahmen vor dem 1. Januar 1994. Er teilt der Kommission diese Maßnahmen unverzüglich mit.

Artikel 67

Diese Verordnung tritt am 1. Januar 1994 in Kraft.

Diese Verordnung ist in allen ihren Teilen verbindlich und gilt unmittelbar in jedem Mitgliedstaat.

ANHANG

In Artikel 9 erwähnte juristische Personen

Belgien:

Die sociétés coopératives im Sinne der Artikel 141 bis 164 der koordinierten Gesetze über die Handelsgesellschaften; die associations d'assurance mutuelle im Sinne von Artikel 2 des Gesetzes vom 11. Juni 1874 über Versicherungen und des Artikels 11 des Gesetzes vom 9. Juli 1975 über die Kontrolle der Versicherungsunternehmen, die mutualités im Sinne des Gesetzes vom 6. August 1990 über Gegenseitigkeitsvereine.

Dänemark:

Die genossenschaftlichen Gesellschaften und genossenschaftlichen Vereine, sofern sie durch die Prinzipien der ACI (Alliance Coopérative Internationale) abgedeckt sind; Einrichtungen wie Fortsættelsessygekasse und Gensidige selskaber.

Spanien:

Die Genossenschaften im Sinne des Gesetzes 3/1987 vom 2. April 1987; die Kreditgenossenschaften im Sinne des Gesetzes vom 26. Mai 1989; die Arbeitnehmeraktiengesellschaften im Sinne des Gesetzes vom 25. April 1986; die Genossenschaften im Sinne der folgenden Provinzgesetze:

– Baskenland: Gesetze vom 11. Februar 1982,

– Katalonien: Gesetze vom 9. März 1983,

– Andalusien: Gesetz vom Mai 1985,

– Gemeinde Valencia: Gesetz vom 25. Oktober 1985;

die Entidades de Prevision Social im Sinne des Gesetzes vom 2. August 1984 zur Regelung der Privatversicherung; die Mutuas de Accidentes de Trabajo im Sinne des Gesetzes vom 2. August 1984 zur Regelung der Privatversicherung; die Sociedad mutua im Sinne des Gesetzes vom 2. August 1984 zur Regelung der Privatversicherung.

Frankreich:

Die Genossenschaften im Sinne des Genossenschaftsstatuts vom 10. September 1947; die Versicherungsgesellschaften auf Gegenseitigkeit im Sinne der Artikel R.322-42 ff. des Code des assurances; die Gegenseitigkeitsgesellschaften im Sinne des Code de la Mutualité vom 25. Juli 1985.

Griechenland:

Die Genossenschaften im Sinne des Gesetzes Nr. 1541 vom 1985; Allelasphalistikos Synetairismos,

42

Irland:

Die Genossenschaften und Gesellschaften im Sinne der »Industrial and Provident Societies Acts of 1893«, der »Friendly Societies Acts«, des »Amendment to the 1893 Industrial and Provident Societies Act of 1978« und des »Credit Union Act« von 1966; die »Public Limited Companies«; das »Voluntary Health Insurance Board« im Sinne des »Voluntary Health Insurance Act« vom 5. Februar 1957.

Italien:

Die Genossenschaftsgesellschaften und die Versicherungsgesellschaften auf Gegenseitigkeit im Sinne des Titels VI des Bürgerlichen Gesetzbuchs; die Genossenschaften im Sinne der spezifischen Rechtsvorschriften für bestimmte Kategorien; die Versicherungsgesellschaften auf Gegenseitigkeit und die Gegenseitigkeitsgesellschaften im Sinne des Gesetzes vom 15. April 1886 über Gegenseitigkeitsgesellschaften.

Luxemburg

Die sociétés coopératives im Sinne der Artikel 113 ff. des Gesetzes vom 10. August 1915 über Handelsgesellschaften; die associations d'assurance mutuelle im Sinne des Artikels 2 des Gesetzes vom 16. Mai 1891; die sociétés de secours mutuels und die Gegenseitigkeitsgesellschaften im Sinne des Gesetzes vom 7. Juli 1961 und der Großherzoglichen Verordnung vom 31. Juli 1961.

Niederlande:

Die genossenschaftlichen Vereinigungen im Sinne des Titels III (vereniging) des zweiten Buches des B. W.; die in der spezifischen Regelung vorgesehene onderlinge waarborgmaatschappij; die Ziekenfonds (Vereniging von Nederlandse Zorgverzekeraars – VNZ und Zilverenkruis) im Sinne des Gesetzes vom 1. Januar 1986 bzw. des Algemene Wet Bijzondere Ziektekosten.

Portugal:

Die Genossenschaften im Sinne der Rechtsverordnung Nr. 454/80 vom 9. Oktober 1980 und die in speziellen Gesetzen geregelten Genossenschaftsformen Nr. 72/90 vom 3. März 1990; die Misercicordias im Sinne der Artikel 167 bis 194 des Bürgerlichen Gesetzbuches betreffend Vereine und Stiftungen; die Versicherungsgesellschaften auf Gegenseitigkeit.

Deutschland:

Die Erwerbs- und Wirtschaftsgenossenschaften im Sinne des Gesetzes vom 1. Mai 1889 (RGBl. S. 55), veröffentlicht am 20. Mai 1898 (RGBl. S. 369, 810), einschließlich späterer Änderungen, insbesondere der Novelle vom 8. Oktober 1973 (BGBl. I S. 1451) sowie das Bilanzrichtliniengesetz vom 19. Dezember 1985 (BGBl. I S. 2355); die Versicherungsvereine auf Gegenseitigkeit (VVaG) im Sinne des VAG vom 6. Juni 1931 in der Fassung vom 1. Juli 1990.

Vereinigtes Königreich:

Die Genossenschaften im Sinne der »Industrial and Provident Societies Acts of 1876«; alle anderen Gesellschaftsformen (Company oder partnership), die den Grundsätzen der Alliance Coopérative Internationale entsprechen; die Gesellschaften im Sinne der »Friendly Societies Acts«, der »Building Societies Acts« und des »Credit Unions Act« von 1979.

Geänderter Vorschlag für eine Richtlinie des Rates zur Ergänzung des Statuts der Europäischen Genossenschaft hinsichtlich der Rolle der Arbeitnehmer[1])

(93/C 236/04)

KOM(93) 252 endg. – SYN 389

(Gemäß Artikel 149 Absatz 3 des EWG-Vertrags von der Kommission vorgelegt am 6. Juli 1993)

(Amtsblatt der Europäischen Gemeinschaften Nr. C 108 vom 31.8.1993 S. 36)

DER RAT DER EUROPÄISCHEN GEMEINSCHAFTEN –

gestützt auf den Vertrag zur Gründung der Europäischen Wirtschaftsgemeinschaft, insbesondere auf Artikel 54,

auf Vorschlag der Kommission,

in Zusammenarbeit mit dem Europäischen Parlament,

nach Stellungnahme des Wirtschafts- und Sozialausschusses,

in Erwägung nachstehender Gründe:

Zur Verwirklichung der in Artikel 8 a EWG-Vertrag genannten Ziele legt die Verordnung (EWG) Nr. . . . des Rates das Statut der Europäischen Genossenschaft, nachfolgend EUGEN genannt, fest.

In den Mitgliedstaaten bestehen Rechts- und Verwaltungsvorschriften über die Unterrichtung und Anhörung der Arbeitnehmer in Unternehmen, ganz gleich welcher Rechtsform. In einigen Mitgliedstaaten gibt es Vorschriften über die Mitbestimmung der Arbeitnehmer in Genossenschaften.

Es erscheint zweckmäßig, die Verfahren zur Unterrichtung und Anhörung der Arbeitnehmer auf Gemeinschaftsebene zu koordinieren und den Dialog zwischen den Leitungs- und Verwaltungsorganen der Europäischen Genossenschaften und den Arbeitnehmern zu fördern.

Die Vollendung des Binnenmarktes bewirkt eine Konzentration und Umwandlung der Genossenschaften. Um eine harmonische Entwicklung der Wirtschaftstätigkeit zu gewährleisten, müssen Europäische Genossenschaften mit grenzüberschreitender Tätigkeit gegebenenfalls ein Modell zur Mitbestimmung der Arbeitnehmer vorsehen, zumindest jedoch die Arbeitnehmer im Hinblick auf die sie betreffenden Entscheidungen informieren und konsultieren.

---

1) ABl. Nr. C 99 vom 21. 4. 1992, S. 37.

1

In dieser Richtlinie werden die Bereiche festgelegt, in denen in jedem Fall eine Unterrichtung und Anhörung unbeschadet der nachfolgenden Richtlinien zu erfolgen hat:

– Richtlinie 75/129/EWG des Rates vom 17. Februar 1975 zur Angleichung der Rechtsvorschriften der Mitgliedstaaten über Massenentlassungen[1]), geändert durch die Richtlinie . ./. . ./EWG[2]),

– Richtlinie 77/187/EWG des Rates vom 14. Februar 1977 zur Angleichung der Rechtsvorschriften der Mitgliedstaaten über die Wahrung von Ansprüchen der Arbeitnehmer beim Übergang von Unternehmen, Betrieben oder Betriebsteilen[3]) und

– Richtlinie . ./. . ./EWG des Rates vom . . . über die Einsetzung Europäischer Betriebsräte zur Information und Konsultation der Arbeitnehmer in gemeinschaftsweit operierenden Unternehmen und Unternehmensgruppen[4]).

(ÄNDERUNG Nr. 79)

Es sind geeignete Vorkehrungen zu treffen, damit die Arbeitnehmer der Europäischen Genossenschaft ohne unangemessene Verzögerung ordnungsgemäß unterrichtet und gehört werden, insbesondere wenn Entscheidungen, durch die ihre Interessen beeinträchtigt werden können oder die sich auf die Entwicklung der EUGEN und die Beschäftigungsbedingungen auswirken können, in einem anderen Mitgliedstaat getroffen werden als dem, in dem sie beschäftigt sind.

Die Rechts- und Verwaltungsvorschriften jener Mitgliedstaaten, die eine Mitbestimmung der Arbeitnehmer in Genossenschaften vorsehen, sind auf die Europäische Genossenschaft anwendbar.

Eine EUGEN darf erst dann eingetragen werden, wenn ein Mitbestimmungsmodell oder zumindest ein System zur Unterrichtung und Anhörung der Arbeitnehmer und insbesondere ein »separater« Ausschuß gewählt wurde.

Die Gründer und, wenn vor der Eintragung der Europäischen Genossenschaft keine Vereinbarung zustande gekommen ist, die Gründungsunternehmen schlagen der konstituierenden Mitgliederversammlung der Europäischen Genossenschaft eine Regelung zur Unterrichtung und Anhörung der Arbeitnehmer vor.

Der Informations- und Konsultationsausschuß oder ein entsprechendes anderes Gremium ist im Hinblick auf alle Entscheidungen der Europäischen Genossenschaft, die die Interessen der Arbeitnehmer berühren können, zu unterrichten und zu hören.

Um das reibungslose Funktionieren des Binnenmarktes sicherzustellen und ungleiche Wettbewerbsbedingungen zu vermeiden, ist zu gewährleisten, daß den Arbeitnehmern

---

1) ABl. Nr. L 48 vom 22. 2. 1975.
2) KOM(91) 292 vom 15. 7. 1991, S. 29.
3) ABl. Nr. L 61 vom 5. 3. 1977, S. 26.
4) KOM(90) 581 endg.

der Europäischen Genossenschaft gleichwertige Informations- und Konsultationsrechte garantiert werden.

Im Interesse einer größeren Flexibilität bei kleineren Europäischen Genossenschaften steht es den Mitgliedstaaten frei, in einer Europäischen Genossenschaft mit weniger als 50 Beschäftigten keine Personalvertretung vorzusehen.

Die Bestimmungen dieser Richtlinie stellen eine untrennbare Ergänzung der Verordnung (EWG) Nr.... über das Statut der Europäischen Genossenschaft dar. Es ist daher sicherzustellen, daß diese Bestimmungen zum gleichen Zeitpunkt anwendbar sind –

HAT FOLGENDE RICHTLINIE ERLASSEN:

Artikel 1

Diese Richtlinie koordiniert die Rechts- und Verwaltungsvorschriften der Mitgliedstaaten über die Rolle der Arbeitnehmer der EUGEN.

Sie stellt eine notwendige Ergänzung der Verordnung (EWG) Nr.... über das Statut der Europäischen Genossenschaft dar.

Die Europäische Genossenschaft kann erst dann eingetragen werden, wenn ein Mitbestimmungsmodell oder zumindest ein Informations- und Konsultationsverfahren entsprechend den folgenden Bestimmungen festgelegt worden ist.

TITEL I

Mitbestimmung

Artikel 2

Die Rechts- und Verwaltungsvorschriften der Mitgliedstaaten, die die Mitbestimmung der Arbeitnehmer in den Aufsichts- und Verwaltungsorganen der nationalen Genossenschaften regeln, sind auf Europäische Genossenschaften mit Sitz in diesen Mitgliedstaaten anwendbar.

Werden diese Vorschriften nicht angewandt, so ergreifen die Mitgliedstaaten die erforderlichen Maßnahmen, um zumindest die Unterrichtung und Anhörung der Arbeitnehmer der Europäischen Genossenschaft gemäß den Artikeln 3, 4 und 5 zu gewährleisten.

3

TITEL II

Informations- und Konsultationsverfahren

Artikel 3

(1) Die Leitungs- oder Verwaltungsorgane der Gründungsunternehmen und die durch Gesetz oder Praxis der Mitgliedstaaten vorgesehenen Arbeitnehmervertreter dieser Unternehmen legen einvernehmlich ein Informations- und Konsultationsverfahren für die Arbeitnehmer der Europäischen Genossenschaft fest. Die Vereinbarung ist schriftlich vor Eintragung der Europäischen Genossenschaft zu schließen.

(ÄNDERUNG Nr. 87)

(2) Führen die Verhandlungen gemäß Absatz 1 nicht zum Abschluß einer Vereinbarung, so können die Arbeitnehmervertreter der Gründungsunternehmen in einer schriftlichen Stellungnahme darlegen, aus welchen Gründen keine Vereinbarung erzielt werden konnte.

(3) Erfolgt die Gründung einer Europäischen Genossenschaft ausschließlich durch natürliche Personen, so legen diese die Modalitäten zur Unterrichtung und Anhörung der Arbeitnehmer nach Maßgabe von Artikel 4 Absatz 1 fest und unterbreiten sie der konstituierenden Mitgliederversammlung.

(4) Die Leitungs- oder Verwaltungsorgane der Gründungsunternehmen erstellen für die konstituierende Generalversammlung der Europäischen Genossenschaft einen Bericht, der in seinem Anhang folgendes enthält:

– den Wortlaut der Vereinbarung gemäß Absatz 1 oder

– die Stellungnahme der Arbeitnehmervertreter gemäß Absatz 2.

(5) Die Generalversammlung, die zur Gründung der Europäischen Genossenschaft Stellung zu nehmen hat, bestätigt das in der Vereinbarung gemäß Absatz 1 festgelegte Informations- und Konsultationsverfahren oder wählt, wenn keine Vereinbarung zustande gekommen ist, auf der Grundlage des Berichts und der Stellungnahme gemäß den Absätzen 2 und 3 das in der Europäischen Genossenschaft anzuwendende Verfahren.

(6) Das gewählte Verfahren kann später durch ein anderes ersetzt werden, das zwischen dem Leitungs- oder Verwaltungsorgan der Europäischen Genossenschaft und ihren Arbeitnehmervertretern vereinbart wird. Die Vereinbarung bedarf der Zustimmung der Generalversammlung.

(7) Bei einer Umwandlung gemäß Artikel 9 Absatz 2 der Verordnung (EWG) Nr. . . . . über das Statut der Europäischen Genossenschaft findet das in diesem Artikel genannte Verfahren Anwendung.

(ÄNDERUNG Nr. 88)

(8) Bei einer Verlegung des Sitzes der Europäischen Genossenschaft in einen anderen Mitgliedstaat darf das vor der Verlegung angewandte Informations- und Konsultationsverfahren nur aufgrund einer Vereinbarung zwischen dem Verwaltungsorgan der Europäischen Genossenschaft und ihren Arbeitnehmervertretern geändert werden.

Artikel 4

(1) Das Leitungs- oder Verwaltungsorgan der Europäischen Genossenschaft unterrichtet und hört die Arbeitnehmer dieser Vereinigung rechtzeitig zumindest zu

(ÄNDERUNG Nr. 89)

a) allen Vorschlägen, die ernste Auswirkungen auf die Interessen der Arbeitnehmer der Europäischen Genossenschaft haben können, oder sich auf die Entwicklung der EUGEN und die Beschäftigungsbedingungen auswirken können, insbesondere alle die Arbeitsbedingungen betreffenden Fragen und alle Entscheidungen, die die Zustimmung des Verwaltungsorgans erfordern, unbeschadet der Gemeinschaftsvorschriften über die Unterrichtung und Anhörung, insbesondere der Richtlinie 75/129/EWG, der Richtlinie 77/187/EWG und der Richtlinie . ./. . ./EWG (über die Einsetzung Europäischer Betriebsräte);

b) allen die Arbeitsbedingungen betreffenden Fragen, insbesondere Änderungen in der Organisation der Europäischen Genossenschaft und der Einführung neuer Arbeitsmethoden oder neuer Erzeugnisse bzw. Dienstleistungen;

c) allen Dokumenten, die der Generalversammlung der Europäischen Genossenschaft unterbreitet werden;

d) den Beschlüssen gemäß Artikel 43 Absatz 1 der Verordnung (EWG) Nr. . . . . (über das Statut der Europäischen Genossenschaft);

(ÄNDERUNG Nr. 90)

e) der Entwicklung und Organisation der beruflichen Bildung in der EUGEN und allen Fragen, die die Gesundheit und Sicherheit der Arbeitnehmer und eine gleiche und paritätische Mitbestimmung bei der Entwicklung von Gesundheits- und Sicherheitsprogrammen und -maßnahmen in der EUGEN betreffen.

(ÄNDERUNGEN Nrn. 155 und 91 – modifiziert)

(2) Die Unterrichtung und Anhörung der Arbeitnehmer der Europäischen Genossenschaft erfolgt entweder

– über eine »separate« Arbeitnehmervertretung der Europäischen Genossenschaft oder

– über ein anderes zwischen den Leitungs- oder Verwaltungsorganen der Gründungsunternehmen und ihren Arbeitnehmervertretern vereinbartes Gremium.

Sie haben so rechtzeitig vor der Beschlußfassung zu erfolgen, daß etwaige Einwendungen
der Arbeitnehmervertreter berücksichtigt werden können.

Außerdem können zur Vorbereitung der Anhörungsverfahren Sachverständige als Berater
hinzugezogen werden; das Verwaltungsorgan stellt alle dazu erforderlichen Mittel zur
Verfügung.

Die Mitgliedstaaten können den Umfang der Informations- und Konsultationsverfahren
für die EUGEN mit Hauptsitz auf ihrem Staatsgebiet begrenzen.

(3) In Europäischen Genossenschaften mit weniger als 50 Arbeitnehmern können die
Verhandlungsparteien unbeschadet der Bestimmungen von Absatz 1 die Einführung eines
vereinfachten Informations- und Konsultationsverfahren beschließen.

Artikel 5

(1) Die Vertreter der Arbeitnehmer der Europäischen Genossenschaft werden nach den
in den Mitgliedstaaten durch Gesetz oder durch die Praxis bestimmten Modalitäten
gewählt und erhalten die Möglichkeit zu ihrer ungehinderten Mandatsausübung unter
Beachtung folgender Grundsätze:

a) Die Arbeitnehmervertreter werden in allen Mitgliedstaaten gewählt, in denen sich
Betriebsstätten oder Tochtergesellschaften der Europäischen Genossenschaft befinden.

b) Die Anzahl der Vertreter muß möglichst proportional der Anzahl der von ihnen
vertretenen Arbeitnehmer entsprechen.

c) Alle Arbeitnehmer müssen ungeachtet der Dauer ihrer Betriebszugehörigkeit oder der
wöchentlichen Arbeitsstunden an der Stimmabgabe teilnehmen können.

d) Die Wahl ist geheim.

(2) Die nach Maßgabe des Absatzes 1 gewählten Arbeitnehmervertreter können ihre
Aufgaben in der Europäischen Genossenschaft ungeachtet der im Sitzstaat geltenden
einschlägigen Rechtsvorschriften wahrnehmen.

(ÄNDERUNG Nr. 93)

Die Vertreter der Arbeitnehmer dürfen aufgrund ihrer Tätigkeiten nicht benachteiligt
werden. Sie genießen Kündigungsschutz, außer bei außergewöhnlichen Gründen für
eine Entlassung. Sie genießen außerdem Schutz gegen andere Sanktionen, die aufgrund
ihrer Handlungen, mündlichen oder schriftlichen Äußerungen im Zusammenhang mit der
Wahrnehmung ihres Mandats verhängt werden.

(ÄNDERUNG Nr. 94)

Die gewählten Arbeitnehmervertreter können ihre Tätigkeit während der Arbeitszeit ausüben.

TITEL III

Schlußbestimmungen

Artikel 6

Die Bestimmungen der Titel I und II finden keine Anwendung, wenn die Arbeitnehmer der Europäischen Genossenschaft in ihrer Mehrheit zugleich Mitglieder der Europäischen Genossenschaft sind.

Artikel 7

(1) Die Mitgliedstaaten erlassen die erforderlichen Rechts- und Verwaltungsvorschriften, um dieser Richtlinie vor dem 1. Januar 1994 nachzukommen. Sie setzen die Kommission unverzüglich davon in Kenntnis.

Wenn die Mitgliedstaaten die Vorschriften nach Absatz 1 erlassen, nehmen sie in diesen Vorschriften selbst oder durch einen Hinweis bei der amtlichen Veröffentlichung auf diese Richtlinie Bezug. Die Mitgliedstaaten regeln die Einzelheiten dieser Bezugnahme.

(2) Die Mitgliedstaaten teilen der Kommission die wesentlichen innerstaatlichen Rechtsvorschriften mit, die sie auf dem unter diese Richtlinie fallenden Gebiet erlassen.

Artikel 8

Diese Richtlinie ist an die Mitgliedstaaten gerichtet.

Geänderter Vorschlag für eine Verordnung (EWG) des Rates über das Statut der Europäischen Gegenseitigkeitsgesellschaft[1])

(93/C 236/05)

KOM(93) 252 endg. – SYN 390

(Gemäß Artikel 149 Absatz 3 des EWG-Vertrags von der Kommission vorgelegt am 6. Juli 1993)

(Amtsblatt der Europäischen Gemeinschaften Nr. C 236 vom 31.8.1993 S. 40)

DER RAT DER EUROPÄISCHEN GEMEINSCHAFTEN –

gestützt auf den Vertrag zur Gründung der Europäischen Wirtschaftsgemeinschaft, insbesondere auf Artikel 100a,

auf Vorschlag der Kommission,

in Zusammenarbeit mit dem Europäischen Parlament,

nach Stellungnahme des Wirtschafts- und Sozialausschusses,

in Erwägung nachstehender Gründe:

Die Kommission hat dem Rat am 18. Dezember 1989 eine Mitteilung[2]) zugeleitet, zu der der Wirtschafts- und Sozialausschuß am 19. September 1990 seine Stellungnahme[3]) abgegeben hat.

Die Vollendung des Binnenmarktes setzt die uneingeschränkte Niederlassungsfreiheit für die Ausübung jeder den Zielen der Gemeinschaft förderlichen Tätigkeit, gleich in welcher gesellschaftsrechtlichen Form diese Tätigkeit ausgeübt wird, voraus.

Die Gemeinschaft muß zur Wahrung gleicher Wettbewerbsbedingungen und im Interesse ihrer wirtschaftlichen Entwicklung für die in allen Mitgliedstaaten gemeinhin anerkannten Gegenseitigkeitsgesellschaften angemessene rechtliche Instrumente zur Verfügung stellen, die eine Entwicklung ihrer länderübergreifenden Tätigkeiten fördern können.

Die Gegenseitigkeitsgesellschaften nehmen durch ihre Tätigkeit und durch die Art ihres Handelns voll am wirtschaftlichen Leben teil.

Das Statut der Europäischen Aktiengesellschaft gemäß der Verordnung (EWG) Nr. . . . ist kein Instrument, das den Besonderheiten der Gegenseitigkeitsgesellschaften gerecht wird.

---

1) ABl. Nr. C 99 vom 21. 4. 1992, S. 40.
2) SEK(89) 2187 endg. vom 18. Dezember 1989 (»Die Unternehmen der Économie Sociale und die Schaffung des Europäischen Marktes ohne Grenzen«).
3) ABl. Nr. C 332 vom 31. 12. 1990, S. 81.

Die Europäische Wirtschaftliche Interessenvereinigung (EWIV) gemäß der Verordnung (EWG) Nr. 2137/85 des Rates[1]) erlaubt es diesen Vereinigungen zwar, gewisse Tätigkeiten gemeinsam zu betreiben und gleichzeitig ihre Eigenständigkeit zu behalten, doch genügt sie nicht den Besonderheiten der Tätigkeit der Gegenseitigkeitsgesellschaften.

Die Beachtung des Grundsatzes vom Vorrang der Person gegenüber dem Kapital findet ihren Ausdruck in spezifischen Regeln für den Eintritt, den Austritt und den Ausschluß der Mitglieder und in der Regel »ein Mitglied, eine Stimme«, wobei das Stimmrecht an die Person gebunden ist, und beinhaltet, daß es den Mitgliedern verwehrt ist, auf das Kapital der Gegenseitigkeitsgesellschaft zurückzugreifen.

Bei den Gegenseitigkeitsgesellschaften handelt es sich vor allem um Personenvereinigungen, die besonderen Funktionsprinzipien, die sich von denen der anderen Wirtschaftssubjekte unterscheiden, unterworfen sind.

Die grenzübergreifende Zusammenarbeit von Gegenseitigkeitsgesellschaften stößt in der Gemeinschaft gegenwärtig auf rechtliche und administrative Schwierigkeiten, die es in einem Binnenmarkt ohne Grenzen zu beseitigen gilt.

(ÄNDERUNG Nr. 163/korr.)

Mit der Einführung eines den Gegenseitigkeitsgesellschaften offenstehenden europäischen Statuts, das sich auf gemeinsame Grundsätze stützt, aber den Besonderheiten einerseits der Gegenseitigkeitsgesellschaften, die im Sektor der sozialen Fürsorge tätig sind, und andererseits der Europäischen Gegenseitigkeitsgesellschaften, die anderen Wirtschaftstätigkeiten, insbesondere auf dem Gebiet der Versicherungen ausüben, Rechnung trägt, sollen die Voraussetzungen für ein grenzübergreifendes Tätigwerden im gesamten Gebiet der Gemeinschaft oder in einem Teil derselben geschaffen werden.

Das Hauptziel, das mit der Rechtskonstruktion der Europäischen Gegenseitigkeitsgesellschaft, nachfolgend EUGGES genannt, verfolgt wird, erfordert, daß diese sowohl direkt von juristischen Personen aus verschiedenen Mitgliedstaaten als auch durch Umwandlung einer bestehenden Gegenseitigkeitsgesellschaft ohne vorherige Auflösung gegründet werden kann. Voraussetzung ist, daß diese Gegenseitigkeitsgesellschaft ihren Sitz und ihre Hauptverwaltung in der Gemeinschaft und eine Tochtergesellschaft oder eine Niederlassung in einem anderen Mitgliedstaat als dem der Hauptverwaltung hat. Im letzteren Fall muß die Gegenseitigkeitsgesellschaft eine echte und tatsächliche grenzübergreifende Tätigkeit ausüben.

Die Europäischen Gegenseitigkeitsgesellschaften müssen einen Betriebsfonds haben.

Mit den Bestimmungen über die Rechnungsprüfung sollen ein effizienteres Management gewährleistet und jegliche Schwierigkeiten vermieden werden.

---

1) ABl. Nr. L 199 vom 31. 7. 1985, S. 1.

(ÄNDERUNG Nr. 98)

Die vorliegende Verordnung findet keine Anwendung auf Basis-Pflichtsysteme der Sozialversicherung, die in einigen Staaten durch Gegenseitigkeitsgesellschaften verwaltet werden.

In den Bereichen, die nicht von dieser Verordnung erfaßt werden, gelten die Rechtsvorschriften der Mitgliedstaaten und das Gemeinschaftsrecht; hierzu gehören:

– die Arbeitnehmermitbestimmung;

– das Arbeitsrecht;

– das Steuerrecht;

– das Wettbewerbsrecht;

– der gewerbliche Rechtsschutz;

– die Rechtsvorschriften über die Zahlungsunfähigkeit und die Zahlungseinstellung.

Die Anwendung der Bestimmungen dieser Verordnung muß zeitlich abgestuft erfolgen, damit alle Mitgliedstaaten in der Lage sind, die Bestimmungen der Richtlinie zur Ergänzung des Statuts der Europäischen Gegenseitigkeitsgesellschaft hinsichtlich der Rolle der Arbeitnehmer in innerstaatliches Recht umzusetzen und die für die Gründung und den Geschäftsbetrieb der EUGGES im Sitz in ihrem Hoheitsgebiet notwendigen Verfahren rechtzeitig einzuführen, so daß die Verordnung und die Richtlinie gleichzeitig zur Anwendung gebracht werden können.

Bei den Arbeiten zur Annäherung des einzelstaatlichen Gesellschaftsrechts sind beträchtliche Fortschritte erzielt worden, so daß, falls der Mitgliedstaat des Sitzes der EUGGES in Durchführung folgender Gemeinschaftsrichtlinien über die Handelsgesellschaften Regelungen getroffen hat, in Bereichen, in denen für das Funktionieren der EUGGES keine einheitlichen Gemeinschaftsvorschriften notwendig sind, sinngemäß auf bestimmte, der Regelung für die EUGGES entsprechende Vorschriften verwiesen werden kann:

– Richtlinie 68/151/EWG des Rates vom 9. März 1968 zur Koordinierung der Schutzbestimmungen, die in den Mitgliedstaaten den Gesellschaften im Sinne des Artikels 58 Absatz 2 des Vertrages im Interesse der Gesellschafter sowie Dritter vorgeschrieben sind, um diese Bestimmungen gleichwertig zu gestalten[1]), zuletzt geändert durch die Akte über den Beitritt Spaniens und Portugals;

– Richtlinie 78/660/EWG des Rates vom 25. Juli 1978 aufgrund von Artikel 54 Absatz 3 Buchstabe g) des Vertrages über den Jahresabschluß von Gesellschaften

---

1) ABl. Nr. L 65 vom 14. 3. 1968, S. 8.

bestimmter Rechtsformen[1]), zuletzt geändert durch die Richtlinien 90/604/EWG[2]) und 90/605/EWG[3]);

- Richtlinie 83/349/EWG des Rates vom 13. Juni 1983 aufgrund von Artikel 54 Absatz 3 Buchstabe g) des Vertrages über den konsolidierten Abschluß[4]) zuletzt geändert durch die Richtlinien 90/604/EWG und 90/605/EWG;

- Richtlinie 84/253/EWG des Rates vom 10. April 1984 aufgrund von Artikel 54 Absatz 3 Buchstabe g) des Vertrages über die Zulassung der mit der Pflichtprüfung der Rechnungslegungsunterlagen beauftragten Personen[5]);

- Richtlinie 89/48/EWG des Rates vom 21. Dezember 1988 über eine allgemeine Regelung zur Anerkennung der Hochschuldiplome, die eine mindestens dreijährige Berufsausbildung abschließen[6]);

- Richtlinie 89/666/EWG des Rates vom 21. Dezember 1989 über die Offenlegung von Zweigniederlassungen, die in einem Mitgliedstaat von Gesellschaften bestimmter Rechtsformen gegründet werden, die dem Recht eines anderen Staates unterliegen[7]).

Aktivitäten im Bereich der Finanzdienstleistungen, speziell solche von Kreditinstituten und Versicherungsgesellschaften, wurden durch folgende Richtlinien geregelt:

- Richtlinie 86/635/EWG des Rates vom 8. Dezember 1986 über den Jahresabschluß und den Konsolidierten Abschluß von Banken und anderen Finanzinstituten[8]);

- Richtlinie 89/646/EWG des Rates vom 15. Dezember 1989 zur Koordinierung der Rechts- und Verwaltungsvorschriften über die Aufnahme und Ausübung der Tätigkeit der Kreditinstitute und zur Änderung der Richtlinie 77/780/EWG[9]);

- Richtlinie . ./. . ./EWG des Rates zur Koordinierung der Rechts- und Verwaltungsvorschriften für die Direktversicherung (mit Ausnahme der Lebensversicherung) sowie zur Änderung der Richtlinien 73/239/EWG und 88/357/EWG[10]).

Die Inanspruchnahme dieses Statuts ist wahlfrei –

HAT FOLGENDE VERORDNUNG ERLASSEN:

---

1) ABl. Nr. L 222 vom 14. 8. 1978, S. 11.
2) ABl. Nr, L 317 vom 16. 11. 1990, S. 57.
3) ABl. Nr. L 317 vom 16. 11. 1990, S. 60.
4) ABl. Nr. L 193 vom 18. 7. 1983, S. 1.
5) ABl. Nr. L 126 vom 12. 5. 1984, S. 20.
6) ABl. Nr. L 19 vom 24. 1. 1989, S. 16.
7) ABl. Nr. L 395 vom 30. 12. 1989, S. 36.
8) ABl. Nr. L 372 vom 31. 12. 1986, S. 1.
9) ABl. Nr. L 386 vom 30. 12. 1989, S. 1.
10) KOM(90) 348 endg. – SYN 291.

TITEL I

ALLGEMEINE VORSCHRIFTEN

KAPITEL I

GRÜNDUNG DER EUROPÄISCHEN GEGENSEITIGKEITSGESELLSCHAFT

Artikel 1

(Wesen der Europäischen Gegenseitigkeitsgesellschaft)

(ÄNDERUNG Nr. 164/korr. – modifiziert)

(1)   Gegenseitigkeitsgesellschaften können im gesamten Gebiet der Gemeinschaft unter den Voraussetzungen und nach den Modalitäten dieser Verordnung entweder unter der Bezeichnung»Europäische Gegenseitigkeitsgesellschaft« im Bereich der sozialen Fürsorge oder als Europäische Gegenseitigkeitsgesellschaft (EUGGES) in einem anderen Tätigkeitsbereich als der sozialen Fürsorge gegründet werden. Diese Bezeichnung muß die Angabe der Art der ausgeübten Tätigkeit enthalten und insbesondere Aufschluß darüber geben, ob es sich beispielsweise um eine Versicherungstätigkeit oder ausschließlich um eine Tätigkeit im Bereich der sozialen Fürsorge handelt.

(2)   Die EUGGES

– garantiert ihren Mitgliedern gegen Entrichtung eines Beitrags die vollständige Begleichung der im Rahmen der nach der Satzung zulässigen Tätigkeiten eingegangenen vertraglichen Verbindlichkeiten;

(ÄNDERUNG Nr. 100 – modifiziert)

– gewährt den Mitgliedern ihrer Verwaltungsorgane keine Arbeitsvergütung und keine Überschußbeteiligung. Mitglieder der Verwaltungsorgane können jedoch eine Entschädigung für die Unkosten erhalten, die ihnen bei der Ausübung ihres Amtes entstanden sind.

(3)   Die EUGGES arbeitet mit einem Betriebsfonds und Rücklagen, die die Schulden der EUGGES abdecken.

(4)   Die EUGGES besitzt Rechtspersönlichkeit. Sie erwirbt die Rechtspersönlichkeit an dem Tag, an dem sie im Sitzstaat in das von diesem Staat nach Artikel 8 Absatz 1 bezeichnete Register eingetragen wird.

(5)   Diese Verordnung läßt die Zuständigkeit jedes Mitgliedstaats unberührt, auf seinem Staatsgebiet den Zugang zu und die Ausübung von Tätigkeiten der Verwaltung der

obligatorischen Mindestsozialversicherung und zu Tätigkeiten der Vorsorge- und Un-
terstützungseinrichtungen zu regeln, deren Leistungen sich nach den verfügbaren Mitteln
ändern und bei denen die Beiträge der Mitglieder pauschal festgelegt werden.

Artikel 2

(Gründung)

(ÄNDERUNG Nr. 102)

(1)   Eine EUGGES können gründen:

a) entweder mindestens zwei juristische Personen, die im wesentlichen andere als
Fürsorgetätigkeit ausüben und im Anhang I aufgeführt sind, gemäß dem Recht
eines Mitgliedstaats gegründet wurden und ihren satzungsmäßigen Sitz und ihre
Hauptverwaltung in mindestens zwei Mitgliedstaaten haben;

b) oder mindestens zwei juristische Personen, die in Anhang II aufgeführt sind, die
gemäß dem Recht eines Mitgliedstaats gegründet wurden, ihren satzungsmäßigen
Sitz und ihre Hauptverwaltung in mindestens zwei Mitgliedstaaten haben und ausschließlich Tätigkeiten im Bereich der sozialen Fürsorge ausüben, wie sie in den
Herkunftsmitgliedstaaten der Gründungsunternehmen festgelegt sind;

c) oder wenigstens 500 natürliche Personen, die ihren Wohnsitz in mindestens zwei
Mitgliedstaaten haben, falls es sich um eine EUGGES handelt, die im wesentlichen
andere als Fürsorgetätigkeiten ausübt.

(ÄNDERUNG Nr. 103 – modifiziert)

(2)   Eine Gegenseitigkeitsgesellschaft, deren Gründung gemäß dem Recht eines Mitgliedstaats erfolgt ist und die ihren satzungsmäßigen Sitz und ihre Hauptverwaltung
in der Gemeinschaft hat, kann sich in eine EUGGES umwandeln, wenn sie in einem
anderen Mitgliedstaat mindestens 500 Mitglieder hat und dort eine tatsächliche und echte
Tätigkeit ausübt oder auch wenn sie den Nachweis führen kann, daß ihre Umwandlung
die Erfüllung dieser zweifachen Bedingung zur Folge hat.

Diese Umwandlung hat weder die Auflösung noch die Gründung einer neuen juristischen
Person zur Folge.

Das Leitungs- oder Verwaltungsorgan der Gegenseitigkeitsgesellschaft erstellt einen
Umwandlungsplan, der die rechtlichen und wirtschaftlichen Aspekte der Umwandlung
enthält.

Die Generalversammlung der Mitglieder stimmt der Umwandlung sowie der Satzung der
EUGGES nach Maßgabe der für Satzungsänderungen geltenden Rechtsvorschriften des
Artikels 22 zu.

Artikel 3

(Satzung)

(1) Die Satzung der EUGGES muß mindestens folgende Angaben enthalten:

– die Bezeichnung der Gegenseitigkeitsgesellschaft mit dem voran- oder nachgestellten Zusatz »EUGGES« (für Europäische Gegenseitigkeitsgesellschaft), ergänzt durch die Art der ausgeübten Tätigkeit;

– den genauen Gesellschaftszweck;

– die Bezeichnung, den Gesellschaftszweck und den Sitz der juristischen Personen, die Gründungsmitglieder der EUGGES sind;

– den Sitz der EUGGES;

– die Bedingungen und Modalitäten für die Aufnahme, den Ausschluß und den Austritt der Mitglieder;

– die Rechte und Pflichten der Mitglieder der EUGGES;

– die Beiträge oder gegebenenfalls die sich darauf beziehenden Nachzahlungen;

– die gewählte Organisationsform;

– die Befugnisse und Zuständigkeiten jedes Organs;

– die Einzelheiten der Bestellung und der Abberufung der Mitglieder dieser Organe;

– die Mehrheits- und Beschlußfähigkeitsregeln;

– die Benennung der Organe und/oder der Mitglieder dieser Organe, die die EUGGES gegenüber Dritten rechtsverbindlich vertreten dürfen;

– die Bedingungen für die Erhebung der Haftungsklage im Sinne von Artikel 42;

– die satzungsmäßigen Auflösungsgründe.

(2) Im Sinne dieser Verordnung bezeichnet der Begriff »Satzung« der EUGGES gegebenenfalls zugleich den Gründungsakt und, falls sie Gegenstand eines getrennten Aktes ist, die eigentliche Satzung der EUGGES.

(3) Im Sinne dieser Verordnung bezeichnet der Begriff »Mitglied« jeder EUGGES jede Person, die an der Gründung der EUGGES beteiligt war oder diese Eigenschaft später erworben hat.

Artikel 4

(Betriebsfonds)

(1) Der Betriebsfonds muß mindestens 100 000 ECU oder den Gegenwert in Landeswährung betragen.

(2) Ist nach dem Recht eines Mitgliedstaats für Gegenseitigkeitsgesellschaften, die bestimmte Arten von Tätigkeiten ausüben, ein höherer Betrag vorgesehen, so gilt dieser Betrag für diejenigen EUGGES, die ihren Sitz in diesem Mitgliedstaat haben.

Artikel 5

(Sitz)

Sitz der EUGGES muß ein Ort in der Gemeinschaft sein, und zwar in dem Mitgliedstaat, in dem auch die Hauptverwaltung der EUGGES ihren Sitz hat.

Artikel 6

(Verlegung des Sitzes)

(1) Der Sitz der EUGGES kann entsprechend den Absätzen 2 bis 9 in einen anderen Mitgliedstaat verlegt werden. Diese Verlegung führt weder zur Auflösung noch zur Gründung einer neuen juristischen Person.

(2) Ein eventueller Verlegungsplan wird vom Leitungs- oder Verwaltungsorgan aufgestellt und gemäß Artikel 6 offengelegt, unbeschadet zusätzlicher, in dem Mitgliedstaat, in der die EUGGES ihren Sitz hat, vorgesehener Offenlegungsformen. Dieser Plan umfaßt:

a) den vorgesehenen neuen Sitz der EUGGES;

b) die für die EUGGES vorgesehene Satzung, gegebenenfalls einschließlich der neuen Bezeichnung;

c) den vorgesehenen Zeitplan für die Verlegung.

(2a) Das Leitungs- oder Verwaltungsorgan erstellt einen Bericht, in dem die juristischen und wirtschaftlichen Aspekte der Verlegung erläutert und begründet sowie die Folgen der Verlegung für die Mitglieder und die Arbeitnehmer dargestellt werden.

(2b) Die Mitglieder und die Gläubiger der EUGGES haben das Recht auf Prüfung des Verlegungsplans und des Berichts nach Absatz 2.A am Sitz der EUGGES mindestens einen Monat vor der Generalversammlung, die einberufen wird, um über die Verlegung zu entscheiden, sowie auf unentgeltliche Aushändigung von Kopien der genannten Unterlagen.

(2c) Die Mitgliedstaaten können für die auf ihrem Staatsgebiet eingetragenen EUGGES Bestimmungen zum Schutz der Mitglieder erlassen, die sich als Minderheit gegen eine Verlegung ausgesprochen haben.

(3) Der Verlegungsbeschluß kann erst zwei Monate nach der Offenlegung des Verlegungsplans gefaßt werden. Bei der Beschlußfassung sind die für Satzungsänderungen vorgesehenen Verfahren einzuhalten.

(4) Die Gläubiger und Inhaber von vor Offenlegung des Verlegungsplans entstandenen Rechten gegenüber der EUGGES können verlangen, daß die EUGGES eine angemessene Sicherheit zu ihren Gunsten leistet. Die Inanspruchnahme dieses Rechts erfolgt nach den gesetzlichen Bestimmungen des Landes, in dem sich der Sitz der EUGGES vor der Verlegung befindet.

Die Mitgliedstaaten können die Anwendung der Bestimmung im vorangegangenen Unterabsatz auf die vor der Verlegung entstandenen Verbindlichkeiten der EUGGES gegenüber Körperschaften des öffentlichen Rechts ausdehnen.

(5) In dem Mitgliedstaat, in dem die EUGGES ihren Sitz hat, stellt ein Gericht, ein Notar oder eine sonstige zuständige Stelle eine Bescheinigung aus, aus der zweifelsfrei hervorgeht, daß die der Verlegung vorausgehenden Rechtshandlungen und Formalitäten durchgeführt wurden.

(6) Die neue Eintragung kann nur auf Vorlage der in Absatz 5 genannten Bescheinigung und auf Nachweis der Erfüllung der für die Eintragung im neuen Sitzland erforderlichen Formalitäten erfolgen.

(6a) Die Verlegung des Sitzes der EUGGES und die sich daraus ergebenden Satzungsänderungen gelten ab dem Zeitpunkt, an dem die EUGGES nach Artikel 5 Absatz 3 im Register des neuen Sitzes eingetragen wird.

(7) Die Löschung der Eintragung der EUGGES im Register des früheren Sitzes kann erst aufgrund des Nachweises über die Eintragung der EUGGES im Register des neuen Sitzes erfolgen.

(8) Die neue Eintragung und die Löschung der früheren Eintragung werden gemäß Artikel 6 in den betreffenden Mitgliedstaaten bekanntgegeben.

(9) Mit Bekanntgabe der neuen Eintragung der EUGGES ist der neue Sitz Dritten gegenüber wirksam. Jedoch können sich Dritte, solange die Löschung der Eintragung im Register des früheren Sitzes nicht bekanntgegeben worden ist, weiterhin auf den alten Sitz berufen, es sei denn, die EUGGES beweist, daß den Dritten der neue Sitz bekannt war.

(10) Die gesetzlichen Bestimmungen eines Mitgliedstaats können für EUGGES, die in

diesem Staat eingetragen sind, vorsehen, daß eine Sitzverlegung, aus der eine Änderung des anzuwendenden Rechts resultiert, nicht wirksam wird, wenn eine zuständige Behörde dieses Staates innerhalb der in Absatz 3 genannten Zweimonatsfrist Einspruch erhebt. Ein derartiger Einspruch ist nur aus Gründen des Gemeinwohls möglich. Er muß vor einer Gerichtsbehörde anfechtbar sein.

(11)　Eine EUGGES, gegen die ein Auflösungs-, Liquidations-, Insolvenz-, Zahlungseinstellungs- oder sonstiges Verfahren dieser Art eingeleitet wurde, kann keine Sitzverlegung vornehmen.

Artikel 7

(Anwendbares Recht)

(1)　Die EUGGES unterliegt:

(ÄNDERUNG – Angleichung an die Europäische Aktiengesellschaft)

a) den Bestimmungen dieser Verordnung;

b) sofern diese Verordnung es ausdrücklich zuläßt, den Bestimmungen in der Satzung des EUV;

c) in bezug auf die von dieser Verordnung nicht geregelten Angelegenheiten bzw., wenn eine teilweise Regelung gegeben ist, in bezug auf die von dieser Verordnung nicht abgedeckten Aspekte:

　　– den gesetzlichen Bestimmungen der Mitgliedstaaten, die in Anwendung der die EUGGES betreffenden Gemeinschaftsmaßnahmen erlassen wurden;

　　– den für die im Anhang aufgeführten und nach den Gesetzen des Mitgliedstaats, in dem die EUGGES ihren Sitz hat, gebildeten juristischen Personen geltenden gesetzlichen Bestimmungen der Mitgliedstaaten;

　　– den in der Satzung festgelegten Bestimmungen, unter denselben Bedingungen, wie sie für die im Anhang aufgeführten juristischen Personen gelten, die gemäß den Rechtsvorschriften des Mitgliedstaats, in dem die EUGGES ihren Sitz hat, gegründet wurden.

(ÄNDERUNG – Angleichung an die Europäische Aktiengesellschaft)

(2)　Besteht ein Mitgliedstaat aus mehreren Gebietseinheiten, von denen jede ihre eigene Regelung für die in Absatz 1 genannten Angelegenheiten besitzt, so wird zum Zweck der Ermittlung der gemäß Absatz 1 anwendbaren Rechtsvorschriften jede Gebietseinheit als Mitgliedstaat angesehen.

(3) Hinsichtlich ihrer Rechte, Befugnisse und Verpflichtungen wird die EUGGES in jedem Mitgliedstaat und vorbehaltlich der besonderen Bestimmungen dieser Verordnung wie eine Gegenseitigkeitsgesellschaft nach dem Recht des Sitzstaats behandelt.

Artikel 8

(Eintragung und Inhalt der Offenlegung)

(1) Die Gründungsmitglieder erstellen die Satzung nach den für die Gründung von Gegenseitigkeitsgesellschaften des Rechts des Sitzstaats der EUGGES vorgesehenen Rechtsvorschriften. Die Satzung muß zumindest schriftlich erstellt und von den Gründungsmitgliedern unterzeichnet werden.

(2) In den Mitgliedstaaten, deren Recht keine vorbeugende, administrative oder gerichtliche Kontrolle bei der Gründung vorsieht, muß die Satzung öffentlich beurkundet werden. Die Kontrollbehörde sorgt dafür, daß die Akte den Vorschriften für die Gründung einer EUGGES und insbesondere den Artikeln 1, 2, 3 und 4 entspricht.

(3) Die Mitgliedstaaten bezeichnen das Register, in das die EUGGES einzutragen ist, und legen die Vorschriften für die Eintragung fest. Eine EUGGES kann erst eingetragen werden, wenn die in der Richtlinie [über die Rolle der Arbeitnehmer in der EUGGES] vorgesehenen Maßnahmen erlassen sind.

(4) Die Mitgliedstaaten treffen die erforderlichen Maßnahmen, damit die Offenlegung gemäß Absatz 3 folgende Vorgänge und Angaben betrifft:

a) die Satzung und deren Änderung mit dem vollständigen Wortlaut des geänderten Aktes in der neuen Fassung;

b) die Errichtung und die Schließung jedes Betriebs;

c) die Bestellung, das Ausscheiden und die Identität derjenigen, die als gesetzlich vorgeschriebenes Organ oder als Mitglied eines solchen Organs

   – befugt sind, die EUGGES gerichtlich und außergerichtlich zu vertreten,

   – an der Verwaltung, an der Aufsicht oder an der Kontrolle der EUGGES beteiligt sind;

d) mindestens einmal jährlich die Höhe des Betriebsfonds, es sei denn, jede Erhöhung des Betriebsfonds hat eine Satzungsänderung zur Folge;

e) die Bilanz und die Gewinn- und Verlustrechnung jedes Geschäftsjahres. In dem Dokument mit der Bilanz ist die Identität der Personen anzugeben, die nach dem Gesetz die Richtigkeit der Bilanz zu bescheinigen haben;

f) den Plan zur Verlegung des Sitzes nach Artikel 6 Absatz 2;

g) die Auflösung und Liquidation der EUGGES sowie der Beschluß nach Artikel 49, die Tätigkeiten der EUGGES fortzusetzen;

h) den gerichtlichen Beschluß, mit dem die Nichtigkeit der EUGGES erklärt wird;

i) die Bestellung, die Identität und die Befugnisse der Liquidatoren sowie gegebenenfalls deren Ausscheiden;

j) den Schluß der Liquidation und die Löschung der EUGGES im Register.

(5)   Wurden im Namen einer in Gründung begriffenen EUGGES Rechtshandlungen begangen, bevor die EUGGES Rechtspersönlichkeit erwarb, und übernimmt die EUGGES nicht die sich aus diesen Rechtshandlungen ergebenden Verpflichtungen, so haften die Personen, die sie begangen haben, vorbehaltlich anderslautender Vereinbarungen unbegrenzt und gesamtschuldnerisch.

Artikel 9

(Offenlegung der die EUGGES betreffenden Rechtsakte in den Mitgliedstaaten)

(1)   Die Mitgliedstaaten sorgen dafür, daß die in Artikel 8 Absatz 4 genannten Rechtsakte und Angaben im geeigneten amtlichen Anzeiger des Mitgliedstaats, in dem die EUGGES ihren Sitz hat, veröffentlicht werden, und benennen die Personen, die die Offenlegungsförmlichkeiten zu erfüllen haben. Die Offenlegung erfolgt in Form eines Auszugs oder in Form einer Angabe über die Eintragung in das Register.

Außerdem sorgen die Mitgliedstaaten dafür, daß jeder in dem in Artikel 8 Absatz 3 genannten Register von den in Artikel 8 Absatz 4 genannten Dokumenten Kenntnis nehmen und eine vollständige oder partielle Kopie – auch auf dem Postweg – erhalten kann.

Die Mitgliedstaaten treffen die erforderlichen Maßnahmen, um sicherzustellen, daß der Inhalt der Veröffentlichung und der Inhalt des Registers übereinstimmen. Stimmen die beiden Texte nicht überein, so kann der veröffentlichte Text jedoch Dritten nicht entgegengehalten werden; diese können sich jedoch darauf berufen, es sei denn, die EUGGES weist nach, daß sie von dem in das Register übertragenen Wortlaut Kenntnis hatten.

Die Mitgliedstaaten können eine Vergütung der Kosten für die in den vorstehenden Unterabsätzen genannten Vorgänge vorsehen; diese darf jedoch nicht höher sein als die administrativen Kosten.

(2)   Die einzelstaatlichen Durchführungsbestimmungen zur Richtlinie 89/666/EWG finden Anwendung auf die in einem anderen Mitgliedstaat als dem Sitzstaat errichteten Zweigniederlassungen einer EUGGES.

(3) Die Rechtsakte und Angaben können von der EUGGES Dritten nur nach der in Absatz 1 genannten Offenlegung entgegengehalten werden, es sei denn, die EUGGES kann nachweisen, daß diese Dritten davon Kenntnis hatten. Für die vor dem sechzehnten Tag nach dieser Offenlegung erfolgten Vorgänge können diese Rechtsakte und Angaben jedoch Dritten, die nachweisen, daß sie davon keine Kenntnis haben konnten, nicht entgegengehalten werden.

(4) Dritte können sich auf die Rechtsakte und Angaben, für die die Offenlegungsförmlichkeiten noch nicht erfüllt sind, berufen, es sei denn, die fehlende Offenlegung beraubt diese Rechtsakte und Angaben ihrer Rechtswirkung.

Artikel 10

(Veröffentlichung im Amtsblatt der Europäischen Gemeinschaften)

Die Mitgliedstaaten sorgen dafür, daß die Eintragung und der Schluß der Liquidation einer EUGGES unter Angabe der Nummer, des Datums und des Ortes der Eintragung sowie des Datums, des Ortes und des Titels der Veröffentlichung nebst einer kurzen Beschreibung des Zwecks der EUGGES innerhalb eines Monats nach der gemäß Artikel 9 Absatz 1 vorgenommenen Veröffentlichung im amtlichen Anzeiger des Sitzstaats zu Informationszwecken im *Amtsblatt der Europäischen Gemeinschaften* veröffentlicht und dem Amt für amtliche Veröffentlichungen der Europäischen Gemeinschaften übermittelt werden.

Bei der Verlegung des Sitzes der EUGGES unter den in Artikel 6 Absatz 2 genannten Voraussetzungen erfolgt eine Bekanntmachung mit den gleichen Angaben wie denen nach Absatz 1 sowie denen im Fall einer Neueintragung.

Artikel 11

(Vorgeschriebene Angaben auf den Geschäftsdokumenten)

Auf Briefen und für Dritte bestimmten Schriftstücken sind deutlich lesbar anzugeben:

a) die Bezeichnung der Europäischen Gegenseitigkeitsgesellschaft mit dem voran- oder nachgestellten Zusatz »EUGGES«;

b) der Ort des Registers, in das die EUGGES gemäß Artikel 8 Absatz 3 eingetragen ist, sowie die Eintragungsnummer;

c) die Anschrift des Sitzes der EUGGES;

d) gegebenenfalls die Angabe, daß sich die EUGGES in Liquidation befindet oder unter gerichtlicher Verwaltung steht.

KAPITEL II

DIE GENERALVERSAMMLUNG

Artikel 12

(Zuständigkeit)

Die Generalversammlung beschließt:

a) über die Fragen, für die ihr in dieser Verordnung eine besondere Zuständigkeit übertragen wird;

b) über die Fragen, die aufgrund

- dieser Verordnung,

- der Richtlinie zur Ergänzung des Statuts der Europäischen Gegenseitigkeitsgesellschaft (hinsichtlich der Rolle der Arbeitnehmer),

- des zwingenden Rechts des Sitzstaats der EUGGES oder

- der Satzung der EUGGES

nicht unter die ausschließliche Zuständigkeit des Leitungsorgans, des Aufsichtsorgans oder des Verwaltungsorgans fallen.

Artikel 13

(Einberufung)

(1) Die Generalversammlung tritt mindestens einmal jährlich binnen sechs Monaten nach Abschluß des Geschäftsjahres zusammen.

(2) Sie kann jederzeit vom Leitungs- oder Verwaltungsorgan einberufen werden. Auf Antrag des Aufsichtsorgans ist das Leitungsorgan verpflichtet, die Generalversammlung einzuberufen.

(3) Auf der Generalversammlung, die nach Abschluß des Geschäftsjahres zusammentritt, betrifft die Tagesordnung zumindest die Genehmigung des Jahresabschlusses und der Verwendung der Betriebsergebnisse sowie die Genehmigung des in Artikel 46 der Richtlinie 78/660/ EWG vorgesehenen Lageberichts, den das Leitungs- oder Verwaltungsorgan der Generalversammlung vorlegt.

(4) Bei einer EUGGES mit einem Leitungsorgan und einem Aufsichtsorgan kann die Satzung vorsehen, daß beide Organe gemeinsam, aber in getrennter Abstimmung über

die Feststellung des Jahresabschlusses beschließen und daß die Generalversammlung nur bei Uneinigkeit zwischen beiden Organen beschließt.

Artikel 14

(Einberufung durch die Minderheit der Mitglieder)

(1) Die Einberufung der Generalversammlung und die Festlegung der Tagesordnung können von mindestens 25 % der Mitglieder der EUGGES verlangt werden. In der Satzung kann ein niedrigerer Prozentsatz vorgesehen werden.

(2) Im Einberufungsantrag sind die Gründe und die Tagesordnungspunkte anzugeben.

(3) Wird dem nach Absatz 1 gestellten Antrag nicht innerhalb eines Monats stattgegeben, so kann die zuständige Gerichts- oder Verwaltungsbehörde des Sitzes der EUGGES die Einberufung der Generalversammlung anordnen oder die Mitglieder, die die Einberufung verlangt haben, oder eine von ihnen bevollmächtigte Person dazu ermächtigen.

(4) Die Generalversammlung kann auf einer Sitzung der Einberufung einer neuen Sitzung zu einem Zeitpunkt und mit einer Tagesordnung, die sie selbst festlegt, beschließen.

Artikel 15

(Art und Frist der Einberufung)

(1) Die Einberufung erfolgt:

– entweder durch Bekanntmachung in einem vom Gesetzgeber des Sitzstaats nach Artikel 3 Absatz 4 der Richtlinie 68/151/EWG bezeichneten Staatsanzeiger

– oder durch Abdruck in einer oder mehreren Zeitungen mit weiter Verbreitung in den Mitgliedstaaten

– oder durch jedes an alle Mitglieder der EUGGES gerichtete schriftliche Kommunikationsmittel.

(2) Die Einberufung enthält mindestens folgende Angaben:

– Bezeichnung und Sitz der EUGGES,

– Ort und Datum der Versammlung,

– Art der Generalversammlung (ordentliche, außerordentliche oder besondere),

– gegebenenfalls die Förmlichkeiten, die in der Satzung für die Teilnahme an der Generalversammlung und die Ausübung des Stimmrechts vorgeschrieben sind,

– die Tagesordnung mit Angabe der zu behandelnden Fragen sowie der Beschlußvorschläge.

(3)   Die Frist zwischen dem Tag der Bekanntmachung der Einberufung oder dem Tag der Absendung der Einberufung gemäß Absatz 1 und dem Tag der ersten Zusammenkunft der Generalversammlung muß mindestens 30 Tage betragen.

Artikel 16

(Aufnahme neuer Punkte in die Tagesordnung)

Mindestens 25 % der Mitglieder der EUGGES – wobei die Satzung einen niedrigeren Prozentsatz vorsehen kann – können binnen zehn Tagen nach Erhalt der Einberufung verlangen, daß ein oder mehrere Punkte auf die Tagesordnung der Generalversammlung gesetzt werden.

Artikel 17

(Teilnahme an der Versammlung oder Vertretung in der Versammlung)

(1)   Mitglieder der EUGGES sind befugt, mit beschlußfassender Stimme an der Generalversammlung teilzunehmen.

(2)   Stimmberechtigte Mitglieder können sich auf der Generalversammlung nach Maßgabe der Satzung von einem Bevollmächtigten vertreten lassen.

(3)   In der Satzung kann die Möglichkeit einer Abstimmung auf schriftlichem Wege vorgesehen werden. Die Einzelheiten werden in der Satzung festgelegt.

Artikel 18

(Sektionsversammlungen)

(ÄNDERUNG Nr. 105)

(1)   Die Generalversammlung setzt sich entweder aus allen Mitgliedern oder aus Delegierten zusammen, die unter den in der Satzung festgelegten Bedingungen bestellt werden.

(2)   Hat die EUGGES mehrere Niederlassungen oder dehnt sie ihre Tätigkeiten über mehr als eine Region aus oder beträgt ihre Mitgliederzahl mehr als 500, so kann die Satzung vorsehen, daß der Generalversammlung Sektionsversammlungen vorausgehen, die getrennt über die gleiche Tagesordnung beschließen. Die Sektionsversammlungen wählen

Delegierte, die ihrerseits zur Generalversammlung einberufen werden, Die Aufteilung nach Sektionen, die Zahl der Delegierten für jede Sektion und die Durchführungsmodalitäten werden in der Satzung festgelegt.

(3)   Jeder Teilnehmer an der Generalversammlung kann sich unter den in der Satzung festgelegten Bedingungen vertreten lassen.

(4)   Die Satzung kann die Briefwahl zulassen und ihre Modalitäten festlegen.

Artikel 19

(Informationsrechte)

Alle Mitglieder haben gleichen Zugang zu den Informationen, die ihnen vor oder während der Generalversammlung mitgeteilt werden müssen.

Diese Informationen werden den Mitgliedern der EUGGES an deren Sitz mindestens einen Monat vor Abhaltung der Versammlung zur Verfügung gestellt.

Insbesondere vor der auf den Abschluß des Geschäftsjahres folgenden Versammlung können die Mitglieder insbesondere die Rechnungsunterlagen einsehen, die gemäß den einzelstaatlichen Vorschriften, die zur Durchführung der Richtlinien 78/660/EWG und 83/349/EWG erlassen wurden, zu erstellen sind.

Artikel 20

(Stimmrecht)

(ÄNDERUNG Nr. 106 – modifiziert)

Jedes Mitglied der EUGGES hat eine Stimme. Im Falle einer aus juristischen Personen gebildeten EUGGES kann die Satzung die Vertretung je nach der Mitgliederzahl und der Tätigkeit der ihr angehörenden juristischen Personen anpassen. Die Satzung schränkt die Vertretung jeder juristischen Person ein, um zu verhindern, daß eine davon über die absolute Mehrheit der Stimmen verfügt.

Artikel 21

(ÄNDERUNG Nr. 107)

Die Satzung kann ein Mehrstimmenwahlrecht vorsehen. In diesem Fall regelt die Satzung die Bedingungen, unter denen das Mehrstimmenwahlrecht nach Maßgabe des Ausmaßes der Beteiligung der Mitglieder an der Tätigkeit der Gegenseitigkeitsgesellschaft gewährt wird. Die Satzung muß eine Beschränkung des Mehrstimmenwahlrechts je Mitglied sowie die maximalen Befugnisse, die ein Mitglied als Bevollmächtigter anderer Mitglieder erhält, vorsehen.

Artikel 22

(Einfache Mehrheit)

Außer in den Fällen, in denen diese Verordnung und/oder die Satzung Mehrheitsregeln festlegen, werden die Beschlüsse mit der Mehrheit der Stimmen der anwesenden oder vertretenen Mitglieder gefaßt.

Artikel 23

(Qualifizierte Mehrheit)

Für Satzungsänderungen ist ausschließlich die Generalversammlung zuständig, die mit der Zweidrittelmehrheit der Stimmen der anwesenden oder vertretenen Mitglieder beschließt.

Ein Mitgliedstaat kann vorsehen, daß das Leitungsorgan oder das Verwaltungsorgan die Satzung ändert, wenn ihm dies von einer Gerichts- oder Verwaltungsbehörde, deren Genehmigung für die Gültigkeit von Satzungsänderungen erforderlich ist, vorgeschrieben wird.

Jede Satzungsänderung ist gemäß Artikel 9 offenzulegen.

Artikel 24

(Nichtigkeitsklage)

Beschlüsse der Generalversammlung können wegen Verletzung dieser Verordnung oder der Satzung des EUGGES unter den folgenden Voraussetzungen angefochten werden:

– die Nichtigkeitsklage kann von jedem Mitglied erhoben werden, sofern es ein berechtigtes Interesse an der Beachtung der verletzten Vorschrift geltend machen kann;

– die Nichtigkeitsklage ist innerhalb von drei Monaten bei dem Gericht des Sitzes der EUGGES zu erheben. Sie ist gegen die EUGGES zu richten. Die Modalitäten des Verfahrens der Nichtigkeitsklage bestimmen sich nach dem am Sitz der EUGGES geltenden Recht;

– das Gericht kann – nach Einholung der Stellungnahme der EUGGES – die Anwendung des angefochtenen Beschlusses aussetzen. Ebenfalls kann das Gericht anordnen, daß der Kläger gegebenenfalls eine Sicherheit für den durch die Aussetzung der Durchführung des Beschlusses verursachten Schaden für den Fall leistet, daß seine Klage als unzulässig verworfen oder als unbegründet abgewiesen wird,

– Urteile, die die Nichtigkeit aussprechen oder die Aussetzung des Beschlusses anordnen, wirken vorbehaltlich der von Dritten gutgläubig erworbenen Ansprüche gegenüber der EUGGES, erga omnes.

Artikel 25

(Offenlegung der Entscheidung des Gerichts)

Die Entscheidung eines Gerichts, mit der ein Beschluß der Generalversammlung der EUGGES für nichtig oder inexistent erklärt wird, ist gemäß Artikel 9 offenzulegen.

KAPITEL III

LEITUNGS-, AUFSICHTS- UND VERWALTUNGSORGANE

Artikel 26

(Struktur der EUGGES)

Nach Maßgabe dieser Verordnung wird in der Satzung der EUGGES für deren Verfassung ein dualistisches System (Leitungs- und Aufsichtsorgan) oder ein monistisches System (Verwaltungsorgan) festgelegt. Die Mitgliedstaaten können jedoch für die EUGGES mit Sitz in ihrem Gebiet das eine oder andere System vorschreiben.

Abschnitt I

Dualistisches System

Erster Unterabschnitt

Leitungsorgan

Artikel 27

(Aufgaben und Bestellung des Leitungsorgans)

(1)   Das Leitungsorgan führt die Geschäfte der EUGGES. Das oder die Mitglieder des Leitungsorgans vertreten die EUGGES gegenüber Dritten und vor Gericht gemäß den vom Sitzstaat der EUGGES in Anwendung der Richtlinie 68/151/EWG erlassenen Vorschriften.

(2)   Das oder die Mitglieder des Leitungsorgans werden vom Aufsichtsorgan bestellt und abberufen.

(3)   Niemand darf Mitglied des Leitungsorgans und zugleich Mitglied des Aufsichtsorgans derselben EUGGES sein.

Das Aufsichtsorgan kann jedoch eines seiner Mitglieder für die Aufgaben eines Mitglieds des Leitungsorgans abstellen, dessen Posten nicht besetzt ist. Während dieser Zeit ruhen die Funktionen des Betreffenden in seiner Eigenschaft als Mitglied des Aufsichtsorgans.

(4)   Die Zahl der Mitglieder des Leitungsorgans wird durch die Satzung der EUGGES bestimmt.

Artikel 28

(Vorsitz, Einberufung)

(1)   Die Satzung kann vorsehen, daß das Leitungsorgan aus seiner Mitte einen Vorsitzenden wählt.

(2)   Das Leitungsorgan wird nach Maßgabe der Satzung oder gegebenenfalls seiner Geschäftsordnung einberufen. Auf jeden Fall kann ein Mitglied des Leitungsorgans eine derartige Einberufung in dringenden Fällen unter Angabe der Gründe vornehmen.

Z w e i t e r   U n t e r a b s c h n i t t

Aufsichtsorgan

Artikel 29

(Aufgaben und Bestellung des Aufsichtsorgans)

(1)   Das Aufsichtsorgan überwacht die Geschäftsführung des Leitungsorgans. Es ist nicht berechtigt, die Geschäfte der EUGGES selbst zu führen. Das Aufsichtsorgan kann die EUGGES Dritten gegenüber nicht vertreten. Es vertritt jedoch die EUGGES gegenüber dem oder den Mitgliedern des Leitungsorgans bei Streitigkeiten oder beim Abschluß von Verträgen.

(ÄNDERUNG Nr. 108 – modifiziert)

(2)   Vorbehaltlich der Wahl der Arbeitnehmervertreter gemäß Richtlinie (. . .) werden die Mitglieder des Aufsichtsorgans von der Generalversammlung bestellt und abberufen. Die Mitglieder des ersten Aufsichtsorgans können jedoch durch die Satzung bestellt werden. Diese Vorschrift gilt unbeschadet der Anwendung der einzelstaatlichen Rechtsvorschriften, die einer Minderheit von Mitgliedern die Bestellung eines Teils der Mitglieder der Organe erlauben.

(3)   Die Zahl der Mitglieder des Aufsichtsorgans wird durch die Satzung bestimmt. Die Mitgliedstaaten können jedoch die Zahl der Mitglieder des Aufsichtsorgans für die in ihrem Hoheitsgebiet eingetragenen EUGGES bestimmen.

Artikel 30

(Informationsrechte)

(1)   Das Leitungsorgan unterrichtet das Aufsichtsorgan mindestens alle drei Monate über die Lage der Tätigkeiten der EUGGES und deren voraussichtliche Entwicklung; dabei berücksichtigt es die Informationen über die von der EUGGES kontrollierten Unternehmen, die sich auf die Lage der Tätigkeiten der EUGGES spürbar auswirken können.

(2)   Das Leitungsorgan teilt dem Aufsichtsorgan unverzüglich alle Informationen mit, die sich auf die Lage der EUGGES spürbar auswirken können.

(3)   Das Aufsichtsorgan kann vom Leitungsorgan jederzeit Auskünfte oder einen gesonderten Bericht über die EUGGES betreffende Angelegenheiten verlangen.

(4) Das Aufsichtsorgan kann alle zur Erfüllung seiner Aufgaben erforderlichen Überprüfungen vornehmen. Es kann diese Aufgabe einem oder mehreren seiner Mitglieder übertragen und Sachverständige hinzuziehen.

(5) Jedes Mitglied des Aufsichtsorgans kann von allen Informationen, die das Leitungsorgan dem Aufsichtsorgan mitteilt, Kenntnis nehmen.

Artikel 31

(Vorsitz, Einberufung)

(1) Das Aufsichtsorgan wählt aus seiner Mitte einen Vorsitzenden.

(2) Der Vorsitzende beruft das Aufsichtsorgan nach Maßgabe der Satzung entweder von Amts wegen oder auf Antrag mindestens eines Drittels der Mitglieder des Aufsichtsorgans oder auf Antrag des Leitungsorgans ein. In dem Antrag sind die Gründe für die Einberufung anzugeben. Wird dem Antrag nicht binnen 15 Tagen stattgegeben, so kann das Aufsichtsorgan von den Antragstellern einberufen werden.

A b s c h n i t t II

Monistisches System

Artikel 32

(Aufgaben und Bestellung des Verwaltungsorgans)

(1) Das Verwaltungsorgan führt die Geschäfte der EUGGES. Das oder die Mitglieder des Verwaltungsorgans sind befugt, die EUGGES gegenüber Dritten rechtsverbindlich zu vertreten und sie nach den vom Sitzstaat der EUGGES zur Durchführung der Richtlinie 68/151/EWG erlassenen Rechtsvorschriften vor Gericht zu vertreten.

(2) Das Verwaltungsorgan besteht aus mindestens drei Mitgliedern. Die Höchstzahl der Mitglieder ist in der Satzung festgelegt.

(3) Das Verwaltungsorgan kann einem oder mehreren seiner Mitglieder die Geschäftsführung der EUGGES übertragen. Es kann bestimmte Geschäftsführungsbefugnisse auch einer oder mehreren natürlichen Personen übertragen, die nicht Mitglieder des Organs sind. Diese Geschäftsführungsbefugnisse können jederzeit widerrufen werden. Die Voraussetzungen für die Übertragung der Geschäftsführungsbefugnis können in der Satzung oder von der Generalversammlung festgelegt werden.

(ÄNDERUNG Nr. 109 – modifiziert)

(4) Vorbehaltlich der Wahl der Arbeitnehmervertreter gemäß Richtlinie (. . .), werden das oder die Mitglieder des Verwaltungsorgans von der Generalversammlung bestellt und abberufen.

Artikel 33

(Sitzungen und Informationsrechte)

(1) Das Verwaltungsorgan tritt in den durch die Satzung bestimmten Abständen, mindestens jedoch alle drei Monate, zusammen, um über die Lage der Tätigkeiten der EUGGES und deren voraussichtliche Entwicklung zu beraten, wobei es gegebenenfalls die Informationen über die von der EUGGES kontrollierten Unternehmen, die sich auf die Lage der Tätigkeiten der EUGGES spürbar auswirken können, berücksichtigt.

(2) Das Verwaltungsorgan muß zur Beschlußfassung über die in Artikel 38 genannten Vorgänge zusammentreten.

(3) Jedes Mitglied des Verwaltungsorgans kann von allen Berichten, Unterlagen und Auskünften, die das Organ über die in Absatz 1 genannten Angelegenheiten erhält, Kenntnis nehmen.

Artikel 34

(Vorsitz und Einberufung)

(1) Das Verwaltungsorgan wählt aus seiner Mitte einen Vorsitzenden.

(2) Der Vorsitzende beruft das Verwaltungsorgan nach Maßgabe der Satzung entweder von Amts wegen oder auf Antrag mindestens eines Drittels seiner Mitglieder ein. In dem Antrag sind die Gründe für die Einberufung anzugeben. Wird dem Antrag nicht binnen 15 Tagen stattgegeben, so kann das Verwaltungsorgan von den Antragstellern einberufen werden.

Abschnitt III

Gemeinsame Vorschriften für das monistische und das dualistische System

Artikel 35

(Amtsdauer)

(1) Mitglieder der Organe werden für einen in der Satzung festgelegten Zeitraum bestellt, der sechs Jahre nicht überschreiten darf.

(2) Die Mitglieder können für die nach Absatz 1 festgelegte Dauer ein- oder mehrmals wiedergewählt werden.

Artikel 36

(Voraussetzung der Mitgliedschaft)

(1) Eine Gegenseitigkeitsgesellschaft, die Mitglied eines Organs ist, hat zur Wahrnehmung der Befugnisse in dem betreffenden Organ eine natürliche Person als Vertreter zu bestellen. Für diesen Vertreter gelten dieselben Bedingungen und Verpflichtungen, wie wenn er persönlich Mitglied dieses Organs wäre.

(2) Personen, die

– nach dem auf sie anwendbaren Recht,

– nach dem Recht des Sitzstaats der EUGGES oder

– infolge einer Gerichts- oder Verwaltungsentscheidung, die in einem Mitgliedstaat ergangen oder anerkannt ist,

dem Leitungs-, Aufsichts- oder Verwaltungsorgan einer juristischen Person nicht angehören dürfen, können weder Mitglied eines Leitungs-, Aufsichts- oder Verwaltungsorgans sein, noch Vertreter eines Mitglieds gemäß Absatz 1 sein, noch können ihnen Geschäftsführungs- oder Vertretungsbefugnisse übertragen werden.

Artikel 37

(Geschäftsordnung)

Jedes Organ kann sich nach Maßgabe der Satzung eine Geschäftsordnung geben. Diese Geschäftsordnung kann von jedem Mitglied oder jeder zuständigen Behörde am Sitz der EUGGES eingesehen werden.

24

Artikel 38

(Vertretungsbefugnis und Haftung)

(1) Wird die Ausübung der Befugnis zur Vertretung gegenüber Dritten nach Artikel 25 Absatz 1 und Artikel 30 Absatz 1 an mehr als ein Mitglied übertragen, so üben die Betreffenden diese Befugnis gemeinschaftlich aus.

(2) Die Satzung der EUGGES kann jedoch vorsehen, daß die EUGGES entweder durch jeden der Betreffenden allein oder durch zwei oder mehrere von ihnen gemeinsam wirksam vertreten werden kann. Diese Klausel kann Dritten entgegengehalten werden, wenn sie gemäß Artikel 9 offengelegt wird.

(3) Die EUGGES wird gegenüber Dritten selbst dann durch Rechtsakte der Mitglieder ihrer Organe wirksam gebunden, wenn diese Rechtsakte nicht dem Gesellschaftszweck der EUGGES entsprechen, es sei denn, sie überschreiten die Befugnisse, die diesen Organen nach dem Gesetz zustehen oder zugestanden werden können.

Die Mitgliedstaaten können jedoch vorsehen, daß die EUGGES in den Fällen, in denen diese Rechtsakte die Grenzen des Gesellschaftszwecks überschreiten, nicht wirksam gebunden wird, wenn sie nachweist, daß dem Dritten die Tatsache, daß die Rechtshandlung diesen Zweck überschritt, bekannt war oder unter den gegebenen Umständen nicht unbekannt sein konnte, wobei allein die Offenlegung der Satzung als Nachweis nicht ausreicht.

(4) Die Bestellung, das Ausscheiden sowie die Identität der Personen, die die EUGGES vertreten können, müssen nach Artikel 9 offengelegt werden. Bei der Offenlegung muß genau angegeben werden, ob diese Personen befugt sind, einzeln verbindlich für die EUGGES zu handeln, oder ob sie dies gemeinsam tun müssen.

Artikel 39

(Genehmigungspflichtige Tätigkeiten)

(1) In der Satzung der EUGGES werden die Kategorien von Tätigkeiten aufgeführt, die im dualistischen System zu einer Bevollmächtigung des Leitungsorgans durch das Aufsichtsorgan bzw. im monistischen System zu einer ausdrücklichen Entscheidung des Verwaltungsorgans Anlaß geben.

Die Mitgliedstaaten können jedoch vorsehen, daß im dualistischen System das Aufsichtsorgan selbst bestimmte Kategorien von Tätigkeiten einer Genehmigung unterwerfen kann.

(2) Die Mitgliedstaaten können die Kategorien von Tätigkeiten festlegen, die in der Satzung der auf ihrem Staatsgebiet eingetragenen EUGGES mindestens aufgeführt werden müssen.

Artikel 40

(Rechte und Pflichten)

(1) Jedes Mitglied eines Organs hat bei der Wahrnehmung der ihm nach Maßgabe dieser Verordnung übertragenen Aufgaben dieselben Rechte und Pflichten wie die übrigen Mitglieder des Organs, dem es angehört.

(2) Alle Mitglieder üben ihr Amt im Interesse der EUGGES aus, wobei sie insbesondere den Belangen ihrer Mitglieder und ihrer Beschäftigten Rechnung tragen.

(3) Alle Mitglieder sind verpflichtet, über vertrauliche Informationen, die die EUGGES betreffen, auch nach Ausscheiden aus ihrem Amt Stillschweigen zu bewahren.

Artikel 41

(Beschlußfassung der Organe)

(1) Die Organe der EUGGES beschließen unter den Bedingungen und nach den Modalitäten, die in der Satzung vorgesehen sind.

(2) In Ermangelung derartiger Vorschriften ist das Organ nur dann beschlußfähig, wenn mindestens die Hälfte seiner Mitglieder bei der Beschlußfassung anwesend ist. Die Beschlüsse werden in diesem Fall mit der Mehrheit der Stimmen der anwesenden oder vertretenen Mitglieder gefaßt.

(3) Bei Stimmengleichheit gibt die Stimme des Vorsitzenden jedes Organs den Ausschlag.

Artikel 42

(Zivilrechtliche Haftung)

(1) Die Mitglieder des Leitungs-, Aufsichts- oder Verwaltungsorgans haften für den Schaden, welcher der EUGGES durch eine Verletzung der ihnen bei der Ausübung ihres Amtes obliegenden Pflichten entsteht.

(2) Besteht das betreffende Organ aus mehreren Mitgliedern, so haftet diese gesamtschuldnerisch für den der EUGGES entstandenen Schaden. Ein Mitglied des betreffenden Organs kann sich jedoch von seiner Haftung befreien, wenn es nachweist, daß es keine der ihm bei der Ausübung seines Amtes obliegenden Pflichten verletzt hat.

Artikel 43

(Verfahren bei Haftungsklage)

(1)   Die Generalversammlung faßt mit der Mehrheit der Stimmen der anwesenden oder vertretenen Mitglieder den Beschluß, im Namen und für Rechnung der EUGGES Haftungsklage gemäß Artikel 41 Absatz 1 zu erheben.

Die Generalversammlung bestellt hierzu einen besonderen Bevollmächtigten, der mit der Prozeßführung betraut wird.

(2)   Die Haftungsklage im Namen und für Rechnung der EUGGES kann auch von einem Fünftel der Mitglieder erhoben werden. Sie bestellen hierzu einen besonderen Bevollmächtigten, der mit der Prozeßführung betraut wird.

Artikel 44

(Verjährung der Haftungsklage)

Haftungsklage kann nach Ablauf von fünf Jahren nach Eintritt des schädigenden Ereignisses nicht mehr erhoben werden.

KAPITEL IV

**FINANZIERUNGSFORMEN, JAHRESABSCHLUSS,
KONSOLIDIERTER ABSCHLUSS;
PRÜFUNG UND OFFENLEGUNG**

Artikel 45

(Finanzierungsformen)

Die EUGGES hat zu allen Finanzierungsformen unter den günstigsten Bedingungen Zugang, wie sie für Gegenseitigkeitsgesellschaften im Sitzungsstaat gelten. Dasselbe gilt für die von der EUGGES in den Mitgliedstaaten, in denen sie eine Niederlassung hat, gewünschten Finanzierungsformen.

Artikel 46

(Erstellung des Jahresabschlusses und des konsolidierten Abschlusses)

(1) Hinsichtlich der Erstellung ihres Jahresabschlusses und gegebenenfalls ihres konsolidierten Abschlusses einschließlich des Lageberichts und hinsichtlich Kontrolle und Offenlegung dieser Abschlüsse unterliegt die EUGGES den innerstaatlichen Rechtsvorschriften, die der Sitzstaat zur Durchführung der Richtlinien 78/660/EWG und 83/349/EWG erlassen hat.

(2) Die EUGGES kann ihren Jahresabschluß und gegebenenfalls ihren konsolidierten Abschluß in Ecu erstellen. In diesem Fall ist im Anhang anzugeben, auf welcher Grundlage die im Abschluß aufgeführten Posten, die ursprünglich auf eine andere Währung lauten oder lauteten, in Ecu umgerechnet worden sind.

Artikel 47

(Pflichtprüfung)

Die Pflichtprüfung des Jahresabschlusses und gegebenenfalls des konsolidierten Abschlusses der EUGGES wird durch eine oder mehrere Personen vorgenommen, die im Sitzstaat der EUGGES gemäß den von diesem Staat zur Durchführung der Richtlinien 84/253/EWG und 89/48/EWG erlassenen Bestimmungen zugelassen sind. Diese Personen haben auch zu prüfen, ob der Lagebericht mit dem Jahresabschluß und gegebenenfalls dem konsolidierten Abschluß des betreffenden Geschäftsjahres in Einklang steht.

Artikel 48

(Offenlegung der Rechnungslegung)

(1) Der ordnungsgemäß genehmigte Jahresabschluß und gegebenenfalls konsolidierte Abschluß, der Lagebericht und der Prüfbericht sind nach den in den Rechtsvorschriften des Sitzstaats der EUGGES gemäß Artikel 3 der Richtlinie 68/151/EWG vorgesehenen Verfahren offenzulegen.

(2) Sind die Gegenseitigkeitsgesellschaften nach den Rechtsvorschriften des Sitzstaats nicht zu einer den Bestimmungen in Artikel 3 der Richtlinie 68/151/EWG entsprechenden Offenlegung verpflichtet, müssen sie zumindest die Buchbelege an ihrem Sitz zur öffentlichen Einsichtnahme bereithalten. Eine Kopie dieser Unterlagen ist auf formlosen Antrag auszuhändigen. Der dafür verlangte Preis darf die Verwaltungskosten nicht überschreiten.

Artikel 49

(Kredit- oder Finanzinstitute und Versicherungsgesellschaften)

Ist die Europäische Gegenseitigkeitsgesellschaft ein Kredit- oder Finanzinstitut oder ein Versicherungsunternehmen, so gelten hinsichtlich der Aufstellung, der Prüfung und der Offenlegung ihres Jahresabschlusses und gegebenenfalls ihres konsolidierten Abschlusses die einschlägigen Vorschriften des innerstaatlichen Rechts des Sitzstaats zur Durchführung der Richtlinie 86/635/EWG oder der Richtlinie 91/674/EWG.

KAPITEL V

AUFLÖSUNG UND LIQUIDATION

A b s c h n i t t I

Auflösung

Artikel 50

(Auflösung durch die Generalversammlung)

(1) Die EUGGES kann durch Beschluß der Generalversammlung, der nach den Bestimmungen des Artikels 22 Absatz 2 gefaßt wird, aufgelöst werden.

Die Hauptversammlung kann den Auflösungsbeschluß jedoch nach denselben Bestimmungen aufheben, solange mit der Verteilung des Vermögens noch nicht begonnen worden ist.

(2) Außerdem muß das Leitungs- oder Verwaltungsorgan die Generalversammlung zur Beschlußfassung über die Auflösung der EUGGES einberufen,

– wenn der in der Satzung bestimmte Zeitraum abgelaufen ist;

– wenn der gezeichnete Betriebsfonds unter den in der Satzung festgelegten Mindestbetrag fällt;

– wenn der Jahresabschluß während der letzten drei Geschäftsjahre der EUGGES nicht offengelegt wurde;

– wenn die Zahl der Mitglieder die in dieser Verordnung oder in der Satzung der EUGGES vorgesehene Mindestmitgliederzahl unterschreitet;

– wegen eines Auflösungsgrunds, den das für die Gründungsmitglieder geltende Recht des Sitzstaats der EUGGES oder die Satzung vorsieht.

(ÄNDERUNG Nr. 111)

Die Generalversammlung beschließt die Auflösung der EUGGES oder die Fortsetzung der Tätigkeiten nach Maßgabe des Artikels 22.

Artikel 51

(Auflösung durch das Gericht am Ort des Sitzes der EUGGES)

Auf Antrag jedes Beteiligten oder einer zuständigen Behörde muß das Gericht am Ort des Sitzes der EUGGES deren Auflösung aussprechen, wenn es feststellt, daß

– der Sitz nach außerhalb der Gemeinschaft verlegt wurde oder

– die Tätigkeit der EUGGES in Verletzung der öffentlichen Ordnung des Sitzstaats der EUGGES oder der Bestimmungen der Artikel 1, 2 Absatz 1 und 4 dieser Verordnung ausgeübt wird.

Das Gericht kann der EUGGES eine Frist einräumen, damit sie den Vorschriften Genüge leisten kann. Geschieht dies nicht in dieser Frist, so wird die Auflösung ausgesprochen.

Abschnitt II

Liquidation

Artikel 52

(Liquidation)

(1)   Nach der Auflösung der EUGGES findet ihre Liquidation statt.

(2)   Die Liquidation der EUGGES und der Schluß der Liquidation unterliegen dem Recht des Sitzstaats.

(3)   Die Rechtspersönlichkeit der EUGGES, deren Auflösung erklärt worden ist, besteht bis zum Schluß der Liquidation fort.

(4)   Nach der Liquidation sind die sich auf die Liquidation beziehenden Geschäftsbücher und Aufzeichnungen bei dem in Artikel 8 Absatz 3 bezeichneten Register zu hinterlegen. Jede interessierte Person kann von diesen Geschäftsbüchern und Aufzeichnungen Kenntnis nehmen.

Artikel 53

(Übertragung des Reinvermögens)

Auf Beschluß der Generalversammlung wird das Reinvermögen der EUGGES nach Befriedigung ihrer Gläubiger und gegebenenfalls nach Verteilung der den Berechtigten geschuldeten Beträge vorbehaltlich anderslautender Bestimmungen der Satzung entweder an andere EUGGES oder an Gegenseitigkeitsgesellschaften, die dem Recht eines der Mitgliedstaaten unterstehen, oder an eine oder mehrere Organisationen, die die Unterstützung und Förderung von Gegenseitigkeitsgesellschaften zum Ziel haben, übertragen.

KAPITEL VI

ZAHLUNGSUNFÄHIGKEIT UND ZAHLUNGSEINSTELLUNG

Artikel 54

(Zahlungsunfähigkeit und Zahlungseinstellung)

(1)   Die EUGGES unterliegt den Rechtsvorschriften des Sitzstaats über die Zahlungsunfähigkeit und die Zahlungseinstellung.

(2)   Die Eröffnung eines Verfahrens wegen Zahlungsunfähigkeit oder Zahlungseinstellung wird von der mit der Durchführung des Verfahrens beauftragten Person bei dem in Artikel 8 Absatz 3 genannten Register angemeldet. Die Anmeldung enthält folgende Angaben:

a) die Maßnahme, das Datum der Entscheidung und das Gericht, das die Entscheidung erlassen hat;

b) das Datum der Zahlungseinstellung, wenn die Entscheidung diese Angabe enthält;

c) Namen und Anschriften des bzw. der Kuratoren, Verwalter, Liquidatoren und Personen, auf die Befugnisse zur Durchführung des Verfahrens übertragen wurden;

d) alle übrigen sachdienlichen Angaben.

(3)   Hat ein Gericht mangels ausreichenden Vermögens die Eröffnung eines in Absatz 2 genannten Verfahrens endgültig abgelehnt, so ordnet es entweder von Amts wegen oder auf Antrag eines Beteiligten die Eintragung dieser Entscheidung im Register gemäß Artikel 8 Absatz 3 an.

(4)   Die nach den Absätzen 2 und 3 erfolgten Anmeldungen bzw. Eintragungen werden gemäß Artikel 9 offengelegt.

TITEL II

SCHLUSSBESTIMMUNGEN

Artikel 55

(Maßnahmen zur Ahndung von Verstößen)

Jeder Mitgliedstaat legt die Maßnahmen fest, die bei einem Verstoß gegen diese Verordnung und gegebenenfalls gegen nationale Durchführungsmaßnahmen zu verhängen sind. Diese Sanktionen müssen wirksam, verhältnismäßig und abschreckend sein.

Artikel 56

Diese Verordnung tritt am 1. Januar 1994 in Kraft.

Diese Verordnung ist in allen ihren Teilen verbindlich und gilt unmittelbar in jedem Mitgliedstaat.

ANHANG I

Juristische Personen gemäß Artikel 2 Absatz 1 Buchstabe a)

Für Belgien:

- Vereinigung der Versicherung auf Gegenseitigkeit gemäß Artikel 2 des Gesetzes vom 11. Juni 1874 über Versicherungen und Artikel 11 des Gesetzes vom 9. Juli 1975 über die Kontrolle von Versicherungsunternehmen;

- Genossenschaftsgesellschaft im Sinne der Artikel 141 bis 164 der koordinierten Gesetze in der Neufassung des Gesetzes vom 10. Juli 1991 über Handelsgesellschaften, bezogen auf Genossenschaftsgesellschaften.

Für Dänemark:

- Fortsættelsessygekasse;

- Gensidige selskaber.

Für Deutschland:

- Versicherungsverein auf Gegenseitigkeit (VVaG) im Sinne des VAG vom 6. Juni 1931 in der Fassung vom 1. Juli 1990;

(ÄNDERUNG – durch Berichterstatter und Wirtschafts- und Sozialausschuß)

- die gesetzlichen Krankenkassen gemäß dem Sozialgesetzbuch (SGB V);

- die Berufsgenossenschaften gemäß 545, 632, 719 a und 762 der Reichsversicherungsordnung (RVO).

Für Frankreich:

- Mutuelle gemäß Code de la Mutualité (Gesetz vom 25. Juli 1985);

- Société d'assurance mutuelle, gemäß Code des assurances;

- Caisse de mutualité agricole im Sinne des Landwirtschaftsgesetzes.

Für Irland:

- Voluntary Health Insurance Board im Sinne des Voluntary Health Insurance Act vom 5. Februar 1957;

- Gesellschaften mit beschränkter Nachschußpflicht;

- Gesellschaften im Sinne der Industrial and Provident Societies Acts;

- Gesellschaften im Sinne der Friendly Societies Acts.

Für Italien:

- Mutue im Sinne des Gesetzes vom 15. April 1886;

- Società Cooperative im Sinne des Titel VI des Bürgerlichen Gesetzbuches betreffend die Gegenseitigkeitsversicherungsgesellschaften sowie die unter speziellen Rechts- und Verwaltungsvorschriften fallenden Genossenschaften und Gegenseitigkeitsgesellschaften;

- Mutue di assicurazione.

Für Luxemburg.

- Beistandsgesellschaften auf Gegenseitigkeit und Gegenseitigkeitsgesellschaften im Sinne des Gesetzes vom 7. Juli 1961 und der Großherzoglichen Verordnung vom 31. Juli 1961;

- Gegenseitigkeitsversicherungsgesellschaften im Sinne von Artikel 2 des Gesetzes vom 16. Mai 1891.

Für die Niederlande:

- Einrichtungen im Sinne von Titel 3 Vereinigung (vereniging) des 2. Buches des B. W. über die Genossenschaftsvereinigung.

Für das Vereinigte Königreich:

- Companies limited by guarantee, sofern ihr vorrangiges Ziel die Unterhaltung von Krankenkassen ist;

- Versicherungsgesellschaften auf Gegenseitigkeit;

- Gesellschaften im Sinne der Industrial and Provident Societies Acts;

- Gesellschaften im Sinne der Building Societies;

- Gesellschaften im Sinne der Friendly Societies Acts.

Für Griechenland:

- Einrichtungen im Sinne des Rechts der Gegenseitigkeitsvereine;

- Allelasphalistikos Synetairismos.

Für Spanien:

- Entidades de Prevision Social im Sinne des Gesetzes vom 2. August 1984 über die private Versicherung;

- Mutuas de Accidents de Trabajo im Sinne des Gesetzes vom 2. August 1984 über die private Versicherung;

- Sociedades mutuas im Sinne des Gesetzes vom 2. August 1984 über die private Versicherung;

- Sociedades Cooperativas im Sinne des Gesetzes vom 2. April 1987 und regionaler Gesetze.

Für Portugal:

- Mutualidades und Associações Mutualistas im Sinne der Rechtsverordnung Nr. 72/90 vom 3. März 1990;

- Misericordias im Sinne von Artikel 167 bis 194 des Bürgerlichen Gesetzbuches, bezogen auf Vereine und Stiftungen;

- Mutuas de Seguros.

ANHANG II

**Juristische Personen gemäß Artikel 2 Absatz 1 Buchstabe b), die auf
dem Gebiet der sozialen Pflichtversicherung tätig sind, sowie Fürsorge-
und Hilfseinrichtungen, deren Leistungen von den verfügbaren Mitteln
abhängig sind und deren Mitgliedsbeiträge pauschal festgelegt werden**

Für Belgien:

Gegenseitigkeitsgesellschaften gemäß dem Gesetz über die Mutualités und nationale
Vereinigungen der Mutualités vom 6. August 1990.

Für Dänemark:

Fortsættelsessygekasse.

Für Deutschland:

(ÄNDERUNG – durch Berichterstatter und Wirtschafts- und Sozialausschuß)

Die gesetzlichen Krankenkassen gemäß dem Sozialgesetzbuch (SGBV);

die Berufsgenossenschaften gemäß 545, 632, 719 a und 762 der Reichsversicherungsordnung (RVO).

Für Frankreich:

(ÄNDERUNG Nr. 114)

Mutuelle gemäß Code de la Mutualité (Gesetz vom 25. Juli 1985), Société d'assurance
mutuelle gemäß Code des assurances, Caisse de mutualité agricole im Sinne des Landwirtschaftsgesetzes.

Für Irland:

Voluntary Health Insurance Board gemäß Voluntary Health Insurance Act vom 5. Februar
1957.

Für Italien:

Mutue gemäß Gesetz vom 15. April 1886.

Für Luxemburg:

Sociétés de secours mutuels und mutualités relevant gemäß Gesetz vom 7. Juli 1961 und
gemäß großherzoglichem Erlaß vom 31. Juli 1961.

Für die Niederlande:

Ziekenfonds (Vereniging van Nederlandse Zorgverzekeraars – VNZ und Zilverenkruis)
gemäß Gesetz vom 1. Januar 1966 oder Algemene Wet Bijzondere Ziektekosten.

Für Griechenland:

Einheiten gemäß dem Recht der Gegenseitigkeitsgesellschaften.

Für Spanien:

Entidades de Prevision Social gemäß Gesetz vom 2. August 1984 über die private Versicherung.

Für Portugal:

Mutualidades, Associações Mutualistas gemäß Dekret Nr. 72/90 vom 3. März 1990.

Geänderter Vorschlag für eine Richtlinie des Rates zur Ergänzung des Statuts der Europäischen Gegenseitigkeitsgesellschaft hinsichtlich der Rolle der Arbeitnehmer[1])

(93/C 236/06)

KOM(93) 252 endg. – SYN 391

(Gemäß Artikel 149 Absatz 3 des EWG-Vertrags von der Kommission vorgelegt am 6. Juli 1993)

(Amtsblatt der Europäischen Gemeinschaften Nr. C 236 vom 31.8.1993 S. 56)

DER RAT DER EUROPÄISCHEN GEMEINSCHAFTEN –

gestützt auf den Vertrag zur Gründung der Europäischen Wirtschaftsgemeinschaft, insbesondere auf Artikel 54,

auf Vorschlag der Kommission,

in Zusammenarbeit mit dem Europäischen Parlament,

nach Stellungnahme des Wirtschafts- und Sozialausschusses,

in Erwägung nachstehender Gründe:

Zur Verwirklichung der in Artikel 8 a EWG-Vertrag genannten Ziele legt die Verordnung (EWG) Nr. . . . des Rates das Statut der Europäischen Gegenseitigkeitsgesellschaft, nachfolgend EUGGES genannt, fest.

(ÄNDERUNG Nr. 116)

In den Mitgliedstaaten bestehen Rechts- und Verwaltungsvorschriften, über die Unterrichtung und Anhörung der Arbeitnehmer in Unternehmen, ganz gleich welcher Rechtsform. In einigen Mitgliedstaaten gibt es Vorschriften über die Mitbestimmung der Arbeitnehmer in Gegenseitigkeitsgesellschaften, gleich welcher Tätigkeit.

Es erscheint zweckmäßig, die Verfahren zur Unterrichtung und Anhörung der Arbeitnehmer auf Gemeinschaftsebene zu koordinieren und den Dialog zwischen den Leitungs- und Verwaltungsorganen der Europäischen Gegenseitigkeitsgesellschaft und den Arbeitnehmern zu fördern.

Die Vollendung des Binnenmarktes bewirkt eine Konzentration und Umwandlung der Gegenseitigkeitsgesellschaften. Um eine harmonische Entwicklung der Wirtschaftstätigkeit zu gewährleisten, müssen Europäische Gegenseitigkeitsgesellschaften mit grenzüberschreitender Tätigkeit gegebenenfalls ein Modell zur Mitbestimmung der Arbeitnehmer

---

1) ABl. Nr. C 99 vom 21. 4. 1992, S. 57.

1

vorsehen, zumindest jedoch die Arbeitnehmer im Hinblick auf die sie betreffenden Entscheidungen informieren und konsultieren.

In dieser Richtlinie werden die Bereiche festgelegt, in denen in jedem Fall eine Unterrichtung und Anhörung unbeschadet der nachstehenden Richtlinien zu erfolgen hat:

- Richtlinie 75/129/EWG des Rates vom 17. Februar 1975 zur Angleichung der Rechtsvorschriften der Mitgliedstaaten über Massenentlassungen[1]), geändert durch Richtlinie . ./. . ./EWG[2]);

- Richtlinie 77/187/EWG des Rates vom 14. Februar 1977 zur Angleichung der Rechtsvorschriften der Mitgliedstaaten über die Wahrung von Ansprüchen der Arbeitnehmer beim Übergang von Unternehmen, Betrieben oder Betriebsteilen[3]) und

- Richtlinie . ./. . ./EWG des Rates über die Einsetzung Europäischer Betriebsräte zur Information und Konsultation der Arbeitnehmer in gemeinschaftsweit operierenden Unternehmen und Unternehmensgruppen[4]).

Es sind geeignete Vorkehrungen zu treffen, damit die Arbeitnehmer der Europäischen Gegenseitigkeitsgesellschaft ordnungsgemäß unterrichtet und gehört werden, insbesondere wenn Entscheidungen, durch die ihre Interessen beeinträchtigt werden können, in einem anderen Mitgliedstaat getroffen werden als dem, in dem sie beschäftigt sind.

Die Rechts- und Verwaltungsvorschriften jener Mitgliedstaaten, die eine Mitbestimmung der Arbeitnehmer in Gegenseitigkeitsgesellschaften vorsehen, sind auf die Europäische Gegenseitigkeitsgesellschaft anwendbar.

Eine EUGGES kann erst dann eingetragen werden, wenn ein Mitbestimmungsmodell oder zumindest ein System zur Unterrichtung und Anhörung der Arbeitnehmer und insbesondere ein »separater« Ausschuß gewählt wurde.

Die Gründer und, wenn vor der Eintragung der Europäischen Gegenseitigkeitsgesellschaft keine Vereinbarung zustande gekommen ist, die Gründungsunternehmen schlagen der konstituierenden Mitgliederversammlung der Europäischen Gegenseitigkeitsgesellschaft eine Regelung zur Unterrichtung und Anhörung der Arbeitnehmer vor.

Der Informations- und Konsulationsausschuß oder ein entsprechendes anderes Gremium ist im Hinblick auf alle Entscheidungen der Europäischen Gegenseitigkeitsgesellschaft, die die Interessen der Arbeitnehmer berühren können, zu unterrichten und zu hören.

Um das reibungslose Funktionieren des Binnenmarktes sicherzustellen und ungleiche Wettbewerbsbedingungen zu vermeiden, ist zu gewährleisten, daß den Arbeitnehmern

---

1) ABl. Nr. L 48 vom 22. 2. 1975, S. 29.
2) KOM(91) 292 vom 15. 7. 1991.
3) ABl. Nr. L 61 vom 5. 3. 1977, S. 26.
4) KOM(90) 581 endg.

der Europäischen Gegenseitigkeitsgesellschaft gleichwertige Informations- und Konsultationsrechte garantiert werden.

Im Interesse einer größeren Flexibilität bei kleineren Europäischen Gegenseitigkeitsgesellschaften steht es den Mitgliedstaaten frei, bei einer Europäischen Gegenseitigkeitsgesellschaft mit weniger als 50 Beschäftigten keine Personalvertretung vorzusehen.

Die Bestimmungen dieser Richtlinie stellen eine untrennbare Ergänzung der Verordnung (EWG) Nr.. . . über das Statut der Europäischen Gegenseitigkeitsgesellschaft dar. Es ist daher sicherzustellen, daß diese Bestimmungen zum gleichen Zeitpunkt anwendbar sind –

HAT FOLGENDE RICHTLINIE ERLASSEN:

Artikel 1

Diese Richtlinie koordiniert die Rechts- und Verwaltungsvorschriften der Mitgliedstaaten über die Rolle der Arbeitnehmer der EUGGES.

Sie stellt eine notwendige Ergänzung der Verordnung (EWG) Nr.. . . [über das Statut der Europäischen Gegenseitigkeitsgesellschaft dar].

Die Europäische Gegenseitigkeitsgesellschaft kann erst dann eingetragen werden, wenn ein Mitbestimmungsmodell oder zumindest ein Informations- und Konsultationsverfahren entsprechend den folgenden Bestimmungen festgelegt worden ist.

TITEL I

Mitbestimmung

Artikel 2

Die Rechts- und Verwaltungsvorschriften der Mitgliedstaaten, die die Mitbestimmung der Arbeitnehmer in den Aufsichts- und Verwaltungsorganen der nationalen Gegenseitigkeitsgesellschaften regeln, sind auf Europäische Gegenseitigkeitsgesellschaften mit Sitz in diesen Mitgliedstaaten anwendbar.

Werden diese Vorschriften nicht angewandt, so ergreifen die Mitgliedstaaten die erforderlichen Maßnahmen, um zumindest die Unterrichtung und Anhörung der Arbeitnehmer der Europäischen Gegenseitigkeitsgesellschaft gemäß den Artikeln 3, 4 und 5 zu gewährleisten.

3

TITEL II

Informations- und Konsulationsverfahren

Artikel 3

(1) Die Leitungs- oder Verwaltungsorgane der Gründungsunternehmen und die durch Gesetz oder Praxis der Mitgliedstaaten vorgesehenen Arbeitnehmervertreter dieser Unternehmen legen einvernehmlich ein Informations- und Konsultationsverfahren für die Arbeitnehmer der Europäischen Gegenseitigkeitsgesellschaft fest. Die Vereinbarung ist schriftlich vor Eintragung der Europäischen Gegenseitigkeitsgesellschaft zu schließen.

(2) Erfolgt die Gründung einer Europäischen Gegenseitigkeitsgesellschaft ausschließlich durch natürliche Personen, so legen diese die Modalitäten zur Unterrichtung und Anhörung der Arbeitnehmer nach Maßgabe von Artikel 4 Absatz 1 fest und unterbreiten sie der konstituierenden Mitgliederversammlung.

(3) Führen die Verhandlungen gemäß Absatz 1 nicht zum Abschluß einer Vereinbarung, so können die Arbeitnehmervertreter der Gründungsunternehmen in einer schriftlichen Stellungnahme darlegen, warum die Gründung der Europäischen Gegenseitigkeitsgesellschaft nach ihrem Dafürhalten geeignet ist, die Interessen der Arbeitnehmer zu schädigen, und welche Maßnahmen diesbezüglich zu treffen wären.

(4) Die Leitungs- oder Verwaltungsorgane der Gründungsunternehmen erstellen für die konstituierende Generalversammlung der Europäischen Gegenseitigkeitsgesellschaft einen Bericht, der in seinem Anhang folgendes enthält:

– den Wortlaut der Vereinbarung gemäß Absatz 1

oder

– die Stellungnahme der Arbeitnehmervertreter gemäß Absatz 2.

(5) Die Generalversammlung, die zur Gründung der Europäischen Gegenseitigkeitsgesellschaft Stellung zu nehmen hat, bestätigt das in der Vereinbarung gemäß Absatz 1 festgelegte Informations- und Konsultationsverfahren oder wählt, wenn keine Vereinbarung zustande gekommen ist, auf der Grundlage des Berichts und der Stellungnahme gemäß den Absätzen 2 und 3 das in der Europäischen Genossenschaft anzuwendende Verfahren.

(6) Das gewählte Verfahren kann später durch ein anderes ersetzt werden, das zwischen dem Leitungs- oder Verwaltungsorgan der Europäischen Gegenseitigkeitsgesellschaft und ihren Arbeitnehmervertretern vereinbart wird. Die Vereinbarung bedarf der Zustimmung der Generalversammlung.

(7) Bei einer Umwandlung gemäß Artikel 2 Absatz 2 der Verordnung (EWG) Nr. . . . .

[über das Statut der Europäischen Gegenseitigkeitsgesellschaft] findet das in diesem Artikel genannte Verfahren Anwendung.

(ÄNDERUNG Nrn. 129 und 156 – teilweise)

(8) Bei einer Verlegung des Sitzes der Europäischen Gegenseitigkeitsgesellschaft in einen anderen Mitgliedstaat darf das vor der Verlegung angewandte Informations- und Konsultationsverfahren nur aufgrund einer Vereinbarung zwischen dem Verwaltungsorgan der Europäischen Gegenseitigkeitsgesellschaft und ihren Arbeitnehmervertretern geändert werden.

Artikel 4

(1) Das Leitungs- oder Verwaltungsorgan der Europäischen Gegenseitigkeitsgesellschaft unterrichtet und hört die Arbeitnehmer dieser Gesellschaft rechtzeitig zumindest zu

(ÄNDERUNG Nr. 130)

a) allen Vorschlägen die ernste Auswirkungen auf die Interessen der Arbeitnehmer der Europäischen Gegenseitigkeitsgesellschaft haben können oder sich auf die Entwicklung der EUGGES und die Beschäftigungsbedingungen auswirken können, insbesondere alle die Arbeitsbedingungen betreffenden Fragen und alle Entscheidungen, die die Zustimmung des Verwaltungsorgans erfordern, unbeschadet der Gemeinschaftsvorschriften über die Unterrichtung und Anhörung, insbesondere der Richtlinie 75/129/EWG, der Richtlinie 77/187/EWG und der Richtlinie . ./. . ./EWG [über die Einsetzung Europäischer Betriebsräte];

b) allen die Arbeitsbedingungen betreffenden Fragen, insbesondere Änderungen in der Organisation der Europäischen Gegenseitigkeitsgesellschaft und der Einführung neuer Arbeitsmethoden oder neuer Erzeugnisse bzw. Dienstleistungen;

c) allen Dokumenten, die der Generalversammlung der Europäischen Gegenseitigkeitsgesellschaft unterbreitet werden;

d) den Beschlüssen gemäß Artikel 38 Absatz 1 der Verordnung (EWG) Nr. . . . . [über das Statut der Europäischen Gegenseitigkeitsgesellschaft];

(ÄNDERUNG Nr. 131)

e) der Entwicklung und Organisation der beruflichen Bildung in der EUGGES und allen Fragen, die die Gesundheit und Sicherheit der Arbeitnehmer und eine gleiche und paritätische Mitbestimmung bei der Entwicklung von Gesundheits- und Sicherheitsprogrammen und -maßnahmen in der EUGGES betreffen.

(ÄNDERUNG Nrn. 132 und 161 – teilweise)

(1)   Die Unterrichtung und Anhörung der Arbeitnehmer der Europäischen Gegenseitigkeitsgesellschaft erfolgt entweder

– über eine »separate« Arbeitnehmervertretung der Europäischen Gegenseitigkeitsgesellschaft oder

– über ein anderes zwischen den Leitungs- oder Verwaltungsorganen der Gründungsunternehmen und ihren Arbeitnehmervertretern vereinbartes Gremium.

Unterrichtung, Anhörung und Mitbestimmung haben so rechtzeitig vor der Beschlußfassung zu erfolgen, daß etwaige Einwendungen der Arbeitnehmervertreter berücksichtigt werden können.

Außerdem können zur Vorbereitung der Anhörungsverfahren Sachverständige als Berater hinzugezogen werden, und das Verwaltungsorgan stellt alle dazu erforderlichen Mittel zur Verfügung.

Die Mitgliedstaaten können den Umfang der Informations- und Konsultationsverfahren für die EUGGES mit Hauptsitz auf ihrem Staatsgebiet begrenzen.

(3)   In Europäischen Gegenseitigkeitsgesellschaften mit weniger als 50 Arbeitnehmern können die Verhandlungsparteien unbeschadet der Bestimmungen von Absatz 1 die Einführung eines vereinfachten Informations- und Konsultationsverfahrens beschließen.

Artikel 5

(1)   Die Vertreter der Arbeitnehmer der Europäischen Gegenseitigkeitsgesellschaft werden nach den in den Mitgliedstaaten durch Gesetz oder durch die Praxis bestimmten Modalitäten gewählt und erhalten die Möglichkeit zu ihrer ungehinderten Mandatsausübung unter Beachtung folgender Grundsätze:

a) Die Arbeitnehmervertreter werden in allen Mitgliedstaaten gewählt, in denen sich Betriebsstätten oder Tochtergesellschaften der Europäischen Gegenseitigkeitsgesellschaft befinden.

b) Die Anzahl der Vertreter muß möglichst proportional der Anzahl der von ihnen vertretenen Arbeitnehmer entsprechen.

c) Alle Arbeitnehmer müssen ungeachtet der Dauer ihrer Betriebszugehörigkeit oder der wöchentlichen Arbeitsstunden an der Stimmabgabe teilnehmen können.

d) Die Wahl ist geheim.

(2)   Die nach Maßgabe des Absatzes 1 gewählten Arbeitnehmervertreter können ihre Aufgaben in der Europäischen Gegenseitigkeitsgesellschaft ungeachtet der im Sitzstaat geltenden einschlägigen Rechtsvorschriften wahrnehmen.

6

(ÄNDERUNG Nr. 135)

Die gewählten Arbeitnehmervertreter können ihre Tätigkeit während der Arbeitszeit ausüben. Wegen ihrer Amtsführung dürfen keine Disziplinarmaßnahmen gegen sie ergriffen werden. Während ihrer Amtszeit ist eine ordentliche Kündigung nicht möglich.

(ÄNDERUNG Nr. 134)

Artikel 5 a

Die Mitgliedstaaten verhängen geeignete Sanktionen für den Fall, daß eine EUGGES gegen die Bestimmungen der vorliegenden Richtlinie verstößt. Die Mitgliedstaaten gewähren insbesondere den Arbeitnehmervertretern das Recht, die Gerichte oder andere zuständige nationale Instanzen zu ersuchen, Übergangsmaßnahmen zum Schutz ihres Interesses zu ergreifen.

TITEL III

Schlußbestimmungen

Artikel 6

(1)   Die Mitgliedstaaten erlassen die erforderlichen Rechts- und Verwaltungsvorschriften, um dieser Richtlinie vor dem 1. Januar 1994 nachzukommen. Sie setzen die Kommission unverzüglich davon in Kenntnis.

Wenn die Mitgliedstaaten die Vorschriften nach Absatz 1 erlassen, nehmen sie in diesen Vorschriften selbst oder durch einen Hinweis bei der amtlichen Veröffentlichung auf diese Richtlinie Bezug. Die Mitgliedstaaten regeln die Einzelheiten dieser Bezugnahme.

(2)   Die Mitgliedstaaten teilen der Kommission die wesentlichen innerstaatlichen Rechtsvorschriften mit, die sie auf dem unter diese Richtlinie fallenden Gebiet erlassen.

Artikel 7

Diese Richtlinie ist an die Mitgliedstaaten gerichtet.

Günter Christian Schwarz

Europäisches Gesellschaftsrecht

Ein Handbuch für Wissenschaft und Praxis

Wer sich – als Praktiker oder Wissenschaftler – mit dem deutschen Gesellschaftsrecht befaßt, kommt am europäischen Gesellschaftsrecht nicht mehr vorbei. Denn in keinem anderen Gebiet des Privatrechts ist die Europäische Gemeinschaft als Gesetzgeber derart umfassend tätig geworden. Neben der Schaffung neuer europäischer Gesellschaftsformen – wie z.b. der Europäischen Wirtschaftlichen Interessenvereinigung – sind in den zurückliegenden drei Jahrzehnten die nationalen Gesellschaftsrechte nach und nach durch Richtlinien angeglichen worden.

Das Handbuch von Prof. Dr. Günter Christian Schwarz
- stellt die Regelungen des europäischen Gesellschaftsrechts verständlich und systematisch dar
- informiert zuverlässig über seine Auslegung und Fortentwicklung durch die Rechtsprechung des EuGH
- macht die Zusammenhänge zwischen europäischem und nationalem Gesellschaftsrecht transparent

und ist so eine unentbehrliche Arbeitshilfe für alle, die als Richter, Notare, Anwälte, Wirtschaftsjuristen, als Mitarbeiter von Unternehmen und Wirtschaftsverbänden, als Unternehmens- und Steuerberater, als Wirtschaftsprüfer sowie als Wissenschaftler mit der Auslegung und Anwendung des Gesellschaftsrechts befaßt sind.

2000, XLVI, 826 S., geb., ca. 248,– DM, 1810,– öS, 220,50 sFr,
ISBN 3-7890-6200-6

 NOMOS Verlagsgesellschaft
76520 Baden-Baden

Dominik Schnichels

Reichweite der Niederlassungsfreiheit

Dargestellt am Beispiel des deutschen Internationalen Gesellschaftsrechts

EG-Bürger, die in einem anderen EG-Staat eine Niederlassung gründen, wollen wissen, an welche Rechtsvorschriften sie sich bei der Gründung der Niederlassung bei der Ausübung der Geschäftstätigkeit halten müssen. Während die bisher herrschende Auffassung davon ausgeht, daß stets die Vorschriften des Aufnahmelandes einzuhalten sind, vertritt der Autor unter Berufung auf die Rechtsprechung des Europäischen Gerichtshofs die Auffassung, daß sich die EG-Bürger unter bestimmten Voraussetzungen über die Vorschriften des Aufnahmelandes hinwegsetzen können. Dabei weist er insbesondere für den Bereich des Gesellschaftsrechts nach, daß Gesellschaften berechtigt sind, ihren Verwaltungssitz unter Wahrung ihrer Identität und ihrer Rechtsform in einen anderen EG-Staat zu verlegen. Die Monographie wendet sich an alle, die Interesse an diesen – auch in der Praxis überaus wichtigen – Fragen des Europarechts und des Internationalen Privatrechts haben.
Der Autor ist Rechtsanwalt in Köln und beschäftigt sich vornehmlich mit Fragen des Europarechts.

1995, 218 S., brosch., 58,– DM, 423,– öS, 52,50 sFr, ISBN 3-7890-3729-X
(Schriftenreihe Europäisches Recht, Politik und Wirtschaft, Bd. 177)

 NOMOS Verlagsgesellschaft
76520 Baden-Baden